열하일기의 재발견

박 기 석 외

도서출판 월인

열하일기의 재발견

초판 1쇄 인쇄 • 2006년 12월 22일
초판 1쇄 발행 • 2006년 12월 28일

지은이 • 박기석 외

펴낸이 • 박성복
펴낸곳 • 도서출판 月印
서울특별시 강북구 수유2동 252-9
등록 • 제6-0364호 / **등록일** • 1998년 5월 4일
대표전화 • (02) 912-5000 / **팩스** • (02) 900-5036
http://www.worin.net

ISBN 978-89-8477-348-6 93810

값 25,000원

책을 내면서

강서(江西) 박기석(朴箕錫) 선생님의 회갑을 기념하고, 선생님의 은혜를 기리고자 이 책을 펴냅니다. 저희들은 선생님의 후배, 제자, 한국문학치료학회 회원 중에서 본 취지에 동참하고자 하는 분들의 옥고를 받아 이 책을 꾸렸습니다.

이 일을 진행하면서 무엇보다 고민한 것은 선생님의 학덕을 기리는 데 알맞은 기획안을 마련하는 것이었습니다. 저희들은 정운채 선생님의 지도를 받으며 작년 여름부터 정기적으로 만나서 『열하일기(熱河日記)』를 읽기 시작했습니다. 고전문학을 전공한 저희들에게도 『열하일기』는 쉽게 읽혀지는 내용이 아니었지만, 읽으면 읽을수록 그 함의가 풍부하고 현재 우리들의 삶에 비추어보아도 귀감이 될 만한 글들이 많았습니다. 이러한 『열하일기』를 사람들에게 친절히 소개하는 작업도 평생을 연암(燕巖) 연구에 매진하신 선생님의 뜻을 받드는 한 방편이 될 것이라 여겼기에, 저희들은 현대인들이 보다 쉽게 『열하일기』에 다가갈 수 있는 책을 만들어보자는 데 의견을 모았습니다. 그리하여 세부적으로는, 먼저 관심을 끌 만한 글을 골라서 우리말 번역을 다듬어 제시하고, 그 글이 현재 우리들에게 주는 의미를 찬찬히 드러내 보인 다음, 동일한 시각으로 감상해볼 수 있는 다른 작품들을 소개하기로 했습니다.

여러 선생님들께서는 바쁘신 와중에도 미욱한 저희들의 기획안에 맞추어 옥고를 보내주셨습니다. 그러나 혹 저희들의 기획안과 다소 다르더라도 필자 선생님들의 고견을 존중하여 가급적 그대로 실었습니다. 여러 가지로 글쓰기가 자유롭지 못하셨을 텐데도 어려움을 마다하지 않으시고 귀한 글 보내주신 분들께 진심으로 감사드립니다.

책의 발간을 앞두고 기대와 두려움이 교차합니다. 처음에는, 십여 년을 하루같이 불민한 제자들을 이끌어주신 선생님의 은혜에 조금이나마 보답하고 싶은 마음뿐이었습니다. 그런데 지금은, 맘만 앞세워 두루두루 살피지 못하고 준비한 이 일이 혹시라도 선생님의 학덕에 누를 끼치게 될까 걱정입니다. 모쪼록 저희들의 마음이 선생님의 업적에 폐가 되지 않기를, 그리고 선생님께서 앞으로도 더욱 더 건강하시기를 간절히 바랍니다. 끝으로 이 책의 모양새를 단정하게 다듬어 주신 도서출판 월인의 여러분들께도 감사의 마음을 전합니다.

2006. 12.

제자 노영미 하은하 이소라

김혜진 윤미연 서은아

목차

연암 박지원과 『열하일기』

박 기 석*

연암(燕巖) 박지원(朴趾源, 1737~1805)은 조선후기 영·정시대의 학자며 문인이다. 연암이 살았던 18세기 후반의 영·정 시대는 조선 봉건 사회가 와해의 징후를 폭 넓게 드러내고 있었던 이른바 전환기였다. 연암은 그러한 시대를 살아가면서 사회변화의 새로운 동향과 현실의 구조적 모순을 민감하게 파악하고 조선 후기 사회가 안고 있는 문제들을 다양한 필치로 그려내었다.

연암은 훌륭한 가문의 후예였다. 그러나 50세에 출사(出仕)하기 전에는 경제적으로 궁핍한 이른바 몰락양반의 모습과 크게 다르지 않았다. 그러나 그는 전 생애를 통해 '비판적 지성'으로서의 '사의식(士意識)'을 견지하고 부도덕하고 무능한 양반사대부와 곡학아세하는 위학자(僞學者)에 대해 혹독한 비판을 아끼지 않았다. 반면에 성실하게 살아가는 서민계층에 대해서는 그들을 이해하고 그들의 인간성을 긍정하고자 했다. 그는 특히 이용후생에 대해 남다른 관심을 가지고 『열하일기(熱河日記)』를 통해 발달

* 서울여자대학교 국어국문학과 교수

된 중국의 문물을 소개하기도 하였고, <과농소초(課農小抄)>, <한민명전의(限民名田議)>와 같은 농정(農政)에 관한 글을 임금께 지어 올리기도 하였다.

현실적인 삶의 문제를 중요시하고자 한 연암의 사상은 그의 문학관(文學觀)에서도 엿볼 수 있다. 그는 당시 문단의 의고적(擬古的) 문학풍토에 대해 비판적 자세를 갖고 현실에 기반을 둔 개성적이고 독창적인 '진(眞)'의 문학을 창조할 것을 주장하였다. 그는 당시 시정에 떠도는 민간설화에도 깊은 관심을 가지고 이를 작품의 소재로 삼기도 하였다. 그의 한문단편들 대부분이 민간에 떠도는 설화들을 소재로 한 것은 이와 같은 그의 관심에서 비롯된 것이다. 그리고 그가 그의 한문단편에 서민 계층의 인물을 주인공으로 등장시키고, 그들과 양반계층의 갈등을 다룬 것은, 서구 근대소설의 효시라고 하는 새뮤엘 리차드슨(Samuel Richardson)의 패밀라*pamela*와 비견될 수 있으며, 이것은 현실의 문제를 있는 그대로 드러내고자 한 서구의 근대 리얼리즘과 상통하는 서술태도라 할 수 있을 것이다.

1. 성장기: 출생과 결혼

연암은 1737(영조 13)년 음력 2월 5일 서울 서대문 밖 반송방(盤松坊) 야동(冶洞: 지금의 아현동 부근으로 추정됨)에서 박사유(朴師愈, 1703~1767)와 함평 이 씨 사이에서 2남 2녀 중 막내로 태어났다. 그의 본관은 반남(潘南)으로, 박소(朴紹, 1493~1534. 趙光祖의 문인으로 중종 때 司諫을 지냄), 박미(朴瀰, 1592~1645. 선조의 사위)를 비롯하여, 박세채(朴世采), 박필주(朴弼周)와 같은 학자 문인을 많이 배출한 명문가이다. 조부(祖父) 박필균(朴弼均, 시호 章簡, 1685~1670)은 경기감사, 참판, 지돈령부사 등을 지냈다. 그러나 연암의 부친 박사유는 평생 부모 밑에서 일생을 포의(布衣)로 조용하게 지내다가, 연암이 31세 때 세상을 떴다. 따라서 어렸을 적의 연암은 집안의 기둥이었던 조부에게서 비교적 많은 영향을 받은 것 같다. 연암의 조부 박필균은 매우 청렴했으며 엄했다고 한다. 연암이 만년에 벼슬길에 오른 것도 청백리였던 조부의 음덕이 크게 작용한 것이다.

연암은 어렸을 적에 체계적으로 공부를 할 수 없었다. 연암의 부친과 부친의 형제들이 종일 방을 차지하고 있어서 책을 펼쳐 학업을 익힐 곳이 없었기 때문이다. 당시 같은 동리에는 연암과 같은 처지에서 학업을 익히는 아이들이 십여 명 있었다. 그래서 연암은 그들을 위해 스스로 계획을 세워 목수의 힘을 빌지 않고 몇 개의 서까래로 정원에 거처를 마련하여 형과 함께 기거하였다고 한다. 연암의 생애와 관련된 글에서 연암이 조부 밑에서 고아처럼 자란 것으로 기술된 기존의 언급은 이와 같은 성장배경을 이해하지 못하였기 때문이다. 연암은 열여섯에 전주 이 씨와 결혼한 후, 장인인 처사 유안재(遺安齋) 이보천(李輔天, 1714~1777)과 처숙 학사공(學士公) 이양천(李亮天, 1716~1755)으로부터 체계적인 문장 공부를 하게 된다. 이보천은 노론의 학통을 이어받은 산림처사로서 당시 명망이 있었던 선비였다. 연암은 그에게 『맹자』를, 처숙 이양천에게서는 사마천의 『사기(史記)』를 배웠다. 얼마 안 되어 문장이 크게 진보하였다. 시험 삼아 <항우본기(項羽本紀)>를 본 따서 <이충무전(李忠武傳)>을 지었는데, 이를 본 처숙 이양천이 '반고와 사마천과 같은 경지가 있다'고 크게 칭찬했다고 한다.

2. 청년기: 우울증과 한문단편의 저술

연암이 살았던 조선후기에는 이인(異人)에 관련된 다양한 이야기들이 민간에 많이 퍼져 있었던 것 같다. 이인에 관한 설화(說話)가 많이 나타났다는 것은 당시의 인재등용 방식이 지닌 구조적인 모순과 무관하지 않다. 18세기 후반, 조선왕조 사회는 양반 또는 중인 출신의 지식인들이 전 시대에 비해 상당히 증가하였다. 그러나 관직의 수는 큰 변화가 없었다. 따라서 독서인들 대부분이 추구하는 관료 진출의 기회는 극히 일부에게 돌아갈 뿐이었다. 그래서 이들 중에는 일찌감치 출세를 포기하고 술과 바둑, 음악, 골동, 화초 가꾸기, 새 기르기 등의 풍류에 빠져들거나, 세속적인 삶을 벗어나 은둔자의 길로 들어선 이들이 적지 않았다. 연암의 작품에 등장하는 <김신선전>의 김홍기, <민옹전>의 민유신, <우상전>의 이언진, <허생전>의 허생, 봉원사에서 연암이 글을 읽을 때 허생이야기를 들려주었다고 하는 윤영, '허생후지'의 두 이승(異僧)은 정도의 차이는 있겠지만 이들과 같은 부류에 속한다고 할 수 있을 것이다.

20세 초 작품으로 추정되는 <민옹전>에서 작중 서술자는, '17・8세였던 계유(癸酉)・갑술(甲戌)(1753~1754년, 영조 29~30년)에 나는 병으로 오래 시달려, 음악, 서화, 골동, 기타 잡물에 다소 취미를 가지기도 하고, 객들을 청하여 해학 고담을 즐기는 등 여러 가지로 마음의 위로를 구해 보았다. 그러나 답답하고 울적한 마음이 풀리지 않았다. 그 때 누군가가 민옹이라는 인물이 가곡(歌曲)에 능하고 이야기를 잘하여 듣는 이들의 기분을 능히 전환시킨다는 말을 듣고 불러오게 했다. 민옹이 방문했을 때, 나는 식욕이 없고 불면증으로 고생하고 있었다.'라 했고, 30세경에 저술한 것으로 추정되는 <김신선전>에서도 작중 서술자는, '내 일찍이 마음이 답답하고 울적한 병이 있었다. 그 때 신선의 방기가 간혹 기특한 효험이 있다는 소문을 듣고 그를 꼭 만나보고 싶었다. 윤생(尹生)과 신생(申生)으로 하여금 은밀히 한양 도성 안을 두루 찾게 했으나, 열흘이 지나도록 찾지 못했다'라고 하며, 자신의 우울증을 치료하기 위해 김신선을 찾는다. 따라서 두 작품의 서술자 '나'는 오늘날 우울증이라고 불리는 정신적 장애로 고생하고 있는 젊은이라고 추정할 수 있다.

『과정록(過庭錄)』에 의하면, 연암은 20세 전후에 불면증이 있어서 며칠씩 잠을 자지 못하였다고 한다. 그래서 지켜보는 사람들이 위태롭게 여겼으며, 이 때 적적함을 이기고 병으로부터의 고통을 잊기 위해 구전(九傳)

을 지었다고 했다. 이 기록으로 미루어 볼 때, <김신선전>과 <민옹전>에 등장하는 작중 서술자 '나'는 바로 작가 박지원 자신이라는 것을 우리는 쉽게 추정할 수 있다. 또한 『방경각외전』의 저술 배경에 대한 중요한 단서도 얻을 수 있다. 즉, 연암이 20대 청년기에 불면증 등으로 고생하고 있었으며, 이 때 병의 고통을 잊기 위해서 한문단편들을 저술하였다는 사실이다. 그렇다면 <김신선전>과 <민옹전>에 등장하는 서술자 '나'는 바로 연암의 젊었을 때의 모습이고, 『방경각외전(放璚閣外傳)』에 수록되어 있는 한문단편들은 그가 이른바 우울증에서 벗어나기 위해 저술한 작품들인 것이다. 또한 여기서 우리는 과거 우리 선인들이 글쓰기를 통해 우울증과 같은 심리적 장애를 극복하려고 시도한 예를 볼 수 있다.

그러면 젊은 시절 연암을 괴롭혔던 우울증의 원인은 무엇이었을까? 연암의 생애를 놓고 볼 때, 먼저 생각해 볼 수 있는 것은 남달리 강했던 현실에 대한 비판적 자세를 들 수 있다. 『과정록』에 의하면, 연암은 어렸을 때부터 뜻과 기상이 뛰어나서 법식에 구애되지 않았고, 종종 농담과 익살을 잘 하였다고 한다. 연암의 장인 이보천이 "아무개는 재주와 기상을 보건대 절대로 평범한 사람이 아니다. 훗날 틀림없이 뛰어난 사람이 될 것이다. 다만 옳지 못한 자를 질시하고 미워하는 것이 너무 심하고, 영특한 기상이 너무 드러나니 걱정스럽다"라고 한 말을 놓고 볼 때, 연암은 어려서부터 비판의식이 유달리 강했던 것 같다. 이러한 성격은 처숙인 이양천으로부터 사마천의 『사기』 등을 배우면서 더욱 굳어진 것 같다. 연암이 평생 위선적인 인간을 보고는 참지 못해 해학과 담소로 기롱(譏弄)하고 풍자하였고, 이로 말미암아 평생 노여움과 비방을 많이 받았던 것 역시 그 원인이 불의를 보고는 참지 못하는 성격에서 비롯된 것 같다. 『과정록』에, "연암이 젊었을 적부터 세상 사람들이 벗을 사귐에 있어서 오로지 권세와 이익만을 기준으로 삼아 염량취산(炎凉聚散)하는 정태(情態)가 가관인 것을 미워하여 일찍이 아홉 편의 전을 지어 기롱하였고, 왕왕 해학과 웃음으로 드러냈다"는 기록 또한 한문단편의 저술과 무관하지 않다.

연암이 젊은 시절에 지은 한문단편들은 후에 『방경각외전』이라는 제목으로 묶어졌다. 그런데 『과정록』을 저술할 당시에 끝 부분에 수록되어 있었던 <역학대도전(易學大盜傳)>과 <봉산학자전(鳳山學者傳)>은 그 내용이 이미 소실되어 버리고 7편만 남은 상태였다고 한다. 그 이유는 <역학대도전>이 당시 선비의 이름으로 세력과 이익을 꾀한 비열한 자를 꾸짖은 내용이었는데, 그 인물이 패퇴(敗退)하자 더 이상 볼 것이 없다 하고, 연암 스스로 <역학대도전>을 태워버리는 과정에서 맨 끝에 수록되어 있던 <봉산학자전>도 함께 소실되었기 때문이라고 했다. 구전(九傳) 중에서 <예덕선생전(穢德先生傳)>, <광문자전(廣文者傳)>, <양반전(兩班傳)>은 특히 세상에 널리 읽혔었는데, 그 체재가 더욱 유희에 속하여서 식견이 없는 자들은 배우의 해학쯤으로 여겨 서로 전하고, 식견이 있다는 자들 또한 병통으로 여겼다고 한다. 이에 대해 연암의 아들 종채(宗采)는 그 지은 바 의도를 깊이 잘 따져보지도 않고 9전을 배해(俳諧)의 문자로서만 읽는 것에 대해 마음 아파하였다. 9전의 저술과 관련된 『과정록』의 내용을 통해 볼 때, 연암은 당대 사회 현실, 특히 지배계층의 위선과 부정부패한 삶의 모습에 대해 심히 분노를 느꼈으며, 그 분노를 삭이지 못하여 우울증이 유발된 것 같다.

한편 연암은 과거를 보기 위해 남들처럼 과거를 위한 공부를 했고, 과거에 응시하기도 했으나 합격여부에는 관심이 없는 듯이 행동하였다고 한다. 당시 연암은 이미 문장으로 꽤 이름이 나 있어서, 과거시험을 주관하는 자들은 그를 과거시험에 응시하도록 권유하였다고 한다. 그러나 연암은 그들의 의도를 알고는 응시하지 않았거나, 응시는 하였지만 답안지를 제출하지 않았고, 어떤 때는 답안 대신에 고송(古松)이나 노석(老石)을 그려내기도 하였다고 한다. 이를 두고 사람들은 세상물정을 모른다고 그의 행동을 비웃기도 하였다고 한다. 과장(科場)에서의 연암의 이러한 행동은 과거시험 제도에 대한 불만과 반항의 표출, 나아가 출사(出仕)에 대한 초연함을 나타낸 것이라고도 할 수 있다. 연암은 경인(庚寅)년(1770, 연암의 나이

34세)에 감시(監試)에서 장원을 하였다. 그 후 친구들의 권유에 못 이겨 회시(會試)에 응시한 적이 있었는데, 이때에도 연암은 답지를 제출하지 않고 나왔다고 한다. 이러한 사실을 전해 듣고 식견이 있는 사람들은 나아감에 구차하지 않으니 고인의 풍모가 있다고 했다고 한다.

젊고 유능한 관리를 선발하기 위해 국가가 시행하는 경건하고 엄숙한 장소인 과거시험장에서 고송(孤松)이나 노석(老石)을 그리는 행위, 또는 시권(試券)을 제출하지 않은 행위는 작게는 당시 과거 시험의 타락상에 대한 반발로 해석될 수 있으나, 크게는 권력의 부패와 정쟁 등 모순과 부패로 가득 찬 당시의 정치 현실에 대한 일종의 반항이었다고 할 수 있다. 그렇지만 연암이 과거시험장에 갔다는 사실은, 비록 그것이 자의에 의해서건 남의 권유에 의해서건 응시했다는 사실만으로도 현실참여인 것만은 분명하다. 젊은 시절의 연암은 이렇게 현실과 이상 속에서 갈등하고 방황했던 것이다. 따라서 젊은 시절 연암의 우울증은 부조리한 현실을 초탈하거나 도피하지 못하고, 그 속에서 살아가면서 증폭된 심리적 갈등이 그 원인이었던 것으로 추정된다. 즉 현실에 적응하지 못함으로써 초래된 소외감이 우울증이라는 심리적 장애로 나타났던 것이다. 그리고 그러한 심적인 상태가 표출된 것이 과거시험장에서의 비정상적인 행태(行態)였던 것이다.

을유(乙酉)년(1765, 연암의 나이 29세), 이와 같은 절망적이고 고립된 심리적 상태로부터 벗어나고자 연암은 친한 벗들과 함께 관동지방으로 여행을 떠나게 된다. 답답하고 암울한 속세를 벗어나 신선이 산다는 금강산을 유람한 것이다. 이렇게 연암이 현실에 적응하지 못하고 우울증으로 고생하였던 시기는 대체로 20세 전후에서 30대 초반의 과거를 폐할 때까지로 추정된다. 이 때 저술한 작품들이 바로 『방경각외전』에 수록된 한문단편들이다. 연암의 구전(九傳)의 저술은 우울증이라는 심리적 장애를 치료하기 위한 하나의 수단이었던 것이다. 글쓰기를 통한 심리 치료라는 관점에서 볼 때, 『방경각외전』의 작품들은 청년기 연암의 현실비판 성격에서 유발된 우울증을 극복하기 위해 저술된 작품이라고도 할 수 있다.

연암이 살았던 18세기 후반 조선사회는 인재등용에 있어서 뿐만 아니라 사회 전반에 걸쳐 많은 모순을 노정하고 있었다. 이러한 시대를 살아가면서 젊은 연암은 현실에 대한 불만으로 마음이 답답하고 우울한 병에 걸린 것이다. 이 때 정신적 고통에서 벗어나기 위해 저술한 것이 현실 풍자와 비판을 담은 한문단편들이다. 연암이 30대 중반 이후에는 다시는 과거에 응하지 않고, 벗들과 어울려 실학에 빠져들 수 있었던 것도 이와 같은 젊은 날의 방황과 무관하지 않다.

3. 은둔기: 전의감동과 연암협 시절

1771년, 35세에 연암은 마침내 과거를 폐하고 만다. 이후 연암은 심리적으로 다소 안정을 찾았던 것 같다. 그는 가족을 석마(石馬)의 처가로 보내고 혼자 전의감동(典醫監洞)에 거처한다. 이 때 담헌 홍대용, 석치 정철조, 강산 이서구, 무관 이덕무, 재선 박제가, 혜풍 유득공 등과 어울리게 된다. 특히 담헌과는 매우 친밀하고 돈독하였다. 두 사람은 우리나라 사대부들이 대부분 이용후생(利用厚生)과 경제명물(經濟名物)의 학문에는 소홀하여 오류를 그대로 인습하고, 무지하기가 너무 심한 것을 병통으로 여기고는 고금(古今)의 치란(治亂)과 흥망(興亡)의 까닭, 고인(古人)의 출처(出處)의 대절(大節), 제도(制度)의 연혁(沿革), 농공(農工)의 이병(利病), 화식(貨殖), 조적(糶糴), 산천(山川), 관방(關防), 역상(曆象), 악률(樂律), 초목(草木), 조수(鳥獸), 육서(六書), 산수(算數)에 이르기까지 온갖 것을 궁구(窮究)하고 이해하면서 며칠이고 함께 머물렀다. 과거에 급제하여 정치 관료로서 현실에 참여하는 것을 포기하고 뜻을 같이 하는 재야 지식인들과 어울려 실학을 탐구하는 것으로, 연암은 정치권 밖에서의 현실참여를 하였던 것이다. 이른바 자유인으로서의 삶을 추구하였던 것이다.

1778년 연암은 전의감동을 떠나 가족을 이끌고 황해도 금천군의 연암

계곡으로 들어간다. 그가 서울을 떠나 연암협(燕巖峽)에 은둔하게 된 직접적인 이유는 당시 권력자 홍국영(洪國榮, 1748~1780)의 화를 피해서였다. 1776년 정조가 즉위하게 되자, 사도세자를 처벌하는데 찬성하고 정조가 왕위에 오르는 것을 반대했던 인물들이 숙청되고, 세손인 정조를 보호하는데 공이 큰 홍국영 일파가 정권을 잡게 되면서 정국이 불안해졌다. 이때 연암은 홍국영 일파의 전횡에 대해 비판을 서슴지 않았다. 이것이 화근이 되어 홍국영은 연암을 해칠 기회를 엿보고 있었다. 기미를 눈치 챈 친구들이 연암에게 서울을 떠나 있을 것을 권고한 것이다. 또한 집안 살림을 이끌었던 형수가 병사함으로써 스스로 생계를 도모하기 위해서도 서울을 떠날 수밖에 없기도 했다. 그래서 그는 전에 은둔지로 보아두었던 연암협으로 들어간 것이다. 연암협은 송도에서 30여리 떨어진 화장산 동편 불일봉 아래 골짜기다. 동구 왼쪽 절벽에는 제비들이 항상 집을 짓고 살아서 그 절벽을 제비바위, 즉 연암이라고 불렀다. 그래서 동리 이름으로 하고, 자신의 호로 삼은 것이다. 연암은 이 골짜기에 초가를 지어 거처를 마련하고, 돌밭을 일구고 뽕나무를 심고 벌통을 놓아 생활 터전을 마련했다. 그리고는 송도와 연암 골짜기를 오가면서 청년들을 가르치며 사색하고 저술하였다.

4. 장년기: 중국여행과 『열하일기』

박지원은 30대 중반(1771년, 영조 47년) 이후부터는 과거(科擧) 보는 것을 그만두고 벗들과 어울려 실학에 심취하였다. 특히 이용후생에 관심을 기울였다. 『열하일기』에는 이와 같은 연암의 생각이 잘 나타나 있다. 『열하일기』에서 연암은 당시 중원을 지배하고 있는 청조(清朝)를 객관적 시각으로 인식하고자 하였으며, 여행 중 견문한 청나라의 문물과 삶의 모습을 바탕으로 이용후생에 대한 자신의 견해를 다양한 필치로 피력하였다. 또한 당시 청조의 정치 · 외교에 대한 인식을 <황교문답(黃敎問答)>과 <심

세편(審勢篇)> 등에서 자세히 기술하여 놓았다. <관내정사(關內程史)> 7월 28일자 일기에 첨부되어 있는 <호질(虎叱)>과 '호질후지(虎叱後識)'을 통해서는 청나라를 개방적, 현실적 자세로 인식하고자 했다. <옥갑야화(玉匣夜話)>는 이용후생의 실학사상이 집약된 글이다. 이 글에서는 역관들의 화식과 신의에 얽힌 일화를 소개하면서 특히 조선의 유통문제와 인재등용의 문제 등을 제기하였다.

연암이 중국을 여행한 때(44세, 1780년)는 명나라가 멸망(1644년)하고 청조(淸朝)가 중원(中原)의 주인으로 자리 잡은 지 한 세기도 훨씬 지난 18세기 후반이었다. 당시 청나라는 표면적으로는 그 어느 때보다도 태평성대를 구가하고 있었다. 그러나 내면적으로는 매우 고압적인 정책이 실시되고 있었다. 소수민족으로 거대한 중국을 효과적으로 지배하기 위해서는 정치, 군사, 법률 등에 의한 고압적 통치가 필요하였기 때문이었다. 특히 지식인에 대해서는 문자옥(文字獄)과 금서(禁書), 가혹한 법령 등으로 그 어느 계층보다 탄압이 심하였다. 이처럼 청조가 철저한 탄압정책에 의해 중국을 지배하고 있었기 때문에 당시 대부분의 지식인들은 팔고문(八股文)을 공부하여 과거시험을 통한 부귀공명을 추구하거나, 그렇지 않으면 훈고(訓詁)에 몰두하며 현실에 안주하고 있었다.

그러나 당시 조선의 고루한 유학자들은 아직도 춘추에 기반을 둔 화이론(華夷論)을 극복하지 못하고 스스로를 소중화(小中華)라 칭하면서 청나라를 오랑캐로 멸시하고 있었다. 그러나 『열하일기』에서 연암은 춘추대의와 화이론에 대하여 새로운 인식태도를 보여주고 있다. 즉 청조의 문화는 기존의 한족의 문화, 곧 화(華)의 문물을 그대로 계승 지배하고 있으므로 배척할 대상이 아님을 『열하일기』 도처에서 피력하고 있다. 이러한 인식태도는 객관적 시각에서 비롯된 것이다. 연암은 <영처고서(嬰處稿序)>에서 '고금(古今)'을 절대적인 것이 아닌 상대적인 개념으로 파악하고 있다. 즉 '고(古)'는 '금(今)'에 대한 상대적인 것으로써 '금(今)'도 언젠가는 '고(古)'가 될 것이라고 했으며, <답임형오론원도서(答任亨五論原道書)>에서도, "아(我)로써 피(彼)를 보면 이 기(氣)를 고르게 받아 하나도 허위와 거짓이 없으니 어찌 천리의 지극한 공평이 아니겠는가, 사물의 입장에서 나를 본다면 나 역시 사물의 하나이다."라고 하면서 주체와 객체를 바꾸어 봄으로써 사물에 대한 객관적 인식에 도달하고자 했다. 사물을 인식함에 있어서 고정관념과 선입관에 사로잡혀서는 사물의 실상을 제대로 파악할 수 없다. 어떠한 선입견이나 편견을 버리고 객관적 시각에 의해 개방적인 자세로 사물을 대하면 지금까지와는 다른 모습을 발견할 수 있는 것이다. 연암은 인식 대상을 객관적인 위치에 놓고 개방적인 사유를 통해 사물을 새롭게 인식하고자 했던 것이다. 이러한 인식에 도달하기 위해 연암은 인식하고자 하는 대상과 인식의 주체를 바꿔놓고 일체의 선입관이나 편견 없이 사물을 객관적으로 인식하고자 했던 것이다.

연암의 사물에 대한 이러한 사유와 인식 태도는 인물성동론(人物性同論)과 관련되는 것으로써, 18세기초 조선 성리학의 호락(湖洛)논쟁에 바탕을 두고 있다. 연암이 속한 이른바 북학파의 학자들은 17, 18세기 사상계의 핵심부에 위치했던 노론 성리학파 중 낙론(洛論) 계통을 잇는 젊은 학자들이었다. 이들 낙론에 속하는 학자들은 인물성동론에 바탕을 두고 화이론을 극복하고자 하였다. 연암은 이와 같은 사상적 기반에서 당시 중국을 인식하고자 했던 것이다. 즉 멸망한 지 100여 년이 지났음에도 불구하고 명나라를 못 잊어하면서, 현실적으로 엄연히 중원의 지배자로 군림하고 있는 청조를 오랑캐라고 부정하고 멸시하는 것은, 조선에 아무런 도움이 되지 못함을 『열하일기』를 통해 완곡하게 피력하고 있다.

『열하일기』는 1980년(정조4년) 청나라 고종(高宗, 乾隆帝. 재위기간 1736~1795)의 칠순을 축하하기 위해 떠나는 진하별사(進賀別使) 박명원(朴明源, 1725~1790)을 따라 5월 25일부터 10월 27일까지 약 5개월간 북경을 거쳐 열하까지 다녀온 연암 박지원의 중국여행기이다. 사행의 정사(正使) 박명원은 연암의 삼종형이었다. 박명원의 권유로 연암은 사신의 개인수행원

(정확한 직분 명칭은 반당(伴當)으로서 사신을 수행하는 병졸)자격으로 중국을 관광하는 기회를 얻었던 것이다. 『열하일기』에서 연암은 발달한 청조의 문물제도와 그들의 이용후생(利用厚生)하는 삶의 모습, 춘추의리론(春秋義理論)에 대한 비판, 그리고 청조의 국내외 정책, 즉 주자학을 이용한 지식인 회유정책과 강성한 몽고와 티베트에 대한 교묘한 외교정책 등에 대해 특히 세심하게 관찰하여 기록하고 있다. 당시 조선의 대부분의 유학자들은 춘추의리론에 입각한 존명배청주의에 매몰되어 있어서 청나라에 대해 부정적 자세를 가지고 있었다. 그래서 연암은 청조의 중국을 여행하면서 그가 실제로 견문한 청나라의 발달된 문물제도와 대내외 정책 등을 다양한 문장 형식으로 기술해 보여줌으로써 청나라에 대한 조선의 지식인들의 자세가 달라지기를 기대했던 것 같다.

연암이 수행한 진하(進賀)겸 사은(謝恩) 별사(別使)가 서울을 떠나 북경을 향해 출발한 것은 1780년(정조 4년, 건륭 45년) 경자(庚子)년 5월 25일(음력)이었다. 그러나 『열하일기』는 서울에서 의주까지의 여정에 대한 기록은 없고, 6월 24일 의주에서 압록강을 건너는 장면부터 일기가 시작된다. 이날 사신 일행은 방물(方物)이 모두 도착하자 압록강을 힘들게 건너 30리 떨어진 구련성(九連城)에 이르러 한둔한다. 그리고 6월 27일 아침에 압록강에서 100여리 떨어진 책문(柵門: 조선과 중국과의 국경을 표시한 목책으로 된 문)에 도착한다. 책문 안에는 2.30호 인가가 있는 조그만 마을이 있었다. 연암은 마을을 둘러보고는 모든 물건들이 잘 정돈되어 있고, 외양간이나 돼지우리, 심지어 나무더미나 거름더미까지 다 깨끗하게 정돈된 것이 한 폭의 그림 같다 하고는, "아 ! 이러한 연후에야 비로소 물건을 이롭게 쓴다고 말할 수 있을 것이다. 이롭게 쓴 후에야 생활이 윤택할 수 있고, 생활이 윤택해진 후에야 덕이 바르게 될 것이다. 물건을 이롭게 쓰지 못하고는 능히 생활을 윤택하게 하기는 어려운 것이니, 생활이 윤택하지 못하고서야 또한 어찌 능히 그 덕을 바르게 할 수 있겠는가?(嗟乎 如此然後始可謂之利用矣 利用然後可以厚生 厚生然後正其德矣 不能利其用而能厚

其生鮮矣 生其不足以自厚則亦惡能正其德乎).”라고 하면서 그들의 이용후생하는 삶의 모습을 경탄하였다.

이후 책문을 지나 요양, 성경, 산해관, 통주 등을 거치는 지정된 조공로(朝貢路)를 따라 여행하면서 연암은 이용후생하며 윤택하게 사는 청인들의 문물제도에 끊임없는 관심을 보였다. 조공로를 따라 크고 작은 도시가 번성하고 있고, 잘 정비되어 있는 도로와 교량 위로 분주히 오가며 물자와 사람을 나르는 수레에 대해 깊은 감명을 받았으며, 각종 수레의 구조와 효용에 대해 자세히 소개하고 있다. 연암은 민가(民家)의 구조에 대해서도 자세히 관찰하고 감탄하였다. 특히 가옥과 축성 등 건축물에 벽돌을 널리 사용하는 것, 기와를 이는 방법, 온돌 등에 대해서도 세심히 관찰하였다. 그리고 우리나라의 가옥구조와 그들의 가옥구조를 비교하기도 하였고, 잘 정돈된 가게와 상인들에 대해서도 깊은 관심을 가지고 그들과 적극적으로 필담을 나누면서 상인들의 삶의 모습을 기술하였다. 이밖에 연암은 중국을 여행하면서 명승고적의 비문(碑文), 주련(柱聯), 서화(書畵), 연극 등 그들의 문화 예술 등과 골동에 대해서도 깊은 관심을 가지고, 경우에 따라서는 좋은 글귀나 문장을 대하면 채록하거나 발췌하기도 하였다. 그는 또한 요동벌판을 지나면서는 지금은 중국이 지배하는 이곳이 원래는 우리의 옛 고구려 땅이었음을 말하기도 하는 등 민족의식을 거침없이 드러내기도 하였다. 그러나 그 무엇보다 연암의 지속적이고 중요한 관심의 대상은 정치 · 경제 · 사회 등 청나라의 문물제도와 이와 관련한 이용후생에 대한 것이었다. 결론적으로 연암은 중국의 경제적 번영 이면에는 깨어진 기와조각, 깨어진 돌조각, 가축의 분뇨 같은 지극히 하찮은 물건 하나라도 버리지 않고 실생활에 이롭도록 적극 활용하는 이용후생의 정신이 그 원동력으로 작용하고 있음을 지적하고 있다.

8월 1일 압록강을 건너 요양, 성경, 산해관, 통주 등을 거친 사신 일행은 마침내 북경에 도착한다. 그러나 사행이 북경에 도착하였을 때, 건륭제(乾隆帝) 고종은 열하에 머물고 있었다. 그래서 조선 사신은 만수절(萬壽節)

예식에 직접 참석하지 않고 북경에서 망하례(望賀禮)에 참석하는 줄만 알고 있었다. 그런데 갑자기 열하의 만수절 행사에 직접 참석하라는 황명이 떨어져 급히 열하로 향하게 된다. 열하는 청 황제의 별궁인 피서산장(避暑山莊)이 있는 곳으로 조선 사행이 한 번도 가본 적이 없는 곳이었다. 이렇게 해서 연암은 생각지 않았던 열하를 여행할 수 있는 행운을 얻게 된 것이다. 연암의 『열하일기』 이전에도 중국을 여행하고 쓴 이른바 '연행록'들은 많다. 그러나 청조의 피서궁(避暑宮)이 있는 열하(지금의 승덕(承德))까지 다녀온 여행기는 연암의 여행기가 초유의 일이다. 따라서 연암이 열하에서 경험하고 견문한 내용은 다른 연행록에서는 찾아볼 수 없는 『열하일기』만의 독특한 내용인 것이다.

8월 5일 북경을 떠난 연암 일행은 일정이 촉박하여 밤낮 쉬지 않고 행정을 재촉하여 8월 9일 오전 열하에 도착하였다. 그리고 8월 13일 건륭제의 70세 탄신을 축하하는 만수절 행사에 참석하고 8월 15일 오전 열하를 떠나 8월 20일 북경으로 귀환하게 된다. 연암은 이때 열하에서 경험하고 견문한 내용을 <경개록(傾蓋錄)> <황교문답(黃敎問答)> <반선시말(班禪始末)> <찰십륜포윤포(札什倫布)> <망양록(望羊錄)> <심세편(審勢編)> <곡정필담(鵠汀筆談)> <행재잡록(行在雜錄)> <산장잡기(山莊雜記)> <환희기(幻戲記)> <피서록(避暑錄)> <구외이문(口外異聞)> 등의 편명으로 자세히 기록해 놓았는데, 이중에서 <황교문답> <반선시말> <찰십륜포>는 당시 열하를 방문하고 있던 티베트[西番]의 판첸라마[班禪喇嘛]에 관한 내용이고, <망양록>, <곡정필담>은 연암이 열하에서 중국 지식인, 관료들과 나눈 필담을 기록한 것이며, <심세편>은 중국의 국내외정세를, <경개록>은 열하에서 필담을 나누었던 인물들을 소개한 글이다. 그리고 <행재잡록> <산장잡기> <환희기> <피서록> <구외이문>은 열하체류기간 중 경험하고 견문한 내용을 정리한 것이다. 이렇게 열하에서 6일간 머물면서 경험하고 견문한 12편의 글과 6일간의 일정을 일기체로 적은 <태학유관록(太學留館錄)>, 북경에서 열하까지의 여정을 기록한 <막북행정록(漠

北行程錄)>, 그리고 열하에서 북경으로 귀환하는 여정을 기록한 <환연도중록(還燕道中錄)>을 포함하면 『열하일기』의 25편 중 15편이 열하여행과 관련한 글이다. 그래서 연행록이라고 하지 않고 『열하일기』라는 제목을 붙인 것이다.

연암은 열하 여행 후 북경에 돌아와 약 한 달간 체류하고 귀국하게 되는데, 이 때 관광하고 견문한 내용을 <황도기략(黃圖紀略)>, <알성퇴술(謁聖退述)>, <앙엽기(盎葉記)>, <동란섭필(銅蘭涉筆)>, <금료소초(金蓼小抄)> 등으로 기술하였다. 그리고 '허생이야기'가 수록되어 있는 <옥갑야화(玉匣夜話)>는 열하에서 사행의 임무를 마치고 귀환도중에 옥갑이라는 곳에서 하룻밤 머물면서 비장들과 나누었던 이야기를 글로 엮어놓은 것으로 추정된다. 그러나 『열하일기』에는 귀국 여정에 대한 기록은 없다.

『열하일기』는 그 형식과 내용에 따라 일기체로 쓴 기행문과 그렇지 않은 글로 이루어져 있다. 일기체 형식으로 쓴 글은 압록강을 건너 청나라에 입국한 후 만주 요동을 거쳐 산해관을 지나 북경에 도착하기까지의 견문을 기록한 <도강록(渡江錄)>, <성경잡지(盛京雜識)>, <일신수필(馹迅隨筆)>, <관내정사(關內程史)> 등 4편과 북경에서 열하여행의 견문을 기록한 <막북행정록>, <태학유관록>, <환연도중록> 등 3편 모두 7편의 글이다. 나머지 글들은 주제에 따라 각각의 편목을 붙여 다양한 형식과 내용으로 기술되었다.

『열하일기』에서 청조에 대한 연암의 인식은 구광녕(舊廣寧)을 지나면서 '천하장관(天下壯觀)'을 화제로 삼아 우리나라 선비들의 시대착오적인 화이론과 춘추의리론을 간접적으로 비판하고 그들의 이용후생하는 삶의 자세를 배워야 할 것을 역설한 7월 15일자 일기에 잘 나타나 있다. 이 글에서 연암은 우리나라 사람들이 연경에 갔다가 돌아오는 사람을 만나면 반드시 중국 여행 중에서 가장 장관이었던 것이 무엇이냐고 물어보는데, 이 때 대부분의 사람들은 넓은 들판, 구요동의 백탑, 연로에 들어선 가게들, 산해관, 유리창, 통주의 선박, 천주당, 상방, 동악묘, 북진묘가 장관이라고 말하나, 학덕이 높은 선비는 씁쓸한 기색을 지으며 "도무지 볼만한 것이 없습디다."한다면서, "어째서 도무지 볼만한 것이 없다는 것입니까?" 하고 물으면, 황제를 비롯하여, 장상, 대신과 모든 관원, 그리고 선비, 서민들도 모두 머리를 깎았으니, 비록 공덕이 은주(殷周)와 같고 부강이 진한(秦漢)에 지난다 하더라도 백성이 생긴 이래 아직 머리 깎은 천자는 없었으니, 비록 뛰어난 학문과 문장과 박식을 지녔다고 하더라도 "한번 머리를 깎으면 곧 오랑캐요, 오랑캐면 개돼지이니, 우리가 그 개돼지에게 무엇이 볼 것이 있겠습니까?" 하고, 학덕이 중간 정도인 선비는 "신성한 나라가 어지러워지고 산천이 비린내 나는 고장으로 변했으며, 성인의 업적이 묻혀버려 말이 오랑캐의 것으로 변하였으니 볼만한 것이 무엇이 있겠습니까? 진실로 10만의 군사를 얻을 수 있다면 산해관 안으로 달려 들어가 중원을 깨끗이 소탕한 뒤에야 장관을 이야기 할 수 있을 것입니다"라고 한다면서, 그러나 자신은 학덕이 낮은 선비이므로 "장관은 기와 조각에 있고, 장관은 똥 덩어리에 있다고 말하겠다." 라고 하며, 집주변에 널려 있는 똥 덩어리와 기와 조각과 같은 보잘것없는 물건을 잘 이용하여 삶을 윤택하게 하는 그들의 자세를 부러워하였다.

이렇게 연암은 '천하의 장관'을 화제로 해서 춘추의리론과 화이론에 매몰되어서 역사 현실을 올바로 인식하지 못하는 조선 유학자들의 현실감각을 간접적으로 꼬집음으로써 시대착오적인 북벌론(北伐論)을 하루 빨리 극복하고 청나라의 선진 문물제도를 배워 백성의 삶을 윤택하게 할 것을 주장하였다. 이러한 사고는 명분보다는 실리를 추구하고자 한 18세기 후반 연암학파의 일관된 주장이었으며, 인물성동론(人物性同論)을 주장하는 낙론(洛論)의 사상체계와 일정한 관계를 지닌다.

춘추의리론에 대한 연암의 비판은 7월 27일자 일기에도 나타나 있다. 이날 일기는 서두에 다른 날의 일기와 마찬가지로 그날의 날씨와 일정을 간단하게 기록한 다음, 하루 전(7월 26일)에 이제묘(夷齊廟)에서 점심으로 고사리 닭찜을 먹고 체했던 사건을 연상의 실마리로 하여 존명배청사상의

이론적 배경인 춘추의리론을 몇 개의 삽화를 통해 해학적으로 그려놓았다. 그 내용을 요약하면,

(1) 이제묘에서 먹은 고사리 닭찜이 소화가 안 되어 고생하였다.

(2) 어떤 사람이 말하길, 사신 일행은 사철 이제묘에서 고사리 점심을 먹는데, 10년전 고사리를 준비하지 못한 건량관이 서장관에게 곤장을 맞고는 강가로 나가 통곡하면서 '백이 숙제여. 백이 숙제여. 나와 무슨 원수를 졌는가, 나와 무슨 원수를 졌는가' 하였다고 말하고는, '백이숙제가 고사리를 뜯어먹고 굶어 죽었다고 하니 고사리는 참으로 사람 죽이는 독극물인가 보다'라고 하였다.

(3) 태휘라는 마두가 설익은 대추를 먹고 설사가 심했는데, 고사리가 사람 죽인다는 말을 듣고는 '백이숙채(伯夷熟菜)가 사람 죽이네. 백이숙채가 사람 죽여'라고 했다고 한다.

(4) 연암이 백문에 살 때, 명나라 의종이 죽은 지 2주갑(二周甲) 되는(1764년. 甲申) 3월 19일 글방선생님과 마을 청소년 십여 명이 함께 성 서쪽의 송(宋)씨네를 찾아가 우암 송시열의 영정에 참배하고 초구를 만져보고 강개하고는 돌아오는 도중에 서쪽을 향하여 주먹질을 하며 '되놈들'이라고 외쳤다. 글방선생이 주식을 차렸는데 고사리나물과 당시는 금주령이어서 술 대신 감주를 동이에 담아내어 왔는데, 담은 술동이의 관지(款識)에 '대명성화년제(大明成化年製)'라고 쓰여 있었다. 그것은 주식을 나누는 사람은 고개를 숙여 안을 들여다보고 '춘추의 의리를 잊지 말자는 것'이었다. 이 때 한 아이가 '무왕이 만약 패하여 죽었더라면/ 천년을 두고 주왕(紂王)에게는 역적이 되었을 것을/ 여망은 백이를 구해 보냈는데도/ 어이하여 역적을 보호했다 하지 않는가/ 오늘날 춘추의 뜻도/ 되놈이 보기엔 되놈의 역적일 걸(武王若敗崩 千載爲紂賊 望乃扶夷去 何不爲護逆 今日春秋義 胡看爲胡賊)'이라는 시를 읊자, 자리에 있던 사람들이 모두

크게 웃었다. 글방선생님은 한동안 무연히 앉아 있다가, 아이들은 일찍부터 춘추를 읽게 해야 한다고 하며 경치나 읊으라고 하니, 한 아이가 '고사리 아무리 캐야 배부르지 않아/ 백이는 마침내 굶어 죽었네/ 꿀물은 술보다 훨씬 달아/ 이걸 마시고 죽는다면 어찌 원통치 않으랴(採薇不眞飽 伯夷終餓死 蜜水甘過酒 飮此亡則寃)'라고 읊어 다시 한바탕 웃었다.

이 글을 통해 연암은 춘추의리론의 허상과 그것을 배경으로 하는 존명배청사상(尊明排淸思想)의 허구성을 희화화(戲畵化)함으로써 시대착오적인 사고의 틀에 얽매어 명분만을 내세우는 조선의 고루한 유학자들을 비판하고 있다. 고사리 닭찜이 발단이 되어 백이숙제의 의리를 희화화한 서당아이들의 한시에서 절정을 이룬 이 글에서, 연암은 백이숙제, 서장관, 시골 훈장, 송우암과 건량관, 태휘, 학동들을 대조시켜 춘추의리론에 대한 계층간의 서로 다른 시각을 보여주었다. 연암은 춘추의리론에 매몰되어 100여년 이상 중원의 지배자로 군림하고 있는 청의 실체를 인정하지 않으려는 조선의 고루한 유학자들에게 개방적 자세로의 인식전환을 이 글을 통해 촉구하고 있는 것이다. 즉, 충신과 역적은 어디까지나 상대적인 것이므로, 조선이 현실적으로 취할 것은 명분보다는 실리여야 함을 암시한 것이다.

『열하일기』에서 청조의 대내외정책에 대한 연암의 관찰은 <황교문답>과 <심세편>을 통해 살펴볼 수 있다. 연암은 열하에 머무르는 동안 청조의 교묘한 대내외정책을 견문하고는 청나라의 현실적 고민을 <황교문답>에서 다음과 같이 파악하고 있다.

(1) 내가 열하에 이르러 천하의 형세를 가만히 살펴본 것이 다섯 가지가 있었다. 황제는 해마다 열하에 머무르는데 열하는 만리장성 밖 황폐하고 외진 땅이다. 천자는 무엇이 근심스러워 이런 만리장성 밖의 거친 벽지에 와서

거처하는 것일까. 명분은 피서한다는 것이지만, 실상은 천자가 몸소 변방을 지키는 것이다. 그런 즉 몽고가 강한 것을 알 수 있다. 황제는 서번(西番,티베트)의 승왕(僧王)을 맞아다가 스승을 삼고, 황금으로 전각을 지어 거처하게 하는데, 천자는 무엇이 괴로워 이와 같이 사치스럽고 지나친 예우를 하는가? 명목이야 스승의 대접이라지만 실은 그를 황금전각 속에 가두어 두고 하루라도 세상이 무사하기를 기원하는 것이다. 이로 볼 때 서번에 대한 근심이 몽고보다 큰 것을 알 수 있다. 이 두 가지는 황제의 마음이 이미 괴롭다는 것을 보여 준다

(2) 사람들이 글을 보면 비록 평범한 두어 줄 편지라 할지라도 반드시 청나라 역대 황제들의 공덕을 늘어놓고, 지금의 황제의 은택에 감격한다는 글은 쓴 것은 다 한인(漢人)들의 글이다. 그것은 대개 그들 자신이 중국의 유민(遺民)으로서, 항상 근심 품고 혐의를 받을까 경계하지 않을 수 없어서, 입만 열면 칭송하고 붓만 들면 아첨하여 자신이 당세(當世)에서 벗어나 있는 것처럼 보이게 한다. 한인들의 마음 또한 이미 괴로운 것이다. 사람들과 필담을 할 때는 비록 심상한 수작을 한 것이라도 말을 마친 뒤에는 곧 불살라 버리고 쪽지 하나도 남겨두지 않는다. 이것은 비단 한인만이 이러는 것은 아니라 만인(滿人)들은 더욱 심하다. 만인들은 그 직위가 모두 황제의 기밀에 가까이하고 있어서 법령의 엄하고 가혹한 것을 더욱 잘 알고 있기 때문이다. 그런즉 비단 한인들의 마음만 괴로운 것이 아니라 천하를 법으로 금하고 있는 자의 마음도 괴로울 것이다.

(1)의 글을 통해서는 청조의 주변 민족들에 대한 외교 정책을 살펴볼 수 있다. 특히 몽고와 서번에 대한 청나라 황제의 외교 정책을 잘 관찰하였다. 연암은 <황교문답> '후지'에서 청조가 걱정거리로 여기고 있는 주변의 여러 종족에 대해 자세히 언급하고 있다. 몽고에 대해서 특히 깊은 관심을 보였고, 티베트, 아프칸, 러시아 사람들은 사납고 날래고 추악하여 괴상한

짐승이나 기이한 귀신같았다고 했다. 그리고 만주족은 중국에 들어온 지 100여년이 되어 이제는 수토(水土)에 길들고 풍속에 익숙해졌으므로, 한인과 다를 것이 없이 청렴하고 우아해져서 저절로 문약해졌다고 하면서, 이들이 가장 두려워하는 것은 몽고임을 거듭 말하고 있다. 그 까닭은 몽고의 강하고 사나움이 서번이나 회자(回子)만은 못하지만 제도와 문물이 중원과 대항할만하기 때문이라고 하면서 몽고를 청조의 가장 두려운 존재로 말하고 있다.

(2)에서는 한인 지식인들은 대단치 않는 글일지라도 청나라 열조의 공덕을 과장하고 황제의 은혜에 감격하고 칭송하며 아첨하는 말을 늘어놓는데, 이것은 청조에게 화를 당할까 근심하고 경계하기 위해서이며, 필담을 한 후 대수롭지 않은 글일지라도 한 조각도 남기지 않고 태워버리는 것은 한인뿐만 아니라 만인은 더욱 심한데, 이것은 만인들은 그 직위가 황제 가까이 있어 법령의 엄하고 가혹함을 더 잘 알고 있기 때문이라고 하면서, 이렇게 청조가 엄한 법으로 한인 만인 할 것 없이 엄하게 다스림으로써 안정될 수 있었음을 연암은 간파했던 것이다.

연암은 <심세편>에서도 청조의 대내외 정치적 상황을 살폈는데, 몽고의 위협을 막기 위해 열하에 대궐을 지어 놓고 친청적(親淸的) 몽고 군대를 주둔시킴으로써 '오랑캐로 오랑캐를 방어하는(以胡制胡)' 그들의 술책을 간파하였으며, 굳세고 사나운 티베트를 달래기 위해 황제가 황교의 풍습을 좇고 판첸라마를 불러다가 극진히 모시는 모습을 보면서 청조의 외교적 책략에 감탄하고 있다. 또한 대내적으로는 한인 지식인들을 주자의 학문으로 교묘히 다스리는 모습을 날카롭게 관찰하였고, 한인과 만인의 갈등, 도덕적인 타락 등에 대한 청조의 근심을 연암은 직시하였다.

『열하일기』에는 두 편의 소설 작품이 수록되어 있다. 하나는 <관내정사>에 수록되어 있는 <호질>이고, 다른 하나는 <옥갑야화>에 수록되어 있는 <허생전>이다. <관내정사>는 산해관을 지나 북경까지의 여행기록으로, <호질>은 북경에 도착하기 3일전인 7월 28일자 일기에 수록되어 있다. 여행의 최종 목적지(나중에 열하에 갔지만)인 북경 도착을 앞두고 연암은 압록강을 건너 약 한 달가량 청조의 본거지였던 만주 지방을 여행하면서 보고 느낀 청나라에 대한 인식을 포괄적으로 정리하고 싶었던 것 같다. 그러다가 우연히 옥전현(玉田縣)의 한 점포에서 절세기문(絶世奇文)을 보게 되었고, 그 글을 소재로 한 편의 해학적인 글을 저술한 것이 <호질>이다.

<호질>의 중심 내용은 선비 북곽 선생이 범에 의해 신랄한 비판을 받는 장면이다. 그것은 인간, 즉 한족(漢族)의 문화와 역사에 대한 오랑캐 만주족의 꾸짖음이다. 만주족은 한족의 입장에서 보면 짐승과 같은 존재이다. 그러나 현실적으로 한족의 지식인들은 먹고 살기 위하여 바로 그 오랑캐한테 아부하며 살아가지 않을 수 없다. 들판의 똥구덩이에 빠져 똥물을 뒤집어쓰고 기어 나온 북곽은 앞에 버티고 앉아 있는 범 앞에서 살기 위해 부끄러움을 참고 아첨하기에 바쁘다. 이와 같은 모습은 바로 청조의 비위를 맞춰가며 살아갈 수밖에 없는 멸망한 명나라, 곧 한족 지식인의 현실적 모습인 것이다. 이러한 북곽 선생의 모습을 통해서 연암은 춘추의리론에 매몰되어 중국의 현실적 상황을 인식하지 못하는 조선의 고루한 유학자들의 각성을 촉구한 것이다. <호질>은 18세기 후반 청나라가 처하고 있는 대외관계와 국내문제를 상징적으로 드러낸 작품이다. 당시 누구도 드러내놓고 말하지 못하는 청나라의 국내의 정치적 상황과 대외정책에 있어서의 고민, 이러한 청조의 지배 아래서 살아가는 한족 지식인들의 어리석음과 비열함, 그리고 위선적인 모습을 범과 맹수, 범과 창귀, 범과 동리자의 밀회, 범과 북곽, 북곽과 농부를 통해 풍자 비판하고 있다. 연암이 이 글을 『열하일기』에 수록한 것은 청조와 한족의 관계를 청조와 조선의 관계로 바꿔 볼 수 있었기 때문이다.

다른 하나는 열하여행을 마치고 북경으로 귀환하는 도중에 옥갑이라는 곳에서 하룻밤 머물면서 비장들과 주고받은 이야기들을 묶어놓은 <옥갑야화>라는 글이다. <옥갑야화>에는 사행을 따라 북경을 오가며 무역을

하던 조선 역관들과 중국 상인들과의 상거래에서 파생된 일화 몇 편과 '허생이야기'가 수록되어 있다. <허생전>으로 잘 알려진 '허생이야기'는 '허생후지'에 의하면, 연암이 20세 초반 봉원사에서 글을 읽고 있을 때, 윤영이라는 인물에게서 들은 이야기를 연암이 입전(立傳)한 것이라고 한다. 그 내용은 허생이라는 서생을 주인공으로 내세워 조선의 유통구조의 취약성, 이상사회의 제시, 북벌책의 허구성 등에 대해 비판하고 있다. 그러면 연암은 왜 이 글을 『열하일기』에 수록해 놓았을까? 연암은 책문(柵門) 안 조그마한 국경 마을의 중국인들의 삶의 모습을 보는 순간부터 중국여행 내내 이용후생하는 중국인들의 삶의 모습을 경탄과 부러운 마음으로 대하였다. 연암은 그의 중국여행의 최종 목적지였던 열하여행을 마치고 귀환하면서, 그가 젊은 시절부터 계속 관심을 가지고 있던 이용후생과는 동떨어진 조선사회의 구조적 모순을 떠올리고 이제는 청나라의 문물제도를 받아들여 우리 민족의 삶을 개선해야 할 것을 우회적으로 피력한 것이다.

이상에서 살펴본 바와 같이 연암은 중국을 여행하면서 개방적 자세로 청조 중국의 실상을 객관적으로 파악하고자 노력했음을 알 수 있다. 그리고 그 결과로 나타난 것이 『열하일기』인 것이다. 연암은 이 『열하일기』를 통해 조선을 둘러싸고 있는 역사 현실을 올바로 인식하지 못하는 조선의 고루한 지식인들을 깨우치고자 의도했던 것이다.

5. 환로기: 〈열녀함양박씨전〉과 여성의식

정조 10년(1786), 나이 50세에 연암은 친구 유언호(兪彦鎬, 1730~1796)의 천거로 선공감(繕工監) 감역에 임명되어 처음으로 벼슬길에 오른다. 그 후 평시서 주부, 의금부 도사, 제릉령(齊陵令) 등의 관직을 거쳐 1791년 한성부 판관에 이른다. 1791년 12월에 연암은 경상도 안의(安義) 현감에 부임하여 1796년 3월까지 5년간 재임하였다. 이때가 연암의 생애 중에 가장 행복했던 시기였다. 그가 부임할 당시 안의는 민심이 사납고 교활하고, 아전의 농간이 심한 곳이었다. 그는 부임하자마자 엄정하게 송사를 처리하고, 아전들의 상습적인 관곡 횡령을 근절했으며, 중국여행 중에 보았던 농기구들을 시험 삼아 만들게 하여 써보게 하고, 벽돌을 찍어 관아의 빈터에 하풍죽로당(荷風竹露堂)이라는 정자를 짓고, 담을 쌓았다. 이 시기에 그가 특히 관심을 보인 것 중 하나가 개가(改嫁) 금지와 열녀(烈女) 문제였다. 그는 안의현감 시절에 그 고을 아전 집안의 한 여성이 함양으로 시집가서 결혼식을 올렸으나 합방도 못하고, 병으로 죽은 남편의 빈 옷만 지키다 삼년상을 마치고서는 순절한 함양 박씨의 비극적인 죽음을 접하고 <열녀함양박씨전>을 저술하였다. 고독한 과부의 심리와 열녀의 비극적인 죽음을 아주 섬세하게 묘사한 작품이다.

연암의 진보적인 여성의식은 20·30대 젊은 시절에 쓴『방경각외전』에 수록된 <민옹전>, <양반전>, <광문자전> 등과 40대에 쓴『열하일기』의 <허생전>과 <태학유관록>, 연암이 춘관(春官)을 대신해서 쓴 몇 편의 '열부사장(烈婦事狀)'을 통해서 살필 수 있을 것이다.

20·30대의 연암의 여성의식은 그의 한문단편에 등장하는 여성의 언행을 통해서 살펴볼 수 있다. 연암의 20대 초반 작품인 <민옹전>을 보면, 주인공 민옹은 어릴 때부터 영리하고 말 잘하기로 유명하였지만, 무신년 민란에 관군을 따라 토벌에 가담하여 그 공로로 첨사라는 벼슬을 얻은 것 말고는 일생동안 시정을 떠도는 비판적 지식인으로 살았던 인물이다. 그는 일곱 살에 '항탁(項橐)이 스승이 되었다', 열두 살에는 '감라(甘羅)가 장수가 되었다', 열세 살에는 '외황아(外黃兒)가 유세했다'는 등 해가 바뀔 때마다 자신의 나이와 같은 때에 큰 업적을 이룬 인물을 떠올리며 방안 벽면에다가 크게 먹으로 쓰면서 희망을 가지고 살았다. 일흔 살이 되는 해에, 그의 아내가 "'영감님, 올해는 까마귀를 안 그리우?'하고 조롱하자, 민옹은 기뻐하며 '그래, 당신은 빨리 먹이나 갈으시구료' 하고는, 곧 '범증(范增)은 기이한 계책을 좋아했다'라고 크게 썼다. 그랬더니 처는 더욱 성을 내며

말하길 '비록 기이한 계책이 있다 한들 장차 어느 때에 쓰려우' 하였다." 여기서 우리는 민옹 처의 언행을 통해서, 그녀는 이제 남편에게 무조건 순종만 하는 여인이 아니라 자신의 의견을 제시하기도 하며 남편에 대한 비판도 거리낌 없이 할 수 있는 여인으로 바뀌어 있음을 볼 수 있다. 철저한 가부장제 사회인 조선의 양반가문에서, 남편은 절대적 권위를 가지고 있었다. 그럼에도 불구하고 이렇게 남편을 조롱하는 대화를 작품으로 나타냈다는 것은 여성에 대한 진보적 인식이 없이는 불가능한 것이다. 민옹 처의 언행을 통해서 우리는 작가 연암의 여성의식을 엿볼 수 있는 것이다.

이와 같은 양반 사대부 계층 부인의 남편에 대한 비판적 언행은 <양반전>에도 나타난다. <양반전>에서, 나라의 환곡을 천 석이나 빌려 먹고는 갚지 못해 궁지에 몰린 정선양반에 대해, "당신은 한 평생 글 읽기만 좋아했지 환곡을 갚는 데는 아무런 도움이 안 되는군요. 에이구, 양반이라구, 양반은커녕 일전의 가치도 없네!" 하고 남편을 매도하는 양반 처의 모습을 볼 수 있다. 여기서 정선양반의 처는 조선사회가 지향하는 여필종부(女必從夫)의 미덕에 반기를 들고 있다. 이러한 양반 처의 언행에도 작가의 여상의식이 반영된 것은 물론이다. <광문자전>에서도 연암의 여성에 대한 인식이 나타난다. 광문은 나이가 마흔이 넘어서도 장가를 가지 못한 떠돌이 총각이었다. 그래서 남들이 장가들기를 권하면 "도대체 예쁜 아가씨는 누구든지 그리워하는 거야. 그러나 이는 사내만 그런 것이 아니고, 저 여인들도 역시 그런 거야. 그러므로 나처럼 못생긴 놈이 어떻게 장가를 들 수 있단 말이요"하며 여성과 남성을 대등한 시각에서 바라보고 있다. 이렇게 연암은 주인공 광문의 입을 통해 여성의 인격을 긍정하는 발언을 하고 있다. 그것은 인간 평등사상, 남녀평등사상에 기초한 발언이 아닐 수 없다. 여성의 인간성에 대한 긍정의 발로라고 할 수 있다. 그렇지만 이 작품들에 등장하는 여인들의 남편에 대한 항변은 아직은 심각한 수준이 아니다.

그러나 40대 이후의 연암의 저술인 『열하일기』의 <옥갑야화>에서 허생 처의 남편에 대한 항변은 당시 양반 가문에서는 상상할 수 없는 언행이 아닐 수 없다. 이러한 내용을 글로 나타낸 작가의 여성의식은 매우 혁신적이다. <옥갑야화>의 <허생전>에서 허생 처는 굶주림을 참다못해 글만 읽고 있는 남편을 향해 다음과 항변하고 있다.

> "'당신은 평생 과거도 보지 않으면서 글은 읽어 무엇하시려우'하니 허생은 웃으며, '내 책읽기가 아직 미숙해서 그렇소'라고 대답한다. 처는 '공장이 노릇은 왜 못하시나요' 한다. 허생은 '공장이 노릇은 본래 배우지 않았으니 어떻게 하겠오'라고 말했다. 처는 다시 말하길 '장사치 노릇은 왜 못하시나요' 했다. 허생은 '장사를 하려고 해도 밑천이 없으니 어쩌겠소'한다. 허생 처는 성을 내고 꾸짖으며 '밤낮 책만 읽더니 단지 배운 것이 어쩌란 말이요'만 배웠구료. 공장이 노릇도 장사치 노릇도 못하겠으면, 도적질은 어때요'했다."

여기서 허생 처의 언행은 당시 점잖은 양반 가문의 부녀자의 언행이라 할 수 없다. 이와 같은 허생 처의 언행은 <허생전>과 유사한 줄거리를 가진 이른바 '허생유사설화(許生類似說話)'에서는 나타나지 않는다. 대표적인 유사설화인 <양주염야탐기산진삼천중화(楊州廉也耽妓散盡三千重貨)>와 <식보기허생취동로(識寶氣許生取銅爐)>유형에 속하는 설화들에서는 <허생전>에서와 같은 처의 항변은 볼 수 없다. 이 문헌 설화에서 주인공이 출가하게 된 동기는 처의 굶주린 모습, 또는 머리칼을 팔아 식량을 구한 처의 삭발한 모습을 보고 집을 뛰쳐나와 화식(貨殖)의 세계에 뛰어드는 것으로 되어 있다. 따라서 연암의 <허생전>에 등장하는 허생 처의 언행은 당시 시대적 현상이 아니라 작가 연암의 진보적 여성의식의 소산인 것이다.

연암의 '불경이부(不更二夫)'에 대한 의식은 『열하일기』 <태학유관록> 8월 10일자 일기에도 피력되어 있다. 이날 연암은 아침식사 후 곡정 왕민호와 지정 등 중국인 선비들과 많은 필담을 나눴다. 이때 '열녀불경이부'에 대해서 팔담을 하였다. 곡정이 연암에게 조선의 아름다운 것에 대해 묻자, 연암은 첫째로 유교를 숭상하는 것, 둘째는 물난리가 없는 것, 셋째는 어류와 소금을 다른 나라에서 빌려오지 않는 것, 넷째로 여자가 두 지아비를 섬기지 않는 것을 들었다. 이에 대해 지정이 '여자가 지아비를 바꾸지 않는다니 온 나라가 모두 그럴 수 있겠습니까?'라고 의문을 제기하자, 연암은 "온 나라의 미천한 농사 백성이나 하인들까지 모두 그런 것은 아닙니다. 명색이 사족(士族)이라고 하면 비록 아무리 가난하고 또 삼종(三從)의 길이 이미 끊어졌다고 해도 평생 과부의 절개를 지켜 변하지 않으며, 이러한 기풍이 비복(婢僕)과 하천(下賤)에게까지 미쳐서 저절로 풍속을 이룬지 사백 년이 되었습니다"라고 하였다. 그런데 연암이 우리나라의 미풍양속의 하나로 '열녀불경이부(烈女不更二夫)'를 예로 들자, 곡정이나 지정은 이에 대해 의아해 하였던 것이다. 그리고는 지정은 그러한 습속에 대해 나라에서 금하는 법령이 없느냐고 물었고, 연암이 법령이 없다고 하니, 곡정은 중국에서는 이러한 풍속으로 말미암아 막심한 폐단이 있다고 하며 다음과 같이 말하였다.

> "중국에서도 이 풍속이 막심한 폐단을 이루어서, 어떤 이는 납채(納采) 하고 초례(醮禮)를 이루지 않았다거나, 성례만 하고 아직 첫날밤을 치르지 않았는데도 불행히 사고가 있으면 평생토록 과부의 절개를 지켜야하는데, 이런 건 오히려 나은 편이고, 심지어는 세의(世誼)가 두터운 집안 사이면 아이가 뱃속에 들었을 때, 이미 언약한다거나, 또는 다박머리 때 부모끼리 말이 있었다가, 불행하면 독약을 마시거나 목을 매어서 같이 따라 합장되기를 구하니, 이는 예에 크게 어긋나는 일이므로 군자들은 그런 것을 시분(尸奔)이라고 기롱하기까지도 하고, 또는 절음(節淫)이라 불렀던 것입니다. 국법으로 이를 엄격히 단속하여 그 부모에게 죄를 주기로 하였으나 마침내 습속을 이루었으니 동남 지방이 더욱 심합니다. 그러므로 유식한 집안에서는 여자가 성년이 된 뒤에 비로소 혼인을 말하니 이는 요즈음 일입니다."

곡정의 이 말에 대해 연암은 '불경이부'에 대해 더 이상 언급 없이 효자와 관련된 다음 대화로 옮겨갔다. 이는 곡정의 말에 묵시적으로 동조함을 나타낸 것이다. 곡정이 말한 '불경이부'로 말미암은 중국과 같은 폐단은 우리나라에서도 비슷하게 일어나는 폐단이었기 때문이다. 이 글을 통해 볼 때, 연암도 '불경이부'로 말미암은 조선의 폐단에 대해 이때 이미 비판적 시각을 가지고 있었던 것이 분명하다. 이러한 내용의 글을 그의 여행기 속에 수록했다는 사실 자체가 반증하기 때문이다. 연암은 자신이 말하고 싶은 '불경이부'의 폐단을 중국인 곡정의 입을 통해 말하게 함으로써 자신에게 주어질 지도 모르는 비난의 화살을 피한 것이다. 또한 연암은 중국에서는 이러한 폐단을 국가에서 알고 그러한 잘못된 습속을 국법으로 막으려고 하였는데, 조선에서는 오히려 국법으로, 또는 열녀전, 교훈서 등을 번역 또는 편찬함으로써 '불경이부'를 나라에서 정책적으로 장려하는 것에 대해서도 우회적으로 비판하고 있는 것이다. 연암은 곡정, 지정이라는 중국인 선비와의 대화 서술방식을 통해서 자신이 지니고 있었던 '불경이부'의 폐단을 간접적으로 피력한 것이다 여기서 우리는 40대 중반 『열하일기』 시대의 연암의 여성의식을 살필 수 있다.

이밖에 열부의 행적을 사실에 입각해서 기술하고 추모한 <김유인사장(金孺人事狀)>, <박열부사장(朴烈婦事狀)>, <이열부사장(李烈婦事狀)>이 있다. 열부 김씨는 부친이 군수를 지냈으며, 사계(沙溪)선생의 후손이다. 당시 대제학 오재순의 장자인 오윤상의 부인으로 남편을 따라 죽은 열녀다. 연암은 이 글 서두에서 절부(節婦)와 열녀(烈女)에 대한 자신의 견해를 드러내었는데, 그는 '수의(守義)'를 일컬어 '절(節)'이라고 하고, '절'을 세우는 것을 '열(烈)'이라고 정의를 내린 후, '절'을 드러내기 위해 스스로 신체발부를 훼손하고 목숨을 스스로 끊는 행위에 대해 암묵적으로 비판적 시각을 드러내고 있다. 그러나 춘관(春官)을 대신해서 대구(代構)한 <박열부사장>이나 춘관을 대신해서 대초(代草)한 <이열부사장>에서는 담담하게 열부의 행적을 기술하고 있을 뿐이다. <박열부사장>은 연암을 따르던 박경유의 누이 밀양 박씨가 남편 김국보를 따라 순절한 것을 춘관을 대신해서 쓴 것이고, <이열부사장>은 박경유가 죽자 그의 처인 남양 이씨의 절사(節死)한 일을 두고 그녀의 행적을 쓰고 추모한 글이다. 이 두 글의 대상이 평소에 잘 아는 인물들이고, 또한 글의 성격이 순절한 사건을 사실에 입각해서 써야했기 때문에 이 글에서는 자신의 견해를 가급적 피하고 기존의 전통적 열녀관에 입각해서 담담한 필치로 쓴 것 같다. 그러나 그 바탕에 비극적인 죽음에 대한 연민이 깔려 있다.

이와 같이 연암은 젊은 시절부터 여성의 인간성을 긍정하는 자세로 여성을 인식하였으며, 그러한 의식적 기반 위에서 당시 미풍양속으로 자리잡은 열녀 문제에 대해 비판적 시각을 가졌던 것이다.

6. 노년기: 면천군수와 양양부사 시절

1796년 3월, 연암은 안의 현감의 임기가 만료되어 서울로 돌아온다. 이후 제용감(濟用監)주부, 의금부도사, 의릉령(懿陵令)을 거쳐, 이듬해 7월 충청도 면천군수로 부임한다. 이곳에서도 그는 극심했던 쟁송(爭訟)을 진정시키고, 흉년에는 굶주린 백성들을 구제하는 등 선정을 베풀었다. 당시 이곳은 나라에서 금하는 천주교가 성행하고 있었다. 연암은 적발된 자를 엄벌하는 대신 잘 설득하여 마음을 고쳐먹도록 한 후에 방면하였다. 이와 같은 온건 대책이 주효하여 자수자가 속출하였다. 이에 연암은 백성들을 모아 놓고 훈시한 후, 천주교 책자와 예수 화상을 소각하고는 더 이상 죄를 묻지 않았다. 그리고는 충청감사에게 편지를 보내 관에 자수한 천주교도들을 중죄로 다스리는 것이 부당함을 역설했다. 또한 연암은 성 동쪽의 언월지(偃月池)라는 황폐한 연못을 준설하여 주변 수백 경(頃)의 농토에 용수를 공급했으며, 중국여행 중 관찰한 선진 농법과 농기구에 관한 내용을 담은 <과농소초>와 토지소유제한을 통해 농업문제의 근본을 해결하고자 한 <한민명전의>를 저술하여 정조에게 바쳤다.

1800(순조원년)년 8월 연암은 강원도 양양부사로 승진하여 부임하였다. 이곳은 임금의 관을 만드는 황장목(黃腸木)이라는 질 좋은 소나무가 많이 나는 곳이었다. 부임 직후 정조의 장례에 쓸 나무를 진상하고, 남은 목재는 전임자들처럼 챙기지 않고 모두 거두어 다리를 만들었다. 그리고 환정(還政)을 바로잡기 위해 솔선해서 자신의 녹봉을 털어 축난 관곡(官穀)을 보충했다. 이에 감동한 아전들과 고을의 부유한 백성들이 곡식을 모아 나머지 축난 관곡을 채웠다고 한다. 이듬해 봄 노병(老病)을 핑계로 사직하고 서울로 돌아와 서울 북촌 가회방(嘉會坊) 재동(齋洞)의 계산초당(桂山草堂)에서 말년을 조용히 보내다가, 1805년 10월 29일 향년 69세로 세상을 떠났다.

옛 영토에 대한 생각과 중국의 동북공정 문제

박 기 호*

1. 〈도강록(渡江錄)〉 6월 28일

때마침 봉황성을 새로 쌓는데 이 성을 안시성(安市城)이라고 말하는 사람도 있다. 고구려 방언에 큰 새를 '안시(安市)'라 하고, 지금도 우리 시골말에 봉황(鳳凰)을 '황새'로 뱀을 '배암(白巖)'이라고 하는 것으로 보아 "수나라, 당나라 시절에 우리나라 말을 따라 봉황성을 안시성으로, 사성(蛇城)을 백암성(白巖城)으로 고쳤다."는 말이 자못 그럴싸하다. 또 옛날부터 전하는 말에 "안시성주(安市城主) 양만춘(楊萬春)이 당 태종(唐太宗)의 눈을 쏘아 맞췄는데, 태종이 성을 굳게 지키는 양만춘에게 탄복하여 성 아래 군사를 머물게 하고, 양만춘에게 비단 백 필을 하사하였다."고 한다.

그러므로 삼연(三淵) 김창흡(金昌翕)이 연경에 가는 그 아우 노가재(老稼齋) 창업(昌業)에게 보낸 시(詩)에, "천추에 크신 담략 우리의 양만춘님, 용 수염 범 눈동자 한 살에 떨어졌네"라는 구절이 있고, 목은(牧隱) 이색

* 한성대학교 강사

(李穡)의 정관음(貞觀吟)에 "주머니 속 미물이라 하잘 것이 없다더니, 검은 꽃이 흰 날개에 떨어질 줄 어이 알랴." 하였으니, '검은 꽃'은 눈을 '흰 날개'는 화살을 말하는 것이다. 이 두 노인이 읊은 시는 반드시 우리나라의 옛날부터 전해 내려오는 이야기에서 가져왔을 것이다.

대개 당 태종이 전국의 군사를 몰아왔다가 이 보잘 것 없는 성을 함락시키지 못하고 창황히 군사를 돌이켰다고 하는 것은 의심되는 바가 없지 않으니, 김부식(金富軾)이 『삼국사기』를 쓰면서 당태종의 이름을 전하지 않은 것은 애석하다고 하지 않을 수 없다. 원래 김부식이 『삼국사기(三國史記)』를 지을 때, 중국의 사서를 무턱대고 베껴 모든 사실을 그대로 인정하였고, 또 유공권(柳公權 당의 학자요 서예가)의 소설(小說)을 끌어 와 당 태종이 포위되었던 사실을 입증까지 했다. 그러나 『당서(唐書)』와 사마광(司馬光)의 『자치통감(資治通鑑)』에도 기록이 보이지 않으니, 이것은 아마 그들이 중국의 수치를 숨기기 위한 것이 아닌가 싶다. 그러나 우리 본토에서는 옛날부터 전해 내려오는 사실을, 감히 단 한 구절도 싣지 않고 모두 빼고 말았다.

당 태종이 안시성에서 눈을 잃었는지 않았는지 내가 고증할 길은 없으나, 대체로 이 성을 '안시'라고 하는 것은 잘못이다. 『당서』에 보면 "안시성은 평양에서 거리가 5백 리요, 봉황성은 또한 왕검성(王儉城)이라 한다"고 하였고, 『지지(地志)』에는 "봉황성을 평양이라고 하기도 한다" 하였으니, 이는 무엇을 이름으로 삼은 것인지 모르겠다. 또 『지지』에 "옛날 안시성은 개평현(蓋平縣 봉천부(奉天府)에 있다)의 동북 70리에 있다."고 하였으니, 대개 개평현에서 동으로 수암하(秀巖河)까지가 3백 리, 수암하에서 다시 동으로 2백 리를 가면 봉황성이다. 만일 이 성을 옛 평양이라 한다면 『당서』에 이른바 5백리란 말과 서로 부합되는 것이다. 그런데 우리나라 선비들이 아는 것이 단지 지금의 평양뿐이므로, 기자(箕子)가 평양에 도읍을 했다고 하면 이것을 믿고, 평양에 정전(井田)이 있다고 하면 이것을 믿으며, 평양에 기자묘(箕子墓)가 있다고 하면 이것을 믿어서, 만일 봉황성이 곧 평양이라고 하면 크게 놀랄 것이다. 더구나 요동에 또 하나의 평양이 있었다고 하면, 이는 해괴한 말이라 나무랄 것이다. 그들은 아직 요동이 본시 조선의 땅이며, 숙신(肅愼) · 예(穢) · 맥(貊) 등 동이(東夷)의 여러 나라가 모두 위만(衛滿)의 조선에 예속되었던 것을 알지 못하고, 또 오라(烏剌) · 영고탑(寧古塔) · 후춘(後春) 등지가 본시 고구려의 옛 땅임을 알지 못한다.

아아, 후세 선비들이 이러한 경계를 밝히지 않고 함부로 한 사군(漢四郡)을 죄다 압록강 안쪽으로 끌여 들여 억지로 사실을 구구하게 끌어 붙여 놓고는 다시 패수(浿水)까지 찾되, 혹은 압록강을 '패수'라 하고, 혹은 청천강(淸川江)을 '패수'라 하며, 혹은 대동강(大同江)을 '패수'라 한다. 이리하여 조선의 강토는 싸우지도 않고 저절로 줄어들었으니 이것은 무슨 까닭일까? 평양을 한 곳에 정해 놓고 패수의 위치를 앞으로 물려내어 그때그때의 사정에 따르기 때문이다. 나는 일찍이 한사군의 땅은 요동에만 있는 것이 아니고 마땅히 여진(女眞)에까지 들어간 것이라고 했다. 무엇으로 그런 것을 아냐면 『한서(漢書)』 지리지(地理志)에 현도 · 낙랑은 있으나, 진번 · 임둔은 보이지 않는다.

한 소제(漢昭帝) 시원(始元) 5년(기원전 82년)에 4군을 합하여 2부(府)로 하고, 원봉(元鳳) 원년(기원전 76년)에 다시 2부를 2군(郡)으로 고쳤다. 현도 세 고을 중에 고구려현(高句麗縣)이 있고, 낙랑 25 고을 중에 조선현(朝鮮縣)이 있으며, 요동 18 고을 중에 안시현(安市縣)이 있다. 다만 진번은 장안(長安)에서 7천 리, 임둔은 장안에서 6천 1백 리에 있다. 이는 김윤(金崙 조선 세조(世祖) 때의 학자)의 이른바 "우리나라 지경 안에서 이 고을들은 찾을 수 없으니, 틀림없이 지금 영고탑(寧古塔) 등지에 있었을 것이다." 라고 하는 말이 옳을 것이다. 이것으로 본다면 진번 · 임둔은 한말(漢末)에 바로 부여 · 읍루 · 옥저에 들어간 것이니, 부여는 다섯이고 옥저는 넷이던 것이 혹 변하여 물길(勿吉)이 되고, 혹 변하여 말갈(靺鞨)이 되며, 혹 변하여 발해(渤海)가 되고, 혹 변하여 여진(女眞)으로 된 것이다. 발해의 무왕

(武王) 대무예(大武藝)가 일본(日本)의 성무왕(聖武王)에게 보낸 글 중에 "고구려의 옛 땅을 회복하고 부여의 유속을 물려받았다."는 구절이 나오니, 이것으로 미루어 보면 한사군의 절반은 요동에 절반은 여진에 걸쳐 있어서, 우리 영토를 가로 지르고 있었던 것이 명백하다.

그런데 한나라 이래로 중국에서 말하는 패수가 어디인지 일정하지 못하고, 또 우리나라 선비들은 반드시 지금의 평양으로 표준을 삼아서 저마다 패수의 자리를 찾는다. 이것은 다름 아니라 옛날 중국 사람들이 무릇 요동의 왼쪽 강을 모두 '패수'라 하였으므로, 그 이정이 맞지를 않아 사실이 어긋나는 것이다. 그러므로 옛 조선과 고구려의 지경을 알려면, 먼저 여진의 국경을 맞추어 보아야 할 것이요, 다음에는 패수를 요동에서 찾아야 할 것이다. 그리하여 패수의 자리가 확정된 뒤에야 고금의 사실과 부합될 것이다. 그렇다면 봉황성이 과연 평양성일까? 이곳이 만일 기씨(箕氏)·위씨(衛氏)·고씨(高氏) 등이 도읍한 곳이였다면, 이 역시 하나의 평양이라고 답할 수 있다. 『당서』 <배구전(裴矩傳)>에 "고려는 본시 고죽국(孤竹國)인데, 주(周)가 여기에 기자를 봉했고, 한나라는 4군으로 나누었다."고 하였으니 이른바 고죽국이란 지금 영평부(永平府)에 있으며, 또 광녕현(廣寧縣)에는 기자묘(箕子墓)가 있어 현관을 씌운 소상(塑像)을 세워놓았는데, 명나라 가정(嘉靖 명 세종(明世宗)의 연호)때에 전쟁에 불타버렸다고 한다. 광녕현을 어떤 이들은 '평양'이라고 부르고, 『금사(金史)』와 『문헌통고(文獻通考)』에는 "광녕·함평(咸平)은 모두 기자의 봉지(封地)이다."라고 하였으니, 이로 미루어 본다면 영평(永平)·광녕 사이가 하나의 평양일 것이다. 『요사(遼史 원(元)의 탁극탁이 씀)』에 "발해(渤海)의 현덕부(顯德府)는 본시 조선 땅으로 기자를 봉한 평양성(平壤城)이던 것을 요(遼)가 발해를 쳐부수고 '동경(東京)'이라고 고쳤으니, 이는 곧 지금의 요양현(遼陽縣)이다."라고 하였으니, 이로 미루어 본다면 요양현도 또한 하나의 평양일 것이다. 나는 "기씨(箕氏)가 애초에 영평·광녕 사이에 있다가 나중에 연(燕)의 장군 진개(秦開)에게 쫓기어 땅 2천 리를 잃고 차츰 동쪽으로 옮겨가니, 이는 마치 중국의 진나라 · 송나라가 남으로 옮겨감과 같았다. 그리하여 머무는 곳마다 평양이라 하였으니, 지금 우리 대동강 기슭에 있는 평양도 그 중의 하나일 것이다." 라고 생각한다.

그리고 저 패수도 역시 이와 같다. 고구려의 지경이 때로 늘기도 하고 줄기도 하였을 터인즉, '패수'란 이름도 따라 옮겨감이 마치 중국의 남북조(南北朝) 때에 주(州) · 군(郡)의 이름이 서로 바뀐 것과 같다. 그런데 지금 평양을 평양이라 하는 사람은 대동강을 가리켜 "이 물은 '패수'다." 하며, 평양과 함경(咸鏡)의 사이에 있는 산을 가리켜 "이 산은 '개마대산'이다."라고 한다. 또 요양으로 평양을 삼는 사람은 '헌우낙수'를 가리켜 "이 물은 '패수'다." 하고, 개평현에 있는 산을 가리켜 "이 산은 '개마대산'이다."라고 한다. 그 어느 것이 옳은지 알 수는 없지만, 지금 대동강을 '패수'라 하는 사람은 스스로 제 땅을 줄여서 말하는 것이다.

당(唐)의 의봉(儀鳳 당 고종(唐高宗)의 연호) 2년(677)에 고구려의 항복한 임금 고장(高藏, 고구려 보장왕(寶藏王))을 요동주(遼東州) 도독(都督)으로 삼아 조선왕(朝鮮王)으로 봉하여 요동으로 돌려보내고, 곧 안동도호부(安東都護府)를 새로운 성으로 옮겨서 이를 통치하게 하였다. 이것으로 미루어 보면 고씨(高氏)의 강토가 요동에 있던 것을 당이 비록 정복하기는 했으나 이를 지니지 못하고 도로 고씨에게 돌려주었으니, 평양은 본시 요동에 있었거나 혹은 이곳에다 잠시 빌려 써 패수와 함께 수시로 왔다 갔다 하였을 뿐이다. 그리고 한의 낙랑군 관아(官衙)가 평양에 있었다고 하나 이는 지금의 평양이 아니요, 곧 요동의 평양을 말하는 것이다. 그 뒤 승국(勝國 고려(高麗)) 때에 이르러 요동과 발해의 일경(一境)이 모두 거란(契丹)으로 들어갔지만, 겨우 자비령(慈悲嶺)과 철령(鐵嶺)의 경계를 지켜 선춘령(先春嶺)과 압록강마저 버리고 돌보지 않으니, 하물며 그 밖에 한 발자국인들 돌아보았겠는가? 고려는 비록 안으로는 삼국(三國)을 통일했지만 그의 강토와 무력은 고구려의 강성함에 미치지 못하였으니, 후세의 옹졸한 선비들이 부질없이 평양의 옛 이름에만 마음이 쏠려서 다만 중국의 사전(史傳)에만 기대고 수・당의 구적(舊蹟)에만 정신이 팔려, "이것은 패수요, 이것은 평양이오."라고 하니 이 성을 안시성이니 봉황성이니 하는 것도 무슨 재주로 분간해 낼 것인가?[1)]

2. 연암의 옛 영토에 대한 생각

봉황성은 안시성인가

연암은 봉황성이라는 곳에 들러서 그곳이 안시성이라는 이야기를 듣고 이에 대한 생각을 펼치고 있다. 우선 봉황성을 안시성이라고 하는 근거를 고구려의 말과 연관시켜서 이야기하고 있다. 고구려의 옛말에 '안시'라는 말은 '큰 새'를 의미하고, 연암 당시에도 시골말로 봉황을 '황새'라고 한 것으로 보아서 수나라와 당나라에 따라 이 말을 좇아서 봉황성을 안시성으로 고쳤다고 생각하였다. '사(蛇)'를 '배암(白巖)'이라고 하여 '사성(蛇城)'을 '백암성(白巖城)'이라고 고친 데서도 그럴싸하다고 말하였다. 하지만 이것은 사실이 아님을 연암은 여러 가지 논리를 들어서 반박하고 있다.

봉황성이 안시성인가 아닌가는 매우 중요한 문제라고 할 수 있다. 왜냐하면 봉황성이 안시성이라면 고구려의 영토는 그만큼 줄어드는 것이라고 할 수 있기 때문이다. 고구려 장군인 양만춘이 당 태종을 맞아 싸워서 지킨 곳이기 때문에 분명하게 안시성은 고구려의 영토라고 할 수 있는데 요동 지방의 봉황성을 안시성이라고 하면 이 부분까지가 고구려의 영토라는 것을 주장할 수 있기 때문이다. 하지만 연암은 봉황성은 안시성이 아니고 오히려 옛 평양이라고 보았다. 봉황성이 옛 평양이라면 고구려가 평양으로 천도한 뒤에도 역시 고구려의 수도가 요동 지방에 있었다는 것이고, 평

1) 번역된 부분은 민족문화추진위원회 역, 『국역 열하일기』(고전국역총서 18~19, 1966)와 리상호 역, 『열하일기』(보리, 2004)를 참조하여 필자가 부분 수정하였다.

양에서 5백 리나 떨어진 안시성까지 고구려의 영토이기 때문에 고구려의 영토는 그만큼 넓어지는 것이라고 할 수 있기 때문이다.

> 봉황산은 북산에 한참 미치지 못하는 산인데, 봉황산성은 고구려 양만춘 장군이 당태종의 30만 대군을 대적하여 석달을 싸운 곳으로 안시성이라고 한다. 봉황의 옛고구려 방언을 안시라고 하는 사실에서 이를 추측할 수 있다. 연암은 봉황산성이 너무 작아 대군을 맞아 수성전을 벌이기에는 작다고 보았다. 따라서 봉황성은 안시성이 아니라고 생각하였다. 봉황산성은 삼면이 깎아지른 듯한 곳으로 새도 날아오를 수 없을 성싶고 오직 남쪽만이 평평하나 주위가 수백 보에 지나지 않기 때문에 작은 성 안에 수많은 군대가 오래 머물 수는 없는 것이다. 안시성은 이곳보다 훨씬 북쪽 요하 하류의 건안성 부근이라는 설이 있지만 아직 정설이 없는 상태이다.2)

연암은 당 태종이 안시성에서 눈을 잃었는지 잃지 않았는지에 대해서는 상고할 수 없지만 봉황성이 안시성이 아니라는 것은 분명히 밝히고 있다. 사람들이나 전해 내려오는 이야기에는 당 태종이 양만춘 장군에게 눈을 잃었다는 사실이 부각되어 있지만 그것은 사실 지엽적인 문제이고 당 태종이 안시성 전투에서 패퇴하였다는 역사적 사실이 중요함을 일깨우고 있는 것이다. 이를 바탕으로 하여 봉황성은 안시성이 아니라는 결론을 내리고 있다. 이런 면에서 보면 연암은 철저한 역사 의식을 지닌 학자라고 할 수 있다. 선정적이고 지엽적인 문제에 집착하는 것이 아니라 보다 본질적인 문제인 지리적 문제에 천착하였다는 점에서 그의 역사적 안목을 엿볼 수 있다. 비록 옛 문헌에 나오는 군사의 숫자나 장소에 대한 크기가 다소 과장된 바가 없지 않지만 연암의 시대나 현재의 시대에 답사를 해도 봉황성의 크기가 안시성이라고 보기는 어렵다는 결론을 내릴 수가 있다.

---

2) 최정동, 『연암 박지원과 열하를 가다』, 푸른 역사, 83면.

따라서 연암은 봉황성을 실제 찾아간 뒤에 이것이 안시성은 아니라는 결론을 내리고 이와 관련지어 양만춘 장군에 대한 이야기가 역사서에 제대로 기록되어 있지 않은 사실에 대해서 논리를 펴고 있다. 양만춘 장군에 대한 이야기가 역사책에 정확하게 기록되어 있지 않고 전설처럼 남아 있는 사실에 대해서 안타까워 했다.

> 안시성주(安市城主) 양만춘(楊萬春)이 당 태종(唐太宗)의 눈을 쏘아 맞췄는데, 태종이 성을 굳게 지키는 양만춘에게 탄복하여 성 아래 군사를 머물게 하고, 양만춘에게 비단 백 필을 하사하였다.

이러한 사실을 옛날부터 전하는 말이라고 함으로써 기록에 정확하게 남아 있지 않은 사실을 밝히고 있다. 김부식의 『삼국사기(三國史記)』에도 당 태종이 천하의 군사를 징발하여 하찮은 탄알만한 작은 성을 함락시키지 못하고 창황히 군사를 돌이켰다라고 하는 정도의 사실만 남아 있다고 하였다. 『삼국사기』에는 양만춘이라는 장군의 이름이 등장하지 않고 단지 중국의 당 태종이 고구려의 성을 함락시키려다 함락시키지 못하고 퇴각했다는 정도만 기록되어 있는 것이다. 이것은 중국의 기록을 근거로 하여 『삼국사기』를 기록했던 김부식이 중국에 대한 사대주의적 생각에서 그렇게 한 것이라고 할 수 있다.

이러한 역사적 사실을 숨기고 있는 중국의 의도를 연암은 꿰뚫어 보고 있다. 중국 당나라의 학자요 서예가인 유공권이라는 사람의 소설에도 당 태종이 포위되었다는 사실이 나올 만큼 명백한 역사적 사실을 중국이 역사적 기록에 두지 않은 것은 중국의 수치를 숨기기 위한 것이 아닌가 싶다고 추측하고 있다. 이것은 단순한 추측이 아니라 근거를 둔 확실한 추측이지만 조심스럽게 자신의 생각을 피력하는 방식으로 표현하였다. 하지만 중국의 사적에는 기록되지 않았다고 하더라도 우리나라의 사적에는 기록되어야 함에도 불구하고 기록되지 않은 사실을 매우 안타까워하고 있음을 알 수 있다.

> 우리 본토에서는 옛날부터 전해 내려오는 사실을, 감히 단 한 구절도 싣지 않고 모두 빼고 말았다.

사실상 중국의 그들의 역사책인 『당서(唐書)』나 사마광의 『자치통감(資治通鑑)』에도 기록하지 않은 것은 그들의 수치를 숨기기 위한 것이라고 하지만 우리나라의 역사책에 기록되지 않고 빠진 것은 매우 잘못된 일이라고 한탄하고 있음을 알 수 있다. 이것은 당시에 중국의 영향권에서 중국의 눈치를 보지 않을 수 없는 상황에서도 우리나라의 역사에 대한 분명하고도 확실한 자각적인 인식이라고 할 수 있다.

평양은 정확히 어디인가

봉황성이 안시성이 아니라는 결론은 사실상 평양의 위치가 어디인가와 긴밀하게 관계를 맺고 있다고 할 수 있다. 평양의 위치를 어디에 두느냐에 따라서 봉황성이 안시성이 될 수도 있고 되지 않을 수도 있기 때문이다. 또한 당시에 생각하는 평양과 연암의 시대에 알고 있는 평양과 어떤 차이가 있는가를 밝힘으로써 사람들의 생각이 잘못되었음을 보여주고 있다.

> 『당서』에 보면 "안시성은 평양에서 거리가 5백 리요, 봉황성은 또한 왕검성(王儉城)이라 한다"고 하였고, 『지지(地志)』에는 "봉황성을 평양이라고 하기도 한다" 하였으니, 이는 무엇을 이름으로 삼은 것인지 모르겠다. 또 『지지』에 "옛날 안시성은 개평현(蓋平縣 봉천부(奉天府)에 있다)의 동북 70리에 있다."고 하였으니, 대개 개평현에서 동으로 수암하(秀巖河)까지가 3백 리, 수암하에서 다시 동으로 2백 리를 가면 봉황성이다. 만일 이 성을 옛 평양이라 한다면 『당서』에 이른바 5백리란 말과 서로 부합되는 것이다.

연암은 안시성의 위치에 대한 철저하게 중국의 역사책을 바탕으로 하여 논리를 펴고 있다는 점에서 객관성을 확보하고 있다고 할 수 있다. 단지 우리나라의 역사책만을 가지고 안시성의 위치를 논한다면 중국의 반론을 받을 것이 뻔하다고 할 수 있다. 하지만 연암을 철저하게 중국의 역사책에 기록되어 있는 것을 바탕으로 하여 안시성이 어디에 있는지와 그것이 어디에 있어야 사실에 부합하는지를 밝히고 있는 것이다. 왕검성은 평양에 있고 안시성은 평양에서 거리가 5백 리 떨어져 있다고 했으니 사실에 부합한다고 했다.

여기에서 중요하게 밝혀진 사실이 평양의 위치라고 할 수 있으며, 평양이 봉황성이라는 사실이다. 연암은 『열하일기』의 <도강록>을 쓸 때 봉황성을 방문한 뒤에 거기에서 보고 듣고 느낀 바를 쓴 것이다. 그렇지만 연암이 근거를 들고 있는 『당서』라는 중국의 역사책이라는 점에서 우리가 평양의 위치에 다시 한번 생각해 보아야 할 커다란 문제를 제시한 것이라고 할 수 있다. 분명히 옛 평양에는 왕검성이 있고 이 왕검성이 봉황성이라는 것이다. 따라서 고구려가 도읍으로 삼았던 평양의 위치는 현재의 대동강변에 있는 평안도의 평양이 아니라 요동 지방에 있는 평양이 되는 것이다. 이러한 진술은 지금까지 이루어졌던 모든 역사적 사실이나 기록에 대해서 뒤집는 것으로 매우 놀라운 진술이라고 할 수 있다. 연암의 진술을 받아들인다면 연암의 말처럼 단순히 그 시대의 사람뿐만 아니라 오늘날의 우리도 역시 고구려의 옛 땅을 스스로 싸워지도 않고 줄어들게 한 것이라고 할 수 있다.

> 그런데 우리나라 선비들이 아는 것이 단지 지금의 평양뿐이므로, 기자(箕子)가 평양에 도읍을 했다고 하면 이것을 믿고, 평양에 정전(井田)이 있다고 하면 이것을 믿으며, 평양에 기자묘(箕子墓)가 있다고 하면 이것을 믿어서, 만일 봉황성이 곧 평양이라고 하면 크게 놀랄 것이다. 더구나 요동에 또 하나의 평양이 있었다고 하면, 이는 해괴한 말이라 나무랄 것이다.

여기에서 연암은 평양에 대해서 새로운 생각을 밝히고 있다. 하지만 그것은 새로운 생각이 아니라 중국의 역사책인 『당서』를 바탕으로 이야기한 것이기 때문에 그때까지나 지금까지나 아무도 진실을 알지 못했던 평양의 위치에 대해서 명확하게 밝혀주고 있는 것이다. 물론 연암 스스로도 그러한 논리를 펴는 것에 대해서 사람들이 해괴한 말이라고 비난할 것이라는 것을 알고 있었다. 그만큼 연암이 이야기하는 것이 충격적인 놀라운 사실이 아닐 수 없는 것이다. 평안도 지방의 대동강 변에 있는 평양만을 평양으로 여겨 오던 조선시대 사람이나 오늘날의 사람에게는 요동 지방의 봉황성이 평양이고, 이곳이 바로 고구려의 수도인 왕검성이라는 사실을 말한다면 놀랄 수밖에 없는 것이다. 하지만 이것은 엄연한 사실로 중국의 역사책 『당서』에 기록되어 있는 것이다.

> 그들은 아직 요동이 본시 조선의 땅이며, 숙신(肅愼) · 예(穢) · 맥(貊) 등 동이(東夷)의 여러 나라가 모두 위만(衛滿)의 조선에 예속되었던 것을 알지 못하고, 또 오라(烏剌) · 영고탑(寧古塔) · 후춘(後春) 등지가 본시 고구려의 옛 땅임을 알지 못한다.

연암은 사람들이 요동이 아직도 본시 조선의 땅이며 동이의 여러 나라가 실상 위만 조선에 예속되어 있었고, 오라와 영고탑과 후춘 등지가 고구려의 옛 땅이라는 알지 못하고 있는 사실에 대해서 안타까워하고 있는 것이다. 요동 지방에 있는 봉황성이 평양이 되기 때문에 당연히 그곳을 수도로 삼고 있는 고구려의 땅이 되는 것이라고 할 수 있는 것이다. 하지만 이 평양에 대해서 연암의 시대나 오늘날 우리가 알고 있는 곳으로 한정시킨다면 스스로 고구려의 옛 영토를 줄이는 것이라고 할 수 있다. 이것은 오늘날 중국의 일부 학자들이 평양 천도 이전은 물론 이후의 고구려사까지 중국사의 일부라고 주장하는 것에 대한 반론의 자료가 될 수 있으며, 중국의 영토를 한반도 안으로까지 확대하여 우리에게 통일이 된 뒤에도 영토 문제에 대해서 수세적 입장에 서게 하려는 것에 대한 반론의 자료가 될 수 있는 것이다. 연암이 제기한 것처럼 고구려의 옛 평양은 한반도 내에 있는 것이 아니고 엄연히 요동 땅의 봉황성이라는 사실을 든다면 중국의 동북공정 논리를 잠재울 수 있는 것이다.

연암은 여러 가지 역사적 사례를 들어서 평양을 고유 명사로 보지 않고 일종의 보통 명사처럼 사용되었음을 밝히고 있다. 즉 평양은 오늘날 우리가 알고 있거나 연암 시대에 알고 있는 대동강 변에만 있었던 것이 아니라 역사적으로 많은 곳을 평양이라고 하였다는 것을 중국의 역사책이나 중국 사람이 쓴 글을 들어서 말하고 있다. 이러한 사실은 요동 땅에 있는 봉황성이 바로 옛 평양이라는 논리를 뒷받침해 주는 근거 자료가 된다고 할 수 있고, 이를 통해 연암이 고구려의 옛 수도인 평양이 한반도에 있는 것이 아니라 요동 땅에 있다는 것을 증명할 수 있는 중요한 사실이라고 할 수 있다.

> 『당서』 <배구전(裴矩傳)>에 "고려는 본시 고죽국(孤竹國)인데, 주(周)가 여기에 기자를 봉했고, 한나라는 4군으로 나누었다."고 하였으니 이른바 고죽국이란 지금 영평부(永平府)에 있으며, 또 광녕현(廣寧縣)에는 기자묘(箕子墓)가 있어 현관을 씌운 소상(塑像)을 세워놓았는데, 명나라 가정(嘉靖 명 세종(明世宗)의 연호)때에 전쟁에 불타버렸다고 한다. 광녕현을 어떤 이들은 '평양'이라고 부르고, 『금사(金史)』와 『문헌통고(文獻通考)』에는 "광녕 · 함평(咸平)은 모두 기자의 봉지(封地)이다."라고 하였으니, 이로 미루어 본다면 영평(永平) · 광녕 사이가 하나의 평양일 것이다.

당서에 따르면 기자 조선의 '기자묘'도 한반도 내의 평양에 위치해 있는 것이 아니라 요동 땅의 평양에 위치해 있다는 것을 보여주고 있다. 여기에서 영평과 광녕의 사이가 하나의 평양일 것이라는 것은 다른 곳도 얼마든지 평양이 될 수 있다는 것을 말하는 것이기 때문에 평양이라는 명칭은 한 곳에만 있는 유일무일한 명칭이 아님을 알 수 있다. 즉 고유 명사이면서 보통 명사처럼 사용된 말이 평양인데 그러한 사실을 모르고 오늘날 한반도 내에 있는 평양만을 평양이라고 생각하기 때문에 역사적 사실이 어긋나게 되고 있는 것이다. 평양에 대한 이러한 고구는 우리의 역사를 다시 정립하는 데 있어 매우 중요한 논거의 시발점이 될 수 있다고 할 수 있다.

『요사(遼史 원(元)의 탁극탁이 씀)』에 "발해(渤海)의 현덕부(顯德府)는 본시 조선 땅으로 기자를 봉한 평양성(平壤城)이던 것을 요(遼)가 발해를 쳐부수고 '동경(東京)'이라고 고쳤으니, 이는 곧 지금의 요양현(遼陽縣)이다."라고 하였으니, 이로 미루어 본다면 요양현도 또한 하나의 평양일 것이다. 나는 "기씨(箕氏)가 애초에 영평 · 광녕 사이에 있다가 나중에 연(燕)의 장군 진개(秦開)에게 쫓기어 땅 2천 리를 잃고 차츰 동쪽으로 옮겨가니, 이는 마치 중국의 진나라 · 송나라가 남으로 옮겨감과 같았다. 그리하여 머무는 곳마다 평양이라 하였으니, 지금 우리 대동강 기슭에 있는 평양도 그 중의 하나일 것이다." 라고 생각한다.

중국의 사적과 중국 사람의 기록에 따르면 평양이라는 명칭은 어느 한 곳이 아니라 기씨가 쫓겨 가면서 자리를 잡거나 머문 곳을 모두 말하는 것임을 알 수 있다. 이것은 평양이라는 말이 우리나라의 도읍이나 수도를 의미하는 말이라는 것을 알 수 있다. 즉 평양은 큰 도시를 의미하기도 하는 것이다. 이것은 신라의 동경인 서라벌을 오늘날 우리가 서울로 사용하는 것과 마찬가지라고 할 수 있다. 이렇게 본다면 고구려의 수도인 왕검성인 봉황성은 바로 평양이 될 수 있는 것이고 이는 『당서』에 그대로 나와 있는 사실이라고 할 수 있다. 『삼국사기』에도 역시 평양에 대한 기록이 나온다.

"주몽이 흘승골성에 도읍해서부터 40년을 지내고, 유류왕(孺留王) 22년(서기 3)에 서울[都]을 국내성(國內城)<혹은 위나암성(尉那巖城) 혹은 불이성(不

而城)이라고도 하였다.>으로 옮겼다. 한서(漢書)를 살펴보건대 낙랑군(樂浪郡) 속현에 불이(不而)가 있다. 또한 총장(章) 2년(669)에 영국공(英國公) 이적(李勣)이 칙명을 받들어 고구려의 여러 성(城)에 도독부(都督府)와 주현(州縣)을 설치하였는데, 그 목록에 이르기를 "압록(鴨) 이북의 이미 항복한 성이 열하나요, 그 중의 하나가 국내성인데, 평양(平壤)으로부터 이 곳까지 17역(驛)이다." 하였으니, 이 성도 북조(北朝)의 경역 안에 있었던 것이나, 다만 어느 곳인지는 알 수 없다."[3]

『삼국사기』의 이 기록으로 보면 도독부와 평양과의 관련성을 알 수 있다. 연암은 당나라 때 고구려의 보장왕이 항복하자 보장왕을 요동주 도독으로 삼고, 조선왕을 봉하여 요동으로 돌려보내며, 곧 안동도호부(安東都護府)를 신성(新城)에 옮겨서 이를 통할하였다고 말하고 있다. 이것은 결국 이 부분이 바로 고구려의 땅이라는 것을 말해주는 것이다. 그래서 고구려의 강토가 요동에 있던 것을 당이 비록 정복하기는 했으나 이를 지니지 못하고 고구려에게 도로 돌려주었다고 본 것이다. 이로 보아 평양은 본시 요동에 있었거나 혹은 이곳에다 잠시 빌려 씀으로 말미암아 패수와 함께 수시로 들쭉날쭉하였을 뿐이라고 생각하였다. 그리고 한의 낙랑군 관아(官衙)가 평양에 있었다 하나 이는 지금의 평양이 아니요, 곧 요동의 평양을 말함이라고 분명하게 못을 박고 있다.

고구려 보장왕을 요동주 도독으로 삼았다는 데서도 역시 요동 지방이 고구려의 땅이었다는 것을 알 수 있는 일이다. 고씨의 강토가 요동에 있던 것을 당시 비록 정복하기는 했으나 고씨에게 도로 돌려주었다고 한 것은 평양은 본시 요동에 있었다는 것을 말하는 것이라고 할 수 있다. 따라서 낙랑군 관아가 평양에 있었다고 한 것도 역시 낙랑군이 오늘날의 한반도 내의 평양에 있는 것이 아니라 요동 지방의 옛 평양에 있었다는 것을 말하

3) 삼국사기 권제37(잡지 제6).

는 것이라고 할 수 있다고 보았다. 따라서 과거의 평양에 관한 기록을 현재의 평양으로 생각하고 파악하면 얼마나 잘못된 판단을 하게 되는지를 잘 보여주는 것이라고 할 수 있다.

패수는 어디인가

여기에서 또 하나의 문제로 연암이 제기한 것은 '패수(浿水)'의 위치라고 할 수 있다. 왜냐하면 패수도 역시 평양만큼이나 여러 가지 위치에 나타나고 있기도 하고 쓰이고 있기도 하기 때문이다. 패수의 위치는 평양의 위치와 뗄레야 뗄 수 없는 관계를 가지고 있기 때문에 평양의 위치가 바뀌면 당연히 패수의 위치가 바뀌게 된다. 따라서 역사 기록에도 패수가 무엇을 말하는가가 매우 분분하게 나타나 있음을 알 수 있다. 하지만 이에 대해서 연암은 평양이 무엇인가를 명확히 밝힘으로써 자연스럽게 패수의 위치나 패수가 뜻하는 것이 무엇인가를 밝히게 된 것이라고 할 수 있다.

연암은 패수의 위치를 추적하면서 이와 함께 중요한 문제인 한 사군의 위치에 대해서도 고구하고 있다. 오늘날 우리가 생각하는 한사군의 위치는 모두 압록강 이쪽 즉 한반도 내에 있는 것으로 보고 있는데 연암은 이에 대해서 근거를 들어서 반론을 제기하고 있는 것이다.

> 아아, 후세 선비들이 이러한 경계를 밝히지 않고 함부로 한 사군(漢四郡)을 죄다 압록강 안쪽으로 끌여 들여 억지로 사실을 구구하게 끌어 붙여 놓고는 다시 패수(浿水)까지 찾되, 혹은 압록강을 '패수'라 하고, 혹은 청천강(淸川江)을 '패수'라 하며, 혹은 대동강(大同江)을 '패수'라 한다. 이리하여 조선의 강토는 싸우지도 않고 저절로 줄어들었으니 이것은 무슨 까닭일까? 평양을 한 곳에 정해 놓고 패수의 위치를 앞으로 물려내어 그때그때의 사정에 따르기 때문이다.

연암은 패수의 위치를 언급하면서 먼저 한사군을 한반도 내에 위치하는 것으로 보는 것을 잘못된 것이라고 전제를 하고 있다. 이렇게 한사군의 위치를 한반도 내에 있는 것으로 하면서 자연히 패수도 한반도 내에 있는 압록강이나 청천강, 심지어는 대동강이라고 본다고 하였다. 따라서 패수를 잘못 파악하게 된 것은 근원적으로 한사군의 위치를 잘못 파악하고 있는 것과 맥을 같이 하는 것으로 보고 있는 것이다.

> 나는 일찍이 한사군의 땅은 요동에만 있는 것이 아니고 마땅히 여진(女眞)에까지 들어간 것이라고 했다. 무엇으로 그런 것을 아냐면 『한서(漢書)』 지리지(地理志)에 현도 · 낙랑은 있으나, 진번 · 임둔은 보이지 않는다.

한사군의 땅은 요동에만 있는 것이 아니고 여진에 있는 것이라고 보고 있다는 점에서 한반도내에 위치에 있는 것으로 파악하는 것을 잘못된 것이라고 보고 있다. 따라서 패수의 위치도 이에 따라 달라질 수밖에 없는 것이다.

> 한 소제(漢昭帝) 시원(始元) 5년(기원전 82년)에 4군을 합하여 2부(府)로 하고, 원봉(元鳳) 원년(기원전 76년)에 다시 2부를 2군(郡)으로 고쳤다. 현도 세 고을 중에 고구려현(高句麗縣)이 있고, 낙랑 25 고을 중에 조선현(朝鮮縣)이 있으며, 요동 18 고을 중에 안시현(安市縣)이 있다. 다만 진번은 장안(長安)에서 7천 리, 임둔은 장안에서 6천 1백 리에 있다. 이는 김윤(金崙 조선 세조(世祖) 때의 학자)의 이른바 "우리나라 지경 안에서 이 고을들은 찾을 수 없으니, 틀림없이 지금 영고탑(寧古塔) 등지에 있었을 것이다."라고 하는 말이 옳을 것이다.

옛 근거를 바탕으로 하여 진번과 임둔은 우리나라 지경 안에서 찾을 수 없기 때문에 요동 지방의 영고탑 등지에 있었을 것이라고 보는 것을 옳다고 했다. 즉 우리나라 영토 안에 있는 한사군이 있는 것이 아니라 요동 지방에 있었다는 것을 밝힘으로써 평양의 위치뿐만 아니라 패수의 위치도 달라지는 근거를 든 것이다.

> 이것으로 본다면 진번 · 임둔은 한말(漢末)에 바로 부여 · 읍루 · 옥저에 들어간 것이니, 부여는 다섯이고 옥저는 넷이던 것이 혹 변하여 물길(勿吉)이 되고, 혹 변하여 말갈(靺鞨)이 되며, 혹 변하여 발해(渤海)가 되고, 혹 변하여 여진(女眞)으로 된 것이다. 발해의 무왕(武王) 대무예(大武藝)가 일본(日本)의 성무왕(聖武王)에게 보낸 글 중에 "고구려의 옛 땅을 회복하고 부여의 유속을 물려받았다."는 구절이 나오니, 이것으로 미루어 보면 한사군의 절반은 요동에 절반은 여진에 걸쳐 있어서, 우리 영토를 가로 지르고 있었던 것이 명백하다.

한사군의 절반은 요동에 있고, 절반은 여진에 걸쳐 있기 때문에 이곳은 곧 우리나라 영토가 된다고 보고 있다. 왜냐하면 중국이 한사군을 설치한 것은 우리나라를 무력으로 침공한 뒤에 이를 관리하기 위해서 둔 것이기 때문에 한사군이 설치된 곳이 곧 우리나라 영토가 된다는 것을 반증하는 것이기 때문이다. 그런데 만약 한사군의 위치를 한반도 내로 한정 짓는다면 이는 곧 우리나라 영토를 줄이는 결과를 초래하는 것이다. 연암이 보기에는 분명히 한사군은 한반도 내에 있는 것이 아니라 요동과 여진에 걸쳐 있기 때문에 요동과 여진의 땅은 곧 우리나라의 영토가 된다는 것을 주장하고 있는 것이다. 이는 오늘날 중국이 동북공정을 통해서 간도 지방을 본래부터 자신의 영토로 삼고자 하는 것에 대한 반론이 되며 이에 대한 근거자료로 삼을 수 있는 것이다.

그리고 나서 연암은 패수의 문제를 보다 상세하게 고구하고 있다. 왜냐하면 패수의 문제는 평양의 문제만큼 우리나라 영토를 확정 짓는데 매우 중요한 역할을 하기 때문이다. 중국의 사적이나 한국의 사적이나 패수에 대한 기록은 많이 나오고 있지만 그 위치가 일정하지 않기 때문에 이로 인한 논란이 끊임없이 이루어지고 있는 것이다.

> 그런데 한나라 이래로 중국에서 말하는 패수가 어디인지 일정하지 못하고, 또 우리나라 선비들은 반드시 지금의 평양으로 표준을 삼아서 저마다 패수의 자리를 찾는다. 이것은 다름 아니라 옛날 중국 사람들이 무릇 요동의 왼쪽 강을 모두 '패수'라 하였으므로, 그 이정이 맞지를 않아 사실이 어긋나는 것이다. 그러므로 옛 조선과 고구려의 지경을 알려면, 먼저 여진의 국경을 맞추어 보아야 할 것이요, 다음에는 패수를 요동에서 찾아야 할 것이다. 그리하여 패수의 자리가 확정된 뒤에야 고금의 사실과 부합될 것이다.

연암은 패수의 위치가 불분명한 것은 먼저 중국에서 말하는 패수가 일정하지 못하고 우리나라 사람들은 연암 당대의 평양을 기준으로 패수의 위치를 생각하기 때문에 잘못된 것이라고 보고 있다. 즉 중국 사람들은 요동 이쪽의 강을 모두 패수라고 하고 있기 때문에 사실과 어긋나 있다고 보고 있다. 따라서 옛 조선과 고구려의 영토를 알려면 먼저 여진을 우리 국경 안으로 쳐야 한다고 보고 있다. 여진을 우리 국경 안으로 치면 자연히 패수는 요동 지방에서 찾아야 하는 것이다. 패수가 일정해지면 이를 기준으로 하여 영토가 밝혀지고 영토가 밝혀지면 옛날과 지금의 사실이 부합될 수 있다는 것이다.

이것은 매우 중요한 문제로 패수와 평양이 함께 간다는 것을 말한다. 연암의 논리에 의해 패수를 요동 지방에서 찾게 된다면 자연히 평양의 위치도 요동 지방에 있게 되는 것이다. 그런 면에서 앞에서 연암이 지적했던 것처럼 요동 지방에 있는 봉황성이 평양이라는 논리는 적절하게 되는 것이다. 평양이 요동 지방에 있으면 자연히 패수의 위치도 요동에 있게 되는 것을 불가분의 관계에 있다고 할 수 있다.

> 그렇다면 봉황성이 과연 평양성일까? 이곳이 만일 기씨(箕氏) · 위씨(衛氏) · 고씨(高氏) 등이 도읍한 곳이였다면, 이 역시 하나의 평양이라고 답할 수 있다.

연암은 결론적으로 봉황성을 평양으로 볼 수 있다고 생각하였다. 이곳이 바로 왕검성으로 기씨와 위씨와 고씨가 도읍한 곳이고, 이렇게 도읍한 곳을 평양이라는 이름으로 부르는 것은 당연하기 때문에 결국 봉황성은 평양이 될 수 있는 것이다. 이제 평양이 요동 지방에 있는 봉황성이라는 것이 밝혀졌기 때문에 봉황성은 안시성이 아니라는 것도 역시 밝혀지게 된 것이라고 할 수 있다.

> 그리고 저 패수도 역시 이와 같다. 고구려의 지경이 때로 늘기도 하고 줄기도 하였을 터인즉, '패수'란 이름도 따라 옮겨감이 마치 중국의 남북조(南北朝) 때에 주(州) · 군(郡)의 이름이 서로 바뀐 것과 같다. 그런데 지금 평양을 평양이라 하는 사람은 대동강을 가리켜 "이 물은 '패수'다." 하며, 평양과 함경(咸鏡)의 사이에 있는 산을 가리켜 "이 산은 '개마대산'이다."라고 한다. 또 요양으로 평양을 삼는 사람은 '헌우낙수'를 가리켜 "이 물은 '패수'다." 하고, 개평현에 있는 산을 가리켜 "이 산은 '개마대산'이다."라고 한다. 그 어느 것이 옳은지 알 수는 없지만, 지금 대동강을 '패수'라 하는 사람은 스스로 제 땅을 줄여서 말하는 것이다.

패수의 위치에 따라 고구려의 지경이 늘기도 하고 줄기도 한 것은 당연하다고 할 수 있는데 이는 바로 패수가 무엇을 의미하며 어디에 위치해 있는가를 알지 못한데서 나온 현상이라고 보고 있다. 평양과 패수는 서로 따라가게 되는데 평양의 위치와 패수의 위치가 달라지게 됨으로써 그들의 위치도 역시 달라지게 되었던 것이다. 하지만 이제 연암이 고구했듯이 평양은 요동 지방에 있는 봉황성을 말하고 패수도 역시 요동 지방에 있는 곳을 말한다는 것이 사실이라고 할 수 있다. 그렇기 때문에 옛 사적에서 말하는 평양을 현재의 평양으로 오해하고 해석하면 고구려의 영토를 잘못 파악하게 되는 것이다.

> 그 뒤 승국(勝國 고려(高麗)) 때에 이르러 요동과 발해의 일경(一境)이 모두 거란(契丹)으로 들어갔지만, 겨우 자비령(慈悲嶺)과 철령(鐵嶺)의 경계를 지켜 선춘령(先春嶺)과 압록강마저 버리고 돌보지 않으니, 하물며 그 밖에 한 발자국인들 돌아보았겠는가?

연암은 고려 때에 와서 우리나라의 본래 영토였던 요동과 발해를 모두 잃어버리고 겨우 자비령과 철령을 경계로 삼아 국경을 삼은 것은 몹시도 잘못된 일이라고 한탄하고 있다. 이렇게 된 것은 결국 후삼국을 통일하여 승리국인 고려가 되었지만 영토의 축소라는 결과를 초래하였다는 점에서 애석하기 짝이 없는 일이라고 할 것이다. 선춘령과 압록강도 돌보지 않았으니 그 이상인 요동 지방에 대해서는 어떻게 돌아보았겠는가고 개탄하고 있는 것이다.

그러나 연암은 이렇게 우리나라의 영토가 줄어들게 된 것은 중국의 획책도 있지만 무조건 중국의 사적만을 따라서 평양의 옛 이름만을 그리워하여 현재의 평양과 옛날의 평양이 다름을 알지 못하고 이를 그대로 적용한 후세의 옹졸한 선비들의 탓이라고 책망하고 있다. 이것은 스스로 우리의 역사를 축소시킨 스스로에 대한 책망이라고도 할 수 있다.

> 고려는 비록 안으로는 삼국(三國)을 통일했지만 그의 강토와 무력은 고구려의 강성함에 미치지 못하였으니, 후세의 옹졸한 선비들이 부질없이 평양의 옛 이름에만 마음이 쏠려서 다만 중국의 사전(史傳)에만 기대고 수·당의 구적(舊蹟)에만 정신이 팔려, "이것은 패수요, 이것은 평양이오."라고 하니 이 성을 안시성이니 봉황성이니 하는 것도 무슨 재주로 분간해 낼 것인가?

연암은 명확하게 결론을 내리고 있다. 봉황성이 안시성인가 아닌가에 대해서 어떻게 분간할 수 있겠는가고 자문하고 있지만 사실상 이미 많은 사실들이 어긋나 있기 때문에 봉황성은 안시성이 아니라는 것을 우회적으로 설파한 것이라고 할 수 있다.

3. 오늘날 중국의 동북공정 문제

연암은 열하를 여행하면서 단순히 객관적인 사실을 보고 기록한 것이 아니라, 이에 대해 근거를 가지고 자신의 논리를 펴고 있다. 이는 우리나라 영토에 대한 최초의 자각적인 인식을 드러낸 글이라고 할 수 있다. '<도강록> 6월 28일'에는 연암이 우리나라의 영토에 대해서 어떻게 생각하는가가 잘 나타나 있다. 이러한 연암의 생각은 단순히 그 시대의 영토에 대한 감상으로 끝나는 것이 아니라 오늘날 우리에게도 심각한 문제로 다가오고 있음을 고려할 때 그의 예지력에 대해 놀랍지 않을 수 없다.

현재 중국이 동북공정을 통해서 얻고자 하는 것이 무엇인가? 그것은 바로 간도 지방에 대한 지배적 우위를 점하겠다는 것이다. 중국은 간도 지방을 미래 아시아 시대의 중심으로 생각하고 있는 것이다. 간도 지방은 비록 지금은 중국의 땅에 속해 있지만 본래 우리나라의 영토였던 점을 고려한다면, 남북한이 통일한 뒤 한중간의 국경 문제로 비화될 수 있는 곳이다. 이곳은 단순히 국경 문제만이 아니라 영토 문제가 일어날 수 있는 곳이고, 실제 그 곳에 살고 있는 200만 명의 조선인 문제를 염두에 둔다면 국민의 문제가 일어날 수 있는 곳이기도 하다. 중국은 간도문제가 확실히 역사적으로 분쟁의 여지가 있는 한·중간 국경문제라고 인정하고 있다. 따라서 "동북 변경 문제는 학술문제이지만 국가영토, 강역, 주권과 연관되는 중대한 정치 문제이다. 지역적인 문제이면서도 국가 안전과 전체 국면의 안정에 중대한 영향을 미칠 수 있는 문제이다. 더불어 중국 국내의 문제이기도 하지만 복잡한 국제관계에 영향을 미치는 중요한 문제"라고 인식하고 있는 것이다.

> 간도는 실제로 조선인이 거주하며 호흡하고 있는 곳이다. 중국으로서는 소수민족 중의 하나인 조선족의 문제이기도 하지만, 남북한에게는 한 민족인 조선인의 문제이다. 이는 한국의 재외동포법 개정과도 연관되어 있다. 중국이 애써 조선족을 '자국민'으로 통합하려는 것과 한국에서 조선족을 '동포'로 간주하는 것과의 역학관계를 간과할 수 없을 것이다.4)

현재는 북한이 중국의 그늘에 가려 있거나 중국의 눈치를 보기 때문에 간도에 있는 조선족에 대한 자국민을 주장하지 못하고 있지만 우리나라는 엄연히 중국에 있는 조선족을 동포로 생각하고 있고, 중국은 조선족을 자국민으로 통합하려고 한다는 점에서 갈등의 소지를 안고 있다고 할 수 있다. 그만큼 간도의 문제는 영토의 문제뿐만 아니라 국민의 문제를 지니고 있는 중요한 곳이라고 할 수 있다.

> 중국이 영토 분쟁에 대한 대비만이 아니라 공세적인 세계 전략 차원에서 동북공정을 추진하고 있다는 분석도 있다. 동북지방, 간도의 역사와 영토 귀속문제를 사전에 중국의 것으로 확실히 해둠으로써 향후 통일 한국의 간도에 대한 영향력 확대를 차단함과 동시에 북한 붕괴시에는 개입할 여지도 미리 확보해두려는 다목적 포석이라는 것이다. 동북공정에 복무하는 중국의 일부 학자들이 평양 천도 이후의 고구려사까지 중국사의 일부라고 주장하는 것에서 그런 단초를 엿볼 수 있다.5)

중국이 고구려사까지 중국사의 일부로 편입시키려고 하는 것은 간도에

---

4) 박선영, 「간도 문제와 중국의 논리」, 한국일보, 2004.4.20.
5) 조중식, 「동북공정 핵심은 간도」, 조선일보, 2004.9.11.

대한 영토 문제를 확실히 하겠다는 의지를 표출한 것이라고 할 수 있다. 연암은 요동 지방이 분명히 조선의 땅이며 고구려의 옛 땅임을 밝히고 있다. 이러한 연암의 진술 속에는 고구려가 우리나라의 역사라는 인식이 분명하게 나타나 있다. 연암은 분명하게 간도 지방 즉 요동 지방이 고구려의 옛 영토이며 조선의 영토임을 『열하일기』 '<도강록> 28일'에서 분명하게 밝히고 있다. 이것은 『열하일기』가 과거 한 개인의 일기에 머무르는 것이 아니라, 오늘날에도 살아 숨쉬는 역사적 가치를 지닌 저서라 할 수 있는 이유가 된다. 우리가 동북공정에 대응하기 위해서는 오늘날의 논리로만 대응해야 하는 것이 아니라, 과거 역사적 기록과 자료를 바탕으로 하여 근거를 들어서 논리를 펼 수 있어야 한다. 그러므로 『열하일기』는 그러한 구체적이고 사실적인 기록과 자료로서의 가치를 지니고 있는 것이다. 이것이 오늘날 우리가 『열하일기』에 대해서 천착해야 하는 또 하나의 이유가 된다.

연암의 『열하일기』 '<도강록> 6월 28일'에서 밝히고 있는 문제는 크게 세 가지로 나누어 볼 수 있다. 첫째, 봉황성은 안시성인가 둘째, 평양은 정확히 어디인가 셋째, 패수는 어디인가. 이 세 가지 문제는 서로 독립적으로 존재하는 문제가 아니라 긴밀하게 연결되어 있는 문제라고 할 수 있다.

연암은 먼저 봉황성은 안시성이 아니라는 결론을 내렸다. 오히려 봉황성은 왕검성으로 기자 조선과 위씨 조선과 고구려의 수도인 평양으로 보았다. 따라서 안시성은 평양에서 5백 리가 떨어진 곳에 있다고 보는 것이 맞다고 주장한다. 고구려의 수도인 평양을 대동강 변에 있는 고유한 지명으로 본 것이 아니라 보통 명사처럼 여기저기에 있음을 말함으로써 평양을 잘못 이해하면 우리의 영토를 잘못 생각할 수 있다는 논리를 펴고 있다. 위씨 조선이 머물렀던 곳을 모두 평양이라고 하는 것으로 보아, 평양은 큰 도읍을 의미하는 것이기 때문이다.

따라서 고구려의 도읍인 옛 평양은 오늘날 우리가 알고 있는 대동강변의 한반도 내에 있는 평양이 아니고, 요동 지방에 위치해 있는 평양이라는 것을 알 수 있다. 이것은 비록 고구려의 수도를 평양으로 천도했다고 하여 그 영토가 확연하게 줄어든 것이 아니라 고구려가 여전히 요동 땅을 중심으로 활동했음을 보여주는 것이라고 할 수 있다.

패수의 문제는 평양의 문제와 불가분의 관계에 있는데 평양이 요동에 위치해 있다는 것이 밝혀졌기 때문에 패수 역시 요동 땅에 위치해 있었다고 할 수 있다. 본래 패수는 압록강이라고도 하고 청천강이라고도 하고 대동강이라고도 하는데, 이는 평양의 위치가 불분명하기 때문에 나타난 현상이다. 평양이 요동 지방에 있는 봉황성임이 밝혀졌으므로, 이것에 의해 패수의 위치도 요동 지방에 있는 강이 되는 것이다.

과거뿐만 아니라 현재도 역시 간도 지방은 국방상 중요한 가치가 있는 곳이다. 간도는 해안과 대륙을 결합하는 방사선형 교통선로의 집약지이기에, 이 곳에 근거지를 두고 육로와 선박과 철도 등을 이용하여 자원을 개발한다면 최소 비용으로 최대 효과를 올릴 수 있다. 이런 면에서 간도는 중요한 교통의 요충지라고 할 수 있다. 그리고 간도는 아시아가 세계의 중심이 될 미래 시대, 전략적 요새로서 동아시아를 제압할 수 있는 지역이기도 하다는 점에서 그 중요성을 간과할 수 없다. 이러한 이유로 중국은 동북공정이라는 사업을 통해서 이 지역에 대한 실질적인 지배력을 강화하고자 한 것이다.

참고 문헌

일 연, 『역주 삼국사기』, 한국정신문화연구원, 1997.
강동엽, 『열하일기 연구』, 일지사, 1988.
김명호, 『열하일기 연구』, 창작과 비평사, 1990.
박선영, 「간도 문제와 중국의 논리」, 한국일보, 2004.4.20.
조중식, 「동북공정 핵심은 간도」, 조선일보, 2004.9.11.
최정동, 『연암 박지원과 열하를 가다』, 푸른 역사, 2005.

'나'의 발견 통로로서의 울음터

김 정 애*

1. 〈도강록(渡江錄)〉 7월 8일 갑신

개었다. 정사 박명원과 같은 가마를 타고 삼류하(三流河)를 건너서, 냉정(冷井)에서 아침밥을 먹었다. 10리 남짓 가서 산모롱이 하나를 접어들자 태복(泰卜)이가 갑자기 몸을 굽히고 말 앞으로 달려 나와서 땅에 엎드려 큰 소리로, "백탑(白塔)이 현신함을 아뢰오." 한다. 태복은 정 진사의 하인이다. 아직 산모롱이에 가려 백탑은 보이지 않는다. 말을 채찍질하여 수십 보를 채 못 가서 겨우 모롱이를 벗어나자, 눈앞이 아찔해지며 갑자기 한 덩이 흑구(黑毬)가 오르락내리락 한다.

나는 오늘 처음으로, 인생(人生)이란 본디 아무런 의지할 데가 없이 하늘을 이고 땅을 밟은 채 떠돌아다니는 존재임을 알았다. 말을 세우고 사방을 돌아보다가 나도 모르는 사이에 손을 이마에 대고, "아, 좋은 울음 터로다. 가히 한바탕 울어 볼 만하구나." 하였다.

* 건국대학교 강사

정 진사가, "이 천지간의 큰 안계(眼界)를 만나서 별안간 울고 싶다니, 무슨 말씀이오." 하고 묻는다. 나는, "그래 그렇겠네. 그런데 아니네. 천고의 영웅(英雄)이 잘 울었고, 미인(美人)은 눈물이 많다지만, 그들은 몇 줄기 소리 없는 눈물을 흘렸을 뿐이지, 소리가 천지에 가득 차서 쇠나 돌에서 나오는 듯한 울음은 듣지 못하였소. 사람이 다만 칠정(七情) 중에서 슬픔만이 울음을 자아내는 줄로 알고, 칠정 모두가 울음을 자아낼 수 있음을 모르는 모양이오. 기쁨이 사무치면 울게 되고, 노여움이 사무치면 울게 되고, 즐거움이 사무치면 울게 되고, 사랑이 사무치면 울게 되고, 욕심[欲]이 사무치면 울게 되는 것이오. 불평과 억울함을 풀어 버림에는 소리보다 더 빠름이 없고, 울음이란 천지간에 있어서 우레와도 같은 것이오. 지극한 정(情)이 우러나오는 곳에, 이것이 저절로 이치에 맞는다면 울음이 웃음과 무엇이 다르겠소. 사람들의 보통 감정은 오히려 이러한 지극한 감정을 겪지 못한 채, 교묘히 칠정을 늘어놓고 슬픔에다 울음을 배치했으니, 이로 인하여 초상을 치를 때 억지로 '아이고', '어이' 따위의 소리를 부르짖지. 그러나 참된 칠정에서 우러나온 지극하고도 참된 소리란 참고 억눌리어 천지 사이에 서리고 엉기어 감히 터져나오지 못한다오. 그러므로 저 가의(賈誼)는 일찍이 그 울음터를 찾지 못하고, 참다못해서 별안간 선실(宣室)을 향하여 한 번 크게 울부짖었으니, 이 어찌 듣는 사람들이 놀라고 해괴하게 여기지 않으리오." 하니,

정 진사는, "이제 이 울음터가 저토록 넓으니, 나도 의당 당신과 함께 한바탕 울어야 할 것이나, 우는 까닭을 칠정 중에서 고른다면 어느 정에 해당되겠소?" 한다.

나는, "저 갓난아기에게 물어 보시오. 그가 처음 배 밖으로 나올 때 느낀 것이 무슨 정인가. 그는 먼저 해와 달을 보고, 다음에는 앞에 가득한 부모와 친척들을 보니 기쁘지 않을 리 없지. 이러한 기쁨이 늙도록 변함이 없다면, 본래 슬퍼하고 노여워할 리 없으며 의당 즐겁고 웃어야 할 정만 있어야 하련만, 도리어 분한(忿恨)이 가슴에 사무친 것같이 자주 울부짖기

만 하니, 이는 곧 인생이란 신성(神聖)한 이나 어리석은 이를 막론하고 모두 한결같이 마침내는 죽어야만 하고 또 그 사이에는 모든 근심 걱정을 골고루 겪어야 하기에, 이 아기가 태어난 것을 후회하여 저절로 울음보를 터뜨려서 스스로를 조문함인가. 그러나 그것은 갓난아기의 본정이 결코 아닐 거요. 무릇 그가 어머니의 태중에 있을 때 캄캄하고 막혀서 갑갑하게 지나다가, 갑자기 넓고 훤한 곳에 터져 나와 손을 펴고 발을 펴매 그 마음이 시원할 것이니, 어찌 한마디 참된 소리를 내어 외치지 않으리오. 그러므로, 우리는 의당 저 갓난아기의 꾸밈없는 소리를 본받아서 저 비로봉(毗盧峯) 산마루에 올라가 동해를 바라보면서 한바탕 울어볼 만하고, 장연(長淵황해도의 고을) 바닷가 금모래밭을 거닐면서 한바탕 울어볼 만하며, 이제 요동 벌판에 와서 여기서부터 산해관(山海關)까지 1천 2백 리 사방에 도무지 한 점의 산도 없이 하늘 끝과 땅 변두리가 맞닿은 곳이 아교풀[膠]로 붙인 듯, 실로 꿰맨 듯, 고금에 오가는 비구름만 창창할 뿐이니, 이 역시 한바탕 울어볼 만한 곳이 아니겠소." 하였다.[1)]

2. 자극, 그리고 기쁨을 울음으로

'<도강록> 7월 8일'의 내용은 '울음'에 대한 고정 관념을 깨트리는 것이라 할 수 있다. 울음이 나오는 감정의 근원은 비단 '슬픔'에서만 비롯되는 것이 아니라 칠정(七情) 모두가 울음을 울게 할 수 있는 통로일 수 있음을 말한다. 이렇게 다양한 감정을 반영하는 '울음'이 오늘날 우리에게 주는 의미는 무엇일까?

프로이트는 『억압 증후, 그리고 불안』에서 쾌와 불쾌의 이중 감정에 대해서 논한 바 있다. 억압된 욕망이 외부의 자극으로 인해 충족된다고 할

---

1) 번역된 부분은 민족문화추진위원회 역, 『국역 열하일기』(고전국역총서 18~19, 1966)와 이상호 역, 『열하일기』(보리, 2004)를 참조하여 필자가 일부 수정하였음.

때, 즐거움의 감정이 유발되는 것은 당연한 일일 것이다. 그러나 실제는 만족을 통해 얻으리라고 기대했던 즐거움이 불쾌감으로 바뀐다. 그 이유로 억압된 욕망 에너지는 방출되기 위한 추진력을 가지고 있긴 하지만, 그만큼의 제지를 받는다는 것이다. 즉 제지 행위를 거침으로써 억압된 욕망이 성취될 때 생겨날 '쾌'의 감정이 '불쾌'의 감정으로 전환된다는 것이다.2)

그러나 불쾌의 감정이 유발되었다는 것을 거꾸로 생각해 보면, 억압된 욕망 에너지가 과도하게 집중되어 있는 상태라는 것을 암시한다. 즉 외부 자극은 내면의 욕망 에너지를 집중시켜 놓은 결과를 만들게 되고, 그 욕망이 저항 혹은 제지 행위에 의해 철회됨으로써 생겨나는 감정이 불쾌인 것이다. 그러므로 비록 철회된 에너지일지라도 외부적 자극으로 하여금 의식화하고 기억하게 되는 또 다른 계기가 된다.

물론 연암은 쾌와 불쾌에 관해서 말한 적은 없다. 하지만 당연히 쾌이어야 할 자리에 왜 불쾌가 자리 잡게 되었는가 라는 질문은, 당연히 기뻐해야 할 자리에서 왜 울게 되는가 라는 질문과 같은 문제의식에서 출발한 것이 아닌가 싶다. 즉 불쾌의 감정과 쾌의 감정이 무관하지 않고 서로 통하는 것처럼, 울음이 기쁨과 서로 통한다는 것이 비슷한 생각의 틀에서 출발한 것이라 본다. 그렇게 볼 때, 울음이 나온다는 것은 외부적 자극에 의해 분출되는 욕망이 극대화될 때 발생하는 기쁨 혹은 즐거움이 제지당해서 나온 결과라고 볼 수 있다. 그리고 이러한 울음을 거슬러 보았을 때, 그 연원은 기쁨에서 비롯된 것이고, 그리고 그 기쁨은 어두컴컴하고 막혀 있는 자신을 인식한 데서 비롯된 기쁨이라 할 수 있다. 즉 억압된 자아를 인식한 기쁨이고 그 기쁨이 극대화되었을 때 울음이 유발된다고 이해될 수 있다.

'<도강록> 7월 8일' 자료를 보면, 연암은 칠정 모두가 울 수 있음을 말한다. 이는 "기쁨이 사무치면 울게 되고, 노여움이 사무치면 울게 되고, 즐

---

2) G. Freud, 『억압 증후, 그리고 불안』, 열린책들, 1997, 215~320쪽.

거움이 사무치면 울게 되고, 사랑이 사무치면 울게 되고, 욕심[欲]이 사무치면 울게 되는 것이오."라는 말에서도 확인된다. 그러나 연암은 모든 칠정이 울 수 있으나 아무 때나 우는 것이 아니라, 지극한 정이 우러나올 수 있는 곳에서만 울 수 있음을 말한다. 그러면서 "불평과 억울함을 풀어 버림에는 소리보다 더 빠름이 없고, 울음이란 천지간에 있어서 우레와도 같은 것이오."라고 말한다. 요컨대 억눌린 무언가를 풀어내는 과정에서 생겨난 감정이 지극해지면 울게 된다는 것이다. 즉 기쁨이나 슬픔, 노여움, 즐거움 등의 감정이 지극해질 때 울음이 수반된다는 것이고, 이는 곧 울음이 기쁨이나 즐거움과 결코 상반되는 것이 아니라 오히려 서로 통하는 것임을 보여준다.

특히 연암은 넓은 요동 벌판과 백탑을 보면서 우는 것이, 마치 어두컴컴하고 갑갑한 태중에 있던 아기가 넓고 훤한 곳에 나와서 생기는 기쁨이 지극해서 울음을 우는 것과 같은 이치라고 말한다. 이는 곧 연암 자신이 이전까지 컴컴하고 갑갑한 엄마의 태중과 같은 상태에 있었음을 인식하게 되는 계기가 된다. 그리고 연암이 울음터를 발견했다는 것은 억눌린 것을 인식하고 그것을 풀어낼 만한 장소를 찾았다는 것을 의미한다.

그런데 울음터를 찾기란 쉽지 않은 모양이다. 이는 가생(賈生)의 예를 통해서도 드러난다. 울 곳을 얻지 못하고, 참다못해 별안간 선실(宣室)을 향해서 울부짖었다니 말이다. 이는 억압된 욕망이 의식화될 수 있는 자극제를 찾기란 쉽지 않다는 말로 이해될 수 있으리라 본다. 외부적 자극에 의해서만이 비로소 자신의 욕망이 억압되고 있었음을 인식할 수 있을 것이다. 연암은 어쩌면 요동 벌판이라는 넓은 세상이 하나의 자극제가 되어 자신의 욕망이 억압되고 막혀있었던가를 재확인할 수 있었을지도 모르겠다. 물론 자극제라 하는 것은 단지 요동 벌판과 같은 넓은 장소여야만 하는 것은 아닐 것이다. 소위 넓고 훤한 곳이라는 것은 단지 장소의 개념만이 아닌, 이전에 경험해 보지 못한 새로운 것을 의미할 것이다. 그것이 때로는 넓은 벌판이 될 수 있고, 혹은 하나의 사람이 될 수 있고, 혹은 어떤 노랫말이 될 수도 있을 것이다.

얼마 전 어머니께서 답답하다면서 노래방에 가서 실컷 노래나 불렀으면 좋겠다고 말씀하신 적이 있었다. 아버지께서 퇴직하신 후 함께 하는 시간이 많아지게 되었고, 아버지께서 집안 일을 도와주시니 좋은 점도 있으나, 어머니께서는 그만큼 어머니만의 자유 시간을 가질 수가 없었던 탓이다. 그때 나는 어머니의 말을 한 귀로 흘려버렸다. 그 이유는 노래방에 가서 노래를 부른다고 답답함이 풀려지겠는가 라는 의구심이 들었기 때문이다. 실컷 노래를 부르고 나서 다시 집으로 돌아가면, 여전히 답답해하실 것을 뭐하러 그 시끄러운 데를 가려고 하시나 하는 생각이 들었다. 하지만 이제와 생각해 보니, 어쩌면 노래방이라는 곳이 어머니에겐 좋은 울음터가 되었을지도 모르겠다는 생각이 든다. 아니면 어머니가 어머니의 문제를 확인하고 풀어낼 수 있는 좋은 자극제가 될 만한 울음터를 마련해 드렸어야 한다는 생각을 뒤늦게 하게 된다.

그런데 문제는 나에게서도 있었다. 마음 한 구석엔 노래방에 가서 오랜 시간을 버티고 있어야 하는 것이 괴롭고 또 아까웠기 때문이다. 바쁜 일상을 살면서 그런 곳에 간다는 것은 시간낭비에 불과하다고 생각하였다. 어쩌면 나는 어머니보다 더 심각한 상태에 놓여 있는 것이 아닌가 싶다. 나는 답답해도 답답한지도 모르고 사는 '정진사'와 별로 다르지 않기 때문이다. 그리고 정진사가 또 나보다 나은 점이 있다면, 그는 연암이라는 좋은 안내자를 만났다는 점일 것이다.

3. 〈굿 윌 헌팅〉과 〈리플리〉

영화 <굿 윌 헌팅>과 <리플리>는 맷 데이먼이라는 배우가 출연하는 영화이다. 물론 맷 데이먼이 출연해서 두 작품을 고른 것은 아니다. 좋은 울음터를 만나 성공한 사례와 그 반대 사례로 적용해 보기에 좋은 작품이라고 생각했기 때문이다.

우선 <굿 윌 헌팅>을 살펴보자. <굿 윌 헌팅>에서 주인공 '윌'은 어려서 친아버지, 그리고 양아버지 모두에게 심한 구타를 당하고 버려진다. 그로 인해 원활한 대인관계를 형성하지 못해 수시로 싸움과 폭행으로 소년원을 제 집 다니듯이 하는 인물이다. 그런 반면 윌은 학교 한번을 다니지 않았는데도 천재적인 두뇌를 가지고 있어, MIT 공대 학생도 풀지 못하는 수학 문제를 청소부로 일하면서 남몰래 풀어 놓고 사라지는 그런 인물이기도 하다. 우연히 이러한 재능을 발견한 그 학교의 램보 교수가 윌을 교도소에서 석방시키는 조건으로 수학공부와 더불어 심리 상담을 받도록 한다. 워낙 천재적인 머리를 가지고 있기에 수많은 상담자를 제압하여 상담은 실패로 끝나게 되지만, 마지막 카드로 숀 교수를 만나게 된다.

윌은 어려서 받은 상처로 인해 자존감이 많이 상실된 인물이었다. 남에게 자신의 능력을 드러내는 것을 싫어하고, 사랑하는 여자에게 상처받을까봐 사랑한다고 말하지 못하는 그런 겁쟁이다. 그러나 마음 한 구석엔 이와 반대로 자신의 능력을 발휘하고 싶어한다. 굳이 청소를 해도 MIT 공대에서 청소를 하려하고, 아무도 풀지 못하는 문제를 몰래 학교 칠판에다 풀어내려는 것이나, 또 술집에서 하버드 법대생과 논쟁을 벌이려는 것을 보면 알 수 있다. 게다가 사랑하는 여자에게 수시로 전화하며 기숙사를 매번 찾아가는 것을 보면 적어도 상처받을 것에 대한 두려움도 있겠으나 사랑받고 싶은 마음도 있다고 하겠다.

그런데 여자친구인 스카일라가 캘리포니아로 함께 가자고 할 때 윌은 낯선 세상에서 버림받을 것을 두려워하여 이별을 고하게 된다. 이러한 윌에게 새로운 세계를 안내한 이가 바로 숀 교수이다. 여러 차례의 상담을 통해 그동안 자기 세계에 갇혀 그 무엇과도 소통하려 하지 않던 윌에게 여자 친구를 찾아 캘로포니아로 갈 수 있도록 용기를 준 것이다. 마지막 상담 때, 숀은 윌에게 '네 잘못이 아니야'라고 말한다. 그때 윌은 '알아요'라고 무척 담담하게 말한다. 그리고 숀은 또 '네 잘못이 아니야'라고 말하고,

윌 역시 알고 있다고 담담하게 말한다. 그런데 숀이 재차 같은 말은 반복하자 윌은 점차 화를 내기 시작한다. 그리고 또 숀은 '네 잘못이 아니야'라고 말할 때, 윌은 결국 울음을 터트리고 만다. 아마도 담담하게 말한 '알아요'라는 윌의 대답이 자신의 감정을 감추기 위한 것이었다면, 윌이 울음을 터트리는 것은 감추어진 자신의 감정이 극대화되면서 그것을 분출시킨 결과라 할 수 있다. 이때의 눈물은 결코 슬픔에서만 비롯된 눈물이 아닐 것이다. 자신의 욕망과 상처받은 기억을 다시 떠올리면서, 자신이 얼마나 소중한 존재인가를 재인식하게 되는 기쁨에서 비롯된 것일 것이다. 연암이 이 영화를 봤다면, 아마도 '숀' 교수를 윌의 좋은 울음터라고 말하지 않을까 한다. 그럼으로써 윌은 자신을 재인식하고 재정립하게 되며, 새로운 세계로 진입할 수 있게 된다. 영화의 마지막 장면은 윌이 스카일라를 찾아 거침없이 고속도로를 질주하는 윌의 차와 함께 높고 푸른 창공을 보여주는데, 굉장히 인상적인 장면이었다.

다음으로 <리플리>라는 영화를 살펴보자. 영화의 시작은 어두컴컴한 선실에서 주인공 '톰 리플리'의 "돌아가고 싶어. 처음으로 돌아갈 수만 있다면……"이라는 대사로 시작한다. 그리고 왜 톰이 이 어두컴컴한 선실에 갇혀 있고, 왜 처음으로 돌아가고 싶어하는가에 대한 이유를 보여 주기 위해 과거 사건으로 돌아간다. 과거에 톰은 피아노 연주 실력이 뛰어나지만 가난한 형편으로 인해 피아노 조율사, 심지어 호텔 종업원으로 일하며 어렵게 살아간다. 그러던 중 우연히 어느 선박회사 사장으로부터 이탈리아에 가서 자기 아들을 데려오라는 요청을 받게 되고, 자신이 그토록 부러워하던 삶을 마음껏 누리는 선박회사 사장의 아들, 디키를 만나게 된다. 그리고 디키에 대한 부러움은 서서히 동성애적 감정으로까지 이어지게 되고, 이를 부담스러워하던 디키는 톰에게 모욕적인 말을 한다. 이를 참지 못한 톰은 노를 집어 들어 디키를 죽이게 된다. 그 이후 톰은 디키와 비슷한 외모 덕분에 디키 행세를 하면서 살게 된다. 그리고 거짓말의 연속으로 자신을 위장하고 감추면서 불안한 나날을 보낸다. 그러던 중 피터라는 사람을 만나게 되고, 톰은 자신의 감춰진 모습을 보여주고 싶어 하지만, 자신의 감춰진 내면이 추악하고 더럽다고 여기며 이내 감추고 만다. 게다가 피터 앞에서 거짓 디키로 살아가는 모습이 들통 났을 때, 윌은 자신을 그토록 소중하게 생각해 주던 피터를 선실에서 목 졸라 죽이게 된다. 그리고 영화의 첫 장면과 같은 어두컴컴한 선실에서 톰은 독백한다. "난 영영 창고에 갇힐 거야. 그 어둡고 외로운 창고 속에. 난 거짓말을 했어. 내가 누군지. 어디에 있는지를, 아무도 날 찾을 수 없을 거야. '초라한 현실보다는 멋진 거짓이 낫다.' 난 늘 생각했는데……"

남 몰래 무대 위에서 피아노 연주를 하고, 누가 들으면 당황하여 벌떡 일어서서 도망치는 톰. 마치 복도 칠판에서 수학 문제를 풀지만 누군가가 지켜본다는 걸 느끼고 줄행랑을 놓는 윌과 비슷하다. 이러한 이중감정을 갖고 있는 톰은 자신의 욕망을 풀어낼 출구를 찾지 못했고, 끊임없이 자기를 감추고 위장하는 데에만 급급했다. 그 결과 자신의 진짜 모습이 발각될까봐 살인을 저지르고 자기 파멸에 이르게 된 것이다. 만약 톰이 머나먼 이상과 가난한 현실의 괴리에서 생기는 억압된 욕망을 풀어낼 만한 자리를 찾아냈다면, 아마 <굿 윌 헌팅>의 '윌'과 같이 변했을지도 모른다. 다시 말해 숀과 같은 안내자를 만났다면 인생이 달라졌을지도 모른다는 것이다. 그런데 톰에게 새로운 삶을 보여줬던 디키는, 겉으로 보기엔 누구나 부러워할 만큼 이상적인 조건을 모두 갖춘 인물이다. 그러나 사실은 그렇지 않았다. 재즈에 빠져 있지만 금방 싫증내는 성격이고, 약혼녀가 있는데도 다른 여자를 임신시키는 인물이며, 남을 배려할 줄 모르는 이기적인 인물이었다. 그러니 디키가 톰에게 숀과 같은 안내자 역할을 해줄 리 만무하다. 오히려 톰에게 싫증을 내고, 그로 인해 톰은 또 한 번 상처받음으로써 그가 그토록 갈구했던 이상과 더 멀어지게 된 것이다. 그 결과 벌어진 살인은 오히려 톰을 어둡고 갑갑한 창고 속으로 더 가두고 다시는 헤어 나오지 못하도록 하고 말았다. 이는 마치 갑갑하고 어두컴컴한 엄마의 태중에서 벗어나지 못하고, 사산되고 마는 아이와 같은 것이다. 요컨대 갇힌 세계에서 넓은 세계를 접한 기쁨이 지극하여 울음을 터트릴 울음터를 영영 찾지 못한 것이다. 톰에게 울음터는 왜곡된 자아를 회복하는 길이 되었을텐데 말이다.

우리는 '나'를 발견하고 읽어낼 필요가 있다. 그래야 어두운 세계에 갇혀 자칫 병들고 자멸할 수 있는 나에서 지혜롭고 건강한 나로 안내될 것이다. 그러기 위해서 연암이 만났던 넓은 요동 벌판과 같은 울음터를 우리도 만나야 할 것이다. 그러나 그것은 단지 어떤 행운이나 운에 맡길 수는 없다. 나를 열어 보일 수 있는 노력 역시 필요하리라 본다.

앎과 소통에의 열정

신 재 홍*

1. 〈속재필담(粟齋筆談)〉

내가 말했다. "비공(費公)은 어느 때에 촉(蜀) 땅을 떠나셨습니까?" 비생(費生)이 이르기를, "이른 봄이었습니다." 한다. 내가 말하기를, "촉에서 여기까지의 거리가 몇 리입니까?" 하니, 비는, "오천여 리쯤 됩니다." 한다. 내가, "비씨의 여덟 아드님은 모두 한 어머니가 낳지 않으셨나요?" 하자, 비는 미소를 지었고 배(裴)가 말하였다. "웬걸요. 작은마누라 둘이 좌우에서 도와 드렸지요. 나는 저이의 여덟 아들은 부럽지 않지만, 저 작은마누라와 한 번 잤으면 하고 바란답니다." 한다. 방안의 모든 이들이 들레며 웃었다.

내가 말했다. "오실 때 검각(劍閣)의 잔도(棧道)를 지나지 않으셨나요?" 비가 이르기를, "아무렴요. '좁디좁은 조도(鳥道) 일천 리에/ 원숭이 울음소리 열두 때로다'이지요." 한다. 배관(裴寬)이 말했다. "정말로 촉 땅의 길

* 경원대학교 국어국문학과 교수

은 물길이나 뭍길이나 다 어려우니, 이른바 '하늘에 오르기보다 더 어렵다'는 것이지요. 나도 신묘(건륭 36, 1771)년에 장강을 거슬러 촉 땅에 들어갔었지요. 칠십사 일 만에 겨우 백제성(白帝城)에 닿았습니다. 배를 타니 때마침 늦봄의 날씨여서 양쪽 언덕에는 나무들에 꽃이 한창이었습니다. 배의 창가, 나그네 걸상에 외로운 밤이 새려면 멀었는데, 두견이 우짖고 원숭이 울며 학이 끼룩거리고 산비둘기 구구대니,[1] 이는 빈 강에 달 밝은 때의 경치요, 절벽 위의 큰 돌이 강물 속으로 무너져 내리는데, 두 돌이 서로 부딪쳐 저절로 번갯불이 일어나니, 이는 여름날 장마 질 때의 경치입니다. 비록 이삼천 냥의 황금에 비단이 만 오천 자라도 머리털이 세고 마음이 타 버림을 어찌하겠습니까?" 한다. 내가 말하기를, "비록 그렇게 고생한 경상이야 말씀하신 바와 같지만, 육방옹(陸放翁)의 <입촉기(入蜀記)>를 읽을 때마다 너울너울 춤추고 싶지 않은 적이 없었답니다." 하니, 배생은, "꼭 그렇다고는 할 수 없지요." 한다.

이날 밤은 달이 낮처럼 밝았다. 전사가(田仕可)는 술과 음식을 장만하느라고 열 시쯤에야 돌아왔다. 보리떡 두 쟁반, 양 곱창 국 한 동이, 익힌 오리고기 한 쟁반, 닭찜 세 마리, 찐 돼지 한 마리, 햇과일 두 쟁반, 임안주(臨安酒) 세 병, 계주주(薊州酒) 두 병, 잉어 한 마리, 백반 두 냄비, 채소 두 쟁반이니, 은 열두 냥의 값이 된다. 전생이 앞으로 나와 공손히 사례하며 이르기를, "주인 된 처지로 변변치 못한 음식을 대충 갖추느라, 좋은 밤에 선생을 모시고 이야기하는 데 실례하였습니다." 한다. 나는 의자에서 내려서서 사례하여 말하였다. "귀하신 몸이 수고하시는데, [음식을] 그냥 받아먹기가[2] 도리어 부끄럽습니다." 여러 사람이 일제히 일어나 감사하다면서 일렀다. "멀리서 귀한 손님이 오셨는데, [말씀을] 그냥 받아듣기가[3]

---

1) 원문이 '鶻笑'인 이 구절을 리상호 역, 『열하일기』 상, 국립출판사, 1955, 166면에서는 '솔개 웃음'으로, 이가원 역, 『국역 열하일기』 1, 민족문화추진회, 1966, 117면에서는 '매의 웃음'으로 번역하였다. 문맥상 어울리지 않는다고 생각되어 본문처럼 번역하였다.

2) '生受'에 대한 번역인데, 의미를 분명히 드러내려고 '음식을'을 보충하였다.

도리어 부끄럽습니다."

이에 일제히 일어났고, 가게 문을 내려 닫았다. 들보 위에 한 쌍의 부채꼴 사초롱을 달았는데, 모두 꽃과 새가 그려져 있었고 유명한 사람의 시구도 적혀 있었다. 한 쌍의 네모난 유리등이 낮같이 환하였다.

여러 사람이 각기 한두 잔씩 권하는데, 닭과 오리는 모두 주둥이와 발을 그대로 두었고 양고기 국은 누린내가 심하여 비위에 받지 않기에 떡과 과일만 먹었다. 전생은 필담한 종이쪽을 두루 읽어 보면서 연신 좋다고 하였다.

전생이 말했다. "선생께서 아까 오후에 골동을 사고자 하시더니, 글쎄요 어떤 진품인지요?" 내가 일렀다. "비단 골동뿐 아니라 문방사우(文房四友)도 사고 싶습니다. 희귀하고 고아한 것이라면 값에 한도를 두지 않으렵니다." 전생은, "선생께서 오래지 않아 도성에 들어가시면 유리창(琉璃廠)에도 들르실 테니 골동을 얻지 못할 걱정은 없으나, 다만 진짜와 가짜를 분간하기 어려운 것이 염려됩니다. 글쎄올시다 선생의 감식안은 어떠신가요?" 한다. 나는, "바다 한 구석의 촌뜨기라 감식이 고루하니, 치자색이나[4] 밀랍으로 속아 넘어가기를 어찌 면하겠습니까?" 하였다.

전생이 일러 주었다. "이곳이 비록 행궁이 있는 도성이라고는 하나 중국의 한 구석이라서 물건의 매매는 단지 몽고(蒙古), 영고탑(寧古塔), 선창(船廠) 등지를 바라보고 변방의 풍속이 아둔하여 고아한 감상을 즐기지 못하니, 여러 신비한 빛깔의 옛 도자기들도 이곳에 이르기가 드물거늘, 하물며 은나라나 주나라의 제기(祭器) 같은 것이겠습니까. 귀국에서 골동 다루는 식이 이곳과는 또 달라서, 일전에 매매하는 이들을 본즉 비록 차, 약재 같은 것이라도 최상의 물품을 택하지 않고 단지 값싼 것만 취하니, 그러고서야 어찌 진짜 가짜를 따지겠습니까. 차, 약재만 이런 것이 아니라 여러 가

3) 역시 '生受'에 대한 번역인데, 앞의 경우처럼 문맥을 고려하여 '말씀을'을 보충하였다.

4) 원문의 '桅'(돛대 의/외)는 '梔'(치자나무 치)와 통용되는 글자이다.

지 기물(器物)도 수레에 싣기가 무겁고 운송하기 어려우니까 대부분 국경의 관문에서 사 가지고 돌아가더군요. 그러니 북경의 장사꾼들이 미리 내지에서 쓸모없는 물건들을 수습하여 관문으로 옮겨 놓고 서로 속여서 약삭빠르게 이익을 얻는답니다. 이제 선생께서 구하시는 바가 속된 것에서 훨씬 벗어났고, 부평초 같은 세상살이에 몇 마디 말을 주고받아 이미 서로 알아주는 벗이 되었으니, 비록 정성을 다해 마련해 드리지는 못할망정 어찌 잠시라도 서로 저버릴 수 있겠습니까." 내가 말했다. "선생의 이 말씀은 가슴속에서 우러나왔으니, '[주신] 술로 취하고, 또 [베푸신] 덕으로 배부르다'고 할 만하군요." 전생은, "분에 어긋난 사랑이십니다. 다만 내일 아침에 다시 오셔서 점포 안에 있는 것들을 두루 감상하시죠." 하였다. 배생이, "내일 아침 일을 미리 이야기할 필요는 없겠고, 선생 앞에서 이 밤을 즐겁게 보내시지요." 하니, 여러 사람이 모두, "옳습니다." 한다.

전생이 말했다. "공자께서 구이(九夷)의 땅에 살고 싶어 하셨고, 또 '군자가 그곳에 산다면 무슨 비루함이 있겠느냐' 하셨습니다. 상공께서 비록 구석진 나라에서 생장하셨으나 기질과 도량이 당당하시고, 문장은 공맹(孔孟)의 글을 잘 아시며 예법은 주공(周公)의 도리에 달통하셨으니, 곧 한 분의 군자이십니다. 다만 한스럽기는, 우리가 양쪽 땅, 하늘의 각 일방에 거하여 한 치의 마음도 다하지 못하고 눈 돌릴 사이에 헤어지게 되리니, 어찌하리오. 어찌하리오." 이구몽(李龜蒙)은 수없이 권점(圈點)을 치면서, "정이 얽혀 이별을 슬퍼함이 실로 내 마음에 꼭 맞습니다." 한다.

술이 또 몇 순배 돌고 나서 이생이 물었다. "술맛이 귀국의 것과 비교하여 어떤가요?" 내가 대답했다. "임안주는 너무 싱겁고 계주주는 지나치게 향기로워 본래 지닌 맑은 향내는 아닌 것 같군요. 우리나라에는 법주(法酒)가 있습니다." 전생이 묻기를, "그러면 소주(燒酒)도 있나요?" 하기에, "있지요."라고 대답했다.

전생이 몸을 일으켜 벽장에서 비파(琵琶)를 꺼내어 몇 곡을 뜯었다. 내가 말했다. "예부터 '연(燕), 조(趙)의 땅에는 슬픈 노래를 부르는 선비가 많다'고 일컬었으니, 여러분도 응당 노래를 잘 하시겠지요. 한 곡조 듣고 싶습니다." 배생은, "잘 부르는 이가 없어요." 하고, 이생은, "예부터 이른바 '연, 조의 슬픈 노래'란 구석진 제후국에서 선비가 뜻을 얻지 못해서이지만, 이제 사해가 한 집이 되어 성스러운 천자께서 위에 계시고 사민(四民)이 생업을 즐기니, 어진 이는 밝은 조정에서 모범이 되어 군신 간에 노래를 이어 부르며 어리석은 자는 태평한 세상에서 밭 갈고 우물 파며 노래 부르니, 아무 불평이 없는데 어찌 슬픈 노래가 있겠습니까." 한다. 내가, "성스러운 천자께서 위에 계시니 나아가 벼슬살이할 만한데, 여러분은 모두 당세의 영걸로서 재주가 온전하고 학문이 넉넉하거늘 어찌 세상에 나가서 소용되도록 하지 않으시고 변변찮게 시정(市井) 간에 떴다 잠겼다 하십니까?" 하니, 배생이, "이런 일은 오직 전공(田公) [사가(仕可)]나 감당할 것입니다." 한다. 그 자리의 모든 이들이 크게 웃었다. 이생은, "오히려 때와 운수가 있어야지, 억지로 구할 수는 없겠지요." 한다.

이생은 시렁 위에서 『선문(選文)』 한 권을 뽑아서 나에게 한번 읽기를 청하였다. 나는 <후출사표(後出師表)>를 읽었는데, 우리말 토씨—구두(句讀)이다—를 달지 않고 높은 소리로 쭉 읽었다. 여러 사람이 둘러앉아 들으면서 무릎을 치며 좋다고 하지 않는 이가 없었다. 이생이 내가 다 읽기를 기다려서 유량(庾亮)의 <사중서감표(辭中書監表)>를 골라 읽었는데, 높았다 낮았다 하며 음절이 분명해서 비록 글자 하나하나 분명히 알아들을 수는 없어도 지금 어느 구절을 읽고 있는가는 족히 알 수 있었다. 소리와 운(韻)이 맑고 깨끗하여 관현악을 듣는 듯하였다.

2. 중국 상인들과의 교유

<속재필담>은, 박지원이 연행(燕行) 도중 성경(盛京), 곧 현재의 심양(瀋陽)에 이르는 전후의 여정에서 견문한 일들을 적은 <성경잡지(盛京雜

識)> 속의 한 단원이다. 심양에 들어간 오후에 거리를 구경하다가 예속재(藝粟齋)라는 골동품 가게에 들어갔다. 그 가게의 중국인들과 약속하여 그날 밤에 다시 만나서 밤새도록 필담을 나누었다. 앞 장에 제시한 것은 그 중 앞부분이다.

<속재필담>은 모임에 참석한 일곱 명의 중국인들을 간략히 소개하면서 시작된다. 전사가(田仕可), 이구몽(李龜蒙), 목춘(穆春), 온백고(溫伯高), 오복(吳復), 비치(費穉), 배관(裴寬)이 그들인데, 주로 전, 이, 배 등과 필담을 주고받는다. 인물에 대한 약술은 뒤이어 기술된 필담 내용을 통해 확인된다. 마치 소설의 등장인물에 대한 요약적 소개 같은 느낌을 주는 기술 방식이다. 이 글이 경험적 사실에 대한 기록이기는 하나, 작가의 소설적 필치로 인해 각 인물 성격의 핵심 부분이 생동하게 그려져 있다. 따라서 한 편의 단편소설을 읽는 기분으로 이 글을 대할 여지도 있다.

앞에 제시한 번역문만 놓고 보면, 다음의 몇 가지 화제가 순차적으로 연결되어 있다. 첫째, 촉 지방에 대한 물음과 대답, 둘째, 음식 장만 및 음식의 맛에 대한 품평, 셋째, 골동품의 진가 여부를 판별하는 문제, 넷째, 음악 연주와 글 낭송을 통한 교유 등이다.

첫째, '나'는 촉 지방에 대해 질문하고 있다. 마침 중국인 세 사람이 모두 그곳 출신이어서 물었던 것이다. 묻는 태도는 매우 적극적인데, 예전의 독서 체험을 확인해 보려는 의도가 강하다. 잔도, 장강 삼협, 백제성 등에 대해 듣고 나서 육유의 <입촉기>를 떠올리는 대목이 특히 그렇다. 도성인 북경을 가는 '나'로서 중국의 서쪽 변방인 촉에 대해 관심을 기울인 것은 그 동쪽 변방인 조선을 의식해서였을 수 있다. 중심의 이쪽 끝에서 저쪽 끝을 상상만 하다가 저곳 출신 사람들을 만나게 되자 저쪽에 대해 자세히 알고자 한 것이다. 여행 중에 얻는 새로운 인식의 지평을 하나라도 놓치지 않으려는 자세를 보여 준다.

둘째, 음식을 장만하고 음식의 맛에 대해 품평하면서 모임의 분위기와 진행 과정이 정겹게 그려진다. 전사가는 '나'를 위하여 은 열두 냥에 해당하는 음식물을 장만하여 가져왔다. 원문의 '의(儀)'자에서 드러나듯이, 이는 귀한 손님에 대한 예의를 차리는 물품이었던 것이다. 그리고 음식 맛에 대한 품평이 이어지는데, 중국 음식이 입맛에 잘 맞지 않기도 하고 술맛이 싱겁거나 향기가 너무 난다고도 하였다. 중국과 조선의 음식 및 술 문화에 대한 이해가 교환되는 것이다. 이러한 기술은 모임의 화기애애한 분위기를 드러내는 한편, 먹고 마시는 장면을 통해 미각적 이미지까지 풍겨 준다.

셋째, 예속재의 주인 전사가가 골동품에 대해 묻는 것이 자연스런 문맥을 이룬다. 애초에 '나'가 이 가게에 들른 것은 골동품을 구경하기 위해서였다. 서로 의기가 맞아 밤 모임을 약속하고, 함께 모인 자리에서 아까 보였던 관심을 재차 확인한 것이다. 그런데 이 문답 속에 골동품 무역을 하는 조선 사신 및 상인들의 태도와 중국 상인들의 그것이 적나라하게 그려져 있다. 그저 싼값만 내고 물건을 사고자 하는 조선인들의 천박한 상행위가 조롱되고 있는 것이다. 비록 전사가의 입에서 나온 말이긴 하지만, 조선인인 '나'의 자기비판이자 문화적 가치를 판별하는 안목이 요구되는 상황을 시사한 것이다.

넷째, 음식 맛을 품평하는 데서 더 나아가 음악을 연주하고 글을 낭송하면서 모임을 문화 교류의 장으로 이끌어 간다. 비파 곡은 연(燕) · 조(趙) 지방의 전래 곡이었을 터인데, 이에 대해 '나'는 독서 체험에 의한 감회를 드러내고 있다. 청(淸)의 지배하에 한족 선비들이 가졌을 법한 비분에 대해 연 · 조 지방의 노래에 빗대어 은근히 그 본뜻을 알아보려 했던 것일 수도 있다. 중국인들이 태평성세를 말하면서 비가(悲歌)의 존재를 부정하지만, 이는 수사적인 측면일 따름이다. '사가(仕可)'라는 이름자로써 전사가만 벼슬살이에 당할 수 있다면서 모두 웃는 대목은 다들 벼슬살이에서 멀어져 버렸다는 반증이다. 한편, 낭송에서의 문화적 차이도 잘 드러나 있다. '나'는 구두(句讀)를 떼고 조선의 발음으로 낭송하였고 이구몽은 중국의 발음으로 낭송하였다. 두 언어의 발음 차이에도 불구하고 조선과 중국의 선비들이 읽는 글의 공통성으로 인해 서로 공감하는 바가 컸던 것이다.

이렇듯, 앞 장에 제시된 부분은 몇 가지 화제가 연결되어 있다. 그런데 첫째와 셋째 화제는 내용 위주의 것이지만, 둘째와 넷째 화제는 분위기나 진행 과정을 드러내는 것이라서 어느 정도 차이가 있다. 후자의 경우는 위에서 언급한 인물 소개와 함께 이 글의 소설적 의취를 드러내 준다. 인물이 말할 때의 태도나 사용하는 어휘, 인용구 등을 통해 그의 특징을 알 수 있고, 시간이 흐르는 데 따라 음식이 들어오고 함께 먹고 대화를 주고받는 분위기가 기술되어 있다. 그리고 대화에서 대화로 옮겨가면서 화제가 연결된다. 인물들이 마치 소설의 등장인물같이 형상화된 측면이 있고 분위기 묘사를 통해 모임의 성격이 잘 드러나게 된다. 이러한 점들로 인해 이 글은 대화나 분위기가 생동하는 느낌을 주고 있다.

글 전반에 걸쳐 '나'는 중국인과의 대화를 통해 중국에 관한 지식을 구체화하고 마음과 뜻을 소통하려는 강한 의지를 보인다. 음식을 함께 먹고 연주와 낭송을 하면서 중국과 조선의 동질성과 이질성에 대한 상호 이해를 심화한다. 동아시아인들이 공유한 교양과 지식이 모임의 바탕이 되어 있고 앞으로 진행될 여정의 방향타 구실을 한다. 문인·지식인으로서 학식과 인덕은 이들의 교류에 절대적인 역할을 한다. 이러한 공통된 문화적 토대 위에 진지하게 대화를 나누며 최대한의 예의를 갖추어 상대를 대접한다. 그 시대의 국제적인 문화 교류 양상을 대변해 주고 있는 모임인 것이다.

3. 〈건정동필담〉, 〈만세전〉, 〈중국견문록〉

『열하일기』 전체를 염두에 두면서, <속재필담>과 비교하여 읽을 만한 글 세 편을 들어 본다.

먼저, 홍대용의 <건정동필담(乾淨衕筆談)>[5]을 들 수 있다. 이 글은 『담헌서』 외집 2권과 3권에 수록되어 있다. 박지원보다 15년 앞서 1765년에 연행에 참가한 홍대용은 그 이듬해인 1766년 2월 귀국을 며칠 앞두고 우연히 엄성(嚴誠)과 반정균(潘庭均)을 만나게 되고, 나중에 육비(陸飛)까지 만난다. 이들은 항주 전당(錢塘) 출신의 한인 선비들이었는데, 북경에 과거 시험을 보러 올라와 있었다. 중국 선비와의 만남을 고대하던 홍대용에게는 절호의 기회였고, 중국인들 역시 조선의 문인 · 지식인들을 만나 대화하기는 처음이었다. 서로 의기가 투합하여 근 한 달에 걸쳐 각자의 숙소를 오가며 필담을 나누었고, 서로 만나지 못하는 날에는 서신을 주고받았다. 그렇게 하여 모인 초고를 정리한 것이 이 글이다.

이 글은 박지원에게 큰 영향을 주었다. 『담헌서』 외집 1권 머리에 붙은 박지원의 <회우록서(會友錄序)>에 그 만남의 의의가 잘 기술되어 있다. 박지원이 중국 지식인과의 만남을 연행의 주요 목적으로 삼은 것도 홍대용의 글에서 받은 영향 때문일 것이다.

<속재필담>과 비교하여 이 글을 읽으면, 연행에서 중국인과의 만남을 통해 문화 교류를 이루려는 의욕이 공통됨을 알 수 있다. 그렇지만 상인과의 만남을 다룬 <속재필담>에 비해 이 글은 문인 · 지식인과의 만남을 기술하고 있다. 따라서 그 내용은 다분히 학술 토론, 문학 · 예술 교류의 성격을 지니고 있다. 양명학, 천주교, 과학 기구 등을 화제로 삼아 토론도 하고, 주자의 『시경』 산정에 대해 찬반양론이 팽팽히 맞서기도 한다. 엄성, 육비는 그림을 그리고 반정균은 글을 짓는다. 홍대용은 거문고를 타고 그와 동행한 김재행은 시를 짓는다. 만남이 깊어지자 서로의 허물을 질책하기도 하다가 결국 의형제를 맺기에 이른다. 한편, 한 달 간이나 지속된 교유를 기술한 이 글에 비해 <속재필담>은 하룻밤의 대화를 엮어 놓았다. 그렇지만 <속재필담>에서 밤 모임의 정경이 머릿속에 선연히 그려지는 것은 아무래도 작가의 소설적 필치 때문이 아닐까 한다.

이와 같이 비교하여 읽으면, 두 글의 공통점에서 18세기 후반 조선의 선

---

5) 이상은 역, 『국역 담헌서』 2, 민족문화추진회, 1974.

진 지식인 사회의 분위기를 살필 수 있고, 차이점에서 교유의 여러 수준과 양상을 가늠해 볼 수 있다. 조선 후기 시대정신의 한 흐름을 파악하기 위한 독서가 될 수 있을 것이다.

다음으로, 시대를 내려잡아 염상섭의 <만세전(萬歲前)>[6]을 들 만하다. 이 작품은 1923년에 창작되었는데, 1918년 겨울을 배경으로 하여 식민지 조선의 현실을 날카롭게 그려낸 사실주의 소설이다. 일본 유학생 이인화가 아내가 위독하다는 전보를 받고 도쿄에서 출발하여 서울에 이르는 여정이 이야기의 근간을 이루고 있다. 여행기라는 점이 『열하일기』와 겹치는 셈이다. 여기에 소설이라는 장르 성격이 <속재필담>에도 스며들어 있다는 점을 공통점으로 추가할 수 있다.

이 글과 <속재필담>은 아주 큰 차이를 보인다. 전자가 본격적인 근대소설인 데 비해 후자는 견문의 기록에 소설적 문체가 침투한 수필이다. 따라서 인물과 사건을 허구적으로 구성한 데 비해 사실과 견문의 기록을 목적으로 기술하였다. 일제의 식민지로 전락한 조선이 배경인 데 비해 중국의 약동하는 문물을 배워 국가의 혁신을 꾀하려던 영(英)·정(正) 시대의 조선이 배경이다. 근대화된 일본을 여행한 데 비해 청나라 치하 중국의 북동부 지역을 여행하였다.

이러한 명백한 차이에도 불구하고 이 글과 <속재필담>을 대비하여 읽는 것은 의의가 있다. 박지원이 <속재필담>을 기술한 지 130여 년이 경과한 다음에 놓이게 된 조선의 현실을 직시할 수 있기 때문이다. 동아시아 공통의 문화유산을 바탕으로 중국인과 유대의식을 가졌던 홍대용·박지원의 시대에서, 서구로부터 이입된 근대문명이 정착된 일본을 그 식민지가 되어 버린 조선과 비교하면서 극심한 자의식에 시달리는 이인화의 시대로 이행한 것이다. 동아시아 공동의 문화유산이 해체되고 제국주의의 발호 아래 약육강식이 벌어지는 국제 현실을 뼈아프게 인식해야 하는 시

---

6) 『염상섭전집』 1, 민음사, 1987.

대이다. 상인이든 지식인이든, 중국인이든 조선인이든 사람 사이의 정신적 교류와 우정 어린 만남에서, 유학생 신분의 인물이 술집 여급이나 남의 첩과 은밀한 관계를 맺고는 사랑이니 연애니, 공허니 고독이니 하며 고민하는 것으로 변하였다.

또한, 인물이 조선에서 중국 북경으로 가는 대신 일본 도쿄에서 식민지 조선의 서울로 오고 있다. 공적인 행렬의 당당함은 없어지고 감시의 눈에 싸인 사적인 열패감이 가득하다. 주체성은 사라져 버리고 타자에 의해 자신을 규정할 따름이다. 두 글을 대비하여 읽으면 잘못된 역사가 얼마나 섬뜩한 것인지 새삼 느끼게 될 것이다.

끝으로, 요즘의 베스트셀러인 한비야의 『중국견문록(中國見聞錄)』[7]을 들고 싶다. 시간은 흘러서 오늘날은 국제화 시대라고 불릴 만큼 해외 교류가 잦아졌다. '오지 여행가' 한비야가 1년간 현지에서 중국어를 배우며 경험하고 느낀 것들을 써 놓은 글이다. 지식을 얻기보다는 외국어를 배우러 중국에서 일 년 간 체류하면서 쓴 그의 글에는 경험에서 우러난 지혜와 외국인과의 친밀한 교유 양상이 잘 나타나 있다. 홍대용 · 박지원이 중국의 지식인들과 만나고자 했던 것과는 달리 외국인이지만 평범한 생활인으로서 만나 교유하는 양상이요, 식민지 조선의 일본 유학생 이인화가 느꼈던 열패감과 자의식에서 벗어나 한국인으로서의 자신감을 갖고 의연하게 소통하는 모습이다.

이 글과 <속재필담>은 중국에 대한 인식상 공통점과 차이점을 함께 갖고 있다. 여행 대상국인 중국이 약동하고 있는 시기라는 점이 공통점이다. 경제 성장과 함께 서민층의 생활 모습에 주목한 것에 비해 공동의 문화유산에 바탕을 두고 학술과 문화를 교류하고자 한 점이 차이점이다. 저자들이 지닌 경험을 위주로 한 지식 습득의 태도라는 점에서 보면 두 글의 내용은 든든한 현실적 토대를 지니고 있다.

---

7) 한비야, 『중국견문록(中國見聞錄)』, 푸른숲, 2001.

이 글에서 기술된바, 중국인이건 일본인이건 해외에서 만나 친구가 된 것은 <속재필담>에서 인물들이 서로의 마음과 뜻을 나누는 것과 상통한다. 왕샹, 루나와 함께한 설 명절 동안의 며칠은 <속재필담>의 밤 모임의 정겨운 분위기를 떠올리게 한다. '심플하게, 따뜻하게' 살아가려는 작가의 노력이 평범하게만 생각되지 않는 것은 경험에서 우러나온 지혜의 말들이 글 곳곳에 스며 있기 때문이다. 두 글을 함께 읽으면서 과거와 미래의 중국에 대해, 중국에 대한 우리의 이해에 대해, 중국인과 함께해야 할 국제 무대에서의 활동들에 대해 생각해 볼 수 있을 것이다.

위에서 언급한 세 글은 <속재필담>이 쓰인 18세기 후반에서 20세기 전반 식민지 시대를 거쳐 21세기 초인 오늘날에 이르기까지 우리의 이웃인 중국과 일본을 어떻게 바라보았는지 비교된다. 역사는 흐르고 글들은 그 시대를 배경으로 쓰였다. 외국인과의 문화 교류, 특히 동아시아인들 사이의 교유는, 아픈 역사도 안은 채, 시대에 따라 다른 모습으로 진행되어 왔다. 지금은 <속재필담>에 담긴 앎과 소통에의 열정이 남녀노소를 가리지 않고 분출하고 있는 시대이다. 우리의 과거 경험을 반추하면서 문화 교류의 올바른 태도와 지향, 곧 대등한 관계 속에서 상호 이해를 심화하는 쪽으로 나아가면 좋겠다.

참고 문헌

박지원 저, 리상호 역, 『열하일기』 상, 국립출판사, 1955.
박지원 저, 이가원 역, 『국역 열하일기』 1, 민족문화추진회, 1966.
염상섭, 『염상섭전집』 1, 민음사, 1987.
한비야, 『중국견문록(中國見聞錄)』, 푸른숲, 2001.
홍대용 저, 이상은 역, 『국역 담헌서』 2, 민족문화추진회, 1974.

기상이변과 용

손 태 도*

1. 〈상루필담(商樓筆談)〉

또 검은 용(龍) 한 마리를 그리고 붓을 툭툭 쳐 시커먼 구름과 소낙비를 그렸는데 지느러미는 꼿꼿이 세워지고, 등비늘은 고르게 잡히지 못하고, 발톱이 얼굴보다 크고, 코가 뿔보다 길어 모두들 크게 웃으며 기이하다 하였다. 전생과 마영(馬鑅)이 초롱을 들고 먼저 돌아가려 하기에 나는 "이야기가 한창 재미있는데 선생은 왜 먼저 가시렵니까?"하고 물으니 선생은 "앞질러 돌아가고 싶지는 않지만 다만 약속을 지키려니 할 수 없습니다. 내일 아침에 작별 인사를 드리겠습니다." 한다. 나는 아까 그린 검은 용 그림을 들어 촛불에 사르려고 했는데 온목헌이 급히 일어나 빼앗아 고이 접어 품 속에 간직한다. 배생은 깔깔 웃으며 "관동(關東) 천 리에 큰 가뭄이 들까 두렵군." 하기에 나는 "어째서 가뭄이 든단 말이오." 하니 배생은 "만일 이게 화룡(火龍)이 된다면 누구나 괴로움을 부르짖지 않을 수 없을거

---

* 문화재 전문위원

요." 한다. 모두 한 바탕 웃은 뒤 배생은 다시 "용 중에도 좋은 것과 나쁜 것이 있는데, 화룡이 가장 독하답니다. 건륭(乾隆) 8년 계해년 3월에 산해관 밖 여양(閭陽)이라는 들판에 용 한 마리가 떨어져 구름도 없이 뇌성소리가 나며, 비도 내리지 않는데 번갯불이 번쩍거려, 해서관 밖 늦은 봄 일기가 별안간 6월 더위로 변하였습니다. 용이 있는 곳으로부터 백 리 안은 모두 펄펄 끓는 도가니 속 같이 되어서 사람과 짐승이 목말라 죽은 게 부지기수였고, 장사치와 나그네도 다니지 못하였으며, 살아 있는 사람들은 밤낮 없이 옷을 벗고 앉아도 부채를 손에서 놓지 못하였습니다. 황제께서 칙서를 내려 관내에 저장했던 얼음 수천 차를 내어, 관 밖에 고루 나누어 더위를 가시게 하였습니다. 용 가까이 있던 나무와 흙과 돌은 모두 콩 볶듯 되고 우물과 샘이 들끓었습니다. 용이 누워있은 지 열흘만에 갑자기 바람이 치고, 천둥이 일며, 콩알 같은 비가 퍼붓고, 대릉하(大陵河)에 있던 집들은 비가 오는데도 저절로 불이 붙었지만, 다만 사람과 짐승에게는 아무런 해가 없었답니다. 용이 떠날 때 사람들이 나가 보니 마침 몸을 일으켜서 하늘로 오르려 하는데, 처음엔 무척 굼뜨게 머리를 쳐들고 꼬리를 끌며 마치 타마(駝馬)가 선 것처럼 하여 길이가 겨우 서너 길밖에 되지 않더랍니다. 그러다가 입으로 불을 뿜고 꼬리로 땅바닥을 치고 몸뚱이를 한번 꿈틀하니 비늘마다 번개가 번쩍 일면서 우레 소리가 나고 공중에서 비가 쏟아지더니, 이윽고 몸을 묶은 버드나무 위에 걸치자 머리로부터 꼬리에 이르기까지 여남은 길이나 되며, 소낙비가 강물을 뒤엎는 듯 퍼붓더니 이내 멎었답니다. 그제야 하늘을 쳐다보니 그 날랜 품이 동쪽 구름 사이에 뿔이 나타나고 서쪽 구름 사이에 발톱이 드러나는데, 뿔과 발톱 사이가 몇 리나 되더랍니다. 용이 오른 뒤에는 일기가 청명하여 도로 3월의 날씨가 되고, 용이 누웠던 자리에는 몇 길이나 되는 맑은 못이 파이고, 못 가에 있던 나무와 돌은 모두 타버리고 반쯤만 남았으며, 마소들은 털과 뼈가 모두 타서 녹아버렸고, 크고 작은 물고기 죽은 것이 산더미처럼 쌓여 그 냄새에 사람이 가까이 갈 수도 없었답니다. 한 가지 이상한 것은 용이 걸렸던 버드나무는 잎사귀 하나 다치지 않았다고 합니다. 그 해 관동 일대에 큰 가뭄이 들어서 9월이 되도록 비가 내리지 않았습니다. 그러므로 나는 이 용이 떠나간다면 또 그런 변이 생길까 저어하는 바입니다." 하자 일동이 모두 한바탕 크게 웃었다. 나는 잔에 술을 부어 죽 들이키고 나서 "이 이야기에 아주 술맛이 도는군요." 하니 여럿이 "옳습니다. 이번엔 우리 각기 한 잔씩 돌려서 박공의 기쁨을 도웁시다." 한다. 나는 "여러분들은 그 용의 이름이 무엇인지 아십니까?" 하니 혹은 응룡(應龍)이라 하고, 또는 한발(旱魃)이라고 한다. 나는 "다들 틀렸소. 그 이름은 강철이라 합니다. 우리나라 속담에 강철이 간 데는 가을도 봄이 된다 하니, 이는 가물어 흉년이 진다는 말입니다. 그러므로 가난한 사람들이 무슨 일을 꾸미다가 잘 되지 않음을 보고는 강철의 가을이라고 합니다." 하였더니 배생이 "그 용 이름이 참 괴상하구려. 내가 난 때가 바로 그 해이니 이는 곧 강철의 가을이라 어찌 가난하지 않겠어요?" 하고, 그는 다시 길게 목청을 빼 "강처(罡處)" 하기에, 나는 "아니오, 강철" 하고 다시 일러주니, 배생은 또 "강천(罡賤)" 한다. 나는 웃으며 "천(賤)이 아니요, 도철(饕餮)이란 철(餮)과 음이 같은 철(鐵)이요." 하니, 동야가 크게 웃으며 이내 커다란 소리로 "강청(罡靑)."이라고 하여, 모두들 허리를 잡고 웃었다. 대개 중국 사람들의 발음에는 갈(曷) · 월(月) 등의 'ㄹ' 음은 혀를 돌리지 못해 발음을 잘 못하기 때문이다.

2. 전통 사회에서는 분명히 실재했던 용

동쪽 밤하늘의 별들을 바라보며, "저것은 처녀 자리, 저것은 천칭(天秤) 자리, 저것은 전갈 자리……" 등의 말을 한다면, 참으로 아름다운 사람으로 보일지 모른다. 그러한 지적과 함께 그러한 별자리들에 얽힌 신화들을 이야기한다면, 그 신화들은 또한 참으로 아름다운 이야기들이 될지 모른다. 그러나 그뿐 그것은 본인의 현학을 자랑한 것뿐이다. 그러나 동쪽 밤

하늘의 별들을 바라보며, “저것은 용인데 머리는 저기고, 뿔은 저기며, 몸통은 저렇게 이어져 저기가 꼬리입니다.” 하면 과연 그런가 의아해 할 것이다. 그러나 그것은 사실이다. 달의 한 달 주기가 정확히 27.33일이기에 대체로 28일을 한 주기로 해서 달이 매일 머무는 자리를 기준으로 하늘의 별들을 28수(宿)로 나누었다. 그리고 그 28수를 동서남북으로 나누어 4마리의 동물들이 있는 것으로 상정하였는데, 동의 청룡, 서의 백호, 남의 주작, 북의 현무가 그것이다. 청룡은 각(角), 항(亢), 저(氐), 방(房), 심(心), 미(尾), 기(箕) 7별들이 중심이 되어 이루어져 있는데, 각은 뿔, 항은 목, 저는 가슴, 방은 배, 심은 심장, 미는 뒷부분, 기는 꼬리에 해당한다. 한 마리의 용이 동쪽 하늘 전체에 걸쳐 있는 것이다. 그러므로 고구려 고분 벽화의 청룡, 백호, 주작, 현무 등의 사신도(四神圖)는 단순히 신령한 동물들을 그린 것이 아니라 하나의 하늘을 그린 것으로 망자가 있는 곳에 하나의 새로운 우주로 만들어 둔 것이다. 이렇게 서양의 방식이 아니라 우리의 방식으로 보았을 때, 우리가 가진 문화를 비로소 제대로 바라볼 수 있게 될 것이다.

그러면 우리 문화에서 용은 과연 상상의 동물인가, 실재하는 동물인가? 전통 사회에서는 대체로 실재하는 동물로 보았다.

그러한 사정을 근대 무렵까지도 행해진 용이 중심이 된 기우제(祈雨祭)를 통해 알 수 있다. 하늘에 비를 비는 기우제는 여러 방식들이 있지만, 그 중 가장 주목할 만한 것이 용의 형상을 만들어 구름을 부르는 것이다. 『주역』에서, “구름은 용을 따르고, 바람은 범을 따른다.(雲從龍 風從虎)”고 하였듯, 용이 있다면 구름이 모이고, 구름이 모인다면 비가 내린다고 보았기 때문이다. 기우제에서 이러한 용의 형상을 동원하는 것은, 다음에 보듯, 신라 진평왕 때의 화룡(畵龍) 기우를 비롯 고려 시대의 토룡(土龍) 기우로 이어졌다.

(진평왕 50년) 여름에 큰 가뭄이 들어, 시장을 옮기고 용을 그려 비를 빌었

다. (『삼국사기』)

선종 3년 4월 신축. 가뭄이 너무 오래 지속되어 해당 관리가 토룡 기우와 민가에서의 화룡 기우를 청하자 왕이 이를 따랐다. (『고려사』)

그리고 이러한 토룡 기우는 조선 시대의 5방 토룡 기우로 더욱 확대되는데, 그러한 사정을 조선 숙종 때 정립된 다음과 같은 기우제 제차들을 통해 잘 알 수 있다.

기우제의 차례를 개정(改定)하기를,

"첫번째로 삼각산·목멱산·한강에 3품관을 보낸다. 두번째로 용산강과 저자도에 재신(宰臣)을 보낸다. 세번째로 풍운 뇌우(風雲雷雨)·산천·우사(雩祀)에 재신을 보낸다. 네번째로 북교(北郊)에는 재신을 보내고 사직에는 중신을 보낸다. 다섯번째로 종묘에 중신을 보낸다. 여섯번째로 삼각산·목멱산·한강 침호두(沈虎頭)에 근시(近侍)를 보낸다. 일곱번째로 용산강과 저자도에 중신을 보낸다. 여덟번째로 풍운 뇌우·산천·우사에 중신을 보낸다. 아홉번째로 북교에는 중신을 보내고 모화관 못가의 석척(蜥蜴) 동자(童子)는 무신 가선대부를 보내며, 여염(閭閻)에는 병류(甁柳)한다. 열번째로 사직에는 대신을 보내고, 경회루 못가의 석척 동자는 무신 가선대부를 보낸다. 열한번째로 종묘에는 대신을 보내고, 춘당대 못가의 석척 동자는 무신 가선대부를 보내며, 남문을 닫고, 북문을 열며 저자[市]를 옮긴다. 열두번째로 오방(五方) 토룡제(土龍祭)를 지내고, 양진(楊津)·덕진(德津)·오관산·감악·송악·관악·박연(朴淵)·화적연(禾積淵)·도미진(渡迷津)·진암(辰巖)에는 분시(焚柴)하되, 모두 본도(本道)로 하여금 설행하게 한다."

하였다. (숙종실록, 30년 6월 26일(갑오))

여기 여섯번째의 '삼각산·목멱산·한강 침호두(沈虎頭)'는 용과 대결

의 관계가 있는 것이 범이기에 이러한 용에게 희생을 드리기 위해 실제 범을 잡아 그 머리를 그 곳들의 물 속에 넣는 것이다. 그리고 가장 마지막으로 가장 중요한 것이 오방 토룡제다. 또 용이 있을 만한 곳곳에 불을 놓아 이에 자극 받은 용이 승천하여 비를 내려 그 불을 끄게 하려는 행위다. 물론 이러한 자연 재해는 전통 사회에서는 인간의 잘못으로 인해 하늘의 기(氣)가 손상되어서 그런 것으로 여겼기에, 이러한 기우 의식들의 과정에는, 다음에 보듯, 그러한 하늘의 자연스런 기를 손상시킨 인간 세상의 여러 가지 원억(冤抑)한 일들을 풀어 주는 일들이 병행되었다.

> 예조에서 가뭄을 근심하는 데 필요한 사의(事宜)를 올렸다.
>
> "……또 고전(古典)에 말하기를, "가뭄이 있으면 원통한 옥사(獄事)를 심리(審理)하고, 궁하고 가난한 사람을 구제하며, 뼈를 덮고 썩은 육신을 묻으며, 도랑[溝澤]을 치고 척맥(阡陌)을 깨끗이 치운다."고 하였으니, 고전에 따라 시행하심이 옳겠습니다."
>
> 하니, 그대로 따랐다. (태종실록, 11년 5월 20일(경진))

이러한 토룡은 그 길이가 26m 정도가 되었는데, 실제 용의 모양대로 만든 것이다.

> 동방 토룡을 흥인문 밖의 3리쯤에 만들게 하니, 모두 생수(生數)와 성수(成數)를 취하여 이를 88장(丈)으로 만들고, 남·서·북·중의 토룡도 이 예에 의하여 만들었다. (태종실록, 16년 5월 23일)

이러한 토룡 기우는 조선 시대까지는 물론 근대 무렵에 들어서까지도 시행되었다. 1930년대 조선총독부의 촉탁을 받아 우리나라의 민속을 조사하였던 村山智順은, 1900년까지도 있었던 경북 선산의 토룡 기우와 1930년대에 실제로 자신이 보았던 황해도 신천의 토룡 기우를 보고하였다. 이 지

서해안 연도 앞바다의 '용오름'

역들의 토룡 기우에서 선산에는 지름 45~60㎝, 길이 9~12m, 신천에서는 지름 120㎝, 길이 21m의 토룡이 매우 정교하게 만들어졌다.1)

이러한 사실들로 보아, 전통 사회의 용은 단순히 상상의 동물이 아니라 실제로 존재하며 인간과 관계되는 어떤 일을 구체적으로 했던 동물로 여겼음을 짐작할 수 있다. 용은 여러 가지 이미지들을 갖고 있고 여러 가지 역할들도 하지만, 동양에 있어서 용은 기본적으로 비늘을 가진 동물들 중 으뜸으로, 비와 같이 물과 관계되는 일을 담당한 신적 존재였던 것이다. 산에는 털을 가진 대표적 존재인 산신으로서의 범이 있듯, 물에는 수신인 용이 있었던 것이다. 그런데 그러한 구체적 존재로서의 용인데도 불구하고 용의 모습은 사슴의 뿔, 독수리의 발톱, 물고기의 비늘, 뱀의 몸통 등등으로 기존 동물들의 모습의 일부분들로 구성되어 마치 상상의 동물처럼 형상화된 것은 무엇 때문일까? 더구나 '여의주(如意珠)' 같이 무한한 가능성을 지닌 관념적인 물건까지 지닌 존재로서 말이다. 그것은 오늘날 과학적으로 규명된 '용오름'이란 자연 현상을 고려하면 쉽게 이해할 수 있다.

'용오름'이란 오늘날 미국의 중서부 대평원 지역에서 흔히 볼 수 있는 소용돌이 바람 기둥인 토네이도(Tornado)와 같은 것으로, 마치 용모양으로 올라가는 거대한 바람 기둥, 혹은 구름 기둥을 말한다. 이 용오름은 상승하는 저기압성 뭉게 구름인 적난운(積亂雲)이 회전하며 상승하며 주위의 공기들을 진공 청소기처럼 빨아들일 때 발생하는 것으로, 빠른 속도로 회

---

1) 村山智順, 「朝鮮に於ける雨乞行事」, 『朝鮮』 280, 朝鮮總督府, 1938.
　　_______, 『釋尊 · 祈雨 · 安宅』, 1938.

전하며 빨려 올라가는 공기들이 수증기로 변하면 이것은 용모양의 거대한 구름 기둥이 된다. 이러한 용오름은 우리나라의 경우 산들이 많아 주로 바다에서 많이 이뤄지는데, 이러한 바다에서의 용오름 현상을 멀리서 보면 마치 물기둥처럼 보이고 말 그대로 용이 올라가는 모양처럼 보인다. 이러한 용오름 현상들을 보고 과거의 사람들은 승천하는 용의 존재를 분명히 확신했음이 틀림없다. 이러한 용오름은 근래에도 1988년 울릉도, 1989년 제주 공항 활주로, 1993년 김제 평양, 1994년 지리산 만복대 정상, 1997년 전남 여천 앞바다와 서해 태안 반도, 2001년, 2003년 울릉도 등에서 발생한 것이 보고되었다. 2003년 울릉도 앞바다에서의 용오름은 직경이 25~30m, 높이가 500~600m에 달했으며 40분간 지속되었다(동아일보, 2003.10.4). 이러한 것들은 관측 보고된 것들이며 실제로는 훨씬 많은 용오름들이 있었을 것이다. 그런데 이것을 목격한 전통 시대 사람들은 어떤 생각을 하였을까? 그것은 틀림없는 말 그대로 '용오름' 곧 용의 승천이었을 것이다. 용이 분명히 있었던 것이다. 그러나 그것은 사실상 구름 기둥이었기에 용의 모습을 구체적으로는 보지 못했다. 그래서 용의 모습을 상상적으로 구성해 내게 된 것이다. 같은 영물인데도 범은 구체적으로 볼 수 있었지만, 용은 있기는 있었으나 그 구체적 모습을 본 적은 없었기에, 사람들은 사실상 산신인 범보다 수신인 용을 더욱 신성시하여 보다 무한한 능력을 지닌 존재로 확대해 왔다. 그래서 동양의 군주들은 이 용을 자신들의 대표적 문양으로 삼게 된 것이다.

이렇듯 전통 사회에서의 용은 분명 실재하였기에 이 <상루필담>에서 산해관 밖에 한때 떨어져 있었던 용의 존재에 대해 중국 사람들은 아주 사실적으로 말하고 있고, 조선 후기 실학자였던 박지원도 이를 사실로 받아들이며, 그러한 가뭄을 가져다 오는 용은 조선에서는 '강철(罡鐵)'이라 한다고 하고 있다. '강철'은 '깡철'로, 지금도 나이 드신 분들은 이 '깡철'이라는 용이 나타나면 가뭄이 든다고 흔히 말한다. 조선 후기의 실학자 이익(1681~1763)도, '용이 싸우면 비가 내리고, 독룡이 놀라면 벼락치고, 용이 화가 나면 홍수가 난다.'(『성호사설』)고 하고 있다. 기상 현상과 관계되는 이 용들은 단순히 이야기들에나 등장하는 가공의 존재들이 아니라, 실제로 살아서 활동하고 있었던 존재들이었던 것이다.

오늘날 과학의 시대에 모든 만물에 영(靈)이 있다는 애니미즘도 크게 약화되었고, 용의 존재도 없어졌다. 모든 것의 중심에는 인간이 서 있게 된 것이다. 이것은 인류 문명의 거대한 진보다. 그러나 근대에 들며 인류는 급속한 속도로 지구의 환경을 파괴해 왔다. 이에 따라 가뭄과 홍수와 같은 자연재해의 강도도 해가 갈수록 심해져 가는 것이 사실이다. 이러한 지구 환경 파괴로 인한 보다 악화된 가뭄과 홍수 등의 기상이변들을 해결하기 위해서는, 전통 사회 우주와 자연의 한 일부로서 인간을 규정짓고 기상이변들에 대해 가졌던 전통 사회 사람들의 무한한 죄의식과 같은 스스로에 대한 죄의식이 요구된다. 이제 하늘도 용들도 없는 세상에서 인간 자신마저도 그러한 자연 환경 파괴에 대한 죄의식이 없다면 이러한 근대 이후의 대규모 자연 환경 파괴는 앞으로도 계속될 것이기 때문이다.

3. TV 드라마 '용의 눈물'과 태종우(太宗雨)

태조 이성계의 아들 방원(芳遠)은 무인 집안에서 태어났지만, 글을 배워 문과에 급제하고 문신의 소임도 어느 정도 했으며, 무인으로서도 이성계의 역성혁명(易姓革命)에 공이 컸다. 그러나 이성계는 첫번째 부인인 한씨인 신의왕후(1337~1391)에게 6명의 아들들이 있었지만, 두번째 부인인 강씨인 신덕왕후(?~1396)의 2명의 아들들 중 둘째 아들인, 사실상 그의 아들들 8명 중 막내아들인 방석(芳碩)을 세자로 책봉하고, 대표적 개국 공신이었던 정도전에게 그 보좌를 맡겼다. 이성계의 첫째 아들인 방우(芳雨, ?~1393)는 부친의 역성혁명에 동참하지 않고 황해도 해주에 들어가 일찍 죽었고, 이성계가 신덕왕후를 총애했기 때문이다. 이후 정도전은 왕권 강화를 위해 이방원 세력의 주요한 기반이었던 사병(私兵)을 혁파하려고 하였고, 이 과정에서 이방원은 제1차 왕자의 난(1398)을 일으켜 정도전, 남은, 심효생 등 정도전의 세력들을 제거하고 세자로 책봉된 방석과 방석의 형인 방번(芳蕃)도 죽이고 말았다. 이어 이방원의 바로 위의 형인 이성계의 넷째 아들 방간(芳幹)이 박포와 함께 군사를 일으켜 방원 일파를 몰아내려다 오히려 실패하고 방간은 유배되고 말았다. 이 과정에서 방원은 이성계의 둘째 아들 방과(芳果)를 새로이 세자로 삼고 정종(1399~1400)으로 잠시 왕위에 있게 했다. 그리고 정종의 양위(讓位)를 받아 조선조 제3대 임금인 태종(1401~1418)으로 즉위하게 된다.

그러나 이러한 태종은 아버지의 뜻을 따르지 않고 피를 나눈 동생들을 죽인 사람이기에, 이성계(1335~1408)로부터 용서받지 못할 자식이 되었다. 이성계는 자식들이 서로 싸워 죽이는 것을 보고 울고, 태종은 그러한 부친에게 용서받지 못한 자식이 되어 운 것이다. 말 그대로 '용의 눈물'(KBS1 드라마, 1996.11.24~1998.5.31 방영)인 것이다.

그러므로 이러한 태종은 도덕적으로 상당한 부담을 지닌 왕이었다. 그리고 그러한 죄의식이 그대로 나오게 되는 것이 나라가 가물어서 기우제를 지낼 때였다. 전통 사회에서 하늘의 일은 인간에 의해 결정된다고 보기에, 가뭄과 같은 자연 재해가 들면 자신의 죄과로 하늘이 벌주는 것으로 여겼기 때문이다. 가뭄이 들면 태종은 그것은 다음처럼 자신의 죄과로 여겼던 것이다.

> 육조와 대간에 전교(傳敎)하기를,
>
> "가뭄의 연고를 깊이 생각해 보니 까닭은 다름이 아니라 다만 무인·경진·임오년들의 사건이 부자·형제의 도리에 어긋남이 있었음이다. 그러나 또한 하늘이 그렇게 한 것이지 내가 즐겨서 한 것은 아니다."
>
> 하였다. (『태종실록』, 16년 5월 19일(경술))

또 그러한 과오를 다음과 같은 기우제 축문에 사실 그대로 담아 하늘에 고하여 진정으로 용서를 빌곤 했다.

의정부사(議政府事) 성석린을 보내어 원단(圓壇)에 비를 빌었다. 그 제문에 이르기를,

"하느님의 보고 듣는 것은 항상 사람으로부터 하고, 사람의 길흉도 또한 하늘에 나타나니, 하늘과 사람 사이에 감응하는 것이 심히 빨라서 속일 수 없습니다. 무릇 가물고 물이 넘치는 재앙 같은 것은 항상 임금과 재상의 반도 패덕(反道敗德)과 난상 실정(亂常失政)에서 말미암은 것이니, 제 한 몸의 죄로써 부른 것입니다.

……내가 덕이 없는 몸으로 천지의 보우를 받고 조종께서 쌓으신 덕에 힘입어서, 한 나라에 군림한 지가 이제 여러 해가 되었는데, 한재(旱災)와 수재(水災)가 해마다 없는 때가 없으니, 이것은 모두 어질지 못한 제가 덕의(德義)를 그르쳐서 부른 것이니, 천견(天譴)을 당함이 마땅합니다. 어찌 감히 스스로 책하여 상천에 허물을 사죄하지 않겠습니까?

무인년에 태상(太上)이 편치 못하시매, 권신이 어린아이를 끼고 종지(宗支)를 해하기를 도모하여, 화변(禍變)이 심히 급박하였습니다. 이에 한두 의사와 더불어 성명(性命)을 보존하고자 하여 군사를 들어 난을 제거하였는데, 그 떨어버릴 즈음에 해가 동기(同氣)에게 미쳐서, 태상을 경동(驚動)시켜 그 마음을 상하게 하였으니, 대개 죽기를 두려워한 나머지 부득이한 데서 나온 것이요, 다른 마음이 있었던 것은 아니나, 이것이 내 죄의 한 가지입니다.

적자이고 장자이기 때문에 상왕을 추대하매, 종사가 안정되고 중외가 편안하여졌는데, 간신이 또 회안(懷安)을 협박하여 군사를 믿고 난을 일으켜서 우리 형제를 이간하였습니다. 다행히 의려(義旅)에 힘을 입어 곧 평정하였으나, 회안이 이것으로 말미암아 외방에 귀양가 있어서……내 죄의 두 가지입니다.

상왕이 아들이 없어, 내가 동모제(同母弟)이고, 또 개국(開國)·정사(定社)

에 공렬(功烈)이 있다 하여, 나를 세자로 삼아 장차 대통을 잇게 하려 하였는데, 전위(傳位)할 때에 미쳐서는 늙은 것도 아니요 병든 것도 아닌데, 하루아침에 갑자기 중기(重器)를 내놓았으니, 알지 못하거니와, 과연 상왕의 진실한 마음에서 나온 것인지, 군정(群情)이 둘러싸고 핍박하는 데 부대껴서 그런 것인지, 내 마음속에 지금까지 그 까닭을 알지 못하여, 또한 감히 스스로 편안하지 못하니, 내 죄의 세 가지입니다.

……무릇 이 네 가지 죄(罪)는 부자(父子)·형제(兄弟)·군신(君臣)·훈구(勳舊)사이에 있어서 모두 그 도(道)를 잃어 잘 처리하지 못한 것입니다. 이것은 진실로 나의 부덕한 소치이니, 하늘에 죄를 얻어 재앙과 허물을 부른 것이 참으로 마땅한 것입니다. 어찌 감히 탓하겠습니까?

……오직 원하옵건대, 상천께서는 총명(聰明)하게 내려보시어 나의 정성을 생각하고 나의 죄를 용서하여, 나라에 재앙이 되지 않게 하고 백성에게 병이 되지 않게 하소서……"

하였는데, 권근(權近)이 지은 것이었다. (『태종실록』, 7년 6월 28일)

그리고 태종은 다음의 기사들을 보아도 알 수 있듯, 다른 왕들보다 더욱 이러한 기우제에 정성을 다했다.

서교(西郊)에서 토룡에 제사지내고, 저자도에서 화룡(畵龍)하고 맹인(盲人) 등을 청하여 비를 빌었다. 임금이,

"내가 조신(朝臣)들과 정성을 다해 기도한 지가 오래다. 너희들은 필요가 없다."

하고, 이에 저화(楮貨) 1백 장을 내려 주었다. (『태종실록』, 14년 6월 9일(경술))

그러나, 불행히 가뭄이 있으면 신(神)마다 받들지 않는 것이 없어서 여러 신하들이 상제께 기우제 지내기를 청하기 때문에, 정해년 가뭄에 창녕 부원

군 성석린에게 명하여 북교(北郊)에서 제사하고, 나는 해온정(解溫亭)앞에서 밤새도록 꿇어앉아 기도하였는데(終夜跪禱), 창녕의 덕망의 성함과 일국 신민의 비를 근심하는 정으로도 하늘을 감동시키지 못하였으니 (『태종실록』, 17년 12월 4일(을유))

사실 벼가 성장할 때인 음력 5·6월에 비가 내리지 않아 국가적 차원에서 기우제를 지낸 것은 유독 태종 때만 그러했던 것이 아니다. 그러나 그의 즉위 과정에서의 인명 살상이 빌미가 되어 하늘이 자연재해로 벌을 내린다고 태종은 보았기에, 그는 조선 왕조의 다른 어떤 왕들보다도 이러한 기우제에 전날의 죄과를 뉘우치며 정성을 다했던 것이다. 그래서 오늘날에는 '5월 10일에 내리는 비는 태종우(太宗雨)'라는 이야기가 성립된 것이다. 실제 5월 10일은 태종의 기일(忌日)인데, 붕어한 그 해 그 날에도 가뭄이 심해 태종은 임종시에, '내가 죽어 혼이 있다면 상제에게 빌어 비를 내리게 하겠다.' 했다 한다. 이후 그의 말대로 매년 5월 10일이면 대체로 비가 내렸는데, 이를 두고 사람들이 '태종우'라 하게 되었다는 것이다. 이 '태종우' 전설은 사실상 자신의 과오를 돌아보며 가뭄 때마다 하늘에 진심으로 용서를 빌며 비를 빌었던 기우제 때의 태종의 행적과 관련되어 충분히 성립될 수 있는 이야기다.

매년 음력 5월 10일이면 태종우를 맞으며 비록 인심(人心)을 지니고 살아가는 인간이지만 천심(天心)대로 살아갈 수도 있다고 여겼던 선인들의 마음을 한번씩은 돌아볼 만한 일이다.

참고 문헌

최종성, 『조선조 무속 국행의례 연구』, 일지사, 2002.
村山智順, 『釋尊·祈雨·安宅』, 朝鮮總督府, 1938.

언어관습과 의사소통의 문제

이 소 라*

1. 〈성경잡지(盛京雜識)〉 7월 13일

13일 기축, 날은 맑으나 바람이 심했다.

신민둔(新民屯)의 시가나 점포는 요동 못지않다. 어느 전당포에 들어가니 뜰의 시렁이 포도 넝쿨로 가득 차서 그늘이 짙었다. 뜰 가운데에는 특이하게 생긴 형형색색의 돌들을 쌓아 산을 만들어 놓았다. 그 앞에는 한 길이나 되는 커다란 항아리가 있었는데 그 속에 너댓 포기의 연꽃이 피어 있었다. 또 땅을 파서 나무통 하나를 묻고 그 속에는 뜸부기 한 쌍을 기르고 있었다. 산 둘레에는 종려나무 · 장미 · 석류 등 십여 개의 화분이 놓여 있었다. 휘장 밑에는 의자가 나란히 놓여 있었는데, 장사꾼 대여섯이 앉아 있다가 나를 보고 일어나 인사하면서 앉기를 청하고 시원한 냉차 한 잔을 권했다. 점포 주인이 붉은 종이 두 장을 내놓았는데, 지면을 보니 엷은 금빛으로 한 쌍의 용이 정교하게 그려져 있었다. 주인은 주련(柱聯[1])을 써달

---

* 서울여자대학교 국어국문학과 초빙강의교수

라고 했다. 내가 써주기를,

물에서 노는 한 쌍의 원앙새는 비단 위를 날 듯 하구나
갓 피어나는 연꽃이 저 선경(仙境)을 어이 알겠는가.

라고 써주었더니, 보던 이들이 모두 필법이 아름답다고 칭찬했다.

주인은 내게 좋은 종이를 가져오겠다며 앉아서 잠깐 기다려 달라고 청하더니 이내 몸을 일으켜 나갔다. 잠시 뒤에 왼손에는 종이를 들고 오른손에는 진한 먹물 한 종지를 들고 왔다. 그리고는 칼로 백로지 한 장을 잘라서 석자 정도 되게 둘둘 말아 내놓더니 점포 문 위에 붙일 만한 좋은 글을 써달라고 했다.

나는 거리의 점포마다 문설주 위에 '기상새설(欺霜賽雪)'이라는 네 글자가 걸려 있었던 것을 떠올렸다. 장사치들이 자신들의 마음이 가을 서릿발처럼 깨끗하고, 또 눈빛보다도 더욱 희다는 것을 스스로 나타내려 한 것이라고 짐작했었다. 또 생각해보니 며칠 전에 난리보(爛泥堡)를 지날 때 어떤 점포 문설주에도 이 네 글자가 쓰여 있었다. 그 필법이 매우 기묘해서 말을 세우고 한참을 들여다보았는데, '상설(霜雪)'이란 두 글자는 틀림없이 미해악체(米海嶽體)[2]였다.

이제 그것을 본떠 써보려고, 먼저 붓끝을 먹물에 담가 붓을 잠갔다 꺼내 보니, 먹빛은 붉은 기운이 도는 것 같고, 먹물의 진하기도 딱 알맞았다. 이윽고 종이 앞에 앉아서 왼쪽에서 오른편으로 쓰기 시작했다. 먼저 '설(雪)'자를 썼다. 비록 미원장의 글씨에는 미치지 못하겠지만, 동태사(董太史)[3] 만이야 못하랴 싶었다. 구경하던 사람들의 수가 점점 늘어나고, 모두들 글

1) 기둥이나 벽 따위에 장식으로 써서 붙이는 글귀.
2) 미해악(米海嶽)은 송나라 시대의 유명한 서화가로 해악은 호, 원장(元章)은 자, 이름은 불(芾)이다.
3) 동태사(董太史)는 명나라 시대의 유명한 서화가로 이름은 기창(其昌), 태사는 그의 벼슬이다.

씨가 좋다고 난리들이었다. 이어서 '새(賽)' 자를 쓰니 더러는 잘 썼다고 칭찬했지만 유독 주인의 기색은 매우 달라서 '설' 자를 쓸 때처럼 좋다고 소리치지는 않았다. 내가 가만히 생각해보니, '새' 자야 늘 쓰던 글자가 아니라 손에 익지 못한 탓에 윗부분은 너무 빽빽하고 아랫부분 '패(貝)'자는 너무 길게 써진 것 같았다. 게다가 '새' 자의 왼쪽 점 옆에 붓끝에서 짙은 먹물이 잘못 떨어져 점차 번져 얼룩덜룩해졌으니, 이 작자가 그것 때문에 흠을 잡는 것 같았다. 드디어 한 번에 잇달아 '상기(霜欺)' 두 글자를 쓰고 붓을 던지고 차례로 읽어보니, 큼직하니 '기상새설' 네 글자가 틀림없었다. 전당포 주인은 머리를 흔들면서 자기네와는 상관없다고 말했다. 나는 결국 다시 보자고 말하고는 몸을 일으켜 나오면서 이런 보잘 것 없는 곳의 장사치가 어찌 심양 사람들만 할까. 이런 촌뜨기 같은 놈들이 글이 잘되고 못된 것을 어찌 알겠는가라고 투덜댔다. 이날 해가 뜬 뒤에 바람이 온 세상을 뒤덮을 듯이 불어치더니, 오후에는 바람이 멎고 하늘에는 티끌 한 점 없이 찌는 듯 더웠다.

14일 경인, 날이 개었다.

이날 밤 달빛이 낮같이 밝고 더위는 이미 한풀 꺾였다. 저녁 식사를 하고 바로 밖으로 나가서 아득히 먼 들판을 바라보니, 푸른 연기가 땅에 깔리고 소와 양은 제각기 집으로 돌아갔다. 점포들은 아직 문을 닫지 않았으므로 그 중 한 집에 들어가 보았다. 그 마당 가운데 시렁을 높이 매고 삿자리로 덮어 두었는데, 밑에서 끈을 당겨 삿자리를 걷어 올려 달빛이 들어오고 있었다. 기이한 화초가 달빛 아래 서로 비추고 있었다.

길에서 놀던 사람들이 내가 들어오는 것을 보고 뒤따라 들어와서 마당을 가득 채웠다. 일각문을 들어서니 안마당은 앞마당만큼 넓은데, 난간 아래 몇 그루 푸른 파초가 심겨 있으며, 네 사람이 탁자를 둘러싸고 앉아 있었다. 그 중 한 사람이 탁자를 차지하고 '신추경상(新秋慶賞)'이란 넉 자를 쓰고 있었다. 종이는 붉고 먹은 검은 자줏빛이 나는데, 흰 달빛에 비끼어서 똑똑히 보이지는 않았으나, 붓놀림이 매우 서툴러서 간신히 글자 모양을 이루고 있었다. 나는 마음속으로, 저자의 필법이 저토록 보잘 것 없는 걸 보니 지금이야말로 내가 솜씨를 뽐낼 때라고 생각하였다. 여러 사람이 그 글을 서로 보겠다고 다투자, 곧 당 앞 한가운데 문설주 위에 붙였다. 이는 대체로 달구경을 축하한다는 문구였는데, 모두들 일어나 당 앞으로 가서 뒷짐을 지고 구경을 하였다.

아직 탁자 위엔 남은 종이가 있기에 내가 걸상에 가 앉아서, 남은 먹물을 진하게 묻혀 시비를 가리지 않고 커다랗게 '신추경상'이라 썼다. 그 중 한 사람이 내가 쓴 글씨를 보더니 재빠르게 여러 사람들을 불러 모두 탁자 앞으로 달려와서는 서로 웃고 떠들며 말하기를,

"조선 사람이 참으로 글씨도 잘 쓰네."

하기도 하고, 혹은,

"조선도 글자가 우리와 같네."

하기도 하고, 혹은,

"글자는 같지만 음은 다르다네."

하기도 했다. 내가 척하니 붓을 던지고 일어섰는데 여럿이 내 손목을 잡아끌며 말하기를,

"영감은 잠깐만 앉으셔요. 존함은 어떻게 되시는지요?"

하기에, 내가 성명을 써 보이니 그들이 더욱 기뻐했다. 내가 처음 들어올 때엔 반가워하는 눈치도 아니었고, 대수롭지 않게 보는 듯 하였다. 그러다가 내 글씨를 본 뒤에 그 기색을 살펴보니, 기대 이상으로 크게 기뻐하는 것 같았다. 급히 차 한 잔을 내오고, 또 담배를 붙여 권했다. 다정하고 냉정하기가 눈 깜빡할 사이에 이만저만 다른 게 아니었다.

그들은 대개 태원(太原) 분진(汾晉)에 사는 사람들로, 지난해에 이곳에 와서 머리 장식품을 파는 점포를 차렸다고 했다. 비녀·팔찌·꽂이·귀걸이·가락지 등을 사고팔고 있었고, 가게 이름을 '만취당(晩翠堂)'이라 했다. 그 중 셋은 성이 최(崔), 유(柳), 곽(霍)인데 모두 문필이 매우 짧아서

대화할 수도 없었는데, 그나마 곽생이 가장 나아 보였다. 다섯 사람 모두 나이가 서른 남짓 되어 보이고 마치 노새처럼 튼튼해 보였다. 얼굴들은 모두 희고 눈매가 서늘하였으나 어느 정도 맑고 아담한 기품이 오(吳) · 촉(蜀) 사람들과는 전혀 달랐다. 지방 풍토가 같지 않다는 것을 알 수 있었다. 산서(山西) 지방에서 장수가 잘 난다더니 과연 빈 말이 아닌 듯했다. 나는 곽생에게,

"당신이 태원에 살고 계시다니, 그 고을에 금납(錦衲)이란 아호를 가진 곽태봉(郭泰峰)이라는 어른을 아시오?"

하고 물었다. 곽생은,

"모릅니다."

라고 대답하고는, 이내 곽(霍)과 곽(郭)의 두 글자에다 점을 치면서,

"이는 곽태조(郭太祖)[4]의 곽(郭) 자요, 나는 곽거병(霍去病)[5]의 곽(霍) 자를 씁니다."

라고 하였다. 나는 웃으면서,

"왜 분양(汾陽)[6]과 박륙(博陸)[7]을 끌어 오지 않고, 하필이면 주태조(周太祖)나 표요(驃姚)[8]로써 설명하시오?"

라고 써 보이니, 곽생은 내가 적은 글을 잠자코 물끄러미 들여다보았다. 아마 그의 생각엔 내가 만주 사람들처럼 곽(霍)과 곽(郭)을 혼동할까봐 이렇게 밝히는 듯 싶었다. 곽생은,

"등주(登州)에서 물에 내리셨으면 어찌해서 이리로 오셨습니까?"

하고, 말머리를 바꿨다. 나는,

---

4) 곽태조(郭太祖)는 후주(後周)의 태조 곽위(郭威)를 가리킨다.
5) 곽거병(霍去病)은 한무제(漢武帝) 때의 명장이다.
6) 당나라 현종 때의 곽자의(郭子儀)란 장수로, 뒤에 분양왕에 봉해졌으므로 곽분양이라고도 불린다.
7) 한나라 소제 때의 유명한 재상으로 곽광(霍光)이라고 한다. 뒤에 박륙후로 봉했으므로 박륙이라고도 한다.
8) 곽거병을 표요장군이라고도 한다.

"아니, 뱃길로 오지 않았소. 육로로 삼천 리를 이동해 바로 북경까지 대어가는 길이오."

하니, 곽생은,

"조선은 일본과 다른가요?"

라고 물었다. 마침 한 사람이 붉은 종이를 가지고 와서 글씨를 써 달라고 했다. 그곳에 있던 사람들마다 아는 사람들을 불러들여서 사람들이 점점 늘어갔다. 내가,

"붉은 종이엔 글씨가 잘 되지 않으니 계란빛 종이를 가져오시오."

라고 하니, 한 사람이 바삐 가더니 백지 몇 장을 가져 왔다. 나는 그것을 끊어서

늙은이가 즐기는 건 산림(山林)이라오
그대 또한 물과 달을 즐길테지요?

라고 썼더니, 그제야 사람들이 좋아라고 환성을 지른다. 서로 다투어 먹을 갈고 왔다갔다하며 분주한 것이 모두 종이를 찾느라고 그러는 모양이었다. 나는 이에 종이를 펴고 쓰며 쉴 새 없이 붓을 놀려 글을 쓰는데, 마치 고소장에 판결문을 쓰듯 재빠르게 써댔다. 한 사람이 나에게 술을 하느냐고 물었다. 내가,

"한 잔 술이야 어찌 사양하리오."

라고 대답하니, 여러 사람이 모두 크게 한바탕 웃었다. 당장에 따끈한 술 한 주전자를 가져 와서 연거푸 석 잔을 권한다. 나는,

"주인은 어찌 마시지 않소?"

하고 물었더니, 그들은,

"먹을 줄 아는 이가 하나도 없소이다."

라고 답했다. 이에 모여 구경하던 이들이 서로 능금과 사과와 포도 등을 가져다 내게 권했다. 나는,

“달빛이 비록 밝긴 해도 글씨 쓰기엔 어두우니 촛불을 켜는 게 좋겠소.”

라고 말하니, 곽생은,

“하늘 높이 한 조각 거울이 걸렸으니 이 세상 천만 개의 등불보다 밝구나.”

라고 했다. 어느 누군가는,

“영감, 눈이 어두우십니까?”

라고 묻기에, 내가

“그렇소.”

라고 답하자 곧 네 대의 촛불을 밝혀 주었다.

나는 전날 전당포에서 ‘기상새설’ 네 글자를 썼다가 주인이 달갑잖게 여겼던 일이 생각나서 꼭 그 분풀이를 하고 싶었다. 드디어 주인에게,

“주인댁에서는 점포에 걸어둘 만한 글귀가 필요하지 않으시오?”

라고 물으니, 그들은 일제히 좋다고 말했다. 내가 드디어 ‘기상새설’이란 넉 자를 써 놓으니, 여럿이 서로 쳐다보는 모양이 어제 전당포 주인 기색과 마찬가지로 수상스러웠다. 나는 마음속으로, 이것 참 이상스런 일이라고 생각이 들어, 글이 적당하지 않느냐고 물었더니 주인이 그렇다고 대답했다. 곽생이,

“저희 집에선 오로지 부인네들 장식품을 거래할 뿐이지 국숫집은 아닙니다.”

라고 했다. 나는 비로소 내 잘못을 깨달아 전날의 일이 참으로 부끄러웠다. 그제야,

“나도 잘 알고 있소. 그저 심심해서 써보았을 뿐이오.”

하고 얼버무렸다. 그러던 중 전에 요양(遼陽)에 갔을 때, 어느 점포에 ‘계명부가(鷄鳴副珈)’[9]라는 금빛 간판이 걸린 걸 보았던 기억이 퍼뜩 떠올랐다. 아마도 이런 점포에도 잘 어울릴 듯해서 ‘부가당(副珈堂)’ 석 자를

9) 닭이 울면 비녀를 꽂는다는 의미이다.

써주었더니 모두들 소리치며 좋다고들 한다. 곽생이 이 상호가 무슨 뜻이냐고 묻기에 나는,

"당신네 점포에는 부인네들의 장식품을 전문 취급한다고 하기에, 『시경(詩經)』에 나오는 '부계육가(副笄六珈)'[10]에서 따온 것이오."

라고 하니, 곽생이,

"저희 점포에 영광입니다. 무엇으로 은덕을 갚아야할지 모르겠습니다."

라며 인사말을 늘어놓았다. 다음날에는 북진묘(北鎭廟)를 구경하기로 하였으므로 일찍 돌아왔다. 일행에게 이 일을 이야기해 주니 모두들 허리가 끊어지도록 웃어댔다.

그 뒤로는 점포 앞에 '기상새설'이란 넉 자를 볼 때마다 이것이 반드시 국숫집인 줄로 알았다. 실로 이는 그 심지가 밝고 깨끗하다는 뜻이 아니라, 그 면발이 서릿발처럼 가늘고 눈보다 희다는 것을 자랑하는 말인 것이다. 우리나라에서는 눈보다 흰 밀가루를 '진말(眞末)'이라 부른다. 청여(淸如), 계함(季涵), 주부(主簿) 조달동(趙達東)과 함께 북진묘에 가기로 약속했다.[11]

2. 국숫집과 눈서리

위의 글은 『열하일기』의 <성경잡지(盛京雜識)>에 실려 있다. 여기서 연암은 그간 저자 거리를 다니면서 보았던 '기상새설(欺霜賽雪)'에 대해 이렇게 생각한 듯하다. '서릿발을 속일 수 있고, 눈과도 겨룰 수 있다. 서릿발이야 날카롭고 깨끗하다는 뜻이고, 눈 또한 희다는 뜻인데, 서릿발이나 눈에 뒤지지 않고 오히려 이겨먹을 수 있다는 것일 게다. 당연히 자기네

10) 비녀를 꽂은 뒤에 온갖 장식품을 꽂는다는 의미이다.
11) 이 부분은 민족문화추진위원회의 『국역 열하일기』와 리상호가 옮긴 『열하일기』를 참고하여 번역하였음.

장사치들의 마음가짐을 자랑한 것이겠지' 라고 말이다. 즉, 연암은 서릿발이나 눈의 흰빛에 빗대어 사람의 의지를 드러낸 글귀로 받아들였던 것이다.

우리는 '눈'과 '서리'에 대해 흔히 '고난', '고단하고 험난한 현실'을 떠올리곤 한다. 유응부는 '간밤에 부던 바람 눈서리 치단 말가'라고 했고, 이육사는 '하늘도 그만 지쳐 끝난 고원(高原) / 서리발 칼날진 그 위에 서다.' 라고 노래하지 않았던가. 이들에게 눈과 서리는 절박한 현실을 상징적으로 표현한 말이며, 독자인 우리에게도 낯설지 않은 언어 관습이다. 또 우리가 '눈'과 '서리'에 대해 흔히 가지고 있는 또 다른 이미지는 '순수' 혹은 '깨끗함'이다. 김수영의 시 <눈>에서도 영혼이 죽어버린 젊은 시인과 달리 살아있는 생명체이며, 새벽까지도 살아 있는 눈은 세상과 타협하지 않는다고 했다.

이렇듯 '눈'과 '서리'라는 말을 사용하는 우리의 언어 관습을 돌이켜 보건대 연암의 오해는 당연한지도 모르겠다. 나 또한 '기상새설'이 국수라는 것을 알기 전에는 아무런 의심 없이 연암의 추리를 따르고 있었다. 그래서인지 '기상새설'이 연암이 생각했던 고차원적인 의미가 아니라 단순히 국수의 흰 빛깔을 강조했을 뿐이란 것을 안 순간에 조금은 당황할 수밖에 없었다. 생각해보면 전날 연암은 청중들이 무식해서 자신의 솜씨를 알아주지 못한 거라며 삐치지 않았었던가. 평가를 제대로 받지 못했던 전날의 일을 잊지 못하고 어떻게든 설욕할 기회만을 엿보던 연암이었다. 그리하여 주위의 시선을 잡기 위해, 짓궂게도 '신추경상'이란 글을 보란 듯이 써 보이기도 했었다. 그런 일련의 일들이 결국은 오해에서 비롯되었다는 것을 알고 멋쩍어하며 변명거리를 늘어놓아야 했던 연암. 이 일은 연암에게도 잊지 못할 기억으로 남았겠지만, 독자인 나에게도 매우 인상적인 이야기로 남았다. 물론 연암의 다른 면을 엿볼 수 있었던 재미있는 일화이기 때문이었지만 무엇보다도 대문호로 일컬어지던 연암이 한자어를 제대로 이해하지 못한 그 상황 자체 때문이기도 했다. '기상새설'이라는 별로 새삼

스러울 것도 없는 글자로 이루어진 글귀를 이해하지 못하고 그들과의 의사소통에 낭패를 보았다는 상황 말이다. 당연한 이야기겠지만 문화와 관습을 공유하지 않은 상황에서라면, 같은 언어를 쓴다 해도 결코 같은 언어를 쓴다고 할 수 없을 것이라는 생각이 들었다.

연암이 겪었던 일화와 유사한 경우를 우리의 주변에서도 찾을 수 있다. 작년부터 '상상플러스'라는 방송 프로그램에서는 '세대 공감'이라는 코너를 진행하고 있다. 여기서는 세대간의 언어장벽을 해소한다는 취지 아래, 청소년들이 사용하는 신조어와 기성세대들이 즐겨 썼으나 점차 사라지고 있는 말을 소개하고 있다. 이 방송에서 특히 주목하고 싶은 것은 말을 소개하는 방식이다. 기성세대의 말을 소개할 때에는 그 말을 모르는 십대들이, 그리고 십대들의 말을 소개하는 과정에서는 그 말을 모르는 어른들이 그 말을 보고 추측한 의미를 보여주는 부분이다. 특정 어휘를 두고 실제로 사용되는 의미와 그 어휘를 모르는 다른 세대가 생각한 의미를 함께 보고 있노라면 자연 연암의 '기상새설'이 떠오른다.

예를 들어 '제대로'를 변형시킨 '지대', 댓글이 없음을 뜻하는 '무플', '지르다'에서 나와 충동구매를 조장하는 신을 지칭한다는 '지름신' 등은 청소년들이 만들어낸 신조어로 이미 그들 사이에선 보편화된 어휘이다. 그렇지만 어른들은 이들 어휘에 대해서 80% 이상이 알지 못한다고 답하고 있다. 뿐만 아니라 어른들은 '지대'라는 말을 듣고 '계집애들의 대장', '화산(지대)'를 떠올렸으며, '무플'에 대해서는 '보푸라기' 혹은 '벌거숭이 산'을 연상했다. '지름신'에 대해서는 '얼굴에 기름이 좔좔 흐르는 사람' 또는 '소리를 버럭 지르다'는 의미로 유추했다. 10대들이 주로 만들어내고 사용하는 말에 대해 어른들이 생각한 의미는, 실제 청소년들 사이에서 주고받는 의미와는 전혀 상관없는 것이었다.

상대의 말을 잘 모르고 엉뚱하게 추측하는 것은 청소년들도 마찬가지였다. 청소년들의 80% 이상이 모른다고 답한 말을 예로 들어 보자. 한 어머니가 낳은 자식들 간의 나이 차이를 뜻하는 '터울'이라는 말을 모르는 십대는 '털갈이하는 동물'이라거나 '서울의 옛말' 등으로 추측했다. 생김새나 성질 등이 외가 식구를 닮은 것을 표현한 말 '외탁'에 대해서는 '외로움'을 연상했으며, 또는 '다리가 불안정한 테이블'이라고 짐작했다. 우리가 아이들에게 흔히 쓰는 '저지레'라는 말도 원래의 의미와는 상관없이 '지렛대'를 연상하거나 '너무 웃겨서 뒤집어지다', '겁을 집어먹다'로 추측했다. 어르신들이 잠자리에 들기 전에 찾으시던 '자리끼'에 대해 십대가 연상한 의미는 '자기 자리에 끼어드는 새치기꾼' 혹은 '잘 있다는 인사' 정도였다. 은근한 눈짓을 뜻하는 '추파'를 보면서 '추○춥○'라는 막대사탕의 종류일 것이라 지목하기도 했다. '구들'도 예외는 아니었다. 청소년들은 '개 이름(푸들)' 아니면 '잔소리'일 것이라고 생각했다. 역시 실제로 주고받는 의미와는 전혀 다른 뜻으로 추측하고 마는 그들의 모습에 배를 잡고 웃을 수밖에 없었다.

십대의 입장에서는 나름대로 근거를 찾아 추정해낸 것들이지만, 실제 어휘의 의미와는 거리가 상당하다. 말한 사람이 전달하고자 한 생각을 헤아리기보다는 듣는 사람이 자신의 형편에 따라 들었다는 것을 알 수 있다. 그들의 가치관, 언어관습, 생활환경 등이 그들이 말을 그렇게 듣도록 유도한 원인일 것이다. 전반적으로 핵가족화가 진행되어 여러 세대가 함께 생활할 수 있는 기회가 사라졌고, 그나마도 낮은 출산율로 인해 혼자 자라는 아이들이 많은 탓일 것이다. 때문에 기성세대와 청소년들 간에는 서로의 문화를 접할 기회가 적었으며, 자연스럽게 서로의 말을 듣고 배울 기회가 적었을 것이다.

이러한 우리의 상황을 돌아보건대 연암의 경우는 그래도 양반이다. 같은 문자를 사용할 뿐 나라와 민족이 다르므로 '그래, 그럴 수도 있지'하며 한바탕 웃음으로 흘려버릴 수도 있다. 그러나 지금 우리의 현실은 그저 웃어버리고 말 성질의 것은 아니다. 아무리 핵가족화가 보편화되고, '나 홀로 가족'이 늘어나는 추세라 해도 조부모도 아닌 부모와 자식 간에 의사소통이 원활하지 않다면, 그럼에도 불구하고 '저들의 말은 뭐 그래?!'하고 덮어두고 그대로 방치한다면 결국에는 서로 대화할 수 없다는 얘기가 된다. 더구나 언어란 단순히 의사소통의 수단에 머무는 것이 아니라 정신 활동의 원천이라고도 하지 않던가. 소통의 문제는 결국 사람과 사람 사이의 관계를 결정짓는 중요한 변수인 것이다.

3. 말하는 사람과 듣는 사람

말에 관한 이야기는 결국 그를 둘러싸고 있는 문화와 관습에 관한 문제이며, 소통에 관한 문제이다. 흔히들 말한다. 언어는 인간의 삶 전부를 반영한 것이라고. 혹 바벨탑의 신화에 관심이 있는 사람들은 말한다. 인간이 신에 대해 도전한 대가로 받은 형벌은 언어의 혼란과 이로 인한 인간 사이의 분열이라고 말이다. 물론 서로 소통이 되는 동일한 언어가 좋은 것만은 아니라고도 한다. 서로 간의 소통이 편리하고 오해로 인한 갈등을 미연에 방지할 수도 있겠지만, 개인의 자유와 독창성이라는 측면에서 본다면 특정 집단의 은어, 특정 지역의 사투리 등을 문제 삼을 필요는 없지 않겠느냐고 말이다. 그러나 누가 뭐라 해도 언어를 공유하지 못한다는 것은 문화를 공유하지 못했다는 반증이다. 어떠한 방식으로든 문화를 공유하지 못했다는 것은 상대방의 생활과 속마음을 짐작하기가 쉽지 않다는 것이다. 그렇다면 언어 관습을 공유하지 못한, 내 앞에 서서 나에게 말을 걸고 있는 저 사람은, 친밀감 대신 낯설음을, 때로는 그로 인한 경계심을 느끼게 하는 대상일 뿐이다. 이쯤에서 나는 『삼국지』의 한 부분을 소개하고자 한다.

> 떠난 지 사흘째 되던 날 성고(成皐) 부근에 이르니 해가 뉘엿뉘엿했다. 조조가 한 숲이 짙은 곳을 채찍으로 가리키며 진궁에게 말했다.
>
> "저 속에 여백사(呂伯奢)라는 분이 살고 계시는데 가친(家親)과는 형제를

맺으신 분이외다. 가서 집안 소식도 물을 겸 하룻밤 묵어 갈 곳을 찾아보는 게 어떻겠소?"

"그것 참 잘됐습니다. 그리로 가십시다."

진궁이 그렇게 찬성하자 두 사람은 여백사의 집으로 말을 몰아갔다. 여백사는 조조를 반갑게 맞아들이며 물었다.

"내가 듣기로 조정에서는 널리 파발을 보내 너를 잡아들이라고 성화라더라. 네 아버님이야 진류로 피해가셨으니 무슨 일이 있으랴만 너는 어떻게 이곳까지 올 수 있었느냐?"

"만약 여기 진(陳)현령이 없었더라면 이 몸은 벌써 동탁에게 끌려가 뼈는 부숴져 가루가 되고 살도 짓이겨진 고깃덩어리가 되고 말았을 것입니다."

조조는 그렇게 서두를 꺼낸 뒤 그간의 사정을 자세히 털어놓았다. 그 말을 들은 여백사는 진궁에게 늙은 몸을 굽혀 절을 하며 진심으로 감사를 올렸다. 그리고 청하기도 전에 그쪽에서 먼저 하룻밤 쉬어 가기를 권했다. 실로 자식을 구해 준 이를 대하는 아비와 다름이 없었다.

조조와 진궁이 은근히 기뻐하고 있는데 여백사가 문득 몸을 일으키더니 안채로 들어갔다. 한참 후에 돌아온 여백사가 말했다.

"마침 내 집에는 좋은 술이 없네. 잠시 기다리면 서촌(西村)에 가서 한 단지 사 오겠네. 그때 마주 앉아 회포를 푸세"

그러고는 나귀를 타고 총총히 집을 나갔다. 궁하게 쫓겨다니던 끝이라 그런 조조의 눈에는 까닭 없이 서두는 것같이 보였다. 안에 들어가 식구들로부터 무슨 말을 들은 게 아닌가 더럭 의심이 났다.

여백사는 오래도록 돌아오지 않았다. 진궁도 은근히 걱정이 되는지 얼굴이 흐려지고 조조는 더욱 의심이 났다. 그래서 더욱 귀를 모아 바깥의 동정에 마음을 쓰고 있는데 문득 집 뒤에서 칼 가는 소리가 들렸다.

"여백사는 아무래도 제 친아버지는 아니오. 조금 전에 떠나는 모습에 자못 의심스러운 데가 있었으니, 한번 가만히 엿들어봅시다."

조조가 그렇게 말하자 진궁도 조용히 고개를 끄덕였다. 두 사람은 몰래 초당(草堂) 뒤로 숨어들어 귀를 기울였다.

"묶어서 죽일까 그냥 죽일까?"

누군가가 굵은 소리로 물었다.

"혹시라도 놓치면 큰일이네. 묶어서 죽이세."

조조도 진궁도 그런 그들의 대화를 엿듣자 낯빛이 변했다.

"어떻게 하시겠습니까?"

진궁이 소리를 낮추어 물었다. 조조가 칼자루에 손을 대며 분연히 말했다.

"역시 그랬군. 만약 지금 우리가 먼저 손을 쓰지 않으면 반드시 우리가 저들에게 사로잡혀 죽게 될 것이오."

그러자 진궁도 할 수 없다는 듯 칼을 빼들고 조조를 따랐다. 두 사람은 똑바로 후원으로 뛰어들어 남녀를 가리지 않고 눈에 띄는 사람은 모조리 말 한마디 할 틈조차 주지 않고 죽여버렸다. 죽여놓고 보니 여백사의 처자와 비복(婢僕)을 합쳐 여덟이나 되었다.

그래도 혹 남은 사람이 있을까 하여 두 사람은 집을 뒤지기 시작했다. 그런데 부엌 뒤로 갔을 때였다. 돼지 한 마리가 묶인 채 몸을 버둥거리고 있지 않은가!

두 사람은 어이가 없었다. 돼지를 잡으려고 칼을 갈고 있던 사람을 의심이 지나쳐 모조리 죽여버린 것이었다. 진궁이 탄식했다.

"맹덕께서 의심이 많아 죄 없는 사람들을 죽이게 되었구려. 우리를 대접하려고 준비하는 사람들을 도리어 죽여버렸으니 이 일을 어찌하면 좋겠소?"

조조도 실로 난감했다. 하지만 이미 저질러진 일이었다. 조조가 잠깐 생각에 잠겼다가 냉정하게 대답했다.

"이제 와서 어쩌겠소? 죽은 사람은 죽은 사람이니 우리나 서둘러 달아납시다."

그리도 서둘러 말을 끌어내 왔다.

두 사람이 채 몇 리도 달리기 전이었다. 저만큼 여백사가 나귀 안장에 술 두 병을 사서 매달고 급히 돌아오는 것이 보였다. 손에는 과일과 채소까지 싸

들고 있었다.

"조카와 진(陳)현령은 무슨 일로 그리 급히 떠나려 하는가?"

여백사는 조조와 진궁을 보자 멀리서부터 큰소리로 물었다. 조조는 찔끔 했으나 태연한 목소리를 꾸며 대답했다.

"죄인으로 쫓기는 몸이 어찌 한곳에 오래 머물 수 있겠습니까. 공연한 누만 끼칠까 두려워 이만 떠날까 합니다."

그러자 여백사는 어림없다는 듯 두 손까지 저으며 조조와 진궁을 말렸다.

"나는 이미 집안 사람들에게 돼지까지 잡으라고 시켜놓았네. 거기다가 이렇게 술과 안주까지 장만해 오는 길인데 하룻밤도 묵어가지 않겠다니 될 법이나 한 말인가? 속히 말을 돌리게"

그러면서 여백사는 조조의 말고삐를 잡으며 놓아주려 하지 않았다. 해놓은 짓이 있는 만큼 조조는 그 말엔 따를 수 있는 처지가 못됐다.

"그냥 갑시다."

진궁에게 나직이 속삭이고는 말에 채찍을 가했다. 진궁도 조조와 함께 행동해 온 터라 여백사를 마주 대하기가 면구스럽기는 마찬가지였다. 역시 말에 채찍질을 해 여백사를 그냥 지나치려는 조조의 뒤를 따랐다.

그런데 그들이 어리둥절한 눈으로 자기들을 바라보고 있는 여백사를 지나칠 무렵이었다. 조조가 갑자기 고삐를 당겨 말을 세우더니 채찍을 들어 여백사의 뒤쪽을 가리키며 소리쳐 물었다.

"백부님, 저기 오는 저 사람이 누굽니까?"

그 말에 여백사는 무심코 뒤를 돌아보았다. 그 순간이었다. 조조가 재빨리 칼을 뽑아 여백사를 내리찍었다. 비명 소리 한번 없이 여백사의 목이 나귀 등에서 떨어졌다.[12)]

위의 글은 『삼국지』에서 조조가 동탁을 없애려다 실패하고 달아나야 했

---

12) 이문열 평역, 『삼국지 1』, 민음사, 2005, 348-352면.

던 사건을 서술한 부분이다. 쫓겨 가던 조조가 자신의 목숨을 의지할 곳으로 생각하고 찾아간 사람은 아버지의 친구였다. 그는 조조가 얽힌 일이 매우 위험하다는 것을 알면서도 따뜻하게 손을 내밀어 주었다. 조조는 그러한 은인의 마음을 져버리고, 벽 너머로 들려오는 몇 마디 말을 오해하여 은인의 가솔을 죽여 버렸다. 더욱 비극적인 것은 자신이 잘못 알아 실수를 저질렀다는 사실을 알고서도 자신의 안위를 위해 아버지의 친구마저 단칼에 죽여 버렸다는 것이다. 그때 조조가 들었던 말이 이토록 조조를 잔인하게 만들 만한 것이었을까?

이 사건 뒤에 진궁이 조조를 꾸짖자, 조조는 '차라리 내가 세상 사람들을 저버릴지언정, 세상 사람들로 하여금 나를 저버리게 하지는 않을 것이오' 라고 말했다. 무척이나 인상 깊은 이 문구에 드러나 있는 것은, 자신의 안위를 최우선으로 여기고 다른 사람을 끊임없이 의심했을 조조의 성격이다. 조조의 그러한 성격과 목숨을 걸고 도망가던 급박한 그 상황이야말로 호의로 던져진 말을 호의로 해석할 수 없게 만든 원인일 것이다. 단지 몇 마디 말을 잘못 이해한 결과, 오랜 세월을 두고두고 조조의 잔혹함을 증명하는 사건으로 회자되는 참극이 빚어진 것이다.

아버지의 친구를 믿었다면, 앞서 주인이 술을 대접한다 했으므로 '고기라도 대접하려나보다' 라고 추측할 수도 있었을 것이다. 의구심이 들었다 해도 한 번쯤은 상황을 살펴보는 것이 순리였을 것이다. 더구나 조조는 상황 판단이 그 누구보다 빠르고 기지 있는 인물로 통한다. 그럼에도 조조는 들려온 말과 그의 주변을 싸고 있는 객관적인 상황에 맞춰 듣지 못하고, 자신이 처한 위치에서 자신의 생각대로, 자신의 의심대로 들은 것이다.

연암은 '눈'과 '서리'라는 말을 자신이 자주 접했던 의미로만 들었다. 부모와 자식이 서로 얼굴을 맞대고 이야기하면서도 서로의 말을 알아듣지 못해 자신들의 생각대로 짐작하다가 서로를 오해하며 서로에게 상처를 남길 것이다. 조조의 경우처럼 좋지 않은 상황이라면, 대수롭지 않은 말을 들어도 자신의 상황에 맞춰 생명을 위협하는 말로도 들을 수 있다. 결국 상대방의 입장에서 들으려는 노력이 없다면, 말이란 말을 놓아버린 사람의 것이 아니라 그 말을 듣는 사람의 것인지 모른다.

참고 문헌

리상호 역, 『열하일기』, 보리, 2004.
오드리 넬슨, 수잔 골런트 지음, 김경숙 옮김, 『오해의 심리학』, 친구미디어, 2006.
이가원 역, 『국역 열하일기』, 민족문화추진회, 1966.
이문열 평역, 『삼국지』, 민음사, 2005.
이성준, 『훔볼트의 언어철학』, 고려대학교 출판부, 1999.
최영주 엮음, 『세계의 교양을 읽는다 2-인문학편』, 휴머니스트, 2006.

장례식과 축제

윤 미 연*

1. 〈성경잡지(盛京雜識)〉 7월 14일

아골관(鴉鶻關)에서부터 길옆 마을 가운데 흰 패루(牌樓:중국에서 경축이나 미관을 위해 큰 거리에 길을 가로질러 세우던 시설물)를 높이 세운 것이 보이는데 이는 초상집이라고 한다. 삿자리(갈대로 만든 자리)로 지었는데 기왓골이나 치문(鴟吻: 큰 전각같은 지붕의 용마루 끝에 장식하는 물형)이 나무나 돌로 만든 것과 다를 게 없었다. 높이가 4~5 길이고 상가의 문에서 열 걸음쯤 떨어져 세웠는데, 그 밑에는 악공들이 늘어앉아서 풍류를 연주하다가 바라 한 쌍, 피리 한 쌍, 새납 한 쌍이 밤낮 자리를 떠나지 않고 조객이 문에 이르면 더 요란하게 불고 두드린다. 상식(上食: 초상집에서 조석으로 영좌에 차려놓는 것)이나 제전이 있어 곡소리가 안에서 일면 밖에서도 이내 맞받아 불고 두드리고들 한다.

내가 십강자에 이르러 쉬는 사이에, 정(鄭) 진사 · 변(卞) 주부와 함께 거

* 서울여자대학교 강사

리를 거닐다가 한 삿자리로 만든 패루까지 와서 방금 패루 세운 구조를 자세히 구경하려 하는데, 갑자기 요란스레 징을 치고 피리를 불고 떠들었다. 그 바람에 둘은 귀를 막고 도망치고, 나 역시 두 귀가 먹을 것 같아서 손을 흔들어 소리를 멈추라 하였지만, 영 막무가내로 듣지 않고 다만 힐끔 돌아보며 그냥 불고 두드렸다.

나는 상가의 제도가 보고 싶어서 대문 앞까지 몇 자국 발을 옮기니, 문 안의 한 상주(喪主)가 뛰어나와서 내 앞에 와 울며 대막대를 내던지고, 두 번 절하는데, 엎드릴 땐 머리가 땅에 닿도록 조아리고 일어설 땐 발을 동동 구르며 눈물이 비 오듯 하면서, "아이고!"를 부른다. 나도 창졸간에 일어난 변이라 어찌할 바를 몰라 어리둥절하였다. 상주 뒤에는 5~6명이 따라 나오는데, 모두 흰 두건을 썼으며 나를 양쪽에서 부축하고 문 안으로 끌어 들였다. 상주 역시 곡을 멈추고 따라 들어온다. 때마침 건량마두(乾糧馬頭) 이동(二同)이 안으로부터 나오기에, 나는 하도 반가워서 엉겁결에, "이 일을 장차 어찌하나."하고 서둘러 물으니, 이동은, "소인은 죽은 사람과 동갑이라서 본시 서로 친하게 지냈습니다. 그래 아까 들어와서 그 처를 조문하고 나오는 길입니다."한다.

나는, "조문의 예는 어떻게 하는 거냐?" 물으니, 이동은, "상주의 손을 잡고 '당신 아버지는 하늘로 돌아가셨소.'라고 하면 됩니다."하고, 이동 역시 나를 따라 다시 들어오면서, "백지(白紙) 권이나 부의하지 않으면 안 되오니 소인이 마련해 드리오리다."한다.

당(堂) 앞에 삿자리로 큰 집을 세웠는데 그 제도가 매우 이상스러우며, 뜰에는 흰 베로 포장을 치고 그 속에 내외(內外) 복인(服人:죽은 이의 친척들로서 상복을 입은 사람)들이 자리를 잡고 있었다. 이동은, "주인이 응당 주과(酒果) 대접을 하오리니 좀 기다리셔야지 너무 빨리 일어나시지 마십시오. 만일 드린 음식을 드시지 않으면 큰 실례랍니다."한다.

나는, "이왕 예까지 들어온 걸음이니 구경은 하겠지마는 문상을 한다는 것은 좀 겸연쩍은 일인데!" 하니, 이동은, "아까 벌써 문상은 하신 셈이니 다시 조문하실 것 없습니다."하고, 이내 삿으로 지은 집을 가리키며, "저기가 빈소(殯所)올시다. 남녀 할 것 없이 원래 방들은 비워두고 모두들 이 빈소로 옮겨와 휘장을 쳐서 자리를 잡고는 복상을 하다가 장사를 치른 뒤에야 저마다 돌아가는 법입니다." 한다.

휘장 속에서 한 여인이 자주 머리를 내밀고 내다보는데, 흰 베로 머리를 싸고 제법 자태가 흐른다. 이동은, "저 이는 죽은 이의 딸인데, 시집가서 산해관 부상(富商)의 아내가 되었답니다."하고, 말해 준다.

이윽고 상주가 빈소에서 나와 의자에 앉는다. 흰 두건을 쓴 사람 둘이 국수 두 그릇, 과일 한 쟁반, 두부 한 쟁반, 채소 한 쟁반, 차 두 잔, 술 한 주전자를 탁자 위에 벌여 놓고, 내 앞에 빈 잔 세 개를 놓으며 탁자 저편엔 빈 의자를 가져오고, 잔 세 개를 나란히 늘어놓고는 이동더러 앉기를 청한다. 이동은 굳이 사양하면서, "저의 상전이 계신데 어찌 감히 마주 앉을 수 있으리까."하고, 곧 밖으로 나가더니 백지 한 권과 돈 일초(一鈔)를 가지고 들어 상주 앞에 놓고 내가 부의(賻儀)하는 뜻을 말하니, 상주가 의자에서 내려와 머리를 조아리며 공손히 사례하였다. 나는 과일과 나물 몇 점을 대강 먹고는 곧 일어나 나왔다. 상주가 문 밖까지 나와서 전송한다. 대문간 행랑채 속에서는 방금 대나무로 말을 만들어 종이를 입히고 있었다.

얼마 후에 사신 일행이 이곳에 와서 쉬고, 부사도 잇따라 이르러 길가에 가마를 내렸다. 내가 아까 조상하던 이야기를 하니 모두들 크게 웃었다.[1)]

2. 삶과 죽음의 순환과 공존

위의 이야기 역시 연암 박지원의 '문화 상대주의자'로서의 면모가 호기

1) 본문은 성경잡지 7월 14일 내에서 장례식에 관한 부분만 발췌한 것으로, 이가원, 『열하일기』 상(대양서관, 1973)과 리상호 역, 『열하일기』(보리, 2006) 두 책을 참고하여 부분 수정하였다.

심과 관찰로 이어진 장면이다. 요란한 악공들 연주에 귀를 막고 달아나는 동행들과 달리, 연암은 중국의 장례식 문화에 대한 호기심을 감추지 못하고 살짝 들여다보려다 졸지에 문상까지 하게 된 것이다. 우리의 상례와는 달리, 문 앞에 이르기만 해도 상주가 달려나와 곡을 하고, 주위 분들이 모시고 들어가는 바람에 상객이 된 연암- 다행히 마두(馬頭) 이동(二同)을 만나서 중국의 예를 배워가며 조문할 수 있었지만, '남의 장례식'인지라 밖에 있던 친구들은 허리를 잡고 웃는 상황이 되었다.

연암의 눈을 통해 악공들의 연주가 특이하게 그려진 중국의 장례문화를 보니 장자(B.C.369~B.C.289?)의 고분지통(鼓盆之痛)이 떠오른다.

장자의 아내가 죽어 친구 혜자가 문상을 갔더니, 장자는 마침 두 다리를 쭉 뻗고, 동이를 두드리면서 노래를 부르고 있었다. 오랜 시간을 자식들과 함께 한 아내의 죽음인데 너무 지나치지 않냐고 혜자가 묻자, 장자는 "아니, 그렇지가 않네. 아내가 죽었을 때 나도 가슴이 미어지는 것만 같았지. 그러나 잘 생각해 보니 인간은 애당초 생명이 없는 곳에서 비롯된 것이 아닌가. (…) 형태가 변하여 생명이 되고, 지금 다시 한 번 변화를 되풀이하여 죽는 것은 춘하추동 네 계절이 되풀이하여 돌고 도는 것과 똑같지 아니한가. 게다가 아내는 천지라는 거대한 방안에서 기분 좋게 자고 있는 것이네. 그런데 내가 시끄럽게 곡을 한다면, 정말로 천명을 모르는 것과 같아 우는 것을 그만두었네." 라고 하였다. ─『장자』<至樂>[2]

장자의 견해가 연암의 시대 중국 장례식에도 영향을 준 것일까. 유난히 큰 소리의 연주가 돋보이고, 상주의 곡소리에 호응하는 악공들의 모습도 인상적으로 그려져 있다. 곡소리와 흰 두건, 빈소만 없으면 여느 잔치와

2) 권오석 역해,『신역 장자(외편)』, 홍신문화사, 1994, 214~215면 참조.

다름없이 음식과 술이 있고, 귀를 막을 만큼 소란한 악공의 연주와 만남이 있는 것이다. 숙연하기만 해야 어울릴 듯한 장례식에서 이렇듯 상반된 분위기의 음악과 만남이 함께하는 것은 상주들이 너무 깊은 슬픔에만 빠지지 않도록 도와주면서, 동시에 삶과 죽음을 단절시키지 말고 순환과 공존으로 받아들이자는 뜻이 담겨 있기 때문이다. 성실한 하루를 지낸 후 편안한 잠의 축복을 맞이하듯이 죽음은 삶의 휴가이자 새로운 전환임을 암시하며 위로하는 것이다.

"이부귀천(爾父歸天)"

상주의 손을 잡고 위로하는 말-'당신 아버지는 하늘로 돌아가셨소.'에도 같은 마음이 흐른다. 기독교의 영향을 받은 현대의 우리도 돌아가신 분이 하느님 곁에서 편히 쉬기를 기도하고, 실제로 그러하실 거라며 위로하는 걸 보면, 시대와 종교를 초월하여 귀천(歸天)이라는 말만큼 슬픔을 덜어주는 말이 없는 듯하다. 특히 자식들에겐 풍수지탄(風樹之嘆)과 같은 후회와 슬픔이지만 그나마 위로인 것은 이승보다 더 좋은 하늘로 가셨을 거라는 믿음이고, 간절한 기원인 것이다.

이와 같이 사랑하는 이와 영원히 살고 싶은 마음과 돌아가실 때에 보내야 하는 인간의 한계-그 사이에서 슬픔을 승화시키도록 도와주는 문화가 장례식에서 자연스럽게 흐르고 있음을 볼 수 있다. '개똥밭에 굴러도 이승이 좋다'에서 '이승뿐만 아니라 저승도 좋다'로 전환하며, 떠나시는 분이 잘 올라가시게 그만 울고 축원하자는 마음이 악공들의 연주 속에, 그리고 상객과의 나눔 속에 녹아 있는 것이다. 이러한 모습과 마음은 다음의 영화 두 편에서도 시대와 국경을 초월하여 그려지고 있다.

3. 〈축제〉, 〈철도원〉

영화 <축제>(임권택 감독, 1996년)에는 사라져가는 우리의 전통적인 장례식 절차와 현대인들의 모습이 그려져 있다. 이 영화 속에는 액자 소설처럼 동화 <할미꽃은 봄을 세는 술래란다>가 들어 있다. 치매에 걸린 할머니께서 점점 어려지는 것과 돌아가시는 것에 대해 손녀가 궁금해 하자, 사실은 후손들에게 삶을 덜어주고 떠나시기에 그러하다고 전해준다. 할머니가 덜어 준 나이가 손녀인 은지에게, 또 은지로부터 다음 세대로 계속해서 이어져 간다는 설명처럼 그렇게 인류가 역사를 이어왔다는 것을 평화롭게 전해주는 것이다.

하지만 동화의 세계를 벗어난 현실의 인간 군상은 돋보기로 마음속까지 비춰주어 좀 많이 '추(醜)했다.' 치매를 앓다 돌아가신 노모의 부음에 기다려왔다는 듯이 반응을 하고, 문상을 하며 '호상'이니 '경사'니 농담을 건넨다. 소설가인 상주의 유명세로 인해 문상객들은 많으나 진지한 위로의 분위기는 없고 '노름과 싸움'에 바쁘다. 또한 거기에 망나니같은 삶을 살다 간 큰형이 밖에서 데려왔던 딸 용순의 등장은 진한 화장과 요염한 상복만큼이나 낯선 갈등을 몰고 왔다.

상주인 준섭과 평소 인연이 있던 장 기자의 취재로, 용순의 과거와 가족들의 얽힌 갈등이 드러나고 소통되면서 서서히 분위기는 서로에 대한 이해의 장을 마련하는데, 특히 할머니를 성의 없이 모신 가족들에게 부정적이던 용순은 어머니 영정에 바친 삼촌의 동화를 보며 할머니에 대한 미안함과 회한을 풀기 시작하였다.

"사람은 누구나 나이를 먹으면 지혜가 쌓인단다. 그런데 그 지혜가 가득 차면 마음속에 살아서 다른 사람에게로 흘러넘치고 싶은 사랑이 된다. 할머니가 다른 사람에게 베푸신 좋은 은혜도 다 그 사랑 때문이란다."—"할머니 고마워요. 그 나이 잘 간직하고 있을게요. 그래서 어른이 되면 나도 그 나이를 나누어 주고 갈게요."

비록 현실의 구체적인 아픔과 갈등들이 쉽게 사라질 수는 없겠지만 그래도 할머니의 사랑과 죽음의 의미를 생각하면 용서 못할 것도 없는 과거지사였다.

장례절차가 끝난 후, 장 기자의 권유로 가족 모두 사진을 찍기로 하였다. 삼촌이 집 주변 나무 옆에서 겉돌던 용순을 부르게 했고, 반갑게 달려온 용순에게 가운데 자리를 양보해주던 이복 자매의 모습은 무언의 화해를 암시했다. 또한 사진 찍을 때 아무리 웃어보라 해도 어색했던 표정들이 "아 무슨 초상났냐!"는 농담에 한 바탕 웃음으로 막을 내린 장면은 '장례식=축제'라는 의미를 잘 보여주었다.

우리의 영화 <축제>가 눈물 없는 장례식을 중심으로 씁쓸한 현실을 그리면서 다시 화해의 장으로 초대해 줬다면, 일본 영화 <철도원>(후루하타 야스오 감독, 1999)은 장례식이 없어도 눈물을 한껏 흘리게 하며 딸의 영혼과 행복한 만남을 보여주었다

<철도원>은 일본의 산골 작은 간이역을 배경으로 한다. 오토마츠는 45년을 근속하고 정년퇴직을 맞이하는 호로마이역의 역장이다. 한때는 최고의 탄광촌으로 수 천 명의 지역인과 함께 하던 곳이었지만, 이제는 그의 퇴직과 함께 폐쇄될 쓸쓸한 기차역인 것이다. 오토마츠는 아버지의 가르침대로 철도원을 천직으로 여기며 '공적인 임무'의 장인정신으로 살아왔다. 개인적인 감정은 뒤로 돌렸기에 일에 대한 사명감으로 아내와 딸의 임종도 지켜줄 수 없었고, 소리내어 울지도 못하였다.－교대원이 오기 전에는 혼자서 그곳을 지켜야하는 '철도원'이었던 것이다.

오토는 결혼 17년 만에 귀한 자식을 얻었다. 아들이 아니라서 철도원을 물려줄 수 없을 거라는 아쉬움도 잠시, 딸에 대한 사랑은 신생아에게 목각인형을 선물하는 것으로 표현되었고, 아내는 무뚝뚝한 줄만 알았던 남편의 변화에 행복해 하였다. 하지만 그러한 행복도 잠시- 세상에 나온

지 두 달도 채 안 된 딸아이가 열감기로 죽고, 그 후 건강이 좋지 않던 아내도 오토마츠가 정년퇴임하기 몇 년 전 병원에서 남편 없이 임종을 맞이 하였다.

딸과 아내의 마지막 모두를 기차역에서 할 수밖에 없었던 오토는 그에 대한 깊은 상처를 안고 살아갔는데, 정년퇴임을 앞둔 새해 아침, 여자 아이가 옛날의 그 목각인형을 들고 찾아왔다. 너무나 자연스럽게 역장님을 부르며 들어와 놀다 가는 귀여운 꼬마. 그 후 동생이 두고 간 목각인형을 찾으러 온 듯한 작은 언니의 모습으로, 그 다음 여고생 큰 언니의 모습으로 그렇게 세 번을 찾아왔다. 오토는 이웃 할아버지 댁에 놀러온 손녀들일거라 생각하고는 정겨운 만남과 철도의 역사를 소중하게 여기는 여학생의 모습에 진실로 행복하였다. 이웃에게서 걸려온 전화 – 그제서야 오토는 자신의 죽은 딸 유키코가 자라온 모습과 만난 것이었음을 알게 되고, 현실과 죽음의 경계를 넘어선다. 철도원으로서 최선을 다한 아버지를 존경하고 이해한다며 진심으로 말하는 딸과, 내면 깊은 곳에서 참았던 눈물을 흘리며 화해하는 아버지의 모습은 지금도 눈물이 고이게 한다.

오토는 어린 아이의 독감을 일찍 대처하지 못한 자신 때문에 딸이 죽은 것이라며 죄책감과 회한에 살아간 아버지였다. 하지만 아버지의 '진실한 삶의 자세'와 사랑을 이해하는 딸의 밝은 모습을 만난 후, 삶의 마지막을 행복하게 마칠 수 있었다. 그것이 비록 죽은 딸에 대한 환상이었을지라도 쓰러진 철도원의 뒷모습에는 더 이상의 여한이 없어 보였다. 또한 평생의 지기지우(知己之友)가 흰눈 덮인 철도를 달리며 오토의 마지막을 함께 하는 모습은 그 어떤 장례식보다 행복하고 소중해 보였다.

지금까지 연암이 중국의 장례식을 묘사한 것에서 출발하여 우리 영화 <축제>와 흰눈이 가득 내리는 일본의 <철도원>까지 여행을 하였다. 소박한 여정을 마치며, '잔칫집보다 장례식 가기를 즐겨하라'도 장례식에서의 성찰과 진실한 만남이 우리를 돌아보게 하고 화해와 성숙으로 이끌어 주기 때문에 생긴 말이라 생각한다.

우황청심환과 명품, 그리고 사랑

정 병 헌*

1. 〈성경잡지(盛京雜識)〉, 〈관내정사(關內程史)〉, 〈환연도중록(還燕道中錄)〉

(1) <성경잡지>[1] 7월 13일 기축, 날은 맑으나 바람이 심하다

날이 저물어 먼 곳에 자욱이 번지는 연기를 바라보고 말을 채찍질하여 다음 숙참을 향하여 달리는데 참외밭에서 한 늙은이가 나와 말 앞에 엎드려 서너 칸짜리 낡은 외딴집을 가리키면서, "이 늙은 놈이 혼자 길가에서 참외를 팔아 호구를 하는데, 아까 당신네 조선 사람 사오십 명이 이곳을 지나다가 잠시 쉬면서 처음엔 값을 내고 참외를 사 먹더니, 떠날 때 참외를 한 개씩 손에 쥐고 소리를 지르면서 달아났습니다." 한다. 나는, "그럼, 왜 우두머리에게 고하지 않았는가?" 하니, 늙은이는 눈물을 흘리며 "그렇

---

* 숙명여자대학교 국어국문학과 교수
1) 십리하(十里河)로부터 소흑산(小黑山)에 이르는 5일 동안의 기록.

지 않아도 그리하였으나, 그 어른이 귀먹고 벙어리인 척하시는데 나 혼자 어찌 그 사오십 명의 힘센 장정을 당하오리까. 방금도 그자들을 쫓아갔지만 한 사람이 가는 길을 막으며 참외로 냅다 저의 면상을 갈기니, 눈에 별안간 번갯불이 일고 아직도 참외물이 마르지 않았습니다." 하고는 결국 청심환을 달라고 조른다. 내가 없다고 하니 창대의 허리를 꼭 껴안고 참외를 팔아달라고 떼를 쓰고는 참외 다섯 개를 앞에다 내놓는다. 내가 마침 목이 마르던 참이라 한 개를 벗겨 먹어보니, 향기와 단맛이 비상하므로 장복더러 남은 네 개를 마저 사가지고 가서 밤에 먹기로 하고, 그들에게도 각기 두 개씩을 먹였다. 모두 아홉 개인데, 늙은이가 80푼을 달라고 우겨댄다. 장복이 50푼을 주니 성을 내며 받지 않는다. 창대와 둘이 주머니를 톡톡 털어서 모두 71푼을 내 준다. 나는 먼저 말에 오르고 장복을 시켜 주게 했는데, 장복이 주머니를 털어 뵈자 그제야 가만히 받는다. 그는 애초에 눈물을 흘려 가련한 빛을 보인 다음, 억지로 참외 아홉 개를 팔고 거의 백푼에 가까운 비싼 값을 내라고 떼를 쓰니 심히 통탄할 만한 일이다.

그러나 우리 일행의 하인들이 길에서 못되게 구는 것은 더욱 한스러운 노릇이다. 어두워서야 숙참에 이르렀다. 참외를 내어 청여(淸如 내원의 자)·계함 들에게 주어 저녁 뒤 입가심으로 먹게 하고, 길에서 하인들이 참외를 빼앗았다는 이야기를 한즉, 여러 마두들은, "도무지 그런 일이 없었습니다. 그 외딴집 참외 파는 늙은 것이 본시 간교하기 짝이 없어, 서방님이 홀로 떨어져 오시니 거짓말을 꾸며 짐짓 가엾은 꼴상을 지어 청심환을 얻으려던 것이죠." 한다. 나는 그제야 비로소 속은 것을 깨닫고, 그 참외 사던 일을 생각하니 분하기 짝이 없다. 대체 그 갑작스런 눈물은 어디서 솟았을까? 시대(時大)[2]의 말이, "그 놈은 한인(漢人)일 겁니다. 만인(滿人)은 그다지 요악한 짓은 아니합니다." 한다.

2) 시대(時大): 일재본에는 창대(昌大)로 되어 있다. 창대는 마두의 하나이다.

(2) <관내정사>[3] 7월 28일 갑진, 아침에 갰다가 오후엔 바람과 우레가 크게 일었으나 비 내리는 기세는 앞서 야계타에서 만난 것만 못했다.

길에서 소낙비를 만났다. 비를 피하느라 한 점포에 들어가니 차를 내어오고 대접이 좋았다. 비가 한동안 멎지 않고 천둥소리도 드높아진다. 그 점포의 앞마루가 제법 넓고 뜰도 백여 보나 되는데, 마루 위에는 늙고 젊은 여인 다섯이 부채에 붉은 물감을 들여 처마 밑에 말리고 있었다. 이때 별안간 말몰이꾼 하나가 알몸으로 뛰어드는데 머리에는 다 해진 벙거지를 쓰고 허리 아래에는 한 토막 헝겊으로 겨우 가리었을 뿐이라, 그 꼴은 사람도 아니요 귀신도 아니요 그야말로 흉측했다. 마루에 있던 여인들이 왁자지껄 웃고 지껄이다가 그 꼴을 보고는 모두 일거리를 버리고 도망친다.

주인이 몸을 기울여 이 광경을 내다보고는 얼굴을 붉히더니, 의자에서 벌떡 일어나 팔을 걷고 쫓아 나가 철썩하고 그의 뺨을 한 대 때렸다. 말몰이꾼은, "말이 굶고 있어 보리 찌꺼기를 사러 왔는데 당신은 왜 공연히 사람을 치오." 한다. 주인은 "이 녀석, 예의도 모르는 녀석. 어찌 벌거벗고 당돌하게 구는 거야." 한다. 말몰이꾼이 문 밖으로 뛰어나갔으나 주인은 오히려 분이 풀리지 않아 비를 맞으면서 뒤를 쫓아 나갔다. 그제야 말몰이꾼이 몸을 돌이켜 욕질을 하고 가슴팍을 한주먹 내지르니, 점방 주인은 흙탕 속에 나가 넘어진다. 마부가 또다시 한쪽 다리로 그의 가슴을 질끈 눌러 밟고는 달아나버린다. 점방 주인은 몸을 움직이지 못하고 죽은 사람처럼 누웠다 일어나 아픔을 못 이겨 비틀거리며 걸어오는데, 온몸이 진흙투성이가 되고 성이 나서는 점방 안으로 들어와 곱지 않은 눈으로 나를 보는데 입으로 말은 못하나 형세가 매우 사납다. 나는 그럴수록 짐짓 눈을 내리뜨고 사색을 가다듬어 늠름히 범하지 못할 기세를 보인 다음, 이윽고 얼굴빛을 부드럽게 해 주인더러 "하인이 매우 무례하여 이런 일을 저질렀으니,

3) 산해관에서 연경에 이르는 11일 동안의 기록.

마음에 두지 마시지요." 했다. 주인이 곧 노여움을 풀고 웃으며 "도리어 부끄럽습니다. 선생, 다시는 그 말씀을 마십시요." 한다. 우세(雨勢)가 점차 드높고 오래 앉았으니 몹시 답답하였다.

주인이 방으로 들어가더니 옷을 갈아입고 8, 9세쯤 되어 보이는 계집애를 데리고 나와 내게 절을 시킨다. 아이 생김새가 우악스럽고 못났다. 주인이 웃으며, "이게 제 셋째 딸년입니다. 전 사내아이를 두지 못했습니다. 선생께선 보아 하니 점잖은 어른이시니 정으로 이 아이의 수양아비로 모셨으면 합니다." 하기에 나도 웃으며 "실로 주인의 후의는 감사합니다. 하지만 일이 그렇지 않은 것이 나로 말하면 외국 사람으로 이번에 한번 왔다 가면 다시 오기 어렵기에, 잠깐 동안 맺은 인연이 나중에 서로 생각하는 괴로움만 남길지니 이는 한갓 부질없는 일입니다." 했다. 주인은 그래도 수양아비가 되어 달라 하나 나 역시 굳이 사양했다. 만일 한 번 수양딸을 삼으면 돌아갈 때 으레 연경의 좋은 물건을 사다 주어 정표를 삼아야 하니, 이는 실로 마두(馬頭)[4]들 사이에 항상 있는 일이라 한다. 괴롭고도 우스운 일이 아닐 수 없다. 비가 잠시 멎고 산들바람이 일기에 곧 일어나 문을 나가니 주인이 문까지 나와서 읍하고 작별하는데, 제법 섭섭한 모양이다. 청심환 한 개를 내주었더니, 그는 수없이 사례를 했다.

(3) <관내정사> 8월 3일 기유, 개다

곧 수레에서 내려 두 하인과 함께 당씨(唐氏)의 집을 찾아갔다. 마치 익숙한 곳처럼 당씨집까지 찾아드니 문 앞에 하인 셋이 있다가 마중을 나오면서, "대감께선 아침 일찍 관가로 들어갔습니다." 하기에 "그럼, 어느 때쯤이나 돌아오실까?" 하고 물었더니, 그는 "묘시(卯時)에 나가셔서 유시(酉時)면 돌아오십니다." 한다. 그 중 한 사람이 "잠깐 외관(外館)에 올라 땀을

4) 마두(馬頭): 역마(驛馬)의 일을 맡아보는 사람.

들이시지요." 하기에 따라가니, 허술하게 생긴 선비가 나와 맞는데 그의 성은 주(周)라고 기억되나 이름은 잊었다. 당원항이 아들 셋을 두었는데 모두 잘났다더니, 이제 두 아이가 방에서 나와 공손히 읍하는 데 묻지 않아도 원항의 아들임이 틀림없다. 두 아이의 나이를 물었더니, 맏이는 열셋, 다음은 열하나였다. 나는 곧 "형의 이름은 장우(張友)고, 아우의 이름은 장요(張瑤)가 아니냐?" 하고 물었더니 둘이 함께 "예, 그렇습니다. 어른께선 어찌 아시옵니까?" 한다. 나는 "너희들이 글을 잘 읽는다 하여 이름이 해외(海外)에까지 들리더구나." 하였다.

조금 뒤에 그 집 하인이 파초잎 모양으로 생긴 흰 주석 쟁반을 들고 나와, 더운 차 한 잔과 빈과(蘋果) 세 개, 양매탕(楊梅湯) 한 그릇을 은근히 권한다. 하인이 그 집 늙은 마나님의 말씀을 전갈하되, "지난해 조선 어른 두 분이 가끔 제 집에 놀러 오셨는데, 지금도 평안하신지요? 만일 청심환을 가지고 오신 게 있다면 한 두 개 주십시오." 한다. 나는 "마침 지니고 온 것이 없사오니, 뒷날 다시 올 때 갖다 드리겠습니다." 하고 답을 전했다. 앞서 듣기에 당씨의 늙은 마나님은 늘 동락산방(東絡山房)에 있으며 나이가 여든이 넘어도 근력이 오히려 좋다고 했는데, 하인이 멀리 손으로 가리키며 "노마나님이 방금 중문에 나오셔서, 귀국 사람들의 옷차림을 구경하시고 계십니다." 한다. 나는 마주 보기가 겸연쩍어서 못 본 체하고, 붉은 종이로 만든 중머리 부채 두 자루와 여러 가지 빛깔의 시전지(詩箋紙)를 내어 장우와 장요에게 나누어 주고, 열흘 안으로 다시 오리라 약속하고 일어섰다. 돌아보니 당씨집 늙은 어머니는 아직도 대문 안에서 두 몸종의 부축을 받은 채 서 있었다.

(4) <환연도중록>[5] 8월 17일 계해, 개고 따뜻하다

살고 있는 중은 둘뿐인데, 난간 아래에서 오미자(五味子) 두어 섬을 말

5) 열하에서 다시 연경으로 돌아오는 6일 동안의 기록.

리고 있기에 내 무심코 두어 낱을 주워 입에 넣었다. 한 중이 주시(注視)하다가 노발대발 소리를 치는데, 그의 행동이 몹시 사나웠다. 나는 곧 일어나 난간을 기대고 섰는데, 마침 마두(馬頭) 춘택(春宅)이가 담뱃불을 붙이러 들어섰다가 그 꼴을 보고 크게 노하여 그자 앞으로 달려가 욕질을 한다. "우리 영감께옵서 더운 날씨에 찬물 생각이 나, 이 자리에 가득 찬 것들 중 불과 몇 알을 씹어 해갈이라도 하려 하신 터인데, 너같이 양심 없는 까까중놈아 하늘에도 높은 하늘이 있고, 물에도 깊은 물이 있거늘, 이 당나귀처럼 높낮이도 분간하지 못하고 얕은 것과 깊은 것도 측량할 줄 모르는 이런 무례한 놈, 이게 무슨 꼴이냐." 하며 꾸짖는다. 중은 모자를 벗어 들고는 입에 거품을 내면서 어깻죽지를 기웃거리면서 까치걸음으로 앞까지 와서는, "너희들 영감이 내게 무슨 상관이란 말이냐? 하늘같이 높아 너는 두려울지 몰라도 나는 두려울 게 없다. 제 아무리 관운장이 다시 살아오고 마른 날에 벼락이 떨어져도 난 두려울 게 없다." 한다. 춘택이 그의 뺨 한 대를 치고 이어 수없이 우리나라의 욕설을 퍼붓는다. 중이 그제야 뺨을 손으로 가리고 비틀거리며 들어가 버린다.

나는 목청을 높여 춘택을 나무라고 요란을 일으키지 못하게 하였다. 춘택은 오히려 분기를 이기지 못하여 당장에 죽을 작정으로 싸우려 든다. 한 중은 부엌문에 서서 빙그레 웃으면서 편도 안들고 말리지도 않는다. 춘택은 또 한 주먹으로 그를 두들겨 엎고는 "우리 영감께옵서 이 일을 만세야(萬歲爺 황제를 높여서 하는 말) 앞에 여쭙는다면, 네놈의 대가리는 날아가던지, 그렇지 않다면 이 절을 소탕하여 깨끗이 평지를 만들 것이다. 이놈." 하며 호통친다. 중은 옷을 툭툭 털고 일어나며, "너희 영감이 공짜로 오미자를 훔치고, 또 네놈을 시켜 사발처럼 모진 주먹을 보내니, 이게 무슨 도리야." 하며 꾸짖으나 중의 기색은 차차 죽어 간다. 춘택은 더욱 기를 내어 "무슨 공짜야, 기껏해야 한 말이 되겠느냐 한 되가 되겠느냐? 그까짓 눈곱처럼 작은 한 알 때문에 우리 영감님의 높으신 위신을 깎았단 말이냐. 만세야께옵서 만일 이 일을 아신다면 너같은 까까중놈의 대가리통은 대번에 날아가고 말 것이야. 그리고 우리 영감께옵서 이 일을 만세야께 여쭙는다면, 네놈이 우리 영감은 두렵지 않다지마는 만세야도 두렵지 않단 말이냐." 하고 폭언을 퍼부었다. 그제야 중은 기가 죽어서 다시 앙갚음의 말을 내지 못한다. 춘택은 또 무수히 욕지거리를 하는데, 세력을 피며 걸핏하면 만세야를 팔아 댄다. 이때에는 응당 만세야의 두 귀가 가려웠으리라. 대개 춘택이 말끝마다 황제를 일컬으니, 그가 헛 세력을 믿고 허풍을 떠는 꼴이란 사람으로 하여금 허리를 끊도록 하였다. 그 중은 진짜 그를 두려워하여 만세야라는 석 자를 듣자 마치 뇌성이나 귀신을 본 것처럼 떨 뿐이다. 그제야 춘택이 벽돌 하나를 뽑아서 중에게 던지려 한다. 두 중은 별안간 웃음을 지으며 달아나 숨어 버렸다가, 곧 아가위(산사:山楂) 두 개를 가지고 나와 웃는 얼굴로 바치며 청심환을 요구한다. 그러고 보면 애초에 이러한 짓은 청심환을 얻기 위한 것에 불과한 것이다. 그의 마음씨를 따져 본다면, 실로 옳지 못하다고 할 수 있다. 내가 즉시 청심환 한 알을 내어주니, 중은 머리를 무수히 조아린다. 얼마나 뻔뻔스러운가. 아가위는 크기가 살구처럼 굵은데 너무 시어 먹을 수 없었다.[6)]

2. 명품의 실상과 허상

『열하일기』에는 우황청심환에 관한 기록이 심심찮게 나타나고 있다. 연행의 기록 속에서 우황청심환이 여러 번 검색되는 것이 처음에는 퍽 신기한 일로 생각되었다. 그것이 중국인들의 갈구하는 물품으로 나타나 있어 더욱 그러한 마음이 들었다. 왜냐하면 수년 전 북경에 들렀을 때는 오히려 우황청심환을 사는 한국인들로 북경 시내의 중심에 위치한 약국이 북새통을 이룬 모습을 목격하였기 때문이다.

---

6) 번역된 부분은 민족문화추진위원회 역, 『국역 열하일기』(고전국역총서 18~19, 1966)와 리상호 역, 『열하일기』(보리, 2004)를 참조하여 필자가 일부 수정하였음.

1990년 여름의 일로 기억된다. 중국과의 수교가 이루어지기 전, 학생들을 인솔하고 중국을 갈 기회가 있었다. 당시만 해도 해외에 나가는 일이 일반화 되지 않았고, 더구나 수교 이전의 중국에 가는 일이어서 같이 가는 일행들은 무엇무엇 사오라는 주위의 부탁을 많이 받았던 것 같다. 학생들도 어떻게 알았는지 모처럼의 중국 여행에서 사올 물건을 수첩에 빼곡히 적어 왔다고 한다.

만리장성 관람을 마치고, 기다리던 북경의 유명하다는 약방에 인원을 풀어 놓자, 학생들은 벌떼처럼 그 안으로 몰려 들어갔다. 사실은 그렇게 몰려 들어갈 수 없을 만큼 그 안은 한국인들로 가득 차 있었다. 당연히 우황청심환이 구입 품목 1위에 있었고, 각종의 무슨 무슨 환이 있어, 알고 사는 것인지 그냥 쓸어 담는 것인지, 마구 거둬들이는 것이었다. 안내하는 사람의 말에 의하면 한국인들이 몰려드는 아침이면 창고에 쌓아 두었던 각종의 한약들이 얼마 안 있어 바닥난다는 것이었다. 정말 그랬다. 사람들은 한 갑, 두 갑 사는 것이 아니라 아예 몇 상자씩 구입하고 있었기 때문이다.

이것 안 사가면 큰일이다 싶어 나도 몇 갑 사기는 했지만, 사실 그때까지 나는 우황청심환이 무엇인지, 그리고 어떤 용도로 사용하는 것인지 알지 못했었다. 그래서 우황청심환이 대단한 약재이고, 한국에는 없는 희귀한 물품이라고 생각을 했었다. 아이가 경련을 일으킬 때, 비장해 두었던 우황청심환을 조금 떼어 물에 개어 먹인다는 정도가 그에 대해 내가 알고 있는 내용의 전부였다고 해도 과언이 아니었다.

안내하던 분은 북경의 방송국에서 조선어 아나운서를 하고 있다고 하였는데, 방송국의 직원이 어떻게 사사로이 관광의 안내를 맡는지 그 또한 신기한 일이었다. 나중에 상해를 갔을 때는 아예 그쪽 대학의 교수가 안내를 맡고 있었다. 그쪽의 급여가 대단히 열악하다는 점, 그래서 부수적인 일을 하는 것에 대하여 전혀 거리낌이 없다는 것을 알게는 되었지만, 한쪽의 체제 속에서만 호흡하던 나로서는 그런 모든 것이 퍽 신기해 보였다.

우황청심환에 대하여 전혀 무지했던 나로서는 몇 갑이라도 산 것이 대단하여 의기양양했지만, 그 우쭐함이 오래가지는 못하였다. 여행에서 돌아와 얼마 있지 않아 중국산 한약이나 농산품의 조악함과 위험성에 대한 보도가 잇달아 나왔고, 그래서 사왔노라 자랑도 하지 못하고 장롱 속에 두었다가 결국은 버리고 말았기 때문이다. 물론 그것을 사용할 필요가 없었던 것은 그나마 행운이라고 할 수 있다.

이때까지만 해도 나는 우황청심환이 본래 중국에 존재하고 있었고, 우리나라에서 생산되는 우황청심환은 그 방법을 본떠 만드는 것이라고 알고 있었다. 그래서 종주국인 중국의 약에 대하여 열광적인 애착을 보이는 것은 당연하다고 생각하였다. 그런데 우황청심환에 대해 더 조사를 해본 뒤에, 나는 이런 태도가 큰 나라에 대한 열등감의 표현이라는 생각에 씁쓸함을 금할 수 없었다. 우리의 선조가 마련한 소중한 자산을 다른 나라의 것으로 알고 있었으니 참 한심스러웠기 때문이다.

우황청심환은 간단히 청심환이라고 부르는데, 심경(心經)의 열을 푸는 환약으로 알려져 있다. 우황, 인삼, 산약 등 30여 가지의 약재로 만든 알약인데, 중풍으로 졸도하고 팔다리가 뻣뻣해지는 데나 간질, 경풍 등에 특효약이라고 한다. 예로부터 즉효가 있어 사후 약방문의 뜻을 가진 "죽은 다음에 청심환"과 같은 속담이 있을 정도로 그 효능을 인정받았다. 특히 우리나라의 것은 허준의 『동의보감』에서 기록한 방법대로 처리한 것이어서 중국인들에게는 만병통치약으로 인식될 만큼 대단한 인기를 누렸다고 한다. 『동의보감』의 처방대로 만들어진 우황청심환의 효능이 대단하여 기약이나 묘약으로 인식되었고, 『동의보감』은 중국이나 일본에서 수 차례 간행할 정도로 인정을 받았다. 조선의 청심환은 그 원방대로 만들었지만, 중국의 청심환은 처방이나 약재가 상이하여 제대로의 효능을 발휘하지 못하였다고 한다. 『열하일기』에서 중국인들이 청심환 찾는 기사가 여러 번 나타나고, 중국에 가는 사신들도 청심환을 준비하고 가서 관료들에게 주어야 소기의 목적을 달성하였다고 한 것은 이러한 이유 때문이다. 그래서 어떤 사람은 우리나라의 것은 우황청심원 또는 청심원으로 불러 구별하기도 하지만, 대체로는 비슷한 뜻으로 사용하고 있다.

중국의 의서에 처음 등장하는 것은 송(宋)의 진사문(陳師文)이 신종의 명을 받아 각종 의서의 요체를 모아 편찬한 『태의국방(太醫局方)』에서라고 한다. 그는 후에 보다 많은 의서를 모아 집대성본인 『교정태평혜민화제국방(校正太平惠民和劑局方)』을 1151년에 편찬하는데, 이를 간단히 『화제국방』이라고 일컫는다. 허준의 『동의보감』은 여기에 조선의 토질과 조선인의 신체적 특성에 맞춘 새로운 처방을 하였으니, 그 약재의 구성이나 조합의 방법이 중국의 그것과는 다를 수밖에 없었다.[7)]

이런 연유로 우황청심환은 마치 그 원조가 우리나라인 것으로 알려지게 되었다. 그런데도 이제 다시 중국의 것을 본래의 것인 양 생각하여 줄을 지어 사 오게 되었으니 참 세상이나 인심의 변화란 예측할 수 없는 일이다. 근래에는 중국의 농산물이나 약재에 대한 믿음이 덜해져서 무조건 하급품으로 취급하는 경향을 보이고 있다. 그래서 원산지 표시에 중국이 있으면 우선 구매 대상에서 제외하기도 하는 것이다. 그러나 중국의 것은 으레 싸구려나 품질이 조악한 것으로 치는 것도 중국의 것에 대한 맹목적 믿음과 마찬가지로 별로 올바른 자세는 아닐 것이다.

큰 나라로서의 중국에 대한 인식이 변한 것과 달리 미국에 대한 맹목적 믿음은 결코 사그러들지 않는 것 같다. 특히 미국의 식품에 대한 안전성 판별은 유달리 대단한 것으로 우리는 알고 있다. 그래서 미국 식약청[FDA]의 인가를 받은 제품이라면, 당연히 믿을 수 있다고 생각한다. 한국의 식품들이 미국에 상륙하기 위해 당하는 수모는 선진국 수준의 식품 생산을 위해 당연한 것으로 여기기도 한다. 그만큼 미국의 식약청은 우리에게 굳

7) 필자는 본래 우황청심환에 대한 기록이 최초로 나타난 것은 『동의보감』으로 알고 있었다. 대부분의 참고서적들도 이러한 견해를 담고 있는데, 중국의 의서에 유사한 기록이 있다는 것은 남경한의원 박수영 원장의 자문에 의하여 알게 되었다. 물론 그 조제 방식이나 첨가하는 약재의 종류는 차이가 있다.

센 신뢰의 상징으로 비쳐지고 있다.

그런데 얼마 전 미국의 쇠고기 생산과 관련된 현지의 촬영 동영상은 우리의 신뢰를 한껏 비웃고 있었다. 소를 살찌우기 위하여 전혀 운동할 수 없도록 가두어 놓고, 도살하는 장면은 취재했던 기자의 말대로 지옥을 방불하게 하는 것이었다. 미국이라면 넓은 초원에 한가로이 소를 방목하고, 청결하게 도살할 것이라는 믿음은 여지없이 깨지고 말았다. 그런 비인간적인 상황이 알려지지 않고 날마다 미국인의 주식인 햄버거의 주원료로 도살된 쇠고기가 공급되는 것은 협회의 로비 때문이라는 충격적인 사실도 보도되었다. 우리나라에서 쇠고기의 무게를 늘리겠다고 도살하기 전에 물을 먹이는 것쯤은 이런 미국의 실상과 비교할 때, 귀여운 애교처럼 보아줄 수 있을 것이다.

아마도 미국의 쇠고기 수입에 대한 부정적 여론도 많이 나타나겠지만, 그러나 미국의 물량과 명품에 대한 기호는 여전히 계속될 것이다. 한미 자유 무역 협정이 진행되면서 미국은 의약품의 개방을 거세게 요구하고 있다. 아마도 우리들의 외국산 제품에 대한 맹목적 신뢰를 미국은 잘 알고 있을 것이다. 그러노라면 우리의 김치나 인삼, 그리고 우황청심환까지도 미국의 것이라야 믿을 만한 것이라는 시대가 올까 두렵다.

과거의 것이라고 다 좋은 것은 아니지만, 시대를 뛰어넘어 이룩해 놓은 신뢰의 구축은 반드시 회복되어야 할 가치라고 생각한다. 믿을 수 있는 명품 우황청심환을 통하여 얻을 수 있었던 중국인들의 확고한 신뢰를, 이제는 모든 한국산 제품으로 확대하여 믿을 수 있는 나라, 믿을 수 있는 사람들로 각인시키는 것이 반드시 이룰 수 없는 꿈은 아닐 것이다.

3. 아쉬움과 화해의 상징, 우황청심환

박완서의 <우황청심환>은 1991년 창작과 비평에 실린 소설이다. 이산가족의 상봉을 제재로 하여 가족간의 따뜻한 인간미가 섬세하게 묘사되어 있고, 여기에 약간의 수다가 잔재미를 더해주고 있는 등 박완서의 진가가 여실하게 드러난 작품이라고 할 수 있다. 우리가 일반적으로 알고 있는 우황청심환에 대한 상식과 갑자기 친척이라고 나타났을 때 갖게 되는 당혹감 등이 잔잔하게 그려져 있어 원숙해진 작가의 연륜을 더듬어보는 재미도 느낄 수 있다.

줄거리는 남궁씨가 여행 중 비행기 속에서 겪은 일과, 돌아와 맞닥뜨린 연변 친척과의 일, 그리고 이를 둘러싸고 있는 가족 간의 일로 이루어져 있다. 은행에서 퇴직하여 마땅한 일을 갖지 못했던 남궁씨는 갑자기 친구가 떠나는 바람에 그가 운영하던 조그만 회사를 맡았다. 남궁씨는 그 회사의 고용 사장으로, 오년 여 만에 안정적인 회사로 만들어 놓았다. 그러나 회사가 정상상태로 돌아서자, 그 친구의 아들이 회사를 경영하겠다고 나선다. 남궁씨는 그 아들이 퇴직을 위로하기 위해 보내 준 두 달 여 동안의 외국 여행을 마치고 집에 돌아왔다.

이 때 집에는 예전에 독립 운동을 하러 만주로 간 증조부의 자손인, 연변에 사는 육촌 동생과 그의 가족들이 와 있었다. 그들은 한국에서 많은 이익을 남기기 위하여 중국에서 가져온 한약재를 팔려고 하였다. 아내는 이들을 못마땅하게 여기지만, 남궁씨는 정상적인 궤도에 올라선 회사를 다시 인수하여 미안해 하는 친구의 아들에게 부탁하여 그 약재들을 처분해 준다.

동생네 식구들이 떠난 뒤 남궁씨는 아내가 그들을 못마땅해 했던 이유가 집을 나가 소식도 없는 둘째 아들 현이 때문이었다는 것을 알게 된다.

이처럼 성지 순례를 다녀오는 노인 일행과의 사건과 연변에서 찾아온 친척과의 만남으로 이 작품은 이루어져 있는데, 여기에서 핵심적인 제재로 등장하는 것이 바로 우황청심환이다. 우황청심환이 나타나 있는 부분만을 따라가다 보면, 이 작품이 무엇을 말하고 있는지 확연히 드러날 정도로 우황청심환은 이 작품에서 중요한 기능을 담당하고 있는 것이다.

(1) 노파가 주머니 끈을 풀고 그 안에서 우황청심환을 꺼냈다. 노파는 그걸 꼭 정육각형의 갑째 건네 주지 않고 밀랍으로 포장된 동그란 내용물을 꺼내 손바닥으로 한번 궁글려 보고 나서 내놓았다.

"우황청심환은 뭐니뭐니해도 중국 본바닥 거라야지 요새 나온 국산은 믿을 게 못 돼요."

노파의 말투로 보아 그게 국산이 아니란 걸 스스로 확인해 보면서 대견스러워 하고 싶어 그러는 것 같았다. 노파가 차곡차곡 배낭 속에 챙겨 넣은 것만큼의 포도주를 마셔댔기 때문일까, 남궁씨는 수치감 같기도 하고 쓸쓸함이나 슬픔 같기도 한 참을 수 없는 느낌으로 까딱하면 울 것 같았다. 그건 어쩌면 뿌리 깊은 열등감이었다.

(2) 어머니가 돌아가신 후, 남궁씨에게도 비로소 우황청심환을 선물로 받아보는 일이 생겼다. 역시 은행에 다닐 적이었는데 큰 돈을 대부받은 고객으로부터였다. 사무적인 절차의 심부름 외에는 그가 대부를 위해 힘쓴 바는 전혀 없었다. 그때도 그럴만한 위치에 있지 않았고, 사직할 때까지도 그럴 만한 지위에 있어 본 적이 없는 남궁 씨였다. 그만한 액수의 대부라면 대개 어느 선에서 결정이 나게 된다는 걸 알고 있는 정도가 고작 그의 관록이었다. 그런데도 그 고객은 고맙다는 인사와 함께 중국산 우황청심환 열 개 들이를 한 상자 선물로 놓고 갔다. 사무적인 수고에 대한 가벼운 인사치레로 적당한 물건이라고 여긴 듯했다. 그때만 해도 국산 청심환에 대한 신뢰도도 높고, 외국나들이 다녀오는 사람도 부쩍 늘어나 중국산이 별로 귀물이 아닐 때였다. 그럼에도 불구하고 남궁씨는 거액의 뇌물을 받은 것처럼 음흉하게 가슴을 울렁거렸다. 그 후에도 그 고객만 나타나면 뭔가 편의를 봐 주어야 할 것 같은 강박관념으로 비굴하게 웃으며 허둥대던 생각을 하면 아직도 남궁씨는 진저리가 쳐지면서 닭살이 돋곤 했다.

(3) 스튜어디스가 칸막이 뒤로 사라지자 누군가가 하품하는 소리로 말했다.

"저 여자 보니까 한국 다 온 실감나네, 제기랄."

다들 옳소 하는 표정으로 고개를 끄덕였다. 노파에게 우황청심환을 가지러 왔던 빨간 잠바가 다시 통로 쪽에서 남궁씨의 어깨를 짓누르면서 노파에게 속삭였다.

(4) "내가 시집 식구 치다꺼리를 안 했다구? 아이구 기가 막혀."

할 말이 너무 많아 되레 말문이 막혀 입술만 떠는 아내를 바라보면서 남궁씨는 비로소 아차, 싶었지만 돌이킬 수 없는 일이었다. 아내야 사 년 동안이나 노모의 뒤를 받아 낸 시집살이를 생각하고 분개하고 있다는 게 뻔했지만, 남궁씨는 우황청심환으로 하여 겪은 모멸감마저 떠올랐다.

(5) "그래 네 말이 맞다. 이 양반이 하도 남의 화를 돋우니까 초점이 흐리게 되지 뭐냐? 그 사람들이 여럿인 건 문제도 아니라구요. 그 여럿이 제가끔 얼마나 큰 한약 보따리를 들고 왔는지 알아요? 우황청심환만 해도 네 사람 걸 한데 모아 논 게 이불 보따리만합니다."

남궁씨는 우황청심환 소리에 정신이 번쩍 났다. 중국을 찾는 한국 관광객이 그걸 몽땅 쓸어 사는 바람에 지방에 따라서는 품귀 현상까지 빚고 있다는 걸 신문에서 읽은 생각이 났다. 그 좋은 게 저절로 굴러 들어왔는데 모두들 귀찮아하는 걸 남궁씨는 도무지 이해할 수가 없었다.

"우황청심환이라면 현금과 마찬가질 텐데 무슨 걱정이란 말이요?"

"그랬으면 오죽이나 좋겠수, 이 답답한 양반아. 글쎄 중국산 우황청심환이 함량 미달의 가짜라는 게 밝혀졌지 뭐유. 우리 기술로 분석한 결과 그렇게 밝혀졌다고 신문에서 떠들고 나자 청심환 인기가 뚝 떨어질밖에요. 하필 고 때를 맞추어 그 사람들이 들이닥칠게 뭐람."

아내의 말에 추연한 동정심이 어렸다. 요는 우황청심환이 문제지, 아내가 그 사람들을 특별히 귀찮아하는 것은 아닌 듯했다.

(6) 남궁 씨는 못 듣는 척했지만, 수면을 갈망하면서도 잠들지 못할 때의 불유쾌한 각성 상태를 아내의 목소리는 마냥 끌고 갔다. 차내에서 못다 한, 연변동포들이 얼마나 못살고 조야하고 억척스럽다는 얘기를 아내는 지치지도 않고 하고 싶어 했다. 가짜로 판명이 난 청심환을 진짜라고 우기면서 연줄을 통해 억지로 떠맡기는 것도 한계에 달한 동포들이 직접 거리로 나앉아서 덕수궁 돌담길이 중국산 약종상 길로 변했다는 얘기도 했다.

(7) 장판 비닐이 주글주글 낡은 방은 부모 자식 간이라 해도 네 식구씩이나 기거하기엔 협소한 방이었다. 게다가 한쪽 벽엔 우황청심환을 비롯한 각종 약재가 장롱 하나 부피는 되게 쌓여 있었고 그 위에는 녹용이 한대 통째로 우아하고도 신비한 위용을 자랑하고 있었다. 그러나 남궁 씨 눈엔 우황청심환만 들어왔다. 그리고 그의 가족사 속의 한 기인이 만들어 낸 불가사의한 거리를 뛰어넘어 간신히 상봉한 후손들의 감회를, 우황청심환의 값어치가 떨어진 것만큼의 무게가 짓누르는 것처럼 느껴졌다. 처량하고도 고약한 느낌이었다. 만약 저 아우가 한낱 환약 따위의 값어치에 따라 인격까지 격하시키는 이 땅의 인심을 안다면 어떤 마음일까 자괴하면서도 그런 느낌을 극복할 수는 없었다.

(8) 현관서부터 여관 전체에 음식 냄새가 배어 있었다. 여인숙과 민박을 혼합한 것 같은 더러운 여관방을 꼬박꼬박 호텔이라 부르는 아우에게 남궁씨는 연민을 느꼈다. 개운치 않은 연민이었지만 아무튼 그런 느낌의 연장선상에서 돌연 생겨난 우월감 때문에 남궁씨는 적지 않은 양의 우황청심환을 팔아 보겠다고 떠맡았다.

(9) 거리에 나선 남궁씨는 촌스러운 보자기 사이로 비죽비죽 비져 나오는 청심환갑을 내려다보이면서 왜 하필 허구많은 약재 중에서 우황청심환이었을까? 하고 자신의 미련한 선택에 쓴웃음을 지었다.

(10) "회장님으로 모실 생각이었습니다만……"

젊은 사장이 말끝을 흐렸다. 자네 호의는 받은 셈 치겠네, 하면서 남궁씨는 약보따리를 끌렀다. 자초지종을 간략하게 설명하고 나서 덧붙였다.

"하필 가짜라고 소문난 물건을 가져와서 안 됐네만 속내 아는 자네가 갈아 줘야지 어쩌겠나?"

"가짜는요. 그건 사회주의 나라의 경제체제를 모르는 무식한 사람들이 하는 소리지요. 공장이 다 국영인데 어떻게 가짜를 만듭니까. 함량 기준이 우리하고 좀 다르다고 가짜라고 단정을 해 버리니, 국교를 목말라 하면서 그런다는 건 암만 생각해도 경솔한 짓이에요."

이렇게 적극 청심환을 두둔하면서 그걸 몽땅 인수해 주었다.

"고맙긴 하네만 그걸 다 얻다 쓰려구?"

"두고두고 해외에 나갔다 올 적마다 선물로 쓰죠 뭐. 나갈 때마다 선물 챙기기도 보통 일이 아니거든요."

"내친 김에 하나 더 청을 하겠네. 꼭 들어 줘야 하네. 안 들어주면 퇴직금 달라고 데모할지도 모르니 알아서 하게."

"설마 제가 퇴직금 안 드릴까봐 이리 엄포를 놓으십니까? 말씀해 보세요."

(11) 아내가 기다렸다는 듯이 와락 돌아누우며 그의 가슴을 마구 두드렸다. 격렬한 오열 사이사이로 아내가 울부짖었다.

"현이 자식 나쁜 자식. 망할 놈의 새끼야, 그 새낀 정말. 아 아, 당신 말 짝으로 그 새낀 망종이야. 고작 그게 사회주의라니? 그 거렁뱅이 근성이. 그 자식은 그게 뭐가 좋다고 신세를 망치고. 엉, 엉, 엉."

아내는 막무가내로 울부짖었다. 남궁씨는 비로소 그 동안 그들 부부가 사이에 끼고 엇갈린 게 연변 동포가 아니라 둘째아들 현이였다는 걸 깨달았다. 연변 동포에 대한 미움도 호의도 실은 그들의 실상과는 아무런 상관이 없는 것이었다. 낯선 친척을 보는 시각의 차이는 현이로부터 비롯되고 있었다.

우황청심환은 위와 같이 사건 전개의 핵심에 놓이는 11개의 단락에 나타난다. (1)에서 우리는 우황청심환에 대한 우리의 일반적인 생각과, 그에 대한 남궁씨의 집착이 바로 '열등감'에 놓여 있다는 것을 알게 된다. 평범하게 생각하면 아무렇지도 않을 수 있는 노파의 행동에 대하여 유난히 부정적인 반응을 보인 것도 사실은 참을 수 없는 '수치감' 때문이었던 것이다. 이것은 바로 (2)에서 어머니에게는 한 번도 써보지 못했던 우황청심환을 뇌물로 받았을 때의 모멸감과 연관되어 있어 더욱 강렬하게 각인되어 있다. 항상 부모에게는 무언가 못해드렸다는 안타까움을 우리는 가지고 있다. '별 것 아닐 수 있는' 우황청심환을 '거액의 뇌물'처럼 느끼고, 그래서 항상 마음 저변에 응어리처럼 상처로 남았던 이유도 바로 여기에 있었던 것이다. (4)에서처럼 우황청심환 얘기만 나와도 '모멸감'이 떠오를 만큼 남궁씨 또래의 남자들에게 있어 가장 심각한 문제는 끈끈하게 얽혀 있었던 가정의 파괴 현상이었다.

(3)은 한국에 돌아와도 다시 우황청심환과 관련된 일이 기다리고 있을 것이라는 암시를 주고 있다. 우황청심환만 나오면 이유 없이 예민한 반응을 보이던 남궁씨가 사고의 전환을 이룬 것은 연변에서 온 먼 친척이 가져온 우황청심환 때문이었다. 영원히 엇박자로 나갔을 아내와의 감정의 폭은 이로 인해 (5)에서처럼 화해의 실마리를 찾아가고 있는 것이다. 아내도 결코 자신이 소중하게 생각하는 가족 간의 끈끈함에 대하여 부정적인 것만은 아니라는 것을 이를 통해 알 수 있었기 때문이다. 어머니가 돌아가시기 전 4년 동안이나 뒤를 받아낸 아내에 대한 고마움과 연민도 함께 어울려 부부의 사랑은 다시 정겨운 모습으로의 회귀를 보여주고 있는 것이다.

(6)과 (7)도 친척으로 남아 있는 연변 동포에 대한 안타까움이 우황청심환을 매개로 하여 표출되어 있다. 대륙적이라고 명명할 수 있는 동포로서의 연대감은 연변에 갔을 때마다 동포들에게서 느꼈던 감정이다. 그래서 어떤 작가는 그곳을 '사람이 살고 있는 곳'으로 말하기도 했다. 그런 저변의 울림에 따라 남궁씨는 서슴없이 그것을 팔아 주겠노라 나서게 된다. 수

많은 약재 중에서 그가 선택한 것은 '미련하게도' 다시 우황청심환이다. 우황청심환의 극복을 통하여서만 남궁씨는 가슴의 응어리를 씻어낼 수 있기 때문이다.

우황청심환은 단순히 아내와의 관계를 복원시키는 데 머무르지 않고, (10)에서처럼 자신을 몰아냈던 이유로 서운한 감정을 가지고 있었던 친구의 아들과도 화해를 도모하게 한다. 남궁씨의 큰아들처럼 차갑게 대할 수도 있었겠지만, 친구의 아들은 그를 이해하고 서운치 않게 해준다. 친구의 아들과 화해가 이루어지자, 그에 대한 부정적 인식은 서서히 벗겨지고 있다. 친구 아들의 중국산 청심환에 대한 설명도 '적극 두둔하는' 것으로 들려 고맙게 여기는 것이다.

그러고 보면 남궁씨에게 있어 우황청심환은 응어리이면서, 혹처럼 안고 가야 할 소중한 그 무엇이라고 할 수 있다. 그것을 가족 간의 끈끈한 정으로 말할 수 있을 것이다. (11)은 집 나간 아들을 통하여 아내와의 사이를 더욱 끈끈하게 동여매는 대단원의 단락이다. 우황청심환은 이처럼 오랜 동안 소원했던 가족 간의 사랑을 확인시켜주는 열매로서의 기능을 담당하고 있는 것이다.

참고 문헌

고미숙, 『열하일기, 웃음과 역설의 유쾌한 시공간』, 그린비, 2004.
김명호, 『열하일기연구』, 창작과비평사, 1990.
민족문화추진회, 『열하일기 I』, 경인문화사, 1977.
박기석, 『박지원문학연구』, 삼지원, 1984.
박완서, 「우황청심환」, 『창작과비평』 72호, 1991 여름.
박희병, 『연암을 읽는다』, 돌베개, 2006.
이가원, 『연암소설연구』, 을유문화사, 1980.
정 민, 『비슷한 것은 가짜다』, 태학사, 2000.

학문의 자세

조 은 심*

1. 〈일신수필(馹迅隨筆)〉 서(序)

말한 것과 들은 것만을 가지고 말하는 이들과는 학문을 이야기할 수는 없을 것이다. 하물며 평생 동안 그들이 생각해보지도 않았던 것들에 대해서는 더더욱 말할 게 없을 것이다.

만약 어떤 사람이 '성인(聖人)이 태산(泰山)에 올라서 천하를 작게 생각하였다'[1]고 말한다면, 자신의 마음속으로는 그렇게 생각하지 않으면서도 성인이 그렇게 했다는 것 때문에 별다른 생각도 하지 않고 그렇다고 답할 것이다.

---

* 건국대학교 강사

1) 『맹자(孟子)』「진심편(盡心篇)」에 나오는 말. 원문은 "孔子 登東山而小魯 登泰山而小天下(공자께서는 동산에 오르셔서 노나라가 작음을 아시고, 태산에 오르셔서 천하가 작음을 아셨다)"이다. 즉 도달하는 경지가 높으면 높을수록 웬만한 것들은 눈에 차지 않음을 뜻한다. 여기서 성인은 곧 공자를 가리킨다. 공자의 학문 세계가 점차 넓어짐을 의미한 것이다.

그러나 '부처가 시방세계(十方世界[2])를 보살핀다'고 하면, 황당하고 믿을 수 없는 일이라고 배격할 것이다. 또 서양 사람들이 '큰 배를 타고 지구(地球) 밖을 둘러 다녔다'고 하면, 이 역시 그는 괴이하고도 허황된 이야기라고 꾸짖을 것이다. 그렇다면 나는 누구와 더불어 천지 사이의 크나큰 구경을 이야기할 수 있겠는가.

아, 슬프다. 공자는 240년간의 역사를 필삭(筆削[3])하여 『춘추(春秋)』[4]라고 이름을 지었으나, 이 240년간의 옥백(玉帛[5])과 병거(兵車)의 모든 일이 어찌 보면 하나의 꽃이 피었다가 잎이 지는 것처럼 순식간의 일에 지나지 않을 것이다.

아, 슬프도다. 내가 글을 빨리 써서 여기에 이르러 생각해보니, 이렇게 한 점의 먹을 찍을 사이는 하나의 순식(瞬息)에 지나지 않음에도 불구하고, 눈을 한번 감고(一瞬) 숨을 한번 쉬는(一息) 사이에도 짧은 과거(小古)와 짧은 지금(小今)이 만들어진다고 할 수 있다. 그렇다면 하나의 과거(一古)와 하나의 지금(一今)이라는 것 또한 오랫동안 눈을 감는(大瞬) 것과 오랫동안 숨을 쉬는(大息) 것이라고도 할 수 있는 것이다. 겨우 그런 짧은 순간이라고 할 수 있는 그 사이에서 사람들은 자신들의 명예와 온갖 사업을 세우고자 한다면 어찌 슬프지 않겠는가.

내가 일찍이 묘향산(妙香山)에 있는 상원암(上元庵)에 묵을 때의 일이다. 밤이 깊도록 낮처럼 달빛이 밝았다. 창문을 열고 동쪽을 바라보니 절 앞에는 안개가 질펀하였는데, 그 위에 달빛이 비치자마자 수은 바다처럼 그윽하게 변하였다. 그리고 그 바다 같은 안개 속으로 은은히 코고는 소리

---

2) 불가에서 말하는 이 세상 밖의 다른 여러 세계들.
3) 더 쓸 것은 쓰고 지울 것은 지워 버리는 것.
4) 중국 노(魯)나라의 은공(隱公) 1년(B.C.722)에서 애공(哀公) 14년(B.C.481)까지의 12대 242년 간의 사적(事跡)을 노나라의 사관(史官)이 편년체(編年體)로 기록한 것을 공자가 유교적 입장에서 비판 수정하고 가치판단을 가한 책이다. 좌씨(左氏) · 곡량(穀梁) · 공양(公羊)의 삼전(三傳)이 있다.
5) 중국의 제후(諸侯)들이 예물로 쓰던 옥과 비단.

가 들려오자 중들이, "저 아래 세상에는 방금 큰 천둥과 소나기가 내린다." 고 하였다. 며칠 지나서 산을 떠나 안주(安州)에 이르러 둘러보니, 과연 갑작스런 비 · 천둥 · 번개로 인하여 큰물이 져서 땅이 한 길이나 괴고, 민가들이 많이 해를 입었다고 하였다. 이를 보고서 나는 구슬픈 듯이 말하였다. "그날 밤에는 나 혼자 운우(雲雨) 밖에서 밝은 달을 껴안고 누워있었구나. 저 묘향산은 태산에 비한다면 겨우 한 개의 조그만 둔덕에 지나지 않았을 뿐인데도 이토록 높낮이가 심한 세계가 만들어졌구나. 하물며 성인이 천하를 본다는 것에 대해서 말해 무엇 하겠는가."

설산(雪山 석가가 도를 닦던 곳)에서 고행(苦行)을 하는 이가 만일 공씨(孔氏 공자의 한 가족)의 집안에 대해, 세 번이나 아내를 내쫓았다느니,[6] 백어(伯魚)가 아버지보다 먼저 죽었다느니,[7] 공자가 노(魯) · 위(衛)나라에서 봉변을 당했다느니[8] 하고서 조금 더 넓게 보지 못한다면, 이것은 마치 땅 · 물 · 바람 · 불 등이 별안간에 모두 없어진다는 것과 같은 것이니 정말 한심한 일일 것이다. 또한 그들은 성인과 불씨(佛氏)의 관점도 오히려 땅에 떠나지 못했다 하였으니, 그렇다면 이 지구를 만지고 공중을 달리며 별을 따서 가지 못하는 곳이 없다는 이들은 스스로 자기들이 보는 것이, 유(儒) · 불(佛)보다 낫다고 여기는 것도 무리는 아닐 것이다. 그들이 모두 이국(異國)에 와서 말을 배우며, 머리끝이 희도록 남의 글을 익혀서 썩지 않을 사업을 꾀함은 무슨 까닭이던가. 대체로 귀로 듣고 눈으로 보았다[9]는 것은 벌써 지나간 경지이니, 그 경지가 지나고 또 지나서 쉬지 않는다면 옛사람들의 이를 빙자(憑藉)하여 학문을 하는 이 역시 무엇을 가지고 고증(考證)할 수 없을 것이다. 그러므로 꿋꿋하게 글을 지어서 남들이 이것을 반드시 믿어주게 하고자 하는 것이다. 그리하여 서양 사람들은 우리 유가

6) 공자 · 백어 · 자사의 3대가 모두 아내를 내쫓았다 한다.
7) 백어는 공자의 아들 공리(孔鯉)의 자(字). 공리는 공자가 재세할 때에 요사하였다.
8) 공자는 일찍이 노(魯) · 위(衛) 등지에서 무뢰배에게 봉변하였다.
9) '수택본'에는 "애초 이 몸의 현재를 위함이다."로 되었다.

(儒家)에서 이단(異端)으로 여기는 이론을 보고 그 남은 일을 가지고 억지로 불교를 배격하고, 또 그들은 불씨의 천당(天堂)·지옥(地獄)의 설을 기뻐하여 그의 조박(糟粕)[10]을 먹을 뿐이었다[11]. 내 이번 걸음에[12][13]

2. 고정관념을 버리자

위의 원문은 연암 박지원이 쓴 『열하일기(熱河日記)』의 <일신수필(馹迅隨筆)> 중 '학문의 자세'에 관한 부분이다. 제목이 너무 거창해서 부담스럽다. 연암이 생각하는 학문의 자세는 어떤 것인가. 연암의 글을 편하게 되새겨 보자.

연암은 말한다. 입으로 말하고 귀로 들은 것에만 의지하는 이들과는 함께 학문을 이야기할 수 없으며, 그들이 평생에 생각해보지 못한 것들에 대해서는 더더욱 그럴 것이라고. 만약 어떤 이가 성인이 태산에 올라가서 천하를 작게 생각하였다고 말한다면, 마음속으로는 그렇게 생각하지 않으면서도 성인이 그렇다고 말을 했기 때문에 입으로는 그렇다고 동의할 것이다. 나 역시 '성인이 그러했다'는 것 때문에 의구심을 갖기 보다는 먼저 동의를 할 것 같다. 성인이 그렇게 말했다는데 일개 소인인 내가 무슨 말을 할 수 있을까. 그저 따라가기도 힘들 터인데. 여기서 성인이 천하를 작게 보았다는 것은 그의 경지가 높은 수준에 올라있음을 말한 것이다. 얼마나 학문에 매진하면 조금이나마 천하가 작게 보일까. 부러울 뿐이다. 또한 부

10) 조박(糟粕) (1)재강: 술을 걸러내고 남은 찌끼, 술찌끼. (2)(학문·서화·음악 등에서) '옛사람이 다 밝혀내어 전혀 새로움이 없는 것'을 비유하여 이르는 말.
11) (원주) 몇 글자가 빠졌다.
12) (원주) 이하는 탈락되었다.
13) 이 원문은 다음 저서들을 참고하여 정리하였다(박지원 저, 이가원 옮김, 『국역 열하일기』 I, 민족문화추진회, 1968, 168~170쪽 참조, 리가원·허경진 옮김, 『연암 박지원 산문집』, 한양출판, 1999, 189~192쪽 참조, 전영진 편저, 『열하일기』, 홍신문화사, 2001, 43~46쪽 참조).

처가 세상 밖의 세계를 보살핀다고 한다면 숭유억불(崇儒抑佛)정책에 길들여진 탓으로 말도 되지 않는다고 배격할 것이며, 서양 사람들이 배를 타고서 지구 밖을 다녔다고 하면, 조선시대를 살아가는 이들에게는 직접보지도 듣지도 못했던 것이므로 믿지 못할 이야기를 꾸며낸 것이라고 할 것이다. 유교의 이념으로 무장되었던 조선에서 석가에 대해서 운운한다는 것 자체가 부담이다. 그런데 석가가 세상 밖의 세계를 보살핀다고 하니 당연히 배척을 받아 마땅하다. 또한 서양인들이 배를 타고 지구 밖을 다녔다고 하니 그건 또 무슨 소리인가. 어떻게 배를 타고 지구 밖을 다닐 수 있단 말인가. 그렇다는 얘기는 듣도 보도 못했으니 당연히 믿을 수 없는 노릇이다.

연암이 쓴 『열하일기』는 그의 나이 44세 때의 일(1780년, 정조 4년)로써, 압록강→성경→산해→북경→열하→압록강까지를 6개월간에 걸친 여정을 그린 중국여행기이다. 단순한 여행기가 아니라 연암의 주관적인 판단이 다분히 담긴 개인적 여행기이다. 이때는 이미 명나라가 망하여(1644년) 없어진지 100년이 더 지난 뒤이고, 오랑캐라고 일컫던 만주족이 청나라를 세우고 이미 자리를 확고히 잡은 시기라고 볼 수 있다. 연암은 이 여행에서 청나라가 이룩해낸 문물과 그들의 생활상을 보고 크게 놀랐다. 그럼에도 불구하고 조선 사람들은 망하고 없어진 명나라에 대한 의리를 지키고자 소중화를 자처하면서 북벌론을 계속 내세우고 있었다. 오죽하면 연암이 데리고 갔던 하인들까지 청나라를 업신여기면서 그들을 '되놈'이라고 칭하지 않았던가. 이렇듯 조선에게 아무런 도움도 안 되는 명분만 앞세운 북벌론에 눈이 어두워 청나라가 만들어 놓은 많은 문명의 이기들은 인정하려 않고서, 그들을 멸시하는 눈으로 보게 만든 것이다. 그러니 이용후생에 지대한 관심이 많은 연암의 입장에서는 얼마나 답답했을까.

연암은 또 말한다. 공자가 편찬한 『춘추(春秋)』는 240년 동안의 숱한 전쟁들과 그 속에 살다간 제후들의 영욕어린 삶에 대한 기록이다. 그러나 그 긴 시간의 역사도 어찌 보면 한순간에 지나지 않는다고 보았다. 하물며

100년도 못사는 우리 인생의 삶에 있어서는 더 말해 무엇 할 것인가. 사람의 수명을 80년이라 치고, 청년기를 지나 장년기에 들어서서 잠시 숨을 몰아쉬기 위해 돌아보면 인생도 잠깐이라는 생각이 든다. 그 잠깐인 것을 위해서 젊을 시절 그렇게 숨차게 뒤도 돌아보지 않고 달려왔나 싶으면 허무할 때가 종종 있다. 그런데 짧다면 짧게 볼 수 있는 그런 사이(한순간일 수 있는)에서 사람들은 온갖 명예와 부를 위해서 안타깝게 인생을 대부분 소비하고 만다. 명예와 부도 이 역시 지나고 보면 한 순간일텐데 그것에 연연해서 인생을 허비하지 말고 보다 넓고 깊게 여유를 가지라는 의미가 아닐까 싶다.

연암이 일찍이 묘향산(妙香山)에 있는 상원암(上元庵)에 묵었을 때 겪은 일화이다. 밤이 되었는데도 낮처럼 달이 밝았고, 동쪽을 바라보니 절 앞에는 안개가 질펀하여 그 위에 달빛을 받자 마치 수은 바다처럼 보였다. 그리고 바다 밑에는 은은히 코고는 소리 같은 것이 들리자, 중들이 "저 하계(下界)에는 지금 큰 천둥과 소나기가 내리고 있다."고 하였다. 며칠 뒤에 산을 떠나 안주(安州)에 이르렀는데, 과연 물이 평지에 한 길이나 괴고 민가들이 많은 해를 입은 것을 보았다. 이를 보고 연암은 말을 멈추고서 서글픈 듯이, "그날 밤에는 나 혼자 운우(雲雨) 밖에서 밝은 달을 껴안고 누워있었구나. 저 묘향산을 태산에 비한다면 겨우 한 개의 둔덕에 지나지 않을 뿐이었는데도 이토록 높낮이가 심한 세계를 이룩했는데 성인이 천하를 볼 적에는 오죽하겠는가"하고 중얼거렸다. 연암이 본 것은 산의 높낮이에 따라 기후의 변화가 실로 엄청날 수 있다는 것이다. 태산에 비하면 겨우 둔덕에 비유되는 묘향산의 높낮이에도 이토록 변화가 심해서 사람들의 피해가 그렇게 컸는데 성인이 천하를 볼 때는 얼마나 대단하겠는가. 자신의 좁은 식견이 결코 다가 아님을 보여주는 대목이라고 할 수 있다. 분명히 그것이 전부인 것 같았는데 지나고 보면 그것이 아주 작은 것이라는 것을 깨닫게 되었을 때의 부끄러움과 겸손함을 알게 해주는 부분이다.

또 불교를 공부하는 이가 공자의 삼대(공자, 아들, 손자)를 보고 아내를 내쫓았다던가, 공자의 아들이 아버지보다 먼저 죽었다던가, 공자가 노와 위나라에서 봉변을 당했다던가 그런 것에 연연하다보면 공자의 진정한 가르침을 볼 수 없게 되어서 흙 · 물 · 바람 · 불 등이 잠깐 사이에 헛것이 된다는 것과 같다는 것이다. 물론 우리는 공자의 가족사나 그의 인생사도 무시할 수는 없다. 그러나 더 중요한 것은 가족사나 인생사가 아니라 진정한 그의 가르침이 아닐까.

우리는 종종 '누구의 가르침'보다는 '누구'를 추종하며 의지한다. 사람은 다 실수(약점)가 있게 마련이다. 그런데 '누구'를 좇다보면 그의 실수가 발견되었을 때 실망을 하게 되고 비난을 하면서 외면을 하게 된다. 나의 기대와 바람이 너무 컸기 때문에, 나의 환상을 깨뜨린 그가 용서되지 않기 때문이다. 사실 그는 늘 그 자리에 있으면서 실수도 하고 그랬는지 모른다. 그런데 나의 기대와 바람이 너무 컸을 때는 그것이 보이지 않다가 그 기대치에 미치지 못했을 때나 나의 바람대로 되지 않았을 때 비로소 그 실수가 눈에 보였을지 모른다. 그러나 '누구의 가르침'을 좇다보면 그 가르침이 그보다 더 크기 때문에 웬만해서는 그 가르침을 외면하지는 않는다. 그의 가르침이 그의 실수를 넘어서기 때문이다.

연암은 서양인들이 유교와 불교의 깊이를 제대로 모르기 때문에 자신들의 문물이 최고라고 여기는 것도 무리는 아니라고 보았다. 그렇기 때문에 이국에 와서 많은 세월을 말과 글을 배우는데 애를 쓰면서 자신들의 믿음을 전하려 했던 것이라고 본 것이다. 또 눈으로 보고 귀로 듣는 것을 지나간 경지라고만 여긴다면, 학문을 하는 이는 후에 고증할 것이 없어지기 때문에 연암은 억지로라도 글을 지어서 믿어주게 하고자 한다고 하였다. 새로운 것을 받아들이는 것도 중요하지만 기존의 것을 제대로 지키는 것 또한 중요하다고 본 것이다. 나의 것을 제대로 알고 지키는 가운데 새로운 것을 받아들일 수 있는 자세도 나올 수 있는 것이다.

고정관념은 '그 사람의 마음속에 늘 자리하여 흔들리지 아니하는 관념'이라고 한다. 그러나 그 속에 안주해버리면 발전은 더 이상 없을 것이다.

그렇다고 기존의 것을 다 털어버릴 수는 없다. 생각의 발상이 창조의 밑거름이 되었듯이 믿음에서건 배움에서건 고정관념을 버리고 그것들과 마주했을 때 믿음은 더 깊어질 것이고, 배움 역시 보다 진보된 학문으로 나갈 수 있을 것이다.

3. 도전하는 용기를 갖자

다음은 『삼국유사』 제3권 탑상 제4에 있는 <남백월이성(南白月二聖), 노힐부득(努힐夫得)과 달달박박(달달朴朴)>이다.

> 이 산의 동남쪽 3,000보 쯤 되는 곳에 선천촌(仙川村)이 있고, 그 마을에는 두 사람이 살고 있었다. 그 하나는 노힐부득(努肹夫得; 혹은 등(等))이니 아버지는 이름을 월장(月藏)이라 했고, 어머니는 미승(味勝)이라 했다. 또 하나는 달달박박(怛怛朴朴)이니 그의 아버지는 이름을 수범(修梵)이라 했고, 어머니는 범마(梵摩)라 했다(향전(鄕傳)에는 치산촌(雉山村)이라 했으나 잘못이다. 두 선비의 이름은 방언(方言)이니 두 집에는 각각 두 선비의 마음과 행동이 등등(騰騰)하고 고절(苦節)하다는 두 가지 뜻에서 이렇게 이름 지은 것이다).
>
> 이들은 모두 풍채와 골격(骨格)이 범상치 않았고, 속세를 떠난 마음이 있어 서로 좋은 친구였다. 20세가 되자 마을 동북쪽 고개 밖에 있는 법적방(法積房)에 가서 머리를 깎고 중이 되었다. 얼마 되지 않아, 서남쪽 치산촌(雉山村) 법종곡(法宗谷) 승도촌(僧道村)에 옛절이 있는데, 서진(栖眞)[14]할 만하다는 말을 듣고, 함께 가서 대불전(大佛田)·소불전(小佛田)의 두 마을에 각각 살았다. 부득(夫得)은 회진암(懷眞巖)에 살았는데 혹은 이곳을 양사(壤寺; 지금 회진동(懷眞洞)에 옛 절터가 있으니 이것이다)라고도 했고, 박박(朴朴)은

---

14) 정신을 수련하는 것.

유리광사(瑠璃光寺; 지금 이산(梨山) 위에 절터가 있는 것이 이것이다)에 살았다.

이들은 모두 처자(妻子)를 데리고 와서 살면서 산업(産業)을 경영하고 서로 왕래하면서 정신을 수양하고 편안히 마음을 길러 속세를 떠날 마음을 잠시도 폐하지 않았다. 그들은 몸과 세상의 무상(無常)함을 느껴 서로 말했다. "기름진 밭과 풍년 든 해는 참으로 좋은 것이지만 의식(衣食)이 마음대로 생기고 자연히 배부르고 따뜻함을 얻는 것만 못하다. 또 부녀(婦女)와 집이 참으로 좋으나, 연지화장(蓮池花藏)에서 여러 부처가 앵무새나 공작새와 함께 놀면서 서로 즐기는 것만 못하다. 더구나 불도(佛道)를 배우면 응당 부처가 되고, 참된 것을 닦으면 반드시 참된 것을 얻는 데에 있어서랴. 지금 우리들은 이미 머리를 깎고 중이 되었으니 마땅히 몸에 얽매어 있는 것을 벗어 버리고 무상(無上)의 도(道)를 이루어야 할 것인데, 어찌 이 풍진(風塵)[15] 속에 파묻혀 세속 무리들과 같이 지내서야 되겠는가."

이들은 드디어 인간 세상을 떠나서 장차 깊은 골짜기에 숨으려 했다. 어느 날 밤 꿈에 백호(白毫)[16]의 빛이 서쪽에서 오더니 빛 속에서 금빛 팔이 내려와서 두 사람의 이마를 쓰다듬어 주었다. 꿈에서 깨어 그 얘기를 하니 두 사람의 말이 똑같으므로 이들은 모두 한참동안 감탄하다가 드디어 백월산(白月山) 무등곡(無等谷; 지금의 남수동(南藪洞))으로 들어갔다.

박박사(朴朴師)는 북쪽 고개의 사자암(獅子巖)을 차지하여 판잣집 8척 방을 만들고 살았으므로 판방(板房)이라 하고, 부득사(夫得師)는 동쪽 고개의 무더기 돌 아래 물이 있는 곳을 차지하고 역시 방을 만들어 살았으므로 뇌방(磊房)이라고 했다(향전鄕傳에는, 부득(夫得)은 산 북쪽 유리동(瑠璃洞)에 살았으니 곧 지금의 판방(板房)이요, 박박(朴朴)은 산 남쪽 법정동(法精洞) 뇌방

15) 속세의 혼탁하고 시끄러운 것을 말함.
16) 부처의 12상(相)의 하나. 부처님의 두 눈썹 사이에 있는 희고 빛나는 가는 터럭. 가늘고 부드러워 세향(細香)과 같으며, 오른쪽으로 말린 데서 끊임없이 광명(光明)을 발사함.

(磊房)에 살았다고 했으니 이 기록과는 서로 반대된다. 지금 와서 보면 향전 鄕傳이 잘못되었다). 이들은 각각 암자에 살면서 부득(夫得)은 미륵불(彌勒佛)[17]을 성심껏 구했고, 박박(朴朴)은 미타불(彌陀佛)을 경례하고 염송(念誦)했다.

3년이 못되어 경룡(景龍)[18] 3년 기유(己酉; 709) 4월 8일은 성덕왕(聖德王) 즉위 8년이다. 해는 저물어가는데 나이 20이 가깝고 얼굴이 매우 아름다운 낭자(娘子)가 난초의 향기와 사향 냄새를 풍기면서 갑자기 북암(北庵; 향전(鄕傳)에는 남암(南庵)이라 했다)에 와서 자고 가기를 청하면서 글을 지어 바친다.

갈 길 더딘데 해는 떨어져 모든 산이 어둡고,
길은 막히고 성은 멀어 인가도 아득하네.
오늘은 이 암자에서 자려 하오니,
자비스러운 스님은 노하지 마오.

박박(朴朴)은 말했다. "절은 깨끗해야 하는 것이니 그대가 가까이 올 곳이 아니오. 어서 다른 데로 가고 여기에서 지체하지 마시오." 하고는 문을 닫고 들어갔다(기(記)에는 말하기를, "나는 모든 잡념(雜念)이 없으니 혈낭(血囊)[19]을 가지고 시험하지 말라"고 했다).

낭자(娘子)는 남암(南庵; 향전(鄕傳)에는 북암(北庵))으로 돌아가서 또 전과 같이 청하니 부득(夫得)은 말했다. "그대는 이 밤중에 어디서 왔는가." 낭자가

---

17) 아미타불(阿彌陀佛)의 준말. 대승불교(大乘佛敎)의 중요한 부처님. 줄여서 미타(彌陀). <정토삼부경(淨土三部經)>에 있는 이 부처님의 역사는, 오랜 옛적 과법세(過法世)에 세자(世子) 제왕불(諸王佛)의 감화를 받은 법장(法藏)이 210억(億)의 많은 국토에서 훌륭한 나라를 택하여 이상국을 건설하기로 기원(祈願), 또 48원을 세워 자기와 남들이 함께 성불(成佛)하기를 소원하면서 장구한 수행을 거쳐 성불했으니 이가 아미타불임.

18) 당(唐)나라 중종(中宗)의 연호.

19) 육색(肉色)을 말함.

대답한다. "맑기가 태허(太虛)[20]와 같은데 어찌 오고 가는 것이 있겠습니까. 다만 어진 선배의 바라는 뜻이 깊고 덕행(德行)이 높고 굳다는 말을 듣고 장차 도와서 보리(菩提)[21]를 이루고자 해서일 뿐입니다." 그리고는 게(偈)[22] 하나를 주었다.

해 저문 깊은 산길에,
가도 가도 인가는 보이지 않네.
대나무와 소나무 그늘은 그윽하기만 하고,
시내와 골짜기에 물소리 더욱 새로워라.
길 잃어 잘 곳 찾는 게 아니요,
존사(尊師)를 인도하려 함일세.
원컨대 내 청 들어만 주시고,
길손이 누구인지 묻지 마오.

부득사(夫得師)는 이 말을 듣고 몹시 놀라면서 말했다. "이곳은 여자와 함께 있을 곳이 아니나, 중생(衆生)을 따르는 것도 역시 보살행(菩薩行)[23]의 하나일 것이오. 더구나 깊은 산골짜기에 날이 어두웠으니 어찌 소홀히 대접할 수 있겠소." 이에 그를 맞아 읍(揖)하고 암자 안에 있게 했다.

밤이 되자 부득은 마음을 맑게 하고 지조를 닦아 희미한 등불이 비치는 벽 밑에서 고요히 염불했다. 밤이 새려 할 때 낭자는 부득을 불러 말했다. "내가 불행히 마침 산고(産故)가 있으니 원컨대 스님께서는 짚자리를 준비해 주십시오." 부득이 불쌍히 여겨 거절하지 못하고 은은히 촛불을 비치니 낭자는 이미 해산을 끝내고 또 다시 목욕하기를 청한다. 부득은 부끄러움과 두려움이

20) 공허(空虛), 정적(靜寂)의 경지. 곧 우주의 근원을 말함.
21) 불교 최고의 이상인 불타(佛陀) 정각(正覺)의 지혜(智慧). 즉 불과(佛果). 또는 불타 정각의 지혜를 얻기 위하여 닦는 도(道). 즉 불과에 이르는 길을 말함. 음은 '보리'.
22) 불교에서 가요(歌謠) · 성가(聖歌) 등의 뜻으로 쓰임.
23) 부처가 될 목적으로 수행하는 큰 덕행.

마음속에 얽혔으나, 불쌍히 여기는 마음이 그보다 더해서 마지못하여 또 목욕통을 준비해서 낭자를 통 안에 앉히고 물을 데워 목욕을 시키니 이미 통 속 물에서 향기가 강하게 풍기면서 금액(金液)으로 변한다. 부득이 크게 놀라자 낭자가 말했다. "우리 스승께서도 이 물에 목욕하는 것이 좋겠습니다." 부득이 마지못하여 그 말에 좇았더니 갑자기 정신이 상쾌해지는 것을 깨닫고 살결이 금빛으로 되고, 그 옆을 보니 졸지에 연대(蓮帶)[24] 하나가 생겼다. 낭자가 부득에게 앉기를 권하고 말한다. "나는 관음보살(觀音菩薩)인데 여기 와서 대사를 도와 대보리(大菩提)를 이루도록 한 것이오." 말을 마치더니 이내 보이지 않았다.

한편 박박이 생각하기를, "부득이 오늘 밤에 반드시 계(戒)를 더럽혔을 것이니 비웃어 주리라"하고 가서 보니 부득은 연화대(蓮花臺)에 앉아 미륵존상(彌勒尊像)이 되어 광명(光明)을 내뿜는데 그 몸은 금빛으로 변해 있었다. 박박은 자기도 모르게 머리를 조아려 절하고 말한다. "어떻게 해서 이렇게 되었습니까." 부득이 그 까닭을 자세히 말해 주니 박박은 탄식해 말한다. "나는 마음속에 가린 것이 있어서, 다행히 부처님을 만났으나 도리어 대우하지 못했으니, 큰 덕(德)이 있고 지극히 어진 그대가 나보다 먼저 이루었소. 부디 옛날의 교분(交分)을 잊지 마시고 일을 함께 하시기 바랍니다." 부득이 말한다. "통 속에 금액이 남았으니 목욕함이 좋겠습니다." 박박이 목욕을 하여 부득과 같이 무량수(無量壽)[25]를 이루니 두 부처가 서로 엄연히 대해 있었다. 산 아래 마을 사람들이 이 말을 듣고 다투어 와서 우러러보고 감탄하기를, "참으로 드문 일이로다." 했다. 두 부처는 그들에게 불법(佛法)의 요지(要旨)를 설명하고 나서, 온몸으로 구름을 타고 가 버렸다.

부득과 박박은 친구이다. 둘은 각자 결혼까지 하고 잘살다가 문득 동시에 세상살이에 무상함을 느끼게 되었다. 신심(信心)이 투철한 그들은 예사

---

24) 연화대(蓮花臺). 부처나 보살이 앉은 대(臺). 연좌(蓮座)라고도 함.
25) 무량수불(無量壽佛). 아미타불(阿彌陀佛)을 높여서 하는 말.

롭지 않은 꿈까지 동시에 꾸고 나서 나머지 생을 불도에 정진하기 위해 박박은 북쪽에 있는 암자에서 공부를 하고, 박박은 서쪽에 있는 암자에서 공부를 하게 되었다.

이렇게 공부한 지 3년이 못되었을 때쯤 어느 날, 저녁 무렵에 젊고 예쁜 한 낭자가 박박에게 와서 하룻밤 자고 가기를 청하게 된다. 그러나 박박은 공부하는데 방해가 될까하여 '절은 깨끗한 곳이어서 받아들일 수 없다'는 핑계를 대고 거절하면서 단호하게 여인을 좇아버린다. 사실 박박의 마음속에는 갑자기 나타난 여인이 자기의 공부를 방해하는 방해꾼으로만 보였고, 또 그녀를 받아들임으로 해서 어떤 상황이 벌어질지 몰라서 두려웠던 것이다. 그 두려움과 예기치 못할 어떤 변화를 감당할 수 없어서 여인을 내치게 된 것이다. 우리는 익숙해진 것에 길들여져 마치 그것이 당연한 것처럼 살아간다. 박박도 3년간의 수도생활에 익숙해진 수도자의 습관을 깨뜨리고 싶지 않았을 것이다. 그래서 습관이 무섭다고 하지 않던가. 박박은 여인의 절박한 사정보다는 자신의 입장이 먼저였기 때문에 그런 행동이 나타날 수밖에 없었던 것이다.

그러자 여인은 이번에는 부득에게 가서 하룻밤 묵고 가기를 청하게 된다. 부득 역시 순간적으로 많은 생각이 멀리를 스쳐갔을 것이다. 남자 혼자서 그것도 젊은 남자 혼자서 수도하는데, 여인을 들인다는 것은 있을 수 없는 일이라서 당연히 거절해야 맞는 상황이었다. 그러나 부득의 마음을 머뭇거리게 한 게 있었다. 산길에, 한밤중에 여인을 내쫓는다는 게 마음에 걸려 잠시 고민하다가 '중생을 따르는 것도 역시 보살행의 하나'라고 여기며 이를 허락하게 된다. 그러면서도 마음속으로는 과연 잘한 일인지 걱정은 되었을 것이다. 그러나 이미 받아들이기로 결정했으니 심호흡을 하고 각오를 다지면서 마음의 준비를 하고 있을 때였다. 겨우 마음을 다스리고 있는데, 이 여인은 한 술 더 뜬다. 아이가 곧 태어날 것 같으니 해산할 준비를 해달라고 한다. 이번에도 부득은 당황하기는 했지만 워낙 위급한 상황이라 달리 생각할 겨를도 없이 여인을 불쌍히 여겨 해산을 도와주게 되고, 목욕도 시켜달라고 해서 목욕을 시켜주었다. 그러는 사이에 부득의 마음에는 이 여인의 모습이, 자신을 유혹할 수 있는 젊고 예쁜 여인이 아니라 방금 아이를 순산한 위대한 어머니의 모습으로 보였던 것은 아닐까. 그렇지 않고서야 단지 측은지심만 가지고서 여인을 목욕까지 시켜줄 수 있단 말인가.

어쨌든 부득은 한밤중에 그것도 깊은 산중에 여인과 있다는 생각도 잊은 채 아이를 낳는 것도 도와주고 목욕도 시켜주게 되었다. 그런데 이게 웬일인가. 여인이 목욕을 하고난 뒤 목욕통에서 향기가 풍기더니 목욕물은 금물로 변해버렸다. 부득이 놀라자 여인은 그 물에 부득도 목욕하기를 청한다. 다른 생각할 겨를 없이 마지못해 목욕을 했더니, 갑자기 정신이 상쾌해지는 것을 깨닫고 살결이 금빛으로 되고, 그 옆을 보니 졸지에 연대 하나가 생겼다. 여인이 앉기를 청하면서 '나는 관음보살인데 여기 와서 대사를 도와 대보리를 이루도록 한 것'이라 말하고는 사라져 버린다. 부득은 그제야 깨달았다. 자신이 여인을 받아들이고 아이를 낳는 것도 도와주고 또 목욕도 시켜주고 게다가 그 물에 자신도 목욕까지 했던 모든 것들은 일반적으로는 있을 수 없는 일인 것이다. 그런데 그 일반적일 수 없다는 고정관념에서 벗어나서 '중생을 따르는 것도 역시 보살행의 하나'라고 여기는 믿음이 있었기 때문에 행동으로 옮길 수 있었다. 처음에 여인의 청을 거절했더라면 부득은 그저 어쩌면 평생을 암자에서 공부만 하는 수도자로서 생을 끝마쳤을 지도 모를 일이었다. 그렇지만 자신의 생각을 바꾸고 행동으로 실천한 결과 부득은 미륵상으로 거듭날 수 있게 되었던 것이다.

한편 박박은 생각했다. '부득이는 그 여인의 청을 거절할 수 없어서 계를 더럽혔을 것이다. 내가 가서 비웃어줘야지' 하며, 가서 보니 부득이는 이미 미륵존상이 되어 연화대에 앉아서 광명을 내뿜고 그 몸은 금빛으로 변해있었다. 박박은 일이 잘못되었음을 깨닫고 부득에게 머리를 조아리면서 연유를 물은 뒤에야 자신의 과오를 뉘우치게 된다. 자신에게 왔던 여인은 그냥 여인이 아니라 자신을 시험하러온 관음보살이었다는 것을 알게 되었다. 그런데 자신은 그 시험을 거절했던 것이다. 시험을 통과해야만 부득처럼 부처가 될 수 있었는데 기회를 놓치고 말았던 것이다. 박박은 자신의 과오와 모자람을 깨우치고 친구이지만 자신보다 먼저 깨달아 부처가 된 부득에게 그 지혜를 나누어 달라고 부탁을 한다. 박박의 이러한 행동은 쉬운 것 같아도 결코 쉽지 않는 행동이다. 자신의 과오를 깨닫고 난 뒤의 수치심과 상처받은 자존심, 친구와의 경쟁에서 졌다는 패배감 등등 이런 생각들을 넘어서야 가능한 행동인 것이다. 모든 상황을 인정할 수 있게 되었을 때 박박은 부끄러움을 무릅쓰고 부득에게 그 덕을 나누어주기를 청할 수 있었던 것이다. 부득 역시 그러한 박박의 속마음을 알고 있기에 흔쾌히 통 속에 물이 남이 있으니 목욕을 하라고 일러준다. 박박은 이에 목욕을 하게 되고 드디어 부득과 같이 무량수를 이루어 두 부처가 되었다. 이 말을 들은 마을 사람들이 몰려오자 두 부처는 그들에게 불법(佛法)의 요지(要旨)를 설명하고 나서 온몸으로 구름을 타고 가버렸다.

우리는 부득이가 과감하게 자신이 갖고 있던 고정관념을 버리고 새로운 것을 받아들였을 때 더 나은 단계로 나갈 수 있는 기회를 갖게 되는 것을 보았다. 쉽게 얻어지는 것은 없다. 기존의 것에만 매달리지 않고 앞으로 나갈 수 있는 용기를 가진 자만이 새로움을 맛볼 수 있는 것이다. 그리고 또 하나, 박박처럼 비록 처음의 것을 계속 고집했지만 부득을 통해 자신의 잘못을 깨닫고 그것을 고치겠다는 용기도 중요하다는 것을 보았다. 자신의 잘못을 인정하고 그것을 넘어서기 위해 다시 도전하는 용기와 정신도 필요한 것이다. 기존의 것을 따라가는 것은 쉽다. 그러나 기존의 그 틀을 깨고 더 나는 것을 찾으려 하는 게 힘든 것이다. 기존의 것을 벗어났을 때에야 새로운 것을 맞이할 수 있는 것이다. 두렵지만 새로운 것에 대한 도전정신과 용기가 준비되었을 때, 그것이 수도자의 자세이든 학문하는 자의 자세이든 발전이 있는 것이다.

우리 시대의 장관(壯觀)

차 충 환*

1. 〈일신수필(馹迅隨筆)〉 7월 15일

우리나라 인사들이 북경에서 돌아온 사람들을 만날 때는 으레,

"이번 걸음에 구경한 것 가운데 제일 장관이 무엇인가?"

하고들 묻는다.

이럴 때마다 대답하는 사람들은 제각기 본 대로 이구동성으로 요동벌 천리가 장관이라느니, 구 요동 백탑(白塔)이 장관이라느니, 길가의 점포들이 장관이라느니, 계문(薊門)의 숲이 장관이라느니, 혹은 노구교(蘆溝橋), 혹은 산해관(山海關), 혹은 각산사(角山寺), 혹은 망해정(望海亭), 혹은 조가(祖家)의 패루(牌樓), 유리창(琉璃廠), 통주(通州)의 선창(船廠), 금주위(錦州衛) 목축(牧畜), 서산(西山) 누대, 사천주당(四天主堂), 호랑이 우리, 코끼리 우리, 남해자(南海子), 동악묘(東岳廟), 북진묘(北鎭廟) 등등 장관이 하도 많으니 이루 손을 꼽을 수도 없을 것이다.

---

* 서울여자대학교 국어국문학과 전임강사

그러나 일류 인사[上士]는 감개 깊은 표정으로 얼굴빛을 바꾸고 몸을 도사리면서,

"한마디로 말하자면 아무 것도 볼 만한 것이 없었다."

라고 한다.

"볼 만한 것이 없다는 것은 무엇을 두고 말함인가?"

라고 물으면,

"황제가 머리를 깎고 장상(將相)과 대신(大臣)과 백관(百官)이 머리를 깎고 만백성이 머리를 깎고 보니, 비록 나라의 공덕이 은(殷)·주(周)와 같고 부유하고 강한 품이 진(秦)나라나 한(漢)나라 보다 앞섰다손 치더라도 인간살이가 생겨난 뒤로 아직 머리 깎은 천자는 볼 수 없었다. 육롱기(陸隴其), 이광지(李光地)[1]의 학문과 위희(魏禧), 왕완(汪琬), 왕사징(王士徵)[2]의 문장과 고염무(顧炎武), 주이준(朱彝尊)[3]의 박식으로도 한번 머리를 깎고 보면 갈 데 없는 오랑캐다. 오랑캐는 개돼지나 다를 바 없을 바엔 개돼지에게 무슨 볼 만한 것을 찾을 것인가?"

라고 한다.

이런 변론은 으뜸 가는 의리에서 나온 말일 것이다. 말하던 자도 입을 다물고, 듣던 좌중도 찍소리 없게 되었다.

한편, 중류 인사[中士]는 이렇게 말한다.

"성곽은 만리장성의 나머지요, 궁실은 아방궁의 찌꺼기요, 백성들은 위(魏)나라, 진(晉)나라의 부화한 기풍을 받았고, 풍속인즉 대업(大業, 605~616)과 천보(天寶, 742~755)[4] 연간의 사치를 그대로 본뜨고 있다. 명(明)나라가 망하고 난즉 중국 산천은 날고기 누린 냄새를 피우는 고장으로 변했고 성인의 전통이 희미해지고 보니 언어는 꼭두각시 놀음판이 되고 말

1) 육롱기와 이광지는 모두 청나라 강희시대의 대표적 학자.
2) 위희, 왕완, 왕사징은 청나라 초기의 저명한 문장가.
3) 고염무와 주이준은 명나라 말기와 청나라 초기의 저명한 고증학자.
4) 대업과 천보 연간은 중국 역대 중 사치한 풍습이 가장 심하였던 시기.

았다. 여기서 볼 만한 것이 무엇이란 말인가? 정말 십만 대군만 얻는다면 관내로 줄곧 몰아쳐 들어가 온 중국 천지를 한번 청소를 한 뒤에야 장관을 말할 수 있을 것이다."

이는 『춘추』를 많이 읽은 자가 할 소리로서, 『춘추』 한 질 책은 필경 중국을 떠받들고 오랑캐를 물리친다는 글이다. 우리 조선이 명나라와 형제 국가로 지내온 지 2백여 년에 뜨거운 정의는 간절하여 말로는 변방이라고 했지마는 사실은 한 집안이나 다름없었다. 임진년(1592) 왜적의 난리에 신종(神宗) 황제가 전국의 군사를 내어 이를 막았으니, 실로 조선 사람들은 정수리부터 발꿈치까지 머리털 한 올이라도 그 은혜 아닌 것이 없었다.

숭정(崇禎) 병자년(1636)에 청(淸)나라 군대가 침략을 하자 명나라 열(烈) 황제는 조선의 병란을 듣고 총병 진홍범(陳洪範)에게 각 진의 병선을 풀어 놓아 빨리 원조할 것을 명령하였다. 진홍범은 관병이 바다로 출전했음을 보고하고, 산동순무(山東巡撫) 안계조(顔繼祖)가 조선의 서울이 점령되고 강화가 함락되었음을 보고하자, 황제는 계조가 조선 원조에 협력 못한 것을 톡톡히 문책하였다. 이 당시 황제는 안으로는 복건, 호남, 호북, 섬서 등지의 내란을 막지 못하면서도 오히려 밖으로 형제 국가의 우환에 더욱 애를 태워 물불을 가리지 않고 구조를 하고자 그 초조하고 답답해하던 심정은 골육 간의 정도 이 위에 더할 수 없었다. 그러나 마침내 하늘이 무너지고 땅이 꺼지다시피 명나라가 한번 멸명하자 천하에 머리란 머리는 죄다 깎아 버려 온통 오랑캐로 화해 버렸다. 조선땅 한 모퉁이가 비록 이 수치를 면했다고는 하나 중국을 위해 복수, 설치를 해 보고 싶은 생각이야 하루인들 잊을 날이 있었을 것인가?

우리나라의 상류 인사들 사이에서 춘추대의를 위하여 중국을 떠받들고 오랑캐를 배척한다고 떠드는 자들은 백 년을 하루같이 내려오면서 가히 장관을 이루었다고 할 수 있을 것이다. 그렇지만 중국을 떠받드는 것은 그것에만 국한된 것이요, 오랑캐의 문제도 그에 국한될 뿐이다. 왜냐하면 오늘의 형편을 본다면 중국의 성곽과 궁실과 인민이 다 그대로 남아 있고 도덕과 산업, 경제가 전이나 다름없고, 최씨, 노씨, 왕씨, 사씨[5]의 씨족이 없어지지 않았고, 주돈이(周敦頤), 정호(程顥)와 정이(程頤), 장재(張載), 주희(朱熹)의 학문이 그대로 남아 있고, 하은주(夏殷周) 삼대(三代) 이래로 현명한 제왕과 한, 당, 송, 명의 발달된 법률과 밝은 제도가 조금도 변함이 없기 때문이다.

오랑캐로 부르는 오늘의 청조(淸朝)는 무엇이든지 중국의 이익이 될 만하고 그것으로써 오래 누릴 수 있는 일인 줄 알기만 할 때는 억지로 빼앗아 와서라도 이를 지켜 냈고, 만약 본래부터 있던 좋은 제도가 백성에게 이롭고 국가에 유용할 때는 비록 그 법이 오랑캐로부터 나왔다손 치더라도 주저 없이 이것을 그대로 이용하고 있다. 더구나 삼대 이래 현명한 제왕들의 법도와 역대 국가들이 가졌던 고유한 원칙들이야 말할 것도 없다.

옛날 성인이 『춘추』를 지을 때는 그 본의가 중화를 떠받들고 오랑캐를 배척함에 있을지언정, 나는 아직 오랑캐가 중국을 손아귀에 넣었다고 분개하여 중국의 제도 중 숭상할 만한 알맹이까지 아울러 배척하라는 『춘추』는 보지 못했다. 지금 사람들이 참으로 오랑캐를 배척하려거든 중국의 발달된 법제를 알뜰하게 배울 것이요, 자기 나라의 무딘 습속을 바꿔 밭 갈고 누에 치고 질그릇 굽고 쇠 녹이는 야장이 일을 비롯하여 공업을 고루 보급하고 장사의 혜택을 넓게 하는 데 이르기까지 모두가 배우지 않을 것이 없을 것이다. 다른 사람이 열 가지를 배울 때에 우리는 백 가지를 배워 무엇보다도 먼저 우리나라 백성들에게 이익을 주어야만 할 것이다. 우리나라 백성들의 튼튼한 준비 앞에 저들의 굳센 갑옷과 날카로운 병장기가 맥을 쓰지 못하게 될 때에야만 비로소 중국에는 볼 만한 것이 없다고 장담하는 것이 옳을 것이다.

---

5) 이 네 성은 육조(六朝)와 당나라 때 이름난 가문이다.

나는 원래 삼류 인사[下士]다. 내가 본 장관을 말하리라. 기와 조각이 장관이요, 냄새나는 똥오줌이 장관이더라. 왜? 깨진 기와 조각은 천하가 버리는 물건이다. 그러나 동리 집을 둘러싼 담장 어깨노리 위로는 깨진 기왓장을 두 장씩 마주 붙여 놓아 물결 무늬를 놓기도 하고, 네 쪽이 안으로 합하면 동그라미 무늬가 되고, 네 쪽을 밖으로 등을 대어 모아 붙이면 옛날 엽전의 구멍 모양을 이룬다. 기와 조각들은 서로 맞물려 알쏭달쏭 뚫린 구멍들이 안팎으로 마주 비치면서 별별 무늬가 다 놓이고 보니, 한번 깨진 기와 쪽을 내버리지 않아 천하의 문채는 벌써 여기 다 있지 않은가? 동리 집들의 문전 뜰에는 형세가 변변찮아 벽돌은 깔 수 없고 오색 빛깔의 유리 기와 쪽과 냇가에서 둥글고 반들반들한 조약돌을 주워다가 얼기설기 서로 맞추어 꽃 무늬, 나무 무늬, 새 무늬, 짐승 무늬를 놓아 가면서 깔아 놓아 비가 와도 땅이 질 걱정이 없이 만든다. 한번 자갈과 조약돌을 내버리지 않으니 천하의 명화는 다 여기 있지 않은가.

똥오줌이란 세상에서 가장 더러운 물건이다. 그러나 이것이 거름으로 쓰일 때는 금싸라기 같이도 아끼게 된다. 길에는 버린 재가 없고 말똥을 줍는 자는 오쟁이를 둘러메고 말꼬리를 따라다니고 있다. 이렇게 모은 똥을 헛간에다 쌓아 두는데 혹은 네모반듯하게, 혹은 팔모가 나게, 혹은 육모가 나게, 혹은 누각 모양으로 만들고 보니 한번 쌓아 올린 똥거름의 맵시를 보아 천하의 문물제도는 벌써 여기 버젓이 서고 있음을 볼 수 있었다.

그러매 나는 힘차게 말할 수 있다. 기와 조각, 조약돌이 장관이라고. 똥거름이 틀림없이 장관이라고. 하필 성곽과 연못과 궁실과 누각과 점포와 사찰과 목축과 광막한 벌판, 자욱한 수림의 꿈속 같은 풍광만을 장관이라고 부를 것인가?[6)]

---

6) 번역문은 리상호 역, 『열하일기』(보리, 2004)를 주로 참조하였고, 필요한 경우에 한해서 필자가 일부 수정하였음.

2. 배를 부르게 하는 것, 그것이 장관이다

> 이 여러 자식들이 노상 밥이 부족하여 서로 뺏어 먹는구나. 그리 많은 밥이로되 큰 놈 입에 넣은 것을 작은 놈이 뺏어 훔쳐, 큰 놈도 빼앗기고, 새로 지어 먹었으면 싸움 아니 하련마는, 악을 쓰며 주먹 쥐어 작은 놈 볼때기를 이빠지게 찧으면서, 개아들놈 쇠아들놈 밥통이 엎어지고, 살별이 일어나되, 무지한 저 흥보는 밥먹기에 윤기(倫紀) 잊어, 자식 몇 놈이 뒈져도 살릴 생각은 아예 않고 그 뜨거운 밥이로되 두 손으로 서로 쥐어, 세죽방울 놀리는 양, 크나큰 밥덩이가 손에서 떨어지면 목구멍을 바로 넘어 턱도 별로 안 놀리고, 어깨춤 눈 번득여 거의 한 말 어치를 처치한 연후에.

<흥보전>의 한 대목이다. 여러 끼니를 굶은 사람들의 소원을 이렇게 표현했다.

1969년 8월, 박정희 전대통령은 수해 지역을 시찰하던 중 경북 청도군 청도읍 신도1리에 있는 두 개의 마을을 보고 감동했다. 신도마을의 주민들이 스스로 나서서 마을 안길을 넓히고 지붕을 개량했으며, 담장을 정돈하는 등 생활환경을 크게 개선시켜 놓았던 것이다. 장관이었다. 이를 계기로 박전대통령은 새마을운동을 대대적으로 전개했다.

먼저 마을당 300~500포대의 시멘트를 무상으로 공급했다. 이것으로 마을 진입로를 확장하고 교량을 건설하며, 농가의 지붕을 개량하고 우물 시설을 개선하며, 공중목욕탕을 건립하고 하천의 둑을 개조하게 했다. 더 나아가 토양 개량, 경지 정리, 다목적댐 건설, 수리시설 확충, 영농의 기계화, 종자 개발 등 농가의 소득증대 사업에 박차를 가했다.

무엇이 장관인가. 흥보와 흥보 자식들에겐 밥이 장관이다. 6, 70년대 농촌 사람들에겐? 질퍽질퍽한 농로가 아니라 시멘트로 닦인 신작로가 장관이었다. 홍수만 지면 흔적 없이 사라지는 나무다리가 아니라 집체만한 흙탕물이 넘쳐나도 끄떡없는 신식 교량이 장관이었다. 비가 오면 빗물이 안

방으로 떨어지고 바람이 불면 송두리째 날아가 버리는 초가지붕이 아니라 가지런한 모양새의 견고한 기와지붕이 장관이었다. 도리깨질 소리가 아니라 윙윙거리는 탈곡기 소리가 장관이었다. 마당 빼곡히 쌓여있는 노적가리도 장관이고, 창고마다 들어찬 벼들도 장관이었다.

그러면 이것들이 어째서 장관인가. 사람들의 배를 채워 주고 편안한 잠자리를 제공해 주었기 때문이다. 이것들이 5000여년 지속된 가난을 몰아내 주었기 때문이다. 가난으로부터의 탈피는 적어도 6, 70년대 이전의 지상과제였다. 따라서 가난을 벗어나게 해줄 수 있는 것이라면 그 어떤 것도 장관이었다. 최소한의 생존 기반을 보장해 줄 수 있는 것이 그네들에겐 유일무이한 장관이었다.

연암 박지원이 기와조각, 조약돌, 똥오줌을 제일의 장관으로 본 것도 마찬가지다. 그것들이 백성들의 삶을 실질적으로 가능케 하는 가장 절실하고도 중요한 것이기 때문이다. 연암이 살던 조선시대에, 인류 인사들은 "춘추대의를 위하여 중국을 떠받들고 오랑캐를 배척하는 자"들을 최고의 장관으로 꼽았다. 그러나 '춘추대의'는 백성들의 배를 채워주지 못할 뿐만 아니라 생활의 편의도 주지 못한다. 따라서 '춘추대의'는 다수의 백성들에게는 관심의 대상이 아니다. 1979년, 박정희 전대통령이 서거했을 때, 나는 중학교 1학년이었다. 온 농촌이 눈물바다였다. 남녀노소, 상하 할 것 없이 통곡하지 않은 사람이 없었다. 그것은 결코 동원된 거짓 울음이 아니었다. 박전대통령이 먹고 살게 해 준 사람이었으므로, 그리고 그가 죽었으므로 통곡하였던 것이다. 그가 독재를 통해 지식인들을 무수히 죽였다는 것을 나중에 알았다 해도, 그들 농민들은 눈앞에 놓여 있는 무수한 장관들로 인해 독재가 결코 의식되지 않았던 것이다. 왜냐하면 '독재'란 농민들에게는 감각될 수 없는 추상에 불과한 것이기 때문이다.

흥보 가족이 살았던 시대도 그렇고 6, 70년대 농민들도 그렇다. 각자 처한 생활 조건 속에서 가장 절실하고 필요한 문제를 해결해 주는 것, 그것이 바로 장관이다.

3. 전기 없는 삶, 우리 시대의 장관

> 튀면 붙잡는 게 바깥의 세태 아닙니까. 그렇게 살아오다가 어느 순간에 경쟁적인 삶이 지겨워졌어요.

굶주릴 때는 배를 채우는 것이 우선이다. 그리고 생활이 불편하면 편하게 바꾸는 것도 관심사다. 이를 위해 신작로를 만들고 도로를 닦는다. 걸어 다니기만 하다가 자전거를 타고, 이제는 자동차를 타고 다닌다. 탈곡기로 탈곡을 하다가 이제는 콤바인으로 모든 것을 한꺼번에 다 한다. 예전엔 들판에서 새참으로 국수를 말아 먹었지만, 이제는 시내 중국집에서 자장면을 배달해 먹는다. 들판에서 바로 휴대폰을 칠 수 있기 때문에. 뿐만 아니라 연중 농번기가 대폭 줄어들어 여가 시간도 많다. 농민들은 그 시간에 삼삼오오 단체를 만들어 중국, 동남아 등지를 여행한다. 좀 더 여유가 있는 사람은 유럽까지 갔다 온다. 이것이 현재의 농촌 풍경이다. 이제는 배를 채우는 것은 문제가 되지 않는다. 좀 더 쉽고 편하게 농사를 짓기 위해 현대화된 기계를 활용하고, 확보된 여가시간을 내실 있는 삶을 위해 쓴다. 이 모두 삶의 질을 중시하면서 생긴 것이다. 현재 농민들의 삶의 질이 얼마나 좋아졌느냐 하는 문제는 논쟁의 여지가 있다. 그러나 적어도 나의 고향 사람들은 삶의 질이 훨씬 좋아졌다고 말한다.

그러면, 지금의 서울은 어떠한가. 70년대 이후의 산업화, 공업화로 인해 서울은 급격히 발전했다. 도로가 건설 정비되고 아파트가 들어찼다. 주위에는 그 어떤 것도 마음만 먹으면 언제든지 구할 수 있는 백화점이 생기고, 도로 위엔 자동차가 넘쳐났다. 뿐만 아니라 문화시설도 점차 늘어났다. 따라서 외관상으로 보면 실로 살만한 세상이 되었다고 할 수 있다. 먹고 사는 문제도 거의 해결되었다고 생각된다. 그러나 지금 현재는 다르다. 모든 것이 메말라 있다. 생활공간에 비해 자동차와 집들이 너무 많아 공기가 메마르고, 경쟁이 치열하고 빈부 차이가 심해 마음과 정신이 메마르다. 정치, 경제, 사회 등 주위의 모든 요소들이 고통으로 다가온다. 특히 서민층들은 살기가 더없이 어렵다. 집값이 너무 비싸고 교육비가 너무 많이 든다. 이러므로 삶의 주위에 장관이란 없다.

그러면 우리 시대의 장관은 어디에 있는가. 한티골에 있다. 문인득(48)씨는 도시와 직장을 버리고 현재 경북 울진군 근남면 수곡리의 한티골에 들어와 살고 있다(이하 2006년 10월 18일자 문화일보 기사).

문씨는 고시보다 어렵다는 기술사 시험에 합격해 기술사 자격증을 2개나 가지고 있고, 웬만한 직장인들의 몇 배의 월급을 받으며 남부러울 것 없이 살던 '최고의 엔지니어'였다.

그러던 그가 경쟁적인 바깥의 삶을 팽개치고 전기도 없고 이웃도 없고 대낮에도 산짐승들이 먹이를 찾아내려오는 궁벽한 산속으로 들어와 살고 있다. 나무껍질로 지붕을 잇고 침목으로 기둥을 세우고 황토로 흙벽을 발라 손수 지어낸 그의 골피집은 주변의 자연과 어울려 멋진 풍경을 자아낸다.

문인득씨의 골피집

그렇다고 문씨가 무슨 신선처럼 살고 있는 것은 아니다. 아내와 두 자녀를 모두 데리고 와 살고 있으며, 생존과 생활을 위해 손수 논농사도 하고 채소도 기른다.

문인득씨는 다음과 같이 말한다.

> 이곳에는 전기가 안 들어와요. 일반전화선도 안 들어오고 휴대전화도 이곳에서는 무용지물이지요. 하지만 이런 환경이 우리 가족들에게는 더없는 축복이에요.

문씨는 전기 없이 사는 삶이 불편하긴 하지만, 그보다 고마울 때가 더 많다고 한다. 첫 번째로, 초등학생인 두 자녀가 이곳으로 들어와서는 한 번도 다투지 않았다는 것. TV를 보거나 컴퓨터를 할 일이 없으니 아이들끼리 대화시간이 크게 늘었고, 그러다보니 도무지 다툴 일이 없다는 것이다. 두 번째는 밤마다 쏟아지는 황홀한 별빛을 올려다 볼 수 있다는 것. 그리고 세 번째는 촛불 하나만 켜놓으면 자연스럽게 가족들이 모여든다는 것이다.

> 가을비가 살짝 뿌리던 날, 한티골의 집 굴뚝에는 관솔을 태우는 연기가 모락모락 피어 오릅니다. 문씨는 한 쪽으로 미뤄뒀던 장작을 꺼내서 패고, 아내는 툇마루에 앉아 조용히 내리는 가랑비를 내다봅니다. 강아지 두 마리가 툇마루 밑에서 비를 피하며 낮잠을 자고 있습니다. 고요한 가을의 한 폭 수채화 같은 풍경입니다. 문씨 부부는 오랜만에 산골의 집을 찾아온 길손에게 산에서 캔 송이를 넣은 된장찌개와 따스한 밥상을 차려 내놓고는 하나 둘씩 이야기를 풀어 놓습니다.

문씨 부부의 삶을 취재한 기자의 소묘다. 문인득씨의 골피집과 함께, 문씨 가족의 이러한 삶의 풍경이 현대를 사는 많은 이들의 꿈이라면, 이것이 진정 우리 시대 최고의 장관이다.

재물은 원래 내 것 네 것이 없다

조 영 주*

1. 〈일신수필(馹迅隨筆)〉 7월 22일

동관역(東關驛)에서 이대자(二臺子)까지 5리, 육도하교(六渡河橋)까지 11리, 중후소(中後所)까지 2리, 모두 18리를 가서 점심 먹다. 중후소에서 일대자(一臺子)까지 5리, 이대자까지 3리, 삼대자(三臺子)까지 4리, 사하점(沙河店) 8리, 엽가분(葉家墳)까지 7리, 구어하둔(口魚河屯)까지 3리, 어하교(魚河橋)까지 1리, 석교하(石橋河)까지 9리, 전둔위(前屯衛)까지 6리, 모두 48리를 와서, 전둔위에서 묵었다. 이날 66리를 갔다.

배로 중후소하(中後所河)를 건넜다. 옛날엔 성이 있었는데 중년에 허물어져서 방금 수축하는 중이다. 점포와 여염이 심양에 버금갈만 하고, 관제묘(關帝廟)의 장려함이 요동보다 더 나은데 매우 영험이 있다 한다. 일행이 모두 예폐(禮幣)를 바치고 머리를 조아리며 제비를 뽑아 길흉을 점쳐본다.

창대는 참외 한 개를 놓고 무수히 절하고 또 그 참외를 소상 앞에서 제

---

* 건국대학교 강사

가 먹어버렸다. 제가 무엇을 빌었는지는 알 수 없겠으나, '가진 것이 적으면서 바라는 것은 너무 사치롭다.'[1]는 옛말이 곧 이를 두고 이름이다.

대문 문 안 조장(照墻)에 그린 파란 사자 그림이 그럴 듯하다. 이는 감로사(甘露寺)의 것을 본뜬 것 같다. 오도자(吳道字)[2]가 그리고, 동파(東坡)가 찬(贊)을 지었는데, 그 글에, '위견치 희견미(威見齒 喜見尾) ; 위엄은 이빨에 나타나고, 기쁨은 꼬리에 나타나네'라 하였으니, 이는 가히 잘 형용했다고 할 만하다.

우리나라에서 쓰는 털모자는 모두 이곳에서 만드는 것이다. 그 공장은 모두 셋이 있는데, 한 집이 적어도 30~40칸은 되며 거기서 일하는 공인은 모두 백 명이 넘는다. 의주 상인들이 수없이 많이 와서 모자를 예약해 놓았다가 돌아갈 때 싣고 간다. 모자 만드는 법은 매우 쉬워서, 양털만 있다면 나도 만들 만했다. 우리나라에서는 양을 치지 않으므로 백성들이 1년 내내 고기 맛을 모르고, 전국의 남녀 수는 수백만이 넘는데 사람마다 털모자 하나씩을 써야만 겨울을 날 수 있게 된다. 해마다 동지(冬至)·황력(黃曆)[3]·재자(賫資)[4] 등의 사행에 가지고 가는 은화가 10만 냥은 될 것인즉, 이 돈이 10년 동안이면 백만 냥이 된다. 모자는 사람마다 삼동만 쓰다가 봄이 되어서 해지면 버리고 말 뿐인즉, 천 년을 가도 헐지 않는 은으로써 한겨울 쓰면 내어버리는 모자와 바꾸고 산에서 캐어 내는 한도 있는 은을 한번 가면 다시 돌아오지 못하는 곳으로 갖다 버리니, 그 얼마나 생각없는 노릇인가.

모자를 만드는 기술자들은 모두 웃통을 벗고 일을 하는데 그 손놀림이 바람처럼 재빠르다. 우리나라에서 가져온 은화(銀貨)가 이곳에서 반은 사라지는 터이므로, 공장 주인들은 각기 단골 손님을 정하여 의주(義州) 장

---

1) 《사기(史記)》 골계전(滑稽傳) 중에 실린 순우곤(淳于髡, B.C.385~B.C.305)의 말.
2) 당(唐)의 저명한 화가(畫家)인 오도현(吳道玄). 도자(道字)는 자.
3) 역서(曆書)를 받으러 가는 사행. 본시 동지사가 받아왔던 것을 조선 현종(顯宗) 원년부터는 따로 가게 되었다.
4) 삼사의 격식을 갖추지 않고 역관 중에서 적당한 사람을 골라서 보내는 약식 사행.

사치가 오면 반드시 크게 주식(酒食)을 베풀어 대접한다고 한다.

길에서 도사 세 사람을 만났는데, 그들은 짝을 지어 시장 골목으로 두루 돌아다니며 구걸을 하고 있었다. 한 사람은 머리에 구름 무늬를 그린 검은 사(紗)로 만든 모난 관을 쓰고, 몸에는 옥색 추사(縐紗)로 지은 소매가 넓고 길이가 긴 도포를 걸치고, 속에는 푸른 항라 바지를 입고, 허리에는 붉은 비단 띠를 띠고, 발엔 붉고 모난 비운리(飛雲履[5])를 신고, 등에는 옛 참마검(斬魔劍[6])을 메고, 손에는 죽간(竹簡)을 들었는데, 얼굴빛은 희고 삼각(三角) 수염에 미목이 헌칠하다. 한 사람은 머리에 두 갈래 뿔상투를 짜고 붉은 비단을 감았고, 몸에는 소매가 좁은 푸른 비단 저고리를 입고, 어깨에는 벽려(薜荔[7])를 걸치고, 두 무릎 위에는 호피(虎皮)를 두르고, 허리에는 붉은 비단으로 넓은 띠를 만들어 띠고, 발에는 청혜(靑鞋)를 신고, 등에는 비단으로 꾸민 오악도(五嶽圖[8])의 족자를 지고, 허리에는 금호로병을 찼으며, 손에는 도서(道書) 한 갑(匣)을 들었는데, 얼굴은 희고 가냘프다. 또 한 사람은 머리를 말아서 어깨까지 드리우고 금테를 둘렀으며, 몸에는 검은 공단으로 지은 소매 넓은 장삼(長衫)을 입고, 맨발로 걸었다. 손에는 붉은 호로병을 들고, 붉은 얼굴에 고리눈이요, 입 속으로 주문(呪文)을 외우고 있었다. 저자 사람들의 눈치를 보면 모두 그들을 싫어하고 귀찮게 여기는 기색이다.

석교하에 다다르니, 강물이 불어서 물과 언덕의 분간이 없다. 물은 그렇게 깊지 않으나 물살이 제법 세다. 모두들 말하기를, "지금 곧 건너지 않으면 물이 차츰 더 불어날 것"이라고 한다. 이에, 나는 정사의 가마에 들어

---

5) 신발 이름. 검은 능 바탕에 흰 견을 가지고 구름 모양으로 꾸몄다. 당의 백거이(白居易)에서 비롯하였다 한다.

6) 마귀를 베는 칼. 중국 전한(前漢) 때의 명검의 이름으로, 한칼에 말을 베어 쓰러뜨릴 수 있을 만큼 예리한 칼을 이르는 말.

7) 줄사철나무. 노박덩굴과의 상록 활엽 덩굴나무. 여기에서는 은사(隱士)들 옷의 일종.

8) 오악(五嶽; 중국의 이름난 다섯 산. 태산(泰山), 화산(華山), 형산(衡山), 항산(恒山), 숭산(嵩山))을 그린 그림.

함께 건너서 저쪽 언덕에 닿아서 보니, 말을 타고 건너는 자들은 모두 고개를 들어 하늘만 쳐다보고 얼굴빛이 파랗게 질렸다. 서장관의 비장 조시학이 물에 빠져 하마터면 죽을 뻔하여 모두들 몹시 놀랐다. 의주 상인 중에 돈주머니를 빠뜨린 자가 있어 물을 굽어 보면서, '아이구, 어머니' 하고 통곡하는 자도 있었다 한다.

전둔위 시장에 연극이 열렸다가 막 파하여 시골 여자 수백 명이 몰려 나왔다. 대부분이 늙은이들이었으나 오히려 차림새는 야단스럽게 꾸몄다. 연극하는 자들이 방금 파하고 나오는데, 망포(蟒袍)·상홀(象笏)·피립(皮笠)·종립(椶笠)·등립(藤笠)·종립(鬉笠)·사립(絲笠)·사모(紗帽)·복두(幞頭) 같은 것이 완연히 우리나라 풍속과 다름없다. 도포는 자줏빛도 있고, 방령(方領)은 검은 선을 둘렀으니, 이는 옛날 당(唐)의 제도인 듯싶다.

아아, 슬프다. 신주(神州)가 육침(陸沉)한 지 이제 백여 년에 의관의 제도는 오히려 저 배우 잡극 속에 비슷하게 남아 있으니, 하늘이 마치 이에 무심하지 않는 성싶다. 무대에는 모두 '여시관(如是觀)'이란 석 자를 써 붙였으니 이것도 역시 말 못할 뜻을 간직하고 있음인가 한다.

마침 지현(知縣)[9] 한 사람이 지나는데, '정당(正堂)'이라 쓴 큰 부채 한 쌍, 붉은 일산(日傘) 한 쌍, 검은 일산 한 쌍, 붉은 우산 한 개, 기(旗) 두 쌍, 대곤(竹棍) 한 쌍, 가죽채찍 한 쌍이 지나가고 지현(知縣)은 가마를 타고 뒤에 따라간다. 활과 살을 가진 말탄 군사 5, 6명이 따랐다.[10]

2. 진실로 가치 있는 일

위의 글이 실려있는 <일신수필(馹迅隨筆)>은 신광녕(新廣寧)부터 산하

9) 중국 송나라·청나라 때에 둔 현(縣)의 으뜸 벼슬아치.
10) 번역문은 리상호 역, 『열하일기』(보리, 2004)를 주로 참조하였고, 필요한 경우에 한해서 필자가 일부 수정하였음.

이관(山海關)에 이르기까지 연암의 9일 간의 견문을 담고 있는데, 민중들의 삶을 윤택하게 하고자 했던 연암의 이용후생(利用厚生)의 실학사상이 매우 두드러지게 드러나는 책이다.

무술(戊戌)년 7월 22일, 전둔위(前屯衛)를 둘러보던 연암의 눈을 사로잡은 것은 털모자를 만들어 파는 공장이었다. 여느 여행객이라면 마음에 드는 모자 하나를 골라잡아 사왔을 터이나, 박지원은 '우리나라에선 양을 치지 않으므로 인민이 1년 내내 고기 맛을 모르고, 전국의 남녀 수는 수백만이 넘는데 사람마다 털모자 하나씩을 써야만 겨울을 날 수 있게 된다'고 하면서, '천 년을 가도 헐지 않는 은으로써 한겨울 쓰면 내어버리는 모자와 바꾸고 산에서 캐어 내는 한도 있는 은을 한번 가면 다시 돌아오지 못하는 땅에 갖다 버리'는 상황을 안타까워했다. 또한 양털만 있다면 자신도 만들 수 있을 정도로 제조법이 매우 간단하다고까지 하였다. 1360년경 원나라에서 돌아오며 붓대 속에 목화씨를 감추어와 양반의 신분으로 목화재배에 몰두했던 문익점과 같은 마음이 아니었을까. 오늘날 해외여행을 다녀오는 우리나라 여행객들이 여행지에서 파는 물건들을 무분별하게 구입해서 한보따리씩 안고 오는 부끄러운 모습이 떠올라 고개가 절로 숙여진다.

털모자 공장을 둘러본 연암이 그곳 시장에서 열린 연극무대가 파장하는 것을 바라보다가 '여시관(如是觀)'이라는 글귀에 눈길을 주는 대목도 주목할 만하다. 박지원은 그곳이 연극하는 자들이 자줏빛 도포에 방령(方領)은 검은 선을 두르는 등 옛날 당나라 풍습이 담겨있는 복장을 입은 것을 보고는, 번창했던 나라가 망하고 백여년이 흐르자 의관의 제도가 배우들의 옷차림에 남아있다고 하면서 인생의 허망함을 슬퍼했다. 아마도 그러한 생각이 떠올라 『금강경』 제32장 '一切有爲法 如夢幻泡影 如露亦如電 應作如是觀(일체 유위법은 꿈과 같고, 환과 같고, 물거품과 같고, 그림자와 같고, 잠깐이기 이슬과 같고, 번개와 같으니 마땅히 이와 같이 여길지니라.)'에 있는 '여시관(如是觀)'이라는 구절을 무대에 붙여둔 것이 눈에 띄었나보다.

부질없는 화려함을 추구하고, 개인의 욕심만을 채우기에 급급한 삶을 살아가는 세태 속에서 진실로 가치로운 것이 무엇인가를 생각해보게 하는 대목이다.

3. 최인호의 〈상도(商道)〉

박지원(1737~1805)은 당시 대부분의 유학자들과 달리 민중들의 삶을 윤택하게 할 수 있는 이용후생(利用厚生)의 현실적 삶의 문제에 대해 깊은 관심을 갖고, 그 해결방안을 모색하고자 하였는데, 유통구조와 관련하여 조선 백성의 삶의 질을 향상시키고자 했던 연암의 마음을 따라가다 보니 최인훈의 작품 <상도>의 주인공 임상옥(1779~1885)이 떠올랐다. 이 두 인물은, 사사로운 이익과 욕심을 추구하여 기업윤리마저 져버리는 일도 서슴지 않는 비양심적인 경영인들이 사표(師表)로 삼을만한 분들이라 생각한다.

4대째 의주상인을 하던 집안의 아들로 태어난 임상옥은, 출신이 천하다는 이유 때문에 역관 시험에서 떨어진 아버지가 자살을 하자 아버지가 진 빚을 갚기 위해 훗날 자신의 장인이 될 홍득주의 가게로 들어가 장사를 배우기 시작한다. 인삼을 보는 훌륭한 안목과 근면 성실함으로 홍득주의 신임을 얻게 된 임상옥은 인삼을 팔러 중국에 가서 이윤을 얻으나, 돌아오는 길에 중국의 홍등가에서 여인 장미령의 딱한 사연을 듣고 자신의 돈과 주인의 공금까지 횡령하여 그녀를 도와주고 만다. 조선으로 돌아간 상옥은 공금을 횡령한 죄로 의주상계에서 추방되고, 세상살이에 지쳐 금강산에 있는 추월암으로 올라갔다가 그의 인생 최대의 은사이신 석숭 큰스님을 알게 된다. 스님은 임상옥에게 그의 인생에서 3가지 화를 피하지 못하면 멸문지화를 당한다면서 그것을 피할 방법인 '죽을 사(死)'와 '솥 정(鼎)'과 '계영배(戒盈盃)'를 알려준다.

암자에서 내려온 상옥은 중국에서 인삼을 팔다가 난관에 봉착하지만, 석숭스님께서 가르쳐주신 첫 번째 화를 벗어나는 방법인 '죽을 사(死)'자의 비의를 알아내어 고비를 넘기고 조선 최대의 거상으로 자리매김하게 된다. 그의 두 번째 화는 정권교체의 꿈을 꾸는 홍경래가 임상옥을 찾아와 임상옥에게 개혁 가담의사를 물은 것이다. 이때 임상옥은 명예와 지위를 얻기 위해 가담할 수도 있었으나, 석숭 스님이 써준 '솥 정(鼎)'자를 떠올려 솥의 세 다리가 상징하는 인간의 세 가지 욕망인 명예욕, 지위욕, 재물욕을 모두 누리려 하는 것은 마치 한 발을 가진 솥이 쓰러지거나 뒤집혀지지 않기를 바라는 것과 같음을 깨닫고, 부질없는 욕심에서 벗어남으로써 두 번째 고비를 넘기게 된다. 그리고 슬기롭게 위기를 벗어난 임상옥은 곽산 군수로 임명되었다.

임상옥은 곽산 군수를 지내면서 관기로 지내고 있는 여인 '송이'를 면천시켜 양민이 될 수 있도록 하기 위해 그녀를 첩으로 맞이하였다가 죄를 받게 되어, 세 번째 고비를 맞게 된다. 이때 임상옥은 감찰사를 초대해 잔치를 벌이고 스승님이 주신 귀중한 술잔인 계영배에 술을 따라 감찰사를 대접하는데, 감찰사는 가득 채워지지 않는 신비한 술잔 계영배를 보고 귀신이 붙은 잔이라고 던져서 깨트려버린다. 그리고 술에서 깬 감찰사는 자신이 남의 가보를 망가뜨린 것에 대한 미안한 마음에 조정에 상소하여 상옥의 죄를 없애준다. 결국 계영배 때문에 상옥의 죄가 없어지게 된 것이다. 석숭스님이 준 계영배에는 '계영기원 여이동사(戒盈祈願 與爾同死); 가득 채우지 말기를 바라며 너와 함께 죽기를 바라노라.'라는 글귀가 써있었는데, 이때 비로소 상옥은 그것이 의미하는 바를 알게 되어 자신의 모든 재산을 사회에 환원하고 자신의 호인 '가포(稼圃)'처럼 그는 채마밭을 가꾸며 살다가 조용히 눈을 감는다. 오늘날 재벌기업들이 문어발식 사업확장을 통해 중소기업을 죽이고 재산을 축적하는 것과는 달리, 더 큰 상대를 꺾으려 노력하여 언제나 새롭고 대담한 상업의 길을 걸으면서도 난관에 빠진 어려운 백성을 외면하지 않고 아낌없는 도움을 건넬 줄 아는 그의 상도(商道)가 우리 현대 사회에서도 다시 나타나길 바란다.

임상옥이 남긴 다음의 말을 소개하며 이 글을 마친다.

"재물은 원래 내 것과 네 것이 없소이다. 이는 물이 내 것과 네 것이 없는 것과 마찬가지요. 그런데 사람들은 내 것과 네 것이 아닌 재물을 내 것으로 소유하려 하고 있소이다. 내 손 안에 들어온 재물은 잠시 그곳에 머물러 있는 것에 불과한 것이오. 흐르는 물을 손바닥으로 움켜쥐면 잠시 손바닥 위에 물이 고여 있는 것처럼 보이지만 곧 그 물이 사라져버려 빈 손이 되어 버리는 것과 마찬가지요.

이는 사람도 마찬가지외다. 태어날 때부터 귀한 사람 천한 사람, 가진 사람 없는 사람, 아름다운 사람 추한 사람, 높은 사람 낮은 사람은 없는 법이요. 아무리 귀한 사람이라 하더라도 그는 잠깐의 현세에서 귀한 명예를 빌려 비단옷을 입은 것에 불과한 것이오. 그 비단옷을 벗어버리면 그는 평범한 사람으로 돌아가버리는 것이외다. 그러므로 사람은 누구나 저울처럼 바른 것이오. 저울은 어떤 사람이건 있는 그대로 무게를 재고 있소. 아무리 귀한 사람이라 하더라도 더도 덜도 아닌 정확한 무게로 저울을 가리키고 있는 것이오."

열녀의 허와 실

김 종 균*

1. 〈강녀묘기(姜女廟記)〉

강녀(姜女)의 성은 허씨(許氏)요, 이름은 맹강(孟姜)인데, 섬서(陝西) 동관(同官)에 사는 사람이다. 범칠랑(范七郞)에게 시집을 갔는데 진(秦)나라 장군 몽념(蒙恬)이 만리장성을 쌓을 때, 범랑(范郞)이 그 일에 불려가 노역을 하였다. 육라산(六螺山) 밑에서 죽을 때, 그 아내 맹강에게 현몽하였으므로, 맹강이 손수 옷을 지어 혼자서 천 리를 가서 그 지아비의 생사를 탐지하다가 이곳에서 쉬며 장안을 바라보고 울다가 이내 돌로 화하였다 한다. 어떤 이들은 이르기를,

"맹강이 그 지아비가 죽었다는 말을 듣고 홀로 가서 그 뼈를 거두어 업고 바다에 든지 며칠 만에 돌 하나가 바다 가운데 솟아서 조수가 밀려들어도 잠기지 않았다."

한다.

---

* 건국대학교 연구교수

뜰 가운데 비석 셋이 있는데 거기 기록된 것이 모두 같지 않고, 또 허황한 말이 많다. 묘에는 소상(塑像)을 세우고 좌우에 동남(童男), 동녀(童女)를 늘어 세웠다. 황제가 여기다 행궁(行宮)을 두었고, 지난해 심양(瀋陽)에 거동할 때 지나는 행궁마다 죄다 중수하였으므로 단청이 아직도 휘황찬란하다.

묘에 문문산(文文山)이 쓴 주련(柱聯)이 있고, 망부석(望夫石)에는 황제가 지은 시를 새겼으며, 망부석 곁에는 진의정(振依亭)이 있다. 당(唐)나라 왕건(王建)의 <망부석시(望夫石詩)>는 이 돌을 읊은 것이 아니다. 그러나 『지지(地志)』에,

'망부석이 둘인데 하나는 무창(武昌)에 있고, 또 하나는 태평(太平)에 있다.'

하였는데, 왕건이 읊은 것이 그 어느 것인지 분명하지 않다. 또 진(秦)나라 때엔 아직 섬(陜)이란 땅이름이 없었을 뿐더러 강(姜)도 제녀(齊女)를 일컫는 것인데, 허씨를 섬서 동관 사람이라 함은 더욱 터무니없는 말이다. 행궁 섬돌에서 강녀묘에 이르기까지 돌난간을 둘렀고, '방류요해(芳流遼海)'라는 현판은 지금 황제의 글씨이다.[1)]

2. 실증과 소망 사이

이글은 연행에 나선 연암이 신광녕(新廣寧)으로부터 산해관(山海關)에 이르는 9일간의 기록을 모은 <일신수필(馹汛隨筆)>의 후반부에 수록된 것이다. 연암은 처음 접하는 문물에 대해 많은 생각을 가진 듯하다. 특히 이용후생학적인 시각을 견지하면서 풍물들에 대해 자신의 생각들을 실증적으로 드러내고 있다.

---

1) 번역은 이가원 역, 『열하일기(上)』(대양서적, 1975)를 참조하여 필자가 일부 수정한 것임.

전반부에서 강녀묘에 얽힌 이야기를 비석에 기록된 내용들을 통해 언급하고, 후반부에는 그 조형물들과 화려한 치장에 대해 평하고 있다. 그런데 그 시각은 시종일관 부정적이다. 먼저 강녀의 신이한 행적에 대해 허황된 것으로 보고 인정하지 않는다. 그 이유는 일차적으로 뜰에 선 세 개의 비석의 내용이 일치하지 않기 때문이다. 남편 범칠랑의 죽음을 현몽으로 예지하고 천리를 달려와 남편의 죽은 사실을 확인하고 돌로 변했다는 강녀의 사적, 더 나아가 남편의 유골을 거두어 업고 바다에 투신한 후 바위로 우뚝 솟았다는 이야기가 일치하지 않는 점에서 신빙하지 못하겠다는 입장이다.

아울러 사당을 세우고 거창하게 꾸민 장식들에 대한 반감도 크다. 사당에 흙으로 강녀의 형상을 만들어 세우고 시위(侍衛)하는 동자상들을 세운 것도 과하게 보았고, 황제나 여러 문인들이 강녀의 행적을 찬양하여 시를 지어 여기저기 붙인 것 하며 화려한 단청도 못내 마뜩잖다.

그러므로 말미에 나름대로의 생각으로 강녀묘의 허황함을 고증하고 있다. 우선 강녀의 내력에 대해서도 부정하고, 강녀의 기이한 행적을 진나라 만리장성 축성과 결부시키는 사실에 대해서도 지명의 유래를 들어 부정하고 있다.

그런데 연암의 이러한 실증적 시각은 사실을 구명한다는 차원에서는 인정할 수 있지만 이야깃거리를 만들고자 하는 인간의 심리에 대해서는 간과하고 있어 다소 건조하게 와 닿는다. 강(姜)은 제(齊)나라 여자를 지칭하는 말이므로 지역이 일치하지 않는다고 평하였지만, 고문헌에 실제 맹강(孟姜)이란 이름은 제나라 사람들의 큰딸(長女)을 지칭하다가 차츰 장녀를 지칭하는 말로 일반화 되었다. 그러므로 굳이 강녀라는 이름을 혐의 삼아 강녀묘 고사를 허구로 단정할 필요는 없을 듯하다.

반드시 밝혀야 할 사실이라면 실증적으로 접근하는 것이 마땅하겠지만 만리장성이 바라보이는 지역 사람들이 그에 얽힌 이야기를 하나쯤 만들어 전승하고자 하는 욕구에서 비롯된 이야기를 굳이 이처럼 실증적으로 구명해야 하는가? 만리장성의 장대함을 눈앞에 두고 그 웅장함에 감탄을 발할 수도 있겠지만 일변으로 그 노역에 참여했던 수많은 정부(征夫)들의 억울한 죽음과 그 아내들의 비애도 상상이 되는 부분이다. 그 웅장함 이면에 숨겨진 노역자들의 한 맺힌 이야기로 이 강녀묘 고사는 형성되었을 것이다.

우리 땅에서는 만리장성을 직접 볼 수도 없지만 이 만리장성의 노역이 민초들에게는 얼마나 가혹했을지 가늠이 되는지라 '하룻밤을 자고 만리성을 쌓는다'는 다소 엉뚱한 이야기를 만들어 전승하고 있다. 우리 속담에 잠깐 만나 헤어질 사람이라도 정은 깊게 맺는다는 뜻으로 '하룻밤을 자도 만리성을 쌓는다'고 한다. 그런데 이 속담의 의미를 전혀 딴판으로 해석한 이야기이다.

> 노총각으로 지낸 사람이 어여쁜 색시를 얻어 장가를 들고 보니 밤낮으로 아내의 얼굴만 쳐다보고 생계를 꾸리는 일은 뒷전이었던가 보더라. 늦도록 안고 자다 일어나서도 모자라 아침 밥상을 물리면 다시 아내를 안고 누우니, 한 겨울에 땔나무도 다 떨어진 상황이 되어 냉골에 누웠더라. 아내가 화가 나서 당장 땔나무를 해오라고 내치니, 민가에서 떨어진 먼 산에 들어가 나무를 할 일이지, 아내를 그리는 조급한 마음에 마을 근처 왕릉에 들어가 도래솔을 베어 한 짐 지고 나왔더란다. 나오다가 관원에게 걸리고 보니, 당시는 만리성을 쌓던 시대라 노역자가 부족해 죄를 지으면 무조건 만리성 노역장으로 끌려가게 되더라. 눈물을 흘리며 노역장으로 끌려가는 남편을 보고 아내는 애틋한 마음에 잠시만 고생하면 자기가 무슨 수를 내서라도 빼내주겠다고 위로하더란다.
>
> 남편도 없이 혼자 지내는 아내의 집에 하루는 소금장사가 소금을 한 짐 지고 와서는 소금을 사란다. 아내가 방문을 살짝 열고는 '서방도 없는 년이 소금은 사서 무엇 하리오'하니 소금장사가 바짝 구미가 당겨 사립문을 밀어 붙이고는 들어와서 마루 끝에 걸쳐 앉아 냉수나 한잔 얻어먹잔다. 마지못한 듯 주섬주섬 챙겨서 나온 아내가 냉수를 떠다 주고 마루 양 끝에 앉아 이런 저

런 사정들을 이야기한다. 남편은 죄를 지어 만리성을 쌓으러 갔고, 이젠 영영 돌아오지도 못할 것이고, 가면서 얼마 안 되는 전답과 이집으로 좋은 사내를 만나서 행복하게 살라했다는 사연으로. 끝으로 댁네는 글을 아는지도 물었더라. 여기저기 떠돌며 정착하지 못하는 소금장사에게는 정말 구미가 당기는 생과부 자리인지라 자신은 배운 게 없어 글은 모르지만 성실하게 살 자신이 있다고 너스레를 떨더라.

그날로 소금장사는 그 집 안방에 들고는 저녁 대접을 잘 받고 하룻밤을 잤던가 보더라. 잠자리에서 일어난 아내가 눈물을 흘리며 '나는 당신을 만나 따뜻한 방안에서 편안한데, 이렇게 추운 날 홑바지에 만리성을 쌓을 남편을 생각하니 절로 눈물이 나고, 남편을 생각하여 핫바지를 지어 놓았는데 그것이라도 남편에게 전해주면 미안함이 덜 하겠다'고 넋두리를 하더라. 이 말을 들은 소금장사는 인정 넘치는 그 여자가 더욱 사랑스러워 자기가 금세 옷을 전하러 다녀오겠다고 나서더란다. 여자가 기뻐하며 남편에게 문안 편지를 적어 줄 테니 다녀오라고 핫바지를 싸서 함께 주더라.

소금장사는 흔쾌히 단걸음에 몇 백리 길을 걸어 만리성 노역장에 닿아서는 여자의 남편에게 면회를 신청했더란다. 피골이 상접한 남편이 전해준 보자기를 풀어서 핫바지를 입고는 편지를 열어보니 '당신 대신 만리성을 쌓을 사람을 보내니 수완을 부려 돌아오시오'라고 씌어 있더라. 남편이 그 편지를 보고 눈물을 줄줄 흘리며, '나도 아내의 정성에 보답하기 위해 저자에 가서 꽃신을 하나 사 올 테니, 나대신 잠시만 만리성을 쌓고 있어'란다. 소금장사는 속으로 '부부간 정리는 참 두터웠나 보다'고 생각하고는 금세 다녀오라 하곤 자신이 잠시 노역장으로 들어가더란다.

그 길로 남편은 집으로 돌아와 아내와 해후하곤 성실하게 살 것을 맹세하고, 소금장사는 꽃신 사러간 남정을 이제나 오려나 저제나 오려나 막연히 기다리더란다.

시골 할머니들에게 고담을 청하면 '하룻밤을 자고 만리성을 쌓는다'는 속담이 무슨 뜻인가를 물으며 이 이야기를 들려준다. 남자는 모름지기 여자의 유혹에 조심해야 한다는 식으로 해석을 덧붙이는 이 이야기가 강녀묘 고사를 희화적으로 비틀고 있지만 그 기본 서사 구조에서는 크게 벗어나지 않는 듯하다. 중국 만리장성의 실체를 말로만 들은 우리네 조상들도 그 노역에 얽힌 이야기를 이렇게 만들어 전승하는데 하물며 만리성이 바라보이는 현지의 사람들에겐 그 비참한 노역부들의 삶이 얼마나 수긍이 되었겠는가?

연암 역시 민초들의 애환을 담은 애틋한 강녀의 절행 이야기에 대해서는 거부감을 갖지 않았을 것으로 생각된다. 문제는 강녀의 절행을 위정자는 아전인수격으로 백성을 규제하는 도구로 사용하고, 글 꽤나 한다는 문인들이 현학의 수단으로 차용하여 지나치게 우상화 하는 데 있어 보인다. 소상을 세우고 시위 동자상을 만들어 신격화하는 행위, 강녀의 절행을 기리는 순수함에서 세운 사당을 화려한 단청으로 꾸미는 행위에 대해 다분히 비판적인 시각을 드러냈다고 보아야 할 것이다.

이 같은 현상은 오늘날 우리 사회에서도 빈번하게 자행된다. 왕조시대에 군왕이 나서서 위정의 수단으로 백성들의 애틋한 사연을 난도질한 것처럼 지금은 방송이나 언론 등의 대중매체들과 대중을 상대로 한 상업적 문화가 애틋한 사연들을 자기들 마음대로 재단하고 전파하고 있다. 대중을 상대로 실상을 그대로 전달하든지, 나아가 그 이면의 진정성을 드러내는 수준이라면 문제될 것이 없다. 그러나 실제 이들은 대중문화를 선도한다는 미명아래 애틋한 이야기를 왜곡하는 경우가 왕왕 있다. 인간 군상들이 살아가는 애틋한 이야기를 다큐멘터리 형식으로 제작하여 상영하는 공중파 방송들이 많다. 그런데 한 번 주목을 받은 이야기의 주인공들은 얼마 후에는 타 방송사에서 손을 뻗치게 되니, 이때는 좀 더 강도를 더하는 애틋함을 보여줘야 한다. 그리고 다시 또 다른 방송에서 접근하고 그 즈음되면 이제 영화 제작사에서 그 내용을 소재로 영화화 하겠다는 의지를 보이게 된다. 사연의 내용이야 처음 기획한 방송의 내용이 전부일 테지만 방송사간 경쟁에 의해 재탕 삼탕되는 사이 사연은 허구화를 점점 더해가고 영화의 단계에 가서는 본 사연과는 너무도 동떨어진 허황함으로 전락하는 경우이다. 이러한 허구화, 신비화가 애틋한 사연의 주인공들에게 긍정적으로 작용한다면 큰 문제가 없을 것이지만 대중의 반감을 불러일으켜 오히려 부작용을 낳기도 한다.

연암이 강녀묘의 고사를 허황함으로 단정한 이유도, 결국은 바다 가운데 선 바위를 보고 망부석이라고 부르며 애틋한 사연을 만들고 조촐하게 사당을 세웠던 지역 민초들의 소망과는 동떨어진 지나친 현학적인 우상화, 신비화에 있다고 볼 수 있다.

3. 열녀이야기를 만드는 심리

연암은 이글에서 강녀묘에 얽힌 이야기를 허황하다고 보았지만 그 내용은 고금을 두고 빈번하게 회자되는 내용이다. 흔히 열녀담(烈女談), 순애담(殉愛談) 등으로 불리는 이 같은 이야기는 중국이나 우리나라의 고전에서 쉽게 찾아 볼 수 있다. 최초로 열의 표상이라고 할 수 있는 중국의 <이비(二妃)> 고사도 아황과 여영 자매가 남편인 순임금이 창오에서 죽었다는 말을 듣고 슬퍼하다가 소상강에 투신하였다는 사실에 많은 허구화된 이야기가 첨가되어 전승되고 있다. 황릉묘를 세워 그 행적을 선양하는 정도에서, '소상반죽(瀟湘斑竹)' 소재가 첨가되면서 사적은 점점 허구화되는 양상이다. 중국의 호사가들에게 평생의 소원이 무엇이냐고 물으면, '황하 용의 간을 회 쳐서 소상반죽으로 다듬은 젓가락으로 맛보는 것'이라고 한다는 것에 이르면 열의 선양으로 만들어진 이야기가 호사가들의 현학의 도구로 전락한 듯하여 허황함으로 와 닿기도 한다.

왕에게 아내를 빼앗기고 자살한 한빙과 남편을 따라 투신한 그 아내 하씨의 못다한 사랑의 징험을 보인 <상사수(相思樹)>고사도 역시 기이한 이야기로 전해진다. 우리의 역사에서 박제상의 아내는 왜에서 순절한 남편을 기다리다 결국 망부석이 되었다고 한다. 이 이야기 역시 강녀묘 사적과 흡사하다.

그러나 열녀담이나 순애담에 기이한 화소가 삽입된다고 하여 다분히 부정적인 시각으로만 볼 일은 아니다. 연암의 시각인 허황하다는 비판을 잠시 접어두고 본다면, 열녀담에서의 신이 요소는 남편에 대한 의리로, 사랑으로 죽은 여인에 대한 이야기 전승자들의 무한한 동정에서 기인한 것이라 볼 수 있다. 남편을 따라 죽은 사실을 두고서 그 절행을 찬양하고자 하는 마음에서 신이한 요소가 삽입되고, 이에 동조하는 집단 심리의 작용으로 그 허구담은 면면이 전승되는 것이다.

실증만을 믿으려고 하는 우리에게 이 같은 열녀담은 조금 색다른 이야기 정도로 인식된다. 그러나 현대에도 기이한 열녀담은 전승되기도 한다. 필자가 몇 년 전에 이야기판에서 여성 화자에게서 들은 이야기이다.

> 전라도 남원 땅에 금실 좋은 부부가 살았단다. 시골에서 벌어먹고 살기 힘이 들어 남편이 서울로 올라가 일자리를 찾아보겠다고 집을 나섰다. 한겨울이라 걱정은 되었지만 아내는 붙잡을 수가 없었다. 남편은 서울에 가서 일자리가 잡아지면 편지를 하겠다고 하였으나 종무소식이었다. 노심초사 기다리는 아내의 꿈에 위기에 처한 남편이 보였고, 아내는 그길로 서울로 남편을 찾아 나섰다. 온갖 고초를 겪으며 수소문을 해서 남편을 찾았으나 남편은 일자리도 얻지 못하고 노숙을 하던 중 길거리서 얼어 죽었더란다. 꽁꽁 얼어붙은 남편의 시신을 끌어안고 하염없이 울던 아내는 남편의 시신을 거두어 염(殮)을 하려하였단다. 그런데 며칠을 얼어붙은 몸이라 도저히 옷을 갈아입힐 수가 없더란다. 아내는 남편의 몸을 녹이려는 생각에 자신의 옷옷을 벗어 죽은 남편의 배 위에 엎드려 배꼽을 맞대고 끌어안고 있었단다. 추운 날씨에 잠이 든 듯하더니 아내는 죽어 있더란다. 꽁꽁 얼어붙은 남편의 배꼽으로 아내의 배꼽이 빨려 들어가 한 몸처럼 얽혀서 말이다.

앞서 언급한 <상사수>의 장면을 연상시키는 이야기이다. 화자는 몇 십 년 전에 실제 있었던 이야기라고 강조하면서 구연에 임했다. 남원에 사는 한 여자가 죽은 남편의 시신을 거두고 같이 죽었다는 사실 정도였을 이야기에 마지막 부분의 신이 화소를 추가한 듯하다. 꽁꽁 얼어붙은 배꼽이 피가 흐르는 따뜻한 배꼽과 맞닿아 있으면 변동을 일으킨다는 말은 전혀 들은 바 없어 황당해 하니 실제로 일어나는 현상이라고 우기기까지 하였다.

이 이야기는 남편을 따라 죽은 불쌍한 여인에 대한 연민에서 만들어졌을 것이고 부녀자들의 이야기판에서는 적극적인 호응을 받으며 전승될 것이다. 이 정도의 허구화는 사연의 주인공에 대한 진정한 동조(同調)에서 기인하는 것이므로 허황함으로 비판할 상황은 아닌 듯하다.

연암이 안의현감을 지내면서 보고 듣고, 그 절행에 탄복하여 정려(旌閭)를 상주했던 열녀 함양박씨의 행적에 대해서도 사실에 더하여 또 다른 기이함이 추가되었을 수도 있을 것이다. 죽은 남편의 무덤과 합쳐졌다는 식으로.

자신들의 이익을 좇아 지순한 사연을 부풀리고 신비화한 이야기는 허황하다고 비판할 수 있을지라도 애절한 그 사연에 동조하면서 선양하고자 하는 소망에서 비롯된 허구화는 충분히 수긍할 수 있어야 하리라.

내 안의 나비 찾기

전 영 숙*

1. 〈장대기(將臺記)〉

만리장성을 보지 않고서는 중국의 큼을 모를 것이요, 산해관을 보지 못하고는 중국의 제도를 모를 것이요, 관 밖의 장대를 보지 않고는 장수의 위엄이 얼마나 장한지 모를 것이다. 산해관을 1리쯤 못 가서 동으로 네모난 성 하나가 있으니 높이가 여남은 길 둘레는 수백 보이며, 한 편이 모두 일곱 성가퀴로 되었고 성가퀴 밑에는 큰 구멍이 뚫려서 사람 수십 명을 감출 수 있게 하였다. 이러한 구멍이 스물네 개이고, 성 아래로 역시 구멍 네 개를 뚫어 병기를 간직하고, 그 밑으로 굴을 파서 장성 안까지 통하게 되어 있다. 역관들은 모두 한(汗)[1]이 쌓은 것이라 하나 그릇된 말이다. 혹은 이를 '오왕대(五王臺)'라고도 한다. 오삼계(五三桂)가 성을 지킬 당시 이 굴을 통하여 불시에 이 대에 올라 포성을 내니, 관 안에 있던 수만 병이 일

* 용강중학교 교사

1) 흉노 및 북방족의 두목.

시에 고함을 질러 그 소리가 천지를 진동하고 관 밖의 여러 곳 돈대에 주둔했던 군대도 모두 이에 호응하여 불과 몇 시간에 호령이 천 리에 퍼졌다고 한다. 일행 여러 사람들과 함께 성가퀴에 의지하고 바라보니 장성은 북으로 뻗어있고, 창해(滄海)는 남으로 흐르고, 동으로는 큰 벌판에 다다르고, 서로는 산해관 안을 엿보게 되었으니, 이 대만큼 조망(眺望)이 좋은 곳은 없을 것이다. 산해관 안 수만 호의 시가와 누대(樓臺)들이 마치 손금을 보는 듯 똑똑하여 조금도 가리어진 곳이 없고, 바다 위 뾰족하게 하늘을 찌르고 선 봉우리는 창려현(昌黎縣) 문필봉(文筆峯)이다. 한참 동안 서서 바라보다가 내려오려 하니 아무도 감히 먼저 내려가려는 사람이 없었다. 벽돌 쌓은 층계가 높고 험해서 내려보기만 해도 다리가 떨리고, 하인들이 부축하려 하지만 몸을 돌릴 공간이 없어 일이 매우 급하게 되었다. 내가 서쪽 층계로 간신히 내려와 대 위에 있는 사람들을 쳐다보니, 모두 부들부들 떨며 어쩔 줄 모르고 있었다. 급기야 내려오려고 눈을 한번 들어 밑을 내려다보면 저절로 현기증이 일어나니 허물은 눈에 있는 것이다. 벼슬살이도 이와 같아서 바로 떠받들려 올라갈 때는 한 계단이라도 남에게 뒤질까 더러는 동배를 밀어젖히고 앞을 다투다가, 마침내 몸이 높은 곳에 이르면 그제야 두려운 마음이 생긴다. 외롭고 위태로워서 앞으로 한 발자국도 나아갈 길이 없고, 뒤로는 천 길이나 되는 절벽이라 다시 올라갈 의욕도 사라지고, 또한 내려오려고 해도 잘 되지 않는 법이다. 이는 고금을 막론하고 통하는 이치이다.2)

2. 비정(非情)의 무한 경쟁

역시 고전은 여러 번 곱씹어 읽을수록 제맛이 난다. 처음 읽었을 때는

2) 번역된 부분은 민족문화추진위원회 역 『국역 열하일기』(고전국역총서 18~19, 1966)와 이상호 역, 『열하일기』(보리, 2004)를 참조하여 필자가 일부 수정하였음.

그저 밋밋한 느낌이던 것이 이제는 제법 장대 주변의 위용이 한눈에 뚜렷이 잡히는 듯하다. 우주에서 지구를 볼 때 인공 축조물로서는 육안으로 유일하게 관찰된다는 만리장성, 장성 동쪽 끝 중국 제일의 국경 관문 도시였다는 산해관, 장대에 올라 바라본 남쪽의 망망대해와 동쪽의 드넓은 만주 벌판.

장대에 올랐던 이들이 쉽게 내려오지 못해 쩔쩔매는 모습도 눈에 선하게 그려진다. 몇 해 전 캄보디아의 유명한 사원 앙코르와트에 갔을 때 우리 일행도 비슷한 경험을 했었다. 가이드를 따라올라 주변 유적들을 조망했었는데, 본래 사원이란 것이 오르락내리락하도록 만들어진 것이 아니기에, 내려올 때는 거의 네 발로 짚다시피하면서 아찔했던 일이 기억난다. 태국의 어느 사원에서도 그랬었다. 장대 역시 일반인이 오르내리도록 설비된 것이 아니었을 터, 두루마기를 떨쳐입은 채 '부들부들' 떨며 내려왔을 연암 일행을 생각하니 살풋 웃음이 지어진다. 학창 시절 처음으로 설악산 대청봉에 올랐을 때 일이다. 하산하는 길이었는데, 우리 일행 중 한 친구가 좁은 층계에서 다리를 아래로 떼어놓지 못해 애를 먹었었다. 오를 때는 즐거워하기만 했었는데 내려오면서 갑자기 무섬증이 일었던 모양이다.

그러고 보면 사람들은 높은 곳에 오르기를 꽤나 즐기는 성향이 있는 듯하다. 이름이 있는 높은 빌딩마다 사방을 조망할 수 있는 전망대가 꼭 있는 것을 보면 그렇다. 뉴욕의 엠파이어스테이트 빌딩에서부터, 파리의 에펠탑, 서울의 63빌딩에 이르기까지 전망대 엘리베이터 앞에는 사람들이 북적대면서 차례를 기다린다.

많은 사람들은 삶의 노정에서도 '높은 곳'을 추구한다. 이 과정에서 사람들은 비정의 무한 경쟁 속에 자신을 던진다. 연암의 말을 빌면 '한 계단이라도 남에게 뒤질까 더러는 동배를 밀어젖히고 앞을 다투'면서 나아가기에 급급하다. 이러한 무한 경쟁은 사람들의 마음을 삭막한 벼랑 끝으로 몰아간다. 그리하여 종국에는, 자기 성찰이나 지나온 길에 대한 돌아봄 없이 오직 꼭대기만을 바라보는 왜곡된 인간군을 양산하고야 만다. 그리하여 연암의 말처럼 '마침내 몸이 높은 곳에 이르면 그제야 두려운 마음이 생긴다. 외롭고 위태로워서 앞으로 한 발자국도 나아갈 길이 없고, 뒤로는 천 길이나 되는 절벽이라 다시 올라갈 의욕도 사라지고, 또한 내려오려고 해도 잘 되지 않는 법이다.'

이러한 현상과 맞닿아 있는 지점에는 최고, 1등을 염두에 두면서 공부에 내몰리는 우리 아이들이 있다. 초·중·고등학교에서뿐만 아니라, 많은 아이들은 아주 어려서부터 공부를 강요받는다. '스펀지 같은 4살', 이것은 어느 유아 대상 학습지 광고의 첫 마디이다. 그러니까 스펀지같이 흡수력이 좋은 4살짜리 아이에게 당장 영어 공부를 시켜야 하고 논술 공부를 시켜야 하고 또 무슨무슨 학습을 시켜야 한다는 것이다 그래야 최고가 되고 1등을 하고 성공한다는 것이다. 문제는 아이를 둔 부모 중 많은 이들이 실제로 아이들을 그 시기부터 영재 교육, 천재 교육으로 내몰고 있다는 사실이다.

'스펀지 같은' 4살 아이들은 스펀지 같은 것이 사실이지만 그 용량은 꼭 스펀지만큼일 뿐인 것을 어른들은 모르고 있는 것일까. 학령기가 시작되는 시기는 만 일곱 살 무렵이며 네 살은 놀이를 통해 공부하는 시기이다. 아이들은 놀이를 통해 자연스럽게 세상을 배운다. 질서 지키기와 관계 맺기, 협동하기 등 중요한 삶의 방식을 스펀지같이 흡수하게 된다. 그런데 놀 시간도 같이 놀 친구도 빼앗긴 아이들이 자신의 내면에 우선 순위로 저장하는 것은 무엇이 될 것인가. 그들은 타인과 관계 맺는 법에는 서투른 채 똑똑하게도 영어 단어를 줄줄 외게 될 것이다. 그들은 더불어 사는 데에는 낯설어하면서 또래보다 더 빨리 읽고 쓰고 셈하게 될 것이다. 그들은 황폐한 내면을 움켜쥔 채 '높은 곳'을 향해 오르도록 몰리고 있는 것이다. 어쩌면 그들은 감당하지 않을 수 없는 '두려움'을 향하여 오르게 되는 것인지도 모른다. 성찰을 하며 오르는 '높은 곳'이라도 '두려움'이 있을진대, 성찰 없이 오르기만 하는 '높은 곳'이라면 더욱더 감당하기 어려운 '두려움'을 동반하게 마련인 것이다.

이러고 보면, 현대를 살아가는 우리에게도 연암의 <장대기>는 시사하는 바가 적지 않다 하겠다. 연암은 비정한 무한 경쟁의 위험성을 짤막하면서도 명쾌하게 경고하고 있는 것이다. 비정의 무한 경쟁은 감당할 수 없는 두려움을 낳고 감당할 수 없는 두려움은 인간을 피폐하게 만든다.

3. 〈맥베드〉와 〈꽃들에게 희망을〉

벼슬살이에서의 연암의 경고가 극명하게 드러난 작품으로는 셰익스피어의 <맥베드>를 들 수 있겠다. 맥베드는 탐욕에 눈이 멀어 국왕 던컨을 시해하고 스스로 왕이 된다. 왕이 된 그는 왕위를 공고히 하는 데 방해가 되는 인물들을 차례로 살해한다. 먼저 동료였던 반코우를 죽이고 다음에는 귀족 맥더프를 죽이려다 그 처자를 죽인다. 그의 연이은 살해 행각은 비정하게 탈취한 왕위를 지켜내려 전전긍긍하는 마음, 두려움의 소산이다.

반코우를 연회에 초대하고 길목에서 기다려 처치한 맥베드는 연회석의 반코우 자리에서 반코우(유령)를 발견하고 소스라친다. 유령을 보는 맥베드 마음이 곧 두려움인 것이다. 권력을 거머쥐기까지, 맥베드는 눈에 보이는 그 권력만을 향하여 나아갔다. 그 위에 무엇이 있는지에 대해서는 깊이 생각해 보지 않았다. 연암의 말에 따르면 '허물은 눈에 있는 것이다.' 그리하여 절대 권력에 오른 맥베드는 두려움 속에서 파멸로 치닫게 된다. 일찍이 맥베드를 부추겨 왕을 살해하게 한 맥베드 부인이 실은 먼저 두려움의 포로가 된다. 그녀는 몽유병 증상 속에서 미쳐 가다가 결국은 자살을 하고 마는 것이다.

꼭대기만을 향하는 맹목성이 처절하게 형상화된 작품이 <맥베드>라면, 그 맹목성의 허망함을 떨쳐낼 수 있는 아름다운 메시지를 전하는 작품으로 트리나 포올러스의 동화소설 <꽃들에게 희망을>을 들 수 있다. <꽃들에게 희망을>은, 온 세상을 따스하게 밝힐 수 있는 희망의 메시지를 전한다. 이 소설은 주인공 줄무늬 애벌레가 자기를 완성해 가는 과정을 그리고 있다.

줄무늬 애벌레는 삶의 의미를 찾아 헤매던 중, 하늘 높이 치솟아 있는 애벌레 기둥을 발견한다. 그들은 서로 밀치며 꿈틀거리며 기둥을 이루고 있었다. 그 꼭대기에 틀림없이 굉장히 좋은 것이 있을 것이라는 막연한 기대를 안고 그는 애벌레 기둥 속으로 밀고 올라간다.

그러나 이것은 애초부터 무언가 잘못된 것이었다. 한 애벌레가 이렇게 말한다. '아무도 설명해 줄 만한 시간적 여유가 없는 모양이야. 저렇게들 어딘지 꼭대기로 올라가려고 바쁘게 야단들이니 말야.' 그러기에 애벌레 기둥 안에서의 비정한 무한 경쟁은 필연이 된다.

처음 그가 애벌레 더미 속에서 보고 당한 것은 충격적인 사태였다. 줄무늬 애벌레는 사방으로부터 밀리고 채이고 밟히고 했다. 밟고 올라서느냐 밟히느냐였다. 그 더미 속에는 친구란 있을 수가 없었다. 동료들이란 다만 하나의 위협이요 장애물일 뿐이었으며 그는 그들을 발판으로 삼고 기회로 사용할 따름이었다. 오직 올라가겠다는 외곬의 생각만이 지배하는 곳, 비정의 무한 경쟁 지대. 연암의 말 그대로 '한 계단이라도 남에게 뒤질까 더러는 동배를 밀어젖히고 앞을 다투'는 곳.

그런 그의 모습은 맥베드와도 별반 다르지 않았다. 그러나 줄무늬 애벌레는 맥베드와 같은 파멸로 치닫지는 않는다. 그 속에서 그는 우연히 노랑 애벌레와 대화를 나누게 되는 것이다. 그 후 어느 날, 줄무늬 애벌레는 올라가는 유일한 통로를 막고 서 있는 그녀와 맞닥뜨리게 된다. 눈을 질끈 감고 그녀의 머리를 밟고 올라서는 순간, 스스로가 무섭게 느껴져 줄무늬 애벌레는 노랑 애벌레에게 '미안해'라고 속삭인다. 그러면서 둘은 애벌레 기둥의 의미에 대해 회의하게 되고 의기투합하여 기둥을 내려온다. 그리고 둘은 풀밭에서 평화롭게 사랑을 나눈다.

얼마간 시간이 흘렀다. 위로 기어오르는 삶에 대한 동경과 꼭대기에 대한 호기심, 중도 포기한 것에 대한 미련으로 줄무늬 애벌레는 평온을 잃는

다. 그리하여 노랑 애벌레를 버리고 다시 애벌레 기둥으로 기어오른다. 충분히 휴식을 취하여 힘이 세지고 이전의 경험으로 오르는 요령을 이미 터득한 줄무늬 애벌레는 이번에는 훨씬 빨리 올라간다. 그리고 이번에는 반드시 꼭대기에 오르겠다고 단단히 마음을 먹는다. 그리하여 다른 애벌레와 눈이 마주치지 않도록 특히 조심한다. 그러한 만남이 위로 올라야 하는 자기 삶에 치명적일 수 있다는 것을 잘 알고 있었기 때문이다. 또 다른 '노랑 애벌레'로 인해, 애벌레를 사정없이 짓밟고 올라야만 하는 자신의 과업에 한 치의 방해도 받고 싶지 않았던 것이다. 이야말로 비정한 무한 경쟁에 자신을 내맡긴 것이다. 그런 그의 모습은 무자비할 정도였다.

마침내 기둥 꼭대기에서 빛이 스며들어오는 지점에까지 이르렀다. 그때 그는 꼭대기에 아무것도 없다는 사실을 알게 되었고 좌절감과 실망과 분노를 느낀다. 이 역시 연암의 말처럼 '허물은 눈에 있는 것이다.' 멀리 널리 볼 수 없는, 눈이라는 불완전한 감각만을 믿고 그는 기를 쓰고 애벌레 기둥을 올랐던 것이다. 거기서 또 알게 된 것은 자신이 오른 것과 같은 애벌레 기둥들이 사방에 무수히 있다는 사실이었다. 그런 그 앞에 찬란한 노랑 날개를 가진 한 마리의 생명체, 노랑나비(노랑 애벌레)가 나타났다. 나비는 기둥 주위를 자유롭게 날고 있었다. 기둥보다 높은 곳으로도 낮은 곳으로도 자유로이 오르내리며, 애벌레와는 전혀 다른 방식으로 움직이는 나비. 낯익은, 무한한 사랑이 깃든 노랑나비의 눈동자를 들여다본 그는 싸우는 일을 그만두고 기둥을 내려온다.

높이 올라가려는 본능에 따라 꼭대기에 오르기 위해서는, 기어오르는 것이 아니라 무언가 다른 방식을 사용해야 한다는 사실을 불현듯 깨닫게 된 것이다. 그러한 깨달음은 기어오르는 것에 대한 회의, 꼭대기에 있는 것에 대한 충격, 그리고 무엇보다도 노랑나비 눈동자와 자기 내면과의 조응에 의해 얻어진 것이다. 그가 노랑나비를 믿고 따른 것은, 자신의 신념을 버리는 일로서 커다란 용기를 필요로 하는 일이었다. 그가 용기있게 행동할 수 있었던 것은, 무자비하게 오르는 일에 대해 반성적으로 성찰했던 노랑 애벌레와의 귀한 경험이 있었기 때문이다. 그는 자기 내부에 나비가 들어있을 것이라는 기쁜 기대에 가슴이 설렌다. 그는 노랑나비의 인도를 받아 드디어 나뭇가지에 거꾸로 매달려 자신을 고치로 둘러싸기 시작했고, 어느 날 아름다운 줄무늬 나비로 탄생한다.

애벌레가 고치를 거쳐 나비가 되는 일에도 두려움은 존재한다. 애벌레로서의 삶을 기꺼이 버리는 일, 과거의 자신을 포기하는 일이 어찌 두렵지 않겠는가. 그러나 이 두려움은 비정의 무한 경쟁에서 오는 두려움과는 분명 다르다. 나비가 되는 과정에서의 두려움이란 구각을 벗는 일, 환골탈태하는 일, 그래서 새로 태어나는 일을 예비하는, 자기 자신과의 싸움에서 나타난다. 자신과의 싸움이란 자신을 한 단계 성숙시키는 과정이다. 자신과의 싸움은, 자신을 해치지도 타인을 해치지도 않는다. 그 싸움에서의 고통과 두려움은 자신을 한 단계 높은 존재로 만들어 주는 것이기에 거기에는 희망이 깃들어 있다. 반면에, 비정한 무한 경쟁에서의 두려움이란 타인을 적으로 상정함을 전제로 한다. 그러기에 그 두려움은 정신을 피폐하게 하고 자신을 파멸에 이르게 하는 것이다.

높이 오르려는 욕망으로 애벌레는 기어오르지만, 그는 오르기만 할 뿐이다. 그러나 자유롭게 날게 된 나비는 새로운 자아, 새로운 세상을 얻은 한층 높아진 존재이다. 그는 한층 높아진 뜻을 지니는 존재이며 한층 높아진 능력과 선의를 발휘할 수 있는 존재이다. 그리하여 그는 꽃들의 희망, 세상의 희망이 된다. 꽃은 움직이지 못하는 존재, 혼자서는 짝을 지을 수도 없는 연약한 존재가 아닌가.

우리 모두는, 비정한 무한 경쟁의 세상을 떠나 자기 안의 아름다운 나비를 찾아내어 새로운 존재로 거듭나야 할 것이다. 그리하여 세상을 이롭게 하는 데 힘을 보태야 할 것이다. 자신보다 약한 존재를 짓밟고 올라서는 것이 아니라, 그들을 이롭게 하고 그들에게 희망이 되어야 할 것이다. 우리 교육도, 세상에 희망이 될 존재를 키워내는 방향으로 새롭게 모색되어야 하리라.

백이 숙제와 이순신

정 충 권*

1. 〈관내정사(關內程史)〉 7월 27일

개다. 아침에 잠깐 서늘하였으나 낮에는 몹시 더웠다.

사하역(沙河驛)에서 홍묘(紅廟)까지 5리, 마포영(馬鋪營) 5리, 칠가령(七家嶺) 5리, 신점포(新店鋪) 5리, 건초하(乾草河) 5리, 왕가점(王家店) 5리, 장가장(張家莊) 5리, 연화지(蓮花池) 10리, 진자점(榛子店) 5리, 모두 50리를 간 후 점심을 먹었다. 진자점에서 연돈산(烟墩山)까지 10리, 백초와(白草窪) 6리, 철성감(鐵城坎) 4리, 우란산포(牛欄山鋪) 4리, 판교(板橋) 6리, 풍윤현(豐潤縣) 20리, 모두 50리를 더 갔다. 이날 1백 리를 간 뒤 풍윤성 밖에 묵었다.

어제 이제묘에서 점심 먹을 때 고사리 넣은 닭찜이 나왔는데, 맛이 매우 좋고 또 길에서 변변한 음식을 먹지 못한 지 오래여서, 좋은 맛을 느끼고 입맛이 당기는 대로 달게 먹었으나, 그것이 구례(舊例)인 줄은 알지 못했

* 충북대학교 국어교육과 교수

다. 오후에 길에서 소나기를 만나서 겉은 춥고 속은 막히어 먹은 것이 내려가지 않고 가슴에서 체해, 한번 트림을 하면 고사리 냄새가 목을 찌르는 듯하여 생강차를 마셔도 오히려 속이 편해지지 않았다.

"이 가을에 철 아닌 고사리를 주방(廚房)에서는 어디서 구해 왔는고."

하고 물었더니, 옆 사람이 "이제묘에서는 점심 참을 대는 것이 준례가 되어 있으며, 또 사계절을 막론하고 여기서는 반드시 고사리를 대접하는 법이기에 주방에서 우리나라의 마른 고사리를 미리 준비해 가져와 여기서 국을 끓여 일행을 먹이는 것이 이젠 벌써 하나의 고사(故事)가 되었습니다. 10여 년 전에 건량청(乾糧廳)[1]이 이를 잊어버리고는 갖고 오지 않아서 이곳에 이르자 대접할 수 없게 되었으므로, 건량관(乾糧官)이 서장관에게 매를 맞고 물 가에 앉아서 통곡하면서 푸념하기를, '백이 · 숙제, 백이 · 숙제야. 나하고 무슨 원수냐. 나하고 무슨 원수냐.' 라고 하였답니다. 소인(小人)의 소견으로는 고사리가 어육(魚肉)만 못하며, 또 듣자온즉 백이 등은 고사리를 뜯어 먹고 굶어죽었다 하오니, 고사리는 참 사람 죽이는 독물인가 하옵니다." 라고 하였다. 여러 사람들이 모두 웃었다.

태휘(太輝)라는 자는 노 참봉의 마두(馬頭)인데 초행일뿐더러 위인이 경망(輕妄)스러워, 조장(棗庄)을 지나다가 대추나무가 비바람에 꺾이어 담 밖에 넘어진 것을 보고는, 그 풋열매를 따 먹고 배앓이로 설사가 멎지 않아서, 한창 속이 허하고 몸이 달고 마음이 답답하고 목이 타는 듯하다가, 급기야 고사리독이 사람 죽인다는 말을 듣고 큰 소리로 부르짖으며, "아이고, 백이 · 숙채(熟菜; 삶은 나물)가 사람 죽이네. 백이 · 숙채가 사람 죽인다." 하니, 숙제(叔齊)와 숙채(熟菜)가 음이 서로 비슷하므로, 또한 당에 가득한 사람들이 깔깔거리고 웃었다.

내 일찍이 백문(白門; 서울 부근의 지명)에 살 때였다. 그때는 숭정(崇

1) 먼 길을 갈 때 마른 양식을 준비하는 부서.

禎) 기원후(紀元後) 137년, 세 돌째 맞이한 갑신년(甲申年)이며, 3월 19일은 곧 의종 열황제(毅宗烈皇帝)가 순사(殉社; 국가와 함께 죽음)한 날이었다. 시골 선생님이 동리 아이 수십 명과 더불어 성서(城西; 서울 서대문 밖)에 있는 송씨(宋氏)의 셋방살이 집에 찾아가서 우암(尤菴) 송 선생(宋先生; 송시열(宋時烈))의 영정에 절을 하였다. 그 중에는 초구(貂裘)[2]를 내어서 어루만지며 강개함을 이기지 못하여 눈물을 흘리는 이도 있었다. 돌아오는 길에 성 밑에 이르러서 팔을 뽐내며 서쪽을 향하여, "되놈." 하고 불렀다. 그리고는 선생님이 여수(旅酬)[3]를 벌이되 고사리나물을 차렸다. 그때는 마침 술 마시는 것을 금할 때였으므로 꿀물로서 술을 대용하여 그림이 있는 자기 주발에 담는데, 그 주발의 관지(款識)에는 '대명(大明) 성화(成化)에 만든 것이다'라고 새겨져 있었다. 여수하는 자가 꿀물을 따를 때면 반드시 머리를 숙여 주발을 들여다보곤 한다. 이는 《춘추(春秋)》의 의리를 잊지 않기 때문이라 한다.

이에 서로 시(詩)를 읊었다. 그 중 한 동자(童子)가 쓰기를,

> 무왕도 만약 패해서 죽었다면 / 武王若敗崩
> 천 년 뒤 주왕에겐 역적이 되올 것을 / 千載爲紂賊
> 여망은 어찌하여 백이를 구하고도 / 望乃扶夷去[4]
> 역적을 옹호했다 하여 벌을 받지 않았던고 / 何不爲護逆
> 춘추의 큰 의리를 이제껏 떠들건만 / 今日春秋義
> 되놈으로서 보면 되놈의 역적일 걸 / 胡看爲胡賊

하였다. 모두들 한바탕 웃었다. 그 선생님이 섭섭한 표정으로 한참 있다가,

---

2) 초피 두루막. 효종의 하사품으로, 북벌할 때 요(遼) · 계(薊)의 풍설(風雪)에 입으라 하였다 한다.
3) 제사를 마친 뒤 술잔을 나누는 일종의 음복놀이.
4) 백이 · 숙제가, 무왕이 주왕을 치려 하는 것을 말렸을 때, 무왕의 좌우가 모두 그를 죽이려 하자, 여망이 홀로 그를 의사(義士)라 하며 놓아 준 바 있다.

"아이들은 불가불 일찍부터 《춘추》를 읽혀야 돼. 아직 그게 무엇인지 분간을 못하므로 이 따위의 괴상한 말들을 하는 게야. 어디 한번 즉경(卽景)이나 읊어 보아라." 하자, 또 한 동자가 짓기를,

> 고사리 캐어 배 부르단 건 거짓말 / 採薇不眞飽
> 백이도 나중에는 주려서 죽었다오 / 伯夷終餓死
> 꿀물이 몹시 달아 술보다 나을지니 / 蜜水甘過酒
> 이것 마시자 죽는다면 그 아니 원통하리 / 飮此亡則冤

하였다. 선생은 눈썹을 찡그리면서, "이게 또 무슨 괴상한 말인가." 하니, 그곳의 사람들이 또 한번 크게 웃었다.

그리한 지도 어언간 17년의 세월이 흘렀다. 그 때의 늙은이들도 다 가버린 오늘날에 다시 백이의 고사리로 이런 말썽이 생겨서, 타향(他鄕)의 풍등(風燈) 아래에서 옛 이야기를 하다보니 끝내 잠을 놓치고 날이 밝아버렸다.

2. 이념의 허상

꽤 오래 전의 개그 퀴즈가 생각난다. 문제는, 이승복이 왜 죽었겠는가 하는 것이다. 당연한 답이라고 생각할, '공산당이 싫어요'라는 말을 했기 때문이라는 것은 정답이 아니다. '콩사탕이 싫다'는 이승복의 말이 공산당이 싫다는 말로 잘못 들려 죽임을 당했다는 것이 정답이다. '(물건을) 공산당이 실어요'라고 말했다든가, 억지스럽기는 하지만 '공(이) 상당히 싫다' 혹은 '(북한에) 곰 산다니 싫다'는 이유들이 또다른 이유로 거론되기도 했다. 요즘 유행하는 허무 개그에 가까운 것으로서, 실소를 터뜨리게 한다. 그리고 실소와 더불어 이승복 사건의 상징성은 크게 훼손되어 버린다. 이

개그 퀴즈가 실제의 이승복 사건과 맺는 관계는 어떤 것일까?

주지하다시피 이승복 사건은 1968년 11월 2일 일가족 네 명이 북한 무장공비에 의해 살해된 사건으로서, 그 발단은 '공산당이 싫어요'라고 한 이승복의 말이었다고 하는 사건이다. 이 사건은 당시 현장 취재를 한 모 신문사 기자들에 의해 특종 보도로 세상에 알려졌다고 한다. 그 후 1982년에는 강원도 평창군에 기념관까지 세워졌으며, 이승복은 반공 의식의 상징적 존재가 되어 갔다.

그러나 1990년대 초엽 처음 조작설이 제기된 이후 사회 일각에는 이승복은 군사 정권이 만들어낸 허구의 인물이라는 인식이 퍼져 가기도 했다. 이에 따라 이승복 동상이 철거되거나 그 유가족들이 모욕을 당하는 사건이 발생했다. 그 후에도 잊을 만하면 사실 여부를 놓고 논란이 벌어졌고 그때마다 여러 논객들이 가세하여 한 마디씩 하곤 했다. 이러한 논란들은 우리 사회에 아직까지도 레드 콤플렉스가 의식적으로든 무의식적으로든 뿌리 깊게 자리잡고 있음을 알게 해 준다.

만약 이승복 사건이 사실에 토대를 두었음이 분명하다면 위 개그 퀴즈를 꾸며 냈다는 것 자체가 비인간적인 처사일 것이다. 한 어린이의 죽음을 소재로 삼아 사람들을 웃겨 보려는 일은 비난 받아 마땅한 일일 것이기 때문이다. 그렇다고 해서 위 개그 퀴즈가 이승복 사건이 허구임을 확증한 상태에서 그 책임 소재를 추궁하고 있는 것도 아니다. 위 개그 퀴즈는 사건의 개연성 자체까지 부정하고 있지는 않기 때문이다.

위 개그 퀴즈가 화살을 겨냥하고 있는 그 누군가는 사건의 진위 여부에는 큰 관심이 없는 사람들일 것이다. 차라리, 사건을 신화화하여 기득권을 유지하는 데 혈안이 된 사람들이리라는 것이다. 위 개그 퀴즈는 그러한 사람들의 저의를 문제 삼는다. 그리하여 이승복의 찢겨진 입을 보고 반성해야 할 자들은 사건의 진위 논란을 벌임으로써 사건의 이념적 무게를 훼손한 자들이 아닌, 사건을 신화화하여 체제 유지에 이용했던 자들임을 암묵적으로 드러내고자 한다.

<관내정사>의 위 대목을 통해 연암이 말하고자 했던 것도 이런 류의 것이 아니었던가 싶다. 백이와 숙제는 주의 무왕(武王)이 은의 주왕(紂王)을 치려 하는 것을 보고 그 부당함을 간했으나 받아들여지지 않자 몸을 숨기고 수양산에서 고사리를 캐어 먹다 굶어 죽었다고 하는 인물들이다. 연암이 중국에 갔을 무렵을 기준으로 하여 2800여년이 지났지만 그들의 절의는 당시에도 이념의 표상이 되고 있었음을 알 수 있다. 하지만 연암은 건량관이 고사리를 준비하지 않아 매 맞은 사건 얘기를 인용하며 사태를 비꼬는가 하더니, 급기야는 어리숙한 한 마두(馬頭)를 통해 백이·숙제의 기의(記意)를 미끄러뜨려 한 나물 종류로까지 격하시켜버린다.

조선에 있어 백이·숙제는 옛 왕조에 대한 의리의 표상이다. 그리고 존명배청(尊明排淸)의 한 근거이기도 하다. 따라서 연암이 백이·숙제의 표상성을 허물어뜨리려는 저의는 존명배청 정책과 북벌론이 지닌 허구성을 드러내는 데 있었다고 보아야 한다. 명(明)의 몰락 후 스스로 소중화(小中華)임을 자처하면서 현실을 인정하지 않고 청을 오랑캐라 여기는, 나아가 이러한 소중화 의식을 체제 유지에 이용했던 조선 집권층을 겨냥했으리라는 것이다. 그렇다면 위 백이·숙제 관련 담론은 당시 조선 집권층에 대한 신랄한 비판이 된다. 이 부분이 삭제된 『열하일기』 이본들이 있음은 당연한 일일 것이다.

두 번째 삽화 역시 그 연장선상에 있다. 여기서는 일상 생활 속 말 하나 행동 하나에까지 스며들어 있는 이념에 주목한다. 연암이 보기에, 초구(貂裘)를 어루만지며 눈물 흘리는 일, 주발의 꿀물을 따를 때마다 머리를 숙이는 일 들은 물론이고 '되놈[胡]'이라는 말에서조차 존명배청 혹은 북벌론의 의식이 잠재해 있었다. 연암은 이처럼 일상적 삶 속으로까지 스며든 무의식적인 행동과 언어가 더 위험하다고 생각했었는지도 모른다. 그러한 행동과 언어는 바로 집권층의 이념이 만들어낸 허상이었던 것이다. 연암이 말하고자 했던 것도 바로 이것이라 생각한다. 오늘날에도 우리 주변의 일상에 여러 층위의 이념적 허상이 알게 모르게 내려 앉아 있음은 물론이다.

연암은 백이·숙제가 고사리를 먹다 굶주려 죽었듯이, 대명(大明)이라는 글자가 새겨진 주발을 보며 꿀물을 마시다 죽는다면 그 아니 원통하겠느냐는 시구(詩句)와 함께 이 부분을 마무리한다. 이념의 허상에 빠져 있는 일은 꿀물의 단맛에 자신을 내맡겨 결국에는 자신을 잃어버리는 일일 수도 있는 것이다.

3. 역사적 인물의 영웅화

그러나 그것이 허상임을 깨닫기는 쉽지 않다. 인간이란 태어나면서부터 세계에 의해 길들여지는 존재이기 때문이다. 또한 그러한 일들의 진상을 깨닫지 못하더라도 삶을 영위하는 데는 별 지장이 없기 때문이다. 그렇다면 굳이 진상을 들추어내서 무엇하겠느냐는 반론이 있을 수 있다. 체제 내에서 그 체제 자체의 문제적 성격을 사유하는 것은 애초에 불가능하며, 또한 진상으로 재구된 것 역시 때로는 허상일 가능성도 있는 것이다. 하지만 그럼에도 불구하고 진상을 파악하기 위한 노력은 필요하다. 그것이 인간의 존엄성 문제와 관련되거나 사실의 의도적 축소나 이념적 담론화(신화화) 문제와 관련될 때는 특히 그러하다. 많은 문학 작품들이 이러한 문제에 집착하는 것은, 어떻게 보면 그것이 문학의 존재 이유이기 때문이기도 할 것이다. 10여년 전에 출판되어 이순신과 원균의 평가에 대한 논란을 불러 일으킨 고정욱의 소설 <원균 1, 2>(2004)(<원균 그리고 원균>(1994)) 역시 그러한 작품 중 하나일 것이다.5)

<원균 1, 2>는 임진왜란때의 장수였던 원균을 재평가하려는 뚜렷한 의도 하에 창작된 작품이다. 이순신을 괴롭히고 사사건건 모함했으며 왜군에게 패배하기까지 한 부정적 인물로 알려진 원균이, 실은 난세의 한 무인

5) <원균 1, 2>와 함께, <임진록>, 신채호의 <이순신전>, 이광수의 <이순신>, 김탁환의 <불멸>, 김훈의 <칼의 노래> 등도 읽어 볼 필요가 있다.

으로서 떳떳이 자신의 삶을 살아 간 영웅이자 임란의 일등공신이었다는 것이다. 이러한 의도는 원균의 상대역인 이순신을 평가 절하하는 결과를 낳았다. 오히려 그것이 작자의 원 의도였는지도 모른다. 작품의 상당 부분이 원균의 편에서 이순신의 과욕이나 실책을 서술하는 데 할애되어 있는 것도 그러한 의도와 관계가 있을 것이다.

이순신은 남해 현령 기효근이 열심히 모아 둔 군량을 불태운 바 있는데 그것은 오판이었다는 것, 임란 발발 직후 원균이 구원을 요청했을 때 이순신이 즉시 구원하러 오지 않은 것은 그가 싸움에 있어 전권을 쥐려는 데 있었다는 것, 둘이 연합하여 싸운 첫 수전에서 승리한 후 나중에 장계를 올리기로 해 놓고 이순신이 자기측 공을 위주로 하여 먼저 장계를 올림으로써 신의를 저버렸다는 것, 이로 미루어 볼 때 이순신은 공을 독차지하려는 의도가 있었다는 것, 원균이 자신의 아들이 12세에 불과한데도 공이 있다고 보고하였다며 이순신이 이의를 제기했으나 실은 원균의 아들은 18세이며 궁마와 무술에 능했음이 밝혀졌다는 것 등을 이순신의 허물로서 거론하고 있다. 원균이 패배한 것도 그의 무능 때문이 아니라 이순신 휘하에 있던 장수들의 비협조적 태도와 도원수 권율의 무책임한 명령 때문이라고 본다. 그럼에도 불구하고 이순신이 더 높이 평가된 데에는 『선조수정실록』 편찬자들의 정치적 음모가 개입되어 있었다고 한다. 결과적으로 원균은 이순신 영웅 만들기의 가장 큰 피해자라는 것이다.

이 자리에서 당시 사건의 진상을 밝혀 낼 수는 없다. 그것에 다가갈 수 있는 자료도 부족할 뿐더러 그러한 일을 감당할 만한 능력이 필자에게는 없다. 또한 그러한 일은 역사 전문가들이 수행해야 할 일이기도 하다. 하지만 이순신이 <원균 1, 2>의 작자가 말하는 그러한 인물이라면 왜 몇 세기에 걸쳐 구국의 영웅으로 추앙받게 되었는가 하는 것은 반드시 물어 보아야 할 점이다. 물론 이에 대해 이순신이 나라를 위해 목숨을 바친 구국의 충신임을 부정할 수 없으므로 후대에 영웅시되는 것은 당연한 일이 아니냐는 반론이 있을 수 있다. 그러나 충신이었다는 사실과 그가 후대에 영웅적 표상이 되었다는 것은 별개의 문제이다. 대체로, 특정 인물이 후대에 떠받들어지는 데에는 그때의 사회적 · 역사적 환경과 여러 가지 이유로 인해 그럴 필요가 있었던 이들의 동기가 그 배면에 자리잡고 있기 때문이다. 이순신이, 조선이 망한 후 민족 단위의 근대적 독립 국가를 형성하는 데 있어 구심점 역할을 할 민족 영웅으로 추앙된 것이나, 군사 정권이 들어선 후 정권의 정통성 문제를 희석시키는 한편 멸사봉공(滅私奉公)하는 애국심을 불러 일으킬 수 있는 무신으로 추앙된 것은 그 대표적인 사례일 것이다.

역사적 인물의 재평가는 당시 정치 체제의 이념과 긴밀한 관련을 지니게 마련이다. 하지만 그러한 재평가는 해당 인물에 대해 허상을 창조할 가능성이 높다. 그리고 그 허상은 교육 현장에서 실상으로 받아들여지게 된다. 영웅을 넘어선 성웅 이순신이 우리 세대의 뇌리 속에 각인되어 있는 것이 바로 그 증거이다. 오늘날 성웅 이순신이 아닌 인간 이순신이 강조되는 것은 민족 독립기와 군사 정권 시절의 과대 포장에 대한 반론으로서의 의미도 지닌다. 아직도 이순신과 허균에 대한 온전한 평가는 이루어져 있지 않은 것이다.

이순신에 대한 추앙은 이미 조선 후기부터 이루어진 바 있다. 효종 때에는 남해의 노량에 이순신 사당과 함께 공적비가 세워졌으며, 숙종 때에는 '선정(先正)'으로 호칭되면서 신하로서 누릴 수 있는 최고의 지위로 격상되기까지 했다. 당시는 북벌론과 대명의리론이 정치 이념으로 자리잡고 있던 시기이다. 추측컨대 이때의 이순신 추앙도 조선이 동아시아의 소중화임을 천명하는 이념적 작업의 일환이었을 가능성이 높다. 연암의 관점에 선다면 이순신은 또하나의 백이 · 숙제가 되는 셈이다.

참고 문헌

고정욱, 『원균』 1, 2, 산호와진주, 2004.
김명호, 『열하일기 연구』, 창작과비평사, 1990.

민족문화추진회, 고전국역총서『열하일기』Ⅰ, 1967.
박기석,「《열하일기》와 연암의 대청관」,『고전문학과 교육』2, 청관고전문학회, 2000.
司馬遷, 洪錫寶 譯,『史記列傳』, 삼성출판사, 1977.
오종록,「보통 장수에서 구국의 영웅으로-조선후기 이순신에 대한 평가-」,『내일을 여는 역사』13, 2003.
올리비에 르불, 홍재성·권오룡 옮김,『언어와 이데올로기』, 역사비평사, 2003.

사람의 허상을 꾸짖다

이 승 복*

1. 〈호질(虎叱)〉[1)]

범은 예성문무(睿聖文武),[2)] 자효지인(慈孝智仁),[3)] 웅용장맹(雄勇壯猛)[4)] 하여 그야말로 천하에 대적할 자가 없다. 그러나 비위(狒胃)[5)]는 범을 잡아먹고, 죽우(竹牛)[6)]도 범을 잡아먹고, 박(駮)[7)]도 범을 잡아먹고, 오색사자

---

* 상명대학교 국어교육과 교수

1) 번역문과 각주 작성에는 이가원 역, 『열하일기(상)』(대양서적, 1975)과 이우성・임형택 역, 『이조한문단편집(하)』(일조각, 1997), 그리고 박희병, 『한국한문소설 교합구해』(소명출판, 2005) 등을 참고하였다. 번역은 계명문화사에서 영인한 『연암집』 속의 <호질> 원문을 대상으로 하였는데 위의 박희병 책을 함께 참조하였다.

2) 예성문무(睿聖文武): 지덕을 겸비하고, 문무를 겸전함.

3) 자효지인(慈孝智仁): 인자하고 효성스러우며, 슬기롭고 어짊.

4) 웅용장맹(雄勇壯猛): 빼어나게 용감하고, 장하고 엄숙함. 2)~4)는 제왕의 덕을 칭송할 때 사용하던 관용적 어구들임.

5) 비위(狒胃): 원숭이의 일종으로 비비(狒狒)라고도 함.

6) 죽우(竹牛): 검은 빛의 맹수로 야우(野牛)라고도 함.

7) 박(駮): 말과 유사한 짐승으로 『산해경(山海經)』에 "몸은 희고 꼬리는 검으며 외뿔에 범처럼 생겼으며, 어금니와 발톱을 가졌고, 호표(虎豹)를 먹는다." 하였음.

(五色獅子)[8]는 범을 큰 나무 구멍에서 잡아먹고, 자백(玆白)[9]도 범을 잡아먹고, 표견(虳犬)[10]은 날아서 범과 표범을 잡아먹고, 황요(黃要)[11]는 범과 표범의 염통을 꺼내 먹고, 활(猾)(원주; 뼈가 없다)[12]은 범과 표범에게 일부러 잡아먹혔다가 그 뱃속에서 간을 뜯어먹고, 추이(酋耳)[13]는 범을 만나기만 하면 곧 찢어서 먹는다. 범이 맹용(猛獽)[14]을 만나면 눈을 감은 채 감히 쳐다보지 못하는데 사람은 맹용을 두려워하지 않고 범을 무서워하니 범의 위풍이 대단히 엄숙하지 아니한가.

범이 개를 잡아먹으면 취(醉)하고, 사람을 잡아먹으면 조화를 부리게 된다. 범이 한 번 사람을 잡아먹으면 그 창귀(倀鬼)[15]는 굴각(屈閣)[16]이 되어 범의 겨드랑이에 붙어사는데 범을 이끌어 남의 집 부엌으로 들어가 솥전을 핥게 하면 그 집 주인이 갑자기 배고픈 생각이 나서 밤중이라도 아내에게 밥을 짓게 한다. 범이 두 번째로 사람을 잡아먹으면 그 창귀는 이올(彝兀)[17]이 되어 범의 광대뼈에 붙어살면서 높은 데 올라가서 우(虞)[18]의 행동을 살피다가 만일 골짜기에 함정이나 쇠뇌가 있으면 먼저 가서 그 틀을 벗겨 놓는다. 범이 세 번째로 사람을 먹으면 그 창귀는 육혼(鬻渾)[19]이 되

8) 오색사자(五色獅子): 털이 누렇고 오색이 찬란한 사자 모양의 짐승.
9) 자백(玆白): 말 같이 생겼으며 톱날 같은 이빨이 날카로워서 범을 잡아먹는다는 짐승.
10) 표견(虳犬): 몸의 높이가 석 자 가량의 개 같이 생긴 쥐로 두 날개가 있고, 범을 잡아먹는다 함.
11) 황요(黃要): 황요(黃腰). 몸은 족제비 같고 머리를 살쾡이를 닮았는데 몸은 작지만 범이나 소, 사슴을 잡아먹는다는 짐승.
12) 활(猾): 바다에 산다는 맹수로 뼈가 없어 범의 입에 들어가도 범이 물지 못하여 범의 뱃속부터 범을 먹어 나온다 함.
13) 추이(酋耳): 범의 일종으로 범보다 크고 꼬리가 길다 함.
14) 맹용(猛獽): 맹수의 이름.
15) 창귀(倀鬼): 범에게 잡아먹힌 사람의 영혼으로 범을 인도해 다른 사람을 잡아먹게 한다 함.
16) 굴각(屈閣): 창귀의 하나.
17) 이올(彝兀): 창귀의 하나.
18) 우(虞): 산택(山澤)을 맡아 관리하는 벼슬아치.
19) 육혼(鬻渾): 창귀의 하나.

어 범의 턱에 붙어사는데 자기가 평소에 잘 알고 있던 친구들의 이름을 자꾸 불러댄다.

하루는 범이 창귀들을 모아 놓고 말하였다.

"오늘도 해가 지려고 하는데 어디에서 먹을 것을 구할까?"

굴각이 말하였다.

"제가 벌써 점찍어 두었는데 뿔 달린 것도 아니고, 날개 달린 것도 아닌데 머리 검은 것이 눈[雪] 위에 발자국이 비틀비틀 성글며, 꼬리가 뒤통수에 붙어서 꽁무니를 가리지 못하는 놈입니다."[20]

이올이 말하였다.

"저 동문(東門)에 먹을 것이 있으니 그 이름은 '의(醫; 의원)'라고 합니다. 그는 입에 온갖 풀을 머금어서 살과 고기가 향기로울 것입니다. 또 서문(西門)에도 먹을 것이 있는데 그 이름은 '무(巫; 무당)'라 합니다. 온갖 신에게 아양을 떠느라 날마다 목욕재계해서 고기가 깨끗할 것입니다. 청컨대 이 두 가지 중에서 고기를 고르십시오."

범이 수염을 일으켜 세우고 불쾌한 낯빛으로 말하였다.

"'의(醫)'란 것은 '의(疑)'이다. 의심나는 것을 가지고 여러 사람들에게 시험해서 해마다 수만 명을 죽게 만든다. '무(巫)'란 '무(誣)'이다. 신을 속이고 사람들을 유혹해서 매년 수만 명을 죽게 한다. 여러 사람들의 노여움이 뼛속까지 스며들어 금잠(金蚕)[21]으로 화했을 것이니 독이 있어 먹을 수 없다."

육혼이 말하였다.

"저 숲속에 고기가 있으니 인자한 간(肝)과 의로운 쓸개를 지니고, 충성스런 마음과 깨끗한 지조를 품었으며, 예악을 받들어 지키고, 입으로는 백가(百家)의 말을 외며, 마음으로는 만물의 이치를 통하여 이름을 '석덕지

20) 사람을 가리킴.
21) 금잠(金蚕): 독충의 일종으로 중국 남방 사람들이 촉금(蜀錦)을 먹여 기르는데 그 똥을 음식 속에 넣으면 독이 된다 함.

유(碩德之儒[22])라 하는데 배앙체반(背盎體胖[23])하여 오미(五味)가 갖춰져 있을 것입니다."

범이 눈썹을 치켜세우고 침을 흘리며, 하늘을 쳐다보고 웃으면서 말했다.

"짐(朕)이 좀 더 자세히 듣고자 한다."

창귀들이 서로 다투어 범에게 추천하였다.

"일음(一陰)·일양(一陽)을 도(道)라 하는데 유자(儒者)가 이를 꿰뚫었습니다. 오행(五行)이 서로 낳고 육기(六氣[24])가 서로 펼쳐나가는데 유자가 이를 인도하였습니다. 먹을 것 중에 이보다 좋은 것은 없을 것입니다."

범이 갑자기 낯빛을 바꾸면서 불쾌한 어조로 말하였다.

"음양이란 하나의 기(氣)가 줄어들었다 늘어났다 하는 것인데 그것을 둘로 나누었으니 그 고기가 잡(雜)될 것이다. 오행은 각기 위치가 정해져 있어 애당초 서로 낳는 것은 아니거늘 이제 억지로 자(子)·모(母)로 가르고, 짜고 신맛에 이르기까지 나눠 배치하였으니 그 맛이 순수하지 못할 것이다. 육기는 스스로 행하는 것이어서 베풀고 이끌어줄 것을 기다릴 필요가 없는데 이제 망령되게 재성(財成)·보상(輔相[25])이라 일컬어서 사사로이 제 공을 나타내려 하니 그것을 먹는다면 딱딱하고 질겨, 체하거나 구역질이 나서 제대로 소화가 될 리 없지 않겠느냐."

정(鄭)나라 어느 고을에 벼슬하는 것을 좋아하지 않는 선비가 있었으니 '북곽선생(北郭先生)'이었다. 나이 마흔에 손수 교정한 글이 만 권이고, 구경(九經[26])의 뜻을 부연(敷衍)해서 책을 엮은 것이 일만 오천 권이었다. 천

22) 석덕지유(碩德之儒): 높은 덕망을 지닌 유학자.
23) 배앙체반(背盎體胖): 도학이 높은 경지에 이른 학자에 대해 쓰는 말로, 도를 닦은 수양이 외모에 나타난 상태를 가리킴.
24) 육기(六氣): 음(陰)·양(陽)·풍(風)·우(雨)·회(晦)·명(明).
25) 재성(財成)·보상(輔相): 『역경』에 나오는 말로 잘 조절하여 이룩하고, 도와서 바로 잡아 천지의 마땅함을 이룬다는 의미임.

자(天子)가 그의 의(義)를 아름답게 여기고, 제후(諸侯)들은 그 이름을 사모하였다. 그 고을 동쪽에는 얼굴이 아름다운 청춘과부가 살고 있었는데 동리자(東里子)라고 불렸다. 천자가 그 절조(節操)를 갸륵히 여기고 제후들이 그 어짊을 사모하여, 그 고을 사방 몇 리의 땅을 봉하여 '동리과부지려(東里寡婦之閭)'라 하였다. 동리자가 수절(守節)을 잘했다고 하지만 아들 다섯이 있는데 각기 다른 성(姓)을 지니고 있었다.

어느 날 밤 그 다섯 아들이 서로 말하기를

"강 북편에서는 닭이 울고, 강 남쪽에는 별이 반짝이는데 방안에서 나는 말소리는 어찌 그리도 북곽선생과 같지?"

하고는 다섯 형제가 번갈아 문틈으로 엿보니 동리자가 북곽선생에게 청하기를

"오랫동안 선생님의 덕을 연모하였는데 오늘 밤에는 선생님의 글 읽는 소리를 듣고 싶습니다."

한다. 그러자 북곽선생이 옷깃을 여미고 단정히 앉아서 시(詩)를 읊었다.

원앙새는 병풍에 그려있고 / 鴛鴦在屛
반짝반짝 반딧불은 흐르는데 / 耿耿流螢
저 가마솥과 세발솥은 /維鬵維錡
무얼 본떠 만들었나 / 云誰之型
흥27)야라 / 興也

다섯 아들들이 서로 말하기를

"과부의 집에는 함부로 들지 않는 것이 예야."

---

26) 구경(九經): 『역경(易經)』 · 『서경(書經)』 · 『시경(詩經)』 · 『춘추좌전(春秋左傳)』 · 『예기(禮記)』 · 『주례(周禮)』 · 『효경(孝經)』 · 『논어(論語)』 · 『맹자(孟子)』.

27) 흥(興): 『시경』의 육의(六義)의 하나로, 직접 관련이 없는 다른 물건을 읊어서 목적하는 바를 표현하는 방법임. '흥야(興也)'라고 한 것은 앞의 시구가 흥에 해당한다는 말임.

"북곽선생은 어진 분이라서 그런 일이 없을 거야."

"내가 들으니 우리 고을 성문이 무너진 곳에 여우 굴이 있다더라."

"내가 들었는데 여우가 늙어 천년을 묵으면 둔갑해서 사람의 모습을 한다던데 저건 여우가 북곽선생으로 둔갑한 것일 거야."

하고, 다시 서로 의논하였다.

"내 들으니 여우의 모자를 얻는 사람은 천금(千金)의 부자가 되고, 여우의 신발을 얻는 사람은 대낮에 모습을 감출 수 있고, 여우의 꼬리를 얻는 사람은 애교를 잘 부려서 남의 사랑을 받을 수 있대."

"어찌 저 여우를 죽여서 나눠 갖지 못하랴."

이에 다섯 아들이 함께 방을 에워싸고 쳐들어갔다. 북곽선생은 크게 놀라 빵소니를 치면서 남들이 자기를 알아볼까 겁이 나 넓적다리 사이에 목을 처박고 귀신처럼 춤추고 웃으며, 문밖을 나와 들이뛰다가 들판의 구덩이에 빠졌는데 거기에는 똥이 가득 차 있었다. 간신히 부여잡고 기어올라 목을 내밀고 바라보니 범이 길을 막고 있었다. 범은 이맛살을 찌푸리고 구역질을 하며, 코를 싸쥐고 고개를 왼편으로 돌리면서

"어허, 유자(儒者)여. 구리도다."

한다. 북곽선생이 머리를 조아리며 앞으로 기어가 세 번 절하고 꿇어앉아 고개를 쳐들고 여쭌다.

"범님의 덕이야말로 참 지극하시지요. 대인(大人)은 그 변화를 본받고,[28] 제왕(帝王)은 그 걸음걸이를 배우며,[29] 자식 된 자는 그 효성을 본받고,[30] 장수는 그 위엄을 취합니다. 거룩하신 이름은 신령스런 용과 짝이 되어 한 분은 바람을, 또 한 분은 구름을 일으키시는데[31] 하토(下土)의 천한 신하는 감히 하풍(下風)에 있습니다."

---

28) 대인(大人)은 그 변화를 본받고: 『역경(易經)』에 나오는 구절임.

29) 제왕(帝王)은 그 걸음걸이를 배우며: 『송사(宋史)』「태조기(太祖紀)」에 나오는 말임.

30) 자식 된 자는 그 효성을 본받고: 『서경(書經)』 채침(蔡沈)의 주(註)에 나오는 말임.

31) 신령스런 용과……일으키시는데: 『역경』에 나오는 말임.

범이 이 말을 듣자 꾸짖었다.

"내 앞에 가까이 오지 마라. 접때 내 들으니 '유(儒)'는 '유(諛)'라 하더니 과연 그렇구나. 네가 평소에는 천하의 나쁜 이름을 모아서 망령되게 나에게 덮어씌우더니 이제 다급해지자 면전에서 아첨을 떠니 누가 곧이듣겠느냐. 대저 천하의 이치는 하나이다. 범이 진정 악하다면 사람의 본성도 역시 악할 것이다. 사람의 본성이 선하다면 범의 본성도 선할 것이다. 너희들의 천 가지 만 가지의 말은 오상(五常)[32]을 벗어나지 않으며, 경계하고 권면하는 말은 언제나 사강(四綱)[33] 안에 있다. 하지만 도회지나 큰 고을에 코 베이고 발뒤꿈치 잘리고, 얼굴에 죄명을 문신하고 다니는 자들은 모두 오륜(五倫)을 지키지 않은 자들이 아니냐. 밧줄, 먹 바늘, 도끼, 톱 따위를 날마다 공급하기에 겨를이 없어도 그 죄악을 막을 길이 없지만 범의 집안에는 본래 이러한 형벌이 없다. 이것으로 보면 범의 본성이 사람보다 어질지 아니하냐.

범은 초목을 먹지 않고, 벌레나 물고기를 먹지 않으며, 술 같이 좋지 못한 것을 즐기지 않고, 차마 새끼를 낳았거나 알을 품고 있는 것과 같은 자잘한 것은 먹지 않는다. 산에 들어가면 노루나 사슴을 사냥하고, 들에 나가면 말이나 소를 잡되 아직 먹기 위해 누를 끼치거나 음식 때문에 다투는 일이 없었으니 범의 도(道)가 어찌 광명정대하지 아니하냐. 범이 노루나 사슴을 잡아먹으면 너희 사람들은 범을 미워하지 않다가 범이 만일 말이나 소를 잡아먹으면 사람들이 원수라고 떠들어대니 노루와 사슴은 사람에게 은공이 없지만 말이나 소는 너희들에게 공이 있기 때문에 그런 것이 아니냐. 그러나 너희들은 저 말과 소가 태워 주고 일해 주는 공로와, 따르고 충성하는 정성을 다 저버리고 날마다 푸줏간을 가득 채워 뿔과 갈기도 남

---

32) 오상(五常): 사람으로 항상 지켜야 할 다섯 가지 도리. 인(仁) · 의(義) · 예(禮) · 지(智) · 신(信), 또는 부의(父義) · 모자(母慈) · 형우(兄友) · 제공(弟恭) · 자효(子孝), 혹은 오륜(五倫)을 가리킴.

33) 사강(四綱): 예(禮) · 의(義) · 염(廉) · 치(恥).

기지 않으며, 다시 우리들의 노루와 사슴을 침범하여 우리들로 하여금 산에 먹을 것이 없고 들에서도 끼니를 거르게 하니, 하늘로 하여금 정사를 공평하게 한다면 너희를 먹어야 하겠느냐, 놓아 주어야 하겠느냐.

대저 제 것이 아닌 것을 취하는 것을 도(盜)라 하고, 생명을 빼앗고 사물을 해치는 것을 적(賊)이라 한다. 너희들이 밤낮으로 쏘다니며 팔을 걷어붙이고 눈을 부릅뜨면서 남의 것을 착취하고 훔쳐도 부끄러운 줄을 모르며, 심한 놈은 돈을 형이라 부르고,[34] 장수가 되기 위해 아내를 죽이는 일[35]까지도 있으니 다시 인륜 도덕으로 논할 수 없다. 뿐만 아니라 메뚜기에게서 먹이를 빼앗아 먹고, 누에한테서 옷을 빼앗아 입고, 벌을 막아 꿀을 빼앗고, 심한 자는 개미 알을 젓 담아서[36] 조상에게 제사지내니 그 잔인함과 경박한 행동이 누가 너희들보다 심하겠느냐. 너희가 이(理)를 말하고 성(性)을 논하면서 툭하면 하늘을 일컫지만 하늘이 명(命)한 바로 본다면 범이나 사람이나 다 같은 사물의 하나이다. 하늘과 땅이 만물을 낳아서 기르는 인(仁)으로써 논한다면 범과 메뚜기·누에·벌·개미는 모두 사람과 함께 길러져서 서로 거스를 수 없는 것이다. 그 선악으로 분별해보자면 공공연히 벌과 개미의 집을 노략질하고 긁어 가는 놈이야말로 천지간의 큰 도(盜)가 아니겠느냐. 함부로 메뚜기와 누에의 밑천을 빼앗고 훔쳐 가는 놈이야말로 인의(仁義)의 큰 적(賊)이 아니겠느냐.

범이 일찍이 표범을 먹지 않는 것은 실로 제 겨레에게 차마 그렇게 할 수 없기 때문이다. 그런데 범이 노루나 사슴을 잡아먹은 것을 헤아려도 사람이 노루와 사슴을 먹는 것만큼 많지 않고, 범이 말이나 소를 잡아먹은 것을 헤아려도 사람이 마소를 먹은 것만큼 많지 않으며, 범이 사람을 먹은 것을 헤아려도 사람이 저희들끼리 서로 잡아먹은 것만큼 많지 않다. 지난

---

34) 돈을 형이라 부르고: 옛날에는 돈에 구멍이 있으므로 돈을 공방형(孔方兄)이라 하기도 하였고, 또 돈을 가형(家兄)이라 부른 사람도 있다 함. 진(晉) 나라 노포(魯褒)의 <전신론(錢神論)>에 나오는 말들임.

35) 장수가 되기 위해 아내를 죽이는 일: 전국시대 때 명장 오기(吳起)의 고사를 말함.

36) 개미 알을 젓 담아서: 『예기』「내칙편(內則篇)」에 나오는 지해(蚳醢)를 가리킴.

해 관중(關中)37)이 크게 가물었을 때 사람들이 서로 잡아먹은 것이 수만 명이요, 예전 산동(山東)에 홍수가 났을 때에도 사람들끼리 서로 잡아먹은 것 역시 수만 명이었다. 그러나 서로 많이 잡아먹기로야 어찌 저 춘추(春秋) 시대만 하겠느냐. 춘추시대에는 공덕을 세우기 위한 싸움이 열일곱 번이요, 원수를 갚기 위한 싸움이 서른 번이었는데 흐르는 피가 천리를 물들였고 엎드려진 시체가 백만이나 되었었다.

범의 집안에서는 홍수나 가뭄의 걱정을 모르기 때문에 하늘을 원망하지 않고, 원한이나 공덕을 모두 잊고 지내기 때문에 다른 누구를 미워하지 않고, 천명을 알고 그것을 순순히 따르기 때문에 무당이나 의원의 간교함에 미혹되지 않고, 타고난 대로 천성을 다하기 때문에 세속의 이해에 병들지 않는다. 이것이 곧 범이 지덕을 겸비[睿聖]했다는 것이다. 얼룩무늬 한 점만을 엿보게 하더라도 족히 그 문채[文]를 천하에 자랑할 수 있다. 짧은 병기(兵器) 하나 빌지 않고도 발톱과 이빨의 날카로움만으로 천하에 무용(武勇)[武]을 빛낼 수 있다. 범과 원숭이를 새긴 제기(祭器)를 사용하는 것은 그 효성스러움[孝]을 천하에 넓히려는 것이고, 하루 한 번 사냥을 해서 까마귀, 솔개, 땅강아지, 개미 따위에게 대궁[餕; 먹다 남은 음식]을 나눠주니 그 어짊[仁]을 이루 다 쓸 수 없고, 굶주린 자38)를 먹지 않고 병든 자를 먹지 않고 상복(喪服) 입은 자를 먹지 않으니 그 의로움[義]을 이루 다 쓸 수 없다.

어질지 못하다. 너희들이 먹이를 얻는 것이. 덫과 함정으로도 모자라 새 그물, 노루 그물, 큰 어망, 고기 그물, 수레에 치는 새 그물, 삼태 그물 따위를 만들었다. 처음 그물을 만든 자야말로 천하에 가장 화를 끼친 놈이다. 게다가 칼, 양지창, 몽둥이, 도끼, 세모창, 삼지창, 몽치,39) 작은 칼, 긴 창

37) 관중(關中): 중국 섬서성(陝西省) 지역.
38) 원문에는 '讒人'이라고 되어 있으나 박희병의 앞의 책에 의거해 '饑人'으로 해석하였다.
39) 원문에는 투구의 뒤에 늘어져 목을 보호하는 장구를 가리키는 '鍜'로 되어있으나 박희병의 위의 책에 따라 '鍛'으로 해석하였다.

같은 것도 있다. 화포라는 것은 한번 발사하면 소리는 화산(華山[40])을 무너뜨릴 듯하고, 불기운은 음양을 누설하여 벼락과 천둥이 치는 것보다 사납다.

이러고도 오히려 그 잔학함이 부족해 부드러운 털을 입으로 빨아 아교로 붙여 날이 있는 병기를 만들었으니 몸통은 대추씨만한 것이 길이는 한 치도 못되는데 오징어 거품 물에 적셔서 종횡으로 치고 찌르니 굽은 것은 세모창 같고, 날카로운 것은 작은 칼 같고, 뾰족한 것은 긴 칼 같고, 갈라진 것은 가지창 같고, 곧은 것은 화살 같고, 팽팽한 것은 활 같아서 이 병기가 한번 움직이면 온갖 귀신이 밤중에 곡(哭)을 한다.[41] 서로 잡아먹는 잔혹함이 누가 너희들보다 심하겠느냐."

북곽선생이 자리를 옮겨 고개를 숙이고 엎드려 머뭇거리다가 거듭 머리를 조아리며 말했다.

"전(傳[42])에 이르기를 '비록 악인이라도 목욕재계를 하면 상제(上帝)를 섬길 수 있다.'[43] 하지 않았습니까. 하토(下土)의 천한 신하가 하풍(下風)에 있습니다."

숨을 죽이고 가만히 들어보았지만 오래도록 아무런 분부가 없어 실로 황송하기도 하고 두렵기도 해서 절하고 머리를 조아렸다가 우러러보니 동녘이 밝았는데 범은 이미 가고 없었다.

마침 새벽에 밭을 갈러 나온 농부가 물었다.

"선생께서는 무슨 일로 꼭두새벽에 들판에서 절을 하고 계십니까?"

북곽선생이 말했다.

"내 들으니 '하늘이 높다 하되 머리 어찌 안 굽히며, 땅이 두텁다 하되

---

40) 화산(華山): 중국 섬서성(陝西省) 화음현(華陰縣)에 있는 산으로 오악(五嶽)의 하나임.

41) 부드러운……곡을 한다: 붓으로 문자를 써서 온갖 못된 짓을 다한다는 비유. 옛날 창힐(倉頡)이 한자(漢字)를 처음 만들자 귀신이 밤에 울었다 함.

42) 전(傳): 『맹자(孟子)』를 가리킴.

43) 비록 악인이라도……섬길 수 있다: 『맹자(孟子)』「이루편(離婁篇)」에 나오는 말임.

가만가만 딛지 않을쏘나(謂天蓋高 不敢不跼 謂地蓋厚 不敢不蹐)'44) 라고 하였다네."

연암씨(燕巖氏)는 말한다.

"이 글이 비록 지은이의 성명은 없으나 대체로 근세 중국인이 비분(悲憤)을 참지 못해 지은 것일 것이다. 세상의 운세가 긴 밤처럼 어두워짐에 따라 오랑캐의 화(禍)가 사나운 짐승보다도 심한데 선비 가운데 염치없는 자들은 글귀나 주워 모아 세상에 아첨하니 이는 남의 묘혈(墓穴)을 뒤지는 유자(儒者)로서 승냥이나 이리 같은 짐승들도 오히려 먹지 않으려 하는 것이 아니겠는가. 이제 이 글을 읽어 보니 말이 이치에 어긋난 것이 많아 <거협(胠篋)> · <도척(盜跖)>45)과 취지가 같다.

그러나 천하의 뜻있는 선비는 어찌 하루라도 중국을 잊을 수 있겠는가. 이제 청(淸)나라가 천하를 다스린 지 겨우 네 대째건만 모두 문무를 겸전하고 장수(長壽)를 누리지 않음이 없어 백 년 동안 안정을 누리고, 세상이 편안하고 조용하니 이는 한(漢)나라나 당(唐)나라 때에도 없던 일이다. 이처럼 편안함을 온전히 하고 백성을 잘 보살펴 다스리는 뜻을 보면 이 또한 하늘의 명을 받은 제왕이 아닌가 싶기도 하다.

옛날 어떤 분이 일찍이 '하늘이 순순(諄諄)히 명하신다.'는 것에 의심을 품고 성인께 질문을 했더니 성인께서는 정녕 하늘의 뜻을 체득해서 '하늘은 말씀으로 하지 않으시고 행동과 일로써 보여주실 뿐이다.' 라고 대답하셨다.46) 내가 일찍이 글을 읽다가 여기에 이르러서는 의심되는 바가 많았다. 감히 묻건대 행동과 일로써 보여준다고 하면 오랑캐로써 중국을 변화시킨 것은 천하의 커다란 치욕이니 백성의 원통함과 괴로움은 어떠할 것

---

44) 하늘이 높다 하되……가만가만 딛지 않을쏘나(謂天蓋高…不敢不蹐): 『시경(詩經)』「小雅」<正月>에 나오는 구절임.

45) <거협(胠篋)> · <도척(盜跖)>: 둘 다 『장자(莊子)』에 나오는 글들임.

46) 옛날 어떤 분이……대답하셨다: 『맹자(孟子)』「만장편(萬章篇)」에 나오는 내용임. 여기서 '어떤 분'은 맹자의 제자인 만장(萬章)을, '성인'은 맹자를 가리킴.

이며, 또 향긋한 것과 비리고 누린 것은 각각 그 덕에 따르는 것인데 지금 중국의 모든 신령들은 어떤 냄새를 흠향(歆饗)할 것인가.

그러므로 사람의 처지에서 본다면 중화(中華)와 이적(夷狄)이 실로 구분이 있지만 하늘이 명한 바에 따라 본다면 은(殷)나라의 우관(冔冠)이나 주(周)나라의 면류(冕旒)도 각기 시대를 따라 만든 것이니 하필 청나라 사람들의 홍모(紅帽)만을 유독 의심할 것이겠는가. 이에 천정(天定)·인중(人衆)의 설(說)[47]이 그 사이에 유행하고, 사람과 하늘이 서로 조화되는 이(理)는 도리어 한 걸음 물러나서 기(氣)의 명령을 받게 되었다. 옛 성인의 말씀에 징험하여 부합하지 않으면 문득 이르기를 '천지의 기수(氣數)가 이런 것이야.' 라고 한다.

아아, 슬프다. 이것이 어찌 참으로 기수가 그런 것인가. 아아, 슬프다. 명(明)나라 황제의 은택이 끊어진 지 이미 오래여서 중국의 선비들이 머리를 고쳐 변발(辮髮)을 한 지도 백년이 지났지만 자나 깨나 가슴을 치며 명실(明室)을 생각하는 것은 무엇 때문인가. 차마 중국을 잊을 수 없기 때문이다.

그런데 청나라가 취하는 정책 또한 어줍다고 할 것이다. 앞 시대 오랑캐 출신의 임금들이 끝에는 중화(中華)를 본받다가 쇠망한 것을 징계하여 철비(鐵碑)에 새겨 전정(箭亭)에 세웠다. 그러나 그들의 말이 일찍이 자기들의 옷과 모자를 스스로 부끄럽게 여기지 않는다고 한 적이 없건마는 오히려 그것으로써 다시 강약의 형세를 삼으려 하니 어찌 그리도 어리석은가. 문왕(文王)의 성모(聖謨)와 무왕(武王)의 공렬(功烈)로도 오히려 마지막 임금[48]이 무너져 내리는 것을 구할 수 없었는데 하물며 구구하게 복색과 같은 말단지엽적인 것에서 스스로 강해지려고 함에랴. 복색이 실로 싸움을

47) 천정(天定)·인중(人衆)의 설(說): 악인들이 너무 강하여 일시적으로 득세할지라도 천도(天道)가 순환하여 반드시 그들에게 화(禍)를 내린다거나(天定亦能勝人), 사람이 많아 세력이 강하면 하늘도 이긴다는(人衆者勝天) 등의 말을 가리킴.

48) 마지막 임금: 은(殷)나라 주왕(紂王)을 가리킴.

함에 편해야 한다면 북적(北狄)이나 서융(西戎)의 것은 유독 싸움하는 복색이 되지 못할 것인가. 힘이 능히 서북의 다른 오랑캐들로 하여금 도리어 중국의 옛 풍속을 답습하게 할 수 있은 다음에야 비로소 천하에 홀로 강하다고 할 수 있을 것이다. 천하의 사람들을 욕된 구렁에 몰아넣고서 '잠깐 너희들의 수치를 참고 우리를 따르면 강하게 될 것이다.' 라고 호령하지만 나는 그 강하다는 것을 알지 못하겠다.

설사 복색으로 강하게 된다 하더라도 신시(新市) · 녹림(綠林) 사이에서 눈썹을 붉게 칠하고,[49] 두건을 누렇게 하여[50] 스스로 다르게 보이려 했던 것처럼 반드시 그렇게 되지는 않을 것이다. 가령 어리석은 백성들이 한번 그 모자를 벗어 땅에 팽개친다면 청나라 황제는 앉은 채로 천하를 잃어버리게 될 것이다. 지난 날 스스로 믿으며 강하다고 여겼던 것이 이에 이르러서는 도리어 망하는 것을 구하는 데 조금의 시간도 벌어주지 못할 것이다. 비석을 세워 후세에 교훈을 삼으려 한 것이 어찌 부질없는 짓이 아니겠는가.

이 글은 본래 제목이 없어 이제 글 가운데 '호질(虎叱)' 두 글자를 따서 제목을 삼으며 중국이 맑아지기를 기다린다."

2. 〈호질〉의 중층적 의미

1780년 팔촌형인 금성위(錦城尉) 박명원(朴明源)을 따라 연행 길에 나선 연암은 7월 23일 만리장성의 동쪽 끝 관문인 산해관(山海關)을 지나 마침내 중원 땅에 발을 내디뎠다. <호질>이 수록된 <관내정사(關內程史)>는

---

49) 신시(新市) · 녹림(綠林) 사이에서 눈썹을 붉게 칠하고: 신시는 지명이고, 녹림은 산명임. 전한(前漢)을 멸망시킨 왕망(王莽)에 대항하여 일어난 농민 반란군의 거점이 되었던 곳임. 반란군들은 왕망의 군대와 구별하기 위해 눈썹을 붉게 칠했다 함.

50) 두건을 누렇게 하여: 후한(後漢) 말기에 황건적(黃巾賊)이 누런 두건을 썼던 것을 가리킴.

산해관을 통과한 다음 날인 7월 24일부터 북경에서 열하로 떠나기 전 날인 8월 4일까지 도합 11일간의 기록을 묶은 것이다. 『열하일기』의 다른 부분과 마찬가지로 연암은 <관내정사>에서도 그날그날 보고 듣고 생각한 것 가운데 집중적이고 구체적으로 다룰 필요가 있다고 판단한 내용들은 일기와 분리하여 따로 제목을 붙여 제시하고 있다. <호질> 역시 7월 28일자 일기 뒤에 '호질'이라는 별도의 제목 아래 실려 있는데 연암은 이 28일의 일기 속에 이 글을 어떻게, 왜 수록하게 되었는지 그 경위와 이유를 밝히고 있다.

그날 저녁 옥전현(玉田縣)에 도착한 연암은 정진사와 함께 거리 구경을 나섰다가 음악 소리를 좇아 한 점포에 들어섰다. 점포 주인은 용모가 단정한 심유붕(沈由朋)이라는 사람이었다. 주인과 인사를 마친 연암은 그곳을 나오다가 기품이 있고, 정교한 여러 물건들과 함께 한쪽 벽이 꽉 차도록 옆으로 길게 걸려 있는 현판(懸板)을 보게 된다. 거기에는 가늘고 정교한 글씨로 세상에 다시없는 기이한 글이 씌어 있었다. 이를 본 연암이 어떤 사람이 지은 글이냐고 물었지만 주인은 알지 못한다고 하였다. 정진사가 근세의 작품인 듯싶다며 주인이 지은 것이 아니냐고 다시 물었지만 주인은 그렇지 않다고 대답하였다. 연암이 다시 그러면 어디에서 구했느냐고 하자 주인은 며칠 전 계주(薊州) 장에서 사왔다고 하였다. 베껴가도 좋다는 허락을 얻은 연암은 밤중에 정진사와 함께 종이를 가지고 점포로 돌아왔다.

주인이 현판을 떼어 내려주자 연암은 주인이 지은 것이 아니냐고 또 다시 물었지만 주인 역시 아까와 마찬가지로 그렇지 않다고 하였다. 연암이 처음부터, 정진사가 중간부터 베끼기 시작할 때 주인이 이것을 베껴 무엇에 쓰려느냐고 물었다. 그러자 연암은 자기가 돌아가서 조선 사람들에게 이것을 읽게 하여 모두 허리를 잡고 한바탕 웃게 하기 위해서라고, 그리고 이것을 읽으면 입안에 든 밥알이 벌처럼 날아가고 갓끈이 썩은 새끼줄처럼 끊어질 것이라고 대답했다. 숙소에 돌아와 베껴온 것을 살펴본 연암은 정진사가 베낀 곳에 잘못된 곳과 빠뜨린 자구가 많아 문맥이 닿지 않기 때문에 대략 자기 뜻으로 고치고 보충했다고 하였다.

이러한 연암의 진술 때문에 <호질>의 작자를 누구로 파악해야 하는지, 이 글이 의미하는 바가 과연 무엇인지 많은 논란이 있었다. 어떤 경우는 위의 내용을 그대로 받아들여 <호질>은 원래 중국 사람이 창작한 것인데 연암이 이를 손질하고 개작한 것으로 이해하기도 하고, 또 어떤 경우는 일기의 내용을 연암이 이 글 때문에 야기될 수 있는 비판을 의식하여 중국 사람이 창작한 것으로 가탁하려는 허구적 진술로 파악하여 이 글을 연암의 순수 창작물로 보기도 하였다. 그리고 이처럼 원작자를 누구로 보느냐에 따라 작품의 의미 역시 달리 해석되곤 하였다.

앞으로도 이 문제에 대한 시비가 명쾌하게 가려지기는 어려울 듯하다. 하지만 명확한 증거가 없이 일기 속에 제시된 연암의 진술을 허구로 단정하기보다는 일단 그것을 있는 그대로 받아들이는 것이 좀 더 온당할 듯싶다. 이렇게 파악한다고 해서 <호질>의 가치와 의의가 감소된다고 할 수는 없다. 연암의 말처럼 원작자가 따로 있다 하더라도 이 글이 다시 연암에 의해 걸러지고 재창조된 이상 거기에는 연암의 인식과 사상이 배어있을 것이고, 이에 따라 이 글을 연암의 작품으로 이해해도 큰 무리가 없을 것이기 때문이다. 이제 기존의 연구 성과들을 참고하면서 <호질>의 의미를 살펴보자.

앞의 번역문에서 보듯 이 글은 범에 대해 소개와 저녁거리를 놓고 오가는 범과 창귀의 대화 부분, 북곽이 동리자와 밀회하다가 동리자의 아들들에게 쫓겨 달아나는 부분, 그리고 범이 이러한 북곽을 꾸짖는 부분으로 이루어져 있으며, 여기에 연암 자신이 <호질>을 해석하고 그와 관련된 자기의 견해를 표명한, 이른바 '후지(後識)'라 불리는 부분이 덧붙여져 있다.

그렇다면 <호질>에 담겨 있는 의미는 구체적으로 무엇인가. 다시 말하면 연암이 이 짤막한 우언(寓言)을 통해 보여주고자 했던 것은 무엇이고, 오늘날 우리의 삶에도 이 글이 여전한 가치와 의의를 지니고 있다면 그것은 과연 어떤 것일까. 이 글이 그렇게 복잡하거나 길지는 않지만 이러한 물음에 대한 대답이 간단하지만은 않은 듯하다. 우선 연암 자신의 말부터 주목해보자.

연암은 <후지>에서 이 글이 근세 중국인이 비분을 참지 못해 지은 것이리라 추측하고, 세상의 운세가 침체되어 오랑캐의 화가 극심한데 염치없는 일부 선비들은 글귀나 주워 모와 세상에 아첨하니 승냥이나 이리도 그러한 자들을 먹지 않으려 하는 것 같다고 하였다. 그리고 청나라 황제가 천하의 주인이 된지 겨우 네 대째이지만 그들은 모두 문무를 겸전하고 장수를 누려 세상이 그 이전에 없던 편안함을 누리고 있다고 하였다. 이는 연암이, '지덕을 겸비하고 문무를 겸전한(睿聖文武)' 범은 청 황제를, '손수 교정한 글이 만 권이고, 구경의 뜻을 부연해 엮은 책이 만 오천 권'이나 되는 북곽은 만주족의 지배에 안주하고 있는 한족(漢族) 선비를 상징하는 것으로 생각하고, 이 글을 그러한 한족 선비들의 위선적인 행태를 비판, 풍자하고 있는 작품으로 보고 있다는 것을 뜻한다.

이미 여러 연구자들이 언급한 바 있듯이 연암은 『열하일기』 곳곳에서 청나라 사정에 많은 관심을 보이고 있는데 연암은 청나라 조정이 주자학을 장려하고 있는 것은 한족 선비들의 환심을 사고 권력의 정통성을 확보하기 위해서라고 했다. 또 『고금도서집성(古今圖書集成)』이나 『사고전서(四庫全書)』간행과 같은 대대적인 도서편찬 사업을 벌이고 있는 것은 한족 선비들을 그 사업에 동원하여 청나라 조정에 대한 그들의 비판 의식을 둔화시키고 비판적인 서적을 가려내기 위해서라고 하였다. 청나라가 표방하고 있는 문치주의의 이면적 의도를 이와 같이 파악하고 있던 연암은, 북곽에게서 그러한 청의 문치에 안주하여 고증학이나 일삼는 무비판적이고 위선적인 한족 선비의 모습을 발견했거나, 북곽을 통해 그러한 선비들의 행태를 상징적으로 보여주고 싶었던 것일 것이다. 북곽이 그런 존재라면 범에게 잡아먹혔으면서도 갖가지로 범을 돕고 범에게 먹이까지 천거하는 창귀들은, 자기 나라를 멸망시킨 청나라에 갖은 아부를 하면서 일신의 안녕을 도모하는 한족 인사들을 가리킨다고 할 수 있다.

이런 시각에서 <호질>을 바라보면 유추의 폭은 더 넓어질 수 있다. 연암은 『열하일기』에서 청 황제가 여름이면 피서를 구실로 만리장성 바깥의 열하에 머무는 것이나 라마불교의 지도자인 판첸 라마를 후대하는 것은, 언제든지 청나라를 위협할 수 있는 몽고(蒙古)나 서번(西番)과 같은 변방의 강성한 민족들을 견제하고, 회유하기 위한 것이고, 청나라가 예치를 표방하며 충효 사상을 고취하고 있는 것은 민심을 추스르고 통제하기 위한 것으로 파악하였다. 그렇다면 맹용과 같이 범을 잡아먹는 맹수들은 청이 두려워하는 몽고나 서번과 같은 변방의 강성한 민족들을 가리킨다고 할 수 있고, '천자가 그 절조를 갸륵히 여기고 제후들이 그 어짊을 사모하는' 위선적 절부 동리자는 청나라 예치주의의 실상을 드러내고 그 허구성을 풍자하기 위한 존재라고 할 수 있다.

이처럼 <호질>의 일차적인 의미는 이 글이 만주족이 지배하고 있는 중국의 현실을 비판적으로 문제 삼고 있는 데에서 찾을 수 있을 것이다. 그리고 비판과 풍자의 우선적인 대상은 북곽으로 상징되는 위선적인 한족 인사들이라 할 수 있다.

그런데 흥미로운 것은 북곽을 꾸짖는 범 또한 은연중 풍자의 대상이 되고 있다는 점이다. 범은 '빼어나게 용감하고, 장하고 엄숙하다(雄勇壯猛)'고 했지만 맹용과 같은 맹수를 만나면 '눈을 감은 채 감히 쳐다보지 못한다.'고 하여 청이나 그 황제의 위력이라는 것이 변방의 강성한 민족들에게까지는 두루 미치지 못함을 암시했다. 연암이 <후지>에서 청나라가 위력으로 한족에게 자기네의 복색을 강요하지만 정말 천하에서 제일 강하다고 할 수 있으려면 그럴 것이 아니라 서북의 다른 오랑캐들로 하여금 도리어 중국의 옛 풍속을 따르게 할 수 있어야 한다고 한 말을 이와 관련지어 볼 수도 있을 듯하다. 또한 천자가 그 절조를 갸륵히 여기는 동리자가 실은 성이 다른 다섯 아들을 두고 있으면서 또 다시 북곽과 밀회를 한다고 한 것도 예치의 허구성을 폭로함으로써 범으로 상징된 청 황제에 대한 풍자의 의미를 아울러 함축하고 있다고 할 수 있다.

이처럼 천하무적처럼 보이지만 실은 그렇지 못한 청 황제를 범으로 표상하고, 청 황제에 의해 위선적이고 모순적인 존재로 전락한 인물들의 실상을 드러내면서 그러한 인물을 도리어 범으로 하여금 비판하도록 함으로써 결국에는 청 황제 자신마저도 풍자의 대상이 되도록 한 점에 이 글의 묘미가 있는 듯하다.

그런데 이 글이 함축하고 있는 의미는 여기에 그치지 않는 것으로 보인다. 연암이 굳이 이 글을 베껴 와 조선 사람들에게 읽히고 싶었던 것은, '입안에 든 밥알이 벌처럼 날아가고 갓끈이 썩은 새끼줄처럼 끊어질' 정도로 중국 현실에 대한 비판과 풍자가 흥미롭게 형상화되어있기 때문만은 아니었을 것이다.

병자호란 후 조선은 청이 중국 대륙을 차지한 것을 일시적 현상으로 여기고 하루속히 북벌(北伐)의 대의를 이루고자 하였으나 청나라는 쇠퇴하기는커녕 날로 번창하고 있었다. 역사학계의 연구 성과에 따르면 이러한 현실을 목격한 조선은 점차 북벌론의 한계를 인식하게 되고, 18세기 청이 전성기에 들어서자 마침내 북벌론을 실질적으로 포기하기에 이르렀다고 한다. 대신 대내적으로는 대명의리론(對明義理論)을 확대하고 이와 관련하여 중화문화의 정통성이 조선에 있다는 이른바 조선중화사상(朝鮮中華思想)을 통해 문화적 자존의식을 강화하는 한편, 대외적으로는 북벌론 대신 국력의 비축을 통한 내실을 먼저 다진 후 청이 약화되는 정세의 변화를 보아 치욕을 씻자는 자강론(自强論)을 논의하였다고 한다.

그리고 조선은 예전부터 청이 자기들의 옛 본거지인 만주로 돌아오면 다시 전쟁이 일어날 가능성이 커질 것이라는 우려를 하고 있었다고 한다. 그런 가운데 18세기 후반 청이 중원에서 물러나 만주로 돌아올 것에 대비하여 그곳으로 은화를 실어 나른다는 것이 사실로 드러나는 등 전쟁을 우려할 수 있는 구체적인 증거와, 전쟁이 일어났을 때 불리하게 작용할 수 있는 문제점들이 확인되면서 북방의 경비를 강화하고, 청나라 선진 문물을 적극 도입하여 부국강병의 내실을 다져 전쟁에 대비해야 한다는 주장이 강하게 대두되었다고 한다.

이런 사정들 때문에 조선 조정에서는 청나라 사정에 많은 관심을 갖고 정보 수집에 노력을 기울였다고 한다. 청에 다녀온 사신에게는 자신들이 목격한 상황을 조정에 보고하도록 하였고, 특히 정조(正祖) 같은 임금은 그들을 직접 만나 청의 새로운 동향에 대한 구체적인 정보를 얻으려고 노력하였다는 것이다.

하지만 이러한 상황을 제대로 파악하지 못한 많은 조선의 선비들은, 청을 오랑캐로 멸시하는 태도만이 춘추대의(春秋大義)와 명에 대한 의리를 지키는 길이라 고집하고, 선진적인 학자들이 당색과 신분을 초월하여 교유하면서 학문을 논하고 있음에도 불구하고 여전히 자기 당파의 이익만을 고수하려는 당쟁 의식에 매몰되어 있었다. 연암이 굳이 <호질>을 베껴온 것은, 현실에 안주하여 대학자로 추앙을 받기는 하지만 실은 그렇지 않은 북곽에게서 이처럼 사태의 진상을 제대로 파악하지 못한 채 표면으로는 대의명분을 내세우면서 이면으로는 자신과 자파의 이익에 골몰하는 조선의 선비들을 연상했기 때문일 것이다. 곧 연암은 이 글을 통해 청의 현실과 당시의 국제 정세를 제대로 이해하지 못하거나 외면한 채 청을 멸시하기만 하고, 당쟁 의식에서 벗어나지 못하고 있는 조선 선비들을 우회적으로나마 비판하고 풍자하고자 싶었던 것이라 할 수 있다. 여기에서 이 글이 지니고 있는 또 다른 의미를 찾을 수 있을 것이다.

그런데 <호질>에는 청이 지배하는 중국의 현실과, 고루한 의식에 젖어있는 조선 선비들에 대한 비판과 풍자라는 역사적 의미만이 담겨있지 않다. 이 글은 또 다른 차원에서 인간의 윤리와 문화에 대한 비판이라는 문제를 제기하고 있기도 한데 그것은 범이 북곽을 꾸짖는 다음과 같은 내용에서 확인할 수 있다.

사람들이 입만 열면 오륜(五倫)과 사강(四綱)을 말하지만 형벌을 입는 자들은 넘쳐나기만 하는데 범의 집안에는 아예 형벌이 없고, 사람은 자기네들을 위해 평생 수고한 말과 소로도 모자라 노루나 사슴까지 잡아먹지만 범은 먹는 것 때문에 누를 끼치거나 다투지 않는다. 사람은 저희들 사이에서 인륜을 거스를 뿐 아니라 자잘한 짐승에게서도 먹을 것과 입을 것을 취하는 인의(仁義)의 큰 도적이다. 범은 같은 겨레를 잡아먹지 않지만 사람들은 자기들끼리도 무수히 잡아먹고, 범은 지덕을 겸비하고 문무를 겸전하고 효성스럽고 어질고 의롭지만 사람은 사냥을 위해 각종 도구를 만드는 불인(不仁)함과, 서로 죽이기 위해 각종 병기는 물론 붓과 같은 물건까지 만드는 잔혹함을 지녔다.

이와 같이 범의 호령은 단순히 위선적인 유자 북곽 한 사람만을 대상으로 하고 있지 않다. 그것은 인륜도덕을 들먹이지만 실제로는 세상 만물에 해를 끼치고 심지어 자기들끼리도 서로 잡아먹고 죽이는 인간 전체를 향하고 있다. 유자에 대한 비판이 인간 전체에 대한 질타로 이어진 것은 유학이 당시 인간의 윤리와 문화를 이루는 중요한 기반이었기 때문일 것이다.

이러한 범의 질타 가운데 '대저 천하의 이치는 하나이다. 범이 진정 악하다면 사람의 본성도 역시 악할 것이다. 사람의 본성이 선하다면 범의 본성도 선할 것이다.', '하늘이 명(命)한 바로 본다면 범이나 사람이나 다 같은 사물의 하나이다. 하늘과 땅이 만물을 낳아서 기르는 인(仁)으로써 논한다면 범과 메뚜기 · 누에 · 벌 · 개미는 모두 사람과 함께 길러져서 서로 거스를 수 없는 것이다.' 라는 말을 눈여겨 볼 필요가 있다. 이 말을 요약하자면 인간과 사물은 하늘의 입장에서 보면 다 같은 사물이며, 하늘과 땅에 의해 낳고 길러진다는 점에서 그 본성이 서로 같다는 것이다. 이는 사람과 사물의 본성이 같은가 다른가를 두고 벌어진 조선 철학계의 대논쟁과 관련하여 연암이 자기 나름의 견해를 범의 목소리를 통해 제시하고 있는 것임에 거의 틀림없을 것이다.

연암의 절친한 친구인 담헌(湛軒) 홍대용(洪大容)은 <의산문답(毉山問答)>이라는 글에서 실옹(實翁)과 허자(虛子)라는 가공의 두 인물이 서로 대화를 하도록 하는 방식을 통해 자신의 사상을 피력하고 있는데 그 가운데에는 사람과 사물의 본성에 관한 다음의 대화 내용이 포함되어 있다.

실옹이 허자에게 생물에는 인간과 금수와 초목이 있는데 이 세 가지에 귀천의 등급이 있느냐고 물었다. 이에 대해 허자는 천지의 생물 가운데 오직 인간만이 귀하다고 하면서 금수나 초목은 지혜, 감각, 예의가 없으니 인간은 금수보다 귀하고 초목은 금수보다 천하다고 하였다. 그러자 실옹은 웃으면서 "그대는 정말 인간이로구나. 오륜과 오사(五事)는 인간의 예의이고, 무리를 지어 다니면서 함께 울고 함께 먹는 것은 금수의 예의이며, 서로 군락을 이루고 가지를 벋는 것은 초목의 예의이다. 인간의 입장에서 사물을 보면 인간이 귀하고 사물이 천하며, 사물의 입장에서 인간을 보면 사물이 귀하고 인간이 천할 것이다. 하지만 하늘의 입장에서는 인간이나 사물이 모두 똑같을 것이다." 라고 하였다.

인간, 금수, 초목이 각기 자기 나름의 예의를 지니고 있어 인간만이 귀한 것이 아니고, 하늘의 입장에서 보면 모두 똑같다는 실옹의 말은 그대로 범의 말과 부합한다. 실옹이나 범 모두 인간의 입장에서 사물을 보면 인간이 귀하고 사물이 천하며, 사물의 입장에서 인간을 보면 사물이 귀하고 인간이 천하며, 하늘의 입장에서 보면 다 마찬가지라는 것을 깨달아서 인간이 자기중심적인 사고방식을 버리고, 상대주의적 관점에서 다른 사물들이 자기네들과 동등한 존재 가치와 의의를 지니고 있음을 인정해야 한다고 한 셈이다.

그렇다면 <호질>은, '평소에는 천하의 나쁜 이름을 모아서 망령되게 범에게 덮어씌우던' 인간이 아닌 범, 즉 사물의 입장에서 인간을 보니 인간이란 위선적이고, 추악하고, 잔학한 존재에 불과하다는 것을 폭로함으로써 인간의 윤리와 문화를 비판하고, 인간과 사물의 본성이 같은 것을 깨달아 인간중심적 사고에서 벗어날 것을 제시하고 있는 글이라고 이해할 수 있을 것이다. 여기에 이 글이 지니고 있는 또 하나의 의미가 있다고 할 수 있다.

덧붙여 이와 같이 사람의 입장만을 고집하지 말고 사물의 입장에서 사람을 보기도 하고, 하늘의 입장에서 사람과 사물을 보기도 해야 한다는 연암의 상대주의적 관점을, 연암이 <후지>에서 '사람의 처지에서 본다면 중화(中華)와 이적(夷狄)이 실로 구분이 있지만 하늘이 명한 바에 따라 본다면 은(殷)나라의 우관(冔冠)이나 주(周)나라의 면류(冕旒)도 각기 시대를 따라 만든 것이니 하필 청나라 사람들의 홍모(紅帽)만을 유독 의심할 것이겠는가.' 라고 한 말과 서로 관련지어 보면 청을 오랑캐라 멸시하지만 말고 그 발달된 선진 문물을 배우자는 그의 북학론(北學論)이 어떤 철학적 배경에서 제기될 수 있었는지 추측해볼 수 있을 듯하다.

3. 비판과 풍자의 정신

앞에서 보았듯이 <호질>에는 청의 지배에 안주하는 위선적인 한족 인사, 현실을 제대로 파악하지 못하고 고루한 사고방식에 매몰되어 있는 조선 선비, 나아가 인간의 윤리와 문화에 대한 비판과 풍자라는 의미가 중층적으로 담겨있다. <호질>에 드러나 있는, 사회 현실과 인간의 문화에 대한 신랄한 비판・풍자의 정신은 비단 연암의 전유물은 아니다. 조금만 주의를 기울이면 그러한 정신이 배어있는 작품들을 우리 주변에서 쉽게 찾아볼 수 있다. 비판과 풍자라는 것이 우리의 삶을 되돌아보고, 반성함으로써 올바른 삶의 태도와 방향이 무엇인지 탐구하고, 제시하는 데 목적이 있기 때문에 그러한 정신이 담긴 글이나 작품은 우리 인간이 존속하는 한 지속적으로 씌어지고, 창작될 것이다.

<호질>과 유사한 글이나 작품을 살피려면 무엇보다도 연암이 직접 언급하고 있는 글부터 주목하는 것이 순서일 것이다. 연암은 <후지>에서 <호질>이 말이 이치에 어긋난 것이 많아 『장자(莊子)』의 <거협(胠篋)>・<도척(盜跖)>과 그 취지가 같다고 직접 밝혔던 것이다.

<거협>은 『장자』 외편(外篇)에 실려 있다. 이 글에서는 먼저 중국 춘추

시대 제나라의 전성자(田成子)라는 사람이 임금을 죽이고 나라를 도둑질했지만 그 나라에서 시행하던 성인의 법까지 훔쳐 지속적으로 시행했기에 십이 대에 걸쳐 제나라를 소유할 수 있었다는 사실을 제시하였다. 이어 큰 도둑인 도척의 부하들이 도척에게 도둑에게도 도가 있느냐고 묻자 도척이 어디엔들 도가 없겠느냐며 '방안에 감추어 둔 것을 미루어 아는 것은 성(聖)이고, 앞장서서 들어가는 것은 용(勇)이고, 맨 나중에 나오는 것은 의(義)이고, 옳은가 그른가의 여부를 아는 것은 지(知)이며, 고르게 나누는 것은 인(仁)'이라고 대답하였다는 이야기를 소개하였다. 그리고 이 두 가지로 미루어볼 때 세상에서 지극히 지혜롭다고 하는 자는 큰 도둑이 훔쳐갈 수 있도록 물건을 쌓아두는 자이고, 지극히 성스럽다고 하는 자는 큰 도둑을 위해 그들이 물건을 훔칠 수 있거나 훔쳐온 물건을 지켜주는 자라고 하여 이른바 인간의 지혜와, 성인의 법과 도라는 것이 천하를 크게 어지럽히고 있다고 비판하였다.

<도척>은 『장자』 잡편(雜篇)에 수록되어 있다. 모두 세 부분으로 이루어져 있는데 우언으로 되어있는 첫 번째 부분이 <호질>과 유사하다. 공자와 유하계(柳下季)는 친구 사이인데 유하계의 아우가 그 유명한 도척이었다. 공자는 도척을 타이르기 위해 유하계의 만류를 무릅쓰고 도척을 찾아갔다. 도척이 화를 내며 만나려 하지 않았지만 공자가 거듭 청해 두 사람은 얼굴을 마주 대하게 되었다. 공자는 '태어나면서부터 키가 크고 아름다워 모든 사람이 보고 기뻐하는 것이 상덕(上德)이고, 지혜가 천지를 연결하고 재능이 만물을 잘 분별하는 것이 중덕(中德)이며, 용기가 있고 판단력이 풍부하여 많은 부하를 거느릴 수 있는 것이 하덕(下德)'인데 도척이 이 세 가지 덕을 모두 갖추고 있다고 하였다. 그러자 도척은 남을 면전에서 칭찬하는 사람이 뒤에서는 그를 헐뜯는 법이라며 공자를 나무랐다.

이어 도척은 공자를 신랄하게 비판하였다. 옛날에는 지극한 덕이 융성했으나 점차 강자가 약자를 잡아먹고 다수가 소수를 해치게 되었는데, 문왕(文王)과 무왕(武王)의 도를 닦고 천하의 변론을 도맡아 후세를 가르친

다고 하면서 속이는 말과 위선적인 행동으로 천하의 임금들을 미혹시켜 부귀를 찾고자 하니 도둑 치고 공자보다 더 큰 도둑이 없다고 하였다. 그리고 다시 인간의 문화와 성인의 법을 비판하여 '성인을 말살하고 지혜를 포기하면 큰 도둑이 없어지고, 옥(玉)을 버리고 구슬을 깨뜨려 버리면 좀도둑이 일어나지 않을 것이며, 부절(符節)을 태우고 인장(印章)을 파기해 버리면 백성들이 순박해질 것이고, 말[斗]을 부숴버리고 저울을 꺾어버리면 백성들이 다투지 않을 것이고, 천하의 모든 성스러운 법을 없애버리면 백성들이 비로소 도를 말하게 될 것'이라고 하였다.

도척의 말을 들은 공자는 얼굴에 핏기가 사라지고 숨도 제대로 쉬지 못한 채 돌아와 유하계를 만나자 자기가 호랑이 머리를 쓰다듬고 호랑이 수염을 가지고 놀다가 하마터면 호랑이 주둥이를 벗어나지 못할 뻔했다고 하였다.

이와 같이 <거협>은 전성자의 일과 도척의 말을 통해 인의(仁義)에 바탕을 둔 성인의 도와 법, 그리고 인간의 지혜를 비판하고 있으며, <도척> 역시 공자를 꾸짖는 도척의 말을 통해 <거협>과 유사한 내용을 제시하고 있다. 곧 두 글 모두 유교에서 일컫는 성인들의 도와 법이라는 것이 인간성을 황폐화시키는 것인 만큼 성인의 법과 도, 그리고 그것에 바탕으로 두고 이루어진 인간의 문화 내지 문명을 없애야 인간 본연의 순수성이 회복될 수 있다고 주장하고 있는 것이다. 이러한 비판은 <호질>의 그것과 어느 정도 상통한다고 할 수 있는데 <도척>의 경우에는 공자가 도척을 만나 도척을 칭찬하다가 도리어 도척에게서 질타를 당한다고 하여 우언의 형식까지도 <호질>과 유사함을 알 수 있다.

<거협>과 <도척>은 '도가(道家)'의 입장에서 이루어진 '유가(儒家)'에 대한 비판이고, <호질>은 '유자(儒者)'에 대한 '유자'의 비판과 풍자라는 점에서 차이가 있다고 할 수 있다. 하지만 우리로 하여금 오늘날 우리 자신의 모습을 되돌아보고 우리의 정신문화와 물질문명이라는 것이 과연 바람직한 방향으로 나아가고 있는가를 다시 생각하게 한다는 점에서는 이

글들은 모두 같은 문제를 우리에게 던지고 있다고 할 수 있다.

<호질> 이후의 작품 가운데에서는 1908년 안국선(安國善)에 의해 발표된 <금수회의록(禽獸會議錄)>에서 사람의 허상을 비판하고 풍자하는 모습을 볼 수 있기도 하다. 서술자는 이 세상이 '천리가 어기어지고 덕의가 없어서 더럽고, 어둡고, 어리석고, 악독하여 금수만도 못'하게 된 것을 한탄하다가 꿈속에서 '금수회의소'라는 현판이 걸린 곳에 이르러 동물들의 토론 장면을 목격하게 된다. 회의 주제는 인류에 대한 논박인데 회장에 의해 제시된 구체적 토론 사항은 '사람 된 자의 책임을 의논하여 분명히 할 일, 사람의 행위를 들어서 옳고 그름을 의논할 일, 그리고 지금 세상 사람 중에 인류의 자격이 있는 자와 없는 자를 조사할 일' 등이었다.

제일 먼저 단상에 오른 까마귀는 자기들의 반포지효(反哺之孝)와 대비하여 인간의 불효를 비판하고 자기들을 흉조로 여기는 인간의 어리석고, 부정적인 행태들을 질타하였다. 이어 등단한 여우는 인간들이 호가호위(狐假虎威)를 일컬으며 여우가 간사하다고 하지만 인간들이야말로 외국의 세력을 빌어 몸을 보전하고 벼슬을 얻으려 하여 나라를 망하게 하고 동포를 압박한다고 하면서 인간의 '더럽고 요망하고 간사한' 도덕적 타락상을 제시하고 이후로는 사람을 '여우'라 하고 여우를 '사람'이라 불러야 한다고 하였다.

그리고 개구리는 인간들이 자기네들을 우물 안 개구리라고 부르지만 정작 인간들이 좁은 소견으로 외국 형편이나 천하대세도 살피지 못한 채 공연히 답답한 말만 떠들고, 혹 조금만 남보다 먼저 아는 것이 있으면 그 지식을 이용하여 남의 나라를 빼앗고 남의 백성을 학대한다 하면서 인간의 무도함과 횡포를 고발하였다. 또 벌은 사람들이 자기네들을 독한 사람에게 비유하여 구밀복검(口蜜腹劍)이라 하지만 인간이야말로 서로 싸우고, 죽이고, 잡아먹어서 약한 자의 고기는 강한 자의 밥이 되고, 큰 것은 작은 것을 압제하여 남의 재산을 속여 빼앗으며, 남의 토지를 앗아가며, 남의 나라를 위협하여 망하게 한다며 인간의 흉측하고 악독함을 비난하고, 인간은 벌과 달리 임금을 죽이고 역적의 일을 하며, 장수의 명령을 복종치 아니하고 게을러 가난하니 벌만 못하다고 하였다.

이어 차례로 연단에 오른 게, 파리, 호랑이, 원앙 등도 앞의 동물들과 마찬가지로 도덕적 타락상을 비롯한 부정적 행태들을 제시하면서 인간을 신랄하게 비판하고 풍자한다. 이 가운데 호랑이가, 인간들이 호랑이를 포악하고 무섭다 하지만 자기들에게 해를 당한 사람보다 같은 사람에게 해를 당한 사람이 훨씬 많다면서 사람이 사람을 해하는 악독한 일을 열거하고, 인간은 학문을 이용해 각종 병기를 만들어 인간을 무수히 죽이고, 호랑이와 달리 은혜와 의리를 모른다고 한 말은 <호질>에서 사람의 허상을 들추어 꾸짖는 범의 비판과 상당히 흡사하다. 이러한 토론 장면을 목격한 서술자가 결국 '사람이 떨어져서 짐승의 아래가 되고, 짐승이 도리어 사람보다 상등이 되었다'며 한탄하는 데에서 작품이 마무리된다.

<금수회의록>과 <호질>은 창작된 시기와 배경이 다르기 때문에 작품에서 문제 삼고 있는 대상과 그것에 대한 비판이 갖는 역사적 의미가 같을 수는 없다. 하지만 동물의 입장에서 인간을 바라보면서 인간의 위선적이고, 이기적이고, 간사하고, 잔학한 면모를 들어 비판·풍자하고 있는 것은 두 작품이 약속이나 한 듯 흡사하다. 여기에서 볼 수 있듯이 중국과 조선의 지식인, 나아가 모든 인간의 위선적이고 부정적인 행태를 폭로했던 <호질>의 비판과 풍자 정신은 오늘의 우리에게는 물론, 앞으로도 인간이라는 불완전한 존재가 계속 존재하는 한 여전한 가치와 의의를 지닐 것으로 기대된다.

참고 문헌

김균태, 「<호질>」, 『한국고전소설작품론』, 집문당, 1990.
김명호, 『열하일기 연구』, 창작과비평사, 1990.
_____, 『박지원 문학 연구』, 성균관대 대동문화연구원, 2001.

김문식, 「18세기 후반 서울 학인의 청학인식과 청 문물 도입론」, 『규장각』 17, 서울대 규장각, 1994.
김영동, 『증보 박지원소설연구』, 태학사, 1997.
김진영, 「<호질> 연구사」, 『일위우쾌제박사 화갑기념논문집 고소설연구사』, 동간행위원회, 2002.
박기석, 「호질의 작자」, 『한국문학사의 쟁점』, 집문당, 1986.
_____, 「<호질>」, 『고전소설연구』, 화경고전문학연구회 편, 1993.
_____, 「『열하일기』를 통해 본 연암의 대청의식과 <호질>의 주제」, 『국어교육』 94, 한국국어교육연구회, 1997.
박지원, 『연암집』, 계명문화사, 1986.
_____, 『열하일기』, 이가원 역, 대양서적, 1975.
박희병, 『한국한문소설 교합구해』, 소명출판, 2005.
성현경, 「<호질> 연구」, 『한국고전소설연구』, 이상택 · 성현경 편, 새문사, 1983.
안국선 외, 『<금수회의록>(외)』, 소담출판사, 2002.
이가원, 『연암소설연구』, 을유문화사, 1965.
이우성, 「<호질>의 작자와 주제」, 『창작과 비평』 통권11, 창작과비평사, 1968.
이우성 · 임형택 편역, 『이조한문단편집(하)』, 일조각, 1997.
이재수, 『한국소설연구』, 선명문화사, 1969.
장기근 · 이석호 역, 『노자 · 장자』, 삼성출판사, 1977.
조동일, 『문학사와 철학사의 관련 양상』, 한샘, 1992.
홍대용, 『담헌서』, 천관우 · 유승주 역, 대양서적, 1975.
황패강, 「<호질> 연구-문학적 상징체계와 사회적 맥락-」, 『한국소설문학의 탐구』, 한국고전문학연구회 편, 1978.

나를 알아보는 사람

조 은 상*

1. 〈관내정사(關內程史)〉 8월 4일

날이 개었다. 더위가 심하여 삼복중이나 다름없었다. 수레를 몰아 정양문을 나와 유리창을 지나면서 창(廠)이 몇 칸이나 되냐고 물었더니 어떤 사람이, 모두 27만 칸은 된다고 말하였다. 대체로 정양문에서 선무문까지 다섯 거리가 모두 유리창이고 나라 안팎의 재화와 보물은 여기 다 쌓여 있었다.

나는 어느 누(樓)에 올라가 난간에 기대어 한숨을 쉬면서 말했다.

"세상에 한 사람이라도 진실로 자기를 알아주는 사람을 얻는다면 정말 여한이 없을 것이다!"

애달프다. 사람들은 대게 제 몸을 알아주길 바라되 그러한 이를 얻을 수 없으면 때로는 아주 위대한 바보나 미치광이처럼 되어서 아예 자기란 것

* 건국대학교 강사

은 없애 버리고 제 몸을 다른 사물과 마찬가지로 처하게 하였다. 그리하여 몸 움직임에 아무런 거리낌이 없게 한 것이다. 성인들은 때로 이런 방법을 취하여 세상을 피하여 숨은 생활을 해도 답답한 줄을 모르고 고독한 자리에 있어도 두려움이 없었다. 공자가 일찍이 말하기를,

"다른 사람이 나를 알아주지 않는다 하여도 노여워하지 않는 이는 어찌 군자가 아니겠는가."

라고 하였고, 노담(老聃, 노자)은 또 말하기를,

"나를 알아주는 이가 드물다는 것은 내가 귀한 존재라는 것이다."

라고 하였으니, 이것은 남이 자기를 알아보게 하고 싶지 않다는 의미다. 그래서 더러는 의복을 바꿔 입기도 하고, 더러는 얼굴을 다르게 하기도 하고, 더러는 성명까지 바꾸었다. 이는 성인이나 부처, 현인, 호걸들이 세상을 노리개처럼 보고 천자의 자리를 준다고 하여도 그들의 즐거움과 바꾸지 않는 까닭이다. 그러나 이런 경우에 혹 세상에서 자기를 아는 사람이 한 사람이라도 생긴다면 그의 자취는 드러나고 만다. 그러나 실제에 있어서는 천하에 그를 알아주는 이가 한 사람도 없었던 것은 아니었다. 요(堯) 임금은 미복(微服)을 하고 강구(康衢)에서 놀았으나 격양가(擊壤歌)를 부르는 늙은이를 만났고, 석가(釋迦)는 아난(阿難)을 만났고, 태백(太伯)이 몸에 먹침질을 하고 남만(南蠻)으로 피하였으나 중옹(仲雍)이 뒤따랐고, 예양(豫讓)은 몸에 옻칠을 하고 다녔지만 그 친구가 알아보았고, 굴원(屈原)의 얼굴색이 좋지 않음을 어부가 알아보았고, 치이자(鴟夷子)가 오호(五湖)에 뜰 때 서시(西施)가 따랐고, 장록(張祿)은 객관에서 가만히 걸을 때 수가(須賈)를 만났고, 장자방(張子房)은 다리에서 조용히 걸을 때 황석공을 만났다.[1)]

---

1) 역사상 전형적인 자기 친우 관계의 실례를 든 것으로 아난(阿難)은 석가의 제자요, 태백(太伯)과 중옹(仲雍)은 주나라의 왕자들로서 태백이 중옹에게 왕위를 양보하고 남만으로 도피하자 중옹도 태백의 뒤를 따랐다. 굴원(屈原)은 전국 시대 초나라의 삼려대부(三閭大夫)란 벼슬을 한 저명한 시인인데 그가 정계에서 추방된 뒤에 어부사(漁父辭)를 지었는데, 그때 어부가 알아듣고 문답하였다. 예양(豫讓)은 전국 시대 지백(智伯)이란 사람의 신하로 죽은 임금의 원수를 갚기 위하여 변장을 하고 다닐

이제 나 홀로 유리창 가운데 서 있으니, 옷이나 갓은 천하가 알 바 없을 것이요, 수염과 눈썹도 세상이 처음 보았을 것이요, 반남 박은 천하에 일찍이 들은 바 없는 성일 것이니 나는 이 참에 성인, 부처, 현인, 호걸이 되어 기자(箕子)나 접여(接輿)[2]와 다름이 없이 미친 행세를 한다고 하자. 그러한들 장차 누구와 더불어 이 천하의 즐거움을 이야기할 것인가. 어떤 사람은 이렇게 물었다.

"공자는 송나라로 쫓겨 다닐 때에 무슨 관(冠)을 썼을까?"

나는 껄껄 웃으며 대답했다.

"아마 우물, 창고, 평상, 거문고가 벌여 있고, 그는 앞에 있다가 별안간 뒤에 있었을 것이며, 또 물고기 가죽이나 표범 무늬처럼 별의별 변덕이 많았을 테니 누가 그 모습을 알 것인가."

그러나

"선생님이 계신데 제가 감히 죽을 수 있겠습니까?"[3]

라고 한 안회(顔回)는 공자를 알아보았으니 공자의 천하 지기(知己)를 논한다면 안회 한 사람뿐이라고 할 수 있는 것이다.[4]

때 그의 아내는 알아보지 못했으나 그 벗은 알아보았다는 사람이요, 치이(鴟夷)는 전국 시대 월나라 범려(范蠡)의 변명이요, 서시(西施)는 월왕의 첩이다. 장록(張祿)은 위나라 범저(范雎)의 별명으로서 수가(須賈)는 그의 예전 상관으로 일찍이 범저를 박대하였으나 진(秦)에 사신으로 갔을 때 죽은 줄만 알았던 범저를 알아보고 궁곤을 측은히 여겨 선물을 주었다. 자방(子房)은 한나라 모사 장량(張良)으로서 그가 창해(蒼海)의 역사(力士)로 하여금 진시황을 저격하게 하고는 조용히 다리를 걸을 때 황석공(黃石公)이란 신선을 우연히 만나 귀중한 비서(秘書)를 얻어 출세하였다.

2) 세상에 뜻을 잃고 미친 행세를 하며 산 은사들로, 기자는 은(殷)나라 말에 거짓으로 미쳐서 종이 되었고 접여는 초(楚)나라의 광사(狂士)이다.

3) 공자가 송나라 광(匡)이란 곳에서 습격을 받았을 때에 공자는 그 제자 안자가 뒤에 떨어진 것을 죽은 줄만 알았더라고 할 때에 안자가 한 대답으로 『논어』에 실려 있다.

4) 이 글은 리상호의 번역(보리출판사, 2004)와 민족문화추진위원회의 번역을 참고하여 필자가 번역한 것이다.

2. 알아봐주길 바라는 마음

홀로 떠나는 여행은 우리를 자유로움으로 이끈다. 아무도 나를 모르고, 나 또한 아무도 알지 못하는 곳으로 나를 데려가는 것이다. 새로운 풍경과 새로운 사람들은 내게 지루한 일상을 벗어난 신선한 충격을 선사한다. 그리고 그곳에서는 나의 사회적 지위나 역할, 입장, 체면 때문에 할 수 없었던 많은 것들을 시도해 볼 수 있다. 낯선 곳을 여행하게 되었을 때, 우리는 종종 나를 알아보지 못하는 사람들 속에서 자유를 만끽하게 되는 것이다. 그러나 한편 우리는 아무도 나를 모른다는 사실, 그리고 내가 혼자라는 사실에 이내 불안해지곤 한다. 그 두려움이 홀로 떠나는 여행의 자유로움과 그것의 짜릿함을 잘 알면서도 우리가 선뜻 행동으로 옮기지 못하는 이유이다.

박지원은 유리창 몇 만 칸이 즐비하고 천하의 재화와 보물이 쌓여 있는 외국의 동네를 지나면서 그곳의 거대함과 화려함에 경탄한다. 그러나 그 역시 이내 거대하고 화려한 외국 도시의 한 편에 서 있는 자신이 그곳에서 얼마나 작고 낯선 존재인지를 절감한다. 실상 그곳에는 반남 박이라는 성씨는 고사하고 그의 옷차림이나 얼굴 생김새조차 알아봐 줄 사람이 있을 리 없다. 낯선 곳에서 혼자가 되었다는 것, 그것은 자유롭지만 매우 외롭고 두려운 것이다. 그래서 박지원은 "세상에 한 사람이라도 자기를 알아주는 사람을 얻는다는 것"이 얼마나 행복한 일인지를 그곳에서 다시 생각해 보게 되는 것이다.

우리 주변의 많은 사람들이 외국을 여행한 경험을 얘기하면서 그곳에서 같은 한국 사람을 만났을 때의 반가움과 기쁨에 대해 이야기 하곤 한다. 여행은 분명 이곳과 다른 그곳, 여기와 다른 저기, 이 사람들과 다른 저 사람들에 대해 경험해 보고픈 마음에 떠나는 것일 텐데도 서로의 동질성을 확인할 수 있는 사람에게서 반가움과 기쁨을 느낀다는 것은 어떤 까닭일까? 아마도 이것이 낯선 곳에서의 신선함과 자유로움을 즐기면서도 혼자라는 것에서 오는 두려움, 외로움을 떨칠 수 없는 인간의 성향 때문이 아닐까 한다. 내 존재를 알아봐주는 누군가를 낯선 그곳에서조차 기다리고 있었던 것이다.

이렇게 낯선 곳을 여행하면서도 내심 나를 알아봐줄 누군가를 바라고 있다면 일상생활에서는 더 말할 나위가 없다. 이것은 단순히 얼굴을 알아보는 차원에 머무르는 것이 아니라 나라는 사람을 이해하고 내 존재를 알아봐주길 바라는 욕구와 연결된다. 이 욕구가 얼마나 절실한 것인지는 욕구가 좌절되었을 때 인간이 얼마나 큰 타격을 입는지를 보면 잘 알 수 있다.

현대 사회의 가장 큰 문제로 대두되고 있는 '집단 따돌림', 아마도 이것이 그러한 욕구를 가장 처참하게 좌절시키는 예가 되지 않을까 한다. 집단 따돌림은 따돌림 당하는 이에게 아무도 그를 알아주지 않고, 아무에게도 이해받지 못한다는 생각에 빠지도록 하는데, 집단이 그를 '혼자' 소외시키는 것이기 때문이다. 우리나라에서도 학교에서 집단 따돌림을 당하던 학생이 유서를 써놓고 자살을 했다는 기사가 심심치 않게 보도 되고 있으며, 일본에서는 최근 '이지메(집단 따돌림)'를 해결하지 않으면 자살하겠다는 자살예고 편지가 문부과학성에 배달되어 큰 이슈가 되기도 했다. 일본에서는 이 편지가 전달된 후 실제로 학생이 자살을 하였고, 이어서 이 소식을 접한 그 학교 교장선생님이 자살을 하는 사건으로 이어졌다. 아무도 나를 알아주지 않고, 아무에게도 이해받지 못한다는 생각이 인간을 죽음으로까지 몰고 간 것이다. 그만큼 누군가가 나라는 존재를 알아봐주길 바라는 욕구는 인간에게 절실한 문제라고 할 수 있다.

요즘 우리가 살아가는 세상은 마치 혼자서도 잘 살아갈 수 있다고 외치는 듯하다. 친구들과 어울려 놀기보다 혼자 컴퓨터 앞에 앉아 있는 것에 더 익숙하고, 낮은 출산율로 형제 없이 혼자 크는 아이들이 늘어나며, 풍요로워진 살림 덕에 굳이 형제나 가족과 한 방을 써야할 일도 없다. 여러 사람이 힘을 보태야 할 수 있었던 복잡한 일도 기계의 도움으로 혼자 할 수 있게 되었다. 점점 더 세상은 혼자도 잘 살 수 있도록 변화해 가는 듯하다. 그런데 이러한 모습에서 자신을 알아주지 않는 세상에 대해 애써 초연하려 했던 성인들의 모습이 떠오르는 건 무슨 까닭일까? 아무도 자기를 알아주지 않아도 '거침없이 자유분방하게 처신'한 성인이 그래도 세상에 단 한 사람쯤 자기를 알아주길 바라고 있었던 것처럼 혼자서도 잘 살 수 있는 세상을 추구하는 오늘날의 우리 역시 나를 알아주는 누군가를 그 어느 때보다 간절히 바라고 있는 것은 아닐까?

혼자 컴퓨터 앞에 앉아서 잊고 있던 초등학교 친구들을 찾고, 핸드폰 없이 혼자서 외출하는 것을 못내 불안해하며, 이어폰을 꽂고 혼자만의 음악을 들으면서도 수시로 핸드폰을 열어보는 사람들, 어느 시대보다도 유난히 사랑과 믿음을 갈구하는 노래를 많이 만들어 부르는 사람들, 이들이 바로 요즘의 우리들인 것이다.

3. '평강공주'에서 영화 〈아는 여자〉에 이르기까지

사랑, 인정, 믿음, 관심……. 우리가 인간관계에서 끊임없이 추구하는 이것, 수없이 다양한 이름을 갖는 이것은 실은 나를 알아봐주는 누군가를 바라는 마음의 서로 다른 표현인지도 모른다. 누군가가 나를 알아본다는 것, 그것은 내 존재를 알아본다는 것이고, 내 가치를 인정한다는 것이며, 나를 믿는다는 것이다. 그 중에서도 '사랑'은 누군가가 나를 알아봐주는 가장 흔하고도 가장 원초적인 형태가 아닐까 한다.

한 여자, 혹은 한 남자가 자신의 짝이 될 사람을 알아보고 여러 가지 어려움을 감수하면서도 그와 인연을 맺는다는 옛 이야기들은 수없이 많다. 이 이야기들이 중요하게 여기는 것은 둘 중에 한 사람이 먼저 상대방을 알아본다는 것이고 그럼으로써 한 사람의 삶이 변화한다는 것이다. 오늘날의 시각에서 보면 이것은 분명 낭만적인 사랑이다. 어떤 사람이 사랑에 빠져서 모든 어려움을 무릅쓰고 결혼에 골인한다는 흔하고도 흔한 사랑타령이다. 평강공주와 온달이 그러하고, 정승집 셋째 딸과 구렁덩덩 신선비가 그러하다. 평강공주는 외모도 보잘 것 없고 가난하며 세상 사람들이 모두 바보라고 놀리는 '온달'을 알아보았고, 정승집 셋째 딸은 구렁이처럼 흉측한 모습 속에 숨겨져 있는 신선비의 존재를 알아보았던 것이다.

이들의 '알아봄'이 옛 이야기에서 그토록 중요한 것은 이것이 한 사람의 삶을 완전히 바꿔놓기 때문이다. 평강공주는 온달과 온달의 어머니가 가난하고 누추하다는 이유로 자신의 청을 받아들이지 않자 '한 말의 곡식도 가히 찧을 수 있고, 한 자의 베로도 가히 꿰맬 수 있다(一斗粟猶可舂 一尺布猶可縫)'라는 말로 온달과 함께 하겠다고 말한다. 세상 모든 사람들이 바보라고 놀리는 더럽고 추한 온달의 모습에 감춰진 '한 말의 곡식과 한 자의 베'와 같은 가능성을 평강공주만이 알아본 것이다. 평강공주의 '알아봄'은 온달을 전혀 다른 사람으로 변화시킨다. 평강공주가 온달에게 시켜서 사온 병든 말이 평강공주의 보살핌으로 살찌고 건장하게 변화하는 것처럼 추하고 가난할 뿐만 아니라 기죽고 겁 많은 온달을 능력 있고 자신감 넘치는 장수로 변화시키는 것이다. 그 변화의 동인은 자신의 어머니마저도 누추하게 바라보며 세상 사람들로부터 바보라고 놀림 받던 온달을 선택한 평강공주의 '알아봄'에 있다.

옆집 할머니가 낳은 아이를 구경하러 온 정승집 첫째 딸과 둘째 딸은 구렁이를 보고 흉측하다며 가버린다. 심지어 아이를 낳은 어머니도 자신의 구렁이가 그리 자랑스럽지는 않았던지 굴뚝에 넣고 삿갓으로 덮어놓거나 장독에 넣어놓는다. 또한 구렁이가 정승집 딸과 혼인하게 해달라고 했을 때에도 마치 자신의 아들을 한없이 누추하게 여겼던 온달의 어머니처럼 염치없어하며 말을 못하고 정승집 주변을 맴돌기만 한다. 구렁덩덩 신선비는 자신의 어머니를 비롯한 모든 사람에게 자랑스럽지 못한 존재, 외면당하는 존재였던 것이다. 오직 정승집 셋째 딸만이 '구렁덩덩 신선비님을 낳으셨네요.'라며 그의 가치로움을 알아본다. 그 '알아봄'은 정승집 셋째 딸로 하여금 구렁덩덩신선비와의 혼인을 받아들이게 하는 동인이며 그로 인해 구렁이는 허물을 벗고 두 언니가 샘을 낼만큼 잘 생긴 '구렁덩덩 신선비'로 거듭나게 되는 것이다.

온달과 구렁덩덩 신선비가 모든 사람들로부터 외면당하고, 그 어머니에게 조차 인정받지 못하는 상황, 이것은 어찌 보면 집단 따돌림을 당하는 이의 그것과 다를 바 없을 것이다. 그러나 집단 따돌림을 당하는 이들이 우울증에 시달리고 점점 더 대인관계를 기피하게 되며 결국 자살에 이르는 부정적인 결과로 나아갔던 것과는 다르게 온달과 구렁덩덩 신선비는 모두의 부러움을 살만큼 긍정적인 모습으로 변화했다. 이것은 어느 날 그들의 가치를 인정하고 믿어주며 알아봐준 한 사람이 있었기에 가능했던 것이다. '사랑'은 '알아봄'의 한 가지라고 생각된다. 오늘날 우리가 꿈꾸기를 거듭하면서 영화, 드라마, 대중가요를 통해 되풀이해 그려내는 진정한 '사랑'은 바로 '알아봄'의 다른 표현인 것이다.

2004년에 개봉되었던 장진 감독의 영화 <아는 여자>에서 남자 주인공 동치성이 찾아 헤매는 '첫 사랑'은 '알아봄'이라는 사랑의 의미를 고스란히 담고 있다. 영화의 첫 장면에서 동치성은 자신의 연인인 듯한 여자와 손을 잡고 나무가 우거진 길을 산책하고 있다. 그런데 여자는 곧 걸음을 멈추고 이제 아프지 말라면서 그만 헤어지자고 말한다. 동치성은 여자를 보내주며 혼자서 이렇게 생각한다.

"이번에도 사랑이 아니었다. 늘 사랑이라고 생각했는데 지나고 나면 사랑이 아니다. 난 아직도 사랑을 못해봤다. 첫 사랑도 못 해 본거다."

그가 지금 헤어진 여자를 사랑이 아니라고 하는 이유는 무엇일까? 그 해답은 영화의 마지막 장면에서 동치성이 드디어 자신에게 첫 사랑이 생겼다고 말하도록 만든 한이연이라는 여자에게서 찾아 볼 수 있다.

한이연이라는 여자는 동치성이 자주 가는 카페의 바텐더였다. 그런데 그 여자는 이미 동치성이 자기와 같은 동네에 살고 있다는 것, 자기 집에서 39발자국 거리에 그의 집이 있다는 것, 그가 어느 고등학교의 야구부

선수였다는 것도 알고 있었다. 그가 자주 듣는 음악도 알고 있고, 그의 부모가 자신의 부모와 같은 날 사고로 죽었다는 사실도 알고 있다. 한이연이 지금 일하고 있는 카페도 동치성이 자주 간다는 사실을 미리 알고 취직한 것이었고, 의사의 실수로 시한부 판정을 받고 동치성이 괴로워하고 있을 때, 한이연은 그의 진짜 병, 즉 코를 자주 후비는 바람에 혈관이 약해져서 코피를 자주 흘리는 병에 걸려 있다는 것을 알고 있다.

한이연이 이토록 동치성에 대해 잘 알고 있는 것은 고등학생인 동치성이 같은 동네로 이사를 왔을 때부터 지금까지 좋아하고 있었기 때문이다. 한이연의 동치성에 대한 사랑은 그 남자에 대한 많은 것들을 알게 했고 기억하게 했다. 그런데 동치성은 한이연이 기억하는 어느 것 하나, 제대로 기억하는 것이 없다. 영화의 끝부분에서 자신이 그토록 찾아다닌 사랑이 한이연이라는 것을 깨닫고 비로소 나에게 첫사랑이 생겼다고 말하며 그제서야 한이연에게 이름, 나이, 혈액형을 묻는다. 동치성이 은행에서 우연히 만났던 강도들이 사랑에 대해서 말하기를 '이름, 나이, 가족관계 등을 물어보는 것'이라고 했던 것을 비로소 이해한 것이다. 사랑은 서로를 알아보는 것이고 알고자하는 것이라는 것을…….

이러한 영화의 결론을 복선처럼 보여주고 있는 장면이 있다. 동치성은 헤어진 여자를 우연히 만났을 때 한이연을 '아는 여자'라고 소개한다. 한이연은 적잖이 낙심하며 '아는 여자'가 많은지 묻는다. 동치성은 하나밖에 없다고 말하고 한이연은 만족한 미소를 짓는다. 바로 이 장면이 '알아봄'의 본래 의미를 함축적으로 그리고 있다고 보여 진다. 동치성이 영화의 첫 장면에서 헤어진 여자는 그런 이유에서 사랑이 아니었다고 할 수 있다.

그를 사랑하는 여자, 그 여자는 그를 잘 '아는 여자'였던 것이다.

아무리 세상에 인연을 끊었다고 말하는 성인들일지라도 그들을 알아보는 한 사람의 지인에게서 그들의 팍팍한 삶을 유지할 수 있는 힘을 얻었던 것이고 평범한 우리들은 그 한 사람을 늘 꿈꾸며 살아간다. 그 한 사람은 굴원처럼 좌절의 순간 나를 구원할 수도 있고 태백처럼 어렵고 험난한 길을 함께 할 수도 있으며 장자방처럼 세상에 나아가도록 할 수도 있다. 우리의 삶 속에서 이들은 무한한 사랑을 주는 어머니의 모습일 수도 있고, 나의 숨은 끼와 능력을 인정해주는 선생님의 모습일 수도 있으며, 나의 못난 모습마저 아름답게 바라봐주는 애인의 모습일 수도 있다. 우리는 우리를 알아봐주는 주변의 사람들로부터 살아갈 힘을 얻으며 그만큼의 빚을 지고 있다고 하겠다. 사람은 혼자 살아갈 수 없기 때문이다.

이별과 흐르는 물의 이미지

서 은 아*

1. 〈막북행정록(漠北行程錄)〉 8월 5일

나는 말 위에서 이런 생각을 했다. 인간의 가장 괴로운 일은 이별이요, 이별 중에서 생이별(生離別)보다 괴로운 일은 없을 것이다. 대개 하나는 살고 하나는 죽는 이별이야 구태여 괴롭다고 할 것이 못 된다. 왜냐하면 예로부터 인자한 아버지와 효성스러운 아들, 믿음 있는 남편과 알뜰한 아내, 의로운 임금과 충성스러운 신하, 피로 맺은 동지와 마음 통하는 친구들이 운명(殞命)하는 자리에서 마지막 유언을 주고받을 때나 또 옛날 임금들이 임종할 때 탁자에 기대 자기가 믿던 신하에게 국사를 부탁하는 자리에서는 누구던지 손을 붙잡고 눈물을 뿌리며 있는 정곡(情曲)을 다해 애끓는 당부를 하는 법이다. 이것은 세상의 어느 부자(父子) 어느 부부(夫婦) 어느 군신(君臣) 어느 붕우(朋友) 사이에서라도 언제나 있을 수 있는 일이요, 또 세상에 어질고 효성 있고 알뜰하고 믿음성 있고 의롭고 충성스럽고 피로 맺고

---

* 서울여자대학교 인문과학연구소 전임연구원

마음으로 사귀는 사이에서는 누구나 우러나오는 심정들이다. 이런 일은 이미 사람마다 함 직한 일이요 또 사람마다 우러날 수 있는 심정이기에 세상의 순순(恂恂)한 이치가 될 것이다. 이처럼 누구나 할 수 있는 순순(恂恂)한 이치를 실천만 하면 소위 '3년을 고치지 않는다.'[1]고 쳐줄 것이니, 무덤에 들어간 죽은 자가 땅속에서 다시 무슨 할 말이 있을 것인가?

그러나 살아남은 자의 괴로움이란 부모를 따라 죽으려고 한 효자도 있고, 아들이 죽어 눈이 먼 아버지도 있고, 아내가 죽어 너무나 어이가 없어 물동이를 치며 노래를 부른 남편도 있고, 임금의 원수를 갚으려고 숯을 먹고 벙어리가 된 충신도 있고, 남편의 시체를 찾으려다 성이 무너져 깔려 죽은 아내도 있지만 이런 사람들은 모두 죽은 자를 위하여 제 몸을 희생하였을 뿐 이미 죽은 자는 아무런 상관이 없으니, 이것을 보면 죽고 사는 이별의 마당에 죽은 사람은 아무런 괴로움이 없다고 할 것이다.

역사에서 임금과 신하 사이의 가장 친근(親近)한 예로 반드시 부견(符堅)[2]과 왕경략(王景略),[3] 당 태종과 위 문정(魏文貞[4])을 말한다. 그러나 왕경략을 위하여 부견의 눈이 멀었다든가, 문정을 위하여 태종이 물동이를 치고 노래하였다는 일은 아직 들어보지 못했다. 오히려 무덤의 잔디가 자리를 잡고 풀이 어우러지기도 전에 그 채찍을 던지고 그 비(碑)를 넘어뜨려 구원(九原)에 들어간 사람에게 부끄러운 바가 있었으니, 이것을 보면 살아남은 사람으로서 괴로움을 느끼지 못하는 자도 있을 것이다.

세상 사람들이 흔히 사생(死生)의 즈음에 너그럽게 위안하는 말로 "순리(順理)로 지냄이 옳다."고 한다. 순리(順理)로 지낸다는 말은 곧 이치(理致)를 따른다는 것이다. 만일 이치(理致)를 따를 줄 안다면 이 세상에 벌써 괴로움이란 없을 것이다. 그러므로 나는 "하나는 살고 하나는 죽는 이별이야

---

1) "적어도 3년 동안은 죽은 아버지가 지켜 오던 법도를 고치지 않아야만 효자라 할 수 있다." 라는 『논어』의 한 구절.
2) 동진(東晋) 시대 전진(前秦)의 임금. 357~384년.
3) 이름은 맹(猛)으로 전진 부견의 승상으로 있으면서 많은 공적을 세운 정치가이다.
4) 당 태종 시대 간의대부(諫議大夫)였던 위징(魏徵)을 말한다.

구태여 괴로움이라 할 것이 못 된다."고 하는 것이다. 그러므로 이별의 괴로움은 하나는 가고 하나는 남는 생이별(生離別)의 괴로움보다 더한 것이 없다.

대개 이러한 이별에서는 벌써 그 땅이 괴로움을 돋우니 그 땅이란 정자(亭子)도 아니고 누각(樓閣)도 아니며, 산도 아니고 들판도 아니며, 다만 물을 만나야만 격에 어울리는 것이다. 그 물이란 반드시 큰 것으로 강과 바다 또는 작은 것으로 도랑과 개천이어야 하는 것이 아니라, 흘러가는 것이면 무엇이든 물일 수 있다. 천고(千古)에 이별한 자가 무한히 많지만 유독 저 하량(河梁)을 일컫는 것은 무슨 까닭일까? 결코 소무(蘇武) · 이릉(李陵)[5]만이 다정다감한 사람이 아니었건만 그 하량(河梁)이란 곳이 특히 이별의 장소로 적합하였던 것이다. 그 이별이 그 장소를 얻었으니 괴로움이 가장 심한 것이다. 내가 아노니 하량(河梁)은 얕지도 않고 깊지도 않고 잔잔하지도 않고 거세지도 않은 물결이 바윗돌을 얼싸안고 흐느껴 우는 듯하다. 바람도 불지 않고 비도 내리지 않고 그늘도 안 들고 볕도 쪼이지 않는 음산한 날 눈 앞에 보이는 경물들. 하수 위 다리는 오랜 세월에 곧 허물어지려 하고, 물 가의 나무는 말라 가지없는 고목이 되려 하고, 물 언덕 모래사장은 앉고 서고 뒹굴 수 있고, 강 복판의 물새들은 솟았다 잠겼다 노닌다. 이러한 가운데 선 사람은 넷도 아니고, 셋도 아니고, 단 두 사람이 서로 묵묵히 마주보는 말없는 이런 이별이야말로 천하의 가장 큰 괴로움이라 할 수 있다.

강엄(江淹)[6]은 "말없이 간장을 녹이면서 갈라질 따름이다."라고 했다. 어찌 그 표현이 이렇게 멋이 없을까? 천하의 어떤 이별에 말없지 않는 사람이 있을 것이며, 마음 아프지 않는 사람이 있을 것인가? 이것은 다만 한낱 잔소리에 불과하니, 그다지 괴롭다고 쳐줄 바가 못 된다. 특별히 이별

---

5) 이릉과 소무는 한나라 무제 때 사람들로 둘이 다 북방 오랑캐 땅에 있다가 소무는 19년 만에 돌아오고 이릉은 못 오게 되었는데, 두 사람의 작별시에 '휴수상하량(携手上河梁)'이란 구절이 있어 뒷날 사람들이 '하량'을 이별하는 장소의 대명사로 쓰고 있다.

6) 남북조 시대 유명한 문인이며 관리

하는 일 없이 이별하는 마음을 지닌 자는 천고에 오직 시남료(市南僚) 한 사람이 있었을 뿐이다. 그가 이르기를 "그대를 보내러 갔던 이가 저 아득한 강둑으로부터 돌아오니, 그대의 모습은 이로부터 멀어졌구나." 하였으니, 참으로 천고의 애끊을 만한 말이다. 이는 곧 물에서 이별을 하였기 때문이요, 이별이 땅을 얻었기 때문이다. 옛날 유우석(劉禹錫[7])이 상수(湘水)에서 유종원(柳宗元[8])과 헤어진 후 5년 만에, 옛길을 따라 계령(桂嶺[9])을 나서 다시 앞서 이별하던 곳에 이르러 시 한 편을 지어 유(柳)를 조상하였다. 시에 "내 말은 구슬피 숲 가린 채 울건마는, 임 싣고 감돈 배는 산 너머 아득하구나" 하였으니, 천고에 귀양살이 하는 사람이 무한히 많지만 이것이 가장 괴롭게 여겨짐은 오로지 물가에서 이별하였기 때문이다.

우리나라는 땅이 좁아 살아서 멀리 이별하는 일이 없으므로 그리 심한 괴로움을 겪는 일은 없으나, 다만 뱃길로 중국에 들어갈 때가 가장 괴로운 정경이었다. 그러므로 우리나라 대악부(大樂府) 중에 이른바 배따라기곡(排打羅其曲)이 있으니 방언으로는 배가 떠난다는 것이다. 그 곡조가 몹시 구슬퍼 애가 끊는 듯하다. 자리 위에 그림배를 놓고 어린 기생 한 쌍을 뽑아 소교(小校)로 꾸미되 붉은 옷을 입히고, 주립(朱笠[10]) · 패영(貝纓[11])에 호수(虎鬚[12])와 백우전(白羽箭[13])을 꽂고, 왼손엔 활시위를 잡고 오른손엔 채찍을 쥐고, 먼저 군례(軍禮)를 마치고는 첫 곡조를 부른다. 그러면 뜰 가운데 북과 나팔이 울리고, 배 좌우의 여러 기생들이 채색 비단에 수놓은 치마를 입은 채 일제히 어부사(漁父辭)를 부르면 음악이 반주(伴奏)된다. 이어서 둘째 곡조 셋째 곡조를 처음 격식과 같이 한 뒤 또 소교(小校)로 꾸며진 어

---

7) 당나라 시대의 저명한 문인
8) 당나라 시대의 저명한 문인으로, 당송 팔대가의 한 사람
9) 광동성에 있는 산이름
10) 옛 군복(융복)을 입을 때 쓰던 붉은색의 갓
11) 산호, 호박, 밀화, 대모, 수정 따위를 꿰어 만든 갓끈
12) 융복을 입을 때 쓰는 붉은 갓의 네 귀에 꾸밈새로 꽂던 흰 새털
13) 흰 깃을 단 화살

린 기생이 배 위에 서서 배 떠나는 포를 놓으라고 창을 한다. 이내 닻을 거두고 돛을 올리는데 여러 기생들이 일제히 축복의 노래를 부른다. 그 노래에 "닻 들자 배 떠난다. 이제 가면 언제 오리. 만경창파에 가는 듯 돌아오소."라고 하였으니 이것이 우리나라에서 가장 눈물지을 때다.

이제 장복은 어버이와 아들의 친(親)도 아니요, 임금과 신하의 의(義)도 아니요, 남편과 아내의 정(情)도 아니요, 동창과 친구의 교(交)도 아니지만 그 살아서 헤어지는 괴로움이 이런 것은 그 이별하는 땅이 오로지 강이나 바다 또는 저 하수의 다리만이 아니요, 실로 이국(異國)이나 타향(他鄕)치고 이별에 알맞은 장소가 아닌 것이 없기 때문이다.

아아, 슬프다! 소현세자(昭顯世子)[14]께서 심양에 계실 때 당시 신하들이 머물고 떠날 즈음이나 사신들이 오가는 무렵이면 그 마음이 어떠하였을까? 임금이 욕을 보게 되면 신하는 아무 소리 없이 선뜻 죽는 것이 의젓한 일이지 대체 누구는 가고 누구는 머물고 무엇은 참고 무엇은 참지 않을 일이 어디에 있겠는가? 이것이 우리나라에서 제일 통곡할 때였다. 아아, 슬프다! 내 비록 이나 벼룩 같은 미천한 신민(臣民)이지만 백 년이 지난 오늘 그냥 한번 생각해도 오히려 정신이 싸늘하고 뼈가 저리어 부러질 것 같거늘, 하물며 그 당시 자리에 일어서서 절하고 하직할 즈음이랴. 하물며 그 당시 걸림이 많고 혐의(嫌疑) 또한 깊어 눈물을 참고 소리를 머금으며 얼굴에 슬픈 표정을 드러내지 못할 때이랴. 하물며 그 당시 떨어져서 머무른 여러 신하가 아득히 떠나가는 행색을 바라볼 때, 저 요동의 넓은 들판은 망망하여 끝이 없고 심양의 우거진 나무들은 아득한데 사람은 팥낱처럼 작아지고 말은 지푸라기처럼 가늘어 안력은 다할대로 다하고 땅 끝과 물이 하늘에 맞닿을 뿐 흔적초자 없어지고 해는 저물어 관문을 닫을 때, 그 간장이 어떠하였을까? 이런 이별일진대 어찌 반드시 물가만이 알맞은 땅이 될 것인가? 정자도 좋고 누각도 좋고 산도 좋고 들판도 좋으니, 어찌 반드시 저 흐느껴 우는

---

14) 인조의 맏아들

물결과 음산한 날씨만이 우리의 괴로운 심정을 자아낼 것이며, 또 하필 저 무너지려는 다리 말라 죽으려는 고목만이 우리 이별의 장소가 될 것인가? 이 경지에 이르러서는 비록 저 단청한 집이나 화려한 봄날도 모두 우리를 위한 애끊는 이별의 장소가 될 수 있고, 우리를 위한 가슴치고 통곡할 때가 될 수 있을 것이다. 이런 때를 만나서는 제가 비록 돌부처라도 머리를 돌리고 쇠로 된 간장(肝腸)이라도 다 녹고 말 것이니, 이는 또 우리나라에서 정사(情死)함에 제일 알맞은 때였던 것이다. 이렇게 생각하는 동안 나도 모르게 20여 리를 갔다.[15]

2. 가슴 아픈 이별, 눈물과 빗물

이 글은 '<막북행정록(漠北行程錄)> 가을 8월 5일' 중 이별과 관련된 부분이다. 여기서 연암이 말하고자 하는 내용은 두 가지이다.

하나는 이별의 괴로움에 관한 것으로, 연암은 인간의 가장 괴로운 일은 이별이며 이별 중에서도 생이별(生離別)이 가장 괴롭다고 이야기한다. 왜냐하면 하나는 살고 하나는 죽는 이별이란 세상의 이치이며 순리라는 것이다. 그러기에 세상의 이치를 따를 줄 안다면 사생(死生)의 즈음에 구태여 괴로움은 없다는 것이다. 다른 하나는 이별의 장소에 관한 것으로 물과 관련된 곳만이 이별의 괴로움을 더해준다는 것이다. 여기서 물이란 크게는 강과 바다 작게는 도랑과 개천만을 의미하는 것이 아니라, 흘러가는 것은 무엇이든 물일 수 있다. 그러면서 연암은 우리나라의 경우 땅이 좁아 살아서 멀리 이별하는 일이 없으므로 뱃길로 중국에 들어갈 때가 가장 괴로운 이별이라고 이야기한다.

---

15) 번역된 부분은 민족문화추진위원회 역, 『국역 열하일기』(고전국역총서 18~19, 1966)와 리상호 역, 『열하일기』(보리, 2004)를 참조하여 필자가 일부 수정하였음.

그렇다면 연암의 이러한 주장은 오늘날 우리들에게 어떻게 받아들여질 수 있을까?

첫째, 이별이 인간의 가장 괴로운 일이라는 연암의 주장에는 별다른 이견(異見)이 없을 것이다. 그러기에 이별이란 시대와 장소를 초월하여 늘 문학의 중요한 주제가 되어왔다. 연암은 이별 중에서도 생이별(生離別)이 가장 괴로운 것이라고 이야기하는데, 우리나라의 경우 대표적인 생이별이라면 '남북 이산가족'을 생각해 볼 수 있다. 남북이 분단되면서 천만 정도의 이산가족이 발생하였고, 1985년 <남북이산가족 고향방문단 및 예술공연단>의 첫 상봉이 이루어진 후 현재까지 이산가족의 상봉은 계속되고 있다.

남한에서의 대표적인 이산가족의 만남으로는 1983년 KBS에서 진행된 <이산가족찾기> 운동을 들 수 있다. '누가 이 사람을 모르시나요'라는 애절한 노래가 배경음악으로 흘러나오면서 시작된 이 방송은 애초 3시간 정도 방영할 예정이었으나, 이산가족을 찾는 행렬이 장사진을 이루자 모든 정규방송을 중단한 채 5일 동안 생방송으로 진행되었다. 이 기간 동안 가족을 만나기 위해 여의도를 찾은 이산가족만 5만여 명에 달했고, 총 500여 명의 이산가족이 상봉을 하였으며, 78%라는 시청률을 기록하였다. 이러한 기록들은 우리나라가 이산의 아픔을 지닌 국가라는 사실을 재확인시켜준다. 또 <이산가족찾기> 운동이 일어난 지 20여 년이 지났지만 나이를 불문하고 동시대를 살았던 사람들이라면, 헤어진 가족을 만나 서로를 부둥켜안고 울던 사람들의 모습과 찾으려는 가족의 신상이 적힌 네모난 종이를 가슴에 대고 눈물짓던 사람들의 모습을 기억할 것이다. 또 남북분단이나 이산(離散)과 아무런 관련이 없는 사람들조차도 이들의 모습을 지켜보면서, 인간본연의 감정으로 함께 가슴 아파했던 기억을 간직하고 있을 것이다.

오늘날 현대사회에서 생이별(生離別)이라고 이야기될 수 있는 건 부모의 이혼이나 경제적인 파탄으로 인해 가족들이 이산되는 경우, 사회적으로 용납되지 않기에 혹은 부모의 반대로 인해 헤어져야만 하는 사랑하는 남녀의 이별, 한순간의 실수로 영원히 미아(迷兒)가 된 자식과 부모의 이별 정도를 생각해 볼 수 있을 것이다.

그런데 연암은 이와 같은 생이별(生離別)이 하나는 살고 하나는 죽어 이별하는 것보다 더 슬프다고 이야기한다. 연암은 하나는 살고 하나는 죽는 이별이란, 누구나 한번은 겪어야 될 세상의 순리이며 이치이기에 괴로움이 없다고 한다. 연암의 이 말은 아마도 천명(天命)을 다하고 죽음에 이른 경우를 이야기할 것이다. 그러나 현대사회에서는 불의의 사고로 목숨을 잃는 경우가 빈번하게 생겨나며, 그러기에 하나는 살고 하나는 죽어 이별하는 것 또한 더 이상 세상의 순리이며 이치가 아니다. 생이별은 언젠가 다시 만날 것을 기약할 수 있지만, 한쪽이 죽어 헤어지는 이별의 경우는 다시 볼 수 없다는 막막함으로 인해 죽은 자에 대한 그리움과 슬픔을 더욱 뼈저리게 느낀다. 살아있는 사람이라면 언젠가 다시 만날 수 있다는 기약과 희망이 있다. 더군다나 전세계가 인터넷으로 연결되어 있는 오늘날, 단지 마주할 수 없을 뿐 화상채팅이나 전화를 통해 그리운 사람의 얼굴을 보고 그리운 사람의 목소리를 듣는 것은 가능하다. 그러나 죽은 자와의 이별은 영원히 만남이 불가능하다. 반대로 죽은 자와의 이별은 이미 그 사람이 이 세상에는 존재하지 않기에 체념이 가능하다. 그러나 산 자와의 이별은 그가 어딘가에 살아있다는 생각에 체념이 불가능하고, 그로 인해 이별의 고통이 더 클수도 있다. 아마 이별의 상황에서 느껴지는 슬픔과 괴로움의 정도는 자신의 경험에 따라 달라질 것이다.

그러므로 연암의 주장처럼 생이별(生離別)이라고 해서 더 괴롭고 살아있는 자와 죽은 자의 이별이라고 해서 덜 괴로운 것이 아니라, 그것이 어떠한 관계에서 어떻게 발생된 이별이냐에 따라 이별로 인한 괴로움의 정도는 달라질 것이다.

둘째, 이별의 장소로 적합한 곳이 물과 관련된 곳이라는 연암의 주장이다. 우리는 이별과 관련된 고전시가로 쉽게 고려가요인 <서경별곡(西京別

曲)>이나 <가시리>, 정지상(鄭知常)의 한시 <송인(送人)>을 떠올릴 수 있다. 이 중에서 <서경별곡>과 <송인>은 연암이 이별의 장소로 가장 슬픈 곳이라는 대동강가를 배경으로 하고 있으며, 가장 슬픈 이별이라는 생이별을 이야기하고 있다. 연암의 주장은 과거 고전시가를 대상으로 본다면 일면 타당한 주장이기도 하다. 그러나 오늘날 물가가 이별의 장소로 적합할까?

물이 가지는 서정적인 정서가 이별과 연관이 되기도 한다. 사랑하는 사람을 떠나보내면서 함께 한강 둔치를 거닐거나, 호수나 바다를 찾을 수는 있다. 또는 떠나보낸 사람을 그리워하면서 그와 함께 한 물가를 거닐거나, 물을 바라보며 회상에 잠길 수도 있다. 그러나 막상 헤어지는 장소로서의 물의 역할은 현대사회에서는 더 이상 그 의미를 찾을 수 없다.

과거 물가가 이별 장소로 적합한 것은 교통수단과 관련될 것이다. 연암의 말처럼 우리나라의 경우 땅이 좁아 살아서 멀리 이별하는 일이 없고 뱃길로 중국에 들어갈 때가 가장 괴로운 이별이었기에, 물가는 적합한 이별의 장소가 된 것이다. 그러나 교통수단의 발달로 세계가 일일 생활권에 들어온 오늘날, 뱃길로 들어갈 수 있는 중국은 오히려 가까운 장소가 되었다. 그러므로 오늘날 현대사회에서 이별의 장소로 적합한 것은 어쩌면 공항이 될 지도 모른다.

연암의 이야기한 바대로 흐르는 물이 이별의 슬픈 정서를 불러일으키고 이별의 괴로움을 더해준다고 할 때 오늘날 흐르는 물의 이미지에 적합한 것은 이별하면서 두 사람이 흘리는 눈물이나, 떠난 사람을 그리워하면서 흘리는 눈물이나, 이별하는 날 하늘에서 내리는 빗물이 될 것이다. 눈물이나 빗물은 이별을 주제로 하는 시 · 노래 · 소설 · 영화 · 드라마에 단골 소재로 등장한다. 그리고 눈물과 빗물은 흘러내릴 뿐 다시는 되돌릴 수 없다는 점에서 연암이 이야기한 물의 이미지에 적합하다.

3. 〈7일간의 사랑〉, 〈매디슨카운티의 다리〉

슬픈 이별과 흐르는 물이 소재로 사용된 영화, 얼핏 떠오르는 건 <7일간의 사랑(Man Woman, And Child)16)>이라는 영화 포스터다. 노을이 지는 바닷가 수면 위로 상반신의 두 남녀가 마주보고 있는 모습, 바닷물에 반사된 노을의 붉은 빛이 너무 촌스러워서 오히려 강렬한 느낌을 줬던 영화였다.

이야기의 대강은 아름다운 아내, 두 딸과 부러울 것 없이 생활하던 영문학 교수 로버트 벡위드(마틴 쉰)에게 예기치 않은 일이 벌어진다. 그가 10년 전 프랑스로 세미나차 갔을 때 7일 동안 사랑을 나눈 의사 니콜(나탈리 넬)이 교통사고로 죽었으며, 그녀에게는 장 클로드(세바스찬 듀간)라는 남겨진 아들이 있고, 그 아들이 자신의 자식이라는 것이다. 로버트는 아내 쉐이라(브리시 대너)에게 이 사실을 고백하지만 몹시 충격을 받은 아내는 그 사실을 쉽게 받아들이지 못한다. 그러나 아내는 마음을 돌리고 부활절 휴가에 장 클로드를 미국으로 초대하며, 딸들에게는 그를 아빠 친구의 아들이라고 소개하고 함께 지낼 것을 허락받는다. 장 클로드와 로버트의 가족이 서로 익숙해지면서 모든 일이 순조롭게 진행되어 갈 무렵, 딸들은 장 클로드가 아빠의 아들이라는 사실을 알게 된다. 집안이 시끄러워지자 장 클로드는 프랑스로 돌아갈 것을 결심하고, 아버지와 쓸쓸히 공항으로 떠난다. 로버트는 아들과의 이별을 가슴 아파하며 아들에게 미안해하지만, 장 클로드는 그런 아빠의 모든 것을 이해하고 그에게 사랑한다는 말을 한다. 출발 시간이 가까워지면서 쉐이라와 두 딸이 공항으로 나오고, 장 클로드에게 용서를 빌며 그를 배웅한다. "안녕 아빠"라는 말을 남긴 채 장 클로드는 비행기에 오르고, 어린 아들의 뒷모습을 바라보는 아버지 로버트의 눈에서는 하염없는 눈물이 흘러내린다.

이 영화에서는 두 번의 가슴 아픈 이별이 나타난다. 하나는 잠시 동안 사

---

16) <러브 스토리>로 유명한 작가 에릭 시걸의 원작을 영화화 한 것이다. 감독은 딕 리차드tm(Dick Richards)이며, 1987년 7월 25일 개봉되었다.

랑을 나눈 남녀의 이별이며, 다른 하나는 아버지와 아들간의 이별이다. 아내가 있는 남자와 여자는 7일 동안 사랑을 나누지만, 그것은 사회적으로 용납될 수 없는 관계이기에 둘의 이별은 이미 예정된 것이다. 니콜도 그것을 알기에 남자의 아들이 태어났다는 사실을 숨긴 채, 모든 것을 혼자서 감당한다. 그러나 어머니가 교통사고로 죽으면서 장 클로드는 의지할 곳이 없게 되었고, 비로소 아버지에게 그의 존재는 알려지게 된다. 로버트는 아내의 양해를 얻어 아들과 함께 미국에서 살려고 하지만, 그의 두 딸은 장 클로드의 존재를 받아들이지 않는다. 결국 아들은 아버지의 행복을 위해 프랑스로 떠날 결심을 하고, 아버지는 아들을 붙잡지 못한다.

엄마를 교통사고로 잃고 의지할 사람이 없는 장 클로드, 그 역시 자신의 버팀목이 되어줄 아버지가 필요하지만 어린 아들은 자신보다는 아버지와 아버지 가정의 행복을 먼저 생각한다. 자신의 아들이 태어났다는 사실조차 몰랐던 아버지는 아들을 만나기 전부터 이미 아들에 대해 미안함과 죄책감을 가지며, 아들을 만나 그가 자신과 닮아있다는 것을 확인하면서 아들에게 깊은 사랑을 느낀다. 로버트는 엄마의 부재로 인해 의지할 곳 없는 어린 아들을 이제는 자신의 곁에 두고 싶지만, 두 딸은 자신의 이복동생을 거부한다. 딸들의 반대로 인해 사랑하는 아들을 어쩔 수 없이 프랑스로 떠나보내야 하는 아버지의 슬픔은, 생이별의 괴로움이라고 이야기할 수 있다. 또 아들을 보내며 흘리는 아버지의 눈물 또한 흘러가 돌아오지 않는다는 점에서 흐르는 물의 이미지로 이야기할 수 있다.

<7일간의 사랑>과 비슷한 작품으로 <매디슨카운티의 다리(The Bridges Of Madison County)[17]>를 들 수 있다. 이 작품 또한 남편이 있는 여자와 남자 사이의 4일간의 사랑을 다루고 있다.

1965년 아이오와의 지붕 덮힌 다리를 촬영하러 온 지오그래픽의 사진기

17) '제2의 러브 스토리'라는 세평의 받으며 뉴욕 타임즈 베스트셀러 1위를 37주 동안 연속으로 석권한 로버트 제임스 월러(Robert James Waller)의 작품을 영화화 한 것이다. 감독은 클린트 이스트우드(Clint Eastwood)이며, 1995년 9월 23일 개봉되었다.

자 로버트 킨케이드(클린트 이스트우드)는 길을 묻기 위해 어느 집 앞에 차를 세우고, 그 곳에서 운명적인 여인 프란체스카 존슨(메릴 스트립)을 발견한다. 이들은 서로를 보는 순간 운명적인 힘에 휩싸이고, 곧이어 둘은 사랑하고 있음을 깨닫는다. 프란체스카의 남편과 아이들이 일리노이 박람회에 간 4일 동안 이들은 애틋한 사랑을 하고, 예정된 이별을 맞이한다. 로버트는 프란체스카와 함께 떠날 것을 원하지만, 가족을 지키고 싶다는 프란체스카의 선택을 존중한다. 로버트와 프란체스카는 평생 서로를 가슴 속에 간직하고 살아가며, 이 둘의 사랑은 프란체스카가 죽은 후 그녀의 유품을 정리하던 자녀들에 의해 드러나게 된다.

로버트와 프란체스카의 마지막 이별의 장면에서 쏟아지는 빗물을 온몸으로 맞으며 서 있는 남자와 그런 남자를 눈물이 가득한 눈으로 바라보는 여자, 함께 떠날 수 없음을 눈으로 이야기하며 가슴 아파하는 여자와 여자의 선택을 존중하고 그녀에게 슬픈 미소를 지으며 떠나는 남자, 신호등의 불빛이 바뀌어도 여자를 기다리는 듯 움직이지 않는 남자의 차와 그와 함께 떠나고 싶은 간절한 마음을 억누르며 자동차 손잡이를 꼭 쥐고 있는 여자의 손은 <매디슨카운티의 다리>의 명장면이라고 할 수 있다. 특히 쏟아지는 빗물은 이별의 아픔을 극대화시키는 흐르는 물의 이미지로 보아도 좋을 것이다.

사회적인 잣대로 볼 때 남편이 있는 여자와 남자의 사랑은 분명 불륜이다. 그러나 불륜임에도 불구하고 이 둘의 사랑이 아름다운 건, 프란체스카가 사랑하는 가족들을 지키기 위해 운명적인 남자를 포기하고 가족들 곁에 남았다는 것이다. 그리고 두 사람이 서로의 선택을 존중하고, 서로의 행복을 빌어주며, 서로에 대한 사랑을 평생 가슴 속에 간직한 채 살았다는 것이다. 프란체스카와의 추억을 떠올리며 자신을 화장해 로즈먼 다리에 뿌려달라는 로버트의 유언이나, "내 평생은 가족들에게 받쳤으니 내 마지막은 로버트에게 주고 싶다."며 자신 역시 화장해 로즈먼 다리에 뿌려줄 것을 원하는 프란체스카의 편지 마지막 구절은 이 두 사람이 얼마나 서로를 깊이 사랑하고 갈망하였는지 보여준다.

"이렇게 확실한 감정은 일생에 오직 한번만 오는 것이요."라는 로버트의 말처럼 결혼 후 운명적인 남자를 만난다면, 또는 운명적인 여자를 만난다면 우리는 어떠한 선택을 할 것인가? 결혼제도 안에 순응하며 운명적인 사람을 포기할 것인가, 아님 사회적 비난을 감수하면서 운명적인 사람과 남은 시간을 함께 할 것인가? 이 문제는 불완전한 존재인 인간의 영원한 딜레마(dilemma)다. 그러기에 불륜 또한 이별과 마찬가지로 시간과 공간을 초월하여 끊임없이 문학의 주제가 되어왔다.

한 남자만 사랑할까

노 영 미*

1. 〈태학유관록(太學留館錄)〉 8월 10일

밥을 먹고 후당에 들르니 거인 왕민호가 절을 하면서 맞아 주었다. 왕거인의 별호는 곡정(鵠汀)이니, 산동도사(山東都事) 학성(郝成)과 한 구들에 거처하고 있었다. 학성의 자는 지정(志亭)이요, 호는 장성(長城)이다.

곡정이 우리나라 과거 제도와 시험 치르는 법은 어떠하며 글자들은 어떻게 쓰는지 묻기에 내가 대강 대답해 주었더니, 또 다시 혼인 제도를 물었다. 나는,

"관혼상제는 모두들 주자의 『가례(家禮)』를 따릅니다." 하니, 곡정은,

"『가례』는 주자가 지었지마는 완성시키지 못한 책으로서 중국에서는 꼭이 『가례』만 따른다고는 볼 수 없지요." 하면서, 다시 묻는다.

"귀국이 자랑할 만한 일을 몇 가지 들어 봅시다."

"우리나라가 비록 바다 한 구석에 붙어 있지마는 네 가지를 자랑할 만

---

* 서울여자대학교 강사

합니다. 유교를 숭상하는 것이 첫째요, 홍수가 없는 것이 둘째요, 고기와 소금을 딴 나라에서 가져오지 않는 것이 셋째요, 여자가 개가를 않는 것이 넷째라 할 수 있을 것입니다."

지정은 곡정을 돌아다보고 무슨 말을 한참 하다가는,

"좋은 나라외다." 한다. 지정이 물었다.

"여자가 개가를 않는 것은 전국에 통하는 풍속인지요?"

"온 나라의 미천한 농사백성이나 하인들까지 모두 그러하다는 것은 아닙니다. 명색이 사족(士族)이라 하면, 비록 아무리 가난하고 또 삼종(三從)의 길이 이미 끊어졌다 하더라도, 평생 과부의 절개를 지켜 변하지 아니하며, 이러한 기품이 천민에게까지도 미쳐서, 저절로 풍속으로 화하여 내려온 지가 4백 년이 되었습니다." 하니, 지정은,

"무슨 금령(禁令)이 마련되어 있습니까?" 하기에, 나는,

"이렇다 할 금령(禁令)은 없습니다."

곡정이 있다가,

"중국에서도 이 풍습이 역시 고질이 되다시피 하여 납폐를 하고도 성례를 않았거나, 성례를 하고도 아직 첫날밤을 치르지 아니하였는데도, 불행이 사고가 있을 때는 평생 수절을 하지요. 이런 건 오히려 나은 편입니다. 심지어 서로 친숙한 집안끼리는 뱃속에 든 아이를 서로 약혼시키기도 하고, 머리에 쇠똥도 안 벗고 이도 갈기 전에 부모들끼리 말이 있다가 한번 사내 편에 불행이 있을 때는 색시는 독약을 마신다, 목을 맨다 하여 순장을 청하니 이런 괴변이 있겠소.

점잖은 사람들은 멀쩡한 처녀가 한 번도 보지 못한 남의 집 총각의 시체를 따라 바람이 났다고 흉을 보기도 하고 '절개 지키는 화냥질[節淫]'이라고도 합니다. 국법으로도 엄하게 금하여 부모의 죄로 습속까지 되고 말았으니, 이런 일은 동남 지방이 더 심하답니다. 그러니까 식자의 집안에서는 여자가 성년이 된 뒤에야 비로소 통혼을 하게 되었지마는 이것도 후세에 와서야 시작된 일이랍니다." 하였다.[1)]

2. 일부종사(一夫從事)에 대한 시각

곡정은 연암에게 조선이 자랑할 만한 일을 몇 가지 들어보라고 한다. 연암은 네 가지의 자랑할 만한 것을 꼽는 가운데, 그 하나로 여자가 개가(改嫁)를 하지 않는 것을 자랑으로 이야기 한다. 이에 대해 지정은 "좋은 나라 외다"라고 하면서 일부종사(一夫從事) 제도에 대해 긍정적인 견해를 표출한다. 그러면서 여자가 개가(改嫁)를 않는 것이 전국에 통하는 풍속이냐고 묻는다. 이에 연암은 이러한 풍속이 4백년이나 되었다고 한다.

그러나 곡정은 중국의 혼례 제도를 이야기 하면서 성례를 않았거나, 합궁을 하지 않은 채 불행하게 되었거나, 뱃속에 들었을 때 혼약하였거나 또는 부모들끼리 말이 있다가 사내 편이 잘못 되었을 때에 순장을 하거나 평생 수절하는 풍속에 대해 부정적인 감정을 표출시킨다.

위 세 사람의 대화로 보아 일부종사(一夫從事)하는 것에 대해 연암과 지정은 긍정적인 시각을 가지고 있는 반면 곡정은 이러한 풍속에 대해 괴변이라고 하면서 비판하고 있다.

원래 부녀자의 개가(改嫁)를 금지시키려는 법문의 효시는 고려에서부터 시작되었다. 고려 공양왕 원년(1389년) 9월의 법문에 의하면, "산기(散騎)[2] 계급 이상의 처로 명을 받은 여인의 개가(改嫁)를 금하고, 판사 이하 육품 계급의 처는 남편이 사망한 후 삼년 이내의 개가(改嫁)를 금하니, 이것을 위반하는 자는 여인의 절조를 잃었다 할 것이며, 산기(散騎) 이상인 자의 첩과 육품 이상인 자의 처첩으로 스스로 수절을 원하는 자는 정려문을 세우고 상을 내린다."[3]고 하였다. 이처럼 고려 말에 주자학의 도입과 더불어 사대부(士大夫)집 과부의 수절이 강요되었고, 1477년(성종 8)에 이르러서

1) 번역된 부분은 민족문화추진위원회 역, 『국역 열하일기』(고전국역총서 18~19, 1966)와 리상호 역, 『열하일기』(보리, 2004)를 참조하여 필자가 부분 수정하였다.

2) 관아의 벼슬.

3) 高麗史 卷八十四 刑法 1戶婚條.

부녀자의 재가(再嫁)가 금지되었다. 이처럼 재혼에 있어 여자만을 문제 삼은 것은 남자 중심의 유교적 도덕관에 의한 것이었다. 1894년(고종31) 갑오개혁으로 재가(再嫁) 금지제도는 공식적으로는 막을 내렸지만, 개가(改嫁)를 기피하던 관습은 그 후에도 오랫동안 지속되었다. 이러한 관습은 오늘날에도 혼례를 치르기 전날 신랑 친구들이 신부 집에 들고 가는 함 속에서도 찾아볼 수 있다. 함의 안 뚜껑을 닫은 후 혼서지 함을 그 위에 놓는데 안에 든 혼서지는 아주 특별한 의미가 있다. 장롱 깊숙이 간직했다가 신부가 죽었을 때 관에 함께 넣어 간다고 하는 일부종사(一夫從事)를 의미하는 전통이다.

연암이 살았던 조선조에 일부종사(一夫從事)를 부각시키는 산물로는 정려문과 열녀전과 같은 문학 작품들이 있다. 이러한 정려문의 상징성이나 열녀전과 같은 문학 작품은 그 시대를 살아가는 여인들에게 갖은 고초를 겪고 인내하면서도 정절과 일부종사(一夫從事)의 도덕성을 지향하였으면 하는 이데올로기 실현의 한 방편이었다.

정려문이 상징하는 것은 충(忠)·효(孝)·열(烈)과 같이 일반 백성들이 행동으로 실천하기 힘든 일을 해 내었을 때 주는 상이다. 연암도 <호질>에서 성씨가 각각 다른 다섯 아이를 둔 과부와 선비의 위선에 대해 신랄하게 비판하고 있다. 그렇다면 이러한 위선적인 행동들이 왜 나오겠는가? 사회적 규범을 통해 인간 내면적인 본성에 충실할 수 있는 욕망을 억제하라고 강요하기 때문에 음지에서 은밀하게 성(性)의 풍속도가 그려지는 것이다. 얼마 전 보도된 연합뉴스에서 미혼여성에게 결혼 관련 설문조사를 하였는데, 현실에 가장 맞지 않는 내용으로 '일부종사(一夫從事)'를 꼽고 있는 것으로 조사됐다. 이러한 정절과 일부종사(一夫從事)라는 사회적 통념으로 인해 억압된 욕망이 얼마나 많은 개개인의 희생과 비극적 결말을 초래하는지 영화 <스캔들>을 통해 살펴보고자 한다.

3. 자유연애 의지와 억압된 욕망

하나의 작품이 리메이크 되었다면 원작과 리메이크된 작품은 다른 해석과 결과를 초래할 수 있다. 시대에 따라 다른 사회적 규범과 제도는 동일한 작품을 인물의 성격을 다르게 파악하게 하며 결말을 다르게 유도한다. 영화 <스캔들>(2003)은 쇼데를로 드 라클로의 소설 <위험한 관계>의 18세기 프랑스 상류사회 이야기를 18세기 조선사회로 옮겨와 새롭게 만든 작품이다. 영화 <스캔들>은 원작 <위험한 관계>가 아시아에서 처음으로 새롭게 조명되었으며, 한국적 색채가 짙게 녹아있는 작품으로 재구성 되었다는 데 의의가 있다. 특히 이 소설은 미국 영화 <사랑보다 아름다운 유혹>(1999)으로도 리메이크 되어 많은 시각적 차이와 재해석의 여지를 남기고 있다. 영화 <스캔들>은 18세기 후반 조선을 배경으로 하여 억압되는 자유연애 의지와 열녀문화 등으로 대변되는 수많은 모순을 풍자한다. 이는 독특하게도 한국사회만 가지는 중세사회의 모순이다. 이로 인해 <스캔들>은 같은 작품을 리메이크 했음에도 불구하고 <사랑보다 아름다운 유혹>과 다른 결말 구조를 갖는다.

영화 <스캔들>의 원제는 <스캔들-조선남녀상열지사>이다. 대략의 줄거리는 다음과 같다.

> 명문 세도가의 정부인인 조씨 부인은 어려서 남달리 총명하여 어깨너머로 사서삼경을 깨쳤지만, 조선에서 여자로 태어난 것에 대한 한(恨)과 불만을 지니고 겉으로는 사대부 현모양처의 삶을 살면서, 남몰래 남자들을 정복해가는 사랑게임을 즐긴다. 한편, 그녀의 사촌동생 조원은 시, 서, 화에 능하고 무술에 도통하나, 권위적이고 가부장적인 주류의 가치관을 비웃듯 고위관직을 마다하고 뭇 여인들을 탐닉하는 것을 즐긴다. 어릴 적 첫사랑의 대상이기도 한 사촌누이, 조씨 부인과는 서로에 대한 감정을 숨긴 채 사랑게임의 은밀한 동업관계를 유지한다.

어느 날 조씨 부인은 남편의 소실로 들어올 막 피어나는 꽃봉오리 같은 어린 소옥을 범해 줄 것을 조원에게 제시하지만 조원의 마음은 이미 9년간 수절하여 열녀문까지 하사 받은 숙부인을 정복하려는 계획을 품고 있다. 그리하여 조원과 조씨 부인은 숙부인을 사이에 두고 은밀한 내기를 하게 된다. 나름대로 신념을 갖고 선택적 삶(천주교도)을 살아가는 학처럼 고고한 성품의 소유자 숙부인을 유혹하려는 조원은 물불을 가리지 않고, 그녀에게 갖은 방법을 동원해 구애를 한다. 숙부인 역시 조원의 이러한 구애에 조금씩 마음이 흔들리지만 당시 사회에서 양반집 규수가 재가(再嫁)를 한다는 것은 상상할 수조차 없는 일이었으므로, 그녀는 마음을 다잡기 위해 고향으로 내려간다. 이미 숙부인의 마음을 알고 있는 조원은 그녀를 만나러 강화도로 내려가고 결국 그 둘은 운우지락의 관계를 맺게 된다.

조원은 조씨 부인에게 자신이 숙부인을 정복했음을 편지로 알리지만 조씨 부인은 조원이 지신에게 마음이 떠나 진심으로 숙부인을 사랑하고 있음을 깨닫게 되고 분노를 참을 수 없어한다. 조씨 부인은 숙부인이 천주교도임을 빌미로 곤경에 빠뜨리려하고 이를 안 조원은 숙부인에게 모질게 대한다. 한편 조씨 부인의 계략으로 조원과 숙부인의 운우지정 관계를 숙부인의 시동생이 알아 버림으로써 조원은 숙부인 시동생에 의해 죽음을 맞이한다. 조원의 죽음 후에 숙부인은 조원의 편지와 그림으로 진실을 알고, 조원을 따라 자결한다. 또한 조씨 부인은 조원의 그림을 통해 그 동안의 음란한 사생활이 모두 드러나 죽음 직전에 조선을 떠난다.[4)]

<스캔들>의 시대적 배경은 유교적 이념이 지배하는 조선 후기이다. 이 당시는 남녀 간의 자유연애 의지가 억압되었던 때이다. 그런데 영화에서는 조원과 조씨 부인이 이러한 조선후기 사회를 철저히 조롱하면서 자유연애 의지를 실현하려 했던 인물로 설정된다. 특히 조씨 부인은 조선시대

4) 네이버 무비 사이트 http://movie.naver.com

의 여성적 지위를 고려했을 때 매우 진보적인 인물이다. 이러한 진보적 성향은 영화 내에서 조씨 부인을 악녀로 전락시킨다. 여성임에도 불구하고 남성들을 자신의 의지에 따라 조정하려고 했던 조씨 부인은 요부로 표현된다. 조선시대 여성의 욕망이 철저히 억압되었던 사회적 모순을 대변한다고 볼 수 있다. 반면에 자신의 연애 의지를 억누른 채 사회 규범 안에 갇혀 있는 숙부인은 열녀라 하여 추앙 받는다. 이 두 인물의 대립된 이미지는 두 여인의 의상으로도 표현된다. 조씨 부인의 의상은 매우 화려하며 붉은색 계통을 띄는데 반해 숙부인은 남색이나 옥색 계열의 단아하고 깔끔한 의상을 입는다. 두 인물의 상반된 의상은 성격자체를 드러내는 중요한 장치가 된다.

조씨 부인과 조원은 서로 사촌지간이지만 첫사랑 상대였으며 자신들의 욕망을 위해 다른 사람들을 희롱한다. 또한 자유연애 의지를 그대로 표출하면서 문란하고 퇴폐적인 모습을 보인다. 당시에는 과부재가 금지법이 존재하던 시대였음에도 불구하고 열녀문까지 하사 받은 숙부인을 희롱한다. 이렇듯 이 영화는 남녀 간의 자유연애를 향한 욕망이 철저히 억압되고 전근대적인 법과 제도가 존재하던 시대적 모순을 풍자한다. 결국 사회적 규범과 제도에 의해 자신의 자유연애 의지를 억압하던 숙부인 역시 조원에게 마음을 연다. 하지만 둘의 사랑은 사회적 통념과 제도로 인하여 좌절된다. 결국 조원은 살해당하고 숙부인 역시 자살한다. 조원과 숙부인의 사랑은 조선후기 사회적 통념을 극복하지 못하고 비극적 결말로 처리된다.

이 영화는 조선후기 사회의 상류층을 풍자하고 조롱하면서 사회적 모순을 드러내지만 결국 그 모순을 극복하지 못한 한계를 갖는다. 특히 조씨 부인을 사회로부터 몰락시키는 과정에서 그 한계성은 뚜렷하게 표현된다. 자유연애 의지와 자신의 욕망을 감추지 않았던 조씨 부인은 사회적 규범을 뛰어넘는 인물로 설정되지만, 사회가 요구하던 여성의 모습에서 벗어났기에 악녀로 표현되고 그 사회 제도 속에 머물지 못하고 조선을 떠나는 것으로 처리된다. 이는 <스캔들>이 창작된 한국 사회의 특수한 사회적 경험과 밀접한 연관성을 갖는다. <스캔들>과 비슷한 시기에 제작된 <사랑보다 아름다운 유혹>(미국, 1999)은 그 결말에서 차이를 나타낸다. <스캔들>에서는 조원이 살해당하고 숙부인은 자살을 하지만, <사랑보다 아름다운 유혹>에서는 세바스찬(조원)이 살해되고 나서 아네트(숙부인)가 직접 캐더린(조씨부인)을 몰락시킨다. <스캔들>에서는 조씨 부인이 누군가에 의해서 몰락하는 것이 아니라 사회적 통념이 그녀를 몰락시키고, 사회적 규범과 이념이 그녀를 조선에서 떠나게 한다. 그러나 <사랑보다 아름다운 유혹>에서는 숙부인과 같은 상황에 있던 아네트가 직접 캐더린을 몰락시킨다. 아네트는 그녀의 의지로 캐더린에게 복수를 하고 자신의 인생을 꿋꿋하게 살아간다.

<스캔들>에 설정된 조선사회라는 배경은 여성을 억압하고 여성들의 자유연애 의지나 욕망이 실현될 수 없는 공간이다. 그렇기에 스스로 직접 사랑을 쟁취하고 욕망을 실현하는 여성을 악녀나 요부로 표현하고, 사회적 규범에 부딪힌 개인의 애정을 죽음으로 처리하여 비극적 결말을 유도한다. 이에 반해 <사랑보다 아름다운 유혹>에서는 여성들이 더욱 적극적으로 자신들의 욕망을 실현시킨다. 이러한 사실은 문학 작품이든 영화든 시대와 공간이 얼마나 다른 결말과 인물을 창조할 수 있는지를 잘 보여주는 결과이다. <태학유관록>에서 보여준 일부종사(一夫從事)라는 사회 규범은 그 시대와 상황에 맞게 변화해야 할 것이다.

상대적인 세계에서 하나의 중심은 없다

서 인 석*

1. 〈태학유관록(太學留館錄)〉 8월 13일

(1) 새벽에 비가 잠시 뿌리다가 아침에는 맑아졌다. 사신이 만수절(萬壽節) 하반(賀班)에 참가하러 오경(五更)에 대궐로 들어갔다. 나는 포근히 잘 자고, 아침에 일어나 느긋하게 걸어서 대궐 밑에 이르렀다. 누런 보가 덮인 걸방짐 일곱을 궐문 앞에 두고 쉬고들 있는데, 짐 속에는 옥으로 만든 그릇과 골동이 담겨 있고, 또 보통 사람만큼 커다란 금부처 하나가 있었으니, 이들은 모두 호부상서 화신(和珅)이 진상한 것이라 한다.

이 날도 음식을 세 차례나 내리고, 또 사신에게 백자(白瓷)로 만든 차호(茶壺) 하나, 찻종을 받침까지 갖추어 한 벌, 등으로 엮은 빈랑(檳榔) 주머니 하나, 칼 하나, 자양(紫陽)에서 만든 주석 차호 하나씩을 주었고, 또 저녁에는 작은 환관이 와서 네모난 주석 항아리 하나를 하사품이라고 주고 갔다. 통관이 "이건 차(茶)야." 하고 설명해 주자, 환관은 곧 달려가 버린다.

---

* 영남대학교 국어국문학과 교수

누런 비단으로 항아리 마개를 봉했기에, 떼고 본즉 빛이 누르면서도 약간 붉어 술과 같았다. 서장관이, "이건, 정말 황봉주(黃封酒)야." 한다. 맛이 달고 향내가 풍겼지만 술기운이란 전혀 없었다. 다 따르자 여지(荔支) 여남은 개가 떠오른다. 모두들 "이건, 여지로 빚은 것이야." 하고 각기 한 잔씩 마시고는, "참 좋은 술이구려." 한다. 비장과 역관들에게까지 차례가 가니 술을 마시지 못하는 자는 감히 대번에 들이키지를 못하였다. 너무 지나치게 취할까 보아서 그런 것이다. 통관들이 목을 내밀며 침을 흘린다. 그래 우두머리 역관이 남은 것을 얻어서 주었더니 돌려가며 맛보고는, "아름다운 궁중 술이야." 하며 칭찬하지 않는 이가 없었다. 이윽고 일행이 서로 돌아보며, "취했어, 취했구먼." 했다.

이날 밤에 기공(奇公)을 찾았을 때 한 잔을 따라서 보였더니, 기공은, "이건 술이 아닌 여지즙(荔支汁)이랍니다." 하며 깔깔대고는, 곧 소주 대여섯 잔을 내어 거기다가 타니, 맑은 빛깔 매운 맛에 이상한 향내가 배로 풍긴다. 이는 대개 여지 향내가 술기운을 얻어서 더욱 은은한 향내를 드러내는 것이었다. 아까 꿀물을 마시고 향내를 논한 것이나 여지즙을 맛보고 취함을 말하는 것이, 곧 종소리를 듣고서 해를 측량함이나 매실나무를 바라보고 갈증을 푸는 것[1]과 무엇이 다르리오.

(2) 이날 밤, 달빛이 유난히 밝았다. 기공과 함께 명륜당(明倫堂)으로 나가 난간 밑을 거닐었다. 나는 달을 가리키면서 물었다.

"달의 몸뚱이는 언제나 둥글어 햇빛을 빙 둘러 받고 보니, 이 때문에 땅(地球)에서 본 달이 찼다가 기울었다 하는 것이 아닐까요. 오늘 저녁 저 달을 사해(四海)가 한가지로 본다면, 보는 장소에 따라서 달은 살지고 여위며 깊고 옅음이 있지 않을까요. 별은 달보다 크고 해는 땅덩이보다 크되, 보기에는 그와 달라 보이는 것이 멀고 가까운 까닭이 아닐까요.

---

1) 『삼국지연의(三國志演義)』에 나오는 조조(曹操)의 고사. 즉 행군 중 군사들이 갈증을 느끼자 조조가 저 고개를 넘으면 매실나무가 있다고 말하여 군사들이 그 말에 입에 침이 돌아 갈증을 풀었다.

만약에 이것이 참말이라면, 해와 땅과 달 등은 모두 허공에 둥둥 뜬 별들로 보임이 아닐까. 별에서 땅을 볼 때에도 역시 그렇게 보일 것이 아닐까요. 땅의 한 줄이 해와 달을 함께 꿰어서 반짝반짝하는 세 낱이 마치 저 하고(河鼓)[2]와 같지 않을까요.

땅껍질에 붙어 있는 가지가지의 만물은 모두 모양이 모두 둥글둥글할 뿐, 하나도 네모진 것은 볼 수가 없습니다. 다만 방죽(方竹)[3]과 익모초(益母草) 줄기가 네모졌지마는, 이것 역시 제대로 네모반듯한 것이라고는 할 수 없으니, 네모반듯한 물건은 과연 찾을 수 없거늘, 무엇 때문에 땅에 대해서만 네모난 물건이라고들 할까요. 만일에 땅덩어리를 네모졌다고 하면, 저 월식(月蝕)을 할 때에 달을 검게 먹어 들어가는 변두리가 왜 활등처럼 둥글게 보일까요. 땅덩이가 네모지다고 우기는 자는 무어나 방정(方正)해야 된다는 대의(大義)에 입각해서 물체(物體)를 이해시키려 함이요, 땅덩이가 둥글다고 주장하는 자는 실제에 뵈는 형태를 믿고 다른 뜻은 염두에 두지 않는 것입니다. 이런 의미로 보아서, 땅덩이란 실제 물체는 둥글고 대의로 말한다면 방정하다는 것이 아닐까요.

해와 달은 오른쪽으로 수레바퀴처럼 돌고 돌아, 도는 궤도가 해는 크고 달은 작으며, 도는 속도가 늦고 빠름이 없어 한 해와 한 달은 일정한 도수에 맞거늘, 해와 달이 땅을 둘러싸고 왼편으로 돈다는 말은 우물 속에서 보는 지식이 아닐까요.

땅덩이의 본바탕이란 둥글둥글 허공에 걸려, 사방도 없고 아래위도 없이 마치 쐐기(楔子) 돌 듯 돌다가 햇빛을 처음 받은 곳을 날이 샌다고 말하는 것이 아닐까요. 지구가 더 돌아, 처음에 해와 마주 대하는 데는 차차 어긋나가며 멀어져서, 정오도 되고 해가 기울기도 하여 낮과 밤이 되는 것이 아닐까요.

비유해 말하자면, 창구멍이 뚫어진 곳으로부터 햇살이 새어 콩낱알 만

---

2) 견우성(牽牛星)의 북쪽에 있는 삼태성(三台星).
3) 네모진 대나무. 중국에서 난다.

하게 비친다고 하자. 창 아래는 맷돌을 햇살 비추는 자리에 놓고, 바로 햇살 비추는 자리에 먹으로써 표를 해 두고는, 그 다음에 맷돌을 돌리고 보면 먹 자국은 햇살 비추는 곳에 그대로 남아 있을 것인가요, 그렇지 않고서 서로 떨어져 사이가 멀어져 갈 것인가. 맷돌짝이 한 바퀴를 돌아 다시 그 자리에 돌아오면, 햇살 비추는 자리와 먹 자국은 잠시 마주 포개어졌다가는 또 다시 떨어지게 될 것이니, 지구가 한 바퀴 돌아 하루가 되는 것도 이런 이치가 아닐까요. 또 (한번 더 비유하자면) 등불 앞에 놓인 물레를 가만히 두고 보면, 물레바퀴가 돌 적에는 물레바퀴의 군데군데가 등불 빛을 받고 있으나, 그렇다고 등불이 물레바퀴를 돌고 있는 것은 결코 아닐 것입니다. 지구의 밝고 어두운 이치도 역시 이런 것이 아닐까요.

그러면 해와 달은 애초부터 뜨고 지는 것이 아니요, 또 오가는 것도 아닌데, 사람들은 땅이 움직여 돌지를 않고 언제나 한 자리에 박혀 있다고 너무 믿기 때문에 생긴 착각이 아닐까요. 명백한 이론을 찾지 못한즉, 이 땅의 춘 · 하 · 추 · 동을 가리켜 그 방위를 따라 노는 (遊)것이라고 해 버렸으니, 결국 논다는 것은 나가고 물러서고 하는 것을 말함이요 올라갔다 내려갔다 함을 말하는 것일진대, 이미 논다고 할 바엔 차라리 땅이 돈다(地轉)고 함이 어떨까요.

저 착각을 한 자는 이렇게 말할 것입니다. 땅덩이가 돌 때는 땅 위에 실렸던 일체 물건들은 엎어지고 자빠지고 기울어져 떨어질 것이라고. 만일에 쏟아져 떨어진다면 어느 땅에 떨어질 것인가요. 만일에 그렇다면 저 허공에 달린 별들과 은하(銀河)는 기운을 따라 돌아가면서 무엇 때문에 떨어져 쏟아지지 않고 그대로 있을까요. 움직이지도 않고, 돌지도 않고, 생명도 없는 덩이진 물건이, 어째서 썩지도 부서지지도 흩어지지도 않고 그대로 남아 견딜 것인가요. 땅덩이 거죽에 생물들이 붙어서 살 때는, 공과 같은 물체의 표면에다 발을 붙이고 어디서나 머리에 하늘을 이고 있는 것을 비겨 본다면, 수많은 개미와 벌들이 혹시는 꼿꼿이 선 바람벽에 기어가기도 하고, 혹은 천장에 붙어서 사는 것을 누가 바람벽에 가로 붙어 섰다고 할 것이며, 누가 천장에 거꾸로 붙어 섰다고 할 것인가요. 지금도 이 땅덩이 밑에는 역시 바다가 있을 터인데, 만일에 땅 거죽에 붙어사는 생물들이 아니 떨어지는가 의심을 한다면, 땅 밑 바다는 누가 둑을 쌓아 두었다고 물이 아니 쏟아지고 그대로 있을 것인가요.

저 하늘에 총총한 별들은 그 크기가 이와 같더라도 역시 거죽 껍질은 지구나 다름없지 않을까요. 별도 껍데기가 있을진대 생물이 붙어 살 터이니, 역시 이러하지 않을까요. 만일에 생물이 있다면, 따로 또 세상을 배판해 놓고 새끼까지 쳐가면서 살지나 않을는지요.

지구는 둥글게 생겨 원래 음양이 없을 터인데, 해로부터 불기운을 받고 달로부터 물기운을 얻어, 흡사 살림꾼이 동쪽 이웃에서 불을 빌리고 서쪽 집에서 물을 얻는 것이나 다름없으매, 한 쪽은 불이요 또 한 쪽은 물이라 하여 이를 소위 음양이라 하는 것이 아닐까요. 이를 억지로 오행(五行)이라 이름 붙여 저마다 서로 상생(相生)한다 하고 서로 상극(相剋)한다고 하나, 큰 바다에 풍랑이 일 때에 불꽃이 너울너울 타오르는 현상은 무슨 까닭이라 할까요.[4]

얼음 속에는 누에가 살고[5], 불 속에는 쥐가 살고,[6] 물속에는 고기가 살아서, 저들 각종 생물들은 어디나 (자기들이) 거처하는 곳을 제각기 땅이라 할 것이니, 만일에 달 속에도 세계가 있다면 오늘 이 밤에 달세계의 사람 둘이 난간머리에 마주 서서 달빛 아닌 땅 빛의 차고 기우는 이야기를 속삭이지 않는다고 누가 증명할 것인가요?"

기공은 껄껄대며,

"참 기이한 이야기요. 땅이 둥글다는 이야기는 서양 사람들이 처음 말했지마는 땅덩이가 돈단 말은 하지 않았는데, 선생의 이 학설은 선생이 터득

4) 옛사람들은 바다에 풍랑이 심할 때 일광(日光)의 반사로 일어나는 현상을 불꽃으로 보아왔다.

5) 빙잠(氷蠶). 『습유기(拾遺記)』에 나오는 전설적 동물.

6) 화서(火鼠). 『산해경(山海經)』에 나오는 전설적 동물.

한 것인가요, 그렇지 않으면 어느 스승으로부터 이어받으신 것인가요.” 한다.

나는, “사람의 일도 모르는 터에 하늘 일을 어찌 알겠습니까. 저는 본디 도수(度數)의 학(學)에는 어둡습니다. 비록 칠원옹(漆園翁: 莊子)의 깊은 생각으로서도 아득한 우주에 관한 지식은 덮어 두고 해설을 하지 않았더군요. 이것은 실로 내가 터득한 지식이 아니라 귀동냥이랍니다. 우리 친구에 홍대용(洪大容)이라는 사람이 있어 호는 담헌(湛軒)인데, 그의 학문은 좁지 않아서 일찍이 나와 함께 달구경을 하면서 장난 삼아 이런 이야기를 터뜨렸답니다. 대체로 황당하여 종잡기 어려우나 비록 성지(聖智)를 지닌 이라도 이 학설을 깨뜨리기는 어려울까 합니다.” 하였더니,

기공은 크게 웃으며, “남의 꿈속 길을 동행할 수야 없지요. 당신의 친구 되시는 담헌 선생(湛軒先生)께서는 저서가 몇 권이나 됩니까.” 한다.

나는, “아직 저서는 없나 봅니다. 선배 되시는 김석문(金錫文[7])이란 분이 있어서 일찍이 삼환부공설(三丸浮空說[8])을 말했는데, 그 친구가 특히 장난 말 삼아 이 학설을 부연하였습니다. 그러나 그도 실제로 보아 얻은 것이 이렇다는 것도 아니요, 또 일찍이 남더러 꼭 이것을 믿어 달라고 한 적도 없었습니다. 나 역시 오늘 밤 달구경을 하다가, 문득 그 친구 생각이 나서 말을 한바탕 연설(演說)하고 보니, 그 친구를 만나본 듯도 합니다.” 했다. 대개 여천(麗川)은 한인(漢人)과는 다르기 때문에, 담헌이 일찍이 항주(杭州) 인사들과 섞여 논 옛 일들을 터놓고 이야기할 수는 없었다.[9]

기공은 또 나에게, “김석문 선생이 지은 시(詩) 중에서 아름다운 것 몇 구만 들려주실 수 없을까요.” 하기에, 나는, “그에게 아름다운 시구가 있다

---

7) 조선 숙종(肅宗) 때의 학자. 『역학도해(易學圖解)』(1697)를 통해 지구회전설을 주장함.

8) 해와 달과 땅 세 개 둥근 구슬 같은 것이 공중에 떠 있다는 학설.

9) 홍대용은 북경에서 항주(杭州)의 선비 육비(陸飛)·엄성(嚴誠)·반정균(潘庭筠) 등을 만나서 막역의 벗을 맺었다. ‘여천’은 기풍액의 자(字)인데 그는 만주 사람이므로 한인 친구와의 우정을 거론하기가 조심스럽다는 뜻이다.

는 것은 못 들었습니다." 했다.

(3) 기공은 나를 이끌고 자기 방으로 들어갔는데, (방에는) 벌써 촛불을 네 자루나 켜 놓고, 큰 교자상에 음식을 잘 차려 두었다. 특별히 나를 위해서 차린 것이다. 향고(香餻) 세 그릇, 각색 사탕 세 그릇, 용안육(龍眼肉) · 여지(荔支) · 낙화생(落花生) · 매실(梅實) 서너 그릇, 닭 · 거위 · 오리 들을 주둥이와 발이 달린 채로, 또 통돼지를 껍질만 벗겨서 용안육 · 여지 · 대추 · 밤 · 마늘 · 후추 · 호도 · 살구씨 · 수박씨 등을 섞어 쪄서 떡같이 만든 것 등, 맛은 달고 기름지면서도 너무 짜서 먹기 어려웠다. 떡이나 과실들은 모두 자 넘어 높이 괴었다. 이윽고 다 물리고는, 다시 채소와 과실만 각기 두 접시씩 차리고, 소주 한 주전자로 시름시름 따라 가면서 조용히 이야기들을 하였다. 이야기는 〈황교문답(黃敎問答)〉 중에 실려 있다. 닭이 두 홰째나 울어서 자리를 파하고 숙소에 돌아와 누워 이리 뒤척 저리 뒤척 잠을 이루지 못했는데, 하인들이 벌써 일어나라고 깨웠다.[10)]

2. 상대적인 세계에서 하나의 중심은 없다

위 글은 『열하일기』 <태학유관록>의 (1780년) 8월 13일자 내용이다. 북경에 도착한 사신 일행은 열하로 오라는 연락을 받고 이 날에 대기 위해 엄청난 고생을 하며 밤잠 안 자다시피하며 이동하여 8월 9일 열하에 도착했다. 그리고는 청나라 건륭제의 생일 잔치 다음날인 14일까지 태학의 부속 건물에서 머물렀는데, 이 6일 동안 열하의 태학에서 머문 기록이 <태학유관록>인 것이다.

당시 열하는 건륭제의 칠순 잔치를 축하하러 온 사람들이 상당히 많았는데, 박지원은 공식 사행의 임무에서 자유로운 위치였기에 이 6일 동안

10) 이 글의 번역은 이가원 역, 『열하일기』(민족문화추진회, 1986)를 바탕으로 하되 리상호 옮김, 『열하일기』(보리출판사, 2004)를 참조하면서 필자가 약간 고친 것이다.

역시 하반(賀班)에 참예하러 온 중국인 관리, 선비를 포함하여 만주인과 몽고인까지도 만나 비교적 자유롭게 교유를 하였는데, 그 인물 목록은 <경개록(傾蓋錄)>[11]에 소개되어 있다.

위 인용문에 나오는 '기공(奇公)'은 당시 귀주안찰사로 있던 기풍액(奇豊額)을 말하는데, 그는 원래 조선 사람이었으나 중국으로 건너간 지 4대째가 되어 이제는 만주 사람이 된 자로서 이때 37살로 당시 44살이던 연암보다 어렸다. 그는 박지원이 8월 9일 사시(巳時:오전 10시경)에 숙소인 태학의 후당에 들어섰을 때 처음 만났는데, 처음부터 "저 역시 조선 사람입니다(弟亦朝鮮人也)"라며 친근감을 보여주었던 사람이다.

이 13일자 일기 내용은 크게 (1)~(3)의 셋으로 나눌 수 있는데, (1)은 외국 여행에서 흔히 겪을 수 있는 하나의 에피소드이고, (3)은 <황교문답>과 관련된 짤막한 내용이다. 그러므로 이날 일기의 핵심은 가운데 있는 (2)라 하겠다. 이 대목에서 우리는 저 유명한 '지구 자전설(地球自轉說)'이 중국인에게 어떻게 전달되는가를 보게 된다. 이 대목은 우연히 달을 보고 친구 홍대용이 생각 나 독백처럼 이야기하는 것으로 되어 있다. 그러나 사실, 이 대목은 연암에 의해 나름대로 준비되고 연출된 일인 드라마와도 같은 것이다. "나는 달을 가리키면서 물었다."로 시작되어 "누가 증명할 것인가요?"에 이르는 긴 내용은 결코 대담이 아니다. 기풍액의 말은 한 마디도 없고 연암 혼자 계속 묻는 형식으로 자기 생각을 피력하고 있는 바, 달밤을 배경으로 한 연암의 연극적 독백과도 같은 것이다. 그리고 그 독백의 내용은 연암이 조선을 출발하면서부터 준비한 것이었다. 이는 <곡정필담(鵠汀筆談)>에 나오는 다음과 같은 대목을 통해 알 수 있다.

> 내가 서울을 떠나 8일만에 황주에 이르렀는데 말 위에서 "중국의 큰 선비

11) '경개'란 길을 가다가 만나 서로 車蓋를 기울이고서 이야기한다는 데서 나온 말로, 길 가는 도중에 만나 서로 멈추고 서서 이야기함을 이른다. 연암이 열하에서 교유한 사람들이 대개는 연암처럼 '나그네' 처지였던 것이다.

> 를 만나면 장차 무엇으로써 질문을 하여 그를 애먹여 볼까?" 하고, 드디어 옛날 들은 지식 중에서 '지전설'이라든가 '월세계' 이야기를 찾아내어, 매양 말고삐를 잡고 안장 위에 앉은 채 졸면서도 누누 수십만 마디의 말을 연역해서, 가슴 속에 글자 아닌 글을 쓰고 하늘에 소리 없는 글을 읽어가면서 하루에 몇 권의 책을 꾸몄는데……12)

수없이 생각해 본 주제였기에 마치 폭포수처럼 혼자 이야기할 수 있었던 것이다. 물론 이 학설에 대해 연암은 담헌이 '장난삼아(戲依)'/'장난 말삼아(滑稽)' 이야기했다고 한다. 그러나 이는 일종의 위장이다. 상대방도 '껄껄대며'/'웃으며' 받아들이고 있지만, 그 역시 장난이 아니어서 이 때 들은 이야기를 같이 태학에 묵고 있던 곡정에게 이야기했고, 다음날 연암이 '진실로 굉유(宏儒)요 괴걸(魁傑)'(<곡정필담>)이라 평했던 곡정의 요청으로 다시 한 번 대담 형식으로 자세히 이야기하게 되는 바, 그에 대한 내용이 <곡정필담>의 앞부분에 나온다.

홍대용의 '지구자전설'은 코페르니쿠스의 주장 중 '지구의 자전'만을 이야기했을 뿐 '지구의 공전'은 말하지 않은 점에서 코페르니쿠스의 '태양중심설'과는 다르지만, 지구는 구형이고 구(球)가 하기 쉬운 운동은 회전이라는 것을 거의 비슷하게 제시하고 있다. 이는 중국을 통해 들어온 서양 학설의 영향을 받은 것이라 한다. 그러나 당시 동아시아에서는 선진적인 학설로 인정받을 만한 것이었다. 무엇보다도 예수회 선교사들에 의해 '잘못된 학설'로 소개되었고, 그 결과 중국과 일본 등 동아시아 학자들 역시 이를 받아들이지 못했던 것이다. 대신 조선의 김석문 등이 지구 회전 문제를 진지하게 논의했고, 이런 전통에서 홍대용은 자기 나름의 논리를 가다듬어 확신을 가지고 이 '지구자전설'을 주장했던 것이다. 그리고 뒷부분에서 나타나듯 지구가 둥글다는 논리의 큰 장애였던 '상하의 개념' 혹은 '추

---

12) 이가원 역, 『국역 열하일기 2』(민족문화추진회, 1986), 80쪽.

락의 개념'에 대한 비판도 제시하고 있다.[13)]

그런데 연암이 위와 같이 거의 연극적 독백 같은 상황에서 홍대용의 학설을 치밀하게 준비하여 중국의 지식인들에게 제시한 것은, 물론 중국 선비들에 대한 대결 의식에서 나온 것이기는 하다. 그러나 이러한 대결 의식을 넘어 연암의 의식 내부로 더욱 들어가 보면, 우리는 연암과 홍대용이 생각했던 당대 동아시아적 질서, 나아가서는 세계적 질서에 대한 생각을 읽어낼 수가 있다.

연암은 위에서 "별에서 땅을 볼 때"라는 상대론적 관점을 중간에 끼워 땅(지구)의 절대성에서 벗어나고 있는 바, 이는 "만일에 달 속에도 세계가 있다면 오늘 이 밤에 달세계의 사람 둘이 난간머리에 마주 서서 달빛 아닌 땅 빛의 차고 기우는 이야기를 속삭이지 않는다고 누가 증명할 것인가요?"라는 멋진 표현을 통해서 나타나고 있다. 이런 상대론적 인식은 홍대용의 우주론적 상대론을 그 배경으로 한다. 홍대용은 위 대목에서 연암이 소개하지 않은 흥미로운 주장도 했는 바, 이와 관련된 것을 『의산문답(毉山問答)』에서 보면 다음과 같다.

> 하늘에 가득한 별들치고 저마다 세계 아닌 것이 없다. 뭇 별에서 본다면 지구 또한 하나의 별일 뿐이다. 한량없는 세계가 우주에 흩어져 있거늘 오직 지구가 그 중심에 있다는 말은 이치에 맞지 않는 주장이다. 그러므로 별들은 저마다 다 세계이며, 모두 회전한다. 뭇별에서 보면 지구에서 보는 것과 똑같이 다 그 별이 중심이라고 여기게 된다. 별들은 모두 하나의 세계이기 때문이다.[14)]

이 대목은 과학사적으로는 '홍대용 우주론의 절정'이라고 평가되는 '우주 무한론'을 담고 있지만,[15)] 역사적으로는 한량없는 우주 속에서 지구가

---

13) 전상운, 『한국과학사』(사이언스북스, 2000), 149~155쪽 참조.
14) 박희병, 『한국의 생태사상』(돌베개, 1999), 284쪽에서 재인용.

중심일 수 없다면, 동아시아의 중국이 천하의 중심일 수도 없기에, 화이론(華夷論)의 부정으로도 해석된다. 번역을 다소 현대적으로 했지만 ('세계'란 '界'의 번역이다.) 이 대목은 그 표현 자체도 아름답지만, 상대론적 인식의 논리가 아주 명징하다. 이런 세계에서 단 하나의 중심이 어디 있겠는가? 이런 주장 자체는 자연과학적인 것이지만, 연암이 당시 '천하의 중심'이라 할 수 있는 중국의 황제가 머무는 곳에 가서 학문적으로 제시했을 때는 그런 것을 뛰어 넘는 것이다.

이 지점에서 우리는 홍대용과 박지원을 지칭하는 '북학파'의 '북학(北學)'에 대해서도 다시 한 번 생각해 보지 않을 수 없다. '북학'이란 흔히 '북벌(北伐)'의 상대 개념으로 사용되지만, 이는 '북벌'처럼 단순한 개념일 수가 없다. 상대론적 인식 논리에서 일방적인 것은 약화되거니와, 진정한 배움이란 결코 무조건일 수가 없기 때문이다. 연암이 중국을 가면서 중국 선비를 '애먹여볼' 생각을 했다는 것은 단순히 배우겠다는 의식과는 다른 것이다. 상대적으로 오랑캐의 나라라 해서 무시했던 청나라에게서 배울 건 배우되 가르칠 건 가르친다는 것. 그것이 연암의 '북학'이 갖는 진정한 내용이었을 것이다.

3. 중심에 대한 상대론적 인식이 필요하다

이 글은 홍대용의 '지구자전설'을 중국 지식인에게 소개한 대목으로 유명하다. 따라서 그 자연과학적인 선진성에 주목하여 한국과학사의 중요한 한 장면으로 보곤 한다. 그리고 '천하'의 중심이라 여겨지던 중국이 결코 중심이 아니라는 것, 그리하여 중화의식으로부터 탈피하는 의식을 보여주는 것으로도 인용되곤 한다.

---

15) 전상운, 앞 책, 153쪽.

이러한 것은 당대적 차원에서 볼 때는 다 중요한 사항들이라 생각한다. 그러나 오늘날 홍대용의 주장은 상식이 되어 버렸고, 화이론적 세계관도 무너진 지 오래이다. 이런 상황에서 이를 현재적 관점에서 본다면 어떻게 될까? 그것은 중심에 대한 상대론인 인식으로 확대해 볼 수 있을 것이다.

오늘날 우리는 중화의식이니 사대주의니 하는 것들을 논리적/표면적으로는 다 부정하고 있다. 그러나 여기에서 유추되는 중심과 변방의 문제는 다른 차원에서 여전히 현재적이다. 그것은 국제적으로는 미국이라는 세계의 중심을 향한 열망이고 국내적으로는 서울(특히 강남)을 향한 열망으로 재현되어 있는 것이다.

중세에는 문명권 단위의 세계화가 있었다면, 근대와 함께 세계화의 범위가 '전지구적으로' 확대되었다. 온 세계가 유럽과 미국, 소련을 바라보다가 소련이 몰락하게 되면서 세계의 중심에 대한 열망은 곧 미국에 대한 열망으로 되었다. 미국 이민과 미국 유학 바람은 그런 것을 단적으로 보여준다. 그런가 하면 국내적으로는 서울, 특히 강남이 중심이다. 그곳을 향한 열망은 아파트 값이 뛰거나 대학 입시 문제가 거론되면 더욱 심해진다. 미국이라는 세계의 '중심'과 서울(강남)이라는 한국의 '중심'에 대한 열망은 거의 병적일 정도가 되어가고 있다.

세계화가 지방화와 함께 이루어져야 한다면,[16] 미국이 아닌 한국의 독자성도 소중하고 서울의 강남이 아닌 지방에 사는 의미도 소중하다. 그래 이에 대해 조선 후기의 실학의 역사에서 연암의 선배격인 이익(李瀷, 1681~1763)의 <경련산림(京輦山林)>을 제시해 본다.

> 백사(白沙) 이항복(李恒福)이 말하기를, "마소의 새끼는 시골로 내려가야 하고 사람의 자식은 서울로 올라가야 한다."하였다. 말과 소는 살찌고 건강한 것을 으뜸으로 삼으니 먹이가 많은 곳으로 가야 하고, 사람은 행실과 사업을

16) 조동일, 『세계 · 지방화 시대의 한국학 1』(계명대학교 출판부, 2005)을 관통하는 문제 의식이다.

으뜸으로 삼으므로 예의가 있는 곳으로 가야 한다. 궁벽한 촌간에서 나서 늙는다면, 빼어난 재주가 있더라도 조정에 벼슬을 시키면 어쩔 줄 모를 것이다. 그러므로 "3대 동안 벼슬하지 못한 사람은 옷 입고 밥 먹는 예절도 모른다.' 하는데, 그 말이 그럴 듯하다.

(그러나) 나는 이렇게 생각한다. 세상에 나서 사람이 되었으면 사람의 일을 알아야 하는데, 서울에는 온갖 일이 모여 있으니 여기서 밝아지지 않으면 다시 무슨 일에 종사하랴? 그러나 일이 모이면 이익이 모여들고, 이익이 모여들면 마음이 흔들리고, 마음이 흔들리면 성(性: 마음의 본체)이 타락한다. 상등 가는 지혜의 자질을 가진 사람이라면 본디 어디를 가나 자득(自得)하지만, 중등 이하의 사람이라면 타락하지 않기가 어렵다.

중고(中古) 이전에는 역시 예절을 도탑게 하고 교화를 숭상하여 비루한 것을 부끄럽게 여겼으나, 근래는 온 세상이 이익과 욕심의 마당이 되었는데, 사람이 많으면 이익이 뻗어나고 일이 모이면 욕심이 늘어난다. 그러므로 서울의 귀족은 모두가 용모를 예쁘게 하여 임금의 마음에 들려고만 하고 근본이 되는 일에는 소홀하여, 입으로는 성명(性命)[17]을 말하나 마음은 순박함과 성실함을 저버렸으니, 이렇게 하는 것은 겨우 풍속을 그대로 유지하는 재목을 만들어낼 수 있으나 고매한 그릇을 길러내는 방법은 아니다.

군자는 세상에 빌붙는 것을 천하게 여기고 도를 지키는 것을 귀하게 여겨서, 반드시 산야(山野: 山林과 같은 뜻)에서 경적(經籍)을 연구하고 행실을 가다듬는데, 이는 고상하게 되려고 힘쓰는 것이 아니라 참으로 성인이 간직한 것을 연구하고 잘 다스려졌던 전례를 밝게 알려면 이렇게 하지 않고서는 안 되기 때문이다. 구습에 따라 세상일을 그럭저럭 메워나가자면, 산림(山林)이 경련(京輦: 서울)만 못하고, 세상이 난리를 당하여 일이 어지러울 때는 경련이 산림만 못하다. 그러므로 『서경(書經)』에서는 '측루(側陋)'[18]를 말하고 『시경(詩經)』에서는 '공곡(空谷)'[19]을 말하였으니, 이것을 보아 이해할 수 있을

17) 만물이 하늘로부터 받아서 각각 간직하고 있는 성질.
18) 미천한 사람. 신분이 낮은 사람. 『서경』 <요전(堯傳)>에 나오는 말.

> 것이다. 그러니까 이공(이항복)의 말은 길들이는 데에 관한 투의 말에 지나지 않는다.
>
> 내가 일찍이 나라 안을 두루 돌아다녔는데, 깊은 두메의 외딴 마을은 백성의 풍속이 순수하고 아름다우나, 조금만 저자에 가까워져서 사대부가 사는 곳이면 그만 못하였다. 원(守宰)이 있는 고을은 더 못하고, 관찰사가 있는 영진(營鎭)은 더 못하고, 서울은 더 못하였다. 지위가 높을수록 교화는 더 천박하고, 도회에 가까운 곳일수록 풍속은 더 떨어지니, 이 때문에 도읍이 인재를 기를 곳이 아니라는 것을 알겠다.[20] –『성호사설(星湖僿說)』 권7, 인사문(人事門)

여기에서 '경련(京輦)'이란 서울을 말하고 '산림/산야'란 여느 사람이 사는 세상을 멀리 떠난 산간을 말한다. 한국은 사실 고려 이후 한반도 안에 단 한 개의 중앙 정부로 이어져왔기에 진정한 의미의 지방 분권이 이루어져본 적이 없었다. 따라서 서울을 향한 중심의 열망은 오랜 연원을 가지고 있는 것이다. 그런 가운데 '산림'에 거처하는 벼슬하지 않은 선비의 기상을 중시하고 향촌에 사족들이 근거를 잡은 것이 그나마 그런 것을 완화시켰으리라.

이익(1681~1763)은 바로 이런 바탕에서 '이욕(利慾)이 지배하는 서울을 비판적으로 바라본다. '인의(仁義)'와 '이욕(利慾)'의 전통적인 유가적 이분법에 근거하고 있지만, "일이 모이면 이익이 모여들고, 이익이 모여들면 마음이 흔들리고, 마음이 흔들리면 성(性)이 타락한다."는 말처럼, '인간다움'을 기르기가 힘들어지는 서울에 대한 비판은 오늘날에도 여전히 유효

---

19) 큰 골짜기. 『시경』 <백구(白駒)>에 '하얀 망아지가 저 공곡에 있으니'라 했는데, 이는 주나라 선왕(宣王)이 어진 이가 산야로 떠나는 것을 말리지 못한 것을 풍자한 것이라 한다.

20) 이 글은 『국역 성호사설 3』(민족문화추진회, 1978) 119~120쪽을 토대로 필자가 몇 글자의 번역만 바꾼 것이다. 이 글은 이상익 · 노진한 · 모팔원 편저, 『고전수필 어떻게 읽을 것인가』(집문당, 1999), 208~209쪽에도 수록되어 있다.

한 것이다.

연암이나 홍대용이 우주론적 상대성 논리에 의해 중국 중심의 '천하'관을 비판하면서 중심을 해체하고 있다면, 이익은 '인간다움'을 해친다는 전통적인 논리로 서울이라는 중심을 비판하고 있는 것이다. 연암과 홍대용에 의하면 "별들은 모두 하나의 세계"이기 때문에 저마다 중심일 수가 있다. 그리고 이익에 의하면 서울은 '이익과 욕심'을 다투는 데 있어 중심이지만 작은 마을은 '인간다움'을 닦는 데는 중심이므로 오히려 작은 마을이 참된 중심이라 할 수 있다. 이러한 중심론은 당대 지배 이데올로기나 시류(時流)와는 다른 상대론적 인식에 의한 중심론이다.

그렇다면 오늘을 사는 우리에게도 이런 중심에 대한 상대론적 인식과 논리가 필요하지 않겠는가? 중심을 향한 구심력만이 아닌 원심력적인 사유도 하면서 균형 감각을 갖추어야 하는 것이다. 그리하여 미국이나 서울(강남)이라는 기존의 중심을 향한 일방통행적인 사유를 지양하고 내가 살고 있는 지역이 중심일 수 있다는 인식을 해나가야 할 것이다. 그리하여 진정한 중심은 우리 내면 속에 있어야 한다. 물론 이러기 위해서는 '결을 거슬러서' 사는 용기도 필요하고 또 인문적 성찰도 필요할 것이다.

참고 문헌

이가원 역, 『열하일기』, 민족문화추진회, 1986.
리상호 옮김, 『열하일기』, 보리출판사, 2004.
『국역 성호사설 3』 민족문화추진회, 1978.
박희병, 『한국의 생태사상』, 돌베개, 1999.
이상익 · 노진한 · 모팔원 편저, 『고전수필 어떻게 읽을 것인가』, 집문당, 1999.
전상운, 『한국과학사』, 사이언스북스, 2000.
조동일, 『세계 · 지방화 시대의 한국학 1』 계명대학교 출판부, 2005.

'바라보는 눈'의 변화와 국어교육

박 삼 서*

1. 〈태학유관록(太學留館錄)〉 8월 14일

생각 없이 문 밖을 나섰는데 수백 필의 말 떼가 문 앞을 지나간다. 한 목동(牧童)이 큰 말에 앉아 수숫대 한 개비를 쥐고 따라간다. 뒤따라 소 3, 40마리가 가는데 코도 꿰지 않고 뿔도 잡아매지 않았는데, 뿔은 모두 한 자 남짓씩 길며 빛깔은 푸른 것이 많았다. 또 당나귀 수십 마리가 따라간다. 목동이 방앗공이만 한 막대기를 가지고 맨 앞의 푸른 놈을 힘껏 한 대 후려치니 소가 씩씩거리며 달려가고 모든 소도 그 뒤를 따르는데, 마치 대오가 행진하는 것 같았다. 이것은 대개 아침나절에 방목하기 위해 끌고 나서는 것이다.

한가한 때 다니면서 살펴보니 집집마다 대문을 열고 말, 나귀, 소, 양 등을 몇십 마리씩 몰아 내놓았다. 돌아와서 우리가 든 집 밖에 매어 둔 말의 꼴을 보니, 참으로 한심하다. 내 일찍이 정석치(鄭石癡 석치는 호요, 자는

* 창덕여자중학교 교장

성백(城伯), 이름은 철조(哲祚)요, 벼슬은 정언(正言)이며, 술을 잘 마시고 서화에도 능하다)와 함께 우리나라 말 값의 높고 낮음을 이야기하다가, "모르기는 하지만 불과 몇십 년이 안 가 베갯머리에서 조그마한 담뱃대 통을 말구유로 삼아 말을 먹이게 될 것이야" 하였더니, 석치는 "그게 무슨 말이야."하고 물었다. 나는 웃으면서 "가을 병아리를 여러 번 번갈아 씨를 받아 사오 년이 지나면, 베개 속에서 울음을 우는 꼬마 닭이 되는데, 이 놈을 침계(枕鷄)라고 부른다네. 말도 역시 종자가 작아지기 시작하면 맨 나중에는 침마(枕馬)가 아니 되리라 누가 장담하겠는가?" 하였다. 석치는 크게 웃으며 "우리들이 점차 더 늙어가 새벽잠이 자꾸 없어지는 터에 베개 속에서 닭 울음소리를 듣게 될 것이고, 또 베개말을 탄 채 뒷간 길을 가도 무방하겠군. 그러나 요즘 시속에 말 흘레붙이는 것을 매우 꺼리고 있어, 기르는 말이 수놈 암놈 할 것 없이 모두 동정으로 늙어 죽거든. 국내의 말이 그래도 몇만 필이나 되는데, 그 놈들에게 흘레를 안 붙이면 기르는 말이 어떻게 번식될 것인가? 이렇기에 국내에서는 해마다 말 몇만 필을 잃게 되니, 이러고는 몇십 년이 못 가 베개말이고 무엇이고 다 절종이 될 것이야." 하고는 둘이 서로 웃으며 희담을 한 일이 있었다.

실상 내가 연암(燕巖)에 살 곳을 마련한 것은 일찍부터 목축(牧畜)에 뜻을 두었기 때문이다. 연암에 자리를 잡으니, 첩첩산중에 양쪽이 평평한 골짜기인데다가, 수초(水草)가 매우 좋아서 소·노새·나귀 수백 마리를 치기에 넉넉했다.

나는 일찍이 이에 대해 다음과 같이 논한 적이 있다. "우리나라가 이토록 가난한 것은 대체로 목축이 제대로 되지 못한 까닭이다. 우리나라에서 목장으로 가장 큰 곳은 다만 탐라(耽羅 제주도)가 있을 뿐인데, 그 곳의 말들은 모두 원 세조(元世祖 홀필렬(忽必烈))가 방목한 종자로 4, 5백 년을 두고 내려오면서 종자를 한 번도 갈지 않았다. 비록 애초에는 용매(龍媒 준마(駿馬))·악와(渥洼 신마(神馬)) 같은 우수한 종자지만, 결국은 과하(果下)·관단(款段 꼬마 말의 이름) 같은 꼬마말이 될 것은 너무나 당연한 이치이다. 이 과하와 관단을 대궐 지키는 장수들에게까지 내주니, 고금 천하에 이런 느림뱅이 말과 꼬마말을 타고 적진을 향하여 달리는 꼴이 있을만한 일인가? 이것이 첫째로 한심한 일이다.

대궐 안에서 먹이는 말부터 장수들이 타는 말에 이르기까지 토산 말이란 하나도 볼 수 없고, 모두가 요동 · 심양 등지로부터 사서들인 말들로 한 해에 새로 생기는 말이라고는 네댓 필에 지나지 않으니, 만일 요동 · 심양 길이 끊어지는 날이면 어디에서 또 말을 얻을 것인가? 이것이 둘째로 한심한 일이다.

임금이 거동할 때 배종하는 행렬에는 백관들이 말을 서로 빌려 타기도 하고, 혹은 나귀를 타고도 임금의 뒤를 따르게 되어, 이런 꼴로는 위의를 갖추지 못하게 되니 이것이 셋째로 한심한 일이다.

문신들로서 초헌(軺軒)[1]을 탈 수 있는 자 이상은 말을 탈일도 없고, 또 말을 집 안에서 먹이기도 어려워 탈 것을 없애 버리고, 자제들이 걷지 않으려고 겨우 작은 나귀나 한 마리 먹이게 된다. 옛날에는 백 리의 강토에 불과한 나라라도 대부(大夫) 정도 되면 타는 수레 열 대쯤은 가지는 법이다. 그래도 우리나라로 말한다면 둘레가 몇천 리나 되는 나라로 경(卿) · 상(相)급 정도 된다면 타는 수레 백 대 정도는 갖추어야만 할 것인데, 이제 우리나라 대부의 집안에 수레 열 대는 그만두고 단 두 대인들 어디에서 나올 것인가? 이것이 넷째로 한심한 일이다.

삼영(三營)[2]의 초관(哨官)들은 다들 백 명 졸개의 장이 되는 터에 말 한 필을 가질 형세가 못 되니, 한 달에 세 번씩 치르는 훈련에 임시로 삯말을 내어 타게 된다. 삯말을 타고 전쟁에 나간다는 소리는 아예 이웃 나라에서 들을까 무섭다. 이것이 다섯째 한심한 일이다.

서울 영문에 있는 장수들이 이런데, 팔도(八道)에 나누어 둔 기병들이 이름만 남고 실상 없을 것이라는 것은 뻔한 일이다. 이것이 여섯째 한심한

1) 종이품(從二品) 이상 문관이 타던 외바퀴 달린 가마.
2) 훈련원(訓練院) · 금위영(禁衛營) · 어영청(御營廳)의 합칭. 삼군영(三軍營) · 삼군문

일이다.

국내에 있는 역말들이란 모두가 토산 말들로, 그 중 좀 나은 놈도 한번 사신(使臣) 손님이라도 치르고 나면 죽거나 병이 들고 만다. 왜냐하면 그런 사신 손님들이 타는 쌍가마가 잔뜩 무거운데다가, 네 명의 교군(轎軍)은 으레 말에다가 몸을 싣듯이 양 옆에 붙어서 탄 사람이 까불려 흔들리지 못하도록 가마채를 붙잡고 간다. 말 등에 실린 짐이 이토록 무거우니 말은 짐을 피하듯 빨리 달리지 않을 수 없고, 말이 달릴수록 짐은 더욱 눌려지기 때문에 말이 죽지 않으면 병이 드는 것이다. 죽은 말이 날로 증가하니 이에 말 값은 더욱 오른다. 이것이 일곱째 한심한 일이다.

말 등에다 짐을 싣는 것은 벌써 틀려먹은 노릇이다. 우리나라는 이미 수레가 국내에 다니지 못하니, 관청이고 민간이고 짐이란 짐은 모두 말 잔등이 아니고는 못 실어 나를 줄 안다. 그리하여 말이야 죽든 말든 많이 싣는 것에만 욕심을 부리기에, 부득불 힘을 쓸 만큼 먹이를 먹인다고 더욱 여물죽을 많이 먹인다. 그러므로 말 정강이가 힘을 못 쓰고, 발굽은 물씬물씬해지고, 한 번만 흘레를 겪으면 뒤를 못 가누게 됨으로, 요즘 세속에서는 흔히 말이 흘레붙어 새끼 치는 것을 금한다. 이러고서야 말이 어디에서 생길 것인가? 이는 말을 다루는 솜씨가 틀렸고, 말을 먹이는 방법이 틀렸고, 좋은 종자를 받을 줄 모르고, 일 맡은 관원이 말을 치는데 무식하기 때문이다. 그러고도 채찍을 잡고 나 앉은 자마다 국내엔 좋은 말이 없다고 떠든다. 정말 국내에 쓸 만한 말이 없단 말인가? 이런 한심한 일은 이루 다 손꼽을 수 없는 것들이다.

그러면 말을 다루는 솜씨가 틀렸다는 말은 무슨 의미인가? 무릇 생물들의 성질이란 사람과 같아 고달프면 쉬고 싶고, 답답할 때엔 시원한 데를 찾고 싶고, 굽은 놈은 펴고 싶고, 가려우면 긁고 싶고, 비록 사람이 먹을 것을 주면 먹더라도 때로는 제 마음대로 편한 것을 찾고 싶은 경우가 얼마든지 있다. 그러므로 말도 반드시 이따금 굴레와 고삐를 풀어 물가 같은 시원한 곳에 놀게 해 답답증을 풀도록 해야 하니 이것이 곧 생물의 성질에 따라 그 뜻을 맞추어 주는 것이다. 우리나라에서 말 먹이는 법이란, 북띠나 굴레가 단단하지 않은가 염려하여 이것을 될수록 졸라매어 빨리 몰 때에도 말은 견마 잡는 고통을 벗어날 수 없고, 쉴 때만 해도 긁는 재미나 땅에 뒹구는 맛을 얻어 볼 수 없으며, 사람과 말 사이는 언제나 뜻이 통하지 못하여 사람은 툭하면 욕하기 일쑤요, 말은 자나 깨나 사람을 상대로 살기(殺氣)가 등등하니, 이런 것이 다 말을 다루는 솜씨가 틀렸다는 것이다.

또 말을 먹이는 방법이 옳지 못하다는 말은 무엇을 두고 하는 말인가? 무릇 목마른 고통은 배고픈 고통보다도 심한 법이다. 우리나라 말들은 아직껏 찬 물을 안 먹이고 있다. 말의 성질은 익힌 음식을 가장 싫어하니, 이는 말에게 더운 것은 병이 되기 때문이다. 콩이나 여물죽에 소금을 뿌리는 것은 먹이를 짜게 하여 물을 켜도록 하려는 것이요, 물을 켜도록 하는 것은 오줌을 잘 누도록 하는 것이요, 오줌을 잘 누도록 하는 것은 몸에 지닌 열을 풀게 함이요, 냉수를 먹이는 것은 정강이를 굳세게 만들고 발굽이 단단하게 만들기 위함이거늘, 우리나라 말들은 삶은 콩과 끓인 죽을 먹어, 종일을 달리면 벌써 신열을 못 이겨 병이 되고, 한 끼라도 건너뛰어 죽을 못 먹게 되면 시들시들 몸을 못 가누며 느림뱅이 걸음을 걸어 길에서 낭패를 보기 십상이다. 이것은 모두 더운죽을 먹인 탓이다. 이것보다 군마에게 더운죽을 먹인다는 것은 더욱 실책이다. 이것을 보아 말 먹이는 방법이 틀렸다는 것이다.

그러면 또 무엇을 가리켜 종자를 잘 받지 못한다고 하는 것인가? 말이란 어찌하던 커야지 작은 종자는 못 쓰는 법이요, 건장해야지 약해선 못 쓰며, 준수해야만 되지 노둔해서는 못 쓰는 법이다. 말에다가 무거운 짐을 싣고 먼 길을 달리지 않는다면 모르겠지만 만일 그것이 필요하다면 이러한 토산말로써는 단 하루의 보통 집안일도 치러 내지 못할 것이요, 또한 나라의 무비(武備)와 군용(軍容)을 돌보지 않는다면 모르겠으나 만일 그것이 필요하다면 이 꼴인 토산말로는 단 하루도 군사를 치러 내지 못할 것이다.

오늘로 보아 우리와 청국(淸國) 두 나라는 태평으로 지나는 사이이니,

암놈 수놈 아울러 몇십 필쯤 청구한다고 하여 저 큰 나라에서 이것을 아끼지 않을 것이다. 만일 외국으로부터 말을 구해 들여 이것을 사사롭게 기른다는 것이 좀 혐의가 있어 보인다면, 해마다 드나드는 사신들 편에 가만히 사들일 수도 있다. 그리하여 서울 근교에 널찍한 수초(水草) 좋은 땅을 골라, 10년 동안을 두고 새끼를 쳐 가면서 점차 탐라를 비롯한 국내의 여러 군데 목장에 퍼뜨려 종자를 개량해야 할 것이며, 또 새끼를 치게 하는 방법으로서는 반드시 『주례(周禮)』[3]와 월령(月令)[4]으로 표준을 삼아야 할 것이니, 『주례』에는 대개 말을 먹이는 데 수놈이 4분의 1을 차지한다 하였다. 그 주석(注釋)에 그의 비위에 알맞게 하고 싶어함이니 생물은 기질이 같으면 마음도 같다고 한다. 정 사농(鄭司農)[5]이 이르기를 "4분의 1이라는 말은 암놈 세 마리에 수놈 한 마리를 끼운다는 말이다."라고 하며, 월령에 늦은 봄 삼월쯤 되어 종마(種馬)와 종우(種牛)를 암놈 있는 목장에다 풀어 놓는다고 한 것은 진혜전(秦蕙田)[6]이 이르기를 "말 먹이는 사람이 종마를 교대하여 부리되 그 몸을 너무 피로하지 않게 하여 기운과 혈기를 안정되게 할 것이요, 또 말을 맡은 관리는 반드시 여름에는 수놈을 치워 두어야 한다."는 것이다. 암말이 새끼를 뱄을 때에 수놈이 암놈 곁에 못 가도록 하는 것을 말 번식시키는 기본으로 삼아야 한다. 이것들은 모두 옛날 임금들이 때를 맞춰 생물을 길러 생물의 제 특성을 살린다는 뜻이다.

이제 중국에서는 매년 봄날이 화창하고 풀들이 푸릇푸릇 돋을 때 수놈 목에다가 방울을 달아서 내놓아 흘레를 붙이면, 수놈 임자는 흘레의 대가로 닷 돈씩을 받게 된다. 그리하여 말이나 노새가 새끼를 낳았을 때 수놈으로 준수한 놈을 낳으면 또 다시 닷 돈을 받는다. 낳은 새끼가 신통하지 못하거나 털빛이 좋지 못하고 길들이기도 어려울 때는 아비말은 반드시

---

3) 십삼경(十三經)의 하나. 주공(周公)이 지었다 전하므로 그렇게 이름함.
4) 『예기(禮記)』의 한 편명으로 매달마다 정치적 행사에 관한 요강을 적어 놓은 것.
5) 후한(後漢)의 명신 정중(鄭衆). 사농은 그의 벼슬. 『주례』의 해석이 있음.
6) 청의 건륭 때 저명한 학자. 경술(經術)과 독행(獨行)으로 이름났음. 자는 수봉(樹峯). 호는 미경(味經).

불알을 까버려 쉽게 종자를 퍼뜨리지 못하게 하며, 종자는 특별히 크고 성질이 길들이기 좋은 것으로만 한다.

우리나라에서는 목장을 감독하는 관리들이 이런 생각을 못하고, 덮어놓고 토산말로만 종자를 받기 때문에 낳으면 낳을수록 종자는 자꾸만 작아져 필경 똥통이나 나뭇짐 한 짐도 변변히 견디지 못할 만큼 되었으니, 하물며 한 나라의 군국(軍國)의 수요에 이바지할 수 있으랴. 이런 것이 곧 좋은 종자를 못 받는다는 것이다.

그러면 또 관직에 있는 자가 목마에 무식하다는 말은 무엇을 두고 이른 것인가? 우리나라 벼슬하는 양반들은 일반 허드렛일은 알려고 하지 않는 버릇이 있어서, 옛날 어느 곳에 여럿이 모인 자리에서 누군가가 마부에게 말에게 콩을 좀 더 주라는 말을 한 마디 했다가 사람이 좀스럽다고 이조(吏曹)의 전랑(銓郎 좌랑(佐郎))에게 버림을 받은 일까지 있었고, 요즘은 어떤 학사가 평소에 말을 사랑하는 버릇이 있어 말을 잘 고르는 법이 백락(伯樂)이나 다름없었으나, 사람들은 그를 가리켜 "옛적에는 양고기 잘 굽는 도위(都尉)[7]가 있다더니, 지금 세상에는 말 잘 다루는 학사가 있네 그려." 하며 비방하니 까다롭기 짝이 없다. 한 나라의 큰 정책으로 이를 고려하지 않고, 도리어 수치로 삼아 하인들의 손에만 맡겨 두고 있으니, 비록 그 직책은 감목(監牧)이라고는 하지만 사람은 유품(流品)이어서, 목마의 지식이라고는 조금도 없다. 이것은 실로 능력이 없다기보다도 배우기를 꺼리기 때문이다. 이런 것을 들어서 관원들이 목마에 무식하다고 나무라는 것이다.

옛날 당(唐) 초기(初期)에, 암컷 수컷이 섞인 말 3천 필을 적수(赤水)의 언덕에서 몰아내어 농우(隴右 감숙성의 서쪽)에다 옮기고는 태복(太僕 목축을 맡은 고관) 장만세(張萬歲 당 태종 때 저명한 목축가)로 하여금 감목하게 하였다. 정관(貞觀)에서 인덕(麟德 당 고종(唐高宗)의 연호)에 이르는

7) 후한 때 유현(劉玄)의 고사. 벼슬을 몹시 남발하여 양의 염통 요리를 하는 자는 도위를 주었고, 양의 머리를 요리하는 자에게는 관내후(關內侯)를 주었음.

동안 말은 70만 필로 번식되었는데, 무후(武后)[8] 때는 말이 줄어들었으나, 당 명황(唐明皇 당 현종(唐玄宗)) 때에 아직도 24만 필이 남아 있었다. 그리하여 왕모중(王毛仲)[9]·장경순(張景順) 등으로 한구사(閑廐使)를 삼아 여남은 해 동안 먹인 결과 43만 마리로 불었다. 개원(開元) 13년(725)에는 명황이 동쪽으로 가서 태산(泰山)에 제사할 때 말 몇만 필을 털빛에 따라 대열을 지어 놓은 것이 멀리서 보면 비단처럼 보였다 하니, 이것은 담당한 관직에 적당한 사람을 얻었기 때문이다.

참으로 말을 좋아하고 말을 잘 먹일 줄 아는 자를 얻어 목마하는 행정을 맡긴다면, 비록 말 잘 치는 학사라는 기롱을 들을지언정 태복 벼슬감으로서는 맞춤이라고 할 수 있을 것이다.[10]

2. '사물을 바라보는 눈'과 사고(思考) 과정

이 글은 8월 14일 경신일 아침에 연암이 생각 없이 문을 나섰다가 방목하러 나가는 수백 필의 말 떼가 문 앞을 지나는 것을 보고, 우리나라의 말을 기르는 법에 대한 반성과 개선책을 피력한 글이다.

『열하일기(熱河日記)』는 연암의 여타 글과 마찬가지로 단순히 그 필력과 문체의 광휘가 빼어난 것뿐만 아니라 사물을 바라보는 눈의 핍진성(逼眞性), 치밀한 분석력, 전개에서의 논리성, 그리고 그것을 외면으로 표현하는 기교에 그 특징을 들 수 있다. 따라서 <태학유관록>도 예외 없이 문체의 유려함과 줄탁동시(啐啄同時)를 이루어 치밀한 분석력을 동원하여 문제해결을 위한 대안 제시와 그 방법, 과정이 매우 탁월하다.

---

8) 측천무후(則天武后) 무조(武曌).
9) 고려(高麗) 사람으로 당 현종 때의 유명한 목축가.
10) 번역된 부분은 민족문화추진위원회 역, 『국역 열하일기』(고전국역총서 18~19, 1966)와 이상호 역, 『열하일기』(보리, 2004)를 참조하여 필자가 일부 수정하였음.

연암은 중국과 우리나라 목축 방법을 비교하여 말이 왜소하고 종자가 번식하지 못함을 기르는 방법의 후진성에서 찾고, 당시 우리나라가 이토록 가난한 것을 대체로 목축을 잘못한 데에 있다고 하였다. 그리하여 연암은 우리나라에서 말의 수가 늘어나지 않아 일어난 사회적 낙후 현상을 일곱 가지로 파악하고, 매우 한심한 일이라고 하였다.

먼저, ① 사오백년 동안 종자를 한 번도 갈지 않아 느림뱅이 꼬마 말을 타고 적진을 달리는 꼴이 되었고, ② 토산 말은 하나도 볼 수 없고 요동으로부터 한 해에 네댓 필의 수입하는 말뿐이니, 요동 · 심양이 끊어지면 말을 얻을 길이 없다고 하였다. ③ 임금이 거동할 때 백관들이 말을 빌려 타거나 나귀를 타고 임금을 뒤따르니 위의(威儀)를 갖추지 못하고, ④ 말을 탈일도 없고 먹이기도 어려워 대부의 집안에서도 수레 단 두 대도 없으며, ⑤ 초관(哨官)들도 한 달에 세 번 치르는 훈련에 임시로 삯말을 타고 나가게 되었다고 하였다. 그리고 ⑥ 팔도의 기병도 이름만 남고 실상이 없으며, ⑦ 국내의 역말은 무거운 짐에 더욱 눌려 죽지 않으면 병이 들어 말 값이 뛰어오른다고 통탄하였다.

이처럼 연암은 말을 기르는 문제를 다루면서도 나라를 지키지 못하게 되어 나타나는 국민의 안위는 물론, 양반의 체면, 말의 유통과 경제, 무역 등 제반 사회적 문제에 대해서도 자신의 논리를 박람강기(博覽强記)한 자세로 전개하고 있다.

그리하여 말이 불어나지 않는 까닭을 ① 생물의 성질에 따라 그 뜻을 맞추어 다루어야 하는 데, 살기가 등등한 말로 기르니 말을 다루는 솜씨가 틀렸고, ② 말의 성질에 반하는 삶은 콩과 끓인 죽을 먹이니 말을 먹이는 방법이 옳지 못했으며, ③ 옛 임금들이 때를 맞추어 생물을 길러 생물의 모든 특성을 살린 방법을 무시하고, 덮어놓고 토산 말로만 종자를 받아 종자가 자꾸 작아지도록 하니 좋은 종자를 받을 줄 모르고, ④ 양반들이 일반 허드렛일을 알려고도 하지 않거나 이를 수치로 삼아 하인들의 손에만 맡겨두어 관원이 목마에 무식한 것 등 네 가지에서 찾았다.

연암은 네 가지 각각의 항목에서도 일일이 주장을 위한 타당한 논거나 실례(實例)를 적시하고, 이어서 이 모든 문제를 해소할 수 있는 방법으로 관직에 적합한 사람을 앉혀야 한다고 결론하고 있다.

연암이 자기 생각을 펼치기 위한 이러한 논지 전개 방식을 '사물을 바라보는 눈의 변화', 같은 관점이라 할 수 있는 '사고 작용의 흐름'이라 보고 다음과 같이 네 단계로 구분할 수 있다.

㉮ 지나가는 말을 목도(目睹)함 ↔ 사물 직시 → (부러움)
㉯ 말의 이용이 부실한 현실 ↔ 현상 비판 → (한심함)
㉰ 말이 불어나지 않는 까닭 ↔ 원인 분석 → (무식함)
㉱ 전문 관료 등용의 필요성 ↔ 대안 제시 → (단호함)

㉮→㉯→㉰→㉱의 흐름은 글을 쓸 때에 쉽게 찾아볼 수 있는 일반적인 논리의 전개 방식이다. 그런데 각 단계에서 연암의 '사물을 바라보는 눈'은 다르게 나타난다.

㉮ 연암은 중국 목동이 뿔이 한 자 남짓 길고, 빛깔이 푸른 수백 필의 건강한 말이 대오 정연히 행진하는 것을 우연히 만나 보게 된다. ㉯ 이렇게 방목하기 위해 끌고 나가는 풍성하고 웅장한 광경에서 연암은 말을 제대로 이용하지 못하는 초라하고도 암담한 우리의 현실을 떠올리게 되며, 너무나 암담하고 보잘 것 없는 우리의 처지에 비판을 하지 않을 수 없게 된다. 그러나 연암은 여기에 그치지 않고 ㉰ 말이 왜소하고 불어나지 않는 이유를 나름대로 분석한 다음, ㉱ 말에 대하여 아는 사람이 관직에 앉아야 한다고 해결 방법을 제시한다.

이러한 '논지의 흐름'은 사물을 바라보는 눈이 초점을 달리하며 사고 작용과 연계되어 이동하는 것, 즉 '사고 작용의 흐름'이라고 할 수 있을 것이다. 이는 사물을 접할 때 발흥하는 '심적 태도의 변화' 추이와도 연결된다. 연암은 ㉮ 중국 목동의 말 다루는 솜씨, 집집마다 가축 기르는 풍성한 정경(情景)에 부러움을 금할 수 없었고, ㉯ 말을 형편없이 이용하는 우리나라의 현실에 한심했으며, ㉰ 말을 불릴 줄 전혀 모르는 우리나라 사람들의 말 기르는 방법에서 더 없이 우리 민족의 무식함을 느꼈다. 그리하여 연암은 ㉱말을 불리는 데에는 말을 기르는 관료의 전문성, 즉 말을 좋아하고 말을 잘 먹일 줄 아는 사람에게 행정을 맡기는 것이 중요하다고 단호하게 주장한다.

그런데 이러한 연암의 사물을 바라보는 눈의 변화, 논리적 주장을 위한 사고 작용의 흐름, 이에 따른 심적 태도의 변화 근저에는 두 가지 주조(主潮)가 문체나 내용 전개방식에서 분명하게 드러난다.

그 하나는 이 글이 가지는 교육성이다. 말의 수를 늘리기 위해서 말 기르는 법을 개선하고, 그렇게 하기 위해서는 관료 임용의 방법이 달라야 한다는 주장 속에는 교육적 의도가 다분하다. 말을 기르고 이용하는 문제에 국한하여 보더라도 당시 우리나라 현실은 중국에 비해 너무 비참하고 초라하며, 그야말로 영어(囹圄)에 갇힌 듯한 질곡(桎梏)에서 벗어나지 못하고 있는 것이다. 때문에 하루 빨리 실사구시(實事求是), 이용후생(利用厚生)의 차원에서 중국의 문물을 흡수하여, 백성의 삶의 질을 높기 위해 정치 구조를 개선해야 한다는 교육적 성격이나 교육적 의도성이 요소요소에 배어 드러나 있다.

연암의 다른 글에서도 이러한 교육적 요소가 다분함은 물론이다. 소위 그의 한문단편이라고 하는 <양반전>, <민옹전>, <우상전>, <김신선전> 등에서도 이러한 의도성과 요소는 분명히 나타나 있다. 논자에 따라 강조되는 측면이나 접근방법이 달라 중심사상이 약간 다르게 고구되기도 하지만 그 교육성의 내재에 대해에서는 맥락을 같이 한다.

또 하나는 그가 주장하는 논리의 사상적 배경과 기저(基底)가 무엇인가이다. 연암은 가끔 말도 굴레와 고삐를 풀어 놓아 물가 같은 시원한 곳에 놀게 하여 답답증을 풀게 해 주는 것이 필요하다고 하였다. 익힌 음식을 싫어하는 말의 성질에 따라 그 뜻을 맞추어 기르는 것을 강조한다. 『주례』

의 주석을 들어 말의 비위에 알맞게, '생물은 기질이 같으면 마음도 같음'을 인용하고, 말을 번식시키는 기본으로 "옛 임금들이 때를 맞춰서 생물을 길러 생물의 모든 특성을 살린다."라는 말의 뜻을 원용하고 있다. 연암은 이렇게 알묘조장(揠苗助長) 식의 방법을 배제하고 무위 자연적(無爲自然的)으로 말 기르는 것을 강조한다. 이처럼 말을 기르는 방법을 소개하는 데에도 철학성이 내재되어 있다.

'사물을 바라보는 눈'은 사고 작용과 연결된다. 그러므로 사물을 바라보는 눈의 변화는 사고 작용의 역동적 흐름이며, 이를 '사고 과정'이라 말할 수 있다. 인간이 사물을 바라보는 눈의 변화, 즉 사고 과정을 대체로 ① 감각적 단계→② 감성적 단계→③ 개념적 단계로 구분해 보기도 한다. '꽃'을 중심으로 이를 설명하면 감각적 단계에서는 꽃의 빛깔이나 모양, 꽃줄기, 향기, 잎 등을 인식하게 되는 단계를 말한다. 감성적 단계는 꽃에 대하여 아름다운 꽃, 사랑스런 꽃, 외롭고 정렬적인 꽃 등 정서적 의미를 부여하는 단계를 말하고, 개념적 단계는 '꽃이란 무엇이냐', '무궁화는 무슨 꽃이냐' 등 철학적 사유로 추상화하는 단계를 말한다. 이러한 사고의 단계는 계기적(繼起的)으로 일어나는 것은 아니다. 상황과 관계에 따라 역동적으로 작용하며 나타난다. 연암의 글도 이에서 벗어나지 못하고 있다.

이상에서 설명한 바와 같이 말을 기르는 것과 관련한 연암의 상기 글에서도 '바라보는 눈의 변화'에 따라 사고 과정이 어떻게 변화하고 있는가를 추출해 보는 것이 가능하였다. 사물을 바라보는 연암의 심리적 태도가 언어로 어떻게 표출했는가를 거시적 구조에서, 이를 다시 미시적 구조에서 분석, 구분해 볼 수가 있는 것이다.

3. '사물을 바라보는 눈'과 이야기한 것

초정(楚亭) 박제가(朴齊家)의 북학의(北學議) 내편에는 소[牛], 나귀[驢]

와 함께 말[馬] 항목이 있다. 연암의 글보다는 매우 소략하고 문장의 흐름에 균형을 주어 논지를 진지하게 전개시키지는 못했지만, 궁극적인 주장의 내용과 방법에서는 연암과 동일하다.

초정은 중국 사람은 말구종[牽夫] 없이 말을 타는데, 고삐를 재갈에 매어서 부리고, 걸음은 말의 성질에 따라 달리기도 하고 천천히 가기도 한다고 하였다. 또 자주 내렸다 타서 말이 충분히 쉬도록 하고, 털을 항상 빗질하고 씻겨서 냄새를 없게 하며, 매년 봄풀이 파래지면 교미를 하게 되는데 수말 임자는 은 닷 냥을 받고, 뛰어난 노새라도 태어나면 먼저 받은 은만큼 더 받는다고 하였다.

초정은 우리나라에서 말구종을 두는 것은 좋지 않다고 지적하였다. 사람이 말을 이용하는 것은 걷는 수고로움을 없애려는 것인데 한 사람은 타고 한 사람은 함께 걸으니, 사람에게 이끌리다 보면 말이 그 기능을 발휘할 수 없다는 것이다. 싸움터에 나가서도 말구종에 이끌리는 말은 시키는 대로 하지 않아 반드시 실패한다고 하였다. 그리고 말구종이 말을 이끌면 자신은 편한 길을 걷고 말은 험한 길로 몰게 되므로 탄 사람의 마음이 편하지 않고, 재갈은 말구종의 손에 있으므로 말이 놀라서 갑자기 뛰기라도 한다면 막을 길이 없다고 하였다. 더구나 말구종은 말의 목을 억눌러 자신의 걸음을 따르게 하여 말의 능력을 다 발휘하지 못하게 한다는 것이다.

초정은 말도 제대로 기르지 못하면서 말구종을 두고 체면만 찾는 양반의 모습에 반감이 대단했던 모양이다. 그래서 먹이는 것도 제대로 하지 않고 달리는 것도 제 능력대로 하지 못하게 하니, 말이 말을 할 수 있다면 할 말이 많을 것이라고 톤을 높인다. 길이가 두어 발이나 되는 한 가닥 가죽끈으로 십 보 밖에서 느슨하게 이끄는 데, 이는 벼슬하는 사람에게 위의에는 아무런 보탬이 되지 못하고 말을 넘어뜨리기에 알맞을 뿐이라고 개탄하고 있다.

이어서 다리에 힘이 빠진다고 하여 수천 마리나 되는 말의 교미를 금하게 되니 해마다 수천 마리를 잃는 결과라고 하였다. 교미를 금해도 중국

말보다 병이 더 많고, 우는 소리도 훨씬 못한데 비하여, 중국 말은 대체로 우리 말보다 크고 의젓하며, 우리 말이 시끄럽게 굴어도 입을 다물고 우뚝 서서 다투지 않는 다고 하였다. 조회 때 예궐(詣闕)하는 관원의 말도 이러하고, 행진 할 때도 엄숙하고 나들이 할 때도 조용한 것은 평소에 이렇게 길들인 데 있다고 하였다. 또한 말을 길들이는 사람은 무사(武士)의 책임이고 문신은 그럴 필요가 없다고 하는데, 활 쏘는 사람은 문무 구별이 있지만 말에는 없다고 하며, 오늘 문신이 타던 말이 후일에는 전사가 타야할 말이라고 그 예를 들고 있다.

그리하여 초정은 '말 기르는 것을 중국에서 배워야한다'고 단정적으로 말한다. 그렇게 되면 군사를 번거롭게 하지 않아도 군사는 저절로 편하게 된다고 하였다. 중국에서 말에게 죽을 먹이지 않고 마른 곡식을 소금에 볶아서 먹인 다음 냉수를 먹게 하는 것은 오줌을 잘 누게 하여 병을 없게 하기 위함이라고 하고, 연암의 글에서와 같이 『주례』, 『월령』과 『정사농』, 『진혜전』의 말을 인용하여 생물의 본성을 존중하는 목마의 방법을 설명하고 있다.

참고하거나 인용하는 문서가 같아서 그런지 연암의 글에서 나오는 문장과 같은 맥락을 많이 찾아볼 수 있고, 글의 내용 주조도 거의 비슷하다. '사물을 바라보는 눈의 이동', 즉 사고 과정에 따라 이 글의 흐름을 구분해보면 다음과 같다.

㉮ 중국 사람의 말 다루고 기르는 법 ↔ 객관적
㉯ 우리나라에서의 말을 다루고 기르는 법 ↔ 비판적
㉰ 말 기르는 법을 중국에서 배워야 함 ↔ 설득적

글의 전개 방법도 연암과 거의 같다. 다만, 연암은 우리나라에서 말이 번성하지 못한 이유를 세세히 열거하였는데 초정의 글에서는 이러한 부분이 빠져 있다. 그리고 초정은 '말을 기르는 법을 중국에서 배워야 한다.'라고 직설적으로 주창하였데, 연암은 당 태종 때의 장만세, 현종 때의 왕모중 등 전문 관리가 말을 잘 먹여 말의 숫자가 늘었고, 이렇게 된 것은 적당한 사람을 담당 관직에 임명했기 때문이라고 하여, 간접적으로 중국을 배워야 한다는 것을 암시할 뿐이다. 이처럼 글의 내용이나 구성, 논지 전개 방법에서 두 사람은 매우 비슷하며 사상적 배경이 같음은 물론이다.

『북학의』 서문에서 연암은 중국에서 돌아오자마자 초정이 『북학의』 내외 두 편을 보여 주기에 시험 삼아 읽어 보니, 연암의 일록[熱河日記]과 조금도 어긋남이 없어 마치 한 솜씨에서 나온 것이라고 하였다. 더구나 몹시 기뻐서 사흘 동안이나 읽었으나 조금도 염증이 나지 않았다고 칭송한 것은 두 사람의 사상적 취향, 시대정신, 좁혀서 말 기른 것에 대한 견해가 같음을 연암 자신도 인정한 모습이다.

그런데 이어서 "아아! 이것은 우리 두 사람이 눈으로 직접 본 뒤에야 알게 된 것인가? 아니다. 우리는 일찍부터 비 오는 지붕, 눈 뿌리는 처마 밑에서 연구하고 또 술을 데우고 등잔 불똥을 따면서 손바닥을 치며 이야기했던 것이다. 여기에다 다시 눈으로 직접 징험했던 것이다."라고 말한 부분에 주목할 필요가 있다. 눈으로 직접 징험하기 전에 이미 연암과 초정은 '말 기르는 문제'를 포함 사회 제반 현상과 문제점 대해서 연구하고 논의했던 것이다.

여기에서의 '이야기하는(했던) 것'이란 장면은 눈으로 직접 징험하기 전의 사실을 언급한 것이지만, 시간적 계기에 무관하게 '사물을 바라보는 눈의 대상'은 이야기하는 대상이 되었다는 뜻도 내포한다. 그런데 '이야기하는 것'이란 화자, 청자(필자, 독자)가 상호 교호작용을 전제로 '바라보는 눈'의 이동에 따라 언어적 매체를 통하여 역동적으로 사고하는 작용, 과정이라고 하겠다. 즉, 말하고 듣고, 쓰고 읽는 상호 작용을 통해 언어적으로 깊이와 넓이를 달리하여 사고하는 총합적 행위라고 할 수 있다.

이러한 관점에서 '국어교육'을 바라보는 눈을 변화시켜 볼 필요가 있다. '언어 행위가 관계 속에서 이루어지는 사고의 역동적 상호작용'을 의미한다고 보면, 좀 역설적이긴 하지만 말하고 듣고, 쓰고 읽는다는 것은 단순히 의사소통의 장면만은 아니다. 이를 전제하면 문화적, 철학적 요소를 학문적으로 가미하여 국어교육의 넓이와 깊이를 좀 더 확대할 가능성이 엿보인다.

4. 국어교육을 '바라보는 눈'의 확대

이상의 논의는 연암과 초정의 글을 '바라보는 눈의 변화' 관점에서 분석해 보면 국어교육에 대한 다른 시사점을 발견할 수 있다는 가능성을 찾아본 것이다. '사물을 바라보는(본) 것, 이야기하는(한) 것[생각하고 논의하는(한) 것]'이란 말 속에는 위에서 언급했듯이 역동적 관계 속에서 이루어지는 사고 작용의 모든 것을 의미한다고 볼 수 있으므로 국어교육을 바라보는 눈은 달라질 수 있다.

때문에 두 사람의 글에 나타난 '사물을 바라보는 눈'을 종합해 보면 국어교육의 본질, 개념, 범위, 영역, 목적 등이 무엇인지를 다른 각도에서 파악하는 것이 가능하다. 국어교육의 본질을 '표현과 이해', '문자 언어와 음성 언어', 언어 자체, 메타언어 등의 제한된 논의 구조에서만 찾아보면 학문적 한계에 빠르게 부닥친다. 국어교육의 넓이와 깊이를 지금에서보다 확대하려면 국어교육의 본질을 찾는데 다른 방법론을 모색하는 것이 필요하다는 말이다.

언어는 관계 속에서 이루어지는 소통의 수단이다. 여기에서의 관계는 화자, 청자, 필자, 독자 간의 관계와 함께 인간과 인간, 인간과 자연(사물), 자연과 자연의 관계 등으로 얽혀진 역동적 작용의 관계를 의미한다. 때문에 그 관계 속에는 언어가 전달과 소통이라는 단순한 기능만을 발휘할 수도 있지만, 관습이나 태도 등 문화적 요소가 자연스럽게 녹아들어 새로운 관계를 모색하기도 하며, 여기에 살아가는 방식이나 의도, 존재에 대한 문제, 즉 철학적 사유(思惟)도 필연적으로 내재되어 삶의 질을 높이기 마련이다.

그러므로 언어의 존재 방식, 사고 작용이나 과정의 역동성을 종합적으로 결부시키면 '언어 자체, 표현 · 이해 방법, 표현 · 이해된 것 자체, 표현 · 이해된 사상, 표현 · 이해 대상, 표현 · 이해의 심리적 작용, 표현 · 이해된 것의 교훈성' 등등을 국어교육 영역에 모두 포괄시킬 수 있는 논리 설정이 용이하다. 이렇게 되면 국어교육에서 어학교육, 문학교육의 위치는 저절로 분명해진다. '문학 치료' 분야를 국어교육에 어떻게 정치(定置)할 것인가도 고민 없이 해결된다.

논리적으로 좀 비약한 감이 있지만, 위에서 제기한 여러 논의 구조를 받아들이면 국어교육의 넓이와 깊이를 새롭게 확장해 볼 수 있다. 하나의 방법으로 국어교육의 다른 측면을 사고 작용이나 사고 과정의 시각에서 다음과 같이 정리하는 것이 가능하다.

㉮ 감각적(인식적) 단계 교육 → 국어교육의 생활적 측면
㉯ 감성적(정서적) 단계 교육 → 국어교육의 문화적 측면
㉰ 개념적(추상적) 단계 교육 → 국어교육의 철학적 측면

국어교육의 본질을 이와 같은 시각에서 바라보면 국어교육의 개념, 범위, 영역, 목적도 달라진다. 국어과 교육과정의 구조를 비롯하여 국어교육 고유의 교육 내용, 교수 · 학습 방법, 평가에 대한 새로운 모색도 필요하고, 이에 따른 교재의 범위, 교재개발의 방법도 바뀌어야 함은 물론이다.

21세기 지식정보화 시대에 인간관계, 활동 공간, 생활 방법이 매우 달라졌다. 실제적 시간과 인식적 시간, 실제적 공간과 인식적 공간 개념도 예전과는 다르다. 어떤 미래가 다가올지 예측하기도 어렵다. 이미 인정하는 것, 있는 것만을 그대로 답습하기에는 변화의 속도가 너무 빠르다. 따라서 이러한 시대적 추세에 걸맞게 이제부터라도 국어교육의 본질과 개념도 달라져야 한다고 본다. 이렇게 되려면 국어교육의 연구 관점을 '인간의 언어 행위가 바라보는 눈에 따라 변화하는 역동적 사고 작용, 사고 과정'이라는

발상의 전환이 필요하다

<어린왕자>에서는 관계 속에서 이루어지는 사고의 여러 가지 유형, 이에서 배태된 언어적 기법을 차원을 달리하여 보여준다. 인간, 생물, 사물 간에의 만남과 헤어짐의 반복적 관계에서 위에서 언급한 언어와 존재의 문제에 대해 많은 것을 시사한다. '사물을 바라보는 눈'의 변화에 따른 다양한 '사고 작용', '사고 과정'이 펼쳐져 있는 것이다. 따라서 국어교육의 개념을 확장해 본다는 관점에서 연구해 볼 좋은 대상이라고 본다.

본 글은 '국어교육의 본질과 개념'을 다른 시각으로 접근하여 확장, 정의해 본다는 관점에서 출발하여 썼음을 밝힌다. 옛날 연암과 초정이 당시 우리나라의 말 기르고 다루는 방법에 대한 자족(自足)에서 탈피하여 새롭게 시야를 넓힐 것을 주장한 것처럼, 현대 영화 <히달고>의 주인공이 말을 다루는 법, 그것에 대한 보답으로 말 '머스탱'이 인내심과 불굴의 의지로 스피드를 내어 최후의 승리를 쟁취하는 것처럼 국어교육이 새로운 학문 체계를 모색하고 발전하기를 바랄 뿐이다.

아직 세부적인 학문적 이론이 정립되지 않은 상태에서 전개한 논리, 논지가 어설프지 않을 수 없다. 따라서 한문을 한글로 옮긴 내용을 대상으로 논리를 세운 방법론의 타당성과 함께 이러한 논지가 일관성 있고 적절한가의 검증은 후학들의 몫으로 돌린다.

참고 문헌

박지원, 민족문화추진위원회 역, 『국역 열하일기』(고전국역총서 18~19), 1997.
박지원, 이상호 역, 『열하일기』, 보리, 2004.
박지원, 이가원 역, 『열하일기』, 대양서적, 1975.
박제가, 이익성 역, 『북학의』, 을유문화사, 1991.
이삼영 외, 『국어교육학』, 소명출판, 2000.
박삼서, 『국어교육과 생활 · 문학 · 철학』, 국학자료원, 2003.

마음을 비추는 거울

하 은 하*

1. 〈황교문답(黃敎問答)〉

내가 찹실륜포에서 먼저 숙소로 돌아왔더니 지정은 나를 맞아 주면서 물었다. (지정은 학성 郝成의 자이고, 호는 長城이다.) "선생이 이제 보고 온 활불의 얼굴 모양이 어떻든가요?" "학공은 아직도 그를 보지 못했나요?" 하였더니

지정은 "활불은 깊고도 장엄한 데 거처해서 사람마다 볼 수가 없답니다. 더구나 신통한 법술이 있어 사람의 장부를 들여다본답니다. 보물로 된 거울을 하나 걸어 놓았는데 사람이 간음(奸淫)을 생각하고 있으면 푸른빛이 비치고, 사람이 탐내고 해침(貪賊)을 생각하면 검은빛이 비치며, 사람이 위험하고 불측스러움(危禍)을 생각하고 있으면 흰빛이 비칩니다. 다만 충효스러운 생각과 전심으로 부처를 공경하는 사람이 오면 붉은빛 아지랑이에 누런 빛깔을 띠워 경운(慶雲)과 같이 거울 바닥에 서리게 되니, 이 오색 거

* 서울여자대학교 강사

울이야말로 가히 두려운 것이지요." 한다.

내가 "이것은 진시황의 조담경(照膽鏡)을 본떠 이야기를 신통하게 만든 것 같습니다. 그러나 조담경 역시 정사에는 전하지 않은즉 어찌 믿을 수가 있겠나요?" 하니

지정은 "벽 사이에 그 거울이 없던가요?" 하고 물었다. 나는 '오색경이 가히 무섭지요.'라는 데다가 권주를 치면서, "귀공 자신이 푸르고 검고 흰, 세 가지 생각이 없다면 뭣 때문에 이 거울이 그렇게 무섭겠소?" 한즉, 지정은 『법화경』이나 『능엄경』 같은 모든 불경의 게(偈)들은 사람을 위협하여 이 책을 존경하지 않으면 곧 화를 입는다 하며, 중생들을 두렵게 해서 착한 길로 인도하는 것이니 대개 이 거울 같은 무리지요. 거울은 글자로 적지 않은 경전이요, 경전이란 구리쇠로 만들지 않은 거울일 것입니다. 내가 비록 열흘 동안 담식(淡食)을 하고 열흘 동안 목욕재계를 했더라도 혹시 간 구석이나 폐 틈에 터럭만한 흠이라도 있다면 어찌 세 가지 빛깔로 나타나지 않으리라고 장담할 수 있겠소?" 하면서 제자리에서 글 쓴 종이를 찢어 버리면서 다시 말하였다.

"과연 정말 신통하답니다. 활불에게 절을 하는 자가 모자를 벗고 머리를 조아릴 적에 활불이 친히 손으로 정수리를 어루만지면서 웃음을 머금을 때는 큰 복을 받게 되는 것이요, 웃지 않으면 받는 복이 그리 크지 못하고, 눈을 감을 때는 절하던 사람은 온통 겁이 나서 향불을 피우고 참회를 하면서 뼈저리게 회개하면 자연히 죄악은 소멸하고 다시는 죄를 짓지 않는다고 합니다.

이것은 활불이 말로써 교훈함이 없이 손 한 번 펴는 사이에 공과가 이 같은 것입니다. 화석(和碩) 친왕(親王)과 화석 액부(額駙)는 매일 아침 절하고 머리를 조아리지만 외인들이나 보통 관품들은 이런 것을 보기가 참으로 어렵습니다." 한다.[1]

---

1) 번역은 이가원 역, 『열하일기』 중(대양서관, 1973)와 리상호 역, 『열하일기』 중(보리, 2005.2) 두 책을 참조하여 필자가 일부 수정하였음.

2. 보여지는 두려움

이 글은 『열하일기』 중 <황교문답(黃敎問答)>의 일부이다. 제목을 보고 내용을 짐작하기 위해서는 먼저 황교가 무엇인지 알아야 한다. 황교는 서번(西番)에서 성행했던 불교의 종파다. 서번이라 해서는 어디인지 짐작되지 않는데 오늘날의 티베트를 이르던 말이라고 한다. 그러니까 황교란 티베트 불교의 한 종파인 라마교의 별칭으로 노란색 옷과 모자를 착용한데서 붙여진 이름이다.

다음으로 연암이 이 글을 쓰게 된 배경이다. 사신 일행은 황제의 칠순 경절을 축하하기 위해 황제의 피서궁(避暑宮)이 있는 장성(長城) 밖 궁벽한 땅 열하까지 오게 되었다. 그런데 황제는 서번의 승왕(僧王)을 스승으로 삼아 황금 전각에 모셔두고 조선의 사신 일행에게 그를 찾아뵙게 한 것이다. 유학자들이었던 사신 일행은 반선액이덕니(班禪額爾德尼)가 거처하는 찰십륜포(札什倫布)에 찾아가서 머리를 조아리고 반선이 하사한 물건을 받는 것이 예절에 어긋날 뿐 아니라 부처와 인연을 맺는 것이 평생에 누가 될까 걱정하여 청(淸)의 예부와 한바탕 해프닝을 벌인다. 이런 사정은 <찰십륜포>에 잘 나타나고 있다. 하지만 연암은 종형을 따라 온 처지라 사신 일행의 공식적인 입장과는 별도로 구경과 기록에 집중하고 있다.

<황교문답>에서도 그 같은 태도가 잘 드러나고 있다. 연암은 자신이 만난 반선에 대해 지정, 추사시, 형산, 여천 등의 학자들과 더불어 대화를 나누었는데 주로 반선의 내력, 공덕, 신통력과 이교(異敎)와 유교를 비교하는 것이다. 또 이 텍스트에서는 지금의 반선이 원(元)제국 때 제왕의 스승이었던 자의 후신이라는 점 때문에 특별히 활불(活佛)이라 부르고 있다.

이제 위 인용문의 내용을 살펴보자. 이 부분은 연암이 지정과 활불의 기이한 행적에 대해 나눈 대화의 일부로 <황교문답> 본문의 첫 단락에 해당된다. 사실 활불의 이적은 이것 외에도 많다. 대표적인 것으로는 활불이 서번에서 올 때 수풀 사이에서 향내를 맡고 신령스러운 나무를 캐어서 화

분에 심어 왔는데 엇갈린 가지와 옆에 돋은 잎이 다 천자만년이라는 글자를 이루고 있는 천자만년수(天子萬年樹)였던 점, 또 열하에서 황제를 마주하고 차를 마시다가 갑자기 남쪽을 향하여 찻물을 뿌리면서 말하기를, '700리 밖에 큰 불이 붙어 나가고 있는 것을 비를 보내어 겨우 껐다.'고 해서 이튿날 사신을 보내 확인해 보았더니 활불의 말과 같았다는 것 등이 있다.

그 중에서도 이 단락은 '마음을 비추는 거울'에 관한 것으로 오늘날 우리들의 이목을 사로잡기에도 충분하다. 연암이 활불을 만나고 돌아오자 중국인 인사 지정은 활불의 모습과 활불 관련 소문에 대해 묻는다. 소문이란 활불에게는 사람의 오장 속을 드려다 볼 수 있는 신통한 법술이 있다는 것이다.

지정은 활불에게는 거울이 있는데 사람이 간음한 마음을 먹으면 푸른빛으로, 탐내고 해칠 마음을 먹으면 검은 빛으로, 위험하고 불측한 마음을 가지면 흰 빛으로 비치고, 오직 충효스러운 마음과 전심으로 부처를 공경하는 사람이 오면, 붉은 빛 아지랑이에 누른빛을 띄운다며 오색으로 사람의 마음을 평가하는 활불의 거울이 두렵다고 한다.

그러자 연암은 오색거울이란 간사한 마음을 둔 여자를 가리기 위해 진시황이 썼다고 하는 조담경(照膽鏡[2])을 본떠서 만든 것 같다며 조담경이 정사에 실리지 않은 것처럼 오색 거울도 믿을 수 없다고 한다. 사실 이 대

---

2) 조담경에 관한 기록은 『서경잡기』에서 찾아 볼 수 있다. 해당 내용을 옮겨보면 다음과 같다. …(생략)… 또 네모난 거울이 있었는데 폭이 4척이고 높이가 5척9촌이고 안팎으로 투명했으며 사람이 정면에서 그것에 비춰보면 모습이 거꾸로 나타났다. 손으로 가슴을 어루만지면서 비춰보면 곧 장・위와 오장이 보였는데 가려진 것 없이 선명했다. 사람에게 질병이 체내에 있을 때 곧 가슴을 가리고 그것에 비춰보면 병의 소재를 알 수 있었다. 또한 여자에게 사악한 마음이 있을 때 [그것에 비춰보면] 담이 커지고 심장이 요동했다. 진시황은 늘 궁녀들을 비춰봐서 담이 커지고 심장이 요동하는 자는 곧 죽여 버렸다. 고조는 [이러한 보물들을] 모두 봉인해 놓고서 항우(項羽)를 기다렸는데, 항우가 한꺼번에 동쪽으로 가져갔으며, 그 후 로는 어디에 있는지 알 수 없었다(유흠, 『서경잡기』 권3. 75. <咸陽宮異物>, 예문서원, 1998).

화는 활불의 처소를 직접 방문한 연암이 '가서 보니 그런 것 따윈 없더라.' 라고 말하면 더 이상 이어질 수가 없는 것이다. 그런데도 연암은 친절하게도 소문의 내력까지 짐작해 보이며 지정을 설득하고 있는 것이다.

정사와 이야기를 구분하는 연암의 논리는 거울의 물리적 실재에 대한 것으로 이야기일 뿐 현실에는 없다는 확신을 드러내고 있다. 곧이어 연암은 설혹 한 발 물러나 그런 거울이 존재한다 하더라도 우리들에게 간음, 탐적, 위화와 같은 마음이 없다면 거울을 두려워 할 이유가 무엇이냐며 반문을 한다.

그러자 지정은 비록 열흘 동안 담백한 식사를 하고 열흘 간 목욕재계를 했더라도 오장 한 모서리의 터럭만한 흠 때문에 청, 흑, 백 세 가지 빛깔로 나타나지 않으리라는 장담을 할 수 없다고 말한다. 이는 우리들의 마음속에서 간음과, 탐내고 해침, 위험하고 불측스러운 생각을 한 순간만이라도 모두 없앨 수 있는가? 라는 문제를 새롭게 제기하고 있는 것이다. 이어서 지정은 존경하지 않으면 곧 화를 입는다며 사람들을 두렵게 해서 착한 길로 인도하는 경전과 거울이 같은 것이라고 말한다. 거울이란 글자로 적지 않은 경전이라는 지정의 말은 오색 거울의 물리적 실재에 관심을 두는 연암에게 그보다는 거울 이야기의 효용에 집중해야 한다고 반론을 펴는 것이라 볼 수 있다.

그러니까 지정은 우리에게는 충효하는 마음, 전심으로 부처님을 공경하는 마음과 함께 간음, 탐적, 위화한 생각들이 항상 공존한다는 것을 인정하면서 후자의 것들을 착한 길에서 벗어난 죄악으로 보고 있다. 또 이것들을 처리하기 위해 마음을 비추는 거울에 대한 두려움이 필요하다는 생각을 펼쳐 보이고 있는 것이다. 그러면 오색 거울에 대한 두려움과 존경이란 무엇일까? 이것은 간음, 탐적, 위화의 마음이 드러나서 색깔로 평가받는 것에 대한 것이다. 간음, 탐적, 위화의 마음이란 어떤 것인가 이것들은 인정받긴 어렵지만 사람들이 욕망하는 것 중의 하나이다. 따라서 이 두려움은 속마음이 다른 사람들에게 간파되어 평가 받는 것에 대한 공포심의 다른 모습이라 할 수 있다.

이제 연암은 대화의 주제를 마음을 비추는 거울에서 활불의 내력으로 바꾸고 만다. 이로 미루어 볼 때 연암 역시도 지정의 생각에 동감했거나 최소한 수긍을 하고 있는 것이라 볼 수 있을 것이다.

그런데 연암의 동감을 오늘날의 우리 역시도 하게 된다. 우리는 간음과 탐적과 위화를 최종 목표로 하지는 않지만 사랑의 마음이 간음으로, 소유의 마음이 탐하고 해치는 마음으로 쉽게 연결될 수 있음을 부인할 수 없다. 게다가 오늘날에는 오색 거울의 존재나 그런 이야기를 믿는 사람도 많지 않다. 그렇다면 우리들은 이런 마음을 어떻게 처리할 수 있을까?

이를 위해서는 활불의 오색 거울과 유사한 생각 속에 있으면서 다른 해결책을 보이는 작품과 비교할 필요가 있다. 바로 <해리 포터와 마법사의 돌>이 그것이다.

3. 〈해리 포터와 마법사의 돌〉

해리 포터 시리즈는 영화와 소설 등으로 널리 알려진 작품이다. 여기에서는 조앤・K・롤링의 해리 포터 시리즈 중 첫 번째 소설을 영화화한 <해리 포터와 마법사의 돌>을 살펴보겠다. 먼저 논의를 위해 줄거리를 간략히 정리해 보겠다. 부모가 없는 해리는 냉담한 이모와 위압적인 숙부 밑에서 온갖 구박을 받으며 생활한다. 11살 생일을 며칠 앞 둔 어느 날 해리는 전설적인 '호그와트 마법학교'에서 보낸 입학 초대장을 받게 된다. 그리고 생일을 축하러 온 거인 해그리드는 해리가 모르고 있었던 해리의 진정한 정체 즉 해리가 굉장한 능력을 지닌 마법사라는 것을 알려 준다. 주저 없이 호그와트에 입학하게 된 해리는 놀라운 모험의 세계를 경험하게 된다. 그러던 어느 날 호그와트의 지하실에 금과 영생을 가져다주는 마법사의 돌이 비밀리에 보관되어 있음과 해리의 부모를 죽인 볼드모트도 그

돌을 노리고 있음을 알게 된다. 결국 해리는 그의 친구들과 함께 온갖 노력을 한 끝에 볼드모트를 쫓아내고 마법사의 돌을 찾게 된다.

이 영화에서 <황교문답>에 등장하는 활불의 오색거울과 비교해 볼 수 있는 것은 해리가 마법사의 돌과 관련된 단서를 찾아 헤매다 한 방에서 우연히 발견하게 되는 커다란 거울이다. 그 거울에는 "Erised stra ehru oyt ube cafru oyt on wohsi" 는 글귀가 적혀 있는데 이것은 "I show not your face but your heart's desire" "나는 너의 얼굴이 아니라 네 마음의 소망을 보여 준다" 는 문장을 띄어쓰기를 바꾸어 가며 거울에 비치듯 뒤집어 적은 것이다.

이 거울 속에서 해리는 한 번도 뵌 적이 없는 부모님이 온화한 표정으로 자신의 어깨를 다독거려주는 모습을 발견한다. 기쁜 마음에 해리는 친구 론을 찾아가 거울 속 부모님의 모습을 보여 주려 하지만 론은 거울 속에서 해리의 부모님 대신 학급 대표가 되어 퀴디치 우승컵을 손에 쥔 자신의 모습을 발견하고 좋아 한다. 이후로 해리는 부모를 만나기 위해 계속해서 이 거울을 찾아오다 덤블도어 선생과 만나게 된다. 논의를 위해 영화의 해당 장면을 인용해 보겠다.

> 덤블도어 : 또 왔니, 해리? 너도 이전의 많은 사람들처럼 이 거울에서 기쁨을 얻는구나. 이게 뭔지 이젠 깨닫기 바란다. 하나 알려주지. 정말로 행복한 사람은 거울 속에서 현재 자기 모습 그대로를 본단다.
>
> 해리 : 보고 싶은 건 뭐든지 보여주는 건가요?
>
> 덤블도어 : 그럴 수도, 아닐 수도 있다. 우리 마음속의 소망 중에서 가장 간절하고 진심 어린 것만을 보여주는 거지, 해리 넌 부모님을 뵌 적이 없으니 너와 나란히 선 두 분을 본 거다. 명심할 게 있어 이 거울에선 지식이나 진실을 얻을 수 없단다. 사람들은 이 앞에서 시간을 허비하고 때론 미치기도 하지 그래서 내일은 이것을 딴 데로 옮기려고 해. 진심으로 바라건대 다시는 이 거울을 찾지 마라. 꿈에 사로잡혀 살다가 진짜 삶을 놓쳐선 안 돼.

해리가 우연히 발견한 그 거울이란 바로 사람들 마음 속 깊은 곳에 간절한 것을 비쳐주는 소망의 거울이었던 것이다. 얼굴이 아니라 마음을 비춘다는 점에서 이 거울은 활불의 오색거울과 유사하다. 그런데 몇 가지 다른 특징도 있다. 먼저 거울 앞에서 자신을 비추어 본 사람들의 반응이 다르다. <황교문답>에서 지정은 자신의 오장 속 흠이 거울에 비쳐질까 무서워했다. 반면 <해리 포터와 마법사의 돌>에서는 덤블도어 교수의 말에 암시되어 있는 것처럼 해리를 포함한 많은 사람들이 그 거울 앞에서 기쁨을 얻고 넋을 잃었다.

거울 속에 비쳐진 모습을 두고 두려워하거나 즐거워하는 차이가 생겨나는 것은 이미 지적한 것처럼 다른 사람에게 공개 되는가 그렇지 않는가의 여부에 달린 것이다. 해리는 친구 론에게 부모님의 모습을 보여주고 싶어 했지만 론은 그 거울 속에서 자신의 소망만을 확인할 뿐이었다. 모르긴 몰라도 오색거울도 마찬가지일 것이다. 간음, 탐적, 위화와 같은 마음조차도 다른 이에게 보여 지거나 강력한 제재가 없이 나 혼자만 즐길 수 있다면 많은 사람들은 그 소망을 쉽게 버리지 못하고 집착할 것이다. 그래서 지정이 말한 것처럼 담식과 목욕재계로도 좇을 수 없는 흠이 될 것이며 덤블도어 교수가 경계한 것같이 거울 앞에서 시간을 허비하거나 때론 미치기도 할 것이다.

다음으로는 <해리 포터와 마법사의 돌>에서는 <황교문답>과 달리 선한 소망과 악한 소망을 구분하고 있지 않다. 해리가 한 번도 만난 적이 없는 부모를 그리워하는 것은 선한 소망일까? 악한 소망일까? 얼핏 보아서 자식이 부모를 그리워하는 마음이니 선할 듯도 하다. 그러나 덤블도어 교수는 그것조차도 진실은 아니니 꿈에 사로잡혀 살다가 진짜 삶을 놓칠 수 있다고 경계한다. 그러니까 소망에는 선악이 있는 것이 아니라 현재와의 연결 고리가 있는것과 없는 것의 차이가 있다는 것을 강조하는 말이라 할 수 있다.

덤블도어 교수는 소망이 지닌 위험성, 즉 꿈에 사로잡혀서 현재를 놓치는 것을 경계하며 거울을 다른 곳으로 옮긴다. 그런데 <해리 포터와 마법사의 돌>에서는 이야기가 진행되면서 소망의 거울이 다시 등장한다. 그것도 무척 아이러니하게도 아주 중요한 순간인 마법사의 돌을 얻기 위한 마지막 관문에서다. 그곳에는 해리의 예상과는 달리 말더듬이 퀴렐 교수가 볼드몰트의 얼굴을 뒤통수에 감춘 채 먼저 도착하여 소망의 거울 앞에서 마법사의 돌을 얻고자 애를 태우고 있었다. 약해 보이기만 하는 퀴렐 교수의 뒤통수가 볼드몰트라는 설정은 무척 흥미롭다. 이것은 지정이 앞에서 이미 말한 현실과도 부합하는데 아무리 양순한 인간이라 해도 마음에는 늘 간음, 탐적, 위화의 마음이 공존할 수밖에 없다는 것을 시각적으로 보여주는 것이라 하겠다.

아무튼 퀴렐은 거울 속에서 마법사의 돌을 지닌 자신의 모습을 볼 수는 있었지만 현실에서는 그것을 소유할 방법이 없어 어쩔 줄 몰라 하고 있다. 그러다 뒤늦게 도착한 해리를 거울 앞에 세우며 보이는 것을 말하게 한다.

해리는 마법사의 돌을 바지 주머니 속으로 집어넣는 자신의 모습을 거울을 통해 본다. 동시에 현실 속의 자기 주머니도 불룩해지는 것을 알게 되지만 퀴렐 교수에게 끝까지 거짓말을 말한다. 결국 볼드몰트가 직접 모습을 드러내고 해리에게 그 돌을 이용하여 자신에게는 약간의 대가만을 나누어 주고 함께 부모를 살려 내자고 제안한다. 하지만 해리는 볼드몰트의 제안을 거절한다. 부모를 살려내고픈 소망은 간절한 것이긴 하지만 현실의 조건을 고려할 때 적절하지는 않은 것임을 이미 알았기 때문이었다. 결국 해리는 볼트몰트를 몰아내게 되고 덤블도어 선생이 해리를 찾아와서 마법사의 돌을 찾기만 할뿐 사용하지 않을 사람만 얻을 수 있도록 만들어 두었는데 해리가 그것을 해냈다며 칭찬을 해 준다.

덤블도어 교수는 꿈에 사로잡혀 살지 말라며 치워 버렸던 소망의 거울을 마법사의 돌을 찾는 마지막 관문에 옮겨두었던 것이다. 이것은 무엇을 의미할까? 다루는 방식에 따라 소망은 위험한 것도 될 수 있지만 아주 중요한 것임에 틀림이 없다는 것을 보여주는 것이리라. 즉 소망에 사로잡혀 살지 말라는 것이 소망을 심판하고 경계하며 아주 없애 버리라는 말은 아니라는 것이다. 소망이 없다면 현실은 답답하고 막막해져 다람쥐 쳇바퀴처럼 변화 없이 제자리를 맴돌게 될 뿐이다.

지금까지 활불의 오색거울과 소망의 거울을 비교하면서 그것이 제기하는 문제와 처리 방식에 관해 살펴보았다. 이것을 간략히 정리해 보면 다음과 같은 결론을 얻을 수 있겠다.

첫째, 활불의 오색 거울에서 살펴본 것처럼 마음을 비추는 거울 앞에서 다른 이들의 시선을 의식하면 자신의 소망에 두려움을 느끼게 된다.

둘째, 해리 포터의 소망의 거울에서 본 것처럼 소망은 절대적으로 선하거나 악한 것은 없다. 단지 적절한 시기인가 기다려야 할 때 인가 하는 차이가 있을 뿐이다. 그 적절성은 현실 조건에 의해 결정된다.

셋째, 적당하지 않은 때 꿈에 사로잡히면 몽상가가 되고 만다.

넷째, 꿈꾸어야 할 때 소망을 버리면 현실의 노예가 되고 말 것이다.

두 개의 예물 목도리

김 종 철*

1. 〈찰십륜포(札什倫布)〉[1]

판첸에르디니[班禪額爾德尼]를 타시룸포[札什倫布]에서 보았다. 타시룸포란 큰스님이 거처하는 곳이라는 티베트 말이다. (…)

라마(喇嘛) 수천 명이 문이 메도록 몰려서 북적댔는데, 모두 붉은 선의(禪衣)를 끌며 누른 좌계관(左髻冠)을 쓰고 팔뚝이 드러나고 맨발이었다. 그들의 얼굴은 모두 도끼로 깎아낸 듯 검붉고, 코는 높고 눈은 오목하며, 턱이 넓고 수염은 곱슬곱슬한데, 손과 발에는 쇠고리를 차고 머리는 깎았다. 귀에는 금고리를 달고 팔뚝에는 용무늬 문신을 했다.

전각 안 북쪽 벽 아래의 침향(沈香)으로 만든 연꽃 모양의 탁자는 어깨에 닿을 정도로 높고 그 위에 판첸이 남쪽을 향해 가부좌를 하고 앉아 있었다. 머리에는 누런 색 파루[2]로 만든 관을 썼는데, 말갈기 같은 털이 달렸

* 서울대학교 국어교육과 교수

1) 원문 번역은 이가원 번역의 『열하일기』(민문고, 1989)와 리상호 번역의 『열하일기』(국립출판사, 1956)의 해당 부분을 참고하여 다시 번역했다.

고 모양은 가죽신 비슷하고 높이는 두 자 남짓하다. 금실로 짠 선의(禪衣)를 입었는데 소매 없이 왼쪽 어깨에 걸쳐서 온몸을 감쌌다. 오른편 옷섶 겨드랑이 밑으로 오른 팔뚝이 드러났는데 크고 길어서 넓적다리만 하고 금빛이 났다. 얼굴빛은 싯누렇고, 머리 둘레는 예닐곱 뼘이나 되고, 수염은 난 흔적도 없으며, 코는 쓸개를 떼어 달아놓은 듯하고, 눈썹은 여러 치나 되고, 눈자위는 흰데 눈동자 테가 겹으로 되어 음침하고 컴컴해 보였다.

왼쪽에 낮은 상이 두 개 있고 몽고 왕(蒙古王) 둘이 무릎을 나란히 하여 앉았다. 얼굴은 모두 검붉은데, 한 명은 코가 뾰족하고 이마가 불거지고 수염이 없으며, 한 명은 얼굴이 깎은 듯하고 수염은 꼬불꼬불하고 누런 옷을 입었다. 서로 보면서 머리를 주억대며 말하다가 다시 머리를 들고는 무엇을 듣는 듯했다. 라마 둘이 오른편에서 모시고 섰고, 군기대신(軍機大臣)은 라마 아래에 서 있다. 군기대신이 황제(皇帝)를 모실 적에는 누른 옷을 입었는데 판첸을 모실 때는 라마의 옷으로 갈아입었다.

내가 햇빛에 번쩍이는 황금빛 기와를 보다가 막 전각 속에 들어와 보니 집 안은 컴컴하고, 판첸이 입은 것은 모두 금실로 짰으므로 살갗은 샛노랗게 되어 마치 황달병 걸린 사람 같았다. 대체로 누런 금빛으로 뚱뚱 부어터질 듯 꿈틀거리고, 살은 많고 뼈는 적어서 맑고 영특한 기운이 없으니, 비록 까마득히 높이 앉아 온 방을 그득 채웠으나 위엄은 볼 수 없고, 홍몽(鴻濛)한 것이 수신(水神)과 북해 신(北海神)의 그림 같았다.

황제가 내무관(內務官)을 보내 조서를 전달하는데, 오색 능단(綾緞) 한 필을 폐백으로 판첸을 보게 한다. 내무관은 직접 비단을 세 단으로 나누어서 하나를 우리 사신(使臣)에게 주는데, 이를 카타[哈達][3]이라 한다. 대개 판첸은 자기 말로 그 전신(前身)이 파스파[巴思八][4]라고 하고, 파스파는

---

2) 티베트에서 생산하는 양모직품.

3) 티베트 불교 의식에서 쓰이는 예물 목도리. 신도가 부처, 보살, 승려에게 바치거나 승려가 신도에게 준다.

4) 파스파(1235~1280): 티베트 불교 사카파의 라마승. 원나라 황제 쿠빌라이에 의해 제사(帝師)가 됨, 원나라의 공용문자인 파스파 문자를 제정했다.

그 어머니가 향내 나는 수건을 삼키고 낳았으므로 판첸을 보는 사람은 반드시 수건을 예물로 하여 보는 것이 예절로 되어 황제도 판첸을 볼 때마다 역시 누런 수건을 예물로 한다고 한다. 당초에 군기대신의 말로는 황제도 머리를 조아리고, 황제의 여섯 째 아들도 머리를 조아리고, 부마(駙馬)도 머리를 조아리니 이번 사신도 응당 가서 머리를 조아려야 한다고 했다. 사신은 이미 아침에 예부(禮部)와 다투기를,

"머리를 조아리는 예는 천자에게나 하는 것인데, 이제 어떻게 천자를 공경하는 예를 서번(西番) 승려에게 한단 말이오?"

했다. 항의가 끊이지 않자, 예부에서 말하기를,

"황상께서 스승의 예로 대우하는 터이고, 사신이 황제의 조서를 받든 한에는 같은 예로 하는 것이 마땅하다."

고 하였다. 사신이 그러한 예로 가 보지 않겠다고 견결한 자세로 강하게 다투니, 상서(尙書) 떠빠오[德保][5]가 화가 나서 모자를 벗어 땅에 던지고 캉 바닥 위에 몸을 던져 누워서는 소리를 지르기를,

"빨리 가, 빨리 가."

하며 사신에게 나가라고 손을 내저은 일이 있었다.

지금 군기대신이 무슨 말을 하는데 사신은 못 들은 것 같고, 제독(提督)이 사신을 인도하여 판첸 앞에 이르렀다. 군기대신이 두 손으로 수건을 받들고 서서 사신에게 건넨다. 사신이 수건을 받아 머리를 들고 판첸에게 준다. 판첸은 앉아서 받는데 거의 움직이지 않고 수건을 무릎 앞에 놓으니, 수건이 탁자 아래까지 드리워졌다. 수건 받기를 마친 다음 판첸이 수건을 군기대신에게 주니 군기대신이 받들고 판첸의 오른편에 모시고 섰다. 사신이 그 다음에 막 돌아서려는데 군기대신이 니아오링푸[烏林哺][6]에게 눈짓하여 말리게 한다. 이는 대개 사신에게 예를 행하게 하려는 것인데 사신은 이를 알아차리지 못하고 머뭇머뭇 물러서서 몽고 왕 아래 검은 비단에

5) 만주족 상서의 이름.
6) 청나라의 통역관.

수를 놓은 요 위에 앉았다. 앉을 때 약간 몸을 굽히고 소매를 들었다가 이내 앉으니 군기대신의 얼굴빛이 황급하였으나 사신이 벌써 앉아버렸으니 어쩔 수가 없는지라 아예 못 본 척 하였다. 제독은 수건을 나누어 받을 때 남은 게 한 자 남짓하였는데 이를 바칠 때 머리를 아주 공손히 조아렸고, 니아오링푸 이하 모두 공손히 머리를 조아렸다.

차를 몇 순 돌린 뒤 판첸이 소리를 내어 사신이 온 까닭을 물었다. 말소리가 전각을 울려 독 속에서 소리를 지르는 것 같았다. 판첸은 미소를 띠며 고개를 숙여 좌우를 두루 돌아보더니 미간을 찡그리는데, 눈동자가 반쯤 속눈썹 사이에서 드러나면서 가늘게 뜨고 속으로 굴리는 것이 시력이 나쁜 사람 같았다. 눈자위는 더 희어지고 흐릿하여 더욱 정채가 없어 보였다. 라마가 판첸의 말을 받아서 몽고 왕에게 전하니 몽고 왕은 군기대신에게 전하고 군기대신이 니아오링푸에게 전하고 니아오링푸는 우리 역관(譯官)에게 전하니 이는 대체 오중(五重) 통역이다. 상판사(上判事) 조달동(趙達東)이 일어나 팔뚝을 뽐내며,

"만고에 흉한 사람 같으니! 결코 옳은 죽음을 할 리가 없어."

하기에, 내가 눈짓을 했다.

라마 수십 명이 붉고 푸른 티베트 양모직과 붉은 탄자와 티베트 향과 작은 금불상 등을 메고 와 등급대로 나누어주는데, 군기대신이 받들고 있던 수건으로 불상을 쌌다. 사신은 그 다음에 일어서서 나왔다. 군기대신은 판첸이 하사한 물품들을 다 펴 보고 목록을 적어 황제에게 아뢰기 위해 말을 달려갔다. 사신은 문을 나와 오륙십 보쯤 가서 절벽을 등지고 소나무 그늘 아래 모래 위에 둘러앉아 밥을 먹으며 의논하기를,

"우리가 서번 승려를 볼 적에 예절이 자못 소홀하고 거만해서 예부(禮部)의 지도대로 못했으니, 그는 곧 만승천자의 스승인지라 앞으로 우리에게 이해득실(利害得失)이 없을 수 없을 것이다. 그가 준 물건을 물리친다면 불공하다 할 것이요, 받자니 또 명색이 없는 일인즉 장차 어찌하면 좋을꼬?"

하였다. (…)

이 때, 티베트인, 한인(漢人) 할 것 없이 구경꾼이 담처럼 둘러싸서 군뢰들이 몽둥이를 휘둘러 쫓았으나 흩어졌다가 다시 모여들었다. 그 중에는 모자에 수정 구슬을 달거나 푸른 깃을 꽂은 궁중의 근신(近臣)들이 섞여서서 염탐하고 있는 것도 모르고 있었다. 영돌(永突)이가 큰 소리로 나를 불러,

"사신께서 좋지 않은 기색으로 바깥에 오랫동안 나앉아서 잘잘못을 의논하며 수군대시는 것이 저 사람들에게 공연히 의심을 사지 않겠습니까?" 한다. 내가 돌아다보니, 전에 황제의 조서를 전하던 쑤링[素林]이 내 등 뒤에 서 있다. 쑤링은 퍼뜩 사람들 속에서 빠져나와 말에 올라서는 달려간다. 무리들 중에서 두 사람이 또 말에 올라 달려가는데 살펴보니 모두 젊은 환관들이다. (…)

사신과 역관들은 이 자들이 와서 염탐한 것을 비로소 깨달았다. 판첸에게 받은 불상도 미처 처치하지 못해서 자리를 파하고 돌아가지도 못하고 모두 묵묵히 앉아 있는 판인데, 황제가 어원(御苑)에서 매화포(梅花砲[7])를 놓고 사신을 불러 보게 한다.

전각은 처마가 겹으로 되었고, 뜰에는 누른 장막을 쳤으며, 전각 위에는 해와 달, 용과 봉을 그린 병풍이 펼쳐졌고, 황제를 상징하는 병풍이 매우 삼엄하게 펼쳐져 있었다. 천 명이나 되는 관원들이 순서대로 도열했을 때, 판첸이 홀로 먼저 와서 탁자 위에 앉았다. 일품(一品) 보국공(輔國公)들과 조정의 고관들이 많이들 탁자 아래로 나아가서 모자를 벗고 머리를 조아렸다. 판첸이 모두 직접 손으로 이마를 한번 씩 만져주자 일어나 나가면서 다른 사람들에게 자랑스러운 표정을 지었다.

한참 뒤 천자가 누런빛 작은 가마를 타고 오는데 다만 칼을 찬 시위(侍衛) 대여섯 쌍이 가마를 인도한다. 고취(鼓吹)는 통소 한 쌍, 젓대 한 쌍,

7) 『열하일기』의 <매화포기(梅花砲記)>에 자세히 묘사되었다.

징 한 쌍, 금, 슬, 생황, 비파, 호드기, 구라파 철금(鐵琴) 두어 짝, 단판(檀板) 한 쌍이요, 의장(儀仗) 없이 따르는 자가 백여 명쯤 되었다. 황제가 탄 가마가 이르자, 판첸이 천천히 일어나 발을 몇 걸음 옮겨 탁자 위에 서서 동편으로 향해 즐거운 빛으로 웃는 얼굴을 짓는다. 황제는 탁자에서 네댓 칸 떨어진 데서 가마에서 내려 빨리 쫓아가서 두 손으로 판첸의 손을 잡고 서로 흔들면서 마주 보고 웃으면서 이야기를 한다. 황제는 붉은 실로 짠 갓 꼭지가 없는 모자에, 검정 옷을 입고, 금실로 짠 두터운 방석 위에 평좌(平坐)로 앉고, 판첸은 금으로 된 갓을 쓰고 누런 옷을 입고 금실로 짠 두터운 방석 위에 가부좌를 하고 조금 동쪽으로 앉았다. 한 탁자 위에 둘이 앉은 방석은 무릎이 닿을 듯 맞붙었다. 자주 몸을 기울여 서로 말을 하는데, 말을 할 때는 반드시 서로 웃음을 띠고 즐거워하는 기색을 보였다.

자주 차를 올리는데, 호부상서 허션[和珅]은 천자에게 올리고, 호부시랑 푸장안[福長安]은 판첸에게 올렸다. 푸장안은 병부상서 푸룽안[福隆安]의 아우로서 허션과 함께 시중을 들어 귀한 품이 조정을 울린다. 날이 저물고서야 황제가 일어서니 판첸도 일어서서 황제와 함께 마주서서 둘이 서로 한참 악수하고 있다가 등을 지고 헤어져 탁자에서 내려섰다. 황제는 안으로 들어가는데 나올 적의 의장(儀仗)대로 하고, 판첸은 황금빛 덮개의 교자를 타고 타시룸포로 돌아갔다.

2. 연암 박지원이 본 판첸 라마

연암이 자신의 중국 여행기를 『열하일기(熱河日記)』라 한 것은 그때까지 중국에 파견된 조선의 사신들은 열하까지 다녀온 경우가 없었기 때문이었다. 그만큼 열하 여행은 그 자체로 희귀한 체험이었는데, 이 열하 여행에서도 단연 이채를 띠는 것은 티베트에서 온 판첸 라마를 본 일이었다. 연암은 판첸 라마와 황교(黃敎)에 대해 자세하게 기록했는데, 그 기록은 그 자체만으로도 의의 있는 것이다. 앞에 인용한 부분에서 판첸 라마가 청나라 고위 관리들의 절을 받고 축복해주는 장면은 현재 중국의 티베트연구에도 유용한 자료로 이용되고 있음[8]이 이를 잘 말해준다.

연암이 판첸 라마를 보게 된 계기는 건륭제(乾隆帝)가 자신의 생일을 축하하러 북경을 거쳐 열하까지 온 조선 사신으로 하여금 타시룸포[札什倫布] 사원에 머물고 있는 판첸 라마를 알현하게 했기 때문이었다. 앞의 인용에서는 생략했으나 연암은 타시룸포 사원의 위치와 모습을 자세히 묘사한 다음 그 사원 안에 들어앉은 판첸 라마를 집중적으로 묘사한다. 건륭제의 명령으로 판첸 라마를 직접 만나야 하는 정사(正使) 박명원(朴明源)으로서는 인용문에서처럼 외교적 의전(儀典)을 어떻게 해야 할 것인가가 가장 큰 고심이었으나 연암으로서는 판첸 라마의 정체가 주 관심사였다.

앞의 인용 대목을 이해하는 데는 많은 참고 자료가 필요하다. 이 대목의 주인공인 판첸 라마는 누구며, 건륭제는 왜 그를 우대하며, 또 조선 사신으로 하여금 알현하게 만든 것일까? 판첸 라마는 왜 열하까지 왔으며, 또 우리 사신은 왜 의전에 대해 그렇게 강경한 태도를 취했는가?

먼저 이 상황을 마주한 연암의 태도와 관심사부터 정리해 둘 필요가 있다. 『열하일기』의 <태학유관록>에 따르면 1780년 8월 10일(음력)에 청나라의 군기대신이 황제의 명이라며 우리 사신에게 판첸 라마를 가보라고 하자 사신은 중국 사람은 만나도 무방하나 중국 아닌 외국과는 함부로 사귀지 않는 것이 조선의 법이라면 거절한다. 군기대신이 다시 와서 황제의 명령을 거듭 전달하며, 판첸 라마는 중국 사람과 마찬 가지니 가서 보라고 강요한다. 우리 사신은 티베트는 중국이 아니므로 중국이 아닌 다른 나라와는 함부로 사귀지 않는다고 했는데, 청나라는 역으로 티베트도 중국이므로 무방하다는 논리로 제압하려 하고 있다. 우리는 티베트를 독립 국가로 보고, 중국은 아니라고 하는 것인데, 이 인식의 차이는 오늘날 티베트

---

8) 張羽新, "乾隆與喇嘛教", 淸代前期西部邊政史論(黑龍江敎育出版社, 1994) 164면.

에 대한 인식의 차이로 연결되고 있다. 어쨌든 건륭제의 요구는 우리 사절단에게는 난감한 일이었는데, 정작 연암은 이를 절호의 기회로 받아들인다. 즉 연암은 우리 사신이 이에 대해 건륭제에게 상소하여 거절한다면 그 의로움이 천하에 빛나게 될 것이고, 우리 사신의 거절에 대해 중국은 군대를 출동시켜 조선을 공격하기보다는 사신을 중국의 운남(雲南)이나 귀주(貴州) 지방으로 유배 보낼 가능성이 높고, 그렇게 되면 사신의 비공식 수행원으로 따라온 자신은 자유의 몸이 되어 서촉(西蜀), 강남(江南)은 물론 광동(廣東), 안남(安南)까지 돌아볼 수 있을 것이니 얼마나 절호의 기회냐며 하인에게 술을 사오라고 하여 자축의 술까지 마셨던 것이다. 이 어린아이 같은 속셈은 물론 실현되지 않았지만 이처럼 중국을 샅샅이 탐색하겠다는 의지와 태도가 앞에 인용한 판첸 라마에 대한 세밀한 관찰로 이어졌던 것이다.

연암은 『열하일기』 곳곳에서 판첸 라마와 티베트 불교 및 중국의 티베트 정책에 대해 언급하고 있고, 또 우리 사신이 판첸 라마를 만난 대목과 관련한 보충 자료를 확보하고 있다. <태학유관록(太學留館錄)>에서는 열하에서 판첸 라마를 만난 과정을 일기 형식으로 기록하고 있고, <타시룸포(札什倫布)>, <판첸 시말(班禪始末)>, <황교문답(黃教問答)> 등에서는 판첸 라마와 티베트 불교(황교는 구체적으로 티베트 불교 중 황모파, 즉 겔룩파를 말함)에 대해 본격적으로 탐색했으며, <행재잡록(行在雜錄)>에 수록된 <행재잡록서(行在雜錄序)>, <반선사후지(班禪事後識)>, <동불사후지(銅佛事後識)>, <행재잡록후지(行在雜錄後識)>에서는 우리 사신이 판첸 라마를 만난 전후 사실을 중국 측 공문과 대조하여 기록함으로써 사신이 귀국한 뒤 국내에서 이 일로 제기될 가능성이 있는 문제에 대비하고 나아가 장차 중국과의 외교에서 갖추어야 할 바를 제시하고 있다. 그리고 <심세편(審勢篇)>에서는 중국을 지배하는 만주족이 중국 국내는 물론 티베트를 비롯한 인접 국가들을 어떻게 제어하는지를 집중 고찰하고 있다.

이렇게 보면 연암은 판첸 라마는 물론 티베트 불교와 중국의 티베트 정책에 지대한 관심을 가졌음을 알 수 있다. 실제 그가 왕성(王晟), 경순미(敬旬彌), 윤가전(尹嘉銓), 왕민호(王民皥), 기풍액(奇豐額), 학성(郝成) 등 북경과 열하에 만난 인물들을 상대로 집요하게 이 점들을 탐문했음을 <태학유관록>이나 <황교문답> 등에서 확인할 수 있다. 그런데 그는 정작 우리 사신이 판첸 라마를 만나는 장면은 보지 못할 뻔했다. 8월 11일[9]에 우리 사신이 황제를 알현하고 나오는데 황제가 판첸 라마를 만나라고 하여 사신은 그 길로 타시룸포로 갔고, 그 때 연암은 피서산장 밖 시내 구경을 하고는 왕민호를 만나 시집을 읽고 있다가, 늦게야 소식을 듣고 허겁지겁 쫓아가 겨우 목격할 수 있었던 것이다. 그 때 본 타시룸포 사원의 장관, 판첸 라마의 모습, 판첸 라마와 우리 사신이 만나는 과정, 만남 이후의 우리 사절단의 구수회의, 황제가 판첸 라마를 위해 베푼 연회 장면 등을 기록한 것이 <타시룸포>인 것이다.

그렇다면 <타시룸포>란 무엇인가? 열하의 타시룸포 사원은 건륭제의 칠순 생일을 축하하기 위해 티베트에서 열하까지 온 판첸 라마를 위해 1780년에 지은 것인데, 그것은 티베트에서 두 번째로 큰 도시 시가체[日喀則]에 있는 타시룸포 사원을 본떠 만든 것이다. '타시룸포'는 티베트 말로 그 뜻은 '수미복수(須彌福壽)'이다. 그래서 열하, 곧 현재의 청더[承德]에 있는 타시룸포는 수미복수지묘(須彌福壽之廟)로 불리고 있다. 시가체의 타시룸포는 티베트 불교 겔룩파, 즉 황모파(黃帽派)의 창시자인 총카파의 제자로서 뒤에 제 1대 달라이 라마로 추인된 겐뒨 둡빠가 1447년에 세운 것으로 겔룩파의 4대 사찰의 하나이다. 판첸 라마는 이 절에 주석(駐錫)하면서 티베트 후장(後藏) 지역을 종교와 정치 양면에서 이끌었던 것이다. 그래서 이 절은 달라이 라마가 주석하면서 티베트 전장(前藏) 지역을 종교적, 정치적으로 지배해 온 라싸의 포탈라 궁에 버금가는 절이다. 특히 건륭제(乾隆帝)는 1780년과 1781년에 연이어 편액을 내렸으며, 1783년에도

9) <행재잡록서>에 인용된, 청나라 예부가 천자에게 올린 보고서에는 8월 12일로 되어 있다.

건물을 새로 짓고 편액을 내리는 등 이 절을 정치적으로 중시했다.[10]

'판첸[班禪]'은 산스크리트어와 티베트어의 합성으로 '정통오명자(精通五明者)', 즉 '대학자(大學者)'의 뜻이다. 판[班: '班智達'의 준말]은 산스크리트어로 '학자'라는 뜻이며, 첸[禪]은 티베트어로 '크다'는 뜻이다. 파스파가 1269년 원나라로부터 봉호를 받을 때 그 봉호 속에 '班智達'이 쓰인 적이 있다. '판첸[班禪]'은 겔룩파의 창시자 총카파[宗喀巴]의 제자로서 타시룸포 사원을 창건했고, 뒤에 제 1대 달라이 라마로 추인된 겐뒨 둡빠가 당시 경쟁 관계에 있던 다른 교파의 대학승(大學僧)과 논쟁을 벌여 승리한 후 얻게 된 칭호로서 그 뒤 타시룸포 사원의 주석 라마에게 세습되었다. 그 뒤 판첸 라마의 정치적 지위를 높이기 위해 몽골 부족의 수령 쿠시칸[固始汗]이 1645년에 타시룸포의 제 4세 판첸 라마에게 '班禪博克多'라는 존호(尊號)를 주었다. '博克多'는 몽골어로 '대성인(大聖人)'의 뜻이다. 그런 뒤 1713년 청(淸)나라 강희제(康熙帝)가 제 5세 판첸 라마를 '판첸에르디니[班禪額爾德尼]'로 책봉했는데, '에르디니[額爾德尼]'는 만주어로 그 뜻은 '보패(寶貝)'이다.[11] 이때부터 청(淸)과 중화민국 정부는 타시룸포의 판첸 라마를 이 명칭으로 책봉해왔다.

연암이 본 판첸 라마는 제 6세 판첸 에르디니로 1738년 티베트의 후장(後藏)에서 태어났다. 1740년 제 5세 판첸의 전세(轉世) 영동(靈童)으로 인정되어 제 7세 달라이 라마로부터 '로쌍뻬덴예셰[羅桑丹巴益喜]'[12]라는 법명을 받았다. 1744년 사미계를 받았고, 1749년 포탈라로 가서 7세 달라이 라마를 스승으로 삼아 불경을 공부했고, 1757년 비구계를 받았다. 이 해에 7세 달라이 라마가 입적하여 1760년 7세 달라이 라마의 전세 영동(靈童)을 확인했고, 1761년 제 8세 달라이 라마의 법명을 지어주었다.[13] 1765년 8세

---

10) 曹自强 외 편저, 西藏的寺廟和僧侶(中國藏學出版社, 1995), 23~24면 참조.

11) 江平 외, 班禪額爾德尼評傳(中國藏學出版社, 1998), 4면 및 黃崇文, 歷代班禪與雍和宮(民族出版社, 2004), 1~3면 참조

12) '羅桑丹巴益西'로 표기되기도 한다.

13) '로상 잠펠 갸초[羅桑强白嘉措]'이다.

달라이 라마에게 사미계를 주었고, 이로써 제 6세 판첸 라마는 제 8세 달라이 라마의 스승이 되었다. 1766년 청나라 건륭제로부터 제 6세 '판첸에르디니[班禪額爾德尼]'로 책봉되었다.[14] 제 6세 판첸 라마는 1779년 6월 17일 건륭제의 70회 생일 축하하러 시가체의 타시룸포를 떠나 청해(靑海), 감숙(甘肅), 내몽고(內蒙古) 등을 거쳐 그 다음 해인 1780년 7월 21일에 열하에 도착했다. 이후 열하에 머무르다 9월 2일 북경에 도착하여 활동하다 '천화(天花)'로 불리는 급성전염병에 걸려 10월 26일 북경 서황사(西黃寺)에서 입적한다. 그 때 나이 43세였다. 그 뒤 1781년 2월 13일 그 유해가 티베트 타시룸포로 돌아갔다.[15]

판첸 라마의 중국 방문은 제 5세 달라이 라마가 청나라 순치제(順治帝)의 초청으로 북경을 방문한 이후 티베트와의 관계에서는 가장 큰 사건이어서 청나라의 각별한 대접을 받았다. 건륭제는 여섯 번째 황자(皇子)를 보내 중도에 맞이하게 하였고, 열하에 타시룸포 사원을 세웠을 뿐만 아니라 북경에 있는 티베트 불교 사원인 옹화궁(雍和宮)에 반선루(班禪樓)와 계대루(戒台樓)를 새로 세웠으며, 북경의 서쪽 교외엔 종경대소지묘(宗鏡大昭之廟)를 세웠고, 남쪽에 있는 덕수사(德修寺)를 중수했고, 북쪽엔 서황사(西黃寺)를 다시 세워 판첸이 북경에서 활동할 때 머무를 수 있게 했다.[16] 또 모든 의식 절차에서는 대신(大臣)의 위에 처하도록 했다.

판첸 라마의 이 방문을 청나라는 판첸 라마가 스스로 축하하러 왔다고 하였으나 실상은 청나라가 초청한 것이었다. 건륭제는 이 이전부터 판첸 라마의 중국 방문을 추진해왔었는데, 자신의 생일을 맞아 이루어진 판첸 라마의 방문을 그 스스로 축하하러 온 것으로 공식화하여 이 방문을 태평성세의 상징으로 활용하고자 했던 것이다. 그러나 판첸 라마의 중국 방문

---

14) 이상은 江平 외, 앞의 책, 25~26면 참조.
15) 6세 판첸 라마의 여행 과정은 車明懷 · 李學琴 편저, 天朝籌藏錄(西藏人民出版社, 1996), 222~247면에 자세하다.
16) 黃崇文, 앞의 책, 18면 참조

이 이루어진 데에는 이 보다 더 중요한 이유가 있었다. 청으로서는 전통적으로 취해 온 티베트 정책, 나아가 티베트와 몽골 정책의 성공을 상징적으로 보여주는 것으로 달라이 라마나 판첸 라마의 방문을 활용하고자 한 것이었다. 청나라는 티베트와 몽골이 연합하거나 몽골이 강성해져서 티베트를 장악하는 것을 가장 두려운 상황으로 보고 있었고, 그래서 줄곧 지금의 청해 지역과 서장 지역에 군사적으로 개입하여 몽골 부족들을 제압하고, 몽골과 티베트가 정치·군사적으로 연대할 가능성을 차단해왔다. 그러면서 몽골과 티베트 사람들이 신봉하는 라마 불교를 숭상하고, 또 지원하여 그들의 신뢰를 얻는[17] 한편, 달라이 라마로 대표되는 승려 집단을 지원하면서 티베트 내의 토착 귀족들의 힘은 억압하는 분열 정책을 취해왔다. 판첸 라마의 중국 방문은 이러한 정책의 성과를 상징할 수 있는 것이었다. 한편 티베트로서는 변화하는 국제 정세에 어떻게 대처해야 하는가 하는 문제가 있었다. 즉 당시 영국 동인도 회사가 티베트의 영향 하에 있던 부탄을 공격하고 티베트에 통상을 요구해 왔는데, 동인도 회사는 티베트를 통해 청나라와도 통상을 할 심산이었다. 티베트로서는 청나라의 정치적, 군사적 개입도 큰 문제이지만 인도에 거점을 둔 영국으로 대표되는 서구 세력의 등장도 새로운 위기로 인식하지 않을 수 없었다. 판첸 라마는 동인도 회사의 통상 요구를 거절했으나 영국이 군대를 앞세워 침략해 올 경우를 대비하지 않을 수 없었던 것이다. 또 티베트를 통한 영국의 등장은 청나라로서도 심각하게 그 대처 방안을 강구하지 않을 수 없는 문제였고, 특히 티베트가 새로운 강자인 영국과 결탁하지 않고 청나라에 어떤 협조를 구하기 위해 판첸 라마가 건륭제의 생일 축하는 명분으로 방문하니 열렬히 환영하지 않을 수 없었던 것이다. 실제, 판첸 라마가 청나라로 갈 때 동인도회사도 그 일행 속에 자기 측 사람으로서 인도(印度) 탁발승 1명을 파견해 열하와 북경에까지 가게 했는데, 판첸의 급서(急逝)로 통상 문제 협

---

17) 우리 사신이 판첸을 만날 때 몽골 왕이 판첸 아래에 있었던 것이 이를 증명한다.

의가 제대로 되지 않고 말았던 것이다.[18] 연암이 직접 목격한 판첸 라마에 대한 건륭제의 환대에는 그러한 배경이 있었던 것이다.

판첸 라마를 알현하라는 황제의 명령에 우리 사신이 처음에 강경하게 맞서고, 판첸 라마와 우리 사신과의 만남을 청나라 측은 알현의 예를 갖추었다고 공식 문서에 기록했음에도 불구하고 연암은 그것이 사실과 다르다고 특별히 기록하고 있는 것은 사신 일행이 귀국한 뒤에 발생할 문제에 대비하기 위해서였다고 할 수 있다. 티베트 승려에게 머리를 굽혔다고 하는 것은 불교를 배척하는 유교 국가로서도 인정할 수 없는 일이거니와 만주족이 세운 청을 내심 인정하려 들지 않는 국내의 명분론 또한 염두에 두지 않을 수 없었던 것이다.

건륭제는 조선 사신으로 하여금 판첸 라마를 보게 하여 그가 판첸 라마를 극진히 우대함을 과시하려 했고, 조선 사신으로는 의전을 문제 삼아 국가의 외교적 권위를 유지하려 했다. 티베트 불교를 우대하여 몽골과 서역 및 티베트 지역에 대한 영향력을 유지하는데 동쪽의 인접국인 조선의 사신을 활용한 건륭제의 저의는 무엇이었을까? 또 의전 문제를 표면적 이유로 내세워 이에 대응한 조선 사절단의 당시 상황 인식은 무엇이었을까? 아마도 건륭제는 자신의 생일을 축하하러 온 조선의 사신으로 하여금 판첸 라마를 알현하게 하여 판첸 라마에 대한 자신의 예우가 극진함을 과시하는 일방 청나라가 동방의 조선도 잘 통제하고 있음을 판첸 라마에게 과시하려 했을 것이다. 당시 조선 사신이 이러한 건륭제의 저의를 파악하여 의전 문제를 들어 이에 맞서고, 어쩔 수 없이 만날 때에 고의로 알현의 예를 취하지 않은 것인지는 분명하지 않다. 그러나 판첸 라마를 만난 뒤 곧장 이 문제에 대해 구수회의를 한 것이 그럴 가능성을 보여주고 있다.

사실 건륭제가 조선 사신으로 하여금 판첸 라마를 만나게 한 것은 청나라로서는 어찌 보면 위험한 일이었다고 할 수 있다. 황제가 왜 티베트의

18) 車明懷 · 李學琴 편저, 앞의 책, 224면 참조.

불교 지도자를 우대하는가는 당연히 조선 사절단의 관심사가 될 수밖에 없는데, 사신으로 하여금 억지로 만나게까지 하고, 또 직접 황제가 판첸 라마를 만나는 장면까지 보게 했으니 그 의도에 대해 탐구하지 않을 수 없고, 탐구 결과에 따라서는 청나라를 둘러싼 국제 정세에 대한 중요한 정보를 획득할 수도 있었겠기 때문이다. 특히 판첸 라마가 황제와 대등한 예우를 받는 장면은 조선의 사절단에게는 충격적일 수도 있기 때문이다.[19] 연암이 이 상황을 놓치지 않고 깊이 탐구하고, 면밀하게 관찰한 것은 그러므로 당연한 일이었다.

연암은 열하에서 만난 인물들과 기회만 되면 판첸 라마와 티베트 불교를 화제로 하여 그것에 대한 정확한 정보를 파악하는 일방 청나라 지식인들의 견해와 시각을 탐색하고자 했다. 이를 통해 연암은 티베트와 몽골 민족이 숭상하는 티베트 불교를 숭상하여 몽골과 티베트를 통제하려는 청나라와 건륭제의 정책을 예리하게 파악해내었다. 그런데, 당시 연암의 질문을 받은 중국의 지식인들은 판첸 라마에 대해 언급하는 것을 극도로 꺼리고 있었으며, 황제가 티베트 불교를 숭상하는 문제에 대해 자신의 견해를 밝히기를 난감해하고 있었다. 말하자면 청나라 지식인 내부에서 이 문제에 대한 자유로운 논의가 불가능했던 것이다. 이 때문에 건륭제가 판첸 라마를 극진히 대우하고, 판첸 라마가 티베트에서 열하까지 온 데에 중국에 대한 서구의 위협이 개재해있음이 논의의 대상이 되지 못했던 것이다. 어쨌든 연암이 묘사한 열하의 타시룸포에서의 조선 사신과 판첸 라마의 만남은 조선과 티베트 사이의 최초의 국가 차원의 공식적인 만남이었다고 할 수 있다. 두 나라 사이의 주체적 외교 활동이 아니라 청나라의 의도에 의한 것이어서 두 나라 사이에 어떤 외교적 성과도 이루어지지 않았지만 그 역사적 장면은 연암의 관찰에 의해 기록으로 남게 되었다. 조선과 청나

19) 이 장면은 연암으로 하여금 중화주의적(中華主義的) 세계관에서 깨어나게 하는 하나의 계기가 되었을 수도 있다고 보기도 한다. 김명호, 열하일기연구(창작과비평사, 1990), 89면 참조.

라와 티베트 사이의 미묘한 국제적 관계가 타시룸포에서 청나라 측의 주재로 이루어진 조선과 티베트의 만남에서 전개된 의전 절차에서 잘 그려져 있는 것이다.[20]

3. 『티베트에서의 7년』 중 〈신년 접견〉[21]

초대받은 날 우리는 모피 외투를 입고 라사에서 구할 수 있는 것 중 가장 비싼 흰색 목도리를 구입했다. 승려와 유목민, 화려하게 옷을 차려입은 여인 등 가지각색의 사람들에 뒤섞여 포탈라 궁전으로 이어지는 돌계단을 걸어 올라갔다. 높이 올라갈수록 밑으로 내려다보이는 도시의 경관은 더욱 인상적이었다. 여기서 보니 아름다운 정원과 별장 같은 집들이 그 진가를 발휘했다. 우리는 사람들이 계속 돌리는 수많은 법륜을 지나 커다란 성문을 통과해 포탈라 궁전 안으로 들어섰다.

기이한 수호신들이 그려진 벽과 어두운 복도는 1층을 거쳐 정원으로 이어졌다. 약 8미터에서 10미터 가까이 되는 거대한 채광창이 정원까지 이어졌는데 담이 엄청나게 두껍다는 것을 알 수 있었다. 이 정원에서 가파른 사다리가 이삼 층 건물의 높이쯤 되는 옥상으로 연결되었다. 조심스럽게 한 사람씩 올라갔다. 모두들 옆 사람보다 조용히 하려고 애썼기 때문에 거인 같은 승려 군인들이 채찍질할 필요가 없었다. 옥상에는 벌써 사람들로 꽉 들어차 있었다. 모두들 신년에 살아 있는 부처의 개인적인 축복을 받으

---

20) 아울러 연암은 판첸 라마의 모습을 그려내면서 뭔가 건강하지 못한 것으로 보았는데, 얼마 안 되어 판첸 라마는 북경에서 '천화(天花)'로 불리는 급성전염병에 걸려 원적하고 말았다. 판첸 라마는 티베트에서 열하까지 엄청난 거리를 여행했기 때문에 건강이 좋지 않게 되었을 가능성은 충분히 있다. 이러한 제 6세 판첸 라마의 열하에서의 건강 상태 역시 연암의 관찰 속에 정확히 포착되었던 것이다.

21) 하인리히 하러, 박계수 옮김, <신년 접견>, 『티베트에서의 7년(2)』, 황금가지, 1998, 81~83면.

러 온 것이다.

옥상에는 황금빛 지붕을 한 작은 건물이 여러 채 서 있었는데 모두 달라이 라마의 거처였다. 승려를 선두로 해서 신도들이 긴 줄을 이루며 문으로 다가갔다. 문 앞에는 매일의 모임을 주관하는 승려 관리가 서 있었다. 우리는 곧 승려들 뒤에 줄을 섰다. 접견실에 들어섰을 때 우리는 많은 사람들의 머리 너머로 살아 있는 부처를 조금이라도 더 잘 보기 위해 목을 늘렸다. 달라이 라마도 라사의 화젯거리였던 이방인을 보기 위해 한순간 자신의 품위를 잊고 목을 길게 뺐다.

그는 가볍게 고개를 숙인 채 귀한 금사로 짜여진 보좌 위에 부처의 자세로 앉아 있었다. 그런 자세로 몇 시간 동안 지나가는 신도들을 축복해 줘야 했다. 보좌 밑에는 돈주머니와 비단 필, 흰색 목도리 수백 개가 산더미처럼 쌓여 있었다. 우리는 달라이 라마에게 목도리를 직접 바쳐서는 안 된다는 것을 알고 있었다. 그래서 주지 중 한 명에게 목도리를 넘겨주었다. 달라이 라마의 앞에 서게 되자 예절에 어긋나는 일인 줄 알면서도 그의 얼굴을 빤히 쳐다보지 않을 수 없었다. 호기심 가득한 소년의 얼굴은 맑고 아름다웠으며 승려들에게 하듯 축복해 주는 손으로 가볍게 내 머리를 눌렀다. 모든 일이 아주 빨리 진행되었다. 약간 낮은 곳에 위치한 섭정의 보좌 앞에 이르자 섭정도 우리에게 안수해 주었다. 주지 한 명이 붉은 부적 목도리를 우리 목에 걸어주면서 방석 위에 앉으라고 권했다. 쌀밥과 차가 차려져 나오자 우리는 관습에 따라 쌀밥 몇 알을 신에게 바치는 제물로 바닥에 뿌렸다.

우리는 구석에 조용히 앉아 주위에서 일어나는 일을 놀라운 눈으로 바라보았다. 수천 명의 사람들이 겸손하게 절을 하고 혀를 내민 모습으로 젊은 승왕의 축복을 받았다. 아주 기이한 광경이었다. 누구도 감히 눈을 들 생각을 하지 못했다. 달라이 라마는 이제 비단 술로 사람들을 조금 건드리는 것으로 승려와 우리에게 했던 안수를 대신했다. 여전히 긴 행렬이 문으로 밀려들어왔으며 작은 선물이라도 가져오지 않은 사람은 한 사람도 없었다. 낡은 목도리를 가져온 경우도 있지만 하인들에게 선물을 잔뜩 지우고 온 순례자도 있었다. (…)

선물보다 더 인상적인 것은 모든 사람들의 얼굴에 나타난 헌신의 표정이었다. 많은 사람들에게 있어 이 순간은 생애 최고의 순간일 것이다. 그들은 이 순간을 위해 수천 킬로미터를 순례해 왔으며 달라이 라마에게 복종하며 무조건 그를 숭배했다. 많은 사람들이 달라이 라마의 축복을 받기 위하여 몇 달 혹은 몇 년을 여행하면서 굶주림과 추위를 이겨냈다. 그러나 비단 술로 가볍게 건드리는 무의식적인 행동은 그런 큰 희생에 대해 너무 사소한 보상인 것처럼 느껴졌다. 하지만 승려 관리가 얇은 비단 목도리를 걸어줄 때면 모든 사람들의 얼굴은 행복으로 반짝였다. 사람들은 이 목도리를 일생 동안 보관했으며 부적함이나 주머니에 넣어 항상 가지고 다녔다. 사람들은 이 목도리가 모든 불행을 막아준다고 확신했다.

4. 달라이 라마와 판첸 라마

오스트리아 등산가로서 히말라야 등반에 나섰다가 영국군의 포로가 되고, 탈출하여 티베트에 들어온 하인리히 하러가 라싸의 포탈라 궁에서 처음 만난 달라이 라마의 모습이 앞의 인용문에 그려져 있다. 티베트 사람들의 절대적인 숭배와 그에 대한 믿음이 인상적으로 그려져 있다.

이 인용문에는 두 개의 호기심이 교차하고 있다. 하나는 서구에서 온 하인리히 하러의 달라이 라마에 대한 호기심이고, 다른 하나는 서구인에 대한 달라이 라마의 호기심이다. “달라이 라마도 라사의 화젯거리였던 이방인을 보기 위해 한순간 자신의 품위를 잊고 목을 길게 뺐다.”는 부분이 이를 잘 말해준다. 하러의 티베트 체험기를 영화화한 <티베트에서의 7년>에서도 제 14세 달라이 라마는 끝없는 호기심으로 망원경을 통해 외부 세계를 내다보는 소년으로 묘사되고 있다. 어린 아이로서의 호기심과 서구인의 관점에서는 폐쇄된, 또는 절연된 국가로 보이는 티베트 통치자의 외부에 대한 호기심을 강조하여 그것이 달라이 라마의 영화에 대한 관심으로 이어지고 결국은 중국의 지배로부터 티베트의 자유 추구로 이어지게 하는 설정인 셈이다. 이는 사실이면서도 동시에 서구인의 관점이기도 하다고 생각한다.

원작에서든 영화에서든 달라이 라마는 티베트 민중들에게 절대적인 존재로 인식되고 있는 것으로 그려져 있고, 동시에 중국에 의해 핍박 받는 존재로 그려져 있다. 그런데, 판첸 라마[22]는 그렇지 않다. 원작 <티베트의 7년> 중 '판첸 라마와 달라이 라마'[23]에서 하러는 타시룸포 사원을 둘러보고는 시가체 사람들이 중국군을 두려워하지 않는 사실을 기록하고 있다. 말하자면 판첸 라마가 달라이 라마에 비해 상대적으로 친중국 성향임을 말하고 있다.

역대 판첸 라마에 대한 현재 중국의 연구나 서술들도 판첸 라마를 티베트족과 한족의 단결과 애국주의라는 미명하게 일관되게 청나라와 그 이후의 중화인민공화국에 협조적이었다고 평가하고 있다.[24] 그러나 역대 판첸 라마가 진실로 그러했는지는 알 수 없다. 달라이 라마와 판첸 라마가 티베트를 나누어 통치했지만 판첸 라마의 영향력은 시가체 지역에 국한되었고, 판첸 라마가 달라이 라마를 대신하지 못했다. 중국은 황교(黃教)를 지원해 불교를 통해 티베트와 몽골 지역의 민심을 통제하고, 달라이 라마를 정점으로 한 법왕제를 지지하여 중국과 대립할 수 있는 티베트 귀족들의 권력를 억누르는 것을 원칙으로 하되, 달라이 라마의 전생(轉生)을 통한 후계자 계승 과정에서 일어날 수 있는 불안 요소를 판첸 라마를 매개로 없애려 했기 때문에 판첸 라마를 우대했던 것이다. 동시에 달라이 라마를 견제할 수 있는 발판으로 이용하려 들었기 때문에 역대 판첸 라마는 친중국적인

---

22) 하인리히 하러가 티베트에 갔을 때 판첸 라마는 제 10세 판첸 라마(1938~1989)이다.
23) 하인리히 하러, 박계수 옮김, 앞의 책(2), 220~222면.
24) 江平 외, 앞의 책이 대표적이다.

인물로 비쳐지지 않을 수 없었던 것이다. 연암이 만난 제 6세 판첸 라마가 열하까지 간 이유 중에는 아직 어린 나이의 제 8세 달라이 라마를 정치적으로 안정시키기 위한 목적도 있었으니 판첸 라마를 달라이 라마 측에서만 평가하거나 중국측 입장에서만 평가할 것은 아니다.

1906~1908년에 타시룸포를 방문해 제 9세 판첸 라마를 만났던 스웨덴의 탐험가 스벤 헤딘은 그의 『티베트 원정기』(1934)에서, 다음과 같이 제 6세 판첸 라마를 보고 있다.

> 1779년 건륭제(乾隆帝)는 그(6세 판첸 라마를 말함-인용자)를 수도로 초청하여, 승덕(承德)에 있는 여름 궁전에서 그에게 엄청난 서훈을 수여하며 환대했다. 그러나 이 대승정은 병을 얻어 북경의 옹화궁(雍和宮)에서 죽었다.[25] 겉으로 황제는 깊은 애도의 뜻을 표했지만, 그의 사망이 내심 반가웠다. 이 대승정은 인도 총독(영국의-인용자)과 협상을 벌였고, 황제는 그가 중국의 안보를 위협할지도 모르는 계획이 있는 게 아닌지 의심하고 있었다.[26]

건륭제가 제 6세 판첸 라마를 초청하여 지나치리만큼 라마교 숭상을 통해 회유하려 했다는 또다른 평가[27]도 있듯이 달라이 라마와 마찬 가지로 판첸 라마도 청이든 중국이든 사실상 회유의 대상이었다.

역사상 티베트는 원나라 이래 몽골과 청나라가 서로 그 영향력을 행사하려고 각축을 벌이던 곳이었다.[28] 몽골이 달라이 라마라는 칭호를 주고, 청나라가 판첸 에르디니라는 칭호를 준 것도 그 때문이며, 때로는 달라이

---

25) 옹화궁이 아니라 북경의 서황사에서 원적했다.
26) 스벤 헤딘, 윤준 · 이현숙 옮김, 『티베트 원정기』(학고재, 2006), 273면.
27) 야마구치 즈이호 · 야자키 쇼켄, 이호근 · 안영길 옮김, 티베트불교사(민족사, 1990), 175면 참조.
28) 야마구치 즈이호 · 야자키 쇼켄, 이호근 · 안영길 옮김, 같은 책, 제 1부 제 3장 "티베트 불교와 몽고 · 淸" 참조.

라마가 입적하여 새로운 달라이 라마를 옹립할 때 서로 유리한 위치를 확보하기 위해 각축을 벌인 것[29]도 그 때문이다. 그 뒤 청으로서는 티베트 불교를 이용하되 달라이 라마만 그 권력의 정점에 두는 것보다 그에 버금가는 판첸 라마를 우대하여 상호 경쟁하고 때로는 대립하게 하는 정책을 펴는 것이 유리하다고 판단했던 것이다. 실제로 근대에 와서 제 13세 달라이 라마와 제 9세 판첸 라마 사이에 알력이 생겨 판첸 라마가 중국으로 망명하기도 했다.

이 때문에 중국 측에서는 판첸 라마가 자신들에게 우호적이었다고 강조하고, 달라이 라마만 본 서구 쪽에서는 판첸 라마가 반 달라이 라마 성향, 또는 친중국 성향으로 평가하는 것은 가능한 일이다. 달라이 라마에 비해 판첸 라마의 정치적 성격은 이처럼 그 정체를 정확히 파악하기가 까다로운 것이다. 그러나 어떤 경우이든 티베트 자체의 관점에서 판첸 라마의 위상과 역할을 볼 필요가 있다.

5. 두 개의 목도리와 티베트 · 중국 · 한국

앞에서 인용한 연암의 글과 하인리히 하러의 글에서 우리는 두 개의 카타, 즉 예물 목도리를 보게 된다. 하나는 유학을 숭상하고 불교를 이단시하는 조선의 사신이 이민족의 풍습을 억지로 따라 하는데서 등장하는 예물 목도리이고, 다른 하나는 정말 신심과 정성에서 우러나온 예물로 등장하는 목도리이다.

이 두 목도리는 사실 연결될 수 있는 것인데 그렇지 못하다. 당시 청나라와 조선, 청나라와 티베트의 관계는 어느 정도 유사성이 있고, 국제 상

---

29) 제6대 달라이 라마에서 7대 달라이 라마로 넘어갈 때 몽골과 청나라 사이의 각축이 그것이다. 이 때 청이 승리하여 티베트에 대한 영향력이 증대하였다. 이에 대한 간명한 설명은 김호동, "라싸로 가는 길", 황하에서 천산까지(사계절, 1999) 참조.

황에 대한 정확한 인식과 감각이 있었다면 우리 사절단으로서는 오히려 적극적으로 판첸 라마 측과 만났어야 했다. 우리 사신이 판첸 라마와 만난 뒤 절 밖에서 의전 문제와 판첸 라마로부터 받은 불상의 처리 문제로 구수회의를 하고 있었을 때 청나라 측에서 이를 염탐한 것은 사실 조선과 티베트가 만난 뒤 어떤 일이 일어날 것인가를 알아보려 한 것이 아니었을까?

하여간 1780년 자신의 생일을 축하하러 간 우리 사절단에게 건륭제는 판첸 라마를 억지로 만나게 했다. 2006년 현재 인도에 망명 중인 제 14대 달라이 라마는 중국의 압력으로 한국이 비자를 발급하지 않아 한국에 올 수 없다. 이 두 사실은 중국이란 무엇인가라는 질문을 다시 하게 한다.

한 때는 억지로 만나게 했고, 지금은 억지로 만나지 못하게 외교적 압력을 가하고 있는 중국, 당시에는 국제 정세에 대한 전반적이고도 자세한 정보가 없는 상황에서 만났고, 지금은 다 알면서도 국가 차원에서는 만나는 것을 회피하고 하고 있는 한국, 한 때는 중국에 의해 지나친 우대를 받았지만 실상은 부당한 간섭을 당했다가 이제는 아예 주권을 상실하고 망명정부 상태인 티베트. 이 세 나라가 진정 우호적인 입장에서 예물 목도리 카타를 주고받을 수 있는 날이 올 수 있을까?

<추기> 나는 1999년 7월에 네팔의 카트만두에서 육로로 티베트의 라싸까지 여행한 적이 있다. 도중에 시가체[日喀則]에서 타시룸포 사원을 보았고, 라싸에서는 포탈라 궁을 보았다. 또 2001년 여름에 북경에서 출발하여 당일 유람으로 열하(熱河)에 들렀는데, 피서산장만 겨우 보고 타시룸포(즉 須彌福壽之廟)는 바라만 본 적이 있다. 이 두 여행 경험이 『열하일기』에서 <타시룸포>를 선택한 배경이다. 그러나 티베트의 타시룸포와 중국의 열하를 보았음에도 불구하고 나의 <타시룸포> 읽기는 시원치 않다. 여행은 했으나 실은 주마간산이었기 때문이다. 평소 돌보아주신 박기석 선생님의 회갑연에 이러한 무잡한 글로 끼어들게 되어 부끄러울 따름이다.

국제적 정세 변화에 따른 관계 설정의 역학

서 유 경*

1. 〈행재잡록(行在雜錄)〉 서(序)

아아, 명나라는 우리의 상국(上國)이다. 상국이 속국에게 주는 물건은 비록 터럭같이 작은 것이라도 하늘에서 떨어진 듯 그 영광이 전국을 움직이고 경사스러움이 만대를 전할 것이요, 따뜻한 말과 몇 줄 되는 편지를 받더라도 높기는 은하수 같고 놀랍기는 우레와 같으며 감격하기는 때를 맞추어 내리는 비와 같이 하는 것은 무슨 까닭일까? 그것은 상국이기 때문이다. 무엇을 상국이라 하느냐? 중국을 가리켜 하는 말이니, 우리 선왕(先王)들과 여러 조정에서 명(命)을 받은 바이기 때문이다. 그러므로 그 도읍인 연경(燕京)을 경사(京師)라 하고, 그 순행(巡幸)하는 곳을 행재(行在)라 하고, 우리나라 토산 물품을 바치는 것을 직공(職貢)이라 하고, 당시의 임금을 천자(天子)라 하고, 그 조정을 천조(天朝)라 하고, 사신이 그 조정에 가는 것을 조천(朝天)이라 하고, 그 나라 사신이 우리나라에 오는 것을 천

* 한국교육과정평가원

사(天使)라 하여 우리나라 부녀자고 어린이고 할 것 없이 상국을 말할 때는 언제나 하늘이라 일컬어 4백 년을 하루같이 하였으니, 대개 우리가 명나라의 은혜를 잊을 수 없기 때문이다. 옛날 왜인(倭人)이 우리 강토에 쳐들어왔을 때 신종황제(神宗皇帝)는 천하의 군사를 몰아 우리나라를 원조하여 자신의 사재까지 군비로 다 써 버려 가면서 우리의 삼도(三都 서울·개성·평양)를 회복하고 우리의 8로(路)[1]를 도로 찾아 주었기에, 우리 조종(祖宗)은 없어진 나라를 가지게 되었고 우리 백성들은 이마에 문양을 새기고 풀 옷을 입는 오랑캐의 풍속을 면하게 된 것이다. 그 은혜가 뼈에 사무쳐 만대에 길이 잊지 못할 것이니, 이것은 모두 상국의 은혜인 것이다.

지금의 청(淸)은 명(明)의 구신(舊臣)들을 어루만져 사해(四海)를 통일하고, 여러 대를 두고 우리나라에 은혜를 베풀어 왔다. 우리가 물건을 바치는데 금은 토산(土産)이 아니라 하여 이것을 그만두게 하고, 말이 작고 약하다 하여 이를 면제하고, 쌀·모시·종이·자리 같은 폐백도 해마다 그 수를 감하였으며, 몇 해 동안 칙사(勅使)를 내보낼 만한 일도 적당히 처리하여 칙사를 마중하고 보내는 폐단을 없애도록 하였다. 이번 우리나라 사신이 열하에 들어오자 특히 군기 대신(軍機大臣)을 보내서 맞게 하고, 조회를 할 때는 대신들의 반열 속에 서도록 명령을 내리고, 연극을 볼 때는 조정의 대신들과 나란히 하여 즐기도록 하며, 또 조서를 내려 정공(正貢) 이외에 별사(別使)가 바치는 방물(方物)은 아주 면제하게 하였으니, 이는 실로 세상에 없는 특전으로서 일찍이 명나라 시절에도 있어 보지 못한 것이다. 그러나 우리는 이런 특전을 우대해 주는 것으로 여길 뿐 은혜로 생각하지 않고, 걱정으로 여길 뿐 영화로 생각하지 않는 것은 무슨 까닭일까?

상국이 아니기 때문이다. 우리가 지금 황제가 있는 곳을 행재(行在)라 일컬어서 그 사실을 기록하지만 상국이라 이르지 않는 것은 무슨 까닭일

1) 당시 이조의 여덟으로 나눈 행정 구역.

까? 중국이 아니기 때문이다. 우리가 힘이 모자라서 저들에게 복종하고 보니 그들을 대국이라 하는 것이요, 대국이 능히 힘으로써 우리를 굴복하게 할 수는 있었으나 우리나라를 처음에 승인한 국가는 아니었다. 이제 그들이 준 여러 가지 우대와 공물을 감면해 주라는 명령은 대국으로서는 작은 것을 돌보아 주고 먼 곳을 회유하자는 정사에 불과하니, 비록 한 세대마다 한 번 공물을 없애주고 해마다 한 번 폐백을 면제해 주더라도 이는 우대일 뿐 우리가 말하는 은혜는 될 수 없다.

슬프다. 오랑캐의 성질은 깊은 골짜기와 같아서 만족할 줄 모르는 것이다. 가죽 폐백이 부족하면 개나 말을 받고, 개나 말이 부족하면 진주와 보옥을 받는 것이나, 지금은 그렇지 아니하여 사랑하고 이해하며 관대하고 용서해서 번거롭고 까다로운 것을 베풀지 않아도 어기거나 거절하는 것이 없으니, 바로 우리의 사대(事大)하는 정성이 족히 저들을 감동하게 하여 그들의 성질을 부드럽게 한 것이라 할 수 있다. 그러나 저들의 뜻 역시 하루도 우리를 잊지 않았을 것이다. 왜냐하면 저들이 중국에 산 지 백여 년에 아직 한 번도 자기 땅을 객지로 생각하지 않은 적이 없었고, 아직 한 번도 우리 동방을 이웃으로 생각하지 않은 적이 없었다. 오늘 같이 사해가 평화로운 시절에 와서 가만히 우리에게 친절을 베풀고 대우를 두텁게 하는 것은 그 덕을 팔고자 함이요, 인정을 맺는 것은 진실로 우리나라의 군비를 방심하게 하고자 함이다. 다른 날 자기 땅으로 돌아가 국경을 눌러 타고 앉아, 옛날 군신의 예로써 따져 주린 해에는 구제를 청하고 전쟁이 날 때에는 도움을 바란다면 어찌 오늘날의 구구한 종이나 자리 같은 공물을 면제해 주는 것이 딴 날에 견마(犬馬)와 진주와 보옥을 청하는 자료가 되지 않으리라 누가 보증할 것인가? 그러므로 가히 걱정거리가 될지언정 영화스러움이 되지는 않을 것이라는 게 이것이다.

지금 황제의 뜻이 꼭 그런 취지에서 나온 것이 아니라 하더라도, 우리 동방이 대국의 후한 대우를 받은 지 여러 해가 되었으니, 인심이 편안해져서 소홀하기가 쉬운 것이다. 나는 여기에 황제에게 올린 글과 칙유(勅諭)

를 아울러 기록하여 천하의 걱정거리를 먼저 걱정할 사람에게 주고자 하는 바이다.

2. 관계에 대한 사유와 역설적 표현의 묘미

'행재소'는 원래 임금이 궁궐을 떠나 지방을 다닐 때 임시로 머무르는 곳을 말한다. '행재잡록'은 박지원이 청나라 고종 시절의 행재소에서 듣고 본 바를 기록한 것이다. 위에서 본 <행재잡록서>는 행재소에서의 견문을 소개하는 글을 개관하면서 박지원이 청나라와 우리나라와의 관계에 대해 다루고 있다는 점에서 주목할 만하다.

당시 우리나라의 관료들이 명나라와 청나라를 사이에 두고 혼란스러워 했던 원인 중의 하나는 유교의 발원지라고 생각하고, 존대해야 한다고 여긴 명나라가 망해버리고 새로운 나라 즉 청나라가 중국을 지배하게 된 상황이다. 실상 중국이 명나라에서 청나라로 바뀐 상황에서 중국과 우리와의 관계 설정을 잘못하여 생긴 전쟁이 병자호란임을 떠올린다면, 이 문제가 당시의 우리나라 관료들에게 얼마나 중요한 문제였는지를 알 수 있다. 그 문제의 근원은 박지원도 지적하고 있듯이 다름 아니라 청나라는 중국의 한족이 아니라 오랑캐가 세운 나라라는 사실이다. 우리나라에서는 그때까지 명나라를 존주대의(尊周大義)를 명분으로 하여 상국으로 '하늘'처럼 대했었는데, 정통 중국의 후예가 아닌 오랑캐라고 무시하던 만주족이 중국의 황실을 차지한 현실은 당황스러울 수밖에 없었을 것이다.

이러한 상황에서 박지원은 중국과 우리와의 관계에 대해 냉철하면서도 현실적으로, 사실적이면서도 역설적으로 설명하며, 우리가 지녀야 할 태도를 말하고 있다. 박지원이 말하는 우리가 중국과의 관계 설정에 있어서 생각해야 할 바는 한마디로 중국의 내적 변화와 그에 따라 중국이 취하는 우리나라에 대한 정책이다. 즉 중국이 명나라에서 청나라로 바뀌면서 우리나라에 대한 정책과 태도가 바뀌었는데, 이에 대해 우리는 어떤 관점을 갖고 어떻게 대응해야 할 것인가를 이 글에서 말하고 있는 것이다. 문제의 핵심은 중국의 내적 변화로 인해 대외 관계 정책이 바뀌었다는 것이고, 연암은 이에 대한 함의를 분석하며 우리가 지녀야 할 인식과 태도를 표현하였다.

중국 자체의 내적 변화는 나라의 이름이 '명'에서 '청'으로 바뀐 것이다. 이는 중국의 황실을 점령하고 있는 민족이 한족-그때까지 소위 천자의 나라의 중심이었던-에서 오랑캐로 바뀌었다는 차이이다. 그런데 명나라에서 청나라로의 변화 이후, 중국이 우리를 대하는 태도 또한 달라졌다. 중국의 우리나라에 대한 정책의 변화는 우리가 '은혜'로 생각해야 할지를 고민할 정도로 공물이나 사신에 대해 아량을 베푼다는 것이다. 이는 명나라가 우리를 대했던 태도와는 매우 상반된 것으로, 우리의 사정을 고려하여 받던 공물을 받지 않기도 하고, 줄여주기도 한다. 우리가 바치는 물건 중에 금은 토산이 아니라서 면제해 주고, 말은 아예 공물의 물품에서 면제해 주었으며, 폐백도 해마다 수를 줄였고 몇 해 동안은 칙사를 보낼 만한 일도 그냥 처리하게 하는 등 우리의 사정을 헤아려 준 것이다. 그리고 사신을 대하는 태도에 있어서도 청나라의 조정 반열에 함께 서도록 해 주었으며 연극을 볼 때에도 청나라 조정 대신들과 대등하게 함으로써 우리를 우대하고 있다는 느낌을 받도록 하였다. 이 모든 태도는 중국이 우리나라를 강경하게 공물을 요구한 것을 부드럽게 완화하고, 우리를 무시하지 않고 대우하는 것으로의 변화이다.

중국이 내적으로 변화한 이후 우리나라 역시 중국에 대한 인식에 변화가 있는데, 단적으로 말하자면 '상국(上國)에서 대국(大國)으로'의 변화이다. 명나라는 '상국'이었지만, 청나라는 상국이 아니라 '대국'일 뿐인 것이다. 명나라를 상국으로 여기고 그렇게 대우한 것은 우리가 어려울 때 명나라가 도와주었기 때문이다. 그래서 명나라에 대해서는 은혜를 입은 것으로 생각하고 하늘같이 상국으로 높여 대하였다. 청나라는 명나라에 비한다면, 우리에게 모든 면에서 융통성 있게 부드럽게 대한다.

그런데 박지원이 문제를 제기하는 것은 이를 단순히 우리를 우대하는 것으로 여길 것이 아니라 더 큰 욕심이 있는 것으로 받아들여야 한다는 것이다. 다시 말해, 이러한 청나라의 태도에 대해 우리가 감동하고 은혜로 생각해서는 안 된다는 것이다. 그래서 그는 우리가 이를 '걱정거리'로 생각한다고 표현한다. 그들은 오랑캐이고, 오랑캐의 성질은 '깊은 골짜기와 같이 만족할 수 없는' 끝없는 욕심을 부리는 것이기 때문이다. 지금 청나라가 저러한 태도를 보이는 것은 단지 우리의 사대하는 정성이 지극해서 그들의 성질이 부드러워졌을 뿐이다. 그러나 그들은 언제든 우리를 이웃이 아니라 적으로 생각하고 공격할 수 있는 존재인 것이다.

이 지점에서 박지원은 매우 심각하게 경계한다. 청나라가 우리에게 친절을 베풀고 대우를 잘 하는 것은 덕을 팔려고 하는 것이고, 인정을 맺는 것은 방비를 해이하게 하려는 것이다. 그들의 친절과 대우에 우리의 인심이 편안해져서 그간의 사정을 잊고 방비에 소홀하기 쉽기 때문이다. 박지원은 글의 말미에 이 글을 쓰는 목적이 바로 이러한 걱정거리를 알려주기 위함임을 밝히고 있다.2)

이렇게 볼 때, 박지원은 이미 이 시대에 국제 관계에 대한 안목을 가지고, 우리에게 경계하고 있음을 알 수 있다. 국제 관계는 다른 나라와 우리나라의 관계이고, 박지원은 이러한 관계에 대해 사유하고 있다. 그것은 어느 하나의 이념에 집착하고 경도하는 것이 아니라 우리 자신을 위해 기억하고 갖추고 있어야 할 유연한 태도이다. 청나라와 우리나라의 공식적인 관계가 이전의 명나라와는 달라진 것을 현상적으로 짚어내고, 그 안에서 달라진 상황 때문에 잊어서는 안 될 역사적 사실을 언급하고 있는 것이다.

---

2) 박지원의 청나라에 대한 이러한 인식은 『열하일기』 전체에 흐르는 것인데, 특히 청나라의 대외 정책에 대한 글들에서 명료하게 나타난다(박기석, 「『熱河日記』를 통해 본 燕巖의 對淸意識과 <虎叱>의 주제」, 『국어교육』 94, 한국어교육학회, 1997, 325~334쪽 참조).

이러한 박지원의 목소리에서 현대를 살고 있는 우리도 다른 나라와의 '관계에 대한 사유'를 배울 수 있다. 국제화 혹은 세계화를 운운하는 지금 이 순간에도 실상은 나라간의 힘의 차이로 서로 지배하려 하거나 경제력의 우위로 다른 나라를 장악하려는 시도들이 이루어지고 있다. 이런 상황에서 어떤 나라가 우리를 대하는 태도가 어느 한 순간 변화하였다고 해서 그것을 본질적인 입장이나 관점의 변화로 받아들여서는 안 된다는 박지원의 말은 국제 정세를 읽고 다른 나라와의 관계를 설정하는 방법론을 시사한다.

국제 관계에 있어서 다른 나라에 대한 정책이나 태도가 바뀐 것으로 보이는 것은 현상적인 것이지 근원적으로는 더 심각한 문제를 일으킬 수 있는 의도를 내포하고 있는 것이라고 박지원은 경고한다. 그래서 어떤 나라가 갑자기 우리를 배려하는 듯, 상황을 이해해 주는 듯, 우리를 위하는 듯하는 것에 대해 감동하거나 은혜로 생각해서는 곤란하다는 것이다. 그것은 오히려 우리의 경계심을 흐트러뜨리고 스스로의 방비를 허술하게 하여 결정적인 순간에 우리를 위협하기 위한 정책이기 때문에 현상적인 태도 변화를 있는 그대로 받아들여서는 안 된다는 의미이다.

다른 나라와의 관계에서 고려해야 할 역학에 대한 박지원의 사유와 경계는 세계 곳곳에서 일어나는 여러 종류의 협상과 다툼을 통해 더욱 분명히 알 수 있다. 특히 소위 강대국과 약소국과의 관계에서 확인할 수 있다. 이미 우리도 경험하였고 지금도 겪고 있는 일들 또한 그러하다. 이것은 모든 나라 사이의 관계에서 강대국은 자신의 힘을 이용하여 근본적으로 자국의 이익을 추구하는 방향으로, 약소국은 어떤 희생이나 대가를 피하거나 최소화하는 방향으로 노력할 수밖에 없음을 말해 준다. 강대국이 정책이나 국제적 대응에서 표면에 내세우는 바는 다른 나라를 위한 것이지만 이면적으로는 자국의 이익을 극대화하기 위해서, 혹은 후일에 성취하고자 하는 다른 목적을 내포하고 있을 것이라는 해석이다. 그리고 이에 대응해야 하는 약소국의 입장에서는 이러한 의도를 파악하고 대비해야 한다는 것이다. 이렇게 시간이 흘러도 국제 관계의 문제, 나라간의 정책에 대한 해석은 여전히 유효하고 중요한 의미를 지니고 있다.

이러한 박지원의 글에서 흥미로운 것은 박지원이 이 글에서 이러한 생각을 표현하는 방식이다. 그는 중국의 변화를 우리 자신과의 관계 속에서 사유한다. 우선 현상적으로 변화한 중국의 현실을 기술하고, 그것에 대한 우리의 인식을 대비적으로 정리한다. 그리고 그것을 현상적으로 있는 그대로 기술하는 듯 표현하고 있지만, 사실은 매우 역설적으로 비꼬면서 문제의 심각성을 제기하고 있는 것이다. 중국은 여전히 중국으로 있지만, '대국'일 뿐이지 '상국'이 아니며 청나라가 우리를 우대한 것처럼 보이는 행동들을 '욕심'을 숨긴 것으로 뒤집어 해석한다. 그래서 마침내 청나라가 오랑캐일 수밖에 없음을 지적하면서, 지금 청나라가 우리에 대해 취하는 부드러움에 편안해져서는 안 된다고 경고한다.

박지원은 이러한 표현 방식으로 칭송하는 듯하면서, 사실은 상국으로 군림하는 중국에 대해 비판하고, 청나라의 은혜에 감복하는 듯하면서도 걱정거리로 만들고 그들의 회유책에 대해 경계하며, 실제 역사를 통해 우리가 이미 경험한 위기를 상기시킴으로써 미래에 있을 수 있는 위험을 예측한다.

3. 패권주의의 표면과 이면

<행재잡록서>에서 볼 수 있었던 강대국과 약소국의 관계 문제, 국제 정세의 변화에 대한 대응 자세의 문제를 현대 세계사의 한 사건에서 찾아볼 수 있다. 그것은 바로 베트남전이다. 베트남전은 미국의 패권주의가 표면화된 군사적 일방주의와 제3세계에 대한 침략[3] 의도가 드러난 전쟁이다.

---

3) http://blog.naver.com/artpunk/100009323994 [박신의 아름다운 반미읽기 12] 미국의 베트남 전쟁.

여기서는 이러한 강대국의 패권주의가 갖고 있는 모순을 베트남전을 소재로 한 영화 <7월 4일생>과 <포레스트 검프>를 중심으로 살펴보고자 한다.

베트남전을 다룬 영화는 거론만 하더라도 10여 편을 넘길 정도로 많다. 이는 그만큼 이 전쟁이 세계적으로 문제가 된다는 것의 실증이기도 할 것이다. 이들 영화에서 베트남전은 군인으로 참전한 한 개인의 상처와 좌절의 현장으로 다루어지기도 하고, 미국 내부의 문제가 다른 나라와의 전쟁으로 확대된 잘못된 정책으로도 표현되고, 미국인의 시각에서 치유되어야 할 국가적 상처로도 나타난다. 그 중에서도 <7월 4일생>과 <포레스트 검프>는 '국제 관계의 역학'과 '패권주의의 모순 사례'라는 관점에서 볼 수 있다.

<7월 4일생>에서 주인공 론(톰 크루즈 분)은 개인적으로 가진 애국심으로 출정한다. 그는 어릴 때 케네디의 연설을 듣고 자랐으며, 국가를 위해 헌신해야 한다는 이념을 갖게 된다. 그래서 해병대를 모집하는 연설을 듣고, 공산주의의 확대를 막기 위해 미국뿐만 아니라 세계의 평화를 지킨다는 의욕으로 자원한다. 그러나 실제로 참전해서는 자신이 한 일에 충격을 받는다. 국가 차원에서 공산주의로부터 세계를 지킨다는 정책과 베트남을 구원한다는 표면의 목표가 론이 실제로 전쟁을 경험하는 과정에서 아니라는 것을 알게 된 것이다. 공산당을 죽이러 간 것이었지만, 자신이 죽인 것은 베트남의 어린 아이들과 여자들, 심지어 자신의 동료 군인이었던 것이다.

부상을 당하고 장애인이 되어 돌아온 론이 마주친 것은 주변의 차가운 시선과 반전 시위, 그럼에도 불구하고 전쟁의 당위성을 주장하는 대통령과 정부였다. 현실에 돌아올 때에는 참전 용사로서의 자부심에 가득 차 있었지만, 그가 결국 내린 결론은 자신이 속았다는 것이다. 론은 이렇게 외친다. "그들이 하는 말을 난 다 믿었어요. '가서 싸워라! 가서 죽여라!' … 그런데 다 거짓말이었어요. 몽땅 다 거짓말이었다구요. …신은 없어요. 내

다리처럼 죽었다고요. 이젠 신도 나라도 없어요."

공화당이 전당대회를 열며 닉슨이 또 다시 대통령 후보 지명을 받는 장면에서, 론은 시위대로 들어가 인터뷰를 하게 된다. 론은 베트남전의 허위와 기만을 폭로한다.

> "제가 여기 온 건 이 전쟁이 잘못됐다는 걸 말하기 위해섭니다. 이 사회는 나와 내 형제들에게 거짓말을 했어요. 이 나라 국민들을 기만했습니다. 우린 그 거짓말에 속아 2만 km떨어진 그곳까지 가서 가엾은 소작농들과 소위 전쟁이란 걸 치렀습니다. 당당한 저항의 역사를 가진, 자신들의 독립을 위해 지난 천 년간 투쟁해온 베트남 사람들과 말입니다. 이 정부의 지도자란 자가 얼마나 역겨운지 말로 표현하기조차 힘들군요…정부는 부패한 도둑 집단입니다. 저들은 강간범이자 강도예요."

여기서 드러나는 미국 정부의 거짓말과 기만은 미국인들에게만 해당되는 것이 아니다. 전쟁 당사자인 베트남의 희생을 담보로 하고, 우리나라와 같은 미국과 친분을 유지해야 하는 세계의 여러 나라들까지 전쟁에 참여하게 한 거짓말과 기만인 것이다. 전쟁의 표면은 공산주의의 확대 방지와 베트남의 독립이었지만, 이면은 미국 내 무기의 소비와 정부의 집권 기간 연장, 제3세계로 불리는 동아시아 약소국에 대한 권리 행사였던 것이다. 즉 베트남전은 미국의 패권주의가 발현된 것이며, 표면적으로는 베트남을 위한 세계를 위한 것이었지만 이면적으로는 자국의 이익 추구였다. <7월 4일생>에서 드러나는 또 하나의 모순은 미국이 의도적으로 일으킨 전쟁이었지만, 정작 그 전쟁에서 싸웠던 군인들은 왜 거기까지 싸우러 가야 했는지[4]도 모르고 서로 죽여야 하는 이유도 모르는 일이었다는 것이다. 론이라는 개인은 애국심을 추동해서 참전 했으나 국가는 다른 나라 사람들

4) 론이 실수로 죽인 윌슨이라는 동료 군인의 아버지가 한 말이다.

을 해치는 일을 하도록 강요하였다. 빨갱이를 없애겠다고, 남성으로서 한 나라의 일원으로서 애국심을 발휘하기 위해 참전했지만, 거기에서 본 것은 비참한 인간의 살상뿐이었다.

이러한 세계사의 모습은 박지원이 예견한 바와 같다. 강대국이 약소국에게 잘해 주는 것은 그것을 빌미로 언제든 은혜 갚기를 요구하기 위한 것으로 보아야 하며, 국제 관계에서 부드러움의 정책 혹은 상대를 위한다는 정책은 실상 자국의 욕심을 숨긴 의도로 읽을 수 있어야 하는 것이다. 이렇게 미국이 세계 역사에서 보여준 패권주의는 박지원이 말하는 청나라의 오랑캐성과 유사한 맥락으로 분석될 수 있다.

비록 <7월 4일생>은 베트남전을 미국인의 경험을 중심으로 미국인의 시각에서 비판한 것이지만, 미국이라는 강대국의 횡포가 어떠한 것인지를 개인 차원에서부터 국가 차원에 이르기까지 적나라하게 보여준다. 이와 비슷한 비판이 내포되어 있으면서도 이 전쟁의 모순을 약간은 가벼우면서도 유쾌하게 지적하고 있는 영화가 <포레스트 검프>이다.

포레스트 검프(톰 행크스 분)는 전쟁의 의미도 전혀 모르면서 베트남전에 참가하고, 무공훈장까지 받는다. 미국 대통령은 베트남전 확대를 주장하며, 검프에게 훈장을 준다. 그런데 아이러니컬하게도 훈장을 받은 검프는 자신도 모르게 반전 시위에 참여하고, 전쟁을 반대하는 연설 무대에 올라가기도 한다. 군대에서 우연히 배우게 된 탁구를 모든 사람들이 놀랄 만큼 잘한 검프가 공산권과의 외교 사절로 활동하는 웃지 못 할 일도 벌어진다. 이런 방식으로 <포레스트 검프>는 익살스럽게 검프라는 바보스러운 인물을 통해 국가가 벌인 전쟁과 개인의 참전은 전혀 다른 별개의 문제임을 보여준다.

개인은 국가가 요구하는 애국심과 자신이 가진 자부심으로 전쟁에 나가 싸우고, 다치기도 하며 죽기도 하는 것이지만, 그 개인을 보낸 국가는 정작 그런 희생이나 상처의 크기에 관심이 없다. 단지 국가 차원에서 목표로 한 이익 추구가 달성되었는지에만 주목한다. 그래서 정부 입장에서 볼 때는 전쟁을 해야 하는 국가를 대상으로 반전시위를 하는 히피나 흑인들 집단은 없어져야 할 존재에 불과하다. 마찬가지 맥락에서 어쩔 수 없이 전쟁을 하게 된 다른 나라-베트남이나 우리나라와 같이-에 대해서도 별로 관심이 없다. 오로지 전쟁을 오래 지속하고, 그 전쟁에서 이기는 것에만 관심이 있는 것이다.

지금도 이러한 패권주의는 이라크전과 같은 국지전의 양상으로, 게릴라전으로 계속하여 일어나고 있다.[5] 여전히 그 패권주의는 미국을 중심으로 행해지며, 그로 인해 세계의 여러 나라는 계속해서 전쟁을 치러야 하는 고통을 받고 있다. 이런 현상에서도 패권주의는 표면의 기치와 이면의 속내가 다르다는 것을 알 수 있다. 중동에서 숱하게 일어나는 전쟁은 표면적으로는 석유의 확보이지만, 실상은 에너지를 장악함으로써 다른 나라의 힘을 약화시키고 미국이 더욱 강한 위치에 군림하기 위한 전략[6]인 것이다.

몇 세기가 흘러도, 기술과 문명이 상상할 수 없을 정도로 발전해도 박지원이 사유하고 인식한 국제 정세와 대응 방법론은 여전히 유효하다는 것이 놀랍다. 어떤 다른 나라가 우리나라에게 어떤 친선 정책을 펴든지, 강경 정책을 보이든지 그것을 현상대로만 보아서는 안 되며, 힘의 논리에 의해, 자국의 이익 추구로 인해 일어날 수 있는 상황에 늘 대비해야 한다는 박지원의 경계는 지금도 곱씹어 보아야 할 중요한 명제이다.

---

5) 이라크전 역시 베트남전과 같은 메카니즘에 의해 일어나고 치러진 것이라는 것을 최근의 신문 기사에서 확인하 수 있다(http://www.hani.co.kr/arti/international/america/161320.html 키신저가 부시의 이라크전 가정교사, 한겨레, 2006.9.26).

6) 이선우(2006), 『노엄 촘스키와의 대담-한국과 국제정세』, 한국문화사

참고 문헌

박지원, 민족문화추진회 역, 『열하일기』, 솔, 1997.

고미숙, 『열하일기, 웃음과 역설의 유쾌한 시공간』, 그린비, 2003.

김문식, 「박지원이 파악한 18세기 동아시아의 정세」, 『한국실학연구』 10, 한국실학학회, 2005, 27~55쪽.

박기석, 「『熱河日記』를 통해 본 燕巖의 對淸意識과 <虎叱>의 주제」, 『국어교육』 94, 한국어교육학회, 1997, 325~334쪽.

박성심, 「미국의 베트남전 개입의 배경」, 『강원사학』, 강원대학교 사학회, 1995.

박진임, 「베트남에서 잃어버린 미국의 남성성과 자존심을 찾아서: <람보>」, 『문학과 영상』, 문학과영상학회, 2002.

유시민, 『거꾸로 읽는 세계사』, 푸른나무, 2004.

이선우, 『노엄 촘스키와의 대담-한국과 국제정세』, 한국문화사, 2006.

최동주, 「한국의 베트남 전쟁 참전 동기에 관한 재고찰」, 『한국정치학회보』, 한국정치학회, 1996.

http://www.hani.co.kr/arti/international/america/161320.html 키신저가 부시의 이라크전 가정교사(한겨레, 2006.9.26)

http://blog.naver.com/artpunk/100009323994 [박신의 아름다운 반미읽기 12] 미국의 베트남 전쟁

'일야구도하기'라는 제목에 대한 단상

염 은 열*

1. 〈일야구도하기(一夜九渡河記)〉

강물은 두 산 사이에서 나와 바위에 부딪혀 다투는 듯 흘러간다. 놀란 파도와 성난 물결, 애원(哀怨)하는 듯한 여울물은, 내닫고 부딪치고 곤두박질치고 울부짖고 고함치는 듯하여, 언제나 만리장성(萬里長城)을 무너뜨릴 기세가 있다. 만 대의 전차(戰車)와, 만 필의 전기(戰騎), 만 문의 포[戰砲]와, 만 개의 북[戰鼓]으로도, 무너져 압도하는 그 소리를 표현하기는 충분하지 않다.

모래 위에는 큰 돌들이 우뚝 늘어서 있고, 강둑에는 버드나무들이 어두컴컴한 모습으로 서 있어서, 마치 물귀신들이 다투어 나와 사람을 놀래키는 듯하고, 좌우에서 교룡과 이무기들이 사람을 낚아채려는 듯하다. 혹자는 이 곳이 옛 전쟁터라 강물이 그렇게 운다고 말한다. 그러나 그렇지 않다. 강물 소리는 그것을 어떻게 듣느냐에 달려 있을 뿐이다.

---

* 청주교육대학교 국어교육과 교수

내 집은 산 속에 있는데, 바로 문 앞에 큰 시내가 있다. 매년 여름 소나기가 한차례 지나가고 나면, 시냇물이 갑자기 불어나 늘상 전차와 전기와 전포와 전고의 소리가 들려, 마침내는 그 소리가 귀에 가득 찰 지경에 이른다.

일찍이 나는 문을 닫고 누워, 그 소리를 서로 견주어 들어본 적이 있다. 깊은 소나무 숲에서 나는 듯한 소리는 마음이 청아한 까닭이요, 산이 찢어지고 언덕이 무너지는 듯한 소리는 마음이 격분한 까닭이다. 뭇 개구리가 다투어 우는 듯한 소리는 마음이 교만한 까닭이요, 수많은 축(筑)이 번갈아 울어 대는 듯한 소리는 마음이 성난 까닭이며, 천둥이 날리고 번개가 치는 소리는 마음이 놀란 것이다. 찻물이 끓는 듯한 소리는 마음이 운치 있는 까닭이요, 거문고의 높고 낮은 가락이 어울리는 듯한 소리는 마음이 슬픈 까닭이며, 문풍지가 바람에 우는 듯한 소리는 마음에 의심이 있는 까닭이다. 이 모든 것은 소리를 제대로 들은 것이 아니라, 다만 마음속에 펼쳐 놓은 뜻에 따라 귀에서 소리를 만들어 낸 것일 따름이다.

지금, 나는 밤중에 한 강을 아홉 번이나 건넜다. 이 강은 변경(邊境)으로부터 흘러나와 만리장성을 뚫고, 유하(楡河), 조하(潮河), 황화 진천(黃花鎭川) 등의 여러 강물과 합해져 밀운성(密雲城) 아래를 지나면서 백하(白河)가 된다. 내가 어제 배를 타고 백하를 건넜는데, 바로 이 강의 하류이다. 내가 아직 요동(遼東)에 들어서지 않았을 때 바야흐로 한여름 뙤약볕 속에서 길을 가다가, 홀연 큰 강을 만났는데, 시뻘건 물결이 산같이 일어나서 그 끝을 볼 수 없을 정도였다. 이것은 아마도 천 리 밖에 폭우가 쏟아진 때문일 것이다. 강물을 건널 때에 사람들이 모두 고개를 들고 하늘을 우러러 보고 있기에, 나는 그들이 모두 고개를 들고 하늘을 향해 조용히 기도를 올리고 있으려니 생각했다. 그러나 나중에야 안 일이지만, 강을 건너는 사람들이 거슬러 올라가고 소용돌이치면서 탕탕(蕩蕩)히 흐르는 물을 보게 되면, 제 몸조차 물살을 거슬러 오르는 것 같고 눈은 물살을 따라 흘러가는 것 같아서, 문득 어지럼증이 나서 물에 빠질 수 있다. 그러므로 그들이 머리를 쳐든 것은 하늘을 향해 기도한 것이 아니라, 아예 물을 피하여 보지 않기 위함이었다. 또한 어느 겨를에 경각에 달린 목숨을 빌 수 있었으랴.

그 위태로움이 이와 같은 데도 강물 소리는 듣지 못했다. 일행은 모두 요동의 벌판이 평평하고 드넓기 때문에 강물이 성난 듯 울어 대지 않는다고 했다. 그러나 이것은 강을 잘 알지 못하고 한 말이다. 요동의 강이 울어대지 않은 것이 아니라, 다만 한밤중에 건너지 않아서 그런 것일 뿐이다. 낮에는 물을 볼 수 있으므로, 온통 위험한 광경에 쏠려 벌벌 떨리고 눈이 있음을 도리어 근심해야 할 판에, 어찌 물 소리를 들을 수 있었겠는가. 이제 밤중에 강을 건너게 되매, 눈으로 위태로움을 보지 못하니 위태로움이 온통 청각으로만 쏠려, 귀가 바야흐로 떨려서 그 걱정스러움을 떨쳐 버릴 수 없다.

아, 나는 이제야 도를 알았다. 마음이 고요한 자[冥心者]는 귀와 눈이 탈이 되지 않지만, 귀와 눈만을 믿는 자[信耳目者]는 보고 듣는 것이 자세하면 자세할수록 더욱 병이 된다는 것을.

이제, 내 마부(馬夫)가 말한테 밟혀 뒤 따라오는 수레에 실리게 되어, 마침내 말 재갈을 풀고 강물 위에 뜬 채로, 두 무릎을 바싹 오그려 발을 안장 위에 얹고 앉게 되니, 한번 말에서 떨어지면 바로 강물이었다. 강물로 땅을 삼고, 강물로 옷을 삼으며, 강물로 몸을 삼고, 강물로 성정(性情)을 삼아, 마음속으로 한번 떨어질 각오를 하자, 마침내 내 귓속에서 강물 소리가 나지 않았다. 무려 아홉 번이나 강을 건너는데도 아무런 두려움이 없어, 마치 방안의 앉을 자리에 앉고 눕고 기거하는 것 같았다.

옛적에 우(禹)임금이 강을 건널 때, 누런 용이 배를 등으로 업는 바람에 지극히 위태로웠다. 그러나 생사(生死)의 판가름이 마음속에서 먼저 분명해지자, 용이나 도마뱀이나 크거나 작거나 족히 문제가 되지 않았다고 한다.

소리와 빛깔은 외물(外物)인데, 외물은 항상 사람의 귀와 눈에 탈이 되어, 바르게 보고 듣는 것을 잃어버리게 함이 이와 같다. 하물며, 사람이 세상을 살아가는 것이 강물을 건너는 것보다 훨씬 더 험하고 위태로우니, 보고 듣는 것이 수시로 병이 됨에랴!

나는 장차 나의 산중으로 돌아가 앞 냇물의 소리를 다시 들으면서 이것을 증험하여, 몸 가지는 데 교묘하고 또 스스로 총명한 것을 자신하는 자를 경계하고자 한다.

2. 하룻밤에 강을 아홉 번이나 건너다니!

글의 제목은 흥미로운 하나의 창(窓)이다. 굳이 읽기 이론을 들먹이지 않더라도 우리는 경험적으로 그 점에 대해 알고 있다. 창 너머의 세계에 대한 동경과, 마침내 창을 열고 들어섰을 때 만나게 되는 또다른 세상과의 대화, 그것이 바로 책 읽기가 아닌가 한다.

<일야구도하기>라는 창을 처음 접한 사람들은 누구나 고개를 갸웃거리게 된다. "하룻밤에 강을 아홉 번이나 건넌 기록"이라니…. 경험에 비춰 볼 때 가능하지 않은 상황이라 의아해 하는 것이 오히려 자연스럽다. 강 건너로 사람들을 건네주는 사공이 아니고서야 하룻밤에 강을 아홉 번 건너는 것이 가능이나 한 일인가.

이러한 의심은 글의 내용에 대한 짐작으로 이어진다. 논리를 내세우는 사람은 하룻밤을 여덟 시간으로 치고 한 시간도 채 안 되는 간격을 두고 강을 건넜다는 것을 빠르게 생각해내겠지만, 정해진 두 지점 사이를 아홉 번 왕복한 것인지 아니면 아홉 번 모두 다른 지점에서 이동한 것인지에 대해서는 또다시 궁금증을 품게 될 것이다. 또 어떤 사람은 "설마, 말이 그렇다는 것이겠지." 하며 열하로 가는 굉장한 모험담이 전개될지도 모른다는 기대를 품을 수도 있다.

이러한 의문과 기대감은 독자에게 인내심을 갖게 하고 끝까지 긴장감을 놓지 않게 한다. 끝까지 텍스트의 내용에 귀를 기울이게 하는 힘이 되는 것이다. 물론 이러한 의문과 기대감의 내용이 무엇인지는 중요하지 않다. 강을 아홉 번이나 건넜다는 제목을 보고 각자 자기 나름대로의 의문과 기대감을 품으면 그만이다. 다행히 '일야구도하기'라는 제목은 상황의 비일상성으로 인해 호기심 많은 독자들에게 다양한 의문과 기대감을 불러일으킬 만하다.

그런데 <일야구도하기>를 끝까지 다 읽은 호기심 많은 독자들은 당혹스러움을 경험할 지도 모르겠다. 강을 아홉 번 건넌 사연이 중심 내용이 아닌 까닭이다. <일야구도하기>의 내용인 즉, 하룻밤에 강을 아홉 번 건너면서 이목(耳目)이 마음의 누(累)가 될 수 있음을 알았고 마음을 잠잠하게 하는 것이 중요하다는 점을 깨달았다는 내용으로, 성찰의 내용이 주가 된다. 따라서 성찰을 가능하게 한 조건이나 맥락, 사연에 대한 이야기가 빠져 있다. 그 결과 아홉 번이나 강을 건너는 것이 어떻게 가능했는지, 도대체 왜 강을 아홉 번이나 건너야 했는지, 제목의 말이 사실이기는 한 것인지 등등 여러 가지 의문들이 여전히 풀리지 않은 채 남아 있게 된다.

한자(漢字)에 익숙하지 않은 현대의 학생들에게 '일야구도하기'라는 제목은 거의 무의미한 철자로 받아들여진다고 한다. 이어지는 산문을 명명하기 위해 붙여진 꼬리표일 뿐이다. 제목 다음에 이어지는 글 역시 낯설기는 마찬가지라고 한다. 옛 글 특유의 문체가, 훈련되지 않은 독자들에게는 낯설고 어렵게 여겨지는 것이다.

학생들이 <일야구도하기>를 낯설고 어렵게 여기는 상황, 이 상황을 벗어나는 현명한 방법은 무엇일까. 맥락과 사연과 이야기의 복원. 그리고 그것들의 적극적인 개입을 통한 읽기가 연암이 새롭게 인식한 내용을 이해하기 위한 첫걸음이 되어야 하지 않을까. 또 어떤 수준의 독자들에게는 연암이 깨달은 인식 내용 못지않게 깨달음을 얻을 때의 상황이나 맥락, 기타 관련 사연 등이 더 중요하게 고려되어야 하는 것은 아닐까. 지금까지 우리의 교실에서는 이 점을 잊고 있었던 것이 아닐까. 제목은 단순한 이름으로

만 존재할 뿐이었고, 문면에 드러난 내용 파악 자체에만 매달려온 것이 아닐까. 이처럼 연속되는 물음들은 '일야구도하기'라는 제목에 다시 한번 주목하게 한다.

3. 아홉 번 관찰하고 검증한 이야기

<일야구도하기>는 『열하일기(熱河日記)』의 <산장잡기(山莊雜記)>에 수록되어 있는 산문이다. 중국 사행 기록문인 『열하일기』에 수록된 글로, 북경(北京)에서 만리장성 밖에 있는 열하(熱河)로 가는 도중에 경험한 사건과 그때 깨달은 바에 대해 서술한 것이다.

사연인즉, 천신만고 끝에 북경에 도착한 조선 사신단에게 황제가 피서차 가 있던 열하의 피서산장으로 오라고 명을 내라는 것으로부터 시작된다. 그것도 날짜를 맞춰 오라는 황제의 명령. 목적지에 도착했다며 안도했던 조선 사신단은 바삐 행장을 꾸려 열하를 향해 다시 길을 떠나게 된다. 시일은 촉박하고 황제의 명은 엄한 것이라, 밤을 낮 삼아 무리한 행군을 감행할 수밖에 없었다. 때는 여름이라 엎친 데 덮친 격으로 큰 비까지 내려 강이 불어나니, 길은 더 험해지고 여정은 더 더뎌져서, 어쩔 수 없이 위험을 무릅쓰고 하룻밤에도 강을 아홉 번이나 건너는 모험을 감행할 수밖에 없었다.

이러한 맥락이나 상황에 대한 이야기, 이것이 <일야구도하기>에 대한 이해의 첫걸음이 되어야 한다. 옛 글과 정서적으로 친해지려면, 그 글을 살아 파닥이는 자료로 우리 앞에 불러 세워야 한다. 불러 세움의 방법 중의 하나가 바로 흥미로운 맥락이나 사연을 일러주는 일이 될 터인데, <일야구도하기>라는 제목은 사연이 암시되어 있어 매우 흥미로운 창이 될 수 있다.

마음과 몸이 쉽게 지치는 사람은 하룻밤에 강을 아홉 번이나 건너야 하는 고되고 위험한 여행길에서 여행 초기의 호기심과 당당함을 유지하기 힘들 것이다. 새로운 사태나 경험들에 대해 성찰할 여력도 조금은 줄어들 것이다. 어쩌면 고단함과 피곤함을 호소하기에 바쁠지도 모른다. 그런데 연암은 고단함과 피곤함을 호소하지 않고, 반복되는 '도하(渡河)' 상황을 인식의 과정 혹은 발견의 계기로 삼고 있어 인상적이다. 이런 절박한 상황에서도 연암은 유심히 관찰하고 생각하기를 쉬지 않았고, 끊임없이 관찰하고 생각한 결과를 <일야구도하기>에 고스란히 담고 있다.

연암은 예전 산중에 거처할 때 마음에 따라 귀에 들리는 소리가 다르다는 사실을 알게 되었다. 이것이 글에 나타나는 연암의 최초의 인식인데, 사행길에 나서기 전의 인식 상태이자, 강을 아홉 번 건너기 전까지 연암이 가지고 있던 마음과 이목의 관계에 대한 가설이라고 할 수 있다. 이 최초의 인식 혹은 가설 역시 문을 닫고 소리를 구분하는 그 나름의 검증 과정을 거쳐 도달한 인식 내용이다.

강을 아홉 번 건너기 전까지 연암은 이 최초의 인식 혹은 가설에 입각하여 사태나 상황을 보고 판단하였을 것이다. 그런데 요동 땅에 들어오기 전 특이한 현상을 목격하게 된다. 자신의 가설에 위배되는 사례, 즉 으르렁거리는 물결을 피해 하늘을 향해 기도를 올리고 있는 사람들을 보게 된 것이다. 이러한 예외적인 사태는 연암이 가지고 있던 가설을 수정하게 만드는 계기로 작용한다. 연암은 사태를 목격한 시점이 낮임에 착안하여 눈에 보이는 것이 두려움을 유발했다는 추론을 하게 되고, 눈이 두려움의 원인이 되었음을 새롭게 인식하게 된다. 이목이 마음에 영향을 줄 수 있음을 알게 된 것이다. 최초의 가설 내지 인식 내용이 흔들리고 수정되는 순간이다.

그런데, 연암은 이러한 새로운 인식 내지 발견에 만족하지 않고 관찰 및 사고의 여정을 계속한다. 새로 알게 된 인식 내용을 검증하는 일이 남아 있었기 때문이다. 그런데 검증을 위한 실험 상황을 따로 만들 필요도 없이, 아홉 번이나 강을 건어야 하는 위험한 상황이 검증을 위한 최적의 상황이

돼 주었다. 검증은 어렵지 않아서, 밤에 강을 건널 때 바로 확인이 된다. 강을 건넌다는 기본적인 조건이 달라지지 않았음에도 불구하고 밤과 낮이라는 상황에 따라 사람들의 행동 양상이 다르다는 점에 주목하여 낮에는 눈이, 밤에는 귀가 두려움을 야기했다는 사실을 알게 되고 이목이 마음에 누가 된다는 결론에 도달하였다. 긴박한 상황임에도 불구하고 끊임없이 가설을 세우고 사례를 통해 몸소 검증하는 연암의 모습이 인상적이다.

이목이 마음에 누(累)가 된다는 것을 깨달은 연암은 여기서도 사유를 멈추지 않는다. 이목이 누가 되지 않게 하려면 어떻게 할 것인가 하는 실천적인 물음을 다시 던져 본다. 그 물음에 대한 답은 어렵지 않게 나온다. 마음을 다스려 잠잠하게 하는 것. 연암이 찾은 답이 바로 그것인데, 연암은 그 해답의 효험을 즉시 증험하고자 한다. 역시, 이때도 연암은 강을 건너야 하는 상황을 통해 그 효험을 증험하였다. 깨달은 바에 따라 마음을 잠잠하게 하니, 말을 잡아주는 창대도 없이 말에 올라 강을 건너는 데도 두려움을 느끼지 않을 수 있었다. 연암은 이처럼 몸소 행동으로 증험하고도 만족하지 않고 더 나아가 옛날 우 임금의 사례까지 떠올려 자신이 증험한 내용이 자신에게만 해당하는 것이 아님을 입증하며 일반화를 꾀한다.

사고가 이쯤 진전되자 연암은 이목이 누가 되지 않도록 마음을 잠잠하게 하는 것이 중요하다는 생각을 더욱 분명히 하게 되고, 이러한 깨달음을 인간사로 확대 적용하여 다시 한번 일반화를 꾀하는 동시에 이러한 최종적인 깨달음을 최초의 인식이 시작된 산중으로 돌아가 다시 검증하리라 결심한다. 결국 연암은 아홉 번 강을 건너야 하는 상황을 실험 상황으로 삼고 이목을 통한 관찰을 통해, 이목이 누가 되지 않게 하려면 마음을 잠잠하게 해야 한다는 결론을 얻어내고 있다고 하겠다.

산중에 있을 때 증험한 최초의 인식이 새로운 사태를 만나 발전해가는 과정은 집요하리만큼 논리적이며 조직적이다. 그런데 여기서 우리는 아홉 번 강을 건너야 했던 상황이 깨달음의 과정에서 매우 중요한 조건이 되고 있음을 분명하게 알 수 있다. 또 <일야구도하기>에 나오는 마음과 이목의 관계에 대한 통찰 역시, 위태롭고 긴박한 상황에도 굴하지 않고 가설을 세우고 검증하기를 쉬지 않은 연암의 특별함과 연관 지어 해석해야 할 때 그 의미가 살아남을 알게 된다.

이렇게 볼 때 <일야구도하기>에 대한 읽기는 강을 아홉 번 건널 수밖에 없었던 긴박한 상황에 대한 재연으로부터 시작해야 한다. 황제의 부름에 즉시 응해야 하는 상황, 설상가상으로 큰 비까지 내려 강물이 온통 넘쳐났던 긴박한 상황에 대한 이해가 더해져야만, 그 긴박한 상황을 오히려 발견과 검증의 계기로 삼은 연암을 만날 수 있다. 또 호기심이 많아 새로운 사태에 늘 눈을 번득였던 선비, 사고의 진전과 증험에 집요하리만큼 집착했던 선비, 연암을 만날 수 있다.

이렇게 볼 때 '일야구도하기'란 제목은 우연이나 관습의 소산이 아니다. 설혹 우연이나 관습의 소산이라 하더라도 하룻밤에 아홉 번 강을 건넌 사연과 그 사연의 중심에 있는 창작 당시 연암의 상황에 대한 이해로부터 책 읽기를 시작하는 것이 좋다. 사연과 상황 등에 대한 흥미로운 이야기는, 독자들에게 글에 대한 정서적 친밀감을 갖게 할 것이고, 책 읽기의 긴장감을 잃지 않게 할 것이며, 결국에는 제시된 텍스트는 물론이고 연암에 대한 지속적인 관심과 학습에 대한 동기를 유발할 것이기 때문이다. 스스로 창을 열고 창 너머의 세계와 만나려는 의지를 갖게 할 것이기 때문이다.

세계 최초의 영화 비평가, 박지원

황 혜 진*

1. 〈환희기(幻戲記)〉

아침에 광피사표 패루(光被四表牌樓)를 지났다. 패루 아래 수 많은 사람들이 거리에 둘러서 있는데 그 웃음소리에 땅이 흔들었다. 웬 사람이 싸우다가 졸지에 죽어서 길에 가로 넘어진 것을 보고 부채로 얼굴을 가리고 걸음을 재촉해 지나노라니, 종자(從者)가 뒤에서 갑자기 쫓아오면서 부르기를, 괴이한 구경거리가 있다고 한다. 나는 멀리서 무엇이냐고 물었더니 종자는 말하기를, "어떤 사람이 하늘 위에 가서 복숭아를 훔치려다가 지키는 자에게 얻어맞고서 땅에 툭 떨어졌답니다." 한다. 나는 해괴스럽다고 꾸짖고 돌아다보지도 않고 왔더니, 그 이튿날 또 그곳을 가는데 대체로 천하의 기이한 재주와 음란한 장난, 잡스런 연극을 하는 패들이, 모두 천추절에 열하로 가려고 기다리면서 날마다 패루에 나와 백 가지 노름을 연습하고 있었다. 비로소 어제 종자가 본 것이 곧 요술(妖術)의 한 가지인

* 서울대학교 강사

것을 알았다.

(……)

혹은 말하기를, "이런 술법을 팔아 생계를 유지하는 자는 왕법(王法) 밖에 두어서 이를 주절(誅絶)시키지 않는 것은 무슨 까닭입니까." 하고 묻기에, 나는 답하기를, "이는 중국 땅이 커서 한없이 넓으며 끝이 없어 이런 것도 같이 길러내므로 정치에 병이 되지 않기 때문이지요. 만일 천자(天子)가 좀스러워서 이런 것을 자로 계교하고 깊게 추궁한다면, 도리어 깊숙한 곳에 잘 보이지 않게 살다가 때로 나와서 세상을 흐려 놓을 것이니, 천하의 근심이 클 것입니다. 날마다 사람으로 하여금 장난삼아 구경하게 하면 비록 부인이나 어린이라도 이것을 묘술로 알게 되어, 족히 마음을 놀래고 눈을 현란하게 하지 않을 것이니, 이것이 임금된 자로서 세상을 다스리는 방법이 아니겠소." 하였다. 그래서 나는 내가 구경한 여러 가지 요술 스무 가지를 기록하여 장차 우리나라의 이 놀이를 못 본 자에게 보이고자 한다.

요술쟁이는 대야에 손을 씻고 수건으로 깨끗하게 닦은 뒤에 얼굴을 가다듬고 사방을 돌아보면서, 손바닥을 치고 이리저리 뒤집어 여러 사람들에게 보였다. 그런 뒤에, 왼손 엄지와 검지는 환약을 만지는 듯, 이나 벼룩을 잡듯이 마주 비비니, 갑자기 가느다란 물건이 생겼는데 그 크기는 겨우 좁쌀만 했다.

요술쟁이가 연거푸 이것을 비비니 점점 커져서 녹두알만 해지고 차차 앵두알만 하다가 다시 빈랑(檳榔)만 하더니 차츰 달걀만 해졌다. 두 손바닥으로 재빨리 비벼 굴리니 노랗고 흰 것이 거위알만큼 커졌다. 조금 있더니 이번에는 거위알만한 것이 별안간 수박만 하게 된다.

요술쟁이는 두 무릎을 꿇고 가슴을 벌리고 더 빨리 비벼 장고를 끌어안은 듯 팔뚝이 아플 만하여 그치더니, 이내 그것을 탁자 위에 놓는데 그 덩치는 둥글고 빛은 샛노랗고, 크기는 동이만 한 것이 다섯 말은 들어갈 만큼 되어 보였다. 그 무게는 들 수가 없을 정도로 무거워보였으며, 단단하여 깨뜨릴 수가 없어 보였다. 돌도 아니요 쇠도 아니며, 나무도 아니요 가죽도 아니며 흙도 아니요, 둥근 것이 무어라 형언할 수 없이 냄새도 없고 향기도 없이 무엇이 무엇인지 모를 제공(帝江)[1] 같았다.

요술쟁이는 천천히 일어나 손뼉을 치면서 사방을 둘러보더니 다시 그 물건을 만지는데, 살살 굴리고 가만히 쓰다듬으니 그것은 부드러워지고, 손을 슬며시 대니 가볍기가 물거품 같아 점점 줄어들고 사라져서, 잠깐 사이에 다시 손바닥 속으로 들어가게 될 정도가 되었다. 그러다가 다시 두 손가락으로 집어서 비비다가 한 번 튀기니 즉시 사라져 버린다.

요술쟁이는 사람을 시켜 종이 몇 권을 길게 찢어서 큰 통의 물속에 집어넣고 손으로 그 종이를 빨래하듯 저으니, 종이는 풀어지고 흐트러져서 흙을 물속에 넣은 것과 같았다. 여러 사람들을 두루 불러 통 속에 있는 종이가 물과 섞인 것을 보이니 가위 한심(寒心)한 일이다.

이때 요술쟁이는 손뼉을 치고 웃더니 두 소매를 걷고 두 손으로 통에 있는 종이를 건져 내는데 마치 고치에서 실을 뽑아내듯이 하였다. 종이는 서로 이어져 나오는데 처음에 길게 찢을 때와 같고 이은 흔적이 없었다. 어느 사람이 풀로 발랐는지 띠와 같이 수백 발이나 되는 것을 땅바닥에 풀어놓으니 바람에 펄럭거리기조차 하였다. 다시 통 속을 보니 새로 길은 물처럼 맑고 깨끗하여 찌꺼기 하나 없었다.

요술쟁이는 기둥을 등에 지고 서서 사람을 시켜 손을 뒤로 젖혀 붙이고 두 엄지손가락을 묶으라 했다. 기둥은 두 팔 사이에 있고 두 엄지손가락은 검푸르게 될 정도로 꽉 묶여 있으니 여러 사람들이 둘러서서 보다가 눈살을 찌푸리지 않는 이가 없었다.

조금 있더니 요술쟁이는 기둥에서 떨어져 서는데 손은 가슴 앞에 있고 묶은 데는 전과 다름없이 아직 풀리지 못했다. 손가락의 피는 한 곳으로

---

1) 눈도 코도 없이 누른 주머니처럼 생긴 귀신 새 이름. 《산해경(山海經)》에 나온다.

모여서 빛은 더욱 검붉어지니 요술쟁이는 몹시 아픈 것을 견디지 못했다. 여러 사람이 노끈을 풀어주니 혈기가 점점 통해 노끈이 묶여 있던 자리는 오히려 붉게 변했다.

우리 일행인 역부(驛夫)가 눈에 힘을 주어 자세히 보다가 심중으로 노하여, 얼굴빛을 바꾸며 의분을 내고는 주머니를 털어 돈을 내면서 큰 목소리로 요술쟁이를 불렀다. 그는 요술쟁이에게 먼저 돈을 내어주고는, 다시 한 번 자세히 보기를 요구했다.

요술쟁이는 원망하는 듯이, "내가 너를 속이지도 않았는데 너는 나를 못 믿으니 네가 맘대로 나를 묶어 보려무나." 한다. 역부는 분기를 내어 있던 노끈은 던져버리고 자기가 가진 채찍을 끌러 입에 물어 젖게 한 다음 요술쟁이를 붙들어 등에 기둥을 지우고 손을 뒤로 젖혀서 묶는데 먼젓번보다 훨씬 세게 묶었다.

요술쟁이는 아프다고 소리를 치는데 정말 뼛속까지 아픈지 콩알만 한 눈물이 떨어진다. 역부가 크게 웃으니 구경꾼들이 더욱 많아졌는데, 벗는 것을 볼 사이도 없이 요술쟁이는 벌써 기둥을 떠나 서 있고 묶은 데는 아직도 풀어지지 않았다. 이런 신통한 것을 세 번이나 보였으니 할 수 없는 일이다.

요술쟁이는 둥근 수정 구슬 두 개를 탁자 위에 놓았다. 그 구슬을 계란보다 조금 작았다. 한 개를 입을 벌리고 집어넣으니 목구멍은 좁고 구슬은 커서 삼키지 못하고 구슬을 토해 내어 도로 탁자 위에 놓았다. 다시 광주리 속에서 계란 두 개를 내어 눈을 부릅뜨고 목을 늘이고서 알 하나를 삼키니 마치 닭이 지렁이를 삼키는 것 같고 뱀이 두꺼비 알을 삼키는 것 같았다. 흡사 목에 거죽으로 혹이 달린 것처럼 보였다.

다시 알 하나를 삼키니 이번엔 정말 인후(咽喉)를 틀어막아 재채기하고 구역질하며, 목에 핏대가 서자 요술쟁이는 자기가 한 짓을 후회하고 살고 싶지 않은 듯이 대 젓가락으로 목구멍을 쑤셨다. 그러나 이내 젓가락이 꺾어져 땅에 떨어지니 이제 어쩔 수 없는 것처럼 보였다.

요술쟁이가 입을 벌리고 사람들에게 보이니 과연 목구멍 속에는 조금 흰 것이 드러났다. 가슴을 치고 목을 두드리며, 답답해하고 쩔쩔매는 꼴을 보고 사람들은, "조그만 재주를 경솔히 자랑하다가 아아, 이제는 죽는구나." 하였다. 요술쟁이는 가만히 귀가 가려운 듯이 듣더니 귀를 기울이고 긁는 것이 무슨 의심이나 있는 것처럼 손가락 끝으로 귓구멍을 후벼 흰 물건을 끄집어내니 아니나 다를까 좀 전에 삼킨 계란이었다.

요술쟁이는 오른손으로 계란을 쥐고 여러 사람 앞에 두루 보이더니, 왼쪽 눈에 넣었다가 오른편 귀에서 뽑아내고 오른편 눈에 넣었다가 왼편 귀에서 뽑아내며, 콧구멍에 넣었다가 뒤통수로 뽑아내는데 목에는 아직도 계란 한 개가 남아 있었다.

요술쟁이는 흰 흙 한 덩이로 땅에 큰 동그라미를 그어 여러 사람들을 동그라미 밖에 둘러앉게 했다. 요술쟁이는 모자를 벗고 옷을 끄르고 시퍼렇게 간 칼을 내어 땅 위에 꽂아 놓고 다시 댓가지로 목을 쑤셔 계란을 깨뜨리려 했다.

땅을 버티고 서서 한 번 토해도 알은 종내 나오지 않자 요술쟁이는 그 칼을 빼어 좌우로 휘두르다가, 공중을 쳐다보고 한 번 던져 이것을 손바닥으로 받더니, 또 한 번 높이 던지고는 하늘을 향하여 입을 벌려 칼끝을 입속에 바로 떨어져 꽂히게 하였다.

이를 본 여러 사람들은 얼굴빛을 변하여 모두 벌떡 일어나고 깜짝 놀라 말이 없었다. 요술쟁이는 고개를 젖히고 두 팔을 늘이고 뻣뻣이 한참 선 채, 눈 한 번 깜박하지 않고 하늘을 똑바로 쳐다보면서 한동안 있다가 칼을 삼키는데, 병을 기울여 무엇을 마시듯 목과 배가 서로 마주 응하는 것이 성난 두꺼비 배처럼 불룩거렸다.

칼고리가 이에 걸려 칼자루만 넘어가지 않고 남아 있다. 요술쟁이는 네 발로 기듯이 칼자루를 땅에 쿡쿡 다져 이와 고리가 맞부딪쳐 딱딱 소리가 났다. 또 다시 일어나서 주먹으로 칼자루 머리를 치고서 한 손으로 배를 만지며 한 손으로는 칼자루를 잡고 내두르니, 배 속에서 칼이 오르내리는 것이 마치 살가죽 밑에서 붓으로 종이에 줄을 긋는 것 같았다.

여러 사람들은 가슴이 섬뜩하여 똑바로 보지 못하고 어린애들은 무서워서 울면서 안 보려고 엎어지고 기어서 달아났다. 이때에 요술쟁이는 손뼉을 치고 사방을 돌아보고 늠름하게 바로 서서 이내 천천히 칼을 뽑아 두 손으로 받들어 들었다. 이 칼을 여러 사람들의 바로 눈앞에 두루 보이면서 인사를 하는데, 칼끝에 붙은 핏방울에는 아직도 더운 기운이 모락모락 났다.

(……)

요술쟁이는 손을 보자기 밑에 넣어 사과 세 개를 끄집어냈다. 가지가 달려있고 잎이 붙은 것을 한 개 들고 우리나라 사람에게 사라고 청한다. 우리나라 사람은 머리를 흔들고 사기를 즐겨하지 않으면서, "네가 전일에 항상 말똥으로 사람을 희롱한단 말을 들었거든." 한다.

요술쟁이는 웃으면서 이것을 변명하지 않는데 여러 사람들은 다투어 사과를 사먹었다. 우리나라 사람이 비로소 사자고 청하니 요술쟁이는 처음에는 아끼는 듯하다가, 얼마 뒤에 한 개를 집어 주니 우리나라 사람이 한 입 베어 먹고는 바로 토하는데, 말똥이 한 입 가득 차서 온 저자 사람이 모두 웃었다.

요술쟁이는 바늘 한 줌을 입에 넣고 삼켰는데 간지럽지도 않고 아프지도 않은 듯, 평소와 다름없이 말하고 웃으며 밥을 먹고 차를 마셨다. 그러고서 그는 천천히 일어나 배를 문지르고 붉은 실을 비벼서 귓구멍에 넣고 한참 동안 서있었다. 그러더니 재채기를 몇 번 하고는 코를 잡고 풀더니 수건을 내어 코를 닦았다.

코털을 뽑는 것 같더니만, 얼마 지나지 않아 붉은 실이 콧구멍에서 조금 보였다. 요술쟁이는 손톱으로 그 실 끝을 집어 당기니 실이 한 자 넘게 나오면서 놀랍게도 바늘 한 개가 콧구멍에서 누워 나오는데 실에 꿰어져 있었다. 가느다랗게 질질 끌려 빠지는 실은 자꾸 길어져서 백 개 천 개 바늘이 실 한 끝에 꿰어졌고, 바늘 중에는 밥알이 그 끝에 붙어 있는 것도 있었다.

(……)

요술쟁이는 탁자 위를 깨끗이 닦았다. 그 위에 도서(圖書)를 진열하고 조그만 향로에 향불을 피웠다. 또 탁자 위에 복숭아 세 개가 담긴 흰 유리 접시를 놓았는데, 복숭아는 모두 큰 대접만 했다. 탁자 앞에는 바둑판과 검고 흰 바둑알을 담은 통을 놓고 짚자리를 단정하게 깔아놓았다.

잠깐 휘장으로 가렸다가 조금 후에 걷으니, 구슬 관에 연잎 옷을 입은 자도 있고, 신선의 옷과 신 차림을 한 자도 있으며, 나뭇잎으로 옷을 해 입고 맨발로 있는 자도 있었다. 이들은 마주 앉아 바둑을 두기도 하며, 지팡이를 짚은 채 옆에 서 있기도 하고, 혹은 턱을 고이고 앉아서 조는 자도 있었는데 모두가 수염이 아름답고 얼굴들이 예스럽고 기이했다.

접시에 있던 복숭아 세 개가 갑자기 가지가 돋고 잎이 붙고 가지 끝에 꽃이 핀다. 구슬 관을 쓴 자가 복숭아 한 개를 따서 다른 사람과 함께 베어 먹고서는 그 씨를 땅에 심는다. 그런 후, 또 다른 복숭아 한 개를 가져다가 절반도 못 먹었는데 땅에 심은 복숭아나무는 벌써 몇 자를 자라서 꽃이 피고 열매를 맺는다. 바둑 두던 자들이 갑자기 머리가 반백(斑白)이 되더니 이윽고 하얗게 세어 버렸다.

요술쟁이는 큰 유리 거울을 탁자 위에 놓고 시렁을 만들어 세웠다. 그러고서 요술쟁이는 여러 사람들을 두루 불러서 거울을 열어 구경시켰다. 거울 속에는 여러 층 누각과 몇 겹 전각이 아름다운 단청을 곱게 했는데, 관원 한 사람이 손에 파리채를 잡고 난간을 따라 서서히 걸어갔다. 아름다운 계집들이 서넛씩 짝을 지어 보검을 가지고 혹은 금병을 받들고, 혹은 봉생(鳳笙)을 불고 혹은 비단 공도 차는데, 그들의 구름 같은 머리와 아름다운 귀고리는 묘하고 곱기 비할 바 없었다.

방 안에는 백 가지 물건과 수없는 보물들이 가득 찼으니 그 관원은 참으로 세상에서 부귀가 지극한 사람 같았다. 여러 사람들은 부러움을 참지 못하여 서로 구경하기에 바빠서 이것이 거울인 줄도 잊어버리고 바로 뚫고 들어가려 했다. 그러자 요술쟁이는 구경꾼들을 꾸짖어 물리치고 즉시 거울 문을 닫아 더 이상 보지 못하도록 했다.

요술쟁이는 한가로이 걸으면서 사방을 향하여 무슨 노래를 부르다가 다시 거울 문을 열어 여러 사람을 불러 와 보라고 했다. 전각은 적막하고 누사(樓榭)는 황량한데 세월이 얼마나 지났는지 아름다운 계집들은 모두 어디론가 가버리고 한 사람이 침상 위에서 옆으로 누워 자고 있었다. 그의 옆에는 아무 물건도 없고 손으로 귀를 받치고 있었는데 이마 밑으로 김 같은 것이 연기처럼 떠오르고 있었다. 그 형상은 처음은 가늘고 끝은 둥그렇게 늘어진 젖통 같았다.

종규(鐘馗)[2]가 누이를 시집보내고 올빼미가 장가를 드는데, 버들 귀신이 앞을 서고 박쥐가 기를 들고 이마에서 나오는 김을 타고 올라가서 안개 속에서 논다. 잠자던 자는 기지개를 켜면서 깨려다가 또 잠이 들었다. 그러다 갑자기 두 다리가 두 수레바퀴로 바뀌면서 바퀴살이 아직 덜 되었는데, 구경꾼들은 모두 징그러워하며 거울을 가리고 등을 돌리면서 달아났다.

세계의 몽환(夢幻)이 본래 이와 같도다. 거울 속의 염량(炎凉)이 급히 변천했듯이 인간의 모든 일들은 아침에 무성했다가 저녁에 시들고, 어제 부자가 오늘은 가난하고, 잠깐 젊었다가 갑자기 늙는 것이다. 이는 꿈속에 꿈 이야기를 하는 것 같으니, 슬쩍 죽었다가 바야흐로 살고, 무엇이 있고 무엇이 없으며, 무엇이 참이요 무엇이 거짓인지 모를 일이다.

세상에 착한 마음을 지닌 착한 사내와 보살(菩薩)의 형제들에게 말하노니, 헛세상에 꿈 같은 몸과 거품 같은 금과 번개 같은 비단으로 인연을 맺어서, 기운에 따라 잠시 머무를 뿐이니 원컨대, 이 거울을 표준삼아 덥다고 나아가지 말고, 차다고 물러서지 말며, 있는 돈을 흩어서 이 가난한 자를 구제할지어다.

---

2) 당(唐) 오도자(吳道子)가 그린 귀신의 이름. 무과(武科)에 응시하여 불합격한 귀신이라 하였다

요술쟁이는 큰 동이 하나를 탁자 위에 놓고 수건으로 정하게 닦고 붉은 옷감으로 위를 덮으며, 장차 무슨 요술을 하려고 주선할 즈음에 품속에서 접시 하나가 쨍그렁하고 땅에 떨어지면서 붉은 대추가 흩어지니, 여러 사람들은 일제히 웃고 요술쟁이도 역시 웃었다. 그릇과 도구를 주워 담아 이내 놀음을 파하니, 이것은 재주가 없어 그러는 것이 아니라, 날이 저물어 바로 파하려 했으므로 일부러 파탄(破綻)을 하여 여러 사람들에게 본래 이것이 거짓인 것을 보여 준 것이다.

이날 홍려시 소경(鴻臚寺少卿)[3] 조광련(趙光連)과 의자를 나란히 하고 요술을 구경했는데, 나는 조경(趙卿)에게 말하기를, "눈으로 시비를 분별 못하고 참과 거짓을 살피지 못한다면, 비록 눈이 없다고 한대도 가할 것입니다. 그러나 항상 요술쟁이에게 속는 것은 눈이 일찍이 헛되게 보여 그런 것이 아니라 눈으로써 밝게 본다는 것이 도리어 탈입니다." 하였더니, 조경은, "비록 요술을 잘하는 자가 있더라도 소경에게는 눈속임을 할 수 없을 것이니 눈이란 과연 떳떳한 것일까요." 한다.

나는, "저의 나라에 서화담 선생(徐花潭先生)[4]이란 분이 있는데, 그 분이 길에서 우는 자를 만나 네 어찌 우느냐고 물으니, 대답하기를, '내가 세 살에 소경이 되어 이제 40년이 되었는데, 전일에는 걸음을 걸을 때는 발을 의지해서 보고, 물건을 잡을 때는 손을 의지해서 보고 성음(聲音)을 들어 누구인지 분별하니 귀를 의지해서 보고, 냄새를 맡아 무슨 물건인지 살피니 코를 의지해서 보았습니다. 딴 사람들은 두 눈만 가졌지만 나는 손과 발과 코와 귀가 모두 눈 아닌 것이 없습니다. 어찌 수족과 귀와 코뿐이겠습니까. 해가 이르고 늦은 것을 낮에 피로한 것으로 보고, 물건의 형용과 빛깔을 밤에 꿈으로 봅니다. 아무런 장애도 없고 일찍이 의심과 혼란이 없

3) 홍려시는 손님을 접대하는 관청. 소경은 차관(次官).
4) 조선 명종(明宗) 때의 학자 서경덕(徐敬德). 자는 가구(可久). 물질불변론(物質不變論)을 주장하였다.

었는데, 이제 길을 걸어오다가 홀연히 두 눈이 맑아지고 동자가 저절로 열려 천지가 넓고 크며, 산천이 요란하게 엉켰고, 만물이 눈을 가리고 모든 의심이 가슴을 막아서, 수족과 귀와 코는 착각을 일으키고 전도(顚倒)되어서 모두 떳떳한 것을 잃고 보니, 묘연(渺然)히 우리 집조차 잊어버려서 돌아갈 수가 없으므로 웁니다.' 하더랍니다. 화담 선생은 말하기를, '네가 네 길잡이에게 물어보면 길잡이가 응당 스스로 알 것이 아니냐.' 하였더니 그는 말하기를, '내 눈이 이미 밝았으니 길잡이에게 물으면 무엇하겠습니까?' 하니 선생은 말하기를, '도로 네 눈을 감으면 네가 서 있는 곳이 곧 네 집일 것이다.' 했으니, 이로써 논한다면, 눈이란 그 밝은 것을 자랑할 것이 못 됩니다. 오늘 요술을 구경하는 데도 요술쟁이가 눈속임을 해서 속는 것이 아니라 사실은 보는 자가 제 자신을 속이는 것입니다." 했다.

이에 조경은, "그렇습니다. 세상에서는 비연(飛燕, 漢 조 황후(趙皇后)의 별호)은 너무 파리하고 옥환(玉環 당(唐) 양태진(楊太眞)의 별호)은 너무 살쪘다고 하는데, 무릇 '너무'라고 하는 말은 '지나치게 심하다'는 말로서 이미 그 살찌고 파리한 것을 의논하면서 경솔히 심하다는 말을 더 붙였던 것이니, 이들은 이미 절세(絶世)의 가인(佳人)이 아님에도 불구하고 두 임금(한 성제(漢成帝)당 현종(唐玄宗))의 눈은 살찌고 파리한 데 홀렸던 것입니다. 세상에는 광명한 눈과 진정한 소견이 없어진 지 오랩니다. (중략) 예로부터 신성(神聖)한 자나 우범(愚凡)한 자는 누구나 한 가지 알지 못할 일이 있는데, 혹은 헌데 딱지를 즐기는 자가 있고, 혹은 노새 울음소리를 즐기는 자가 있으니, 이것은 요술이라 해도 될 것이요, 천성이라 해도 될 것입니다. 요술의 술법은 비록 천변만화를 하더라도 족히 두려울 게 없습니다. 그러나 천하에 가히 두려워할 만한 요술이 있으니, 그것은 크게 간사한 자가 충성스러운 체하는 것과 향원(鄕愿)[5]이면서도 덕행이 있는 체하는 것일 겁니다." 했다.

---

5) 시골 사람으로 아무런 특색이 없이 겸손하고 삼가는 체하는 사람. 《논어》에 나오는 말.

나는, "호광(胡廣 동한 말 여섯 임금을 역사한 신하) 같은 삼공(三公)은 중용(中庸)으로 요술을 하고 풍도(馮道)[6]와 같이 오대(五代)에 걸쳐 정승을 하며 명철(明哲)한 것으로 요술을 부렸으니, 웃음 속에 칼이 있는 것이 입 속으로 칼을 삼키는 것보다 더 혹독하지 않을까요." 하고는 서로 크게 웃으면서 일어났다.[7]

2. 예술(藝術)과 요술(妖術)의 관계

환(幻)을 창출하는 예술과 요술

인간은 누구나 상상을 할 수 있다. 그런데 그 상상을 형상적인 소재로 구현하여 다른 사람들에게 그러한 상상이 마치 실재인양 실감 나는 환(幻)을 만들어내는 사람은 예술가이다. 소설이 만드는 허구의 공간을 어딘가 존재하는 세계로 느끼게 하고 그 속에 있는 기호학적인 대상들과 인간의 온기를 나누게 하는 것이 환이다. 병풍 속 미인이 살아서 걸어 나오는 착각을 하게 되는 것도, 건축물 하나가 그 안팎으로 새로운 공간감을 만들어내는 것도 환이다. 이어폰으로 들리는 음악은 너저분한 현실의 한 순간이 배경 음악 깔리는 드라마의 한 장면으로 변모시키는 환을 만들어내며, 거대한 영화관의 스크린에 쏘아진 영상은 환영 그 자체이다.

그런데 예술적인 환을 향유하는 데에 반드시 환의 창출 과정을 볼 필요는 없다. 이를테면, 소설을 제대로 감상하기 위해 작가가 인물의 역할에 대해 메모한 종이, 줄거리에 대해 거칠게 스케치한 도면을 볼 필요는 없다는 것이다. 공상과학 영화의 괴물이 만들어지는 과정에 천 과정이나 컴퓨

6) 오대가 혼란할 때 요령 있게 벼슬자리를 지켜 오대 사성(四姓)을 역사한 사람.
7) 번역된 부분은 민족문화추진위원회 역, 『국역 열하일기』(고전국역총서 18~19, 1966)와 이상호 역, 『열하일기』(보리, 2004)를 참조하여 필자가 일부 수정하였음.

터 그래픽 기술이 괴물의 형상에 어떻게 관여하였는지 알게 되는 것은 오히려 환으로의 몰입을 방해하기도 하는 것처럼 말이다. 그러나 요술이 만들어내는 환은 다르다. 환이 만들어지는 과정 자체를 환으로 삼고 있으므로. 즉, 요술은 환의 제작 과정을 환처럼 보이게 한다는 데에 그 특성이 있는 것이다.

환을 창출하는 예술은 예술 작품을 통해 환의 세계를 실감하게 함으로써 사람을 매혹시키는 속성이 있다. 우리는 멋들어지게 만들어진 환의 세계에 도취되어 그런 세계를 만들어낸 인간의 정신과 재능에 탄복한다. 그리고 그런 세계를 만들어내는 술(術)을 예(藝)의 경지로 인정하여 '예술(藝術)'이라고 부른다. 반면, 요술은 무언가 결과가 만들어지는 과정을 드러내면서도 그 비밀을 감쪽같이 숨긴다. 사실 요술의 결과란 그 자체로는 우리의 경탄을 자아내지는 않는다. 기껏해야 보자기 속의 꽃이나 비둘기, 토끼 등이니 뭐 그리 놀라운 것은 아니다. 그러나 요술의 묘미는 결과보다는 그것을 만들어낸 과정에 있다. 우리 눈앞에서 술(術)이 행해지나 천의무봉(天衣無縫)의 솜씨로 뭔가 술수가 있음을 숨기기에 그러한 술은 괴이하고도 아름다운 '요술(妖術)'이 된다.

이중(二重)의 환(幻)

박지원의 <환희기>는 여러 겹의 환을 품고 있다. 가장 안쪽에 자리 잡고 있는 것은 글쓰기의 대상인 요술쟁이가 만들어내는 환이다. 박지원도 멀뚱히 보고 있다가 요술쟁이의 술수에 속아 넘어가는 관중 중의 하나로서 자신이 본 요술에 대한 놀라운 체험, 즉 환의 경험을 기록하고 있을 따름이다. 그런데 박지원은 환의 경험을 기록하면서 다른 차원의 환을 창출한다. <환희기>를 보고 있노라면 마치 요술쟁이가 내 앞에 서서 갖은 요술을 다 부리고 있는 듯한 환을 실감하게 된다. 박지원이 요술을 부리고 있는 사람과 그가 있는 현장을 사생(寫生)하여 우리에게 전해주고 있기 때문이다. 이것이 환을 싸고 있는 또 다른 환이다.

박지원의 <환희기>는 이처럼 이중의 환을 경험하게 해주는 특성을 갖는다. 여러 겹의 환이 있는 이상 독자들도 이러한 다층적 환에 대해 점층적인 접근을 하게 된다. 독자들이 경험하게 되는 환은 마치 요술쟁이가 내 눈 앞에 있는 듯한 환이다. 이러한 환은 마치 카메라로 찍듯 그려내는 박지원의 글 솜씨가 만들어내는 환의 효과이기도 하다. 우리는 그 솜씨를 믿고서, '저 요술쟁이가 도대체 어떻게 관중들을 속였던 것이지?'라는 궁금증을 가지게 된다. 다른 말로, 재현 대상이 되는 요술쟁이의 요술이 만들어내는 환의 세계를 탐구하게 되는 것이다. 이게 다라도 별 불만은 없다. 북한 교예단이나 상해 서커스단 공연을 본 것처럼 몇백년 전의 중국 공연을 글로나마 완상할 수 있었다는 것만 해도 고마운 일이니 말이다.

게다가 박지원이 묘사한 연희는 '장난이 아니어서' 보는 즐거움이 더하다. 손으로 비벼 크게도 만들고 없어지게도 하는 둥근 공, 물에 녹았다가 다시 붙는 신기한 종이, 기둥에 묶이고서 단숨에 빠져나오는 요술쟁이, 계란을 삼키며 몸의 여러 구멍에서 계란 꺼내기, 칼을 삼켜 계란 뽑아내기, 어린아이 입에서 청개구리 나오게 하기, 빈 보자기에서 새 꺼내기, 물을 거꾸로 흐르게 해 다시 병 속에 들어가게 하기, 술이 나오는 돌, 말똥으로 만든 사과, 바늘을 삼키고 토해내기, 대접 속에 은덩이 만들고 이를 돈으로 변하게 하기, 은행을 여러 가지로 변화시키기, 접시돌리기, 불 토하기, 관중에서 호로병 찾아내기, 신선놀음의 연희, 거울 속의 연희 등 중국의 요술쟁이는 다양한 레퍼토리를 갖고 있었다. 그리고 박지원은 이를 연행하는 요술쟁이의 능청스럽고 익살맞은 연기도 간간히 그리며, 연희를 보는 관중들의 반응도 생생하게 포착하였기에 독자들은 마치 중국의 한 거리에서 펼쳐지는 공연의 현장에 와 있는 것 같은 실감을 느낀다.

이런 공연을 볼 때, 대부분의 사람들은 '도대체 어떻게 한 거지?', '무슨 술수가 있었던 거야?'라고 생각하며 그 비밀을 캐고 싶어 한다. 박지원의 일행이었던 역부(驛夫)가 그러했듯이 말이다. 역부는 두 손을 뒤로 하여 엄지손가락을 끝으로 묶은 채 기둥에서 빠져나오는 요술을 보다가 상대가 자기를 속였다는 생각에 "심중으로 노하여, 얼굴빛을 바꾸며 의분을 내고"는 돈을 주고 다시 한 번 보기를 청했다. 결국 세 번이나 같은 것을 보았으나 끝내 그 신통함의 비밀은 알지 못했다. 이 역부처럼 우리는 요술쟁이가 나를 어떻게 속였다고 생각하며 자기 눈으로 그 비밀을 들춰내고 싶어 하는 경향이 있다.

그러나 박지원은 달랐다. 요술의 비밀이 요술쟁이의 술수에 있는 것이 아니라 "눈으로 밝게 본다는 것이 도리어 탈"이며, 사실은 제 눈으로 밝게 볼 수 있다고 믿는 자가 "제 자신을 속이는 것"임을 깨달았던 것이다. 그래서 그는 굳이 요술쟁이의 술수를 분석하고 그 연행을 비평하기보다는 환의 경험 그 자체를 카메라의 렌즈 같은 글쓰기로 담아내는 것이다. 이렇게 요술쟁이가 관중에게 보여주었던 '환'을 독자에게도 박진감과 실감을 주는 '환'으로 제시하는 글쓰기 기법은 환이 그저 환일 따름이라는 깨달음이라는 주제적인 의미와 상통한다. 그러니까 박지원은 이러한 글쓰기 기법을 매개로 자기가 환희(幻戲)를 보고 그저 눈속임임을 깨달았듯이 독자들도 환희의 경험을 해보라는 권유를 하고 있다는 것이다.

환의 미학, 환의 철학

요술쟁이가 환술을 부리는 것은 당연하고, 관중들도 기꺼이 속기 위해 그 자리에 몰려 있다. 환희의 현장은 곧 눈에 보이는 것을 믿으려하는 관중들과 관중들의 눈에 띄지 않도록 다채로운 술수를 부리는 요술쟁이의 경합이 벌어지는 놀이판이다. 박지원이 보았던 요술쟁이도 자신의 환술이 단지 속임수일 뿐임을 드러내기 위해 막판에는 일부러 실수를 하여 요술이 정말 작은 귀신[小鬼]을 불러 행하는 마술(魔術)이 아님을 보여주었다. 요술은 그저 환을 일으키는 눈속임일 따름임을 정직하게 고백하는 것이다.

환이 대상의 속성일 뿐 아니라 보는 자의 착각이라는 의미에서 요술이나 예술이나 환을 창출하기는 매한가지이다. 미적으로 구성된 세계를 진실이라고 여기며 그 가상의 세계를 현실보다 더 생생한 것으로 실감하게 하는 환을 창출하는 예술, 요술쟁이의 눈에 보이지 않는 손놀림으로 인해 자연스러운 환처럼 보이게 하는 요술은 모두 인간의 착각인 환을 추구한다. 그러나 예술 감상자나 요술 관람자는 모두 그것이 환일뿐임을 알고 있으며, 예술가나 요술쟁이도, 속아줄 태세를 겸하여 '그래, 어디 한번 보자'라는 자세를 갖고 있는 수용자들과 공모한다. 즉, 놀이의 법칙으로서 환을 작가나 연희자, 독자나 관중 모두 수용하고 있다는 것이다. 그러나 예술의 환은 오히려 현실을 보완하거나 현실을 초월하는 진(眞)을 간직함으로써 환을 통한 진리 경험을 제공하기기도 하며, 요술의 환은 박지원이 얻었던 깨달음처럼 자기 눈이 자기를 속일 수도 있다는 교훈을 주기도 한다.

문제는 이 놀이의 영역을 벗어난 곳에서도 환의 장난을 하는 데에 있다. 이것이 환희를 본 박지원의 깨달음인데 연암은 다음과 같은 논리로 이를 설파한다. 보이는 것대로 믿으면 자기 눈에 자기가 속는 것이다. 개안(開眼)한 소경이 자기 집을 찾지 못하는 것처럼 눈은 오히려 허상인 환을 만들어낼 수도 있다. 이러한 환에 스스로 속지 않기 위해서는 도로 눈을 감는 지혜도 필요하다. 요술은 단지 눈속임일 뿐이다. 그러나 그것을 요술이라고 치부하면 별 해로움은 없다. 그런데 가장 폐해가 많은 눈속임은 간사한 자가 충성스러운 체하며, 덕이 없는 사람이 덕이 있는 체하는 것이다.

세상에는 이처럼 겉과 속이 달라 그 겉을 꾸밈이 요술일 따름이라는 것을 알아채기 어려운 존재가 있다. 그래서 박지원은 "웃음 속에 칼이 있는 것이 입 속으로 칼을 삼키는 것보다 더 혹독하지 않을까" 했다. 세상에 폐해를 끼치는 환을 만들어내는 사람은 요술쟁이가 아니라 위선자(僞善者)라는 것이다. 이렇게 그는 요술쟁이의 놀이를 본 뒤, 환의 본성, 즉 대상이 나를 속이는 게 아니라 내가 나를 속이는 것임을 깨닫고서 이를 일반화하여 대상을 보는 광명한 눈, 진정한 소견 갖기의 중요성이라는 삶의 교훈을 이끌어 내었다.

3. 박지원은 영화(映畵)를 보았다

요술 같은 영화

3백 년 뒤를 사는 '나'도 박지원이 보고 기록했던 바로 그 요술을 보았고, 그것도 그 요술을 실감나게 재현한 박지원의 솜씨를 통해 보았으니 그에 대해 뭔가 '응답'해야 할 필요를 느낀다. 독자인 '나'는 이렇게 응답의 말을 시작할 수 있으리라.

"당신이 쓴 환희에 대한 묘사는 참으로 박진감이 넘쳤으며, 진실을 보기 위해 '도로 눈을 감으시오.'라는 삶의 교훈도 뜻 깊었습니다. 당신은 현실적으로 존재하는 사람들이 일으키는 환의 폐해에 대해 지적했지요. 그렇지만 나는 이러한 당신의 논리를 역으로 적용하여, 현실적으로 존재하지 않는 가상 세계가 창출하는 환의 효용에 대해 말하고자 합니다. 내가 속한 세계는 그야말로 온갖 요술 같은 환이 난무하는 시대이기 때문입니다."

현실을 가장 근사(近似)한 형태로 모방할 수 있는 한편, '보는 것은 믿는 것이다'라는 합리적 주체의 선입견을 활용하여 현실에 존재하지 않는 것마저 확실한 존재감을 갖는 환영으로 만들어낼 수 있는 것은 바로 영화이다. 최근에는 컴퓨터 그래픽 기술까지 합세하여 영화가 창출할 수 있는 환의 가능성은 더욱 커졌다. 마술사를 주인공으로 한 영화를 만든 한 감독은 다음과 같이 마술과 영화의 관련성을 짚었다. "(나는 마술과 영화가) 굉장히 깊은 관련이 있다고 생각한다. 마술사와 영화 만드는 사람 사이엔 어떤 콘텐츠를 드러내는 방법에 있어 닮은 부분이 많다. 관객들을 유혹해야 한다는 목적이 같고 그를 위해 테크닉을 쓴다는 것도 같다."[8] 관객들을 유혹하여 그들을 홀리는 것이 '요(妖)'이며, 그를 위해 쓰는 테크닉은 곧 '술(術)'이다. 그러니 영화는 곧 20세기에 가장 성공을 거둔 요술이 아니겠는가.

---

8) 「<프레스티지> 크리스토퍼 놀란 -영화와 마술은 닮았다」, 맥스무비, 2006.11.01.

초기 영화사에서 영화 기술의 혁신을 이룬 이도 마술사였다. 1895년 프랑스의 조르주 멜리에스는 뤼미에르 형제가 만든 최초의 영화를 본 후, 마술사로서 재능을 발휘하여 오늘날의 특수효과로 볼 수 있는 다양한 기법들을 실험했다. 그래서 만들어진 영화가 바로 최초의 공상과학 영화인 <달나라 여행>이다. 그리고 멜리아스는 자신이 만든 영화들을 영화관이 아니라 마술 극장에서 상영하였다. 그뿐 아니라 초창기 영화는 놀라운 볼거리로 버라이어티 쇼 극장의 프로그램, 마술쇼의 일부로 취급되었으니 영화는 요술의 한 종류였다고 해도 과언이 아닐 것이다. 이쯤해서 다시 박지원이 묘사한 요술 공연으로 돌아가 보자. 박지원이 묘사한 요술 공연에서도 영화와 유사한 프로그램이 있었다. 그것도 요술 공연의 가장 하이라이트로서 공연을 파하기 직전에 배치되어 있었다. 거울 속의 집과 사람들의 영상이 그것이다. '설마 그게 영화였을까?'라는 의구심을 가지고 몇 번을 읽고 상상해 봐도 그것은 영화의 원리로 움직이는 영상과 흡사하다.

요술쟁이는 먼저 큰 유리 거울을 탁자 위에 놓고 시렁을 만들어 세웠다. 아마 이 시렁에는 영상을 유리에 비추는 장치가 있었을 듯하다. 시렁에 숨겨진 장치에 의해 비춰진 영상은 거울 안의 뚜렷한 상으로 맺히게 된다. 거울을 장식한 것처럼 보였던 시렁은 다름 아니라 환을 만들어내는 등, 즉 환등(幻燈, Magic Lantern) 장치였던 것이다. 환등기 이전에는 카메라의 선조인 레오나르도 다빈치가 발명한 카메라 옵스큐라(Camera Obscura)가 있었다. 영사 시스템의 원형인 환등은 카메라 옵스큐라의 원리를 거꾸로 적용한 것으로 벽에서 상자가 아니라 상자에서 벽으로 영상을 비춘다. 즉, 상자의 작은 구멍에 광원과 빛을 모으는 렌즈를 부착하여 질료(유리나 슬라이드)에 영상을 투사하는 방식인 것이다. 만약 시렁이 환등 장치였다면 그것은 영사기의 원리를 선취하고 있는 것이다. 동양에 다빈치 같은 발명가가 없었겠는가. 이미 그리스 시대의 아리스토텔레스도 나뭇가지로 원을 그리면 연속된 면처럼 보인다는 잔상(殘像) 효과에 대해 언급한 바 있거늘 빛의 요술에 대해 탐구한 사람이 동양에는 없었을까. 그러니 18세기 중국 요술 공연에서 영화 상영이 요술쟁이가 보여주는 레퍼토리가 될 수 있었던 일이 전혀 불가능한 것은 아니다.

세계 최초의 영화 비평가, 박지원

1895년부터 뤼미에르 형제가 만든 영화의 내용은 기차의 도착, 카드놀이, 번화한 거리의 움직임 등이었다. 이에 비해 중국 거리에서 상영된 영화는 내용 면에서 꽤 수준이 높았다. 전반부에는 한 사내가 전각(殿閣) 사이를 한가로이 걷는 모습과 아름다운 여인들이 비단 공을 차며 노는 모습을 보여주다가 후반부에는 적막한 전각의 침상에 누워 잠을 자는 사내가 등장한다. 사내의 이마에서는 하얀 안개 같은 연기가 피어오르고 온갖 기괴한 것들이 그 속에서 논다. 기지개를 켜면서 깨려던 사내는 다시 잠이 드는데 갑자기 두 다리가 수레바퀴로 변한다. 이것이 움직이는 영상이었다면 꽤 심오한 의미를 담고 있는 듯하다. 뤼미에르가 신기한 기술로 일상을 재현하는 데 관심이 있었다면 중국의 요술쟁이는 이 수준을 훨씬 넘어서는 것이다. 일상을 재현하는 환의 수준이 아니라 일상에서 볼 수 없었던 환영을 보여주기 때문이다.

막심 고리키는 1896년에 뤼미에르 형제의 영화 상영을 처음으로 보았을 때 다소 실망하면서 다음과 같이 썼다.

> "사람들에게 너무나 익숙한 장면에서 어떤 특별한 것은 찾아볼 수 없다. 왜냐하면 파리의 거리는 이미 자주 보아온 것이기 때문이다. 그러나 갑자기 이상한 떨림이 화면 위에 나타나더니 상이 움직이기 시작했다. 영상의 깊은 곳 어디에선가 나오는 차들이 네가 앉아 있는 어둠 속으로 직접 움직여온다. 어디로부터인가 사람들이 나타나며 그들은 가까워질수록 더 커진다.(…)모든 것이 움직이며 움직임으로 가득 차 있다. 그것이 화면의 가장자리에 이르면 사라지고 만다. 그리고 이 모든 것은 이상야릇하게 침묵의 상태에서 일어나

고 있다."[9)]

아무리 고리키 같이 미적 감각을 갖춘 훌륭한 작가라 할지라도 파리의 거리를 찍은 영화를 보면서 별 감흥을 느끼지 못했다. 그래서 그가 영화를 보고 난 후 쓴 감상은 기껏해야 익숙한 상이 움직이며, 그것이 소리를 동반하지 않는다는 비일상적 체험에 관한 것일 뿐이었다. 그러나 박지원은 영화 콘텐츠까지 고려한 높은 수준의 요술 공연 덕택에 다음과 같은 영화 비평을 할 수 있었다.

> "세계의 몽환(夢幻)이 본래 이와 같도다. 거울 속의 염량(炎凉)이 급히 변천했듯이 인간의 모든 일들은 아침에 무성했다가 저녁에 시들고, 어제 부자가 오늘은 가난하고, 잠깐 젊었다가 갑자기 늙는 것이다. 이는 꿈속에 꿈 이야기를 하는 것 같으니, 슬쩍 죽었다가 바야흐로 살고, 무엇이 있고 무엇이 없으며, 무엇이 참이요 무엇이 거짓인지 모를 일이다."

박지원이 다른 요술 공연에 대해서 별 다른 감상을 덧붙이지 않았던 데 비하여 상영된 영화에 대해서는 공을 들여 서술하며 영화를 통해 얻은 깨달음을 상세히 적어놓았다. 그는 매우 초기의 영화 관람객임에도 영화의 본성을 "꿈속에 꿈 이야기를 하는 것(夢中說夢)"이라고 간명하게 포착해낼 수 있었다. 첫 번째 꿈은 영화 매체 자체가 갖는 환영으로서의 속성을 말하는 것이며, 두 번째 꿈은 영화에서 보여주는 이야기이다. 영화를 보는 동안 보이는 것을 실재하는 것으로 믿는 환에 빠지는 것, 즉 꿈을 꾸는 것이며 영화가 만들어 내는 이야기가 만들어낸 세계에 몰입하게 되는 것은 꿈속에서 꿈을 꾸는 것과 다름없다. 그러나 그 꿈은 "무엇이 있고 무엇이

---

9) 막심 고리키, 「나즈니 노브고로드 대목 시장에서의 뤼미에르 프로그램에 관한 보고」, 1896(요아힘 패히, 임정택 역, 『영화와 문학에 대하여』, 민음사, 1997, 16면 재인용).

없으며, 무엇이 참이요 무엇이 거짓인지" 모를 상태에서 진짜 세계, 삶의 진실을 말해준다. '세계의 몽환이 거울 속의 염량 같다'는 말도 꿈속의 꿈에 지나지 않는 영화가 오히려 삶의 진실을 드러낸다는 통찰에서 비롯된 것이다.

박지원이 이러한 통찰을 할 수 있었던 배경에는 그가 눈속임의 세련된 기술에 대해 다른 사람들처럼 흥분하지 않는 태도가 있었다. 박지원과 함께 스크린(거울)에 펼쳐진 영화를 본 다른 사람들은 방 안에 쌓여 있는 수 없는 보물들이 탐나 거울인 줄도 모르고 뚫고 들어가려 했다. 그리고 잠자던 사내의 두 다리가 수레바퀴로 바뀌는 장면에서는 징그러워하며 거울을 가리고 등을 돌려 달아나기 바빴다. 이들은 영화라는 요술이 눈속임임을 깨닫지 못했기에 영상을 실재하는 것으로 착각했던 것이다. 그로부터 100년 뒤, 서양에서 영화를 처음 본 관객의 반응도 이와 같았다. <시오타 역의 기차 도착>이란 뤼미에르 형제의 영화를 본 사람들은 기차가 역에 도착하는 장면을 본 사람들은 기차가 자신에게 온다는 것에 위협을 느낀 나머지 소리를 지르며 영화관을 뛰쳐나갔다고 한다. 또 한 연극의 인상 깊은 독백의 내용 중에는, 생전 처음으로 영화를 보고 있던 소년이, 공산군에게 쫓기다 신이 벗겨져 더 이상 도망갈 수 없는 소녀를 향해 자신이 신고 있던 고무신을 스크린을 향해 벗어 던지며, "이거 신고 빨리 달리래이"라면서 외쳤다는 삽화도 있다.

이러한 우스꽝스런 일화들은 영화를 단지 영화로 즐길 수 있으려면 어느 정도 훈련이 필요하다는 사실을 말해준다. 그러니까 우리의 영화 보기 방식은 익숙함의 결과일 뿐이라는 것이다. 그런데 어떻게 박지원은 자기 생애에서 최초로, 그것도 인류의 역사를 통틀어 거의 최초로 영화를 보았음에도 불구하고 영화가 단지 눈속임에 불과하다는 것을 깨달을 수 있었을까 신기하기만 하다. 그는 마치 영화 보기 방식에 매우 익숙한 20세기 영화 관람객처럼 영화의 기술에는 무심한 채 영화가 보여주는 환영의 세계를 여유롭게 감상하였다. 그리하여 그는 요술의 한 레퍼토리로 상영된 영화를 보고 영화 비평을 행할 수 있었다. 게다가 그의 영화 비평은 영화 매체의 본성, 영화 보기 체험에 대한 성찰, 예술로서 영화가 갖는 의의 등이 종합적으로 다루고 있는 매우 전문적인 것이었다. 이로 인해 독자인 '나'는 필자에게 다음과 같이 말하고 싶다.

> "당신이 몰랐던 놀라운 사실이 있습니다. 내가 속한 세계에서 당신이 보았던 거울 요술은 엄청난 흥행을 하고 있어요. 비추는 그림이라 하여 우리는 그것을 영화(映畵)라고 부릅니다. 당신이 보았던 중국의 거울 요술은 영화의 기술적 원리를 선취하고 있으나 안타깝게도 요술쟁이의 비법(秘法)으로 전수되었을 뿐 세상에 널리 활용되는 기술이 되지는 못했습니다. 그래서 우리는 영화가 서양에서 들여온 줄로만 알고 있지요. 그렇지만 당신은 요술을 그저 요술로 즐기는 태도로 거울 요술을 보고 기록을 남겨주었기에 새로운 명칭을 하나 얻게 되었답니다. 그 명칭은 바로 '세계 최초의 영화 비평가'입니다."

물론 나의 말 역시 또 다른 누군가의 반박과 답변을 기다리는 잠정적인 것이지만 말이다.

참고 문헌

루이스 자네티, 김진해 역, 『영화의 이해(이론과 실제)』, 현암사, 1999.
마샬 맥루한, 임상원 역, 『구텐베르크 은하계』, 커뮤니케이션북스, 2001.
요아힘 패히, 임정택 역, 『영화와 문학에 대하여』, 민음사, 1997.
우홍, 서성 역, 『그림 속의 그림』, 이산, 1999.
「<프레스티지> 크리스토퍼 놀란-영화와 마술은 닮았다」, 맥스무비, 2006.11.01.

원한의 힘과 타인의 욕망에 대한 배려

고 남 식*

1. 〈피서록(避暑錄)〉

기려천(奇麗川)은 만주 사람이다. 그는 성격이 몹시 교만하여 윤형산(尹亨山)을 멸시하는 빛이 얼굴에 나타났으나, 형산은 일부러 알지 못하는 체 하고 얼굴에나 말씨에도 겸손할 뿐이다. 대체로 윤(尹)은 기(奇)에 비하여 나이가 20여 세나 많고 벼슬도 역시 조금 높은 편이다. 그러나 그는 한인이라 해서 마치 나그네처럼 된 처지였으니, 그 정세가 그렇지 않을 수 없는 까닭이다. 여천이 거처하고 있는 방이 나의 사관과 문이 마주 보이는 터라, 내가 형산을 찾아서 이야기를 하려면 반드시 여천의 문 앞을 지나치게 되므로 나는 반드시 여천에게 먼저 들른다. 그러면 형산은 나의 뜻을 모르고서 반드시 나의 뒤를 따라서, 그곳에 잠깐 지체했다가 곧 일어서면서 다른 곳에 약속이 있다고 핑계한다. 여천은,

* 대진대학교 종교문화학부 교수

"윤공(尹公)이 다른 곳으로 간다는 말이야."

하고, 그의 뒤통수에 대고 손가락질을 하면서 깔깔대고 웃는다. 그리고 형산도 언젠가 돌아앉아서,

"저 비둘기처럼 생긴 눈이 여태껏 탈을 벗지 못해."

하면서 악평한다. 만족과 한족 사이의 심한 알력을 이로써 짐작할 수 있겠다. 또 어느날 여천이 나에게,

"전에 어떤 산동에 포정사(布政司)로 부임한 사람이 있었는데, 그는 탐관으로 이름이 높았답니다. 그가 일찍이,

백성을 아들처럼 사랑하자 / 視民若子
법률은 산같이 엄중하리 / 立法如山

라는 주련(柱聯) 두 구를 지어서 아문(衙門)에 붙였더니, 그날 밤에 어떤 이가 그 끝에다 잇달아서,

우양도 어버이 것 창고도 어버이 것이니 / 牛羊父母倉?父母
우리는 다만 아들 직분을 지키자 / 共爲子職而已矣
보물도 예서 일고 재산도 예서 생기니 / 寶藏興焉貨財興焉
이것이 어찌 산의 본성일까 보냐 / 此豈山之性也哉

라고 썼더라는군요."

하면서 말을 나직이 한다. 이는 아마 형산을 가리키는 듯싶기에 나는 그 뒤에 우연히 형산더러,

"당신은 일찍이 산동 포사로 부임하신 일이 있소."

하고 물은즉, 형산은,

"그런 일이 있었지요."
하였다.

그 뒤에 연경(燕京)으로 돌아왔을 때 그곳 인사들과 이야기하다가 기(奇)를 아느냐고 물었으나 모두들 머리를 흔들 뿐이다. 풍병건(馮秉健)이 홀로 분개하는 어조로,

"점잖은 선비가 어찌 되놈의 새끼를 안단 말이요."
한다. 나는 또,

"윤형산은 어떤 인물인가요."
하고 물은즉, 모두들 기쁜 빛으로,

"그는 참으로 백락천(白樂天)과 같은 류의 인물이지요."
하였다.

2. 기려천과 윤형산 사이의 원한

『열하일기』 가운데 <피서록(避暑錄)>은 연암(燕岩)이 피서산장을 유람할 때에 기록한 것이다. <피서록>에는 서른 여섯 가지 경치가 있어 강희황제가 경치가 있는 곳마다 전각을 지어 이름을 붙여 피서산장이라고 하였다. <피서록>은 강희 56년 6월 하순에 쓴 것인데 강희제는 늙어서 열하에 있었고 한가을에도 찌는 듯한 더위를 보이는 이 지역에서 듣고 보고 마음에 생각나는 것을 적어 붙인 이름이다.

<피서록>에는 연암이 피서 산장에서 주고받은 여러 가지 이야기들이

주로 한시가 곁들여지며 대화체로 전개되고 있다. 이 <피서록> 중에서 연암이 기술한 한(恨)과 관련된 이야기를 보기로 한다. 연암이 지은 피서록에는 중국을 유람하며 접하게 된 많은 감회 속에서 중국과 조선간의 문화적 차이와 관습의 격차에 대한 연암의 정서가 나타나는데, 이는 오랜 세월 동안 타자(他者)인 중국과 조선 사이에 쌓여온 드러나지 않은 거리감을 예리한 눈으로 통찰한 많은 이야기들이 연암의 날카로운 필체로 적혀져있다.

이러한 이야기 가운데 연암은 만주인(滿洲人) 기려천(奇麗川)과 한인(漢人) 윤형산 사이에 상존했던 갈등과 대립에 대한 이야기를 하고 예전부터 내재해 왔던 만주족과 한인과의 원수 같은 사이를 기록했다.

기려천이 나이가 20년이나 어린데도 한인들이 타족(他族)에게 몸을 굽혀가며 벼슬을 하고 있는 당시 상황 하에서 한인이었던 윤형산으로서는 어쩔 수 없이 기려천의 거만한 행동을 묵과하고 넘어가야만 했다. 기려천이 성격적으로 좋지 않은 면도 있지만 이(異) 민족간의 대립으로 좋지 않은 감정이 오랜 세월 동안 맺혀져서 당시 만주족이었던 기려천이 윤형산을 업신여긴 일은 상호간의 대립과 갈등을 증폭시키는 것으로 더 좋은 세상을 위해서는 풀어야만 될 숙제인 것이다.

이러한 대립과 갈등은 연암이 제시한 경험담 속에서 여실히 나타난다. 연암은 기려천과 방문(房門)을 마주하고 있어서 어쩔 수 없이 나갈 때마다 기려천에게 인사를 해야 했으나 윤형산은 이를 모르고 반드시 외출하려는 연암을 따라와 앉았다가 가며 다른 곳으로 간다고 하였다. 그러자 기려천이 연암을 따라 나오는 윤형산에게 뒤통수에다 대고 손가락질을 하며 "윤공은 다른 데로 간다"고 비꼬았고, 이에 대해 윤형산은 기려천에게 "올빼미 눈이 어느 때나 사람이 될는지"라고 대꾸했다는 것이다.

서로 간의 갈등을 단적으로 보여주는 '말'싸움이다. 손가락질을 하며 뒤에서 비꼬는 말을 하는 기려천을 연암이 적어 놓은 것은 두 사람간의 갈등이 심각해서 20년이라는 나이 차이도 없고 양자간에는 억지로 품위를 지킬 뿐이지 체면도 없었음을 알 수 있다. 백낙천과 같은 일류 인물로 알려졌던 윤형산이 "올빼미 눈이 어느 때나 사람이 될는지"라고 기려천의 말에 대꾸하였는데 이는 만주족 기려천에 대해서 쌓여 왔던 증오와 미움의 무의식적 정서가 윤형산의 말로 표출된 것이 된다. 이러한 두 사람간의 격한 언쟁을 보면서, 일류 인물이었다는 윤형산의 입에서 나올 만한 말은 아닌 듯하여 더욱 마음이 편치 않은 슬픈 현실이라 할 수 있다.

양자간의 또 다른 갈등은 기려천이 산동(山東)지방의 포사(布使) 벼슬을 지낸 적이 있던 윤형산을 비방하는 말을 함부로 하게 되는 곳에서도 볼 수 있다. 두 사람 사이에 쌓여진 원한의식은 민족이라는 집단의 울타리를 만들고 오랜 세월 동안 형성된 사회적 관념 하에 일어나는 민족간의 대리전이라고 느낄 수도 있는데, 이로 인해 사람과 사람 사이의 갈등이 깊어져서 결국 세상이 병들게 되는 커다란 원인이 되는 것이다. 주목할 점은 양자간의 갈등이 악담(惡談)을 주고받는 가운데 깊어져 종국적으로 원한(怨恨)의식이 형성되게 됨을 볼 수 있다.

원한 의식과 관련해서 볼 때, 기려천과 윤형산의 다툼은 만주족과 한족이라는 오래된 정서 속에서 분출되는 대립과 갈등이라는 측면에서 어느 정도 이해되어 질 수 있는 면이 있기도 하다. 그러나 이와 같은 점에 토대하지 않은 인간의 원초적 감정에 기반한 양자간의 원한의식에 대해서는 더 더욱 타인의 행동과 욕망에 대한 감정의 배려는 늘 재제(宰制)되고 섬세(纖細)해야 됨을 기려천과 윤형산간의 갈등과 같은 맥락에서 이제 한 편의 영화를 통해 읽게 된다.

3. 〈올드보이〉에 그려진 원한의 심각성과 타인의 욕망에 대한 섬세한 배려

영화 <올드보이>는 일본 작품을 원작으로 박찬욱 감독이 영상을 통해 다시 그려낸 원한에 관한 이야기라 할 수 있다. <올드보이>를 보고 느낀 특징적인 면은 그 원한이 무엇인지 모르고 15년간을 골방에 갇혀 지낸 인물의 원통함과 그 원통함을 풀어가는 과정에서 알게 된 상대방의 한풀이와 그에 대해 용서를 구한다는 주제가 드러난다는 것이다.

<올드보이>는 자신이 당한 억울함만을 생각하고 과거 자신이 상대에게 지은 원한을 모르고 살아가다 종국적으로 그 원한을 알게 된 후에 자신의 '말'에 대해 잘못을 반성하게 된다는 이야기를 영상 언어로 표현함으로써 감독은 원한의 심각성을 반전을 통해 기술해서 복수에 얽힌 한(恨)이라는 주제를 무게 있게 부각시키고 있는 듯하다.

그러면 상대방으로 하여금 원한을 품게 한 사연은 무엇인가. 그것은 역전되는 미묘한 영상 서사의 전개 속에 드러나는데 타인에 대해 입소문을 퍼트렸다는 사실이다. 우연히 자신의 눈으로 목격한 광경에 대해 상식적으로는 이해가 될 수 있는 일로써 타인에게 이야기 했지만, 그것이 소문이 되어 사랑하는 이가 죽게 되고 그것이 상대방에게는 심각한 상처를 주어 상대를 회복할 수 없는 지경으로 추락시킨다. 이로부터 그는 한풀이의 대상을 향한 끈적끈적하고도 지리한 복수(復讎)를 작동시키기 시작한다. 이에 복수의 노예가 된 이는 15년간 영혼에 각인된 코드를 따라 한 걸음 한 걸음 원한의 사슬에 묶여져 가며, 결국은 자신에 대한 15년간 납치의 수수께끼를 풀게 되면서 절규하게 된다.

그러면 한을 품은 포원자(抱冤者)의 원한은 어떠한 소망을 이루지 못해서 일어났는가. 포원자는 사촌 누이를 사랑하는 데 그 사랑을 이루지 못하였고, 더욱이 그 누이가 그 소문을 견디지 못해 목숨을 던진 일에 대해 안타까운 마음이 억압된 감정으로 맺혀져 누이에 대한 사랑의 감정이 역으로 심각한 한의 씨앗이 된다. 곧 소망이 이루어지지 못하자 포원자는 치밀한 계획 하에 복수를 가동시킨다.

이제는 물에 빠져 죽어 이 세상에서 만날 수도 없고 이룰 수도 없는 사랑의 대상에 대한 연민과 함께, 복수가 종극을 향해 전개되면서 한편으로 포원자는 자신에 대한 내면의 무의식적 억압이 양심으로 표출되기도 한다.

숨막히는 사투 속에서 포원자는 한풀이의 대상이 복수를 하고 있는 자신을 다시 죽이려 절규하는 모습을 보며, 실망한 채 회한과 연민으로 누이의 마지막 죽음의 장면을 떠올리면서 총으로 자살을 한다.

그러면 <올드보이>에서 포원자가 상대방에게 원한을 푸는 방법은 어떠한가. 누이와의 사랑이라는 구도(構圖) 속에서 근친상간을 통해 자신의 원한을 풀어나가는 포원자의 모습은 '이에는 이, 눈에는 눈'이라는 말과 같이 받은 대로 한을 풀어 나가는 구조를 취하고 있다. 즉 자신이 사촌 누이를 사랑한 근친상간적 요소가 사랑의 대상이 죽게 된 원인이 되었으므로, 그는 한풀이의 대상에 대해서도 근친상간을 통해 복수를 시작한다. 이를 위해 포원자는 15년간 상대방을 납치해서 심령치료사를 동원해 가며 마치 들짐승을 길들이듯 무의식의 세계 깊숙이 침투해서 철저히 복수를 위한 기제를 만들어 작동시켜 나간다.

한편 다른 쪽에선 15년간 골방에 갇힌 존재의 복수가 역으로 머리를 든다. 그는 사투 끝에 탈출을 하고 자신의 15년간의 감금과 그로부터 만들어진 세월 속 미지(未知)의 한을 풀고자, 알지 못했던 한풀이의 상대를 찾기 위한 여정이 시작되지만 그것은 15년간 길들여진 무의식의 작동이 지배하는 심리 구조 속의 그림자일 뿐이다. 철저히 무대의 광대처럼 포원자가 짜놓은 대로 길을 가게 되는 인간의 심리와 행동이 그려진다. 역으로는 15년간의 복수를 실행하고자했던 존재는 원한의 힘과 복수의 공포를 깊이 느끼며 분노가 아닌 회한과 반성의 정서가 온 몸을 싸고 소용돌이치며 자신이 물려받은 한의 유산이 근친상간적 요소 속에서 새로이 자신의 딸을 통해 엄습해오는 가운데 그는 처절한 비애를 느낀다.

그러나 이미 그는 자신의 말이 낳은 대가로 잘려진 혀를 가진 존재가 되어, 모든 사실을 모른 채 아저씨라 부르며 사랑의 감정으로 자신의 품에 달려든 친 딸을 안은 채 겹겹이 흰 눈으로 싸여진 먼 산들을 응시할 뿐이다. 먼 산을 바라보는 그의 두 눈은 이미 심리치료사에 의해 길들여져 만들어진 설정된 무대 안에서 모든 것을 체념한 채 자신이 내어 놓은 지난날의 한마디 말에 대해 생각하는 것은 아닌지?

'말 한 마디로 천 냥 빚을 갚는다'라는 속담이 떠오른다. 연암은 <피서록>의 첫 번째 이야기에서 오랜 세월 속에서 만주인과 한인의 사이가 좋지 않다고 언급하고 그 점을 만주 사람 기려천과 한족 출신 윤형산 간의 언쟁을 통해 <피서록>에 기록하고 있다. 두 사람간의 갈등의 증폭은 <올드보이>에 나오는 원한을 맺고 있는 두 사람 간에 형성된 대립과 갈등으로 비화 발전될 수 있는 가능성을 늘 갖고 있다. 사회적 관념과 대치되는 사랑이 아닐 뿐이지 윤형산과 기려천의 원한 의식의 속 편을 <올드보이>에서 보는 듯하다.

이처럼 다기한 측면에서 형성된 갈등과 대립으로 어느 시대 어느 사회나 심각한 원한 의식의 지배를 받는 것 같다. 더위를 피하는 이야기를 모아 놓은 『피서록』의 첫 번째 이야기로 기려천과 윤형산의 갈등에 대한 일화가 『열하일기』에 적혀져 있다. 민족간 갈등이 아니더라도 더 작은 고정관념 하에서 연암이 살았던 시대는 많은 원한 의식이 항존하고 있었다. 국경을 넘어 이역(異域) 중국 땅 열하의 피서산장에서 연암이 경험한 이야기가 당시 실학(實學)으로 새로운 이념적 돌파구를 조선사회에 제시해 주고자 했던 움직임과 함께 당대 사회에 강조되었더라면, 조선사회는 이후 야기될 커다란 갈등을 실학운동 속에서 조금은 더 줄일 수 있었을 것이고 이러한 토대위에서 조선의 미래에 대한 더 큰 발전을 여유롭게 준비할 수 있었을 것이라 자문해 본다.

문화의 상대성과 취향의 동질성

박 경 주*

1. 〈고려주(高麗珠)〉, 〈주각해(麈角解)〉

〈고려주(高麗珠)〉

중국 사람들이 조선 진주를 보배롭게 여겨 고려주(高麗珠)라 부르고 있다. 빛이 희고 맑기가 옥돌 같으며, 이제 모자 처마 앞뒤에 한 알씩을 깊숙이 달아서 남북을 표하였다. 우리나라 진주로 무게가 8푼 이상이면 보물로 인정된다. 황제가 가진 것은 7돈이나 되는 무게였는데 이것으로 악한 꿈을 누르는 보물로 삼았고, 황후(皇后)의 것은 6돈 4푼인데 흰 가지처럼 생겼다. 건륭 30년(1765년)에 황후가 이 진주를 잃어버렸는데, 당시 회후(回后 회회(回回族)족 출신의 황후)가 황후를 고자질하여 수사한 끝에 궁중 호위 군졸 집에서 나타났으므로, 황후를 폐위시켜 냉궁(冷宮)에 가두었다고 한다. 귀주 안찰사(貴州按察使) 기풍액(奇豐額)이 모자 끝에 우리나라 진주를

* 원광대학교 국어국문학과 교수

달았는데 빛깔은 그다지 좋지 못하였다. 기(奇)가 말하기를 "이 진주는 두께가 육칠리(六七釐)에 값이 마흔 냥이라오." 하기에, 나는 "그 진주는 토산(土産)이 아닙니다. 때로 대합조개를 먹다가 입 안에서 발견되는데 이를 육주(陸珠)라 하나 너무 가늘어 보배로울 것이 없고, 부녀들의 머리꽂이나 귀걸이로 치장하는 진주는 대체로 왜산(倭産)이며 붉은 빛깔이 제법 보배롭더군요." 하였더니, 기 안찰(奇按察)은 "아니어요. 이건 조개 껍질을 둥글게 간 것이고 진주는 아니라오. 귀국의 진주를 사랑함은 조개 티가 없고 천연스러운 보석 빛깔을 내는데 있습니다." 하였다. 이 말이 매우 이치에 맞기는 하나, 우리나라 진주가 어디에서 나며 또 누가 캐어서 이처럼 세상에 널리 깔려 있게 되었는지 나는 모르겠다.

<주각해(麈角解)>

천자(天子)만이 오직 한 나라의 예법을 논할 수 있을 것이다. 지금 황제가 월령(月令)[1]을 고쳤으니 이를 보아도 짐작할 수 있다. 나의 연암초당(燕巖艸堂)에 일찌기 푸른 사슴이 와 앞 냇물을 마시는 것을 본 적이 있다. 머리는 물레바퀴처럼 생겼는데 그 털과 뿔을 자세히 보려고 가만가만 가까이 다가가면, 사슴은 크게 놀라 달아나기 때문에 마침내 그 상세한 것은 알지 못하였다. 이번에 장성(長城) 밖을 나와 매일같이 진상하는 사슴 떼를 구경하니 큰 놈은 노새처럼 생겼고, 작은 놈은 당나귀처럼 생겼다. 그 뒤 새문(塞門) 안에 돌아와 한 약포(藥舖)에 들렀을 때 사슴뿔을 보았다. 엉성하게 생긴 것이 길이가 4, 5척은 되어 방안에 가득 찼는데 모두들 이것을 녹용(鹿茸)이라 하였다. 나는 "이건 모두 미용(麋茸)이니 녹용을 좀 보여 주시오." 했더니, 약포 주인은 "어찌 '녹'의 큰놈을 '미'라고 부르는 줄 모르겠습니까? '녹'의 큰 놈을 '미'라고 한다면, '미'의 작은 놈은 '녹'이

1) 『예기』의 편명. 옛날 천자가 실시할 일을 열두 달에 배정한 일종의 연중 행사표.

될 것인즉 그 뿔이 무엇이 다르겠어요." 하며 깔깔댄다. 나는 "하지(夏至)에 녹각(鹿角)이 빠지므로 『역경(易經)』의 구괘(姤卦 『역경(易經)』에 나오는 64괘의 하나)가 되는 동시에 음(陰) 하나가 새로 생기므로 보음(補陰)의 약재가 될 것이요, 동지(冬至)에 미각이 빠진다는 것은 『역경』에 있어서 복괘(復卦)가 되는 동시에 양(陽) 하나가 새로 생기게 되어 그것이 보양(補陽)의 약재가 되는 법인즉 둘의 효과와 쓰임이 아주 다르다 하오." 하였더니, 약포 주인은 "선생은 아직 시헌서(時憲書 책력)를 보지 못하셨나요? 벌써 월령(月令)이 고쳐졌답니다. 황제께서 일찌기 '미'와 '녹'의 뿔에 대하여 의심을 두시고 천하에 명령을 내려 글자 중 녹(鹿) 변을 지닌 것으로서 뿔이 돋친 놈은 모두 산 채로 잡아다가 해자(海子 남해자(南海子) 동산 이름) 중에 기르되 엄격히 격리시켜 제 맘대로 교미를 못하도록 하였더니, 하지(夏至)에 이르러 '미(麋)'나 '녹(鹿)'은 모두 같은 때에 뿔이 빠지고, 동지(冬至)에 뿔이 빠지는 놈은 '주(麈)' 하나뿐이므로 곧 동짓달 월령 중의 미각해(麋角解)를 주각해(麈角解)라 하였답니다." 한다. 이로 따진다면 우리나라 관북(關北)에서 나는 녹용(鹿茸)은 반드시 녹용이라 할 수 없지만 그럼에도 불구하고 국내의 녹용이 날이 갈수록 귀해지니 어찌 이상하지 않으리오. 내가 또 "주(麈)의 모양은 어떻게 생겼소?"라고 묻자, 포주는 "아직 본 적이 없습니다. 더러 말하기를 앞은 사슴같이 생기고 뒤는 말 같이 생겼다고 합니다." 한다. 대체로 월령을 고치더라도 천자의 위세(威勢)가 아니고는 천하를 믿게 할 수 없으므로, 천자라야만 능히 제도를 고안할 수 있다는 것이다.[2)]

---

2) 번역된 부분은 민족문화추진위원회 역, 『국역 열하일기』(고전국역총서 18~19, 1966)와 이상호 역, 『열하일기』(보리, 2004)를 참조하여 필자가 일부 수정하였음.

2. 진주와 사슴뿔을 통해 본 문화의 상대성과 취향의 동질성

『열하일기』 <구외이문(口外異聞)>의 <고려주(高麗珠)>와 <주각해(麈角解)> 부분의 내용을 정확히 파악하는 것이 쉬운 일은 아니다. 이 두 편의 글에서 저자는 중국과 우리나라에서 동시에 사랑받는 물품인 '진주'와 '사슴뿔'이 중국 현지에서 어떤 방식으로 유통되고 애호되며 우리나라의 상황과는 어떠한 차이가 있는지를 살펴보고 있는데, 그 기술방식이 논리적이라기보다는 중국 현지에서 벌어진 특정 상황을 서술한 후 그에 대한 자신의 단상을 정리하는 방식으로 되어 있어 이를 논리정연하게 풀어내기가 쉽지는 않은 듯하다. 필자는 이 두 편의 글에서 우리나라에서 애호되는 상품이 다른 문화를 가진 외국에서도 사랑받고 있다는 상황에 주목하여 서로 문화가 차이 나는 집단 사이에서도 취향의 동질성을 확인할 수 있으며, 이에 의거하여 시대와 지역을 초월하는 진정한 미의식의 창출도 가능하다는 인식을 끌어내보고자 했다. 먼저 대상 자료의 문맥 속에서 이러한 취지를 찾아본 후 필자의 여행 체험을 담아 이러한 취지를 현대사회 문화 현상과 연결시켜 보고, 마지막으로 20여 년의 차이를 두고 나타나는 다른 문화적 감수성에도 불구하고 세대를 초월해 찾아지는 취향의 동질성을 최근 개봉한 영화 <라디오스타>를 통해 논하는 방식으로 서술해 나가고자 한다.

먼저 <구외이문>의 <주각해>를 보면 연암은 우리나라와 중국의 사슴뿔이 빠지는 시기에 대해 자신이 알고 있던 바와 중국에서 들은 바의 차이를 언급하고 있다. 우리나라에서는 사슴의 뿔, 즉 녹각(鹿角)은 하지에 빠지고 사슴보다 큰 순록의 뿔인 미각(麋角)은 동지에 빠지는 것으로 알고 있었는데, 중국에 와서 들은 바로는 녹각과 미각 모두가 하지를 즈음하여 같은 때에 빠지고 동지에 빠지는 것은 고라니의 뿔인 주각(麈角)이라는 것이다. 박지원은 녹용과 미용에 대해서만 알고 있었을 뿐 고라니를 뜻하는 '주(麈)'라는 동물에 대해서는 보도 듣도 못했기 때문에 그 생김새에 대해 묻기도 하는 등 관심을 갖는다. 그러면서 우리나라 관북지방에서 생산되는 뿔들이 모두 하지에 빠지는 까닭에 녹용인줄만 알고 있었는데, 이제 보니 그 가운데 녹용이 아닌 미용도 있었을 법 하다는 견해를 밝힌다. 사슴(鹿)과 순록(麋), 고라니(麈)는 사슴과(科)에 속하는 동물들로 모두 뿔이 나는데, 뿔이 빠지는 시기에 따라서 그 치료 효과가 다르기 때문에 뿔이 빠지는 시기에 관심을 크게 가진다.

녹용과 미용, 주용에 대한 구분이 확실하지 않았던 우리나라와 달리 중국에서는 뿔 달린 사슴과(科)의 여러 동물을 대상으로 생태를 관찰하여 이 가운데 주용만이 동지에 빠지고 나머지는 하지에 빠진다는 사실을 밝혀내고 천자의 명에 의거하여 월령을 고쳤다고 한 만큼 사슴뿔에 대한 각별한 관심을 찾아볼 수 있었다. 사슴뿔에 대한 생태적 지식 면에서는 중국인에 미치지 못했지만 박지원 역시 빠지는 시기가 각각 하지와 동지 어느 때인가에 따라 사슴뿔이 몸에 미치는 효과의 차이에 대해 논할 수 있을 정도로 사슴뿔에 대한 관심과 일반적 지식 수준은 높았다. 중국은 사슴뿔의 생태에 민감하게 대처하여 주용을 구별해내었고, 우리는 녹용과 미용의 차이도 분명하게 구별해내지 못하는 정도의 문화적 차이 혹은 기술적 차이는 있지만 두 나라 사람들 모두가 녹용으로 통칭되는 사슴뿔이 건강에 미치는 효능에 대해 큰 관심을 가지고 이를 복용하고자 한다는 면에서 동일한 취향을 보여준다.

<구외이문>의 <고려주>에서는 우리나라 진주가 중국에서도 애호되는 물품이라는 데 대한 자세한 내용을 전한다. 본문 내용에 따르면 우리나라 진주는 조개의 흔적이 없이 천연적으로 보배로운 빛깔이 나기 때문에 중국인들이 좋아한다고 한다. 그런데 같은 진주를 놓고 박지원은 그 빛깔이 몹시 좋지 못하며 토산(土産)이 아니고 너무 가늘어서 보배로울 것은 없다고 하는데 반해 중국인은 두께가 육칠 리(六七釐)에 값이 마흔 냥이라면서 흡족해하는 면모를 드러낸다. 앞서 '주각해'에서 중국인이 녹용에 대해 더 까다로운 심미안을 드러냈던 것과는 달리 진주의 경우는 우리나라에서 생산된 것인 만큼 박지원의 미적 감각이 더 높게 평가되고 있어 중국과 우리

나라의 상대적 차이를 보여준다. 하지만 이러한 문화적 상대성에도 불구하고 진주를 좋아하는 취향은 우리나 중국이나 같아 '고려주'라 불리는 우리나라의 진주가 중국에서 황제와 황후까지도 소중히 간직하는 보물로 평가되고 있음을 알 수 있다.

이상 <구외이문>의 <주각해>와 <고려주>의 문맥을 검토하면서 작품에 나타난 문화의 상대적 맥락과 그러한 차이 안에 내재된 취향의 동질성에 대해 알아보았다. 각자 다른 나라에서 태어나고 자란 탓에 애호품의 질을 평가하는 데 있어서는 중국인과 박지원이 상대적으로 차이를 보였지만 애호품 자체를 사랑하고 아끼는 동질적 취향을 가졌다는 기반 아래 앞서의 문화적 상대성은 크게 의미를 갖지 못하게 된다.

필자가 뉴질랜드 여행을 갔을 때의 일이다. 박지원의 시대나 지금이나 녹용에 대한 애호는 여전하지만, 우리나라나 중국이 아닌 뉴질랜드에서까지 사슴목장들이 대대적으로 운영되면서 녹용을 생산하고 있다는 사실에 잠시 놀란 적이 있다. 그곳의 녹용판매업자들은 녹각이 빠지는 시기 및 보관 방법 등에 대해 자세히 알고 있었으며 뿔이 빠지는 시기에 맞추어 녹각이나 녹용을 약제화 하거나 아니면 원형 그대로 절단하여 판매하는 유통망을 갖추고 있었고, 한국을 비롯한 동양계 여행객은 물론 현지의 뉴질랜드인까지 녹용 제품의 주요 고객층을 형성하고 있었다.

피부색과 문화를 달리하는 서구인들이 녹용의 가치를 인정하고 그 판매에 동참하며 나아가 상품으로 녹용을 애호하기까지 한다는 사실은 문화의 차이를 넘어선 취향의 동질성의 폭이 얼마나 큰가 하는 사실을 여실히 보여주었다. 또한 뉴질랜드의 광활한 초지에서 먹고 자란 사슴들의 뿔이 우리나라 내에서 키우는 사슴들의 그것에 비해 더 자신들의 건강에 유용한 가치가 있으리라 판단하여 고가(高價)에도 서슴지 않고 바쁘게 녹각이나 녹용을 구입하는 한국의 여행객들의 모습에서 취향이 동일할 때 상대적 문화는 취향을 위해 기여할 수도 있다는 사실을 깨닫기도 했다.

3. 〈라디오스타〉

이제 화제를 약간 바꾸어 대중문화의 코드로 넘어가보도록 하자. 최근 필자가 본 영화 <라디오스타>에는 80년대 가수왕까지 올랐던 대스타였지만 21세기 현재는 허름한 까페의 통기타가수로 전락한 인물과 그 매니저의 재기가 코믹성을 가미하기는 했지만 감동적으로 그려진다. 그들이 가수왕까지 차지했던 1980년대의 오빠부대는 이제 중년의 아줌마들이 되었고 이들의 왕년의 히트곡 <비와 당신>을 기억하는 사람은 별로 없다. 지금은 잘나가는 후배들에게 빚을 지며 그저 그렇게 그늘진 중년의 인생을 살아가는 이들에게 다른 뾰족한 수가 없어 시작한 지방 방송국 음악프로그램의 디제이(DJ) 일은 인생의 전환점이 될 중요한 계기로 작용한다. 일부러 잘하려고 꾸미지 않는 무작위성(無作爲性)이 청취자들에게 어필하면서 이들의 방송은 세상에 알려지게 되고 왕년의 히트곡 <비와 당신>도 그 지방의 후배 가수팀에 의해 락 버전으로 리바이벌되어 다시금 히트곡 반열에 오르게 된다.

영화는 이들의 재기와 더불어 가수와 매니저의 관계로 20년을 지내온 두 주인공 남자의 끈끈한 우정을 조명하는데 더 주력하고 있지만, 이 글의 주제와 관련하여 이 영화를 주목해보면 20년의 간극을 두고 드러나는 세대간 문화의 차이에도 불구하고 동질적인 취향이 형성될 때 그것이 극복되는 지점을 발견하는 재미를 느끼게 된다. 주인공의 방송을 즐겨 듣는 청취자층에는 20년 전 그의 노래에 열광했던 현재의 40대들도 있는 반면 주인공을 전혀 모르는 20대 초반의 젊은 남녀도 있다. 40대는 예전의 <비와 당신>을 기억하면서 이 노래가 최신 락음악을 배경으로 새롭게 리바이벌된 모습에 놀라워하고 20대는 현재의 <비와 당신>을 통해 예전에 불린 같은 제목의 노래를 찾아가는 즐거움을 누린다. 이들은 각 세대의 문화를 향유하며 세대 간 문화의 차이, 혹은 상대성을 경험하지만 동질적 취향이 드러난 지점에서 문화의 상대성이 극복되는 경험을 한다. 그들의 동질적 취향은 곧 '일상의 편안함을 그대로 지닌 방송에 대한 애착'이라고 할 수 있을 것이다. 방송이 방송답지 않고 자신들이 살아가는 생활 그대로를 담아내는 듯한 느낌을 받는 데서 오는 편안함, 이를 즐기는 청취자들의 동질적 취향 속에 세대간 문화의 차이는 녹아내려 버렸다고 할 수 있다. 세대를 넘나들며 형성되는 동질적 취향에 호소했던 영화 속 주인공의 성공적인 재기는 이렇게 보면 너무나 당연한 것이었다고 할 수 있다.

박지원의 『열하일기』 <구외이문(口外異聞)>의 <고려주(高麗珠)>와 <주각해(麈角解)> 부분을 읽으면서 필자의 뉴질랜드 여행담과 영화감상을 함께 섞어 써 본 이 글 자체에 시대를 넘어서면서까지 나타나는 취향의 동질성이 드러나 있다고도 할 수 있을 듯하다. 지역이나 세대로 인해 드러나는 문화적 차이, 즉 문화의 상대성으로 인해 미적 인식의 차이가 나타나는 것은 지극히 당연하다. 그러면서도 국가와 시대를 초월해 불변하는 가치들이 유지되는 것은 문화의 상대성을 넘어서는 취향의 동질성이 있기 때문이 아닌가 생각해본다.

경계하라, 황색 저널리즘

조 희 정*

1. 〈별단(別單)〉[1)]

북경(北京)의 하층 사람들 중에는 글자를 아는 자가 매우 드물었다. 소위 필첩식(筆帖式)이나 서반[2)]에는 남방의 가난한 집 아들이 많다. 얼굴이 초췌하여 뾰족하게 깎은 듯만 하고 한 명도 크고 두툼하게 생긴 자가 없다. 비록 관청 밥을 먹는다지마는 아주 보잘 것이 없어 만 리 객지에서 생계가 쓸쓸하고, 가난하고 군색한 기색이 얼굴에 나타났었다.

우리 사행이 갈 때면 서적이나 붓, 먹의 매매는 모두 서반들이 담당하여 그 사이에서 거간 노릇을 하여 남은 이문을 먹었다. 그리고 역관들이 그 사이의 비밀을 알려고 들면 반드시 서반을 통해야 하므로 이들이 크게 거짓말을 퍼뜨리되, 일부러 신기하게 말을 꾸며 모두 괴괴망측한 이야기로 역관들의 남은 돈을 골려 먹는다. 당시의 정치[時政]을 물으면 아름다운

---

* 한성대학교 강사

1) 정식 보고가 아닌 별지의 단자.

2) 필첩식(筆帖式)과 서반(序班)은 청나라 시대 각 관청의 하급 서기.

업적은 숨기고 나쁜 것들만을 꾸며서 천재와 변고와 요괴스러운 사물과 역대에 없던 일을 모았으며, 심지어 변방의 침략과 백성들의 원망에 이르기까지 한때 소란한 형상의 표현이 극도에 달하여, 마치 당장 오늘 중으로 나라가 망할 듯이 장황하게 과장 기록하여 역관에게 주면 역관은 이것을 사신에게 바친다. 서장관이 이를 정리하여 듣고 본 중에 가장 믿을 만한 사실이라 하여 별단에 써서 임금께 아뢴다. 임금에게 올리는 장계 자료가 이렇게도 불성실하다.

임금께 보고하는 글이란 얼마나 조심해야 할 일인데, 어째서 함부로 돈만 허비하여 허황하고 맹랑한 말들을 사서 반명(反命)[3]의 자료로 삼으랴. 사신이 자주 드나든 지 백 년이 되도록 겨우 이러하였을 뿐이었다.

가장 염려되는 일은 이런 문서가 불행히 잃어버리게 되어 저들[청나라 조정]의 손에 들어간다면 그 피해가 과연 어떠하겠는가. 이번 열하(熱河)에 오가는 일로 말한다면 모두 목격(目擊)한 일이어서 가장 사실적인 기록이었지만, 그렇다 해서 먼저 보내 드린 장계(狀啓) 끝에 붙여 아뢴 한두 가지의 사건에도 중국에 기휘(忌諱)[4]할 사건이 없지 않은즉, 압록강을 건너기 전에는 줄곧 걱정으로 날을 보내곤 하였다. 내 생각에는 저들 중국 소식 중에 거짓, 참을 물론하고 먼저 보내는 장계는 모두 언서(諺書)로 써서 장계가 도착되는 대로 승정원(承政院)에서 다시 한문으로 번역하여 올림이 좋을 듯싶다.

2. 사실이 말하게 하라

윗글의 제목으로 채택된 '별단'이란 '임금에게 올리는 주본(奏本)에 덧붙이던 문서나 인명부'를 의미한다. 상부에 보고하는 글이지만 정식 보고

3) 명령을 받고 일을 처리한 사람이 그 결과를 보고함.
4) 꺼리거나 두려워 피함.

가 아니라 별지에 적어 따로 올리는 기록이다. 널리 알려져있다시피 박지원은 1780년(정조 4년) 청나라 건륭(乾隆) 황제의 일흔 번째 생일을 축하하기 위한 외교 사절단의 일원으로 중국 사행에 참가하였다. 따라서 사행단의 일상 하나하나는 박지원의 관찰자적 시선을 벗어날 수 없었을 터, 이번에는 상부에 보고하는 문서인 '별단'이 그의 시야에 포착된 것이다.

먼저 <별단>의 내용을 간략하게 살펴보자.

북경 각 관청의 하급 서기인 서반(序班)은 가난한 집 출신들이 많고 그 행색도 초라하기 그지없다. 서반들은 사신 행차가 있을 때 서적이나 붓, 먹 등의 매매에서 거간질을 하거나 기괴한 정보를 통역관들에게 제공한 후 이익을 취하며 생활한다. 그런데 서반으로부터 나오는 정보의 다수가 좋은 업적보다는 나쁜 정치에 관한 것이고 더구나 정황에 대한 표현이 과장되기 일쑤이다. 그럼에도 불구하고 통역관은 서반에게 취한 정보를 사신에게 올렸고 확인되지 않은 정보가 가감 없이 임금에게 보고되었던 현황이 지난 100여 년간의 관행이었다.

그런데 출처가 분명하지 않을 뿐만 아니라 표현이 과장된 '별단' 문서가 청나라 조정의 손에 들어가기라도 한다면 사후에 발생할 문제를 어떻게 감당할 수 있겠는가? 내(박지원)가 열하를 다녀오는 동안 기록한 것들은 모두 눈으로 본 것이라 진실한 것이지만 그조차도 몇 가지는 청나라 조정이 나라 밖에 알려지기를 꺼리는 사건들이라 조마조마하다. 앞으로 청나라 소식 중에서 먼저 보내는 장계는 모두 국문으로 꾸며 국경을 넘은 후 승정원(承政院)에서 다시 한문으로 번역하여 임금께 올리는 것이 바람직하다.

<별단>은 지난 100여 년간 청나라 사행에서 임금에게 올린 '별단' 양식이 지녔던 문제점을 지적하는 글이다. 박지원이 지적한 문제점은 세 개의 항목으로 나뉜다.

첫째, 정보원(情報源), 즉 정보의 출처 문제.

둘째, 과장된 표현의 문제.

셋째, 국가 기밀의 유출 문제.

명나라 시절 조선 지배층의 북경 사행은 자랑스러운 길이었던 반면 청이 일어난 이후 조선의 사대부들은 북경 사행을 '오랑캐를 섬기는 일'로 간주하여 부끄럽게 여겼다. 하여 문서를 주고받는 일이나 중국 사정의 허식을 알아보는 일체의 일을 모두 역관에게 위임했다. 사행의 사실상 주역이 역관이었던 셈이다. 이러한 사정으로 인해 <별단>의 기록과 같이 역관이 수집한 정보가 임금에게 그대로 전달되는 일은 하나의 관행처럼 굳어져 있었다.

상부에 보고하는 정보 수집뿐만 아니라 청나라와의 무역도 당시 역관들의 중요 업무 중 하나였다. 역관들은 사행 경비를 스스로 마련해야 했기 때문이다. 윗글에서 거론된 서적, 붓, 먹의 매매는 무역의 핵심 품목이었다. 돈벌이를 위해 거간질을 마다하지 않던 중국의 서반과 역관의 경제적 이해관계가 맞아떨어졌기에 두 집단의 매매가 성사된 것이다.

그런데 두 집단의 이해관계는 물건의 매매에서 그치지 않았다. '돈'을 원하는 서반과 '정보'를 원하는 역관의 이해관계에 따라 좀 더 자극적인 정보가 과장된 표현으로 역관에게 제공되었다. 돈을 매개로 하여 확인되지 않은 정보가 과장된 방식으로 포장되어 '사실'을 대체한 채 유포되기 시작한 것이다. 여기서 우리는 소위 '돈이 되는 정보', '돈이 되는 유언비어' 현상의 일단과 대면하게 된다.

다른 한편으로 박지원이 정확하지 않은 정보에 기초한 '별단'의 관행을 비판한 데에는 열하를 여행하는 동안 자신이 기록한 내용의 사실성을 강조하고자 하는 의도를 담고 있다. <별단(別單)>이 수록된 <구외이문(口外異聞)>은 박지원 일행이 북경을 지나 황제의 피서지였던 열하로 가서 체류하던 기간 동안 보고 들은, 기이한 이야기들을 적은 것이다. 제목 그대로 '고북구 밖에서 보고 들은 기이한 이야기'인 것이다. 그렇다면 여기서 의문 하나. '별단'에 대한 내용이 <구외이문>, 즉 고북구 밖에서 보고 들은 기이한 이야기를 기록하는 장에 수록된 이유는 무엇일까?

이러한 의문을 해소하기 위해서는 <별단>에 실린 다음과 같은 구절에 주목할 필요가 있다. "이번 열하(熱河)에 오가는 일로 말한다면 모두 목격(目擊)한 일이어서 가장 사실적인 기록이다." 이는 <구외이문>에 수록된 '기이한 이야기'들이 사실의 기록[實錄]임을 새삼 강조하는 발언이다. 왜 박지원은 '구외이문'의 사실성을 구태여 강조해야 했던 것일까?

청나라 건륭 황제 재위시 열하는 북경에 버금하는 정치적 중심지였다. 특히 청의 국력이 최고조에 달했던 건륭의 재위 중에 열하는 황제를 알현하러 모여든 몽고족 · 티벳트족 · 위구르족 등 주변 이민족의 지도자들과 라오스 · 베트남 · 버마 등지의 외교 사절들로 일대 성시를 이루었다. 연암이 참여했던 1780년의 사행단은 이곳을 방문한 최초의 조선 사행이었다.

이러한 조건으로 인하여 박지원은 중세 문인들이 처했던 글쓰기 상황과는 사뭇 다른 환경에 부딪친다. 중세의 기행 문학에서는 소위 '와유(臥遊)'의 체험이 강조되었다. 와유 체험이란 말[言], 선(線), 형(形)으로 구축해 놓은 관념적 승경을 독자가 상상적으로 다시 구성하여 즐기는 간접 체험의 문화를 일컫는다. 다시 말해 '와유'란 표현물을 통해 당위의 세계와 이상 세계의 관념을 재구성하는 체험이라 할 수 있다.

그러나 박지원은 이전에 미처 접해 보지 못 했던 낯선 문물에 대한 정보를 독자들에게 제공해야 했다. 독자들은 와유의 체험은커녕 경험하지도, 알지도 못하는 세계에 대한 정보의 진실성에 의문을 품을 상황이었다. 이에 박지원은 기행 기록 중 '사실성'을 특히 강조할 수밖에 없었다. 그렇기에 자료의 출처와 표현의 과장성을 신중하게 고려하지 않을 수 없었던 것이다. 사실성을 뒷받침하는 증거는 자신이 직접 보고 들은 일, 즉 경험에서 나온다. 그리고 과장되지 않은 서술은 사실성을 담보하기 위한 필요조건이었다.

결국 박지원은 '출처가 분명한 정확한 기록'을 강조하는 <별단>을 <구외이문>에 수록함으로써 <구외이문>이 지닌 사실성을 강조하는 효과를 노린 것으로 보인다. 박지원의 이와 같은 글쓰기 태도는 중세의 기행 문학에서 추구하던 것과는 사뭇 다른 관찰자적 시선을 전제할 때 가능한 일이었다. 이처럼 이방의 문물을 '관물(觀物)'하지 않고 '관찰(觀察)'한 박지원은 '사실 그 자체가 말할 수 있음'을 신뢰했다는 점에서 이미 중세를 벗어난 인물이었다.

3. 사실을 집어 삼킨 소문

정보의 출처가 확인되지 않았음에도 불구하고 돈이 되는 정보라면 마다하지 않는 정보원과 정보 수집가의 모습, 그것과는 정반대로 자신의 눈으로 목격한 사실만을 중시하는 기록정신은 현대의 언론계에서도 쉽게 찾아볼 수 있는 두 가지 태도이다. '뉴스의 생명은 사실 그 자체'라는 관점은 '사실 그 자체가 말할 수 있다'는 신념을 지닌 박지원의 생각과 연결되고 있다. 그러나 언론계의 다른 한편에서는 소문이 사실의 지위를 대체하였을 뿐 아니라 이미지가 사실을 구축하는 지경에 이르렀다. 특히 사실이 아닌 정보가 자본과 결탁하여 자극적 표현으로 강력한 번식력을 자랑하는 현상을 우리는 황색 저널리즘[Yellow Journalism]이라고 부른다.

우리에게 널리 알려진 황색 저널리즘은 19세기말 미국에서 <옐로 키드[Yellow Kid]>라는 만화를 놓고 죠셉 퓰리처[Joseph Pulitzer]와 윌리엄 랜돌프 허스트[William Randolph Hearst]계의 두 언론 재벌이 벌인 시장 쟁탈전에서 유래하였다.

원래 리처드 아웃코트가 그린 <옐로 키드>는 퓰리처계의 '뉴욕 월드'라는 신문에 연재되고 있었다. 그런데 그 인기에 주목한 허스트의 공작으

로 그의 수하인 '뉴욕 저널'로 편입시키자 다시 퓰리처는 더 큰 돈으로 리처드 아웃코트를 스카웃하고, 이후 허스트가 다시 자신의 신문사로 리처드를 끌어들이는 공작을 펼친다. 이에 퓰리처는 조지 럭스[George Lucks]라는 화가에게 같은 이름의 작품 연재를 주문했고 이로써 '뉴욕 월드'와 '뉴욕 저널' 양쪽에는 각각 다른 작가에 의해 그려진 <옐로 키드>가 연재되는 기이한 상황이 벌어졌다. 이로부터 신문사간의 과당 경쟁이 점점 상업적 선정주의로 흐르는 현상을 '황색 저널리즘'이라고 일컫게 되었다.

이제 황색 저널리즘은 우리에게 낯선 현상이 아니다. 최근에도 실시간으로 포탈 사이트[portal site]에 오르는 연예 기사의 경쟁이 치열해지면서 사실 확인 단계를 거치지 않고 당사자의 주장을 일방적으로 전달하는 경우나 과장된 홍보성 보도 자료에 의존한 기사들이 비일비재하다. 오히려 황색 저널리즘은 미디어 산업과 대중 연예 사업의 성장 속에서 더욱 강화되고 있는 실정이다.

자본주의의 성장과 함께 점차 심화되어 가는, 미디어와 대중 연예 시장의 결탁을 한 편의 드라마로 담은 작품이 영화 <시카고>(2002)이다. <시카고>에는 사실의 존재 유무와 무관하게 언론에 의해 거짓이 사실로 정착되고 그러한 언론의 속성을 조작하고 활용하는 인물의 욕망이 적나라하게 투사되어 있다. 영화 <시카고>의 내용을 살펴보자.

단조롭고 지루한 일상에서 벗어나기를 꿈꾸며 연예계를 동경하는 순진

한 록시 하트(르네 젤위거 役)의 단 한 가지 소망은 화려한 무대 위에서 주목을 받는 스타가 되는 것이다. 나이트 클럽의 코러스 싱어로 일하던 록시는 착하고 헌신적인 남편(존 C. 라일리 役)이 있음에도 불구하고 나이트 클럽의 사장과 절친한 친구인 프레드와 내연의 관계를 맺는다. 그가 단순한 가구 장사일 뿐이며 단지 자신의 육체를 탐했던 인물이라는 것이 밝혀지고 스타가 되려는 꿈이 좌절되자 록시는 우발적인 살인을 저지르게 된다.

한편 아름답고 매혹적인 시카고 최고의 보드빌 배우[5] 벨마 켈리(캐서린 제타 존스 役)는 어느 날 여동생과 남편이 한 침대에 누워있는 것을 목격하고, 두 사람에게 총을 쏜다. 결국 벨마는 일급 살인 혐의로 체포되어 감옥에 가게 된다. 벨마는 간수 매트로 모튼(퀸 라티파 役)을 매수하여 최고의 변호사 빌리 플린(리처드 기어 役)을 고용한다. 빌리 플린과 매트로 모튼은 자극적인 사건에 불나방처럼 모여드는 언론의 속성을 이용하여 벨마의 무죄 석방을 시도한다.

벨마와 같은 감옥에 수감된 록시는 우연한 기회에 빌리 플린을 만나게 된다. 록시의 사연에 흥미를 갖게 된 빌리에게 록시의 남편 아모스가 거액의 수임료를 제시하자 빌리는 벨마 대신에 록시의 변호를 담당하기로 하고 이로 인해 야심만만한 두 여인의 운명은 완전히 뒤바뀌게 된다. 벨마에 대한 관심이 식은 자리에서 죄없는 착한 배우지망생으로 떠오른 록시는 순식간에 언론의 스포트라이트를 한 몸에 받게 된다. 록시에게 빌리 플린과 세간의 관심, 재판 날짜마저 빼앗겨 버린 벨마는 록시에 대한 앙심을 품게 된다.

순종적이고 착한 여성의 이미지로 포장된 채 진행되던 재판 과정에서 록시의 개인 일기장이 검사측의 결정적인 증거로 제시되고 벨마가 증인으로 채택된다. 그러나 빌리의 기지와 쇼맨십으로 상황은 반전되고 록시의

5) 통속적인 희극, 춤, 곡예, 노래 등을 섞은 쇼에 출연하는 배우.

무죄가 확정된다. 록시의 무죄가 확정된 순간, 언론과 세간의 관심은 다른 살인 사건으로 옮겨가고 록시는 곧 대중들에게 잊혀져간다. 이후 감옥에서 풀려난 록시와 벨마는 동업자가 되어 자신들의 살인을 주제로 한 쇼를 기획하여 큰 인기를 얻게 된다.

<시카고>에 등장하는 인물들은 '돈이 되는 정보' 나아가 '대중이 좋아하는 정보'가 양산되고 통용되는 시스템을 잘 알고 그것을 적극 활용하는 인물들이다. 그러한 시스템이 중시하는 것은 정보의 사실성이나 출처가 아니라 '얼마나 자극적인가', '대중의 기대에 부응하는가'이다. <시카고> 등장인물들은 자신이 추구하는 욕망과 시스템을 절묘하게 접합시켜 이익을 극대화하고자 노력한다.

스타가 되고 싶었던 록시는 자신을 유명인으로 만들어주는 변호사 빌리의 꼭두각시 역할을 기꺼이 감내한다. 자신의 실제 모습과 전혀 다른, 조작된 이미지에 자신을 맞추어 갈뿐만 아니라 언론의 관심이 멀어지자 거짓 정보를 조작할 정도로 언론의 황색 속성을 거침없이 활용한다. 언론의 관심이 다른 살인 사건의 용의자에게 옮겨 가려는 찰나, 록시는 마치 자신이 임신한 것처럼 일을 꾸미지만 언론은 사실 여부에는 관심이 없고 그러한 소식이 얼마나 대중들의 관심을 끌 수 있을 것인가에만 초점을 맞춘다.

이미 스타의 반열에 올랐던 벨마는 언론의 힘을 빌리지 않고는 스타의 지위를 유지할 수 없다는 사실을 잘 알고 있다. 또한 언론에 끊임없이 자극적인 정보를 제공하지 않는 이상, 스타의 지위를 유지할 수 없다는 사실도 뼈저리게 경험한다. 그로 인해 벨마는 수단과 방법을 가리지 않고 다시 언론의 조명 속으로 나아가려 하고 벨마의 그러한 생각은 재판의 승리만을 목표로 삼은 빌리 플랜에 의해 이용당한다.

"이것도 서커스고 모든 게 서커스야. 그게 쇼 비즈니스지"라고 태연자약하게 말하며 자신의 속물성을 거침없이 드러내는 빌리 플랜은 재판에 승리하기 위해 증거를 조작하기도 하고 근거 없는 정보를 흘려 대중이 원하는 이미지를 만들어내는 인물이다. 그에게 사실은 거추장스러운 진실일 뿐 언론의 스포트라이트가 자신에게 집중되는 것이 삶의 낙이자 목표다. 그 과정에서 의뢰인과 언론, 그리고 대중은 빌리 플랜의 계획에 따라 조종당하는 꼭두각시가 된다.

이 모든 것을 가능하게 하는 중심에 바로 돈과 재미만을 추구하는 '언론'이 위치하고 있다. 언론은 '사실' 따위에는 관심도 없으며 오직 군중을 만족시키고 돈벌이가 될 만한 자극적 기사가 필요할 뿐이다. <시카고>에 등장하는 기자들은 대중들이 주목할 만한 기사거리라면 살인 사건도 마다하지 않으며 사실의 확인은 뒤로 미룬 채 살인 사건과 관련된 거짓 이야기를 날조하고 조작하는 행위를 서슴지 않는다.

자본과 결탁한, 출처가 확인되지 않은 과장된 정보들이 문제가 되는 것은 그것이 한 사람의 운명, 나아가 한 집단의 미래를 좌지우지할 만큼의 강력한 영향력을 행사하기 때문이다. 영화 <시카고>에서도 거짓된 정보로 인해 구축된 이미지는 록시와 벨마를 인기의 정점으로 끌어올리기도 하지만 단 한 순간에 그들을 나락의 구렁텅이로 처넣기도 하였다. 박지원이 <별단>에서 경계했던 점도 북경의 서반에게서 얻은 부정확한 정보가 조선과 청나라 사이의 외교 관계에 심각한 오해를 초래할 가능성을 내포하였기 때문이다.

현대 자본주의 사회에서 더욱 심화된 자본과 정보의 결탁을 심심치 않게 목도하는 우리에게 정보의 출처와 과장된 표현을 문제 삼는 박지원의 <별단>은 낯선 내용이 아니다. 아니 200여년 전 박지원의 경계가 서기 2000년대를 살아가는 이 시대에도 여전히 통용된다는 점이 오히려 씁쓸함을 남기기까지 한다. 그러나 이와 같은 『열하일기』의 현재성이야말로 지금 이곳의 우리가 박지원의 『열하일기』를 정독해야 하는 이유일 것이다.

참고 문헌

박지원 씀, 리상호 옮김, 『열하일기』, 보리, 2004.
<시카고>(2002)

고미숙, 『열하일기, 웃음과 역설의 시공간』, 그린비, 2003.
김명호, 『열하일기 연구』, 창작과 비평사, 1990.
성완경, 『성완경의 세계만화탐사』, 생각의 나무, 2002.
염은열, 『고전문학과 표현교육론』, 역락, 2000.
이덕일, 『조선 최대 갑부 역관』, 김영사, 2006.
정 민, 『비슷한 것은 가짜다』, 태학사, 2000.

세대 간의 갈등과 조화 이야기

김 규 태*

1. 〈주한주앙(周翰朱昻)〉

사람이 젊을 적에는 전정(前程)이 멀고 보니, 자기는 늙을 날이 없을 듯이 무슨 이야기를 하다가도 노인을 업신여기는 실수를 가끔 범한다. 이것은 비단 철없는 악소년의 경박한 짓일 뿐 아니라 대개는 앞날의 복도 받지 못하는 것이니, 불가불 조심해야 할 것이다. 민찬성(閔贊成 찬성은 민형남의 벼슬 명) 형남(馨男)이 나이 칠십이 넘어 손수 과실나무에 접을 붙이니 같은 동네에 살고 있는 여러 젊은 명관(名官)들이 이를 웃으며 "귀공은 아직도 백 년 계획을 세우시나요?" 하자, 공은 말하기를 "바로 그대들을 위하여 선물로 남길 것이네." 하였다. 그 뒤 민공(閔公)은 아흔네 살에도 여러 명관들의 제삿날에 항상 손수 과실을 따서 부조하였다고 한다.

옛날 양대년(楊大年 송(宋)의 양억(楊億). 대년은 그의 자)이란 사람이 젊어서 주한(周翰), 주앙(朱昻) 두 사람과 함께 한림원(翰林院)에 있었는데

---

* 한남대학교 국어국문학과 교수

이 두 사람은 이미 머리가 하얗게 세었었다. 매사를 의논할 때마다 양대년은 그들을 업신여겨 "두 노인의 생각은 어떻습니까?" 라고 하면, 주한은 매우 불쾌하여 "그대는 늙은이를 그리 깔보지 마소. 필경은 이 백발을 남겨 그대에게 꼭 선사할 것이네." 라고 하였다. 주앙이 있다가, "백발을 남겨서 그를 주지 마오. 다른 사람이 또 그를 깔보는 것을 못하도록 해야지요." 하였다. 그 뒤 양대년은 과연 나이 오십도 못 살았다.

열하 태학(太學)에는 늙은 학구(學究) 있었는데, 이름은 왕곡정(王鵠汀)이라 일컬었다. 그는 민가(民家)의 어린 아이 호삼다(胡三多)에게 글을 가르쳤다. 호삼다의 나이는 겨우 열세 살이었다. 또 만주 사람으로 왕라한(王羅漢)이란 자가 있었는데, 나이 바로 일흔세 살이어서 삼다에게 비하면 한 갑자가 더한 무자생(1708년)이다. 곡정으로부터 강의(講義)를 받는데 매일 맑은 새벽이면 삼다와 함께 책을 끼고 앞서거니 뒷서거니 발걸음을 맞추어 곡정을 찾는다. 더러 곡정이 이야기 때문에 틈이 없을 때는 노인은 즉시 몸을 돌려 동자인 삼다에게 고개를 숙이고 주저하지 않고 강의를 한 차례 받고서 돌아가곤 했다. 곡정이 말하기를, "저 늙은이는 손자가 다섯, 증손이 둘이나 있는데 날마다 몸소 와서 강의를 듣고서는 돌아가 여러 손자들에게 되돌려 가르친답니다. 그의 근실한 태도가 이같이 놀랍습니다." 라고 하였다.

이렇듯 늙은이는 부끄러워하지 않고, 어린이는 업신여김이 없었으니, 중국의 예의가 장하다는 소문이 날로 전파되는 이유일 것이다. 이런 변방의 풍속이 이렇게 순박한 것을 더욱 감탄하지 않을 수 없다.

하루는 호삼다가 붉은 종이 첩지와 은 두 냥을 가지고 와서 그 첩지를 나에게 보이는데 거기에 쓰기를, "삼가 동학(同學)이자 동경(同庚:갑년이 같은)의 아우 호(胡)에게 부탁하여 조선 박 공자(朴公子)에게 청심환 한두 개를 전편으로 청하옵니다. 삼가 변변찮은 예폐를 갖추어 대금으로 삼으니, 물건은 하찮으나 정은 깊고 의리는 가이없이 무거울 것입니다." 라고 하였다. 나는 그 돈은 돌려보내고 환약 두 알을 찾아 내어 주었다. 그의 이른바 '동학이자 동경의 아우 호'란 호삼다를 가리키는 말인바, 이 말에는 더욱 웃음을 참지 못했다. 그러나 남다르게 스스로 중후하고 원만한 태도는 주앙이 양대년에게 퍼부은 독설과는 매우 달랐으므로 여기에 함께 기록하여 젊은이들이 늙은이를 업신여기는 데 경계로 삼을까 한다.[1)]

2. 연암의 세계 인식과 주체적 의식

연암 일행은 북경에 도착한 뒤에 황명을 받고 다시 열하로 갔다. 하북구(河北口)를 벗어나 열하에 이르는 동안에 견문했던 것들을 모아 놓은 것이 <구외이문(口外異聞)>이다. 여기 소개한 <주한 · 주앙>은 바로 거기에 실려 있다. 연암은 젊은이들이 노인들을 업신여겨 세대 간의 갈등을 일으키는 데 경계를 삼고자 해서 이 글을 쓴다고 했다.

이 글은 서두와 본문과 결말로 구성되어 있고, 본문은 세대 간의 갈등과 조화를 보여 주는 일화 세 편으로 되어 있다. 그런데 연암이 이 글을 쓰게 된 직접적인 계기는 아마도 열하 왕곡정 집에서 만난 호삼다와 왕라한의 사귐을 견문하고, 또 자신이 개입되어 직접 체험까지 했던 본문 세 번째 일화 때문이었을 것으로 생각된다.

여기에 나오는 왕곡정은 연암이 열하에서 만나 필담을 나눈 뒤에 그 내용을 <곡정필담>이라는 제목으로 소개한 적이 있는 그 곡정과 동일한 인물일 듯한데 확실하지는 않다. <곡정필담>에 나오는 곡정이 연암과 나눈 필담 내용을 보면, 지구 자전설 같은 천문에 관한 것을 비롯하여 서양 문물을 전한 천주교에 관한 교리, 당시의 금서(禁書), 송나라 역사와 명나라 문인 등에 관한 것들이다. 그는 이것들에 대해서 해박한 지식을 가지고 있었다. 이에 반해서 호삼다와 왕라한이 공부를 배우러 다닌 왕곡정은 호삼

1) 번역된 부분은 민족문화추진위원회 역, 『국역 열하일기』(고전국역총서 18~19, 1966)와 리상호 역, 『열하일기』(보리, 2004)를 참조하여 필자가 수정하였음.

다와 같은 민가의 어린 아이들에게 글이나 가르치는 노학구(老學究)로 소개되어 있다. 따라서 이런 노학구가 <곡정필담>에서 해박한 지식을 보여 준 바로 그 곡정과 동일 인물이라는 데 의심이 들지 않은 바는 아니지만, 두 인물에 대한 연암의 다른 설명이 없는 것으로 보아서 동일인으로 보는 것이 마땅할 것이다.

본문 중 앞에서 소개된 두 일화(민찬성과 주한·주앙)는 연암이 왕사정(王士禛, 1643~1711)의 『향조필기(香祖筆記)』를 참조해서 인용한 것[2]이다. 연암은 『열하일기』여기저기에 왕사정의 글을 인용하고 있는데 그것은 연암이 왕사정의 글에 많은 관심을 가지고 있었기 때문이다. 왕사정의 『향조필기』에서 인용된 두 편의 일화는 젊은이가 노인을 업신여기는 세태를 문제 삼고 있다. 그런데 반해서 연암이 왕곡정에게 듣고 또 직접 교제했던 세 번째 일화는 호삼다와 왕라한 두 사람이 60년의 나이 격차를 무시하고 곡정의 집에서 함께 동문수학하면서 사귀었다는 이야기이다. 그 일화에는 왕곡정이 바쁘기라도 하면 왕라한은 나이 어린 호삼다에게 묻고 배우는 것을 조금도 부끄럽게 여기지 않았다고도 했다. 이것을 연암은 왕곡정으로부터 들었다. 또 왕라한이 호삼다를 통해서 연암에게 첩지와 은 두 냥을 보내 청심환 한두 알을 구하는데 왕라한이 자신의 첩지(帖紙)에 호삼다를 가리켜 '동학(同學) 동경(同庚)'이라고 했다는 것을 두고서 연암은 포복절도할 지경이었다고도 했다.

연암이 이런 호삼다와 왕라한에 대해서 느낀 바가 있어 쓴 글임에도 불구하고 이 글의 제목은 <주한·주앙>으로 되어 있다. 그뿐만 아니라 이 글의 서두와 결말에는 서술 의도가 노인을 업신여기는 악소년들의 경박한 행동을 경계 삼고자 한 데 있다고도 했다. 그런데 왕라한과 호삼다의 일화는 젊은 세대를 향한 노인의 저주와 독설을 보여 준 앞의 두 일화와는 대조적이다. 그리고 앞의 두 일화에 나오는 노인들의 태도 역시 바람직한 행

2) 김명호, 『熱河日記硏究』, 창작과비평사, 서울, 1990, 114쪽.

동이라고 할 수 없다고도 했다. <주한 · 주앙>의 서술 의도가 노인을 업신여기는 경박한 악소년의 경박한 행동을 경계 삼고자 한 데 있다고 했지만, 사실은 당대 세대 간의 갈등 해결에 필요한 것은 조화로운 삶이라는 점을 보여 주려는 데 있다고 하겠다.

연암은 자신이 체험한 일화를 통해서 경험한 세대 간의 조화가 세대 간의 갈등을 해결하는 길임을 암시하면서 노인들의 저주와 독설에 문제가 있음을 지적하였다. 그리하여 세대 간의 갈등을 어느 한 쪽의 잘못으로 몰아붙이지 않고 상대적으로 인식했다. 연암의 이러한 관점은 바로 상대주의적 인식론에서 비롯된 것이다. 그의 이러한 인식 태도는 <호질>에도 타난다. <호질>은 인(人)과 물(物)의 차이를 구별하는 유가(儒家)의 인간 중심적 관점을 탈피하여 범의 입장에서 인간의 우월성을 더 이상 인정하지 않고 오히려 그 추악상을 드러내어 비판하였다.

연암의 세계 인식 태도에서 보면 세대 간의 갈등 역시 상대적일 수밖에 없다. 연암이 이처럼 상대주의적 인식론을 가지고 있었기 때문에 그가 체험한 호삼다 · 왕라한의 행위에서 세대 간의 갈등을 해소할 수 있는 대안을 발견할 수 있었던 것이다. 나이가 60살이나 아래여서 증손자뻘밖에 안 되는 호삼다에게 예의를 갖추어 대한 왕라한과 그런 노인에게 조금의 업신여김도 없었던 호삼다의 태도를 통해서 당대 사회 문제가 되고 있는 세대 간의 갈등은 상호 조화를 통해서 해소될 수 있다고 생각한 것이 바로 이 글의 주지이다.

그런데 이 일화에는 어린 아이에게 예의 바르게 대한 왕라한의 태도가 노인을 업신여기지 않은 호삼다의 태도보다 더 많이 서술되어 있다 이것은 당대 사회문제가 되고 있는 세대 간의 갈등 해소를 위해서는 바로 노인들의 온후하고 원만한 행동이 더욱 요청된다는 것을 보여준다. 따라서 악소년들의 경계로 삼고자 한다는 직접적인 서술 의도는 연암 특유의 글쓰기 위장 수법이라고도 할 수 있다.

또한 앞에 소개한 민찬성과 주한 · 주앙의 일화는 호삼다 · 왕라한의 일화와는 극명하게 대조되어 있다. 이러한 대조법 역시 연암이 즐겨 쓰는 글쓰기의 또 다른 방식인데 <열녀함양박씨전>에도 나타난다. 이 열전의 병서와 본전에는 두 여인의 삶이 각각 대조적으로 제시되어 있다. 연암은 이 열녀전에서 함양 박씨녀의 수절을 시간적 순서에 따라서 기술하고, 당시의 열녀에 대한 통념에 입각하여 박씨녀의 열행을 찬양 고무했다. 그렇지만 본전 서두에 첨부된 병서에는 명문 사대부가의 한 과부가 평생 수절을 위해서 겪어야 했던 고통이 사실적으로 소개되어 있다. 그리하여 두 여인의 삶의 태도를 대조적으로 보여주면서도 자신의 이념은 전혀 직접적으로 드러내지 않았다.

연암은 이런 대조적인 방식을 통해서 당시 열녀에 대한 지식인들의 인식 태도에 문제가 있다는 것을 암묵적으로 제기했던 것처럼 <주한·주앙>에 나타난 세대 간의 갈등 역시 악소년들의 경박한 태도에만 있는 것이 아니라 노인들의 각박한 태도에도 문제가 있다고 하여 상대적인 것임을 보여 주었다. 설령 세대 간의 갈등이 악소년의 경박한 언동에 있다고 하더라도 그들에 대한 노인들의 저주와 독설 역시 바람직한 것이 아니고 오히려 노인들의 온후하고 원만한 행동이 세대 간의 갈등을 해결하는 열쇠임을 확실히 하고 있다.

또 한 가지 이 글에서 간과할 수 없는 연암의 서술 의도는 온후하고 원만한 행동을 보여 준 왕라한이 만주인이라는 것을 밝힌 점이다. 서술자가 "중국의 예의가 장하다는 것은 전날에 들은 바 있으나 변방의 풍속이 이렇듯 순박한 것을 더욱 감탄하지 않을 수 없다."고 언급했지만, 앞에 인용된 두 일화에서 악소년들에게 저주와 독설을 퍼부은 민 찬성이나 주한·주앙이 한족인 반면에, 60살이나 밑인 소년에게 예의 바르게 대한 왕라한은 만주족이고, 또 변방에 사는 인물이었다는 점이 연암에게는 더욱 마음에 들었을 것이다. 연암은 중국이 예의바른 나라임을 전부터 들어왔다고 했지만 예의가 중화를 대표하는 한족(漢族)의 전유물이 아니라는 점을 왕라한을 통해서 드러내고자 했다.

연암은 예의가 있고 없음과 문화 민족인가 아닌가의 문제는 민족 자체의 태생적인 것이 아니라 어느 민족이거나 그것을 실천하는 태도 여하에 따라서 결정되는 것이라고 믿었다. 이것은 바로 연암의 문화 중심적 새로운 화이론(華夷論)으로서 종래의 인종 중심적 화이론이나 화(華) 가까운 이(夷)로 자부한 소중화주의와는 다르다. 그리하여 선왕(先王)의 도로써 천하를 통치하는 것은 중화민족만이 아니고, 이적으로서 중국에서 군주 노릇을 한 자라면 그 도를 이어 받아서 제 것으로 삼지 않은 적이 없다고 <관내정사>에서 말하고 있는 연암의 대청관(對淸觀)이 여기에도 반영되어 있다.

이 글의 결말에서 연암은 왕라한과 호삼다의 이야기에 개입하게 된다. 왕라한이 호삼다를 통해서 은 두 냥과 첩지를 연암에게 보내 청심환 한두 알을 구했다. 그 첩지에 호삼다를 가리켜 "동학(同學)이자 동경(同庚)의 아우인 호(胡)"라고 했다. 그리고 이 첩지를 본 연암은 포복절도할 뻔했다고 했지만, 이러한 서술자의 개입은 이 일화가 허구가 아닌 사실임을 보여준다. 그리고 또 연암이 호삼다가 가져온 은전을 돌려보내면서 청심환도 함께 찾아 보냈다고 했다. 이것 역시 비록 만주인이지만 예의바른 왕라한의 태도를 통해서 연암 자신과의 정체성을 확인하게 되었고, 그 반가움에 대한 하나의 표현으로 그렇게 했을 것으로 생각된다.

3. 오늘날 세대 간의 갈등 해소 방안

세대 간의 갈등이 어제 오늘의 이야기가 아니고, 또 우리나라만의 이야기가 아니라 과거에 이웃 중국에서도 심각했다는 것을 이 글이 보여 주고 있다. 이런 세대 간의 갈등은 어느 시대 어느 곳에서나 있기 마련이어서 이것을 소재로 한 소설이나 영화 같은 것 역시 많이 있을 것이다. 그렇지만 '이것이다' 하고 소개할 만한 작품 이름이 생각이 나지 않아서 세대 간의 갈등에 대한 필자의 견해를 제시하여 이 글을 마무리하려고 한다.

인간이 집단사회를 이루고 살면서 집단 또는 계층 간의 갈등은 세대 간에서만이 아니고, 빈부, 성별, 학력, 지역 간에서도 다양하게 일어난다. 그러나 집단 또는 계층 간의 이런 갈등은 언제나 자기중심적 세계 인식의 태도에서 비롯된다. 자기 집단 또는 계층의 가치 기준으로 다른 집단을 바라보면 상대의 태도나 언행에 불만일 수밖에 없을 것이다. 이런 불만이 커지면 결국은 갈등이 야기되고 만다.

갈등의 원인이 되는 이런 자기중심적 세계 인식이 청산되지 않는 한, 집단 또는 계층 간의 갈등은 늘 존재한다. 특히 세대 간의 갈등은 경험적 시간이 다른 노인과 젊은이 사이에 일어나는 갈등이다. 이들은 자기들이 경험하지 않은 세계의 집단에 대해서 자기 집단의 가치 기준을 가지고 바라볼 때 이들에게 이해의 눈을 기대한다는 것은 불가능한 일이다. 따라서 타 집단에게 이해를 강요하기보다는 세계를 바라보는 자기중심적 시각에서 벗어나는 것이 중요하다. 연암의 상대주의적 인식 태도는 바로 자기중심적 시각을 벗어던진 것이다.

"향당(鄕黨)에 막여치(莫如齒)"니, 장유유서(長幼有序)니 하는 말이 일상생활화 되어 있는 전통 유교사회 속에서 나이 많은 분을 공경하는 것은 일반적 규범이라고 할 수 있다. 따라서 젊은이가 노인을 업신여긴다는 것은 상상하기 어려운 유교사회임에도 불구하고 중국 청나라 시대에 특히 젊은 관료들이 노인들을 업신여기었다 함은 그 나라의 유교적 전통 규범이 무너지고 있음을 보여준다.

연암은 이러한 전통 사회의 유교적 규범이 무너지는 현실을 인정하면서도 이를 회복하여 세대 간의 조화를 이루는 방안으로 젊은이들의 언어적 횡포와 함께 노인들의 언어적 횡포를 문제 삼아서 이를 경계하여 상대주의적 인식 태도를 보여 준 것이다. 연암의 이런 태도는 오늘날 우리 시대에도 야기되고 있는 세대 간의 갈등을 해결하는 데 있어서도 유효한 것이라는 생각이 든다.

그러나 젊은이와 노인 두 집단의 타자로서 입장을 가지고 있는 연암과는 달리 세대 간의 갈등 당사자는 대상에 대한 상대주의적인 시각을 가지기가 쉽지 않다는 것이 문제다. 우리가 세대 간의 갈등을 해소하는 방안을 연암의 제안처럼 알고 있다고 하더라도 자신이 당사자가 되고 보면 자기중심적 시각에서 자유로울 수 없다는 것이 세대 간의 갈등 해결을 늘 어렵게 한다.

홍순언일화의 배치와 변용

김 석 희*

1. 〈홍순언일화(洪純彦逸話)〉

『열하일기』에는 홍순언(洪純彦, 1530~1598) 일화(逸話)가 <옥갑야화> 속 여러 이야기들 중의 하나로 수록되어 있다. <옥갑야화>는 열하일기 25편 가운데 제20편에 해당하는 일군의 이야기들을 묶어 표제한 편명(篇名)인데, 옥갑에서 비장(裨將)들과 침상을 맞대고 밤새워 나눈 이야기들을 집성한 것이라 할 수 있다.[1] 이 편은 열하 체류 중의 각종 견문을 정리한 5편과 북경으로 돌아와서의 견문을 정리한 6편 사이 그 중간에 배치되어 있어 열하와 북경 사이를 그 시공간적 배경으로 하고 있다.[2] 급박하고도

---

* 인하대학교 국어교육과 교수

1) 이본에 따라서는 <옥갑야화>가 아닌 <진덕재야화(進德齋夜話)>로 되어 있는데, 진덕재는 열하에 있던 태학(太學)의 재실(齋室)이라고 한다(김종철, 「<옥갑야화> 이해의 시각」, 『선청어문』 28집, 서울대 국어교육과, 2000.3, p.135).

2) 김명호, 『열하일기 연구』, 창비, 1990, p.25. 참조.
전 5편은 <행재잡록>, <산장잡기>, <환희기>, <피서록>, <구외이문>. 후 6편은 <황도기략>, <알성퇴술>, <앙엽기>, <동란섭필>, <금료소초>.

다소 험악했던 열하 행을 별 탈 없이 마치고 북경으로 무사히 귀환하게 된 안도감이나 해방감 같은 것이, 이 한밤의 이야기판을 꽃피우게 했던 것으로 보인다. 침상에서의 방담(放談)이기 때문에 여정(旅程)과는 직접 관련이 없고, 주로 역관들의 행태나 사행(使行)과 관련한 이야기들이 자유롭게 펼쳐져 있다.

그런데 <옥갑야화>의 무게중심은 아무래도 소위 <허생전>으로 일컬어져 온 마지막 이야기에 놓여 있어 <옥갑야화> 논의는 마땅히 허생전을 중심으로 이루어져야 하겠지만, 이 작품에 대해서는 다른 논자가 별도의 논의를 펼 것으로 보이기 때문에, 여기서는 논제로 주어진 홍순언 일화에 초점을 맞춰 보기로 한다. 우선 <옥갑야화> 속 홍순언 일화의 전문을 보기로 한다.[3)]

> 어떤 이는 또 다음과 같이 말하였다.
>
> 당성군(唐城君) 홍순언(洪純彦)은 명(明) 만력(萬曆) 때의 이름난 통역관으로서 명경(明京)에 들어가 어떤 기생집에 놀러 갔었다. 기생의 얼굴에 따라서 놀이채의 등급을 매겼는데, 천 금이나 되는 비싼 돈을 요구하는 자가 있었다. 홍(洪)은 곧 천 금으로써 하룻밤 놀기를 청하였다. 그 여인은 나이 바야흐로 16세요, 절색(絶色)이었다.
>
> 여인은 홍과 마주 앉아서 울면서 하는 말이, '제가 애초 이다지 많은 돈을 요청한 것은 실로 이 세상에는 모두들 인색한 사나이가 많으므로 천 금을 버릴 자 없으리라 생각하고서 하루 이틀만이라도 이 욕을 면하기만 바라고 있었던 것입니다. 본래는 관 주인을 속이려 했던 것이요, 한편으로는 천하에 의협심 있는 분이 저를 속량(贖良)하여 첩으로 삼아 줄 것을 빌고자 했던 것입니다. 그러나 제가 창관(娼館)에 들어온 지 닷새가 지났으나 감히 천 금을 갖

3) 번역은 원문과 기존의 번역(민족문화추진회 역과 북한의 이상호 역)을 대조해 가면서 필자가 손을 본 것이다.

고 오는 이가 없었더니, 이제 다행히 천하에 의협심 있는 분을 만나게 되었습니다. 그러나 공(公)은 외국 사람이라 법적으로 저를 데리고 고국으로 돌아가시기 어렵고, 이 몸은 한번 더럽힌다면 다시 씻기는 어려운 일이겠습니다.' 하였다.

홍은 여인을 몹시 불쌍히 여겨서 창관에 들어온 까닭을 물었더니, 여인은 답하기를, '저는 남경(南京) 호부시랑(戶部侍郞) 아무개의 딸이옵니다. 아버지께서 장물(贓物)에 얽매였으므로 이를 갚기 위하여 스스로 기생집에 몸을 팔아서 아버지의 목숨을 속(贖)하고자 하옵니다.' 하였다.

홍은 크게 놀라면서 말하기를, '내 실로 이런 줄은 몰랐다. 이제 내가 네 몸을 속해 줄 테니 그 액수(額數)는 얼마나 되는가?' 했다. 여인은 말하기를, '이천 냥이랍니다.' 하였다. 홍은 즉석에서 그 돈을 내어 주고 작별하였다. 여인은 곧 홍을 은부(恩父)라 일컬으면서 수없이 절하고는 서로 헤어졌다. 그 뒤에 홍은 이에 대하여 다시 괘념(掛念)하지 않았다.

그 뒤에 또 중국을 들어갔는데, 길가에 사람들이 모두들 '홍순언이 들어오나요.' 하고 묻기에 홍은 다만 괴이하게 여겼다. 황성(皇城)이 가까워지자 길 왼편에 성대하게 장막을 치고 있다가, '병부(兵部) 석 노야(石老爺)께서 환영하옵니다!' 하고 홍을 맞이하여 곧 석씨(石氏)의 사저로 인도하였다. 석 상서(石尙書)가 맞이하여 절하며, '은장(恩丈)이시옵니까! 공의 따님이 아버지를 기다린 지 오래되었답니다.' 하고는 곧 손을 이끌고 내실로 들었다. 그의 부인이 화려하게 꾸미고 뜰아래 내려 절을 하였다. 홍은 송구하여 어쩔 줄을 몰랐다. 석 상서는 웃으면서, '장인(丈人)께서 벌써 따님을 잊으셨나요?' 하였다. 홍은 그제야 비로소 그 부인이 곧 지난날 기생집에서 구출했던 여인인 줄을 깨달았다.

이 여인은 창관에서 나오게 되자 곧 석성(石星)의 계실(繼室)이 되었던 것이다. 귀부인이 되었지마는 손수 비단을 짰는데, 모두 '보은(報恩)'이란 두 글자를 수놓았다고 한다. 홍이 귀국할 때에 보은단(報恩緞) 외에도 각종 비단과 금은 등을 이루 헤아리지 못할 만큼 선물하여 보냈다. 그 뒤 임진왜란이 일어나자 석성이 병부에 있으면서 출병(出兵)을 힘써 주장하였으니, 이는 석성이 애초부터 조선 사람을 의롭게 여겼던 까닭이라고 한다.

2. 일화 전변의 맥락과 〈옥갑야화〉 속 〈홍순언일화〉

<옥갑야화> 속의 홍순언 일화는 '어떤 이는 또 다음과 같이 말하였다' 식으로 소개되는 <옥갑야화>의 여섯 개 이야기 가운데 세 번째 이야기다. 이 여섯 개 이야기를 김종철 교수가 요약한 대로 옮겨 보면 다음과 같다.[4]

제1화: 조선의 한 역관이 거짓말로 중국의 단골 상인에게 돈을 빌려 큰 이익을 취하고는 돈을 갚지 않았다가 중국을 가는 인편에 자기 가족이 다 죽었다고 말하게 하였다가 실제로 염병에 걸려 몰사당했다는 이야기.

제2화: 이추(李樞)라는 역관이 북경을 40년이나 드나들면서도 돈을 멀리 했다는 이야기.

제3화: 역관 홍순언(洪純彦)이 북경의 창관(娼館)에서 아비를 위해 몸을 판 처녀를 구출해 주었는데, 나중에 병부상서의 아내가 된 그 처녀에게 보답을 받았다는 이야기.

제4화: 우리나라 사람들이 북경에 가면 단골로 거래하던 상인 정세태(鄭世泰)가 죽은 뒤 그 손자가 연희패에 팔렸는데, 정세태의 회계였던 임씨가 그 손자를 빼내어 자기 재산의 반을 나누어 편안히 잘 살게 했다는 이야기.

제5화: 요즘 중국에서 보내는 물건이 약속과 달라서, 우리 상인들이 직접 물건을 포장한다는 이야기.

제6화: 조선의 부자 변승업(卞承業)이 병이 들자 아들이 빌려준 돈을 다 거두

4) 김종철, 앞의 논문, pp.148~149.

어들이자고 청했는데, 변승업이 그 아들의 잘못을 꾸짖고 오히려 돈을 더 많이 흩었다는 이야기.

'허생전'으로 일컬어지는 허생의 이야기는 비장들이 소개한 이상의 6개 짤막한 이야기들을 딛고 그 위에 서 있다. 이러한 단편적 이야기들을 도입겸 촉매로 삼아 연암은 '문제적 서사'인 허생전을 구축해 내고 있는 셈이다. 직접적으로는 마지막 이야기인 변승업 일화에 기대어 허생 이야기를 꺼내고 있다. 허생전의 도입부를 보면 다음과 같다.

> 나 또한 윤영(尹映)이란 사람이 변승업의 부에 관해서 늘 이르던 이야기를 꺼냈다. 승업의 재화(財貨)는 그 유래하는 바가 있어 일국의 갑부였지만, 승업 때에 이르러서는 조금 쇠퇴하였다. 바야흐로 처음 일어날 때에는 천명(天命)이 있었던 것만 같았으니, 허생(許生)의 일을 보더라도 참으로 이상한 일이 아닌가! 그런데 허생이 끝내 자기의 이름을 나타내지 않았던 까닭에 세상에 아는 이가 없다고 한다. 윤영의 이야기는 이러했다.

이렇게 연암은 허생전 이야기를 더욱 두드러지게 드러내기 위하여, 혹은 그 이면에 담긴 풍자적 의미를 감추기 위하여 이들 여러 이야기들을 끌어 들인 것이라고 볼 수 있다. 돈을 둘러싼 한중(韓中)의 이러저런 이야기들 속에 허생의 이야기가 자연스럽게 묻어 나오도록 유도하고 있는 셈이다.

사실 옥갑(혹은 진덕재)에서의 이야기판에서 구연된 이야기가 이들 여섯 개뿐인지, 그 이하인지, 그 이상인지는 아무도 모른다. 연암에 의하여 <옥갑야화> 로 구성된 것이 이 여섯 개일 따름이다. 이렇게 여섯 개의 이야기를 배치한 것 자체가 연암의 서사전략의 일환인 셈이다. 이 여섯은 공통적으로 돈을 둘러싼 사람들의 태도를 다루고 있는 것인데, 첫째는 돈 때문에 인륜을 돌보지 않는 부류이고, 둘째는 인륜을 위하여 천금을 가볍게 보는 부류이고, 마지막은 이 둘 사이의 중립지대에 돈에 초연한 인물형을 제시하고 있다. 홍순언 일화는 둘째 부류에 속하는 이야기로서 연암이 제시하고자 하는 바람직한 태도를 가장 완벽한 형태로 그 극단까지를 구현해 낸 사례라 할 수 있다. 본서사라고도 할 수 있는 허생 이야기의 주제와 인물형과 그 기맥이 상통하는 이야기로서, 도저히 현실 맥락에서는 있을 것 같아 보이지 않는 허생의 인간됨과 그 처신을 든든히 받쳐주는 버팀목의 구실을 하고 있다.

그렇다면 이렇게 본서사인 허생 이야기를 뒷받침하기 위하여 연암이 홍순언 일화를 변용(變容)하거나 요리한 방식은 어떤 것인지를 좀더 살펴보기로 한다. 이를 위해서는 먼저 홍순언 일화의 생성(生成)과 전변(轉變)에 관하여 검토해 두고 넘어갈 필요가 있다. 이 일화는 조선시대의 일화 가운데서 가장 널리 유포된 이야기의 하나인데, 이에 관하여는 박일용 교수가 일목요연하게 정리한 바가 있다.5)

> 홍순언 이야기는 『어우야담(於于野談)』을 필두로 하여 『국당배어(菊堂排語)』, 『서포만필(西浦漫筆)』, 『열하일기(熱河日記)』, 『계서야담(溪西野談)』, 『택리지(擇里志)』, 『성호사설(星湖僿說)』 등 여러 야담집과 각종 문헌에 수록되어 전하는 일화로서 문헌들에 가장 빈번하게 등장하는 조선시대 일화 가운데 하나라 할 수 있다. 그리고, 이 일화는 『이장백전(李長白傳)』계 소설, 『홍언양의연천금설(洪彦陽義捐千金說)』, 『곽원철록』 등 내용이 다른 여러 형태의 작품으로 소설화되었다. 조선시대의 일화 가운데 이처럼 여러 문헌에 빈번하게 등장하는 한편, 그것이 소설화 되는 양상이 이처럼 다양한 것은 없는 것으로 여겨진다.

이 일화의 초기 형태는 박 교수가 지적하고 있는 바와 같이 유몽인(柳

5) 박일용, 「홍순언 고사를 통해서 본 일화의 소설화 양상과 그 의미」, 『국문학연구』 5집, 국문학연구회, 2001.5.

夢寅, 1559~1623)의 『어우야담』 소재 기사이다. 여기서 유몽인은 홍순언이 자신과 같은 마을 사람(同閈人)이라고 소개하면서 홍순언 일화를 곽지원(郭之元)이라는 사람의 이야기와 함께 제시한다. 곽지원과 홍순언이 모두 중국어를 잘하는 역관이었는데, 곽지원은 중국에서 부채로 논밭을 빼앗겨서 유리걸식할 처지에 이른 사람을 보고 은자 삼백 냥을 주고 이름도 묻지 않고 갔으며, 홍순언은 예전부터 알던 사람이 전장과 처자를 팔아버린 것을 알고 은자 오백 냥을 주어서 처자를 찾게 하였다고 하면서, 이러한 그들의 행위가 기이하고 위대하다는 내용의 평결을 덧붙이고 있다. 홍순언 이야기로만 하면 63자에 불과한 짧은 기사이고, 그 주제도 이 일화를 수록하고 있는 권4의 편명(篇名) 그대로 '음덕(陰德)'의 필요성을 강조하는 방향이다. 중국인들에게 '곽영공(郭令公)' 혹은 '홍노야(洪老爺)'라고 극진한 대접과 칭찬을 듣게 된 내력이 바로 이와 같이 숨은 선행(善行)을 통하여 음덕을 쌓았기 때문이라는 것이다.

그러나 <옥갑야화>의 홍순언 일화는 391자에 이르는 서사량을 구비하고 있다. 『어우야담』의 홍순언 기사에 비하면 6~7배 가량이나 증대된 것이어서 일화의 기본 골격은 충실하게 구비하고 있는 이야기라고 할 수 있다. 박일용 교수에 의하면 사실담 혹은 역사 기록으로부터 일화를 형성해 가는 동력은 일화 수용층의 열망이나 기대지평인데, <옥갑야화>에 작용하고 있는 열망이나 기대지평은 무엇인지를 추적해 볼 필요가 있다.

이러한 문제들과 관련하여 필자 또한 홍순언 일화의 전변 양상을 살핀 바가 있는데, 일화 전변의 흐름이 크게 두 가지로 나뉘고 있음을 확인할 수 있었다.[6] 첫째가 한 작가의 문제의식이나 창작적 고뇌가 가미되어 좀 더 독특한 방식으로 구조화되는 경우라면; 둘째는 대중적 흐름을 따라 다양한 흥미소를 집적해 가면서 계속 기연(奇緣)을 강화하는 방향으로 적층되어 나가는 경우였다. 전자의 정점에 서 있는 것이 『서포만필』의 경우였

6) 김석회, 「서사전략의 측면에서 본 홍순언 일화의 변이 양상」, 『고전산문교육의 이론』, 집문당, 2000.

고, 후자의 절정을 이루고 있는 것은 『삽교만록』이었다. 참고로 그 결론 부문을 전재하면 다음과 같다.

> 우선 『서포만필』에서의 변이 동인은 비판적 지식인이었던 서포 김만중 자신의 개인적 관심과 문제의식에서 그 열쇠를 구할 수 있다. 『서포만필』의 기사는 서포 자신이 일관되게 견지해 오던 관심의 연장선에서 이 일화를 접하고 거기에 자신의 문제의식을 투영했기에 이루어진 변이라 할 수 있는데, 이러한 연유로 여기에서 수행된 변이는 서사체의 의미를 결정하는 "인과(因果)의 변이"를 초래하게 되었던 것이다. 그 결과 『서포만필』의 기사는 『어우야담』의 시대에서 얼마 지나지 않은 상태에서 이 일화군 속에서 가장 길고 주제 또한 가장 예리하고 강렬한 서사체를 이루게 되었지만, 후발 서사체 쪽으로 계승된 자취는 찾기 힘들다. "도깨비 씨름" 같이 서포 자신의 개인적인 씨름으로 끝나고 전승의 맥락에서는 절손(絶孫)의 상태를 면하지 못한 경우라고 할 수 있을 것이다. 구비문학의 역사 속에서는 불연속적으로 명멸(明滅)했던 사례라고 할 수 있는 셈이다. 그러나 이것이 비록 구비문학의 흐름에 큰 보탬이 되지 않았다고 해서 문학사적으로 무의미한 것만은 아니다. 왜냐하면 이러한 서사체험(敍事體驗)은 김만중의 작가적 성장에 있어서는 매우 소중한 기여를 했을 것이 분명하기 때문이다. 『구운몽』이나 『사씨남정기』 등 대작의 밑바탕에는 만필이며 시를 통한 서사의 훈련이 깔려 있었던 것이다. 아울러 구비전승의 맥은 아니라 해도 『서포만필』 에 접하여 이 기사를 읽은 사람이 어느 모로든가 감발 받은 바가 있다 할 때, 고독한 정신의 조응 속에서 『서포만필』의 홍순언 기사는 작품으로 실현되는 것이라고 할 수 있을 것이다.
>
> 다음으로 『삽교만록』에서의 변이는 기본적으로 구비문학의 전통 속에서 이루어진 것이라고 할 수 있다. 기연(奇緣)의 삼각구도(三角構圖)를 형성해 내기 위한 일화들의 조합, 이야기의 감칠맛이며 흥미소의 첨가 등은 질과 량의 양 측면에서 기존의 설화군 가운데서 군계일학(群鷄一鶴)인 것이 분명하지만, 이러한 조합이며 첨가 등은 편집자적 역량의 탁월함에 그치는 것이고

『삽교만록』에서의 변이는 그 근본성격이 구비전승의 연속적 맥락 속에서 서사적 적층(積層)을 통해 이루어진 것이다. 따라서 『삽교만록』의 홍순언 기사는 언제든지 통속의 맥락에서 흥미를 따라 편안한 문맥으로 읽히도록 구조화되어 있는 것이고, 그리하여 후대 야담집에 가감이나 요약 혹은 축약의 형태로 즐겨 수용되게 되는 것이다.

이에 따라 『서포만필』의 기사와 『삽교만록』의 기사는 앞서 살펴 나온 바와 같이 그 서사의 전략을 달리하고 있는 것이고, 미적 기반의 차이, 주제적 정향의 편차를 드러내고 있는 것이다. 개인적 관심과 문제의식을 따른 창조적 변용의 맥락과, 구비전승의 축적 속에서 그 전통의 요구를 충실히 반영하는 관성적 변용의 맥락은 같은 일화를 두고 언제나 발생할 수 있는 변이의 두 축이라고도 할 수 있을 것인데, 문학사는 이 양자 사이의 균형 있는 상호보완을 통해서 조화롭게 발전해 나가는 것이라 할 수 있을 것이다.

그렇다면 <옥갑야화>의 경우는 어떠한가? 결론부터 말하면 『서포만필』과 『삽교만록』 사이, 그 중간 지점에 위치한다고 말할 수 있을 것 같다. 『서포만필』과는 달리 인과(因果)의 축을 변동시키지 않았다는 점에서는 일화의 통속적인 흐름을 따른 것이라 할 수 있는 반면, 기연(奇緣)을 첨가하거나 확대 부연하지 않고 현실 맥락에서 납득이 될 수 있게 되도록이면 간명하게 처리하고 있는 점에서는 『삽교만록』과 구별된다. 그러면서 연암이 이 설화를 도드라지게 만들고 있는 점은 대략 두 가지다. 첫째는 시종일관 홍순언의 인간됨에 초점을 맞추고 있다는 점이고, 둘째는 그 인간됨의 가치 구현을 위한 방향으로 서사의 흐름을 강하게 통제하고 있다는 점이다.

<옥갑야화>는 청루여인의 입을 빌어 당대의 모든 남자들이 한없이 잘아지고 인색해져 있음을 드러내면서 홍순언의 걸출(傑出)함을 강조하고 있다. 그 결과 홍순언은 중국 천지까지를 다 통틀어 천하에 가장 통이 크고 의협심이 있는 인물로 부각되어 있다. 결론에 이르러서도 병부상서(兵部尙書) 석성이 임진왜란에 조선 출병을 주장한 이유가 바로 이 조선인의

인간됨에 대한 신뢰와 애정 때문이었다고 매듭을 지음으로써, 일관되게 이 인간됨의 문제를 초점화하고 있다.[7] 그리고 중간 대목에서도 돈을 희사하는 태도며 배포를 가장 크게 부각하고 있는 것이 바로 이 <옥갑야화>다. <옥갑야화>는 여인을 속량하기 위하여 지불하는 돈이 이천 양으로 되어 있을 뿐만 아니라, 처음 약정했던 해웃값 일천 양에 다시 일천 양을 보태어 준 것으로 되어 있다.[8] 돈을 내 주는 장면 또한 "선 자리에서 즉석 지불"[9]한 것으로 되어 있고, "은부(恩父)"라 백배 사은하는 여인의 칭예를 들으며 가장 영예롭게 헤어진 것으로 그려져 있으며,[10] 그 후 다시는 그 돈에 대하여 마음에 두지 않았음을 기술하여 홍순언의 깨끗한 매너를 부각시키고 있다.[11]

일견 대수로와 보이지 않을 수도 있는 이러한 조율과 재배치 또한 서사의 흐름과 방향을 결정하게 되는 중요한 전략임을 <옥갑야화>의 홍순언

---

7) 이 일화는 "石在本兵 力主出兵者 以石本義朝鮮人故也"로 끝나고 있는데, 홍순언의 인간됨을 출병에 직결시키며 매듭을 짓고 있다는 점에서 연암의 의도가 기본적으로 인간관 내지 인물론에 있음을 알 수 있다. 본서사인 허생의 이야기 또한 인물론에 초점이 맺혀져 있는 이야기라고 볼 수 있다. 이 점에 대해서는 김종철 교수도 또한 역점을 두어 강조한 바 있다. 이 대목의 번역은 "석성이 병부에 있으면서 출병(出兵)을 힘써 주장하였으니, 이는 석성이 애초부터 조선 사람을 의롭게 여겼던 까닭이다."(민추 역), "석 상서가 군대를 맡고 있으면서 출병을 주장한 것은 석씨가 본디 조선 사람과 의리를 맺었던 까닭이라고 한다."(리상호 역), 두 가지로 갈려 있는데, 민추의 번역이 문맥에도 맞고, 이러한 연암의 서사전략과도 좀더 부합한다고 볼 수 있다.

8) 참고로 『어우야담』에는 오백냥 금으로 되어 있고, 『삽교만록』에는 천 금, 『서포만필』에는 백 금으로 되어 있다. <옥갑야화>는 처음 기생이 내건 액수가 천 금이었지만, 여인의 사연을 묻고 난 후 그 속신의 대가가 이천 금임을 확인하고 선선히 이천 금을 내 주는 것으로 되어 있다.

9) "洪立輸之"

10) "與訣別 女百拜稱恩父而去". 효(孝)나 절(節)의 입장에서 여인을 고평하면서 남매의 의를 맺는다든가 혹은 홍순언 자신이 '소인(小人)'을 자처하면서 자신을 낮추는 경우 등등, 이 대목에 이르러 서사가 다소 늘어지는 경향이 있는데, 연암은 이 장면을 선이 굵고 간명하게 처리해 버리고 있다. 시종 홍순언의 우위(優位)와 당당함, 의연함을 부각시키고 있다.

11) "其後 洪復絶不置意"

일화는 잘 드러내 보여 주고 있다. 홍순언 일화를 이렇게 인간관(人間觀)의 문제, 인물론(人物論)의 성격으로 조율하여 이끌어 들임으로 말미암아 후속하는 본서사인 허생 이야기를 이렇게 인물론의 성격을 띠는 담론(談論)으로 자연스럽게 유도하고 있는 것이다. 그런 점에서 <옥갑야화>의 홍순언 일화는 허생전의 서사 세계를 가장 원활하게 열어 주는 물꼬의 구실을 하고 있는 것으로 볼 수 있을 것이다.12)

3. 『서포만필(西浦漫筆)』 속 〈홍순언일화〉

앞서 잠시 언급한 바와 같이 홍순언 일화는 서포 김만중에게는 그의 본격적인 소설 세계를 여는 도약대(跳躍臺)의 역할을 하였다고 볼 수 있으며, 연암 박지원에게는 그의 문제적 서사물인 허생전으로 흘러드는 서사적 물꼬 역할을 감당했다고 볼 수 있는 이야기이다. 그 변화의 폭은 『어우야담』의 기사로부터 가늠할 수 있을 것인데, 2장에서 살핀 연암의 서사전략을 좀더 잘 이해하기 위해서는 『서포만필』의 홍순언 이야기를 함께 대비해 보는 것이 필요할 것 같다. 여기 참고의 편의를 위하여 『서포만필』 홍순언 일화의 번역문을 옮겨 두기로 한다.13)

---

12) 연암은 이러한 배치와 조율을 통하여 하나의 서사가 또 하나의 서사와 상호조응을 하면서 자연스럽게 주제가 구현되도록 하는 전략을 탁월하게 구사하고 있는데, 그 가장 전형적인 사례가 <열녀함양박씨전병서>의 경우다. 이 작품의 서사전략과 주제 구현의 양상에 관해서는 박일용 교수의 글을 참조할 수 있다.(박일용, 「조선후기 傳과 小說을 통해서 본 事實과 虛構, 그리고 소설적 眞實」, 중국소설논총 13집, 중국소설학회, 2001.2) 그리고 열하일기의 여타 표현 특징 일반에 관해서는 박기석(박기석, 『박지원 문학 연구』, 삼지원, 1984), 김명호(김명호, 『열하일기 연구』, 창비, 1990), 김영(「박지원과 열하일기」, 『조선후기 한문학의 사회적 의미』, 집문당, 1993), 박수밀(『박지원의 미의식과 문예이론』, 태학사, 2005) 등의 논의에서 다각도로 분석된 바가 있다.

13) 홍인표 역(일지사, 1987)을 일부 어조나 맥락을 다소 조율해 두는 선에서 거의 그대로 전재하기로 한다. 특별히 어색하거나 잘못된 대목에 한하여 밑줄을 긋고 수정한

고려 말에 우리나라 여자로 명(明))의 홍무궁인(洪武宮人)이 된 사람이 있었다. 명 태조는 그녀를 통하여 우리나라의 사정을 아주 잘 파악하였는데, 국가의 종계(宗系)가 잘못됨을 입은 것도 모두 이 여인이 전한 바가 사실에 어그러졌던 데서 말미암은 것이었다.[14)]

슬프다! 그 누가 천자가 총명하여 만 리 밖을 알아본다고 하였는가? 후에 조정의 억울함을 깨끗하게 풀게 된 것도 한 여자의 힘에 의하여 이루어졌다.

우리나라의 역관(譯官) 홍순언(洪純彥)이 기관(妓館)에서 놀다가, 양가 규수가 유락실신(流落失身)했음을 보고, 가엾게 여겨 백금(百金)을 주었는데, 후에 그 여자가 재상의 아내가 되어 총애를 받자, 크게 그의 주선을 받았다. 여자의 덕을 입음 역시, 어찌 착한 일을 하여 상을 받고, 악한 일을 하여 처벌받음이 아니겠으랴? 그 사건이 대단히 기이하므로 여기 전하지 아니할 수가 없다.

홍순언은 명종(明宗) 선조(宣祖) 때의 역관이었다. 위인이 재물을 가볍게 여기고, 기개를 숭상하였으며, 특히 중국어를 잘하여 전후의 사신들에게 신임을 받게 되었다. 이때는 나라가 태평하여 국경에 대한 근심이 없었고 군신들은 오직 종계(宗系)의 억울한 누명을 지극한 고통으로 여겨서 사신들의 행렬이 갈석과 요하 사이에서 서로 마주보고 지나칠 정도로 빈번하였는데, 홍순언도 일찍이 그 행렬에 끼지 않은 적이 없었다.[15)]

후에, 주석란을 통하여 수정의 사유를 밝히기로 한다. 그리고 이『서포만필』에 구현된 서사전략에 관해서는 앞서 인용한 바 있는 필자의 글을 참고할 수 있을 것이다.

14) 이 대목은 "명 태조는 그녀를 통하여 우리나라의 사정을 아주 잘 파악하였고, 국가의 왕비나 후궁에 대한 보고서의 허위 여부에 대하여는 대체로 그 여자가 전하는 바의 검증에 의하여 처리되었다." 로 번역되어 있는데, 원문은 "高皇帝 因之頗得東國事情 而國家璿牒之受誣 蓋由於女子所傳之爽實"이다. 자전을 찾아 직역을 한다면 필자가 번역한 바와 같이 된다. 자전을 찾아 직역을 해 보지 않은 채로 의역을 하다 보니 이런 착오가 발생한 것으로 보인다.

15) "군신들은 오직 종계(宗系)의 억울한 누명을 지극한 고통으로 여겼다. 벼슬아치들은 요하(遼河)의 갈석(碣石) 사이만 바라보았으니, 홍순언도 일찍이 그 일로 하여

하루는 순언이 옥하관(玉河館)에서 그 동료들에게, '내가 머리를 따 올린 이래로 상국(上國)을 관광해 왔는데, 산하 · 성궐이며 의관 · 예악의 성려(盛麗)함과, 촉땅의 비단, 오땅의 능라, 남방의 금옥이나 북방의 진주가 찬연함을 싫도록 많이 보아 왔지만, 연나라 조나라의 아리따운 아가씨는 얻어 보지 못했소이다. 내 지내온 날들이 반백년이 넘으니 내일을 아지 못할지라, 이제 백금(百金)을 써서라도 청루의 하루 값을 대고 내 평생의 소원을 갚는다면 이 또한 남자의 할 일이 아니겠소?' 하였다. 여러 역관들이 대소(大笑)하며, '공이 젊었을 적엔 노성(老成)하다는 이름이 자자했는데, 이제 머리터럭이 다 짧아진 마당에 어찌하여 흥(興)만이 그다지 길단 말이오?[16] 또한 낭패당할 게 뻔하지 않소?' 하고 받았다. 또한 순언이 웃으며 이르기를, '공들은 함께 더불어 일을 꾀할 자격들이 없소이다!' 하고는 거간꾼들을 불러서 도모했다.

연도(燕都)에는 예부터 미인이 많았지만 이제까지 하룻밤 자는데 백 금까지 이르는 미인은 없었으므로, 모두들 크게 놀라서 감히 끌어들이지를 못했다. 맨 마지막에 거간꾼 하나가 '새로 아가씨가 남국에서 왔는데 가격을 아주 높게 부르므로 서울의 귀공자들도 감히 달려드는 이가 없었는데, 만약 정말 절색(絶色)을 보고자 한다면 이 사람이 아니면 안 될 것입니다.' 하였다.

순언은 흔연히 먼저 백 금을 보내고, 깨끗한 옷을 입고 몸단장도 좀 하고서 저녁에 찾아갔다. 여인은 과연 광채와 아름답기가 사람을 감동시켜, 바라보니 천선(天仙)과 같았다. 잠자리에 들려고 하는데, 여인은 홀연 슬픈 기색

중국에 가는 사신을 따라가지 않은 적이 없었다."로 번역되어 있다. 원문은 "君臣惟以宗系受誣爲至痛 冠蓋相望於遼河碣石間 純彦未嘗不在其行也"이다. "벼슬아치들은 요하(遼河)의 갈석(碣石) 사이만 바라보았으니"하는 구절이 전후의 문맥과 조응이 되지 못하고 있다. "관개(冠蓋)"란 관과 수레의 뜻으로서 고관(高官)이나 사신(使臣)을 지칭하기도 하는데 여기서는 사신의 뜻으로 보는 것이 자연스럽고, 이 대목의 전후 문맥은 종계수무의 외교 현안이 해결이 되지 않아서 사신 파견이 계속되었음을 나타내는 흐름으로 해석해야 한다.

16) "공이 젊었을 때는 본래 늙어서 이름을 내겠다더니, 어찌하여 머리가 빠져 짧아지면서 여자에 대한 흥미가 길어가는가?"로 번역되어 있는데, 원문은 "公之少也 素有老成名 何乃髮短而興長也"이다.

을 띠고 흐느꼈다.

이상하게 여겨 사실을 묻자 대답하기를, '저는 본래 남방의 관족(官族)으로, 쌍친이 객지에서 연이어 돌아갔으나, 저에게는 형제도 없고 집안도 가난하여, 고향으로 운구(運柩)하여 장례를 치를 수도 없습니다. 여기 사람들이 제가 별로 추악하지 않음을 보고는, 저보고 몸을 청루에 팔아서 돈을 마련하여 장례를 치르도록 권했습니다. 여자의 몸으로 혼자요 연약하니 어찌 할 도리가 없어서 이 지경에까지 타락함을 면할 수가 없었습니다. 비록 그렇지만, 여기서 오래 있는 것은 저의 마음이 아니며, 보잘 것 없는 몸임을 헤아리지도 않고 엄청난 가격을 놓아본 것은, 하루 밤에 얻은 돈으로 장례 대사를 치루고 아울러 제 몸도 속신(贖身)할 수 있기를 바랐던 것입니다.[17] 이제 다행히 철인(哲人)께서 오셨으니, 이는 정말 저의 영광입니다만, 흰 실이 물들게 됨이 오늘부터 시작이라고 생각하니 서글픈 마음이 저 자신도 모르는 사이에 안색에 나타나서, 귀객(貴客)으로 하여금 의아스럽게 했사오니, 부끄럽고 송구함을 어찌할 수 없나이다.' 하였다.

말이 끝나기도 전에, 순언은 숙연하게 태도를 바꾸고, 점잖게 물러나며 말하기를, '나 같은 사람이 어찌 감히! 어찌 감히……!' 하면서 드디어 걸어 나왔다.

여인은 깜짝 놀라서, 손에 순언이 보냈던 돈을 들고 문밖까지 쫓아 나와 말하기를, '어르신께서 굳이 가신다면, 제가 어찌 이 돈을 받겠습니까?' 하였다.

순언은 '방금 아가씨의 말을 들으니, 하늘과 땅이라도 울음을 삼키겠거늘,

---

17) "정식으로 혼인할 몸이란 생각도 않고 망녕되게 엄청난 가격으로 몸을 속죄하고자 기대했던 것뿐입니다."로 번역되어 있는데, 원문은 "不揆葑菲之體 妄許連城之價者 冀得一日之資 經營大事 兼以贖不肖之軀耳"이다. "봉비지체(葑菲之體)"에 대한 번역이 맥락에 부적절하고, "경영대사(經營大事)"는 번역이 누락되었다. 여기서는 장례를 치루는 일이 속신의 일보다도 우선하는 일이기 때문에 "경영대사"는 빠뜨려서는 안 되는 구절이다. 혹시 이 "대사(大事)"라는 말을 혼인과 얽어 이해했던 탓으로 이렇게 번역된 것이 아닌가 싶다.

순언이 어찌 홀로 목석(木石) 같은 사람이리요? 이 돈은 그런 대로 장례비에 보태 쓰시오. 절대로 가져가지는 않을 것입니다.' 하고는 여인이 여러 번 사양하였으나 끝내 돈을 돌려받지를 아니하였다.

여인은 이에 눈물을 흘리며 감사하다고 인사하면서, '공은 정말 천하의 의사(義士)이십니다. 제 자신이 남자가 아니며, 게다가 강토(疆土)가 멀리 떨어져 은혜를 갚을 길이 없음이 한스럽습니다. 단지 신불(神佛)께 공의 만수무강하심과 자손이 창성하시옵기를 기도드리겠습니다.' 하고, 순언의 이름을 되새기면서 안으로 들어갔다.

순언이 밤에 객관에 도착하자 여러 역관들이 야유하기를, '꼴을 보니, 못생겼다고 퇴박을 당한 것 아냐?' 하며 놀려 대었다. 순언이 사실대로 고하자, 어떤 이는 탄복을 하고 어떤 이는 비웃었다.

사신이 돌아옴에 미쳐 조정에서는 천조(天朝)에서 아직도 인색하게 대명회전을 (바로잡아) 반사하지를 않았기 때문에 어느 해에 다시 주청사를 보냈는데, 순언도 따라가게 되었다.[18] 행차가 유관(渝關)에 이르자 관을 지키는 사람이 일행 중에 홍순언이 있는가를 묻더니, 이때부터 서쪽으로 가면서 묻는 사람은 계속되었다.

객관에 도착하니 좋은 말에 안장을 갖추고 하인이 말고삐를 잡고 문에 다가와 말하기를, '예부(禮部)의 모시랑(某時郞) (혹은 상서(尙書)라고도 함)이 삼가 홍순언 공을 초청하나이다.' 하였다. 순언이 이 사실을 사신에게 고하자 다들 영문을 모르면서도 다만, '높은 분의 명이시니, 어찌 가지 않을 수 있겠나? 더욱이 사신의 일이 성공하고 못하고는 그 권한이 예부에 달려 있으니. 다행히 이 일이 언급된다면 말씀이나 잘 드리게나.' 하고 당부를 하였다.

---

18) "사신이 조정으로 돌아왔으나, 조정에서는 중국에서 대명회전(大明會典)에 종계무사(宗系誣事)의 일이 해명되어 반포되기를 아직도 기다리고 있었다. 다음 해, 또 주청사(奏請使)의 행차가 있어 순언이 따라갔다."로 번역되어 있는데, 원문은 "及使還朝政以天朝尙靳頒賜會典 某歲又有奏請之行 純彦從焉"이다. "상근(尙靳)"이란 "아직도 인색하게 굴다/ 꾸물거리다" 정도의 뜻이어서 명나라 조정에서 선뜻 고치려들지 않았음을 밝히는 표현이다. 이러한 뜻이 제대로 살아나도록 번역될 필요가 있다.

순언이 말을 타고 큰 저택의 붉은 대문에 도착하여 내리자, 벌써 '들어오시오!' 하는 소리가 들렸고, 순언이 걸어 들어가자 시랑이 봉당에서 내려와서 먼저 오르기를 청하고 빈주(賓主)의 예를 차렸다. 순언은 입으로 황공하다는 말만 하고 감히 자리에 앉지를 못하였다.

시랑이 말하기를, '공의 높은 의리(義理)를 듣고, 찾아가 뵙고 싶었지마는 그럴 수가 없었는데, 이제 다행히 은혜로이 찾아주시니 크게 소망했던 것이 이루어짐을 감사하게 여기는 바입니다. 의사(義士)께서는 겸양이 너무 지나치십니다.' 하였다.

이윽고 어느 여자 하인이 안에서부터 나와서 시랑에게 고하기를, '부인께서 존객(尊客)을 배알(拜謁)코자 하십니다.' 하니, 시랑이 턱을 끄덕이었다.

이미 환패성(環珮聲)이 들리고, 여러 시녀들이 부인을 받들어 모시고 나왔다. 순언이 놀라서 급히 당하(堂下)로 내려와 부복(俯伏)하자, 시랑이 이끌어 올리며 웃으면서 말했다.

'의사께서는 의심하지 마십시오. 바야흐로 지금 저의 아내가 경의를 표하고자 합니다.'

두 여자가 순언을 양옆에서 부축하여 의자 위에 앉게 하고, 부인이 네 번 절을 끝내고 말하기를, '저는 몇 해 전에 의사에게서 백 금의 은혜를 받았던 사람입니다. 의사께서는 어찌 이 일을 잊으셨습니까?' 하였으나, 순언은 단지 땅에 머리를 조아리고 있을 뿐이었다.

부인은 '저는 공의 은혜를 받아 고향에 돌아와 쌍친을 장례지내고, 여전히 깨끗한 몸으로 군자를 받들어 결혼하게 되었습니다. 저를 낳아준 분은 부모지만, 다시 태어나게 해 준 분은 의사이십니다. 비록 이 몸이 가루가 된다 하더라도 어찌 만분의 일이나마 보답할 수가 있겠습니까?' 하였다.

시랑은 '공의 높은 의리는 비단 금세에 없는 바일 뿐 아니라, 예날 이래 현인들 역시 어찌 의사보다 뛰어난 사람이 있으리요?' 하였다.

연석이 벌어지고 선물도 지극히 풍성하였다.

시랑이 이어 묻기를, '공이 해마다 만리의 행차를 하시는데, 이번 일은 무슨 일로 오셨는지 모르겠습니다.' 하기에 순언이 드디어 종계괘오(宗系詿誤)의 자초지종을 상세하게 설명하였다.

시랑은, '이 일은 다만 폐부(弊部)에서 상주(上奏)하기에 달려 있습니다. 제가 비록 힘은 약하지만, 그 일을 담당하기에는 충분하니, 돌아가서 귀 사신에게 과히 걱정할 것 없다고 하십시오.' 하였다.

순언은 자리에서 내려와 머리를 조아리며 사례하고 나왔다. 객관에 돌아오니 그가 오래 지체한 것을 의아해 하며 다투어 와서 물었다. 순언의 말을 듣고서, 사신은 손을 이마에다 갖다 대며, '종묘(宗廟)의 신령(神靈)이 실로 그대의 마음을 유도(誘導)하였소. 그렇지 않다면 어찌 이렇게 되겠소?' 라 하였다.

오래지 아니하여 천자(天子)께서 예부가 주청(奏請)한 바를 인준하시고, 특별히 대명회전(大明會典) 일통(一通)을 반포하셨다. 순언은 광국 이등훈(光國二等勳)에 책정되어 당성군(唐城君)에 봉해졌고, 수(壽)가 팔순(八旬)에 이르러 세상을 떠났다. 두 아들이 무과(武科)에 급제하여 정금남(鄭錦南)을 따라, 안현(鞍峴)의 싸움에서 공을 세워 진무훈(振武勳)에 들었으니, 역관의 영예스러움이 국조(國朝)에서 이 한 사람뿐이리라.

4. 연암과 서포의 글쓰기 전략

문화의 시대, 문화산업의 시대가 열리면서 창의성이 교육의 화두가 되고 있는 추세다. 필기 논술, 구두 논술, 논술 면접 등이 대학입시나 취직시험에서 중요시되는 이유도 바로 여기에 있을 것이다.

개인의 표현이든 대중이나 집단의 대변이든, 언어를 가지고 사상이며 감정, 일의 선후며 사물의 실상, 논리의 층위 등을 간명하고도 적확하게, 혹은 풍부하고 유려하게 표현해 낸다는 것이 참으로 어려운 과제임이 분명하다.

서포(西浦) 김만중(金萬重)과 연암(燕巖) 박지원(朴趾源)은 이러한 글쓰기의 측면에서도 하나의 전범(典範)이 되기에 부족함이 없는 소중한 선구자(先驅者)들이다. 『서포만필』과 『열하일기』, 그리고 그들이 열어 간 다채로운 서사(敍事)의 세계는 오늘도 여전히 퇴색하지 않는 빛깔과 그윽한 맛을 지닌 명품(名品)들이다. 그 빛깔과 맛의 비밀을 밝혀내는 작업, 그리고 그것을 어떻게 오늘의 글쓰기에 이어받아 살려나갈 것인가의 문제가 우리에게 부과되어 있는 탐색의 과제다.

이 글에서는 연암이 홍순언 일화를 <옥갑야화> 속에 배치하고 조율한 양상을 검토하면서, 서포가 『서포만필』 속에서 같은 일화를 가져다가 변용했던 양상을 나란히 대비시켜 보았다. 나란히 제시해 둔 이 둘을, 상호조응(相互照應)이 되도록 주의를 기울여 병독(竝讀)해 본다면, 읽는 이의 이해지평을 따라 매우 다양하고 다기한 인식과 이해가 가능하리라 생각한다.

서포는 홍순언 일화를 매우 독특하게 배치하고 또 그 내용도 색다르게 개편, 변용하였다. 『서포만필』은 전반적으로 자기 시대를 옥죄고 있는 '인식의 문제들'을 다양한 층위에서 다각도로 비판하고 있는데, 홍순언 일화 또한 이러한 인식의 문제에 초점을 맞추고 있다고 볼 수 있다. 인식의 문제에 초점을 두고 『서포만필』의 홍순언 일화를 정독해 보면, 사태의 실상은 조선조정이 벌벌 떨던 것처럼 명나라 황제의 신통력이 아니라, 조선왕조에 의해 공녀로 바쳐졌던 여인들의 원한이었다는 것이며, 문제의 해결은 경직된 사고방식에 젖은 사대부들에 의해서가 아니라 가장 인도적으로 인간 이해를 할 줄 알았던 일개 역관에 의해서였다는 것이며, 또 그 실상은 홍순언에 의해서라기보다 고난 극복의 의지를 관철해 나감으로 영웅의 지위에 오른 한 여인의 힘에 의해서였다는 것이다.[19)]

---

19) 『서포만필』 홍순언 일화의 구도를 도식적으로 정리해 본다면 세 가지 층위를 상정할 수가 있는데, 제1층위는 명나라 황제와 고려 공녀 사이이고, 제2층위는 일급 사대부인 사신과 역관 홍순언 사이이며, 제3층위는 재력가 남성 홍순언과 가문이 몰

그런 점에서 오늘날의 페미니즘적 시각에 가까운 비판의 구도로 홍순언 일화를 확대 개편한 것이 『서포만필』이라 할 수 있고, 이러한 비판적 구도를 뒷받침하는 서사의 전략이 바로 새로운 인과(因果) 관계의 설정을 통하여 서사축(敍事軸)을 대폭 보완한 것이었다고 할 수 있다. 그리하여 기연(奇緣)의 연속으로 얼버무려졌던 이 일화 속에서도 인간적 진실이 그 얼굴을 드러낼 수 있게 된 것이었다.

이에 비하여 연암은 홍순언 일화의 서사적 골격 자체는 따로 손을 보지 않고 다만 그 초점을 홍순언의 인간됨에만 집중을 하여, 돈 앞에서 한없이 비굴하고 잘다랗게 되어버린 당대의 인간들과 그러한 사회 풍토를 비판하는 관점을 취하고 있다. 이러한 관점은 <옥갑야화> 의 다른 5개 이야기에서도 견지되고는 있지만, 제3화인 홍순언 일화를 통하여 비로소 형상적으로 구체화되면서 가장 극적으로 강화되고 있다. 그리고 이렇게 탄력을 받은 서사의 흐름들이 본서사인 허생의 이야기를 힘차게 견인(牽引), 구동(驅動)하는 역할을 감당하고 있다고 할 수 있다.

락하여 청루에 떨어진 한 여성 사이라 할 수 있는데, 표층적으로는 주도자(主導者)처럼 보이는 명 태조며 사신이며 홍순언이 사실은 심층적 인식의 차원에서 볼 때는 부차적인 지위에 있고 실제 열쇠는 그들의 상대역에 자리하고 있는 하층의 인물들이 쥐고 있다는 구도가 된다. 그 결과 대명천자(大明天子)의 신통력(神通力)이 부정되었고, 주자주의로 경직된 사대부들의 위선이 폭로되었고, 남성우위의 인간관이 전복되었다.

일화의 통속적 매락에서 환골탈태하여 이러한 비판적 구도에 이르게 된 것은 서포 나름의 현실인식이나 시대비판의식이 투영되었기 때문이라 할 수 있고, 이러한 인식을 딛고 서포의 내면에 새로 열린 인간 이해의 새로운 지평과 독자적인 인관관이 있었기에 가능했었다고 할 수 있을 것이다. 기연(奇緣)과 신비(神秘)의 강조는 엽기적(獵奇的) 흥미를 고조시킬 수는 있지만 사태의 진상이나 인간진실은 호도(糊塗)되거나 은폐(隱蔽)되기 쉬운데, 서포는 이 엽기적 흥미를 차단시키고 오히려 적극적으로 이 신비와 기연의 허망을 깨고 나섬으로 해서, 보다 인간진실이나 사태의 진상에 접근할 수 있었던 것으로 보인다. 결국 서포는 이러한 문제의식 하에서 홍순언 일화 속에 새로운 인과의 축을 활용한 서사구도를 설정함으로써, 소박한 기담(奇譚)에 머물러 있던 홍순언 일화를 주제적 비중이 무거운 본격 서사체로 완결시켜 낸 것이라 할 수 있다.

오늘날 허생전의 주제를 둘러싸고 허다한 쟁점들이 제출되어 있는데,[20] 북벌론(北伐論)의 허구성을 성토하기 위한 정치소설로 이해하는 관점, 청(淸)을 적극적으로 배워야 한다는 열하일기 대주제의 한 변주(變奏)로 해석하는 관점, 중상주의(重商主義)의 표방으로 이해하는 시각 등등이 그것이다. 그러나 이런 모든 측면을 그대로 인정하고도 여전히 미진한 채로 남는 점은 인물형상(人物形象)의 문제다. 이상의 관점만으로는 설명이 되지 않는 허생의 발언과 행위가 있고, 이를 감싸고 옹호하는 서술자의 시선이 있기 때문이다. 인간적 신의(信義)의 문제로 이 작품을 읽어야 한다거나,[21] 그 궁극적 초점이 지식인의 사회적 책무나 정덕(正德)의 실현 문제에 집약되고 있다[22]는 견해 등은 바로 이런 인물형상의 특성 때문에 제기되는 문제라 할 수 있다.

어쨌든 <옥갑야화>의 이야기 전체는 홍순언 일화가 전형적인 형태로 드러내고 있는 바와 같이 인간됨의 문제로 귀결되는 이야기임이 분명하다. 서포와 마찬가지로 연암 역시 인간관의 구도 속에서 이야기를 끌어오고, 배치하고, 변용(變容) 조율(調律)한 것이라 할 수 있다.

개인이 역사 창조의 주체일 수 있는가, 아니면 개인이란 사회나 역사 혹은 신이나 이데올로기에 의하여 이미 결정된 역할을 그저 기계적으로 수행하는 도구적 존재일 따름인가 하는 문제는 영원한 논쟁거리로 남아 있다. 그러나 위대한 작가나 작품은 공통적으로, 역사의 거대한 흐름 속에서나 사회의 아득한 지평 속에서나 그저 미미한 점 하나에 지나지 않을 인간을 책임 주체로 불러내고 그의 일거수 일투족을 가능성의 영역, 진실의 지평에서 탐색한다. 서포와 연암도 예외가 아니어서, 기연(奇緣)의 축(軸)을 따라 돌며 흥미 위주로 유전(流轉)하던 홍순언 일화를 가져다가 그들 자신

20) 이러한 쟁점 형성의 동인(動因)에 관해서는 서인석 교수가 간결하게 잘 정리한 바 있다(서인석, 「옥갑야화의 세계와 허생전」, 『운당구인환선생 화갑기념논문집』, 1989, 한샘).

21) 김명호, 『박지원 문학 연구』, 성균관대학교동아시아학술원, 2001.7.

22) 김종철, 「<옥갑야화> 이해의 시각」, 『선청어문』 28집, 서울대 국어교육과, 2000.3.

이 견지하고 있던 인간관의 구도를 따라서 독특한 인간형상을 부조(浮彫) 해 내고 있다. 이제껏 검토해 나온 서사전략이란 것도 이러한 서사적 실험 속에서 가다듬어진 것으로서, 글쓰기의 전략에 관한 구체적인 전범(典範)이 턱없이 부족한 오늘의 우리에게도 좋은 시금석(試金石)이 되고 있다.

참고 문헌

『연암집』(박영철 편, 1932. 경인문화사 영인, 1974)
『열하일기』(민족문화추진회 역, 솔, 1997)
『열하일기』(리상호 역, 보리, 2004.11)
『서포만필』(홍인표 역주, 일지사, 1987)
김명호, 『박지원 문학 연구』, 성균관대학교동아시아학술원, 2001.7.
김명호, 『열하일기 연구』, 창비, 1990.
김석회, 「서사전략의 측면에서 본 홍순언 일화의 변이 양상」, 『고전산문교육의 이론』, 집문당, 2000.3.
김 영, 「박지원과 열하일기」, 『조선후기 한문학의 사회적 의미』, 집문당, 1993.
김종철, 「<옥갑야화> 이해의 시각」, 『선청어문』 28집, 서울대 국어교육과, 2000.3.
박기석, 『박지원 문학 연구』, 삼지원, 1984.11.
박수밀, 『박지원의 미의식과 문예이론』, 태학사, 2005.
박일용, 「조선후기 傳과 小說을 통해서 본 事實과 虛構, 그리고 소설적 眞實」, 『중국소설논총』 13집, 중국소설학회, 2001.2.
박일용, 「홍순언 고사를 통해서 본 일화의 소설화 양상과 그 의미」, 『국문학연구』 5집, 국문학연구회, 2001.5.
서인석, 「옥갑야화의 세계와 허생전」, 『운당구인환선생 화갑기념논문집』, 1989, 한샘.

허생이 숨은 까닭

정 운 채*

1. 〈허생전(許生傳)〉

허생(許生)은 묵적동(墨積洞)에 살았다. 곧장 남산(南山) 밑에 다다르면, 우물가에 오래된 살구나무가 있고, 사립문이 나무를 향하여 열렸는데, 초가집 두어 칸이 바람과 비도 막지 못하고 있었다. 그러나 허생은 글읽기를 좋아하여 아내가 남을 위하여 바느질을 해서 입에 풀칠을 하였다. 하루는 아내가 몹시 배가 고파 울면서 말하였다. "당신은 평생 과거(科擧)도 보지 않으면서 글은 읽어 무엇 하렵니까?" 허생이 웃으며 말하였다. "내가 글 읽기가 아직 익지 못하였다오." 아내가 말하기를, "장인바치 일이 있지 않습니까?" 허생이 말하기를, "장인바치 일은 본디 배우지 못했는데 어떻게 하겠습니까?" 아내가 말하기를, "장사가 있지 않습니까?" 허생이 말하기를, "장사는 밑천이 없는데 어떻게 하겠습니까?" 그 아내가 화를 내고 또 꾸짖으며 말하였다. "밤낮 글을 읽더니 겨우 '어떻게 하겠습니까?'란 말만 배웠

---

* 건국대학교 국어국문학과 교수

습니까? 장인바치 일도 못하고 장사도 못하면, 왜 도적질이라도 못 하십니까?" 허생은 책을 덮고 일어나면서 말하였다. "아깝다! 내가 글 읽기를 본디 십 년을 기약했는데, 이제 칠 년이로구나!" 문을 나서서 떠났으나 서로 아는 이가 없었다. 바로 운종가(雲從街)로 가서 저자 사람들에게 물었다. "서울에서 누가 가장 부자입니까?" 변씨(卞氏)를 말해 주는 이가 있어서 드디어 그 집을 찾아갔다. 허생이 간단히 인사를 하고서 말하였다. "내가 집이 가난한데, 조그맣게 시험해보고 싶은 것이 있으니, 그대에게서 만금(萬金)만 빌렸으면 합니다." 변씨는 말하기를, "좋습니다." 하고, 바로 만금을 내주었다. 손은 그러나 고맙다는 인사도 없이 가버렸다. 자제들과 빈객들이 허생을 보니 거지였다. 실띠는 술이 빠지고 갖신은 뒤축이 자빠졌으며, 갓은 꺾이고 도포는 그을렸으며, 코에서는 맑은 콧물이 흘렀다. 손이 가버리고나자 다들 크게 놀라서 말하였다. "어르신께서는 손을 아십니까?" 말하기를, "알지 못합니다." "이제 하루아침에, 평소 누군지도 알지 못하는 사람에게 만금이나 그냥 던져주고서, 그 성명도 묻지 않으심은 무엇 때문인가요?" 변씨가 말하였다. "이것은 그대들이 알 수 있는 바가 아닙니다. 무릇 남에게 구할 것이 있는 이는 으레 뜻을 떠벌리고 신의를 먼저 빛냅니다. 그러나 낯빛은 비굴하고 언사는 중복되기 마련입니다. 저 손은 옷이나 신발은 비록 해졌으나 말이 간단하고 시선이 꼿꼿하며 몸가짐에 부끄러운 빛이 없으니 재물이 없어도 스스로 만족할 수 있는 사람입니다. 저 사람이 시험해 보겠다는 일이 작지 않을 것이요, 나 또한 손에게 시험해 볼 바가 있습니다. 주지 않았으면 그만이거니와 기왕 만금을 주었는데 성명은 물어 뭐하겠습니까?"

이에 허생이 만금을 얻고 나서는 다시 집으로 돌아가지 않고 생각하기를, '안성(安城)은 경기도와 충청도의 접경이요 삼남(三南)의 길목이렷다.' 하고는 드디어 그리로 가서 살았다. 대추와 밤과 감과 배며, 밀감과 석류와 귤과 유자 등속을 모조리 갑절의 값으로 사들였다. 허생이 과일을 몽땅 쓸자 나라 안에서 잔치를 하거나 제사를 지낼 수가 없었다. 얼마 지나지 않아서 허생에게 갑절의 값을 받았던 모든 장사치들이 도리어 열 곱의 값으로 되사갔다. 허생이 한숨을 쉬며 탄식하고 말하였다. "만금을 가지고도 위태롭게 하니 나라의 형편을 알 만하다." 칼과 호미와 베와 비단과 솜을 가지고 제주도(濟州島)에 들어가서 말총을 죄다 사들이면서 말했다. "몇 해만 있으면 나라 사람들이 머리를 싸매지 못할 것이다." 얼마 지나지 않아서 망건 값이 열 곱으로 뛰어올랐다.

허생이 늙은 사공에게 물었다. "바다 밖에 살아갈 수 있을 만한 빈 섬이 있지 않습니까?" 사공이 말하기를, "있습니다. 일찍이 바람에 떠밀려 곧장 서쪽으로 가다가 사흘 밤만에 한 빈섬에 닿았는데 헤아리건대 사문(沙門)과 장기(長崎)의 중간쯤이었습니다. 꽃이며 나무는 절로 피고 나무열매나 풀열매는 절로 익으며 큰사슴과 사슴들이 무리를 이루고 헤엄치는 물고기들은 놀라지 않습니다." 허생이 크게 기뻐하며 말하였다. "그대가 능히 나를 데려다 줄 수 있다면 부귀를 함께 누릴 것입니다." 사공이 그러기로 하여 드디어 동남풍을 타고 그 섬에 들어갔다. 허생은 높은 곳에 올라가서 바라보고는 한스럽게 말하였다. "땅이 천 리도 되지 못하니 무엇을 해 보겠는가? 흙이 기름지고 물이 좋으니 다만 부가옹(富家翁)은 될 수 있겠구나!" 사공이 말하기를, "섬이 비어서 사람도 없는데 대체 누구와 더불어 살겠습니까?" 허생이 말하기를, "덕이야말로 사람이 귀의할 바입니다. 오히려 덕이 없을까 두려울 뿐 어찌 사람이 없는 것을 근심하겠습니까?"

이 때 변산(邊山)에는 떼도적들이 수천 명이었는데, 주군(州郡)에서 군사를 내어 쫓아가 잡으려 하였으나 능히 잡을 수 없었다. 그러나 떼도적들도 또한 감히 나가 협박하여 약탈하지 못해서 바야흐로 굶주려 고생하고 있었다. 허생이 도적의 소굴 속으로 들어가 그 우두머리를 달래어 말하였다. "천 명이 천금을 약탈하면 나뉘는 몫이 얼마입니까?" 말하기를, "사람마다 한 냥뿐입니다." 허생이 말하기를, "그대들은 아내가 있습니까?" 떼도적들이 말하기를, "없습니다." 말하기를, "그대들은 논밭이 있습니까?" 떼도적들이 웃으며 말하였다. "논밭이 있고 아내가 있으면 어찌 괴롭게 도적질을 하겠습니까?" 허생이 말하였다. "참으로 이와 같다면 왜 아내를 얻고 집을 지으며 소를 사고 논밭을 갈지 않습니까? 살아서 도적이란 이름도 없고 집에는 부부의 낙(樂)이 있을 것이며 돌아다녀도 잡히는 근심 없이 길이 의식의 풍족함을 누릴 텐데." 떼도적들이 말하기를, "어찌 이와 같기를 바라지 않겠습니까? 다만 돈이 없을 뿐입니다." 허생은 웃으며 말하였다. "그대들은 도둑질을 하면서 어찌 돈 없는 것을 걱정합니까? 내가 능히 그대들을 위해서 마련하겠습니다. 내일 바닷가에서 바람에 날리는 깃발 붉은 것을 보거든 모두 돈을 실은 배이니 마음대로 그대들은 가져가십시오." 허생이 떼도적들과 약속을 하고 떠나자 떼도적들은 모두 그를 미친 놈이라고 비웃었다. 이튿날이 되어 바닷가에 이르니 허생이 돈 삼십만을 싣고 와 있었다. 모두들 크게 놀라 늘어서서 절을 하며 말하였다. "오직 장군께서는 명령을 내리기만 하십시오." 허생이 말하기를, "오직 힘껏 짊어지고 가십시오." 이에 떼도적들이 다투어 돈을 짊어졌으나 사람마다 백금을 넘지 못하였다. 허생이 말하였다. "그대들의 힘이 백금도 들지 못하니 어찌 능히 도적이 되겠습니까? 이제 그대들이 비록 양민(良民)이 되고자 하여도 이름이 도적의 장부에 올라 있으니 갈 만한 데가 없습니다. 내가 여기서 그대들을 기다릴 것이니, 각자 백 냥씩 가지고 가서 사람마다 여자 한 사람과 소 한 필을 데리고 오십시오." 떼도적들이 말하기를, "좋습니다." 하고는 모두 흩어져 갔다. 허생은 스스로 이천 사람 일 년 양식을 준비하고 기다렸다. 떼도적들이 돌아왔을 적에는 뒤떨어진 이가 없었다. 드디어 다들 싣고 그 빈 섬으로 들어갔다. 허생이 도적들을 몽땅 쓸어 가자 나라 안에 시끄러운 일이 없었다.

이에 나무를 베어 집을 짓고 대를 엮어 울을 만들었다. 땅 기운이 이미 온전하니 온갖 곡식들이 크게 무성해서 밭을 일구지 아니하여도 한 줄기에 아홉 이삭씩 달렸다. 삼 년의 비축을 남겨두고 나머지는 모두 배에 싣고 장기도(長崎島)에 가서 내다 팔았다. 장기는 일본(日本)의 속주(屬州)로 삼십일만 호인데 바야흐로 크게 흉년이 들었으므로 드디어 구휼하고서 은

(銀) 백만을 얻었다. 허생이 탄식하면서 말하였다. “이제 내가 조그만 시험을 끝냈구나!” 이에 남녀 이천 명을 다 불러 놓고 명령하여 말하였다. “내가 처음에 그대들과 더불어 이 섬에 들어올 적에 먼저 가멸게 한 뒤에 따로 문자를 만들고 의관(衣冠)을 새로 제정하려 하였으나, 땅이 좁고 덕이 엷어서 나는 이제 떠납니다. 아이가 태어나 숟가락을 잡으면 오른손으로 하도록 가르치고, 하루라도 먼저 난 사람에게 먼저 먹도록 양보케 하십시오.” 다른 배들을 모조리 불사르면서 말하기를, “가는 이가 없으면 오는 이도 없을 것이다.” 은(銀) 오십만을 바다 가운데 던지면서 말하기를, “바다가 마르면 주워 갈 사람이 있을 것이다. 백만은 나라 안에서도 용납할 데가 없거늘, 하물며 작은 섬에서랴!” 글 아는 이들을 싣고서 더불어 함께 나오면서 말하기를, “이 섬에 화근을 없애기 위해서이다.”

이에 나라 안을 두루 다니며 가난하고 의지할 곳 없는 사람들을 구휼하여 나누어 주었는데 은이 오히려 십만이 남았다. 말하기를, “이것이면 변씨에게 갚을 수 있겠다.” 가서 변씨를 보고 말하기를, “그대는 나를 기억하십니까?” 변씨가 놀라며 말하기를, “당신의 용모며 안색이 조금도 나아지지 않았으니, 만금을 낭패 본 것은 아닙니까?” 허생이 웃으며 말하였다. “재물로 얼굴이 흠치르르한 것은 그대들 무리의 일일 뿐입니다. 만금이 어찌 도(道)를 살찌게 하겠습니까?” 이에 은 십만을 변씨에게 건네주면서 말하였다. “내가 하루아침의 주림을 견디지 못하여 글 읽기를 마치지 못하고 당신의 만금을 부끄럽게 하였습니다.” 변씨는 크게 놀라서 일어나 절하고 사양하면서 십분의 일의 이자만 쳐서 받겠노라 하였다. 허생이 크게 화를 내면서 말하기를, “당신은 어찌 나를 장사치로 보십니까?” 하고는 옷자락을 걷어 올리고 가 버렸다. 변씨는 가만히 뒤쫓아 갔다. 멀리서 보니 손이 남산 밑으로 향하더니 조그만 집으로 들어갔다. 늙은 할미가 우물가에서 빨래를 하고 있어서 변씨가 물어보았다. “저 조그만 집은 누구네 집입니까?” 할미가 말하기를, “허생원 댁입니다. 가난한데 글 읽기를 좋아하더니, 하루아침에 집을 나가서 돌아오지 않은 지 이미 오 년이나 됐습니다. 홀로 아내가 있는데 나간 날로 제사를 지낸답니다." 변씨는 비로소 손이 성이 허씨라는 것을 알고는 탄식하며 돌아갔다. 이튿날 그 은을 다 가지고 가서 주려 하자, 허생이 사양하면서 말하였다. "내가 가멸고자 한다면 백만을 버리고 십만을 가지겠습니까? 내가 이제부터는 당신을 의지하여 살아가겠습니다. 당신은 자주 나를 살펴서 입을 헤아려 양식을 보내주고 몸을 재서 베를 주십시오. 일생을 이와 같이 하면 충분합니다. 누가 즐기어 재물 때문에 정신을 수고롭게 하겠습니까?" 변씨가 허생을 백방으로 달랬으나 끝내 어찌할 수가 없었다. 변씨는 이로부터 허생이 다 떨어졌는지 헤아려서 문득 몸소 찾아가 주곤 하였다. 허생은 기쁘게 받았으나, 혹 많이 가지고 가면 달가워하지 않으며 말하였다. "그대는 어찌 나에게 재앙을 갖다 주십니까?" 술을 가지고 가면 더욱 크게 기뻐하여 서로 술을 따르며 취하도록 마셨다.

이미 몇 해가 되도록 서로 좋은 관계가 날로 도타워졌다. 어느 날 조용히 이르기를, "다섯 해만에 어떻게 백만이나 벌었습니까?" 허생이 말하였다. "이것은 알기가 쉽습니다. 조선은 배가 외국으로 통하지 않고 수레가 나라 안에 다니질 못하는 까닭에 온갖 물화가 그 가운데에서 생산되어서 그 가운데에서 소비됩니다. 무릇 천금은 작은 재물이라서 물건을 싹쓸이할 수는 없습니다. 그러나 쪼개어 열로 하면 백금이 열이니 또한 충분히 열 가지 물건을 살 수 있습니다. 물건이 가벼우면 굴리기가 쉬운 까닭에 한 가지 물품에서 비록 줄어들더라도 아홉 가지 물품에서 늘어날 수 있습니다. 이것은 늘 이익을 보는 길로서 소인들의 장사입니다. 무릇 만금은 충분히 물건을 싹쓸이할 수가 있습니다. 그러므로 수레에 있으면 수레째 독점하고 배에 있으면 배째 독점하고 고을에 있으면 고을째 독점하여, 마치 그물이 코가 촘촘한 것이 있어서 물건을 훑어내듯 하는 것입니다. 뭍의 산물(産物)이 만이면 슬그머니 그 하나를 거머쥐고, 물의 어족(魚族)이 만이면 슬그머니 그 하나를 거머쥐고, 의약(醫藥)의 약재(藥材)가 만이면 슬그머니 그 하나를 거머쥐어서, 한 가지 재화가 자취를 감추면 온갖 장사치가 모두 바닥이 나니, 이는 백성을 해치는 길로서 후세에 당국자들이 만약

나의 길을 쓰는 이 있으면 반드시 그 나라를 병들게 할 것입니다." 변씨가 말하기를, "처음에 당신은 어떻게 제가 만금을 내줄 줄 알고 제게 와서 청하였습니까?" 허생이 말하였다. "꼭 당신만이 내게 빌려 줄 수 있었던 것은 아니고 능히 만금이 있는 사람이면 주지 않을 이가 없었을 것입니다. 내가 스스로 나의 재주를 헤아려 보건대 충분히 백만을 모을 수 있습니다. 그러나 명(命)은 하늘에 달린 것이니 내가 어찌 능히 그것을 알겠습니까? 그러므로 능히 나를 쓰는 이는 복(福)이 있는 사람입니다. 필시 부자가 더욱 부자가 되는 것은 하늘이 명하는 바일 텐데 어찌 주지 않을 수 있겠습니까? 이미 만금을 얻고 나서는 그 복에 의지해서 일을 하였으므로 움직이기만 하면 문득 이룸이 있었던 것입니다. 만약 내가 사사로이 이익을 보려 했었다면 성패 또한 알 수가 없습니다." 변씨가 말하기를, "바야흐로 지금 사대부들이 남한산성(南漢山城)의 치욕을 씻고자 하니, 이야말로 뜻있는 선비가 팔뚝을 걷고 슬기로움을 떨칠 때입니다. 당신의 재주로 어찌 스스로 괴롭게 아무도 모르게 숨어 지내며 평생을 마치려 하십니까?" 허생이 말하였다. "예로부터 지금까지 아무도 모르게 숨어 지낸 사람이 어찌 한정이 있겠습니까? 졸수재(拙修齋) 조성기(趙聖期)는 가히 적국(敵國)에 사신으로 보낼 만한 인물이었건만 거친 베옷으로 늙어 죽었고, 반계거사(磻溪居士) 유형원(柳馨遠)은 충분히 군량(軍糧)을 이어 댈 만하였건만 바다 모퉁이만 거닐었습니다. 지금 나라 정치를 꾀하는 이들을 가히 알 만합니다. 나는 장사를 잘 하는 이라서 그 은(銀)이 충분히 구왕(九王)의 머리도 살 만하였습니다. 그러나 바다 속에 던져 버리고 온 것은 가히 쓸 만한 데가 없기 때문이었습니다." 변씨는 "후유." 하고 한숨만 내쉬고 돌아갔다.

변씨는 본래 정승(政丞) 이완(李浣)과 친하게 지냈다. 이공(李公)이 당시 어영대장(御營大將)이 되었는데, 일찍이 더불어 말하기를, "위항(委巷)이나 여염(閭閻)에도 또한 가히 더불어 큰 일을 함께 할 만한 기재(奇才)가 있습니까?" 변씨가 허생을 말했더니 이공은 크게 놀라며 말하였다. "기이하다! 참으로 이런 이가 있습니까? 그의 이름은 무엇입니까?" 변씨가 말하기를,

"소인이 더불어 지낸 지 삼 년이지만 끝내 그 이름을 알지 못합니다." 이공이 말하기를, "이 사람은 이인(異人)입니다. 그대와 더불어 함께 가 봅시다." 밤에 공은 하인들을 물리치고 홀로 변씨하고만 함께 걸어서 허생을 찾아갔다. 변씨는 공을 멈추게 하여 문 밖에 세워 두고 혼자 먼저 들어가 허생을 보고는 이공이 온 까닭을 갖추어 말하였다. 허생은 듣지 못한 이처럼 말하였다. "얼른 당신이 차고 온 술병이나 끄르십시오." 서로 더불어 즐겁게 술을 마시었다. 변씨는 공이 오래도록 밖에 서 있는 것이 민망해서 자주 말하였으나, 허생은 대꾸도 하지 않았다. 이미 밤이 깊어지자 허생이 말하였다. "손을 불러도 좋습니다." 이공이 들어왔으나 허생은 편히 앉아서 일어나지도 않았다. 이공은 몸 둘 바가 없어서 이에 나라가 왜 어진 이를 구하려 하는가 하는 뜻을 차근차근 말하였다. 허생은 손을 저으며 말하기를, "밤은 짧은데 말이 길으니 듣기에 너무 더디다. 너는 지금 무슨 벼슬이냐?" 말하기를, "대장입니다." 허생이 말하기를, "그렇다면 너는 곧 나라의 믿을 만한 신하로구나. 내가 장차 와룡선생(臥龍先生)을 천거하겠으니, 너는 능히 조정에 청하여 삼고초려(三顧草廬)를 하도록 할 수 있겠느냐?" 공은 머리를 숙이고 한참 있다가 말하기를, "어렵습니다. 바라건대 그 다음 것을 얻고자 합니다." 허생이 말하기를, "나는 아직 둘째의 도리는 배우지 못했다." 굳이 물으니 허생이 말하였다. "명(明)나라 장수와 병졸들이 조선은 옛날에 입은 은혜가 있다고 하여 그 자손들이 많이 몸을 빼내어 동쪽으로 와서는 의지할 데 없는 홀아비로 떠돌아다니고 있다. 너는 능히 조정에 청하여 종실(宗室)의 딸들을 내어 두루 그들에게 시집보내고, 훈척(勳戚) 권귀(權貴)의 집을 빼앗아서 그들을 거처하게 할 수 있겠느냐?" 공은 또 머리를 숙이고 한참 있다가 말하기를, "어렵습니다." 허생이 말하기를, "이것 또한 어렵다 하고 저것 또한 어렵다 하니 어떤 일이 가능하단 말이냐? 가장 쉬운 것이 있는데, 네가 능히 하겠느냐?" 이공이 말하기를, "바라건대 듣고자 합니다." 허생이 말하였다. "무릇 천하에 대의(大義)를 펴고자 하면서 먼저 천하의 호걸들과 서로 사귀어 정분을 맺지 않는 이는 있지 않으며, 남의 나라를 치고자 하면서 먼저 첩자를 쓰지 않으면 능히 성공할 이가 있지 않다. 지금 만주(滿洲)가 갑자기 천하의 주인이 되어서 스스로 중국과 가깝지 않다고 여기는데, 조선이 다른 나라보다 앞장서서 복종하니 저들의 믿는 바이다. 진실로 능히 청하여서 자제들을 보내어 입학하고 벼슬하기를 당(唐)나라와 원(元)나라 때 그랬던 것처럼 하고, 장사하는 이들의 드나듦을 금하지 말라고 하면, 저들은 반드시 그 가깝게 여겨짐을 기뻐하여 허락할 것이다. 나라 안의 자제들을 잘 골라 뽑아서, 머리를 깎고 되놈의 옷을 입혀서, 그중 군자는 가서 빈공과(賓貢科)에 응시하게 하고, 그중 소인은 멀리 강남에서 장사하게 하여, 그 허실(虛實)을 엿보고 그 호걸들과 사귄다면, 천하를 가히 도모할 만하고 국치(國恥)를 가히 씻을 수 있을 것이다. 만약 주씨(朱氏)를 구하다가 얻지 못하거든, 천하의 제후(諸侯)를 거느리고서 사람을 하늘에 천거한다면, 잘 되면 대국(大國)의 스승이 될 것이고, 못 되어도 백구(伯舅)의 나라를 잃지 않을 것이다." 이공이 어이없어 하며 말하였다. "사대부들이 모두 삼가 예법(禮法)을 지키는데 누가 즐거이 머리를 깎고 되놈의 옷을 입으려 하겠습니까?" 허생은 크게 꾸짖어 말하였다. "이른바 사대부(士大夫)라는 것이 무엇이냐? 이맥(彝貊)의 땅에서 태어나 스스로 일컬어 사대부라 하니 어찌 어리석지 아니하냐? 저고리와 바지는 오로지 희니, 이는 상(喪)을 당한 이의 옷이고, 상투가 송곳과 같으니, 이는 남만(南蠻)의 추결(椎結)이다. 무엇을 일러 예법이라 하느냐? 번오기(樊於期)는 사사로운 원한을 갚고자 하여 그 머리를 아끼지 않았고, 무령왕(武靈王)은 그 나라를 강성하게 하고자 하여 되놈의 옷을 부끄러워하지 않았다. 요즈음 명(明)나라를 위해 원수를 갚고자 하면서 오히려 그 한 가닥 머리털을 아끼고, 요즈음 장차 말을 달리고 칼로 치고 창으로 찌르고 활을 당기고 돌을 날리려고 하면서 그 넓은 소매를 바꾸지 않고는, 스스로 예법이라고 여기느냐? 넓은 옷을 고쳐 입지 않고 딴에 예법이라고 한단 말이냐? 내가 처음으로 세 가지나 말하였으나, 너는 한 가지도 가히 받아서 능히 해낼 수 있다는 것이 없는데, 스스로 믿을 만한 신하라고 이르니, 믿을 만한 신하가 참으로 이와 같으냐? 이는 목을 베어 죽일 만하다." 좌우를 돌아보며 칼을 찾아서 찌르려 하자, 공은 크게 놀라서 일어나 뒷문으로 뛰쳐나가 빨리 달려서 돌아갔다.

이튿날 다시 가보니, 이미 집을 비우고 떠나가 버렸다.[1)]

2. 허생은 왜 숨었을까?

요즘처럼 문제가 많은 시절에 허생(許生)이 나타나면 얼마나 좋을까? 그런데 허생은 왜 숨었을까? 몹시 안타깝고 또 매우 괴이한 일이다. 그런데 <허생전(許生傳)>을 찬찬히 읽어 가노라면 허생이 숨은 까닭을 알 듯도 하다.

우선 우리의 주목을 끄는 대목은 허생이 십 년을 기약하고 글을 읽고 있었다는 것이다. 도대체 무슨 글을 십 년 동안이나 읽으려고 했을까? 위에 번역하여 제시한 <허생전>과 동일한 계통의 작품이라고 할 만한 것으로는 <안빈궁십년독역(安貧窮十年讀易)>,[2)] <식보기허생취동로(識寶氣許生取銅爐)>,[3)] <영만금부처치부(贏萬金夫妻致富)>[4)] 등이 있는데, 이 가운데 <안빈궁십년독역>과 <식보기허생취동로>에는 읽은 책을 『주역(周易)』이라고 밝히고 있다.

---

1) <허생전>을 우리말로 옮긴 것은 여러 가지가 있으나, 좀더 원문에 충실한 직역이 필요하다는 취지에서 필자가 다시 번역하였다.

2) 『청구야담(靑邱野談)』과 『파수편(破睡篇)』에 실려 있다. 이우성 · 임형택 편역, 『이조한문단편집 상』, 일조각, 1984, 92~93면.

3) 『청구야담』과 『해동야서(海東野書)』에 실려 있다. 『동야휘집(東野彙輯)』에도 비슷한 것이 수록되어 있고, 『아동기문(我東奇聞)』, 『청야담수(靑野談藪)』 등에도 대동소이한 것이 전재(轉載)되어 있기도 하다. 이우성 · 임형택 편역, 『이조한문단편집 상』, 일조각, 1984, 94~99면.

4) 『동야휘집(東野彙輯)』에 실려 있다. 이우성 · 임형택 편역, 『이조한문단편집 상』, 일조각, 1984, 100~106면.

『주역』은 한 마디로 변화를 논의한 책이며, 때와 형세를 논의한 책이다. 『논어(論語)』나 『맹자(孟子)』와 달리 무엇을 어떻게 해야 하는가 하는 당위(當爲)나 규범(規範)을 내세우기보다는 나와 너의 관계 속에서 세상은 어떻게 돌아가고 있으며 지금 이대로 가면 장차 어떻게 될 것인가를 담담히 기술하고 있는 책이다. 허생이 읽은 책이 과연 『주역』이었다면 허생이 십 년을 기약하고 터득하고자 한 바는 바로 세상이 돌아가는 이치였음을 짐작해볼 수 있다.

그렇다면 구체적으로 어떤 이치를 깨닫고자 하였을까? 허생이 칠 년 동안 읽던 책을 덮고 나와서는 다짜고짜 서울에서 가장 부자인 변씨(卞氏)를 찾아가 만금을 빌리고, 이것을 가지고 독점과 경작과 무역을 해서 백만금을 벌어들인 것을 보면, 특히 돈이 돌아가는 이치를 깨닫고자 한 것이 틀림없다. 허생 스스로도 자신은 장사를 잘 하는 이로서 백만금을 모을 수 있는 재주가 있다고 하였다.

그런데 이상한 것은 허생이 자신을 장사치로 보는 것은 결코 용납하지 않으려 했다는 점이다. 백만금을 모을 수 있을 만큼 장사를 잘하는 이는 장사치와 무엇이 어떻게 다르단 말인가? 천금은 작은 재물이라서 물건을 싹쓸이할 수는 없으나 나누어 잘 굴리면 늘 이익을 볼 수 있고, 만금은 물건을 싹쓸이하기에 충분해서 자칫 백성을 해치고 나라를 병들게 할 수도 있다고 한 허생의 말을 곱씹어 보면 어느 정도 짐작되는 바가 있긴 하다. 그러니까 허생이 장사를 잘 해서 백만금을 모으는 일을 해본 것은, 어떻게 하면 이익을 볼 수 있는지를 궁리하기 위함이 아니라, 돈이 어떻게 돌아가며 또한 나라를 어떻게 움직이는지를 알아보기 위해서였다는 것이다.

허생은 과연 돈이 돌아가고 나라를 움직이는 이치를 깨달았다. 그건 변씨가 알아보았고 또 어영대장(御營大將) 이완(李浣)이 인정하였다. 그러한 허생이 왜 다시 숨어버렸을까? 좀더 정확하게 말해서 왜 변씨에게는 제 발로 다가가기까지 하고서, 어영대장 이완이 찾아오자 찬바람만 쌩쌩 불다가 그만 종적을 감추어 버렸을까?

여기서 우리는 잠시 허생에게 변씨와 어영대장 이완이라는 인물이 나타내는 바를 생각해볼 필요가 있다. 변씨는 서울에서 가장 부자였고, 어영대장 이완은 나라의 믿을 만한 신하였다. 허생이 애초에 관심을 가진 것은 돈이 돌아가는 이치였으므로 부자인 변씨에게 다가가는 것은 당연한 일이었다. 그리고 돈을 차지하려는 욕심은 없었으므로 변씨와 늘 가까이 지낼 수도 있었다. 그런데 허생의 궁극적인 관심은 나라가 제대로 돌아가게 하는 것이었다. 따라서 현재 나라가 믿고 있는 신하와 만나는 일은 필연적이라고 해야 할 것이다. 그러나 서로 뜻이 일치할 적에는 몹시도 행복한 만남일 수 있지만, 뜻이 다를 적에는 일촉즉발 양립 불가능한 관계일 수밖에 없다. 불행하게도 허생과 이완은 서로 뜻을 맞출 수가 없었다.

3. 수많은 허생들

세상을 바로잡으려는 뜻을 펴려다가 좌절하고는 그만 세상에서 종적을 감춰버린 허생이 비단 <허생전>에만 있는 것은 아니다. 『삼국유사(三國遺事)』의 <신충괘관(信忠掛冠)>에는 신충(信忠)과 관련된 일화가 소개되어 있는데, 대강의 줄거리는 이러하다. 효성왕(孝成王)이 아직 왕위에 오르기 전, 현사(賢士)인 신충(信忠)과 함께 궁궐 잣나무 아래에서 바둑을 두다가, 뒷날 신충을 결코 잊지 않겠노라고 잣나무를 두고 맹세하였는데, 몇 달 뒤 왕위에 올라서는 신충을 까맣게 잊어버렸다. 그래서 신충이 이른바 <원가(怨歌)>를 지어 잣나무에 붙였더니, 잣나무가 갑자기 누렇게 되었다. <원가>를 본 효성왕은 공신(功臣)을 잊은 것을 깨닫고 깜짝 놀라 신충을 불러 벼슬을 주었고, 잣나무는 다시 살아났다. 그 뒤 경덕왕(景德王) 22년에 신충은 벼슬을 그만두고 지리산으로 들어가서 머리를 깎고 사문(沙門)이 되었으며, 왕을 위하여 단속사(斷俗寺)를 짓고 거기에 살면서 왕의 복을 빌었다. 이러한 이야기에 등장하는 신충은 또 다른 허생임에 틀림없다. 효성왕 때 <원가>를 지어 잣나무에 붙이며 원망을 드러낼 적에는 세상에 대한 미련이 많아서 이것저것 시험해보는 허생을 닮아 있고, 경덕왕 때 벼슬을 버리고 지리산으로 들어가 머리를 깎을 적에는 미련을 접고 종적을 감추는 허생을 닮아 있다.

『삼국유사』의 <영재우적(永才遇賊)>에 등장하는 스님 영재(永才)도 허생을 닮아 있다. 천성이 활달하여 재물에 얽매이지 않았다는 것도 그렇거니와, 만년에 은거하고자 지리산에 들어가다가 도적들을 만나서 이른바 <우적가(遇賊歌)>를 불러 도적들을 감복시켰다는 것도 허생을 닮은 점이다. 더구나 감복한 도적들이 머리를 깎고 영재의 제자가 되어 함께 지리산에 들어가 숨은 뒤로는 다시 세상에 나오지 않았다는 대목에 이르면 영락없는 허생이다. 그러고 보면 재물에 휘둘리지 말고 오직 선업(善業)을 쌓아 새 날이 오기를 기원하고 있는 <우적가>는 <허생전>의 축소판이라고 해도 크게 지나치지 않을 듯하다.

<홍길동전(洪吉童傳)>의 홍길동(洪吉童) 역시 허생의 부류라고 보아도 좋을 것이다. 천비(賤婢) 소생이라서 아버지를 아버지라고 부르지 못하고 형을 형이라고 부르지 못하는 세상은 분명 잘못 돌아가고 있는 세상이었다. 이것을 고민하면서 홍길동은 『주역(周易)』을 읽고 무예(武藝)를 연마하다가, 살해 위협을 받자 아예 집을 떠나 도적의 소굴에 들어가서 수령이 되고, 활빈당(活貧黨)을 만들어 국가 권력을 농락하였다. 결국 병조판서(兵曹判書)에 제수(除授)되지만 조선(朝鮮)에선 진실로 용납될 수 없음을 안 홍길동은 해외로 원정(遠征)을 가서 율도국(硉島國)을 건설하였다. 잘못 돌아가고 있는 세상에 대한 홍길동의 문제의식은 허생의 문제의식과 맞닿아 있다. 그리고 일정 기간 동안 글을 읽고 수련을 하여 기른 능력으로 나라를 뒤흔들어 본 것 역시 허생의 조그만 시험과 닮아 있다. 더구나 병조판서에 제수되었는데도 조선을 떠나 율도국 건설에 매진하는 홍길동은 어영대장 이완과의 어설픈 타협을 용납하지 않고 아예 자취를 감추어버린 허생의 모습에서 그리 멀지 않을 것이다.

그림 감상의 실제

강 미 정*

1. 〈양화(洋畵)〉

무릇 그림을 그리는 사람이 외면은 그려내도 내면은 능히 그리지 못하는 게 형세이다. 대체로 사물에는 솟아오름과 우묵함과, 가는 것과 넓은 것, 멂과 가까움의 형세가 있다. 그런데 그림에 능한 자는 붓질을 대강 몇 차례 하여 산의 주름을 없애기도 하고, 물의 파도를 없애기도 하고, 나무의 가지를 없애기도 하는데, 이것이 이른바 '뜻을 그린다(寫意)'는 법이다.

두자미의 시에, "마루 위에 단풍나무 어쩐 일이며, 강과 산에 안개이니 괴이쩍구나(堂上不合生楓樹, 怪底江山起煙霧)"라고 하였다. 마루 위는 땅의 나무가 자랄 곳이 아니니, 합당하지 않고, 이치의 밖에 있는 일이 되며, 안개는 응당 강과 산에서 일어나는 것이니, 만일 병풍에서 일어난다면 그것은 아주 의심스럽다는 것이다.

지금 천주당 가운데 바람벽과 천장에 그려져 있는 구름 기운과 인물들

---

* 건국대학교 강사

은 보통 생각으로는 헤아려 낼 수 없었고 또한 보통 언어 문자로는 형용을 할 수 없었다. 내 눈으로 이것을 보려고 하는데 번개처럼 번쩍이면서 먼저 내 눈을 뽑는 듯 하는 그 무엇이 있었다. 나는 그들이 내 가슴 속을 꿰뚫고 들여다보는 것이 싫었다.

내 귀로 무엇을 들으려고 하는데 굽어보고 쳐다보고 돌아보는 그들은 먼저 내 귀에 무엇을 속삭였다. 나는 그것이 내가 숨긴 데를 꿰뚫어 맞힐까봐 부끄러워하였다. 내 입이 무엇을 말하려고 한 즉 그들은 침묵을 지키고 있다가 돌연 우렛소리를 내는 듯하였다. 가까이 가서 보매 성근 먹이 허술하고 거칠게 묻어, 다만 그 귀, 눈, 코, 입의 짬과 터럭과 살결 사이를 희미하게 그어 갈라 놓았을 뿐이다. 터럭 끝만 한 치수라도 바로잡았고, 꼭 숨을 쉬고 꿈틀거리는 듯 음양의 향배가 서로 어울려 절로 밝고 어두운 데를 나타내고 있었다.

한 부인이 있는데, 그녀의 무릎에는 대 여섯살 된 어린애가 앉혀 있다. 어린애는 병든 얼굴로 힐끗 보는데, 그 여자는 머리를 기울이고는 차마 그 아이를 보지 못하고, 곁에서 고개 숙인 시중꾼 대여섯 명 중에는 병든 아이를 들여다보다가 애처로워서 고개를 돌리는 자도 있었다. 새 날개가 붙은 귀신 수레는 박쥐 같은데, 땅에서 떨어져 찌그러진채로 굴렀다. 한 신장이 발로는 새 배때기를 밟고 손에는 무쇠 방망이를 들고 새 머리를 짓찧고 있었다. 또 머리와 몸은 사람인데 새 나래가 돋은 자도 있어 백 가지가 기괴망측하여 무엇이 무엇인지 분간해 낼 수도 없었다.

좌우 바람벽 위에는 구름이 몽실몽실 쌓여 한여름 대낮 풍경 같기도 하고, 비가 갓 갠 바다 위 같기도 하고, 산골에 날이 새는 듯, 구름은 끝없이 뭉게뭉게 피어오르고, 수없는 구름 봉우리가 햇발에 비치어 무지개가 돌고, 멀리 바라보는 데는 까마득하고 깊숙하여 끝 간 곳이 없는데 뭇 귀신이 출몰하고 갖은 도깨비가 나타나 멱살을 붙들기도 하고 소매를 뿌리치기도 한다. 어깨를 비비고 발등을 밟아 가까운 놈을 멀어 뵈고 얕았던 데가 깊어 뵈기도 하고, 숨은 놈이 드러나기도 하고, 가렸던 놈이 나타나기도 하여 뿔뿔이 따로 서 있었으니, 모두가 허공에 등을 대고 바람을 모는 형세였다. 대체로 구름이 서로 간격을 두어 이렇게 보이는 것이다. 천장을 바라다본즉 무수한 갓난아기들이 오색구름 속에서 뛰노는데, 허공에 조롱조롱 매달려 살결은 만지면 따뜻할 듯하고 팔목이며 종아리는 살이 포동포동 쪘다. 갑자기 구경하던 사람들은 눈이 휘둥그레지도록 놀라 어쩔 줄 모르고 손을 벌리고 떨어지면 받을 듯이 고개를 젖혔다.[1)]

2. 〈양화(洋畵)〉의 뜻 그리기

<양화(洋畵)>는 연암 박지원이 연경에서 천주당을 방문하고 접했던 천주당 벽화에 대한 감상과 벽화의 내용을 기술한 글이다. 이 글이 시대와 공간을 초월하여 여전히 유효할 수 있는 장점은 연암 박지원의 그림감상 체험담이라는데 있다. 예나 지금이나 그림 혹은 예술품 그리고 문학작품은 인간의 삶을 윤택하게 만들어주는 감상물로서 중요하게 다루어져 왔다. 그렇지만 감상하는 방식에 대한 혹은 어떻게 하면 적극적인 감상이 이루어지는가에 대한 체험담은 여전히 목마른 실정이다. 어쩌면 감상은 당연한 것이었기에 깊이 고민해오지 않았던 것일지도 모른다. 때문에 연암 박지원이 기술한 <양화>라는 글은 오늘날 우리에게 적극적인 감상의 실제를 보여줄지도 모른다는 기대를 품게 한다. 과연 이 글에서 우리는 무엇을 보게 될 것인가.

필자가 보기에 <양화>는 평범한 화가와 능숙한 화가, 평범한 감상자와 능숙한 감상자에 관한 이야기이다. 평범한 화가와 능숙한 화가에 대한 연암의 단상은 <양화>의 전반부에 나타난다. 전반부에서 연암은 보통으로 그림을 그리는 화가와 능숙하게 그림을 그리는 화가의 경계를 나누고 있

---

1) 이 글은 『열하일기』 원문 및 리상호의 번역(보리출판사, 2004)을 참고하여 필자가 다시 번역한 것이다.

다. 그에 따르면 보통 화가는 외면을 그대로 옮기며, 능숙한 화가는 뜻을 그려낸다. 그런데 뜻을 그리는 과정에서 화가는 일정 정도의 왜곡을 일으키기도 한다. 예를 들면, 산의 주름을 없애기도 하고, 물의 파도를 없애기도 하며, 나무의 가지를 없애기도 하는 것이다. 이렇듯 눈에 비치는 현상과 달리 그려진 그림은 화가 자신의 고유한 뜻을 담는 과정에서 일어난 왜곡의 결과물이다. 그리고 연암은 이와 같이 자기 뜻을 담아낼 수 있는 화가야말로 능숙한 화가라고 평가하고 있는 것이다.

평범한 감상자와 능숙한 감상자에 관한 연암의 생각은 <양화>의 후반부에 나타난다. 먼저, 연암은 두자미의 시구를 바탕으로 보통 그림감상자들이 허황된 것보다는 현실적인 것을, 이치에 어긋나는 것보다는 이치에 맞는 것을 기대하는 현실을 보고한다. 현실적인 것, 이치에 맞는 것을 기대하는 감상자는 연암의 관점에서 본다면 평범한 감상자들에 속한다. 왜냐하면 그들은 외면을 그대로 옮기기를 기대하는 감상자들이기 때문이다. 게다가 연암이 이러한 단상을 전개하면서 시성(詩聖)으로 추앙 받는 두자미, 즉 두보의 시구를 인용한 것도 심상치 않다. 짐작하건데, 연암은 화가가 그림에 담은 뜻을 제대로 볼 수 있는 감상자는 흔치 않다는 것을 나타내고 싶었던 것 같다.

그렇다면 연암이 말하고자했던 능숙한 감상자는 어떤 사람인가. 필자가 보기에 능숙한 감상자는 바로 연암 자신인 것 같다. 왜냐하면 연암은 천주당 벽화의 내용이 허황하고 비현실적인 것임에도 불구하고, 그 벽화에 대하여 아주 진지하게 관찰하고 기술할 수 있었기 때문이다. 만약 그가 이치에 맞지 않다고 부정적으로 판단하거나, 괴이하다고 도외시하였다면 벽화의 내용을 이해할 수도 전달할 수도 없었을 것이다. 그런 점에서 연암은 능숙한 화가가 뜻을 실어 왜곡한 그림도 잘 이해할 수 있는 능숙한 감상자라고 말할 수 있다.

이제 연암이 천주당 벽화를 감상했던 경로를 따라가면서, 우리가 기대하는 적극적이고 능숙한 감상의 실제를 만나보자. 연암이 천주당에 들어가 벽화를 보았을 때, 처음 느낀 것은 당황스러움이다. 평소에 보기 어려운 형상을 본 순간 그는 보통 생각으로는 이해하기 어렵고, 보통 언어로는 형용할 수 없다는 무력감에 빠진다. 게다가 천주당 벽화는 연암의 시선을 사로잡고, 연암의 귀에 무언가를 속삭이는 듯하고, 연암의 속내를 꿰뚫어 보는 듯하고, 연암의 말을 가로 막기까지 한다. 연암의 이러한 증상은 그림의 위력에 사로잡힌 것이며, 일종의 감응을 일으킨 것이다.[2)]

잠시 동안 공황 상태에 빠졌던 연암은 벽화에 다가가 그 그림을 자세히 들여다본다. 이는 감응으로 인한 호기심을 표출한 것이다. 가까이서 본 벽화는 성긴 먹이 허술하고 거칠게 묻어서 그 형상이 어렴풋하게 그려져 있다. 그런데 그 벽화에서 연암은 숨을 쉬고 꿈틀거리는 듯한 생동감과 음양의 어우러짐을 발견한다. 그림으로부터 어떤 느낌도 받지 않았다면, 성긴 먹으로 그려진 그림에 불과했을 벽화가 생생함으로 다가오는 순간이다.

연암은 이제 벽화에 시선을 고정한다. 그는 먼저 병든 아이를 무릎에 앉힌 채 고개 숙인 여인으로부터 그녀를 둘러싼 시종, 그들 주위에 있는 귀신 수레, 날개가 돋힌 기이한 인물들, 한여름의 대낮 풍경, 비가 갓 갠 바다, 아침 햇살이 드리워지는 산골, 피어 오르는 무지개, 하늘에 가득한 갓난아기들의 온기[3)] 등을 보고 느낀다. 이에 이르면 성긴 먹으로 거칠게 그려졌던 그 벽화는 연암의 눈을 통하여 구체적이고 생생한 그림으로 살아나게 된다.

화가는 분명 몇 번의 붓질로 그린 것일텐데, 연암은 화가의 뜻을 헤아리

---

2) 연암의 이러한 상태는 스탕달 신드롬 상태에 빠진 것과 유사하다. 스탕달 신드롬은 예술품을 감상하던 중에 일으키는 심리적인 혼란과 흥분 상태를 가리키는 말이기도 하다. 스탕달 신드롬에 대해 전해지는 이야기도 흥미롭다. 1817년 스탕달은 피렌체의 산타크로체 성당에서 예술품을 관람한 후 계단을 내려오던 중 심장이 뛰고 무릎에 힘이 빠지는 특이한 경험을 했다고 한다. 그 후에도 피렌체를 방문한 많은 관람객들이 이와 유사한 증상에 시달렸다는 보고서가 입수되자, 심리학자들은 이러한 현상을 최초로 경험한 스탕달의 이름을 빌려 '스탕달 신드롬'이라 명명했다. 참고 자료 : 스탕달 지음, 강주현 옮김, "옮긴이의 글", 『스탕달의 이탈리아 미술편력』, 이마고, 2002, 25면 참고.

3) 성화(聖畵)의 특징상 하늘에 매달린 아기들은 분명 아기천사들일 것이다.

면서 살을 붙이고 생명을 불어넣으면서 감상한 것이다. 나아가 연암은 개인적인 감상에 그치지 않고, 자신이 본 지옥과 천당의 괴이하고 환상적인 형상을 기술한다. 그리하여 옛날 천주당에 그려졌던 벽화는 연암의 글로 우리 앞에 펼쳐지게 된다. 그리고 그 글을 읽는 우리는 또 다른 그림을 상상하기에[4] 이른다. 이에 이르면 적극적인 감상은 마치 능숙한 화가가 자신의 그림에 뜻을 그려 넣은 것처럼, 자신의 감상을 통하여 새로운 그림을 그려내는 것이라고 말할 수 있다. 즉 그림은 화가에 의해 그려졌지만, 감상자의 느낌에 따라 다시 그려지게 되는 것이다.

3. 〈사랑을 위하여〉

우리는 <양화>란 글을 통하여 능숙한 감상자로 거듭나는 연암을 발견하였다. 이제 현대를 살아가는 우리에게 익숙한 영화에서 또 한 명의 감상자를 관찰하고자 한다. 결론부터 말하자면, 이 영화 속의 주인공은 감상자로서는 문제가 많은 인물이다. 그는 누구나 볼 수 있는 것을 볼 수 없는 상태에 빠져 있었기 때문이다.

이 글에서 문제적 인물로 지목한 이는 바로 영화 <사랑을 위하여>[5]의

4) 연암이 기술한 내용에서 알 수 있듯이, 그가 보았던 천주당 벽화는 지옥과 천국, 혹은 심판에 관해서 그린 성화(聖畵)의 일종이다. 필자가 연암이 기술한 벽화의 내용을 읽으면서 제일 먼저 떠올린 것은 보슈(Bosch, Hieronymus-1450?~1516)의 <최후의 심판>이라는 패널화였다. 보슈는 네덜란드의 화가로 15세기에 만연했던 최후의 심판, 원죄, 죽음, 육체의 유혹 등을 그림의 주제로 다루었던 인물이며, 그가 그린 그림은 성당의 벽화에 자주 그려지기도 하였다. 특히 그는 고통스러운 지옥의 고문 장면, 괴물로 나타나는 악마, 비참하고 불길한 전조 등을 화폭에 채운 화가로도 유명하다. 참고 자료 : 월터 S 기브슨 지음, 김숙 옮김, 『중세말의 환상과 엽기 히에로니무스 보스』, 시공사, 2001.

5) 1991년 개봉한 죠엘 슈마허 감독의 작품이다, 원제는 <Dying Young>이다, 여주인공의 이름은 힐러리(배우: 줄리아 로버츠)이며, 남주인공의 이름은 빅터(배우: 캠벨 스코트)이다.

빅터이다. 빅터는 18살 때부터 백혈병으로 투병 중인 28살의 남자다. 고통스러운 화학요법을 받아야 할 때 빅터는 간병인을 구한다는 신문광고를 낸다. 빅터는 광고를 보고 찾아온 23살의 힐러리를 간병인으로 고용한다. 하지만 빅터가 1차 화학요법을 받고 고통으로 몸부림치는 것을 본 힐러리는 두려움을 느끼면서 간병인을 그만 두고자 한다. 빅터는 그런 힐러리의 생각을 알아차리고, 자신이 5년 동안 연구해 온 그림을 보고 싶지 않냐고 청한다. 빅터와 함께 그림을 본 뒤 힐러리는 빅터의 곁에 남아 그를 잘 돌보리라 결심한다. 빅터는 그런 힐러리에게 점차 애정을 느낀다. 2차 화학요법 후 빅터는 힐러리에게 화학요법이 끝났다며, 요양을 위해 캘리포니아로 떠나자고 한다. 힐러리는 빅터의 말을 믿기 어려웠지만, 꼭 여행을 다녀오고 싶다는 간청에 못 이겨 빅터와 함께 캘리포니아로 떠난다. 캘리포니아에서 빅터는 힐러리에게 그동안 자신을 돌봐주어 고맙다면서, 클림트를 시작으로 현대미술사를 함께 공부하자고 제안한다. 그 후 저녁마다 빅터와 힐러리는 그림을 감상하는 시간을 보내고, 그 시간이 흘러가면서 빅터와 힐러리의 사랑이 싹트고, 그 사랑은 점점 깊어진다.

이러한 <사랑을 위하여>의 빅터는 힐러리에게 그림을 소개하는 역할을 하면서 동시에 그림을 감상하는 인물이다. 빅터가 힐러리에게 처음으로 그림을 소개한 이유는 간병을 그만 두기로 결심한 힐러리를 붙들고 싶었기 때문이다. 빅터는 자신만의 세계처럼 보이는 암실에서 힐러리와 단 둘이 그림을 감상한다. 그날 밤 빅터가 힐러리에게 보여준 그림들은 구스타프 클림트의 <아담과 이브>, <다나에>, <입맞춤>, 단테 가브리엘 로제티의 <베로니카 베로네세>, <베아타 베아트릭스> 등이다. 이 그림들에는 하나 같이 풍성한 머리칼과 부드러운 곡선을 그리는 몸매, 그리고 선이 고운 이목구비를 지닌 관능적인 여인들이 등장한다. 이 그림 속의 여인들을 보면 누구나 그 아름다움에 눈이 부실 것이다.[6)]

---

6) 물론 아주 관능적인 그녀들의 표정에 거부감을 느끼는 경우도 간혹 있을 것이다. 그렇지만 그런 경우에는 그 아름다움이 취향에 맞지 않아서이지, 추해서는 아니다.

하지만 5년 동안 그 그림들을 연구해왔던 빅터는 그 아름다움을 제대로 느끼지 못한다. 예컨대 빅터가 힐러리에게 해준 그림 설명에는 그 그림을 그렸던 화가에 대한 냉소만이 가득하다. 그는 클림트의 <아담과 이브>, <다나에>를 스크린에 비추면서 클림트란 화가가 몹시 냉정한 인물이었으며, 그 냉정함으로 인하여 자기 그림의 모델이 되었던 여인이 상사병으로 자살했다는 이야기만을 했기 때문이다.

그러나 클림트의 <아담과 이브>와 <다나에>를 보는 순간 느낄 수 있는 것은 그녀들의 몽환적인 분위기와 강한 생동감, 뇌쇄적인 아름다움과 범하기 어려운 신비함의 강력한 자장이다. 그런데 빅터는 그녀들의 이 모든 아름다움은 못 본채 그녀들이 클림트에게 버림받은 여인이었음을 상기시키고 있는 것이다. 왜 이러한 현상이 일어나는 것인가. 그것은 빅터가 그림으로 표현하고 싶었던 화가의 뜻을 생각지 않고, 그림을 화가의 실상이 반영된 결과물이라고만 여겼기 때문이다.

이렇듯 아름다운 여인의 그림을 보면서도 그 아름다움을 볼 수 없는 빅터, 그는 '아름다움을 느낄 수 없는 상태' 즉 '감응하지 못하는 상태'에 빠져 있다. 빅터가 이러한 상태에 빠진 또 하나의 이유는 스스로의 욕망을 억압한 탓이기도 하다.[7] 그는 백혈병 때문에 투병 생활을 시작하면서 첫사랑과 결별하였고, 그 후 사랑은 그에게 이룰 수 없는 꿈이 되어 버렸다.

그러므로 그녀들이 아름다운 여인이라는 점을 부정하기는 어려울 것이다.

7) 그의 감추어진 욕망에 대해서 영화의 몇몇 장면을 예로 들 수 있다. 이를테면, 힐러리가 빅터의 집으로 면접을 보러 갔을 때 빅터는 열린 문 틈으로 그녀의 길게 뻗은 다리를 엿본다. 또한 힐러리가 그에게 간호사 자격증도 없는 자신을 왜 간병인으로 고용하냐고 물었을 때, 빅터는 일순 망설이는데, 힐러리는 그런 그를 보면서 "면접 보러온 사람 중에서 가장 짧은 스커트를 입은 사람이 나였군요"라며 말한다. 빅터는 "사실 더 짧은 옷을 입은 사람이 있었어요. 남자였지만"하면서 어색하게 웃는다. 또한 힐러리와 캘리포니아로 떠나서 그곳의 별장에 머물 때 빅터는 열린 문 틈으로 힐러리의 어깨에 새겨진 문신을 한참 바라본다. 그런데 이러한 빅터의 엿보기에는 어떤 음흉함이나 끈끈함은 담겨 있지 않다. 오히려 그의 눈빛에는 아름다움에 대한 경탄과 호기심만이 가득했다.

하지만 이러한 상태는 오래가지 않는다. 빅터가 캘리포니아에서 힐러리와 함께 시간을 보내면서, 그녀를 사랑하게 되었기 때문이다. 사랑하는 그녀와 함께 그림을 보면서, 빅터는 그림에 대한 새로운 경험을 일으키게 된다. 이를테면, 빅터는 힐러리가 바닷가에 앉아서 바닷바람에 붉은 머리카락을 휘날리는 것을 지켜보면서 <아담과 이브>를 떠올린다. 또한 힐러리가 침대에 누워 몸을 웅크린 채 잠들어 있는 모습을 보면서 <다나에>를 떠올리게 된다.

예전에는 그림 속의 여인들이 화가의 집착과 상실의 전유물로만 보였는데, 이제는 살아 숨 쉬는 아름다운 여인들로 다가온다. 게다가 그녀들이 사랑하는 힐러리와 함께 오버랩된다. 이제 빅터는 힐러리와의 사랑을 통하여, 그가 볼 수 없었거나, 보지 않으려고 했던 그녀들의 아름다움을 볼 수 있게 된 것이다. 드디어 그림을 제대로 느낄 수 없던 상태는 사라지고, 그림은 빅터와 힐러리의 사랑을 돈독하게 해줄 수 있는 새로운 역할을 떠맡게 된다.

<사랑을 위하여>의 마지막 장면에서 빅터와 힐러리가 영원한 사랑을 맹세하고 방문을 열고 바닷가로 나갈 때, 거실에 길게 걸려 있던 <아담과 이브>가 클로즈업되면서 스크린을 가득 채우는 것은 이제 빅터의 인생에 <아담과 이브>가 아주 깊이 들어왔음을 상징한다. 그런 측면에서 <사랑을 위하여>는 사랑을 느끼고서야 진정한 감상자로 거듭날 수 있었던 한 남자에 관한 영화라 할 수 있다.

사람을 모으는 황금의 힘

김 성 룡*

1. 〈황금대기(黃金臺記)〉

조양문(朝陽門)을 나서서 못을 따라 남쪽에 두어 길 되는 허물어진 둔덕이 있으니 여기가 옛날 황금대다. 세상에서 전하는 말로는, 연(燕)나라 소왕(昭王)이 궁전을 짓고 천금을 축대 위에 놓고 천하의 어진 선비들을 맞이하여 당시 강한 제(濟)나라에 복수하고자 하였다. 그러므로 옛일을 회상하는 인사들은 여기 이르면 비창한 회포를 참지 못하고 감개무량하게 거닐면서 좀처럼 발길을 돌리지 못하곤 한다.

아아 슬프다, 축대 위에 황금은 없어졌건만 국사(國士)는 오지 않는구나! 그러나 세상 사람들이란 본래부터 아무런 원수가 없으면서도 원수를 갚으려는 자는 그칠 때가 없고 본즉, 이 축대 위에 놓였던 황금도 반드시 그대로 천하에 돌아다닐 것이다. 나는 여기에서 원수를 갚던 자 가운데 큰 것을 역력히 들어서 천하에 금을 많이 쌓아 놓은 자에게 말하려 한다.

---

* 호서대학교 한국어문화학부 교수

진나라 시대에 제후의 장수에게 황금을 먹여서 그 나라를 멸망시킨 것으로 보면 몽염(蒙恬)이를 가장 유력하게 쳐주어야 할 것이다.1) 이사(李斯)는 원래 제후의 문객으로 제후를 위하여 몽염을 죽였으니, 천하의 복수를 하려는 자는 여기 와서 좀 멈칫해졌다.2) 얼마 후 조고(趙高)가 이사를 죽이고3) 자영(子嬰)이 조고를 죽이고,4) 항우가 자영을 죽이고 패공(沛公)이 항우를 죽였다.5) 패공이 항우를 죽이기까지는 황금 4만 냥이 들었다.6)

---

1) 蒙恬은 대대로 무장 가문이었다. 秦이 천하를 통일한 후 진시황은 몽염에게 20만명의 죄수와 10만명의 군사를 주어 만리장성을 쌓게 하였다. 몽염은 10여년간 국경 밖에서 노숙을 하면서 성을 완성하였다. 진시황이 갑자기 죽자 조고와 이사의 음모로 부소와 몽염은 숙청 대상이 되었다. 죽음에 이르러 몽염은 "나는 죽을 죄를 지었다. 만리에 걸쳐 성을 쌓았으니 어찌 지맥을 끊지 않았겠는가. 이것이 바로 나의 죄다"라고 했다. 사마천은 "몽염이 구축한 장성은 인민의 노고를 무시하고 혹사한 소산이었다. 몽염은 명장으로서, 황제에게 궁핍을 구제하고 노인을 부양하고 고아를 보육하여 민중에게 평화로운 생활을 이루어야 한다고 간언하지 못하고, 시황제의 야심에 영합하여 공사를 벌인 것이야말로 마땅히 죽을죄이거늘 무슨 지맥을 끊은 죄란 말인가?"라고 질책했다.

2) 李斯는 楚나라 사람으로 荀卿의 제자이다. 진의 승상에까지 오르며 통일을 도왔다. 焚書坑儒를 제안하여 다른 이견을 막았다. 시황제가 지방 순행 중 갑자기 죽자 큰아들 扶蘇에게 위를 물리게 되었는데 환관 趙高가 조서를 가로채고 이사를 꾀어 胡亥에게 왕위를 넘기게 했다. 조고와 이사는 거짓으로 편지를 꾸며 부소와 몽염에게 자결을 명했다. 부소는 강직한 사람이라 아버지의 편지라 믿고 몽염의 만류를 뿌리치고 자결하고 몽염도 체포되어 자살했다.

3) 趙高는 진나라 제상으로 전횡을 하던 환관. 指鹿爲馬의 고사로 유명하다. 이사는 조고가 자기를 제거하려는 것을 알게 되자 그 때에야 호해에게 여러 차례 접견을 시도하고 글을 올렸으나 조고에게 막혀 결국 반역자로 몰려 삼족이 멸함을 당하게 된다.

4) 子嬰은 조고에게 피살된 진 시황의 맏아들 扶蘇의 아들. 조고는 호해마저 죽이고 스스로 황제에 오르려 하나 대신들의 반대에 부딪혀 뜻을 이루지 못했다. 결국 부소의 아들 자영이 황제로 오르자 자영은 조고를 주살했다.

5) 沛公은 漢 高祖 劉邦. 유방은 B.C.207년 자영의 항복을 받았다. 항우가 군대를 이끌고 關中에 들어갔을 때, 이미 유방이 먼저 咸陽을 점거하고 있었다. 항우는 먼저 관중을 차지한 자가 왕이 된다는 약속을 하였기 때문에 유방이 당연히 관중의 왕이 되어야 했다. 화가 난 항우는 유방을 없애고 천하의 패권을 차지하려고 하였다. 유방은 鴻門에 주둔하고 있던 항우를 찾아가서 사죄하였다. 며칠 후 항우는 다시 서쪽으로 진격하여 함양을 공략하여 진나라의 왕자 嬰을 죽이고 진나라 궁궐을 불태운 다음 무수한 금은보화와 미녀들을 약탈하여 동쪽으로 돌아갔다.

석숭(石崇)의 그 많은 재물도 생겨난 데가 있을 것임에도 아주 타고난 재물인 듯이 '이놈이 내 재물을 탐내는가?'하고 욕질을 하니,7) 이 얼마나 어리석은 소리인가? 그러나 재물이란 구르고 굴러 또 전하여 서로 원수를 갚으면서 천년이 지난 오늘날까지 그 금덩이가 아직도 어디고 그대로 있을 것이다. 어째서 그런 줄을 알 것인가?

원위(元魏) 이주조(爾朱兆)의 난리 때 성양왕(城陽王) 휘(徽)는 황금 백 근을 가지고 있었는데, 낙양령(洛陽令) 구조인(寇祖仁)의 일문에서 난 세 자사(刺史)는 모두 자기가 발탁해 준 사람이기 때문에 그에게 가서 의탁하였다. 그러나 구조인은 집안사람들에게, "오늘에 와서 우리 집의 부귀는 지극하다 할 수 있지만은 저 휘 때문에 걱정이다." 하였다. 그러고는 휘에게 장수가 잡으러 올 것이라고 겁을 주어 다른 장소로 도망하라고 꾀인 후, 길에서 그를 죽여 버리고 그 머리를 이주조에게 보냈다. 이주조의 꿈에 죽은 휘가 와서 말하기를, "내가 지니고 있던 황금 2백근을 조인의 집에 두었으니 가지도록 하라." 하였다. 이주조는 조인을 잡아 꿈에 시킨 대로 금을 받으려고 했으나 이를 얻지 못하자 조인을 죽여 버렸다.8) 이것을

6) 范增은 70세 때 항우가 군사를 일으키자 항우를 잘 보필하였으므로 亞父로 존경을 받았다. 유방이 滎陽에서 항우에게 포위되었을 때 범증은 항우에게 즉시 형양을 공격할 것을 권했다. 항우가 결단을 내리지 못하자, 유방의 謀士 陳平이 항우와 범증을 이간하기 위하여 황금 4만 냥을 흩었다. 이때부터 항우는 범증을 의심하기 시작하여 두 사람의 관계가 점점 멀어졌다. 이에 항우가 범증의 건의를 묵살하자 화가 난 범증은 항우를 떠나 고향으로 돌아가는 도중에 객사했다.

7) 석숭에게는 綠珠라는 아름다운 기생이 있었다. 당시의 실력자 孫秀가 이를 탐내어 달라고 하자 석숭이 이를 거절했다. 손수가 화가 나서 趙王 倫을 부추겨 석숭과 그의 생질인 歐陽建을 죽이게 하였다. 석숭과 구양건도 그 계략을 알고 黃門郞 潘岳과 함께 淮南王 允과 齊王 冏을 부추겨 조왕 륜과 손수를 헤치려 하였으나 조왕이 회남왕을 이겼다. 손수가 君命을 칭탁하여 석숭과 반악, 구양건 등을 오게 하여 가두고 그 재산을 함부로 거두어들였다. 석숭이 화가 나서 "이놈이 내 재물을 탐내는가?"하고 욕을 하니 재산을 거두어들이던 자가, "재물이 화가 되는 것을 알았다면 어찌해서 일찍 흩어버리지 않았는가?"하고 대꾸하자 석숭이 대답할 말이 없었다고 한다.

8) 北魏 또는 後魏라고 하는 北朝의 한 나라이다. 북위는 俸祿制와 均田法 등을 창시

본다면 원수를 갚았는데, 황금은 아직도 남아 있는 것이 아니겠는가?

오대(五代) 시대에 성덕절도사(成德節度使) 동온기(董溫箕)[9]는 황금 수만 냥을 가지고 있었는데 동온기가 거란의 포로가 되자, 아문 안에 지휘사인 비경(秘瓊)이 동온기의 집안 권솔을 한목으로 다 죽여 한 구덩이에 파묻고 그 금을 빼앗았다. 진(晉) 고조(高祖)가 왕위에 오르자 비경이 제주방어사(濟州防禦使)가 되어 부임하게 되어 그 금을 싸 가지고 위주(魏州) 길로 나오는데 범연광(范延光)이 국경에 복병을 했다가 비경을 죽이고 금을 몽땅 빼앗았다. 범연광은 또 이 금으로 인하여 양광원(楊光遠)에게 살해당하고, 양광원은 진(晉) 출제(出帝)가 목을 베어 죽였다. 그리하여 광원의 부하 관리인 송안(宋顏)이 금을 죄다 가져다 이수정(李守貞)에게 바쳤다. 이수정은 주(周)나라 고조에게 패하여 그의 처자들과 함께 스스로 불에 타 죽었으나[10] 그 금은 아직도 사람들 속에 남아 있을 것이다. 어째서 그것을 알 수 있을까?

옛날에 도적 세 명이 함께 남의 무덤을 파서 금을 도적하고는 저들끼리 말하기를, "오늘은 피곤하니 돈을 많은 벌은 판에 어찌 술 한 잔 사오지 않겠는가?" 하였다. 그 중 한 명이 선뜻 일어서서 술을 사러 갔다. 가는 도중에 이 자는 제 스스로 축하하기를, "하늘이 시키는 좋은 기회로구나. 금을 셋이 나누는 것보다는 독차지 하는 것이 좋을 것이 아닌가?" 하고는 음식에 독약을 타 가지고 돌아오자, 남아 있던 두 도적은 갑자기 일어나 이

하여 국력을 크게 신장했으나 갈수록 질박한 기풍이 쇠퇴하고, 사치스럽고 문약한 경향이 일어났다. 나이 어린 孝明帝를 섭정한 靈太后가 寺塔 건축에 國費를 낭비하여 국정이 혼란에 빠졌다. 524년에는 北鎭 병사의 반란이 일어났다. 이 난을 진압할 때 큰 공을 세운 북방 민족의 무장(武將) 세력이 강력해져, 마침내 그들의 수령 爾朱榮이 정권을 전단하게 되었다. 그러나 얼마 안 가서 爾朱榮, 爾朱兆 등 爾朱씨 일당은 그의 部將인 高歡에게 격멸되었다.

9) 『資治通鑑』에는 董溫琪라고 기록되었다.

10) 唐이 망하고 宋이 건국하기 직전까지의 혼란기를 五代十國 시대라고 한다. 각 지역의 무신 출신 장군이 발호하여 梁, 唐, 晉, 漢, 周의 다섯 나라를 세웠다. 이 나라들은 앞의 나라들과 구별하기 위하여 국호 앞에 後를 붙인다.

자를 때려 죽였다. 두 도적은 먼저 술과 음식을 배불리 먹고, 금을 반분하려고 했는데 얼마 못 되어 함께 무덤 곁에서 죽고 말았다.

슬프다! 이 금은 반드시 길 옆에서 굴러다니다가는 또다시 딴 사람이 주워 얻게 될 것이요. 이렇게 주워 얻은 사람은 가만히 하늘에 감사를 하면서도 이 금을 무덤 속에서 파냈고 독약을 먹은 자들의 유물이며 또 앞사람 뒷사람을 거쳐 또 몇 천, 몇 백 명을 죽게 할지는 몰랐을 것이다. 그런데도 세상 사람들은 금을 좋아하지 않는 사람이 없다. 어째서 그럴까?

『주역』에, "두 사람이 마음을 합치면 그 날카로움은 쇠라도 끊는다[二人同心 其利斷金]"하였다.11) 이것은 바로 도적질을 전제하는 말이다. 어째서 그럴 것인가? 끊는다는 말은 가른다는 말이다. 가르는 것이 금일진대 '마음을 합치는 것도 잇속'이라는 것을 넉넉히 짐작할 수 있을 것이다. '의리'를 말하지 않고'잇속'이라고 했은즉 '불의의 재물'인 것도 넉넉히 알 수 있을 것이다. 이것이 도적질이 아니고 무엇이랴?

바라건대 천하의 인사들은 돈이 있다 하여 꼭 기뻐할 것도 아니요, 없다고 하여 슬퍼할 것도 아니니, 아무런 까닭 없이 갑자기 돈이 앞에 닥칠 때에는 천동처럼 두려워하고 귀신처럼 무서워하여 풀 섶에서 뱀을 만난 듯이 머리끝에 삐죽하여 뒤로 물러설 일이다.12)

---

11) 『周易』「繫辭」<同人卦>에, "공자가 말하기를, '천하에 군자다운 자의 올바른 도리는, 남들 앞에 나서기도 하며, 때론 뒤로 물러나 있기도 한다. 침묵을 지키기도 하며, 때론 곧은 말을 하기도 한다. 그러나 두 사람이 서로 마음을 같이 할 수 있다면, 그 예리함이 강한 쇳덩이를 끊을 수가 있으며, 마음을 같이 한 말에는 그 향기가 난초와 같다.'고 했다.(孔子 曰 君子之道 或出或處 或默或語 二人同心 其利斷金 同心之言 其臭如蘭)" 박지원은 "其利斷金"의 "利"를 '날카롭다'로 새기지 않고 '이롭다'로 새겨 원문을 패러디 하고 있다.

12) 번역된 부분은 민족문화추진위원회 역, 『국역 열하일기』(고전국역총서 18~19, 1966)와 이상호 역, 『열하일기』(보리, 2004)를 참조하여 필자가 일부 수정하였음.

2. 박지원과 노이점

이 글은 박지원 일행이 전국시대(戰國時代) 연(燕)나라의 소왕(昭王)이 쌓았다는 <황금대(黃金臺)>를 찾아 나서게 된 내력을 적은 경과 서술을 서문으로 삼고 그 내용과 감회를 기문으로 만들어 구성한 글이다.

박지원은 노이점(盧以漸)이라는 사람과 함께 황금대를 찾았다. 박지원 일행 중 아무도 이 황금대를 아는 이가 없었지만, 청나라 사람들도 알지 못하기는 마찬가지였다. 옛 기록을 찾아보기도 했으나 『술이기(述異記)』와 『태평어람(太平御覽)』에 실린 간단한 내용으로는 황금대의 유래는 알 수 있을지언정 위치를 알 수 있을 정도는 아니었다.

그러다가 노이점이 몽고 사람 박명(博明)이 구해다 준 『장안객화(長安客話)』라는 책을 통해 비로소 이 황금대라는 게 조양문 밖을 나서서 남쪽으로 못을 돌아가면 동남쪽 모퉁이에 높다랗게 솟은 흙 둔덕이라는 것을 알게 되었다. 노이점은 황금대에 오른 사람은 저마다 옛 사적을 회상하면서 슬퍼하기 마련이라고 하면서 서글퍼져서 다시는 황금대 구경을 하자는 말을 꺼내지 않았다. 그러다가 태사(太史) 고역생(高棫生)이 월중(越中) 사람으로 거인(擧人)인 능야(淩野)와 함께 황금대 구경을 한다고 하자 박지원과 노이점이 따라 나섰다.

이 박지원 일행 중에 고역생, 능야, 박명 등은, 유리창(琉璃廠)의 유세기(兪世琦)가 이들을 추천했거나 또는 박학과 명필로 알았거나 간에 모두 중국에서 사귄 사람이다. 반면 노이점은 조선 사람으로 아주 흥미로운 인물이다. 노이점은 국내에서도 행실로 유명한 사람이라는데, 그 행실이라는 것이 중국의 산천문물은 오랑캐의 냄새가 난다고 타기(唾棄)하고 만나는 사람은 한인(漢人), 만주인 가리지 않고 모두 '되놈'이라고 불러 업신여기는 일이었다. 그러면서도 고적(古跡)이라면 파고들어 찾아내는 데 힘을 기울였다.

산천문물과 만나는 사람마다 오랑캐라고 업신여기는 것도 이상한 일이지만 고적을 파고들어 찾아내는 데 열을 올리는 것도 정상적인 모습은 아니다. 박지원은 하인조차 자기의 초라한 행색은 돌아보지도 않고 중국인들을 업신여기는 것을 보니 도덕은 귀천이 없는 모양이라고 빈정거린 적이 있다. 행실로 유명했다던 노이점부터 저 말단의 하인에 이르기까지 이 사람들에게 중국은 현존하는 사람과 문물에서가 아니라 먼 과거의 기억 속에서만 남은 것이다. 박지원은 현존하는 중국을 부정하고 과거의 중국에만 젖어 있는 조선의 군상들을 노이점부터 하인까지를 통해 형용하고 있는 것이다.

이렇게 생각하는 사람이 어디 사행사 일행의 노이점과 하속들뿐이겠는가? 박지원이 떠나온 조선 서울의 사대부들이 대개는 노이점처럼 현재의 중국이 아니라 과거의 중국에 이상할 정도로 집착하려 하지 않았던가? 북벌론이 이미 허구라는 것이 드러났고 소중화(小中華) 사상이야말로 집권층의 허위 의식이라는 것이 폭로되었음에도 불구하고 이들 사상은 조선의 망령이 되어 조선 사람들의 행동과 사상을 결박하고 스스로를 우스꽝스럽게 만들고 있었던 것이다.

3. 황금대 이야기

박지원은 노이점을 시대착오적인 인물쯤으로 여긴 모양이지만 황금대마저 그렇게 볼 수는 없다. 노이점이 그토록 찾아 헤매었던 이 황금대는 우리 사대부들에게는 '어진 이를 초빙하기 위해 황금을 아끼지 않았다.'는 뜻으로 각인된 명소였다. 성현(成俔), 신광한(申光漢), 주세붕(周世鵬), 조위한(趙緯韓) 등 조선 전기의 사대부들이 황금대를 소재로 한 문학 작품들을 남긴 것을 보거나, 조선 후기의 사행(使行)을 적은 연행록에서는 황금대를 방문의 명소로 기록되어 있는 것을 보면 그런 정황을 알 수 있다.

과연 황금대에는 조선 후기 사대부들이 각별하게 생각할 만한 내용이 담겨 있다. 박지원은 황금대는 제나라에게 진 원수를 갚기 위한 방책으로 연의 소왕이 궁전을 짓고 거기에 황금을 무어 놓고 인재를 초빙한 데에서 유래했다고 했다. 연의 소왕이 궁전을 짓고 인재를 초빙했다는 이야기는 『전국책(戰國策)』, 『자치통감(資治通鑑)』 등에는 보이는데 황금을 무어 놓고 인재를 초빙했다는 사건은 어디에서도 찾을 수 없다.

『태평어람』에는 이곳을 그 지방 사람들은 현사대(賢士臺), 초현대(招賢臺) 등과 함께 황금대(黃金臺)라는 이름으로도 부른다고 적었다. 궁전의 이름이 황금대인지 황금을 무어 놓은 곳이 황금의 축대라는 뜻의 황금대인지 적어 놓지 않아 그 내력을 알 수 없지만, 여하튼 『태평어람』에서 비로소 '황금대'라는 다른 명칭을 볼 수 있다. 하지만 이 책을 통해서도 황금대라는 이름의 유래가 어떤지는 알 수 없다. 박지원이 황금대의 내력을 적은 것은 서적 외에 전해지는 말을 옮긴 것이 아닌가 싶다.

『자치통감』에 실린 이야기의 줄거리를 옮기면 다음과 같다.

> 전국시대 중엽 제(齊)나라가 연나라를 침략하여 연의 왕을 죽였다. 이런 혼란 중에 전세자(前世子) 평(平)이 왕에 오르니 그가 바로 연소왕(燕昭王)이다. 소왕은 곽외(郭隗)를 정승으로 삼고 제를 쳐서 원수를 갚을 것을 맹세하고 그 방책을 곽외에게 물었다. 곽외는 죽은 천리마의 뼈를 오백 금을 주고 사자 사람들이 천리마를 다투어 갖고 와 천리마를 세 마리나 얻게 되었다는 고사를 들려주고, 자기를 스승의 예로 받들면 자신보다 어진 이가 천리 길도 멀다 않고 스스로 모여들 것이라고 했다. 소왕은 곽외의 말을 옳게 여겨 그를 위해 황금대(黃金臺)라는 궁전을 짓고 스승으로 예우했다. 이 일이 제국(諸國)에 알려지자 천하의 현재가 다투어 연나라로 모여들었는데 그 중에는 조(趙)나라의 명장 악의(樂毅)를 비롯하여 음양설(陰陽說)의 비조(鼻祖)인 추연(鄒衍), 대정치가인 극신(劇辛)과 같은 큰 인물도 있었다. 이들의 보필을 받은 소왕은 드디어 제국(諸國)의 군사와 함께 제나라를 쳐부수고 숙원을 풀었다.

이 줄거리에 박지원의 말을 보태면, 곽외를 예를 다하여 극진히 모셨다는 것이고 그 모시는 방법이 황금의 힘을 빌었다는 것으로 정리된다. 온 국력을 다하여 인재를 초빙하고, 초빙한 인재의 능력을 다하도록 왕의 위세와 권세로써 이들을 억압하지 않고 예를 다하여 국사처럼 대하였다는 말이다.

이 뒷이야기를 『사기(史記)』에서 더 들을 수 있다. 제(齊)에 숙원을 풀고 난 뒤 소왕의 뒤를 이은 혜왕(惠王)은 평소 악의를 싫어했었다. 혜왕은 악의(樂毅)의 행동을 의심하고 꺼리게 되는데 제나라가 이 틈을 놓치지 않고 둘의 사이를 이간질했다. 제나라의 보루인 즉묵(卽墨)을 지키던 전단(田單)은 첩자를 보내어 혜왕과 악의를 이간하는 한편 연나라 장군들에게 돈을 보내면서 거짓 항복문서도 함께 보냈다. 결국 악의는 연나라에 있지 못하고 조나라로 돌아가고 말았다.

연나라 군사가 방심하고 있을 때 전단은 쇠뿔에 칼을 묶고 꼬리에 불을 붙여 어둠을 틈타 적진으로 놓아 보내는 저 유명한 화우지계(火牛之計) 등을 써서 악의가 없는 연나라 군대를 깨트려 버렸다. 놀란 혜왕이 조나라로 망명한 악의에게 편지를 보내 사과하면서도 선왕의 지극한 대우를 저버리고 망명해 간 것을 꾸짖었다. 이때 악의가 긴 편지로 답했는데 이것이 『사기』에서 볼 수 있는 명문 <보연왕서(報燕王書)>이다.

4. 돈으로 사람을 모은다

악의가 혜왕에게 올린 그 글에 이런 대목이 나온다. "군자는 절교할 때 그 사람을 비방하지 않으며, 군자가 나라를 떠날 때에 자기 이름만 깨끗이 하려 들지 않는다.(君子交絶不出惡聲 忠臣去國不絜其名)" 악의는 옛 사람의 말을 인용했다고 하는데 바로 여기에 악의의 진정을 담았다 해도 과언이 아닐 것이다. 악의는 타의로 연나라를 떠났지만, 자기가 떠나게 된 정당성을 말하느라 연나라 혜왕에게 허물을 돌리는 따위는 하지 않았다. 그게 군자의 길이고 군자의 도리이다.

흔히 연의 소왕과 악의의 관계를 촉(蜀)의 소열제(昭烈帝) 유비(劉備)와 제갈공명(諸葛孔明)의 관계에 비하곤 한다. 유비에 비하면 연의 소왕은 돈과 지위가 있었으므로 악의가 연의 소왕에게 온 것은 제갈공명이 유비에게 간 것에 비할 수 없다는 말을 하곤 한다. 황금대의 초현 고사 보다는 삼고초려(三顧草廬)의 고사가 더 극적인 면을 띠는 것처럼 보인다. 게다가 결정적으로, 혜왕이 악의를 소원하게 대하자 악의는 조나라로 망명했지만 제갈공명은 필경 촉과 운명을 같이했다는 차이도 있다.

자기가 가진 모든 것으로써 사람을 움직이기 위해 정성을 다하여 국사를 모셔왔다는 데에서는 같다. 유비는 갖고 있던 자존감을 버리고 제갈공명을 모셔온 것처럼, 소왕 역시 갖고 있던 지위와 돈을 모두 써서 인재를 모신 것이다. 훌륭한 인재를 모시기 위해서는 지위도 돈도 희생할 줄 알아야 한다. 소왕은 갖고 있었던 것을 유비는 없었다는 차이가 있을 뿐이다.

인재를 얻기 위해 최선을 다한 국왕의 노력에는 마땅히 그에 부응하는 신하의 헌신적인 충성이 따른다. 악의가 그러했고, 제갈공명이 그러했던 것처럼 사람은 자기를 알아주고 지위를 주어 힘을 다하게 하는 이를 위하여 최선을 다하기 마련이다. 악의가 <보연왕서>로써, 제갈공명이 <출사표(出師表)>로써 그의 충정을 말했던 것을 우리는 기억하고 있다. 『전국책』에 실린 자객 예양(豫讓)도 멋진 말을 남겼으므로 나란히 두고 새길 만하다. 예양은 말한다. "남자는 자기를 알아주는 사람을 위하여 목숨을 바치고 여자는 자기를 사랑해 주는 사람을 위해 화장을 한다(士爲知己者死 女爲說己者容)"고.

다시 악의와 연 소왕으로 옮겨보자. 연 소왕은 악의를 초청하기 위해 최선을 다했고, 그 소왕을 위하여 악의 역시 최선을 다했다. 악의는 자신을 알아주지 않는 왕에게서는 바로 등을 돌렸으되, 군자는 나라를 떠날 때 자기 한 몸 깨끗하게 하자고 허물을 왕에게 돌리는 따위는 하지 않아야 한다고 말함으로써 전 나라에 대하여 예를 갖췄다. 이 모든 것은 봉건 사회의 가신 제도가 만들어낸 윤리 의식이라고 간단히 폄하할 수도 있을 것이다. 하지만 어진 이를 모시기 위해 최선을 다하고, 자기를 알아주는 사람을 위해 신명을 바치며, 떠나는 자는 지켜야 할 결별의 의식이 있다는 이러한 윤리 의식이 어찌 봉건 시대의 윤리로만 한정할 수 있겠는가? 이 봉건의 윤리가 그대로 기업의 윤리로 바뀌면 어떻게 되는가?

'회사(會社)'라는 용어의 소종래나 이른바 유교자본주의라고까지 일컬어지는 동아시아 자본주의의 형성과 회사원의 윤리를 보면 봉건의 윤리와 흡사한 바가 많다. '회사(會社)'는 메이지유신 이후의 일본 사회에서부터 시작되는데 "'사(社)'를 같이 하는 집단[회(會)]"에서 유래했다. 일본의 봉건 제도가 붕괴하면서, 다이묘와 쇼군이 칼을 반납하고 받은 돈으로 세운 봉건적 결사 조직체가 바로 "'사(社)'를 같이 하는 집단[회(會)]"의 출발이었던 것이다. 마쓰시타든 미쓰비시든 일본이 자랑하는 세계적인 기업은 '상회(商會)'로부터 출발해 '회사(會社)'로 성장한 것이다.

5. 봉건 윤리와 기업 윤리

최근의 세계 경제는 한 회사에서 뛰어난 실적을 올린 최고경영자가 다른 회사의 최고경영자로 자리를 옮기고 있다. 월스트리트저널을 인용하면, 2006년도 세계 2,500개 대기업에서 새로 선임된 최고경영자 가운데 12.2%가 다른 회사의 현직 최고경영자에서 자리를 옮겨 온 것으로 나타났다는 것이다.

예를 들어 프린터로 유명한 휼렛패커드의 마크 허드라는 최고경영자는 휼렛패커드로 오기 직전 회사의 전산시스템을 종합 관리하는 회사인 NCR의 최고경영자를 지냈다고 한다. 보잉사의 새로운 경영자로 취임한 제임스 맥너리는 제너럴일렉트릭(GE)의 선임 경영진으로 일하다가, 3M을 거쳐 보잉사로 왔다. 냉장고나 TV를 생산하던 회사에서 포스트잇이나 테이프를 생산하던 회사로, 그리고 비행기 회사로 옮겼으니 무엇을 경영하느냐 보다는 어떻게 경영하느냐에 더 큰 의미를 둔다는 것이 아닐까?

다른 회사에 재직 중인 최고경영자를 영입하려면 그만한 인센티브를 줘야 하기 때문에 돈이 더 든다. 휼렛패커드는 허드에게 첫해에 3,390만 달러를 지불했다고 한다. 150만 달러의 스톡옵션, 275만 달러의 배당, 200만 달러의 보너스와 주택 지원 등이 포함됐다. 보잉은 맥너리에게 6년간 재임할 경우 현금, 주식, 퇴직금 등으로 최소 6,080만 달러를 주기로 했단다. 가히 상상을 초월한 액수가 아닐 수 없다.

그런데 이렇게 돈을 들여서라도 이런 사람을 모셔 와야 하는 이유가 있다. 경험 많은 경영자는 자신의 역할을 잘 알고 있을 뿐만 아니라, 그 동안 실수에서 얻은 자산이 많아 어려운 상황에 처한 기업이 무엇을 해야 할지를 잘 알기 때문이다. 실수와 실패를 관리할 줄 아는 것이야말로 실패에 처한 집단이 가장 필요로 하는 능력이라는 말이다. 지금 위기에 처한 회사에서 급히 모셔야 할 전문 경영인은 그 동안 실패를 경험하지 않고 성공만을 경험한 사람이 아니라 그 동안 실패와 실수를 통해서 경험을 쌓고 위기를 반전시킨 경험을 가진 사람이다. 그런 사람을 위해서라면 말 그대로 백금(百金)도 아깝지 않다.

연 소왕이 많은 사람들을 끌어들였을 때 그 사람들의 면면을 보자. 그 사람들은 자기가 살고 있는 곳에서 제대로 된 대접을 받지 못하고 있었다. 명장 악의의 예만 보아도, 악의가 조나라를 버리고 연나라로 오게 된 것은 연나라의 대우가 조나라에서 받던 대우에 비할 수 없이 좋기 때문이 아닌가? 그렇게 보면 연 소왕이 천하의 명사를 모셔오기 위하여 내건 파격적인 대우와 저 앞에서 말했던 최고경영자를 영입하기 위한 인센티브라는 것이 과연 다를 것이 무엇이 있겠는가?

『좌전(左傳)』에, "가장 위의 것은 덕을 세우는 일이요, 그 다음은 공을 세우는 일이며, 그 다음은 말을 세우는 일이다. 비록 오래 되어도 폐할 수 없는 것이어서 이를 불후의 것이라고 부른다.(立言大上有立德, 其次有立功, 其次有立言, 雖久不廢, 此之謂不朽)"고 했다. 곧 입덕(立德), 입공(立功), 입언(立言)의 셋을 삼불후(三不朽)라고 한다는 말이다. 요즘 같은 세상에 무슨 영원한 것이 있겠는가마는 영원한 것을 지향하는 일은 남에게 나를 어떻게 알리느냐 하는 데 목적이 있는 것이 아니라 내가 나를 어떻게 만들어가면서 살아가느냐 하는 데 목적이 있다. 남이 목적이 아니라 내가 목적이어서 영원한 것을 생각하면서 살아가야 자기 삶이 흐트러지지 않는 법이다.

앞의 경영자들이야 회사를 경영하는 것이 목적이지 덕을 쌓거나 심금을 울릴 말을 남기는 것을 목적으로 하지 않는다. 아마 회사에 공을 세우는 일이 당장의 목적일 것이고 장기적으로 지속되는 '회사 왕국'을 이루는 일을 가장 큰 보람으로 생각할 것이다. 자본주의가 극적으로 발전하면, 지방자치 단체는 물론이고 행정 권력의 일부도 민영화될 것으로 예상된다. 앞의 경영자들과 연 소왕이 모셨다는 인재들과, 연봉과 인센티브로 대우하는 것과 황금대에 모시는 일이, 그리고 이른바 '회사 왕국'의 경영과 춘추시대의 한 나라를 경영하는 일이 그렇게 구별되지 않는다.

6. 힘의 구체성

황금대 위에 오른 박지원 일행은 저마다 다른 생각을 했을 것이다. 노이점은 설욕과 북벌의 의지를 대리만족했을지도 모르겠지만 박지원은 돈의 힘으로 쌓았다 부서지는 모래성 같은 인간사를 회고했다.

박지원은 연 소왕이 황금을 무어 놓고 어진 인재를 초빙한 일이라고 하더니 말투를 바꾸어 연나라 때의 사람은 가고 없지만 황금대에 쌓은 바로 그 황금은 남아 유전만세(流轉萬歲)하여 여러 보원(報怨)의 이야기들이 모두 바로 그 황금이 전전하여 만든 것이라고 이야기를 끌었다.

따지고 보면 황금이 연 소왕과 악의 등등을 끌어 모아 한 판의 드라마를 연출한 것이 아닌가? 더 극적으로 오대 시대에 있었던 죽고 죽이는 드라마야말로 황금이 기획한 드라마에 동온기(董溫箕)와 비경(秘瓊), 범연광(范延光), 양광원(楊光遠), 진(晉)의 출제(出帝), 송안(宋顔), 이수정(李守貞), 주(周)의 고조(高祖)라는 인물이 각각의 배역을 맡아 한 편의 역사 드라마를 연출한 것이다. 그리고 동온기가 쥐었던 황금은 다음 드라마를 준비해, 발총술을 부리는 도적의 이야기로 전해지는 것이다. 박지원이 서사적 흥미를 위해 만든 이 작전이야말로 모골이 송연할 정도로 정확하게 황금의 힘을 보여주는 것은 아닐까?

황금대 위의 바로 그 황금과 유방(劉邦)이 쓴 4만 냥의 황금과 석숭(石崇)이 쌓은 황금과 이주조(爾朱兆)가 가지고 있었다는 바로 그 황금과 동온기가 가졌던 황금과, 그리고 남의 무덤을 파 한 몫 잡은 도적들이 쥔 황금이 '바로 그' 황금은 아니다. 하지만 이 황금은 욕망의 대상으로서 황금이라는 의미에서의 황금이라는 데에서는 같다. 하나하나의 낱낱으로 보면 다른 것이 일반적인 상황 속에서 보자면 다 같아지는 경이가 여기서 나타난다. 바로 이 점이 황금이 더 이상 낱낱의 추상적인 파편으로 존재하거나 일반적인 추상으로 존재하는 것이 아니라 역사에서 힘을 발휘할 수 있는 구체적 존재로서 자리할 수 있는 것이 아닌가 싶다.

원전을 만져 새로운 물건을 만들어내는 것은 박지원이 잘 보여주는 재주이지만 여기서 『역(易)』을 가져다가 패러디하는 재주는 아주 흥미롭다. 『역』에, "두 사람이 마음을 합치면 그 날카로움은 쇠라도 끊는다[二人同心 其利斷金]"하였다. <동인괘(同人卦)> 계사(繫辭)에, "공자가 말하기를, '천하에 군자다운 자의 올바른 도리는, 남들 앞에 나서기도 하며, 때론 뒤로 물러나 있기도 한다. 침묵을 지키기도 하며, 때론 곧은 말을 하기도 한다. 그러나 두 사람이 서로 마음을 같이 할 수 있다면, 그 예리함이 강한 쇳덩이를 끊을 수가 있으며, 마음을 같이 한 말에는 그 향기가 난초와 같다.'고 했다.(孔子 曰 君子之道 或出或處 或默或語 二人同心 其利斷金 同心之言

其臭如蘭)"는 말을 받아서 한 말이다. 박지원은 "其利斷金"의 "利"를 '날카롭다'로 새기지 않고 '이롭다'로 새겼다. 그렇게 하자 그 예리함은 쇠도 끊고 그 향기로움은 난초와 같다던 공자의 우정론은 어디로 가고, 잇속을 따라 결합하고 이익을 다투어 나누는 도둑의 계약론만 남게 되었다.

부유하게 된 내력을 그리거나 돈의 노예가 된 이를 조롱하거나 황금에 팔려 신세를 망치는 사람의 이야기는 얼마든지 찾을 수 있다. 부유하게 된 내력을 그리건 노예가 되었건 신세를 망쳤건 중요한 것은 사람의 힘이 아니라 사람을 그리 만든 황금의 힘이다. 황금의 힘으로써 작품을 읽어보면 작품 속에 있는 인물 관계는 새롭게 보이기도 한다.

최영(崔瑩)은 황금을 우연한 행운이자 달콤한 쾌락으로 여겨 "황금을 보기를 돌 같이 하라."고 가르쳤지만, 박지원은 "황금 보기를 뱀 같이 하라."고 했다. 독을 품은 뱀처럼 우연히 만나는 황금은 우연한 행운이 아니라 언제 자기를 그릇되게 하여 심지어 죽음에 이르게 할지도 모를 위험한 물건이다. 박지원은 황금은 소유의 대상으로서의 행운이나 쾌락이 아니라 소유하는 사람의 마음과 몸을 사로잡아 이러저러한 운명으로, 아니 끝내는 나락으로 떨어지게 하는 위험한 힘이니 외면하라고 말한 것이다.

돈은 사람을 모은다. 그것은 너무도 자연스러운 힘이니 그 힘을 부정할 수도 없겠지만, 무시해서는 안 될 일이며 외면해서는 더더욱 안 될 일이다. 지혜로운 사람은 돈을 무시하거나 외면하는 사람이 아니라 돈의 힘을 잘 알고 돈을 잘 굴려서 사람을 모을 줄 아는 사람이다. 일을 하는 것은 어디까지나 사람이 아닌가?

생각하는 인간, 부회하는 인간

류 수 열*

1. 〈동란섭필(銅蘭涉筆)〉

열하에 있을 때에 반선(班禪)이 거처하는 금지붕 용마루 위에 금으로 만든 한 쌍의 누런 용이 말처럼 일어나 있었다. 길이는 모두 두 길 남짓인데, 밑에서 보는 것이 이러하니 그 길이와 높이를 가히 알 수 있을 것이다. 그 모양이 보통 그림에서 보는 신룡(神龍)과는 같지 않았다. 양용수(楊用修)의 『단연록(丹鉛錄)』[1]에 이르기를 "용은 새끼 아홉 마리를 낳는데, 그중에서 용으로 되지 못하는 놈이 첫째로 비희(贔屭)인데 모양이 거북 같이 생겨 무거운 짐을 잘 진다. 지금의 비석 바탕 돌로 거북 모양을 만든 것이 이것이다. 둘째는 치문(鴟吻)인데 성질이 바라보기를 좋아하므로 지금 지붕머리에 앉히는 짐승이 되었고, 셋째는 포뢰(蒲牢)인데 울기를 잘하므로 지금

* 전주대학교 국어교육과 교수

1) 양용수는 명나라 학자 양신(楊愼). 호는 승암(升庵), 용수는 자이다. 경연강관(經筵講官)으로 있을 때 천자에게 간하다가 운남으로 유배당함. 《단연록(丹鉛錄)》은 운남에 있을 지은 일종의 독서 일기이다.

의 종(鍾)에 매는 끈의 형상이 되었고, 넷째는 폐간(狴犴)인데 모양이 범과 비슷하므로 감옥 철문 앞에 세우고, 다섯째는 도철(饕餮)인데 성질이 먹기를 잘 하므로 음식 그릇이나 솥뚜껑에 붙이고, 여섯째는 패하(蚣蝮)인데 성질이 물을 좋아하므로 다리 기둥 위에 세우고, 일곱째는 애자(睚眦)인데 성질이 죽이는 것을 좋아하므로 칼자루에 새겼고, 여덟째는 금태(金蜺)인데 모양이 사자 같고 성질이 연기와 불을 좋아하므로 향로에 세우고, 아홉째는 초도(椒圖)인데 모양이 소라 같이 생기고 성질이 문을 닫고 잘 숨는 성질이므로 문간에 세웠다." 하였다. 또 금지붕 전각 네 모서리에 있는 금으로 만든 황룡(黃龍)은 용마루 위에 있는 것과 모양이 또 달랐다. 치미(鴟尾)니 치문(鴟吻)이니 하는 말도 전하는 기록이 모두 다르다. 대개 중국에서는 궁전을 이룩할 때 반드시 치미와 치문을 먼저 만들어서 그 집의 성하고 허물어질 것을 점치므로 매우 소중하게 여긴다.

『대류총귀(對類總龜, 저자 미상)』에 이르기를 "용이 새끼 아홉 마리를 낳는데, 하나는 조풍(嘲風)으로 모험을 좋아하므로 전각 귀퉁이에 세우고, 하나는 치문(蚩吻)으로 삼키기를 좋아하므로 전각 용마루에 세운다."하였고, 『박물지일편(博物志逸篇, 저자 미상)』에 이르기를 "이문(螭吻)은 모양이 짐승 같은데 바라보기를 좋아하므로 전각 모서리에 세우고, 만전(蠻蛇)은 형상이 용과 비슷하고 성질이 바람과 비를 좋아하므로 지붕 용마루에 쓴다." 하였으니 『단연록(丹鉛錄)』 이야기와는 모두 다르다.

한(漢)나라 무제(武帝)의 백량전(柏梁殿)에 불이 났는데, 월땅의 무당이 말하기를, "바다 고기 가운데 규(虬)라 하는 것이 있어서 그 꼬리가 치(鴟)와 비슷한데 물결을 치면 비가 내리므로 그 형상을 따라 만들어 전각 용마루 위에 얹어 놓으면 화재를 막을 수 있습니다." 하였다. 또 건장궁(建章宮)을 세울 때 무당은 화재 예방으로 치미(鴟尾) 형상을 전각 용마루에 설치할 것을 아뢰었다고 한다. 우리나라에서는 배 꼬리를 '치'라고 하는데 치미의 '치'인 것 같기도 하다. 또 『박물지일편(博物志逸篇)』에 이르기를 "비희(贔屭)는 성질이 무거운 것을 지기 좋아하므로 비석을 지게 하였고,

이호(螭虎)는 모양이 용 같이 생기고 성질이 문채를 좋아하므로 비문 위에 세운다." 하였고, 또『대류총귀』에 이르기를 "용의 아홉 마리 새끼 중에 하나는 패하(霸夏)라 하여 무거운 것을 좋아하므로 비석 바탕으로 하였고, 비희는 글을 좋아하므로 비문의 양쪽에 새긴다." 하였다. 이와 같이 여러 가지 이야기가 역시 다 각각 다르니, 용 새끼의 명호(名號)와 성정(性情)을 무엇으로 알 것인가? 옛날 이야기의 부회(附會)함이 다 이와 같다.

2. 사소함과 위대함 사이

연암의 눈길을 끈 것은 용마루 위의 용 한 쌍과 건물의 모퉁이에 있는 황룡이다. 용마루 위에 배치된 용 한 쌍은 보통의 모습과 다르게 거대한 크기를 자랑했던 모양이다. 그러나 연암의 관심사는 그 용의 형상이 아니라, 그것을 이르는 이름이었다. 정확히 말하면 이름 자체가 아니라, 전하는 문헌마다 그 이름이 제각기 다르다는 점이었다. 이름이 다르다는 것은 곧 성정의 다름을 말하기 때문이다. 연암은 제각각인 기록들이 결국 모두 부회라 함으로써 결론을 맺는다.

연암의 이 글을 읽으면 한 가지 의문과 한 가지 감탄이 일어난다. 의문은 그는 왜 그처럼 사소한 것들에 지대한 관심을 기울였을까 하는 것이고, 감탄은 그토록 사소한 것들에 대한 기록을 어떻게 다 들춰냈을까 하는 것이다. 그리고 이러한 의문과 감탄은 곧 연암을 넘어 <단연록>을 비롯하여 용 새끼의 이름을 이러저러하게 밝혀 둔 여러 문헌의 필자들로 미끄러져 들어간다.

어떤 면에서 이는 트리비얼리즘(trivialism)을 닮았다. 트리비얼리즘이야말로 평범하고 사소한 일들에 관심을 두고 이를 상세하게 서술하려는 태도가 아니던가. 그것은 너무나 평범하고 진부해서 눈길을 끌지 못하는 것들, 지극히 일상적인 풍경이어서 없는 것이 오히려 더 궁금해지는 것들을 현미경으로 관찰하듯이 그려낸 세밀화이기 때문이다.

사소한 것들에 대한 관심은 연암 당대의 지적 트렌드였는지도 모르겠다. 연암과 동시대를 살았던 실학자들이 남긴 문헌들이 한결같이 사소한 것들에 대한 기록들이 아니던가. 이덕무의 『이목구심서』, 이수광의 『지봉유설』, 김만중의 『서포만필』, 서유구의 『임원경제지』, 이익의 『성호사설』과 『관물편』 같은 책을 비롯하여, 각종 문집에 실려 있는 '잡지'나 '잡록', '방필'이나 '산필' 등이 포함된 제목의 글들은 모두 사소한 것들에 대한 관심과 그 기록의 결과물이다.

그러나 이들의 기록을 단순히 트리비얼리즘 양식으로 규정하긴 어렵다. 트리비얼리즘은 사물의 본질에 관심을 두지 않는다. 그저 눈에 보이는 현상을 가급적이면 세밀하게 그려낼 뿐이다. 반면에 연암을 비롯한 이들의 관심은 현상적인 것에 머물지 않았다. 『열하일기』의 곳곳에서 길거리의 똥이나 벽돌, 여관 방의 낙서, 중국 여자의 헤어 스타일이나 악세사리 등등, 사소함의 극치에 있는 것들에 대한 관심이 기호학으로, 문화론으로 심화되고 확장되고 있지 않았던가. 연암이 보고자 했던 것은 그 현상의 이면에 도사리고 있는 세계와 인간의 본질이다.

연암이 세상만물에 세밀한 촉각을 들이대었던 이유는, 연암의 아들 박종채가 아버지에 대한 기억을 적은 『과정록(過庭錄)』이라는 책의 한 구절이 말해준다.

> "아무리 지극히 미미한 물건, 예컨대 풀이나 짐승이나 벌레라도 모두 지극한 경지가 있으니, 조물주가 만든 자연의 현묘함을 볼 수가 있다."

연암이 생전에 했던 말이다. 그의 무수한 산문과 잡록, 그리고 『열하일기』에 포섭된 세상의 모든 풍경이 지닌 디테일의 연원을 말해주는 데 부족함이 없는 말이다.

사실 이 구절은 연암만의 독창은 아니다. 지구의 반대편에서 살았던 윌

리엄 블레이크(W. Blake, 1757~1827)도, 천년의 시간적 거리를 두고 있었던 의상(義湘, 625~702)도 이와 유사한 말을 남긴 바 있다.

> 한 알의 모래 속에서 세계를 보고, /한 송이 들꽃 속에서 천국을 본다. /손바닥 안에 무한을 거머쥐고 /순간 속에서 영원을 붙잡는다. - <순수를 꿈꾸며>

> 일미진중함십방(一微塵中含十方) /일념즉시무량겁(一念卽時無量劫)(한 티끌 가운데 온 우주를 머금었고, /찰나의 한 생각이 끝도 없는 영겁이어라). - <법성게(法性偈)>

모래 한 알, 들꽃 한 송이, 티끌 하나가 세계와 우주를 머금고 있고, 한 순간이 영원의 시간과 맞먹는다고 했으니, 풀과 짐승과 벌레로부터 자연의 현묘한 경지를 보고자 했던 연암의 시선과 아주 잘 부합하지 않는가.

그러므로 연암이 전각의 용마루와 모퉁이에 틀어올린 용을 보고, 용 새끼의 이름이 제각각 다르다는 것을 일일이 밝혀낸 것도 단지 박물학적 취미에 불과했던 것은 아닐 것이다.

그런 면에서 연암의 결론 '옛날 이야기의 부회'는 돌연한 느낌이 없지 않다. 그러한 부회가 무엇을 말하는가 하는 그의 결론에 대한 독자들의 기대를 배반한 것이다. 그야말로 용두사미가 제격인 듯도 하다. 미완성인 채로 남은 글인 듯도 하다. 그러나 이러한 판단 자체가 나의, 혹은 우리의 부회일 수도 있다. 용의 문화적 위상과 가치가 오늘날과 달랐을 당대에 그러한 현상을 일일이 밝혀낸 것만으로도 충분한 완성도를 가졌을지도 모를 일이기 때문이다. 나에게 사소한 일이 남들에겐 커다란 무게를 가질 수도 있는 법이고 그 역도 역시 성립 가능하므로.

3. 부분과 전체 사이

속담이나 고사성어는 인간을 풍자하는 데 자주 활용된다. '하나만 알고 둘은 모른다'는 말은 시야의 협소함이나 천박함을 풍자하고, '교각살우(矯角殺牛)'는 조그만 잘못을 고치려다 큰 일을 그르치는 사람을 풍자하는 것이다. 그러나 속담이나 고사성어는 역설적으로 인간은 본래부터 그런 속성을 가진 존재임을 말해주기도 한다. 인간은 누구나 하나만 알고 둘은 모르기 십상이고, 누구든지 조그만 일에 집착하다 더 큰 일을 망칠 수 있는 것이다.

견강부회(牽强附會)라는 말도 마찬가지이다. 이 말은 전혀 가당치도 않은 말이나 주장을 억지로 끌어다 붙여 조건이나 이치에 맞추려고 하는 경우에 쓰인다. 자기 본위의 사고 방식, 독선과 독단을 연상시키는 의미이다. 그런데 인간은 또 누구나, 얼마간, 흔히 견강부회의 우를 저지르고 살지 않는가? 그게 인간의 삶이다. 누구나 제 눈의 안경으로 세상을 보며, 우물 바닥에서 보이는 하늘이 세상의 전부라고 여기고 사는 것이다.

자신이 살아온 세월이 다르고, 자신의 정체성을 형성시킨 경험이 다르고, 처지에 따라 이해 관계가 다르기에 동일한 대상도 달리 보이게 마련인 것이다. 그런 점에서 영국의 수필가이자 저널리스트인 가디너(Gardiner, 1865~1946)의 모자 이야기는 그 제각각인 사고와 시각의 차이를 매우 적절하게 설명해주는 글로서 주목해 볼 만하다.

> 모자점 주인에게 빈약한 인상을 주었으리라는 생각을 하면서, 나는 보통 머리를 가지고 가게를 나섰다. 그의 주장에 따르면 나는 6인치 8분의 7의 인간인데, 따라서 보잘것 없는 존재인 것이다. 하지만 보석이 들어 있는 것은 반드시 큰 머리가 아니라는 것을 지적해 주고 싶었다. 물론, 위인들이 왕왕 큰 머리를 가졌다는 것은 사실이다. 비스마르크의 머리의 크기는 7인치 4분의 1이었는데, 글래드스턴과 캠벨 배너먼도 그랬다. 그런데 이와는 반대로 바

이런은 작은 머리를 가졌고, 따라서 뇌도 대단히 작았다. 그런데 괴테는 바이런을 가리켜, 유럽에서 세익스피어 이후 가장 훌륭한 두뇌의 소유자라고 말하지 않았던가? 나는 일반적인 상식론을 따를 생각은 없으나 작은 머리의 소유자로서 이 문제에 관한 한 괴테의 말을 받아들이는 데 주저하지 않겠다. 홈즈가 지적하다시피, 중요한 것은 뇌의 크기가 아니라 뇌의 회전인 것이다(그런데 홈즈의 머리는 작았던 것으로 생각된다). 그래서 나는 모자상에게 비록 나의 머리는 작을망정 뇌의 회전은 최상급이라고 믿을 만한 확증이 있다고 말하고 싶었다.

그러나 나는 그렇게 하지 않았다. 다만 그 사건을 지금 회상하는 것은, 그 사실이 우리 모두가 제각기 특수한 창구멍을 통해서 인생을 바라다본다는 것을 보여 주고 있기 때문이다. 지금 이 사람은 모자의 크기에 의해서 세상을 바라보는 사람이다. 그는 단지 존스가 7인치 반의 모자를 쓴다고 해서 존경하고, 스미드는 6인치 4분의 3을 쓴다고 무시해 버린다. 정도의 차이는 있으나, 우리 모두 이러한 제한된 직업적 시야를 갖고 있는 것이다. 재봉사가 당신의 옷을 훑어본다면 그는 당신 옷의 재단과 옷의 윤기를 보고 당신을 평가할 것이다. 그 사람의 눈에는 당신은 한낱 옷걸이에 지나지 않으며, 당신의 가치라는 것은 순전히 입고 있는 옷에 정비례한다. 제화공이 당신의 신을 봤을 경우, 신발의 질과 상태에 따라서 당신의 지식이나 사회적, 그리고 경제적인 정도를 측정할 것이다. 만약에 굽이 닳아서 낮아진 신발을 신었다면, 모자가 아무리 번쩍거려도 당신에 대한 평가는 변하지 않을 것이다. 모자는 그의 시야에 들어오지 않는다. 이것은 그의 평가 기준이 아니다.

치과 의사의 경우도 마찬가지이다. 그는 이빨을 가지고 온 세상을 판단한다. 그는 당신의 입을 한 번 들여다보기만 하면, 당신의 성격이나 습성이나 건강 상태나 지위나 성질에 대해 확고 부동한 신념을 가지게 된다. 그가 신경을 건드리면 당신은 움츠리게 된다. 그러면 그는 “아하, 이 친구, 술과 담배와 차와 커피를 과음하는군.”하고 마음속으로 생각할 것이다. 치아가 고르지 못한 사람을 봤을 때는 “가엾게도, 이 친구 멋대로 자랐군.”이라고 말한다. 치아를 등한시하는 사람을 봤을 때는 "칠칠치 못한 친구, 노름에 돈을 탕진하고 가족을 돌보지 않고 있군. 틀림없어."라고 말한다. 그래서 진찰을 끝낼 무렵에는, 단지 당신의 이빨만을 증거로 해서도 당신의 전기를 쓸 수 있을 것 같은 생각이 들 것이다. 아마 이렇게 쓴 전기도 올바른 면에서나 그릇된 면에서 보통 전기와 매한가지일 것이다.

같은 식으로 실업가는 회계과의 열쇠 구멍을 통해서 인생을 내다본다. 그의 눈에는 온 세상이 하나의 '시장'이고 그는 이웃을 진열장의 크기로 판단한다. 금융업자도 마찬가지이다. 로드차일드 가의 한 사람이, 친구 하나가 백만 파운드를 남기고 죽었다는 말을 듣고 하는 말이 "저런, 저런! 그 친구 꽤 잘 사는 줄 알았는데."라고 했다. 일단 유사시를 위해서 겨우 백만 파운드밖에 없었으니, 그의 일생은 실패였다는 것이다.

대커리는 이런 생각을 <허영의 시장>에서 아주 잘 나타내고 있다. 오즈번 영감은 조지에게 "능력이 있고 부지런하고 판단이 정확하면, 결과가 어떻게 되는지 알겠지. 나와 나의 은행 통장을 보아라. 한편 돌아가신 불상한 세들리 할아버지와 그 분의 실패를 보아라. 그러나 20년 전에는 그 분이 나보다 2만 파운드나 나은 분이었다."라고 말했다.

나도 또한 사물을 보는 데 직업적인 견해를 갖고 있다. 그런데 나는 사람을 판단하는 데 그가 무엇을 하느냐에 의해서가 아니라, 언어를 구사하는 기교에 의해서 판단하는 경향이 있다. 그리고 화가가 우리 집에 들어온다면 벽에 걸린 그림을 보고 나라는 인간을 평가할 것으로 알고 있다. 마치 실내 장식가가 들어오면 의자의 모양과 양탄자의 질에 따라 평가하고, 미식가가 오면 요리나 술로써 평가하듯이. 그 때 샴페인을 대접하면 존경받을 것이고, 독일산 백포도주면 평범한 사람 축에 끼게 될 것이다.

요는, 우리 모두가 인생을 살아가는 데 각자의 취향이나 직업이나 편견에 의해 채색된 안경을 쓰고, 이웃을 자기 개인의 자[尺]로 재며, 자신의 산법으로 그들을 계산하고 있다는 말이다. 우리는 주관적으로 보고 있지 객관적으로는 보지 못하고 있다. 즉 볼 수 있는 가능한 것을 볼 뿐이지, 실제 있는 대로를 보는 것이 아니다. 따라서 다채로운 빛을 발산하는 것, 즉 진리에 대해서 여러 가지 그릇된 억측을 하는 것은 조금도 이상할 것이 없다. - <모자 철학>에서

이 글의 생략된 앞부분에서 모자점 주인은 모자의 크기로부터 머리의 크기를 유추해 내고, 머리의 크기와 직위 · 직책 간에 유의미한 비례 관계가 있다고 믿는다. 머리가 큰 사람은 사회적으로 중요한 일을 한다는 것이다. 이 글의 필자는 모자점 주인의 믿음이 사실과 다르다는 점을 말하고 싶었지만 참는다. 어차피 인간은 모두 자신만의 창구멍으로 세상을 보는 법, 그러니 그에게 그 신념의 오류를 지적하는 것은 근원적으로 인간의 본질 하나를 무시하는 또 하나의 오류가 아니겠는가 하는 생각이 떠오른 것이다.

우리는 과연 자신이 항상 지니고 있는 자신만의 창으로 세상을 본다. 그래서 자신의 창에 포섭되는 한 부분으로 나머지 전체를 판단하는 견강부회를 다반사로 저지른다. 그러나 그것은 탓할 일은 아니다. 그것은 인간이 생각을 하는 일만큼이나 자연스럽고 당연한 일이기 때문이다. 우리가 탓할 일이 있다면, 그것은 자신의 창은 항상 사실이고 진리라 믿는 맹목, 자신의 창과 다른 남의 창은 언제나 오류라 몰아치는 독선이 아닐까 한다. 더불어 나의 창을 통해 포섭되는 세계는 언제나 부분에 불과하다는 점을 흔쾌히 인정할 수 있는 준비, 그래서 스스로 나의 창을 넓혀가고자 하는 태도, 이것이 우리가 견강부회를 인간의 본질로 승인하는 근본적인 취지가 될 것이다.

모든 생각하는 인간은, 예외 없이 부회하는 인간인 것이다.

또 다른 의학

김 혜 진*

1. 〈금료소초(金蓼小抄)〉

금료소초(金蓼小抄) 서(序)

우리나라 의학(醫學) 지식은 그다지 넓지 못하고 약 재료도 그다지 많지 않다. 그러므로, 모두 중국의 약재를 수입해 쓰면서도 항상 그것이 진품이 아닌 것을 걱정하였다. 이와 같은 넓지 못한 의학 지식을 가지고, 또 진품이 아닌 약재를 쓰고 있으니, 병에 효험이 없음은 당연한 것이다. 내가 열하에 있을 때에 대리시경(大理寺卿) 윤가전(尹嘉銓)에게

"요즘 의서(醫書)들 중에, 새로운 경험방(經驗方)으로 사서 가져갈 책이 있습니까." 라고 물었더니, 윤경(尹卿)이 말하기를

"근세의 일본(日本) 판각 『소아경험방(小兒經驗方)』이 가장 좋은 책인데, 이 책은 서남 해양 중에 있는 하란원(荷蘭院)에서 나왔다고 합니다. 또

* 서울여자대학교 국어국문학과 전임강사

서양의 『수로방(收露方)』이란 책이 극히 정미로우나, 시험해 보니 그다지 효력이 없었는데, 이는 대체로 사방의 기후와 풍토가 다르고, 옛날과 지금 사람들의 기품과 성질이 다른 까닭입니다. 약방문에만 따라서 약을 준다는 것은, 조괄(趙括)의 병법(兵法) 이야기[1]나 무엇이 다르겠습니까. 『정속금릉쇄사(正續金陵瑣事)』에는 역시 근세의 경험들을 많이 수록하였고, 또 『요주만록(蓼洲漫錄)』이란 책이 있고, 또 『초비초목주(苕翡草木注)』·『귤옹초사략(橘翁草史略)』·『한계태교(寒溪胎教)』·『영추외경(靈樞外經)』·『금석동이고(金石同異考)』·『기백후청(岐伯侯鯖)』·『의학감주(醫學紺珠)』·『백화정영(百華精英)』·『소아진치방(小兒診治方)』 등은 모두 근세의 저명한 학자들이 지은 책이어서, 북경 책사에서는 무엇이나 구할 수 있을 것입니다." 하였다.

나는 연경으로 돌아와 하란(荷蘭)[2]의 『소아방(小兒方)』과 서양의 『수로방』을 구해 보았으나 모두 얻지 못하고, 그 밖에 여러 가지 책들도 더러는 광동(廣東) 지방 판각본(刻本)들이라는 것만 있을 뿐, 책사들에서도 모두 그 이름조차 몰랐다. 우연히 『향조필기(香祖筆記)』를 들추다가 그 중에서 『금릉쇄사(金陵瑣事)』와 『요주만록』의 기록을 발견했으나, 그 원서(元書)는 모두가 의학 관계의 내용은 아니었고, 『이상(貽上)』의 기록은 전부가 경험에 관계되는 기록이었으므로, 나는 수십 종의 법을 베끼고, 이 밖에 잡지와 필기 중에 실린 옛날 방문과 잡록들을 아울러 초록하여, <금료소초>라 이름하였다.

내가 살고 있는 산중에는 의서도 없고 약재도 없으므로, 혹 이질이나 학질에 걸리면 무엇이든 가늠으로 대중하여 치료를 하는데, 때로는 맞히는 것도 있기에 역시 아래에 붙여 산골 속에서 쓰는 경험 방문을 삼으려 한다. 연암(燕巖)은 쓰다.

---

1) 기후나 풍토에 따라 약을 달리 처방하지 않고 고지식하게 처방하는 것을 비판하는 말.

2) 프랑스

『유환기문(遊宦紀聞, 송(宋) 장세남(張世男) 저)』에는 신경(腎經)이 허하여 허리가 아픈 병을 치료하는 데 정사수(程沙隨)의 방문을 기재하였는데 "두충(杜沖, 한약재의 일종)을 술에 담갔다가 불에 구워 말린 뒤에, 빻아서 가루를 만들 때 재를 없게 하여 술에 타서 마신다." 하였고 또, "날 것이나 찬 것을 먹고서 앙가슴이 아픈 데는, 진수유(陳茱萸, 한약재의 일종) 5·60개를 물 한 잔에 달여, 찌꺼기를 버리고 평위산(平胃散, 한약정) 서 돈 쭝을 넣어서 다시 달여 먹는다." 하였고, 또, "사수(沙隨)가 항시 임질(淋疾)을 앓았는데, 날마다 백동과(白東苽, 한약재의 일종) 큰 것 세 개씩을 먹고 나았다."고 하였다.

『풍창소독(楓窓小牘)』에, 동파(東坡)의 『일첩록(一帖錄)』을 기록하였는데, "발이 아픈 데에는 위령선(葳靈仙, 한약재의 일종)과 우슬(牛膝, 한약재의 일종) 두 가지를 가루로 만들어 꿀에 버무려서 환을 만들어 공복에 먹으면 신통한 효과를 보게 된다."라 하였다.

송나라 효종(宋孝宗, 조신(趙昚))은 게를 많이 먹고 이질을 앓았다. 때마침 엄방어(嚴防禦)란 자가 있어서, 새로 캔 연뿌리를 잘게 갈아서 더운 술에 섞어 썼더니, 과연 나았다.

필기(筆記) 중에 이르기를,

"송(宋) 때 경산(徑山)에 살고 있던 중이 동산에 들어갔다가 뱀에게 발을 물렸을 때, 마침 손님으로 왔던 어떤 중이 이것을 치료하는데, 먼저 맑은 물을 길어 씻고, 또 계속 물 몇 섬이 들도록 바꾸어 씻어서 곪아 썩은 살을 다 없애 버리고, 상처에 흰 힘줄이 보일 때 부드러운 명주에다가 약가루를 묻혀 상처 속에 집어 넣으니, 더러운 진물이 샘솟듯 솟아났다. 그 이튿날 맑게 씻고는 처음 모양으로 약을 발라 두니, 한 달 만에 독은 다 뽑아지고 살갗은 예전과 다름 없게 되었다. 그 약방문인즉, 향백지(香白芷,

한약재의 일종)를 가루로 만들어 오리주둥이 · 담반(膽礬, 한약재의 일종) · 사향(麝香)을 각기 조금씩 넣었다. 이는 『담수(談藪)』에 실려 있다." 라 한다.

무주(撫州)에 살고 있던 상인이 이질을 만나 매우 위급하자, 태학생(太學生) 예 아무개(倪某)가 당귀 가루를 아위(阿魏, 한약재의 일종)로써 환을 지어 끓인 물에 세 번 복용시켜 곧 낫게 하였다. 또 이질을 다스리는 방법으로는, 황화(黃花, 한약재의 일종)와 지정(地丁, 한약재의 일종)을 찧어 거기에서 난 즙을 술 한 잔 분량에다 벌꿀을 조금 타서 먹으면 신효를 본다.

섭포주(葉蒲州)의 『남암전(南巖傳)』 중에, 칼에 다친 상처를 치료하는 방문이 다음과 같이 적혀 있었다.

"단옷날 벤 부추를 찧어 즙을 낸 뒤, 거기다가 석회를 섞고, 다시 찧어 익혀서 떡을 만들어 상처에 붙이면, 피는 곧 멈추고, 뼈까지 상했더라도 아물게 되어 신효를 볼 것이다."

『계신잡지(癸辛雜志)』에 이르기를, "목이 메었을 때는 장대산(帳帶散, 한약재의 일종)을 쓰되, 다만 백반(白礬, 한약재의 일종) 한 가지만을 쓰면 낫지 않기도 한다. 남포(南浦) 땅에 늙은 의원이 있어 가르치기를, 오리주둥이와 담반(膽礬)을 부드럽게 갈아 아주 독한 초에 섞어서 마시라고 한다. 어떤 관가의 늙은 호위병의 아내가 이 병을 앓아 이 방문으로 약을 썼더니, 약을 목구멍으로 넘기자마자 빽빽한 담을 두어 되나 토하고는 당장에 효험을 보았다." 하였다.

또 『민소기(閩小記)』에는 다음과 같은 말이 있다.

"연와(燕窩)에는 검은 것, 흰 것, 붉은 것 등 세 가지가 있는데, 그 중 검은 것은 제일 구하기가 어렵고, 흰 것은 능히 담(痰)을 고칠 수 있고, 붉은 것은 어린애들의 홍역에 좋은 것이다."

당 태종(唐太宗)이 이질을 앓는데, 여러 의원들이 약을 써도 효험을 보지 못하였다. 금오(金吾, 벼슬 이름) 장사(長史) 장보장(張寶藏)이 방문을 올렸는데, 그에 의하여 필발(蓽茇, 한약재)을 젖에 달여 먹였더니 당장에 나았다.

주공근(周公謹)이 괄창(括蒼)에서 나는 진피(陳皮, 한약재)에 대하여 기록하기를,

"두창(痘瘡)을 치료하는 데 쓴다 하였는데, 환자의 빛이 새까매지고, 뒤틀어지고, 입술이 얼음장처럼 찰 때, 개파리 일곱 마리를 찧어, 거르지 않은 술에 타서 조금씩 먹이면, 얼마 못 되어 붉은 윤기가 전과 같이 돌게 된다. 겨울철에 개파리는 개의 귓속에 있다." 하였다.

『향조필기(香祖筆記)』에 이르기를,

"황생(黃生) 아무개는 여주(廬州) 사람으로, 우리 고을로 유람 와서 단방(單方)으로 병을 치료하는데, 모두 효험이 있었다. 그 중에서 세 가지만을 적으면, 속결되는 병을 다스리는 방법으로, 깍지 벗긴 대비마(大蓖麻 ,한약재) 1백 50낱과 괴화나무 일곱 치[寸]를 향유(香油) 반 근에 넣어, 사흘 밤낮을 담가 두었다가 타도록 볶은 뒤, 찌꺼기를 버리고 비단(飛丹, 한약재) 넉 냥쭝을 넣어 고약을 만들어서 우물 속에 사흘 동안을 담가 두었다가 밤에 끄집어내어, 먼저 피초(皮硝, 한약재) 녹인 물로 환부를 씻고 이 고약을 붙인다.

왕개보(王介甫)는 언제나 편두통을 앓아서, 신종(神宗)이 궁중에서 쓰는 방문을 하사하였는데, 새 나복(蘿菖)의 즙을 내어 생룡뇌(生龍腦 한약재)를 조금 넣고 골고루 잘 섞은 뒤, 고개를 뒤로 젖히고 약 방울을 콧구멍에 떨어뜨린다. 왼쪽 머리가 아플 때는 오른편 콧구멍에 넣고, 오른쪽 머리가 아플 때는 왼편에 넣는다.

무창(武昌) 소남문(小南門)의 헌화사(獻花寺)에 있는 늙은 중 자구(自究)란 자는, 음식으로 목이 막히는 병에 걸려 죽으면서 그 제자들을 불러 놓고 말하기를, "내가 불행히 이 병에 걸려 죽기는 하나, 가슴속에는 필시 무슨 물건이 있기 때문일 터이니, 죽은 뒤에 가슴을 갈라 보고 입관(入棺)을 해 달라." 하였다. 그 제자들은 그가 시키는 대로 하여, 비녀처럼 생긴 뼈 한 개를 끄집어내었다. 이 뼈를 불경 공부하는 책상 위에 두었는데, 오랜 후에 군사를 거느리고 가던 어떤 장교가 이 방을 빌려 썼다. 어느 날, 부하들이 거위를 잡을 때 쉽사리 다 죽이질 못하여 이 뼈로 찔러 죽이자, 거위피가 뼈에 묻은 즉시 뼈는 당장에 사라져 없어졌다. 뒷날, 그 제자가 역시 목이 메는 병이 들었을 때, 전일 일이 생각나서 거위 피로 나을 수 있을 것을 깨닫고, 이를 여러 차례 먹었더니 드디어 나았다. 이내 이 방문을 사람들에게 널리 퍼뜨려서, 누구나 다 낫게 되었다.

손사막(孫思邈, 당(唐)의 학자)의 『천금방(千金方-천금요방(千金要方)의 약칭)』에 이르기를, "인삼탕(人蔘湯)은 반드시 흐르는 물을 써서 달일 것이요, 괸 물을 쓰면 효험이 없는 법이니, 이는 『인삼보(人蔘譜, 저자 미상)』에 실려 있는 말이다." 하였다.

『담포기(談圃記, 저자 미상)』에 이르기를,

"증노공(曾魯公 미상)이 나이 70여 세에 이질에 걸렸는데, 고향 사람 진응지(陳應之)가 수매화(水梅花)를 납차(臘茶)에 복용하도록 하여 곧 나았다." 하였다. 그러나, 수매화란 무엇인지 알 수 없다.

첨사(僉事) 장탁(張鐸, 송(宋)의 무관(武官))의 말에 의하면,

"비둘기를 기르면 어린애들의 감질(疳疾)을 다스린다. 비둘기를 많이 기르고, 매일 새벽마다 어린애들로 하여금 방문을 열고 비둘기를 날리게 하면, 비둘기의 기운이 낯에 부딪쳐서 감질이 없어진다." 하였다.

『권유록(倦遊錄, 저자 미상)』에 쓰여 있기를,

"신가헌(辛稼軒)이 산질(疝疾)에 걸렸을 때, 어떤 도인(道人)이 가르치기를, 율무알과 황토로 바른 동쪽 벽토를 한데 볶아서, 다시 물에 달여 고약을 만들어 자주 먹으면 산질이 곧 사라진다고 하였다. 정사수(程沙隨)도 이 병에 걸리자, 가헌이 이 방문을 가르쳐 주어서 역시 나았다."고 하였다.

『문창잡록(文昌雜錄, 송 요원영(廖元英) 저)』에 이르기를,

"정주 통판(鼎州通判) 유응신(柳應辰)이 생선뼈에 걸린 병을 다스리는 방문을 전해 왔는데, 역수로 흐르는 물 반 잔을 떠다 놓고, 먼저 환자더러 병의 증세를 묻고 그로 하여금 그 기운을 빨아들인 다음에, 동쪽으로 향하여 원(元) · 형(亨) · 이(利) · 정(貞) 넉 자를 일곱 번 외고 공기를 들여 마신 다음, 숨을 내쉬지 않은 채 물을 조금 마시면 즉시 낫는다." 하였다.[3)]

붙임[附]

얼굴에 난 수지(水痣)는 속칭 무사마귀[武射莫爲]라 한다. 그것을 다스리는 방법은, 가을의 바닷물로 씻으면 곧 없어진다. 나의 종제(從弟) 유원(綏源) 이중(履仲)이 8~9세 때 얼굴에 무사마귀를 함빡 덮어 쓰다시피 하여서 백약이 무효였는데, 어가(魚哥) 성을 가진 늙은 의원이 있어 8 · 9월의 바닷물로 자주 씻으면 낫는다고 가르쳐 주어, 당장에 효험을 보았다.

내가 여남은 살 났을 때 얼굴에 함빡 쥐젓을 뒤집어쓰게 되었는데, 눈시울과 귓가가 더욱 심했다. 더덕더덕 밥티가 붙은 것 같아서, 언제나 거울만 들여다보고 울면서 화를 냈지마는 백약이 무효였다. 때가 바로 봄 여름철이어서 가을철까지 바닷물을 기다릴 수 없어, 염정(鹽井)의 물거품을 물에 타서 몇 차례 씻고는 그대로 말렸더니, 아주 신효를 보았다. 나는 이 방

3) <금료소초>에 나와 있는 다양한 이야기 중에서 경험방의 성격을 띠고 있는 것만 골라 수록하였다.

법을 널리 전했더니, 효험을 아니 본 자가 없었다.

왕곡정(王鵠汀)의 종인 악가(鄂哥)는 나이 스물 한 살인데, 얼굴이 깨끗하게 생겼었다. 마침 이질에 걸려 많이 앓던 판이라, 곡정은 나에게 우리나라 태의(太醫)를 좀 청해 달라고 부탁했다. 나는, "의사를 청할 필요가 없소. 축축한 땅을 파고 지렁이 수십 마리를 잡아 백비탕에 넣어 끓여 짜서는, 목이 마를 때 이 물을 많이 마시면 효험을 볼 것입니다." 하였더니, 곡정이 당장에 시험하여 곧 나았다.

목생(穆生)이란 자가 마침 학질을 앓아서, 곡정은 나에게 인도하여 보이고 방문을 청했다. 나는 이슬에 생강즙을 타서 마실 것을 가르쳐 주었더니, 목은 사례를 하면서 가 버렸는데, 그 이튿날 그 곳을 떠났으므로 이것을 먹고 효험을 보았는지 모르겠다. 대체로 이 생강즙은 학질 고치는 데 좋은 방문으로, 생강 한 뿌리를 즙을 내어 하룻밤을 한데 내어 두었다가, 해뜨기 전에 동향(東向)하고 앉아 마신다. 여러 번 시험했으나 다 나았다.

고북구(古北口) 밖에 살고 있는 사람들은 목에 혹이 많이 달렸는데, 여자가 유달리 더하였다. 나는 곡정에게 한 방문을 가르쳐 주면서, "혹이 만일 담핵(痰核)이라면, 끼니마다 밥을 먹을 때 먼저 한 술을 떠서 손바닥 위에 놓고 밥을 동글동글하게 비벼 쥐고 있다가, 밥을 마친 뒤에 소금을 밥에 조금 넣고 엄지손가락으로 섞어 개어서 상처에 오랫동안 붙이면 저절로 없어진답니다. 그리고 밥은 멥쌀로 지어서 쓴답니다." 하였다.

해산을 빨리 시키는 데는, 피마자 한 알을 찧어 발바닥 한복판에 붙이면 순산을 한다. 순산한 뒤엔 곧 떼어 버려야 한다. 만일, 이를 잊어버리고 떼지 않으면 대하증(帶下症)이 생기기 쉽다.

양기를 돕는 데는, 가을 잠자리의 머리와 날개와 다리를 떼어 버리고, 곱게 갈아서 쌀뜨물에 반죽을 하여 환을 만들어 세 홉을 먹으면 아이를 낳을 수 있고, 한 되를 먹으면 늙은이가 젊은 여자를 사랑할 수 있을 것이다.

이상의 방문은, 기록하여 왕곡정에게 준 것들이다.

2. 치료를 향한 열망

박지원의 『열하일기』 중에 맨 마지막 조목이 <금료소초(金蓼小抄)>이다. 보유(補遺)라고 하고서 <금료소초(金蓼小抄)>를 실어놓은 점에서, 이 조목은 책의 마지막에 책의 내용을 보충하여 늘리고 잘못을 정정하는 내용이라는 것을 알 수 있다.

<금료소초>는 경험방문의 내용으로 되어 있어 일관된 편제나 흐름이 있는 것이 아니라, 일종의 백과사전식 정보를 나열하고 있다. 이는 박지원의 실학이 백과사전적 경향을 지닌다는 점과 일맥 상통한다고 보여진다. 특히 자연과학과 과학기술에 대한 분야는 객관적 자연관에 입각하는 경향을 보이는데, 이 글도 폭넓은 의학지식과 진품의 약재에 의한 치료법을 서술하는 방법을 사용하고 있는 것이다.

<금료소초>의 다양한 의학정보를 보면, 넘쳐나는 의학정보 속에 살고 있는 오늘날 현대인의 모습이 투영된다. 2005년 한국의 사회지표에서는 한국인의 주요관심사 1위(44.9%)로 건강이 꼽혔다. 경제적인 여유가 생기게 되고, 인터넷과 대중매체의 눈부신 발달이 상호 작용하여 일명 '잘 먹고 잘 살기'에 사람들의 관심이 집중된 것이다. 케이블 TV에서는 의학전문채널이 만들어지고, 지상파 방송에서도 전문적인 내용을 언급하는 의학다큐멘터리가 방송되는가 하면, 중앙일간지에는 고정적으로 의학칼럼 코너가 많은 지면을 차지하고, 의학전문기자가 연예인 못지않은 인기를 끌기도 한다.

놀라운 과학 기술의 발달과 눈부신 의학의 발달로 인간의 수명이 100세에 근접하도록 늘어났고, 이전에는 불치병이라 불리워졌던 많은 병들을 쉽게 고칠 수 있게 되었지만, 이렇게 발전된 현대의 생활 속에서 많은 현대인들은 새로운 병들로 인하여 고통받는 아이러니속에 살게 되어 정통의학과는 다른 의학에 관심을 기울이게 되었다.

그리하여 침술과 같은 동양의학으로 대표되는 보완의학, 대체의학이 등장하게 되었다. 이러한 보완의학, 대체의학의 출현은 의료계의 과제로 남은 암, 만성질환, 퇴행성 질환 등 서양의학의 한계를 극복하는데 일조했다는 평가를 받고 있어 현재 대학병원마다 보완대체의학의 붐을 일으키고 있다.

또한 오늘날 건강 증진을 위한 보완대체요법이 점차 일반화되어 있고, 거기에 지출하는 비용도 상당한 수준을 보이고 있다. 대한보완통합의학회(회장 윤방부)는 한국인의 보완대체의학 실태를 조사한 결과, 우리나라 국민의 67%가 보완대체요법을 사용하고 있고, 이를 위해 지출한 비용이 1인당 연간 평균 11만원이며, 전체국민으로 볼 때는 약 5조원을 지출한 것으로 추정된다고 한다. 이 비용은 만성질환을 앓고 있는 국민이 지난 1년간 병원치료를 위해 지출한 액수와 거의 동일한 것으로 나타났다. 가장 많이 이용하는 요법은 건강기능식품이 49%로 가장 많이 나타났고, 비타민 및 미네랄 43%, 생약, 동물류, 심신요법, 식이요법 등이 다음을 잇는다.

이러한 대체 요법은 정통 의학처럼 복잡하지 않아 이해하기 쉽고, 직관과 감정에 호소하여 체계적인 전문지식이 부족한 일반 대중에게 설득력을 발휘한다.

그렇다면 정통의학과 함께 또 다른 한 축을 차지하는 보완대체의학이라는 수많은 의학정보들 사이에서 현대의 우리들은 어떻게 행동해야 하는가? 다음에 제시되는 의학관련 프로그램을 통하여 그 해답을 살펴보기로 하자.

오늘날 <금료소초>와 같은 의학정보를 제공하는 대표적인 것들로 지상파 방송에서 방송되는 건강 및 웰빙 관련프로그램을 들 수 있다. 건강 및 웰빙 관련프로그램은 크게 두 가지로 구분되는데, 하나는 전문적인 의학정보프로그램[4]이고, 또 다른 하나는 인포테인먼트 프로그램[5]이다.

---

4) KBS의 <생로병사의 비밀>, SBS의 <건강스페셜>, MBC의 <닥터스>와 같이 리얼리티를 바탕으로 의학다큐멘터리의 형식을 빌어 명망있는 전문의들로부터 질병예

이들 중에서 민간요법이나 식품으로 인한 대체의학적인 정보를 알려주는 프로그램인 <약이 되는 TV>와 <비타민>의 경우는 일반 시청자들이 쉽게 접하고 재미있게 시청하는 오락과 정보가 함께하는 인포테인먼트 프로그램이다.

<약이 되는 TV>는 시청자가 제보한 민간요법에 대해 1~2주의 실험과 전문과 평가를 거쳐 상금을 주는 형식으로 진행되는데, 민간요법으로 엄청난 효험을 봤다는 의뢰인의 체험담이 상세히 소개되고, 의사 · 한의사 · 대체의학전문가 등이 그 가치를 매기는 것이다. 효험을 봤다는 의뢰인의 일명 입소문과 비슷한 경험방이 영상매체의 막대한 영향력하에 그 경제적 가치를 보장받아 상금까지 받게 되니, 일반 시청자에게 감정적으로 접근하여 인터넷 검색 순위 10위안에 드는 폭발적 반향을 불러왔고, 비슷한 체험기가 게시판에 줄을 짓는 사건을 일으켰다. 그러나 의학적으로 검증되지 않은 부적합한 정보를 맹신한 일부 시청자들이 심각한 부작용을 호소했고, 급기야 부작용으로 병원치료를 받은 시청자들까지 나타나 시청자 게시판에 각종 부작용을 호소하는 글들이 오르게 되어 해당전문가들의 논란 끝에 방송 16회만에 중도하차하게 되었다.

일반 시청자들은 드라마 <허준>이나 <대장금> 같은 의학관련 드라마의 에피소드에서 나타나는 전통적인 민간요법의 경우나 <인어아가씨> · <하늘이시여> 같은 일일 드라마에서 나오는 검증되지 않은 정보를 가지고도 방송 다음날 해당식품 열풍[6]을 불러오는 판국에 의학정보를 알려주

방과 진단에 대한 설명을 하는 프로그램이다.

5) 인포테인먼트 프로그램이란 '인포메이션(정보)'과 엔터테인먼트(오락)'의 합성어이다. SBS의 <약이 되는 TV>나 KBS의 <비타민> 등 연예인과 전문가를 함께 내세워 건강이나 웰빙을 주제로 좀 더 편하고 친숙하게 접근한 프로그램은 정보와 오락을 함께 하는 인포테인먼트 프로그램이라고 할 수 있다.

6) 드라마 <허준>에서 역병에 매실이 효험이 있다고 방송되자 매실을 찾는 사람이 늘어나 40% 이상 가격이 올랐으며 덜익은 살구가 매실로 오인돼 수난을 겪는 사건이 벌어져 9시 뉴스에 방송되기도 하였고, <대장금>에서 식중독에 효과있다는 생강, 각기병에 효험있다는 마늘 등 방송된 수많은 민간요법에 해당하는 식품들이 방송

는 프로그램으로 인식하기 쉬운 <약이 되는 TV> 같은 경우 시청자들의 신뢰감은 더욱 크다고 할 수 있다.

반면 <비타민>은 의학정보의 전문성과 객관성을 보강하는 방법으로 논란의 중심에서 빗겨가고 있다. <비타민>은 크게 '비타민 스페셜'과 '위대한 밥상'이라는 두 개의 꼭지로 이루어져 있는데, '비타민 스페셜'은 건강과 관련한 특정 주제를 선정해 집중적으로 분석하며, '위대한 밥상'은 질병을 예방할 수 있는 음식재료와 조리법을 소개하고 있다. 관련분야의 전문가가 등장하여 출연 연예인들의 궁금증을 풀어주고, 퀴즈와 토크가 결합된 형식을 빌어 정보성과 오락성을 함께 추구하고 있다. 프로그램의 성격상 내용의 전문성이 요구되는 <비타민>에는 '비타민 팀닥터'라고 불리는 의사와 식품영양학 교수가 보조진행자로서 등장하여 내용의 전문성을 보장한다. 해당 분야의 여러 명의 전문가 패널 역시 대학종합병원의 교수들로 이루어져 전문성을 확보 받고 있다. 이러한 이유로 <비타민>은 일요일 10시대에 타 방송국들의 연속극과 경쟁해야 하는 약점에도 불구하고 전국주간시청률 20위 안에 드는 위용을 떨치고 있다.[7)]

이러한 인포테인먼트 프로그램들은 의학다큐멘터리나 전문적인 의학정보프로그램 못지 않게 시청자들이 신뢰하고 실생활에 적용하기도 하는 모습을 보인다. <비타민>의 '위대한 밥상' 코너에서 소개되는 식품의 경우는 방송 직후 인근 시장과 마트에서 불티나게 판매되는 모습을 보이기도 하고, 대형할인마트의 경우 <비타민> '위대한 밥상'에서 소개된 식품을 별도의 코너에서 지정해 두고 대대적인 홍보와 함께 판매하기도 한다.

또한 <비타민>은 TV의 인기에 힘입어 최근 두 권의 책으로 출간되어

직후 품귀현상을 보였다. 또한 시청률 50%에 육박했던 <인어아가씨>나 <하늘이시여>와 같은 드라마에서 검증되지 않은 콩물의 효과나 생간과 뱀술에 대한 정보가 해당프로그램의 게시판을 통해 알려지자 열풍을 일으켰던 사건들을 보면 시청자들의 민간요법에 대한 신뢰감이 대단하다는 것을 알 수 있다.

7) 시청률 전문조사기관인 AC닐슨과 TNS소프레의 조사결과를 인용한 민주언론운동시민연합의 보고서에 의하면 <비타민>은 평균 시청률 17%를 차지하고 있다.

베스트셀러의 반열에 올라 있고, <비타민>에 고정 출연해 인기를 끌고 있는 숙명여대 한영실 교수가 무병장수를 위해 먹어야 할 웰빙 음식을 소개한 '위대한 밥상'(전 3권 · 현암사 펴냄) 역시 서점가 건강 코너에서 꾸준한 인기를 끌고 있다.[8)]

이러한 점을 볼 때 현대의학으로 고칠 수 없는 질병에 효과적인 민간요법이나 대체의학 등은 얼치기 상술과 엄격히 구별되어야 하며, 정통 의학과 병행하여 사용되는 보완대체의학으로 발전해 나가야 할 것이다.

3. 〈굿바이 마이 프렌드〉

의학적으로 검증되지 않은 민간요법과 여러 의학정보들 속에서 유랑하는 현대인들을 단순히 그들이 어리석거나 무지하다고 비난하기 어려운 점들이 있다. 생사의 기로에서 마지막으로 이러한 방법을 선택할 수 밖에 없는 그들의 모습은 무지하거나 어리석다는 비난을 뛰어넘는 사랑의 또 다른 모습으로 보여지기 때문이다.

부산에서 아토피로 고생하던 3세 아이의 아버지가 "더 이상의 민간요법을 사용하면 죽을 수 있다"는 의사의 경고에도 불구하고 식초요법을 사용하여 아이를 패혈증으로 죽게 만든 비극적인 사건 뒤에서, 그 무모함을 단순히 비난할 수만은 없는 이유가 그것이다. 어린 자식의 말 못할 고통을 없앨 수만 있다면 지푸라기라도 잡는 심정으로 매달렸을 아버지의 절절한 모습이 보이기 때문이다.

이러한 점에서 오늘날 우리들에게 또 다른 생각을 하게 해 주는 영화가 있다. 바로 피터 호튼 감독의 1995년 작 <굿바이 마이 프렌드(원제: The

---

8) 매일경제 2005년 11월 11일자 기사에 따르면, 비문학 부문 베스트 셀러의 10위권에 TV 건강프로그램의 내용을 책으로 출간한 저서가 3권 올랐는데 2위가 <위대한 밥상>이고, 3위는 <비타민>, 4위는 <생로병사의 비밀> 순이었다.

Cure)>이다.

왕성한 호기심에 제법 의협심까지 갖춘 11살 에릭(Erik: 브래드 렌프로 분)은, 이혼한 엄마와 살며 불치병에 걸린 옆집 소년 덱스터(Dexter: 조셉 마젤로 분)의 친구다. 덱스터는 어린 아이 때 수혈에 의해 에이즈에 감염됐다. 그리고 그 병은 아직까지 치료약을 발견하지 못했고, 운명은 그리 많이 남아있지는 않다. 덱스터는 아직 어리지만, 늙은 사람처럼 죽음에 대한 커다란 공포를 갖고 있진 않다.

처음, 불치병에 걸린 옆집 소년에 대한 호기심으로 담장을 넘은 에릭은, 어느덧 덱스터의 친구가 되어 버렸다. 덱스터의 엄마는 자신의 엄마처럼 이혼 후의 스트레스에 시달리지도 않고, 저녁식사에 초대해주기도 하고, 덱스터를 '이쁜이'라 부르며 자상하게 돌봐준다. 어느날 에릭과 덱스터는 비디오를 통해 <에덴의 마지막 날(원제: Medicine Man)>이라는 영화를 보게 되는데, 영화 속 생화학자가 밀림의 식물을 연구하다가 기적적인 암치료제를 발견하는 것을 보고서는 인근의 이름모를 풀들을 채취하여 달여먹는 자신들만의 치료법 찾기에 골몰한다. 어른들의 눈에 보기엔 장난같지만 그들에겐 어떤 처방이나 진료행위보다도 더 엄숙하고 진지한 일이었다. 채집한 식물의 샘플을 부착하고 채취장소를 기록하며, 측정한 체온을 꼼꼼히 기록하는 그들만의 치료행위를 해 가며 덱스터의 치료제를 찾고자 하는 노력을 한다. 그러던 중 동네 구멍가게에서 뉴올리언즈의 한 의사가 식물의 추출물에서 발명했다는 에이즈 치료제에 관한 기사를 읽고 덱스터의 엄마에게 그 약을 쓸 것을 요청하나 덱스터의 엄마는 주치의에게 물어보자고 하며 건성으로 넘겨버린다. 할 수 없이 덱스터와 에릭은 기사에서 본 식물과 비슷하게 생긴 독초를 달여 먹게 되고 결국 한밤중에 구급차 신세를 지게 된다. 이 사건으로 에릭의 엄마에게까지 에릭과 덱스터의 일들이 알려지고 둘은 결국 헤어질 위기에 처하자 이 약을 얻기 위해 뗏목을 타고 모험이 거듭되는 뉴올리언즈행 가출을 감행한다.

하지만 병약한 덱스터는 점점 몸이 안 좋아지고, 결국 에릭과 덱스터는 엄마들의 품으로 돌아온다. 그러나 병원에 입원한 덱스터와 에릭은 여전히 장난을 멈추지 않는다. 그들이 새로 개발한 게임은 덱스터가 죽은 척한 뒤 어른들을 놀래키는 것이다. 그러다 어느날 장난처럼 세상을 떠나버리는 덱스터. 혼자 남은 에릭은 진정으로 그를 보호해주고 돌보아주었던 존재는 덱스터였음을 깨닫는다.

11살 동갑내기 외톨이 친구들이 서로를 의지하며 가족보다 더 소중한 관계를 유지하는 영화로 개봉 당시 스크린 밖을 온통 울음바다로 만들었다. 주인공 에릭이 덱스터의 장례식에서 가져온 덱스터의 신발 한 짝을 강에 띄워 보내는 마지막 장면은 심금을 울리던 명장면으로 기억되고 있다. 또한 2002년에 모 영화잡지에서 선정한 '내 인생의 영화 100위' 중에서 45위에 선정되기도 해 이 영화에 대한 우리나라 사람들의 호응을 짐작할 수 있다. 우리나라 개봉시에는 <굿바이 마이 프렌드>라는 다소 감상적인 제목으로 탈바꿈했지만, 사실 이 작품의 원제는 <The Cure>이다.

20세기의 대표적인 불치병의 하나인 에이즈 환자와 그의 친구인 주인공의 성장과 모험을 다룬 이야기이다. 이혼한 엄마 밑에서 외롭게 살아가던 주인공 에릭이 옆집 친구 덱스터와 우정을 나누면서 부모보다도 더 사랑하고 의지하게 된 덱스터를 살리기 위해 치료방법을 구하는 장면은 우리들에게 많은 생각을 하게 한다. 처음엔 덱스터의 치료를 핑계로 자신이 먹고 싶던 초콜릿과 사탕을 잔뜩 사서 치료약인 것처럼 먹다가 우연히 보게 된 <에덴의 마지막 날(원제: Medicine Man)>이라는 영화 속 생화학자가 밀림의 식물을 연구하다가 기적적인 암치료제를 발견하는 것에서 힌트를 얻어 아픈 사람들이 채식을 한다는 사실을 생각해낸다. 집 근처 수풀을 헤치고 다니며 이름모를 식물들을 채취하여 그것을 달여 먹게 하는 치료법을 시행한다. 그러던 중 뉴올리언즈 루이지애나의 한 의사가 집 근처에서 발견한 식물의 추출물에서 에이즈 치료약을 발견했다는 잡지에 나온 기사를 보고 기뻐하며 덱스터의 엄마에게 이 사실을 알려준다. 그러나 그 기사가 실린 Minimizer라는 잡지가 신빙성이 없는 가십성기사를 싣는 잡지라는 것을 아는 덱스터의 엄마는 주치의 선생님께 여쭤보자고 하며 믿지 않자 에릭은 잡지에서 본 식물과 비슷하게 생겼다는 이유로 집 근처에서 발견한 독초를 달여 덱스터에게 먹인다. 영 꺼림찍해 하던 덱스터도 에릭의 말에 순순히 따라 그 독초 달인 물을 마시고는 결국 한밤중에 구급차신세를 지게 된다. 이 소동으로 에릭의 엄마는 에릭이 가까이 하기에 꺼려지는 에이즈 환자와 함께 생활한다는 것을 알고 에릭을 다음날 곧바로 캠프로 보내버리려 한다. 그래서 에릭과 덱스터는 뉴올리언즈의 의사를 만나 치료약을 구할 계획으로 머나먼 길을 떠난다. 시속 3~4km의 뗏목을 이용하여 미시시피 강을 따라 뉴올리언즈까지 가려하는 무모한 그들의 모험 속에서 전재산을 사기당하기도 하고, 추위와 배고픔에 떨기도 하면서도 치료약을 구하러 가는 그들의 신념은 무모하게 보이기도 하지만 그만큼 절실한 문제였다. 엄마로부터 덱스터와 안전거리 2m를 유지하라는 경고를 받았던 에릭은 언젠가 덱스터가 다 나으면 함께 베스킨 라빈스에 가서 제일 큰 아이스크림을 한 통 사서 같이 숟가락으로 퍼 먹고 싶은 소망을 가지며 어느덧 함께 자고 함께 먹으며 생활하는 친구가 되었다. 결국 여행의 도중에 덱스터의 상태가 악화되자 집으로 돌아와 병원에 입원하게 된 덱스터를 문병가서 재미있게 놀다가 새로운 게임을 발견하는데 그것은 바로 덱스터가 죽은 체를 하고 병원사람들을 놀래켜주는 것이었다. 그렇게 놀이를 하던 어느날 장난처럼 죽어버린 덱스터를 보고 덱스터의 엄마와 함께 집으로 돌아오던 차안에서 에릭은 덱스터의 엄마에게 치료약 개발에 좀 더 노력하지 않은 자신을 자책하게 된다.

10여 년 전에 이 영화를 보았을 땐 외로운 11살 동갑내기 꼬마들의 순수한 우정에 초점을 맞추어 봤었다. 그러나 이번에 <금료소초>를 읽으면서 다시금 보게 된 이 영화는 사랑하는 친구를 고치기 위해 노력하는 주인공의 모습이 더욱더 인상깊었다..

무모한 믿음에 매달리는 사람들을 어리석은 존재로 보이게끔 하는 이러한 상황들을 보면서 연암의 <금료소초> 저작의도를 다시금 생각해 보게 된다. 변화와 개혁의 시기에 그 중심에 있던 연암이 침술이나 뜸, 한약재로 나타나는 정통의학과는 다소 다르게 경험 방문을 모아 만든 <금료소초>는 오늘날 시사하는 점이 많다고 보여진다. 정통의학적인 것들을 경험할 기회가 많지 않던 일반 서민들에게 경험 방문은 많은 다양한 효과를 제시하였을 것이고, 그들의 안타까운 사정을 익히 알고 있던 연암은 실학자로서의 책임감 못지 않게 연민을 하는 인간적인 면모를 드러내는 것으로 볼 수 있다.